# 江苏文化年鉴

# JIANGSU CULTURAL ALMANAC

## 2011

江苏省文化厅 主办
广 陵 书 社 出版

# 《江苏文化年鉴》编纂委员会





# 《江苏文化年鉴》编辑部

# 《江苏文化年鉴》(2011)特约通讯员

南京市　　张剑宏

无锡市　　陆建民

徐州市　　李晓军

常州市　　季　春

苏州市　　孙　庆

南通市　　曹　琦

连云港市　武依林

淮安市　　朱广军

盐城市　　任　爱

扬州市　　刘文献

镇江市　　吴银权

泰州市　　陆小云

宿迁市　　王海洋

江苏省演艺集团　　侯　焱

厅　直　　陈　立　李金兰　王　飚　李　芹　吴振宇
　　　　　汪小建　曹敬辉　徐　可　张天舒

**图书在版编目（CIP）数据**

江苏文化年鉴. 2011 / 《江苏文化年鉴》编纂委员会编. -- 扬州 : 广陵书社, 2012.3
ISBN 978-7-80694-812-5

Ⅰ. ①江… Ⅱ. ①江… Ⅲ. ①文化事业—江苏省—2011—年鉴 Ⅳ. ①G127.53-54

中国版本图书馆CIP数据核字(2012)第039537号

2011 江苏文化年鉴
JIANGSU CULTURAL ALMANAC

**书　　名：** 江苏文化年鉴（2011）
**编　　者：** 《江苏文化年鉴》编纂委员会
**责任编辑：** 胡正娟
**出版发行：** 广陵书社
扬州市维扬路 349 号　邮编 225009
http://www.yzglpub.com　E-mail:yzglss@163.com
**印　　刷：** 南京爱德印刷有限公司
**开　　本：** 787 毫米×1092 毫米　1/16
**印　　张：** 27.375　彩插 1.375
**字　　数：** 700 千字
**版　　次：** 2012 年 3 月第 1 版第 1 次印刷
**标准书号：** ISBN 978-7-80694-812-5
**定　　价：** 180.00 元

# 编辑说明

一、《江苏文化年鉴》是江苏省文化厅组织编纂的省级文化专业年鉴，是逐年记载全省文化事业发展情况的资料性工具书。创办于2001年，每年出版一卷。本卷收录2010年全省艺术生产、社会文化、文物、文化市场、文化科技与艺术教育等各个领域的改革、发展情况，为社会各界人士了解和研究江苏文化建设提供全面、准确、系统的信息资料。

二、本卷年鉴收录的资料分为18个部分：(1)特载；(2)专文；(3)文化工作大事记；(4)文化工作概况；(5)艺术生产；(6)社会文化；(7)文物；(8)文化市场；(9)对外及对港澳台文化交流；(10)科教与产业；(11)计财、人事；(12)党政群团；(13)文化企事业；(14)市、县(市、区)文化工作；(15)人物；(16)规范性文件；(17)统计资料；(18)文化资讯。

三、本卷年鉴条目资料收录时间以2010年1月至12月为限，个别事物有所追溯，以便于读者了解始末。“文化资讯”不受时间限制，“江苏省文化、文物机构名址简录”提供最新信息。

四、本年鉴文稿、图片均按《江苏文化年鉴》编纂委员会审定的组稿计划和撰稿要求，由省文化厅各处室、直属单位，江苏省演艺集团有限公司，各市文化局指定专人负责组稿、撰写和提供，并经主管领导审核签发。所用统计数据，由于统计的来源、口径、方式、时间不同而有差异，使用时以本卷“统计资料”中提供的统计数据为准。

五、本卷年鉴的编辑出版工作得到全省各地文化主管部门、各有关单位及广大编纂人员的大力支持和协助，在此谨表谢意。本年鉴在版式设计、编排和条目撰写等方面都有待进一步改进、提高，粗疏、错漏之处，敬请读者批评指正。

1 月 15 日，中共中央政治局常委、全国人大委员长吴邦国在梁保华、罗志军等领导陪同下视察南通博物苑

10 月 7 日，为期 11 天的第二届中国·江苏国际文化艺术周暨第五届亚洲美术馆馆长论坛圆满结束

2 月 8 日，江苏省美术馆新馆落成典礼，省委书记梁保华、省长罗志军为新馆揭幕

世博会江苏活动周 6 月 13 日开幕

# 上海世博会

1 2 3 4 5 6 7 8

# 江苏活动周

1　省委书记、省人大常委会主任梁保华宣布江苏周开幕，中共中央政治局委员、上海市委书记、世博会组委会第一副主任委员、上海世博会执委会主任俞正声出席开幕式

2　6月13日，上海世博会江苏活动周开幕

3　开幕式演出

4　吴韵汉风——欢乐盛装大巡游(行进式艺术表演)

5　锦绣江苏——大型音乐舞蹈诗画

6　非遗展示现场

7　睢宁“落子舞”小演员表演

8　风情江苏——民间艺术表演

1 4 5
2 6 7
3 8

1　6 月 11 日，蔡武部长、单霁翔局长、蒋宏坤书记、曹卫星副省长共同为 2010 年中国文化遗产日主场城市活动启动开幕

2　江苏省鸿山遗址入选第一批国家 12 个考古遗址公园

3　南京博物院推出的“盛世虎”标志着“2010 年全省馆藏文物精品系列巡回展览”正式拉开序幕

4　6 月 12 日，国家文物局在苏州举行新闻发布会，公布“2009 年度全国十大考古新发现”，江苏张家港东山村遗址入选

5　首批江苏省大运河沿线重点文物抢救保护工程之一徐州市窑湾赵信隆酱园店

6—8　江苏省第三次全国文物普查十大新发现之一：洪泽三河闸

# 2009–2010
# 年度江苏省

1　滑稽戏《顾家姆妈》(苏州市滑稽剧团)

2　扬剧《丹凤湖畔》(江苏省演艺集团扬剧团)

3　柳琴戏《孽海花》(江苏省柳琴剧团)

4　淮剧《二饼上城》(盐城市淮剧团)

5　淮剧《唢呐声声》(江苏省淮剧团)

6　淮剧《韩信》(淮安市淮剧团)

7　2010·中国百家金陵画展(油画)江苏获金奖作品

# 舞台艺术精品工程精品剧目

## 2010·中国百家金陵画展（油画）
### 江苏获金奖作品

(金奖)160 王　嫩
夜车　169×189　苏州科技大学

(金奖)166 张新权
雪龙号　180×200　南京艺术学院

文化民生
全国第十五届
获奖节目江苏巡演

東山秋月·第十届华东六省一市戏剧小品
优秀节目展演暨颁奖晚会
第十届华东六省一市
戏剧小品大赛

欢乐家园 江苏省文化民

| 1 | 5 |
|---|---|
| 2 3 | 6 7 |
| 4 | 8 |

1 9月中旬，与国家文化部社会文化司共同举办“文化民生——全国第十五届‘群星奖’获奖节目江苏巡演”活动

2 11月27日—30日第十届华东六省一市戏剧小品大赛在江苏南京举行

3 江苏省南京市江宁区文化馆《数钱》获大奖

4 组织“文化民生”基层巡演活动，先后赴全省13个市，组织基层巡演22场，把先进文化送进千家万户，惠及普通百姓

5 12月10日，第六届江苏省小戏小品大赛在昆山闭幕

6 江苏省非物质文化遗产保护工作成果展

7 10月19日，经过五年建设，南京市金陵图书馆新馆正式开放

8 6月至11月，举办第九届江苏省“五星工程奖”评奖活动。图为广场舞蹈《跳马伕》

1　以章剑华为团长的江苏文化代表团一行 5 人，于 3 月 29 日至 4 月 5 日访问了斯里兰卡、马尔代夫

2　“江苏台湾周”于 9 月 16 日至 22 日举行，期间举办“黄君璧书画展”

3　由江苏省文化厅与美国夏威夷大学联合主办的英语京剧《白蛇传》2 月 5 日在夏威夷肯尼迪剧场成功首演

4　3月5日至7日，苏州昆剧院应第38届香港艺术节之邀，在香港文化中心大剧院演出昆剧经典《玉簪记》

5　4月22日，“新西兰认识中国——曹俊画展”在省美术馆开幕，梁保华出席并观看画展

6　8月13日，德国表现主义版画家和雕塑家凯绥·珂勒惠支作品展在省美术馆隆重开幕

| 1 | 4 |
|---|---|
| 2 | 5 |
| 3 | 6 |

# 南京圖書館

1 2 3 4 5 6

1　2月19日，国务院副总理回良玉视察南京图书馆

2　10月23日，省属文化单位志愿服务活动在南图启动

3　3月12日，首场南图高端讲座亮相，中国社科院亚太研究所所长李向阳讲述《后危机时代世界经济的发展趋势》

4　5月1日，上海世博会正式开幕，南京图书馆利用馆藏珍贵资料设计制作“跨越历史的牵手——中国与世博会”大型图片展

5　12月16日，首届南图阅读节开幕

6　2月12日至3月举办“红色先锋——纪念左联成立80周年馆藏文献图片展”

# 南京博物院
NANJING MUSEUM

| 1 | 4 |
|---|---|
| 2 | 5 |
| 3 | 6 |

1　5月13—15日，“中国博物馆学会区域博物馆专委会2010年年会”在南京博物院举行

2　10月28日，南京博物院在句容举行江苏省考古研究所苏南工作站开工仪式

3　南京博物院讲解人员承担上海世博会江苏馆的贵宾接待任务

4 9月10日—11月21日在澳门艺术博物馆举办了“秣陵烟月——南京博物院藏明末清初金陵画派精品展”

5 北京故宫博物院、台北故宫博物院、南京博物院的研究人员参加了“重走故宫文物南迁路”活动

6 南京博物院老大殿成功抬高三米

# 江苏省美术馆

1　2月8日，省委书记梁保华、省长罗志军为江苏省美术馆新馆落成揭幕

2　出席开幕式的领导为美术作品特展剪彩

3　2月19日，中央政治局委员、国务院副总理回良玉来到江苏省美术馆视察

4　各界人士参加落成典礼及美术作品特展开幕式

5　新馆展厅

6　广大市民参观美术作品特展

7　新馆中庭

8　美术馆全景

1 苏州市金融支持文化产业发展座谈会

2 4月15日，宿迁市艺术学校揭牌

3 10月22日，泰州市举办中国梅兰芳艺术节开幕式

4 4月13日，单霁翔等领导在无锡参加纪念徐悲鸿诞辰115周年画展开幕式

5 维修一新的南京朝天宫全景

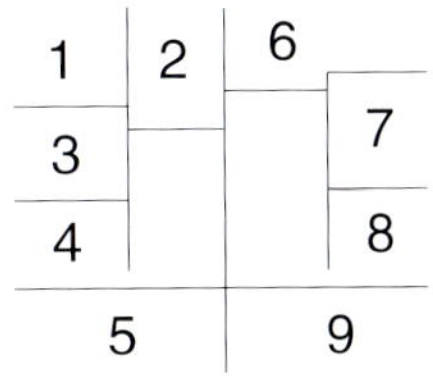

6 淮安市市、县、区联动的“快乐淮安·激情广场”大型文艺演出现场

7 镇江丹阳文化馆的男声组唱《打麦号子》获江苏省“五星工程奖”音乐类金奖

8 2月11日，连云港市举行“新农村、新文化、新农民”文艺调演颁奖晚会

9 扬州文化艺术中心于10月28日落成开放

10

11 12

13

10　南通市通州区文广新局常年坚持送戏下乡

11　8月，常州市举行第八届青年演员会演

12　盐城市图书馆、博物馆新馆开工

13　徐州文化产业园远眺

# 目 录

# 目　录

## 特　载



## 专　文



## 文化工作大事记



## 文化工作概况



## 艺术生产

## 社会文化



## 文　物



## 文化市场

## 对外及对港澳台文化交流



## 科教与产业



## 计财、人事



## 党政群团



## 文化企事业

## 市、县(市、区)文化工作

## 人 物

## 规范性文件



## 统计资料



## 文化资讯



## 索　引

# Main Contents

## Feature Articles



## Special Articles



## Chronological Events



## General Situation of Culture Works



## Artistic Creation



## Social Culture

## Cultural Relics



## Cultural Market



## Cultural Exchange with Foreign Countries and HongKong, Macao, Taiwan

## Science, Education and Industry in Culture



## Finance and Personnel



## Parties, Associations and league Union



## Cultural Organizations and Enterprises

## Municipal and County (City, District) Cultural Work

## Cultural Celebrities



## Normative Documents



## Statistical Data

## Cultural Information



## Index

2011 江苏文化年鉴
JIANGSU CULTURAL ALMANAC

# 特　载

# 在全省文化局长会议上的讲话

杨新力

（二〇一〇年一月十二日）

宣传思想工作事关全局，文化工作是宣传思想工作的重要组成部分，我们要站在全局的视野上，以更深刻的认识、更开阔的思路、更得力的措施，进一步做好文化工作，为全省的改革、发展、稳定做出新的贡献。下面，我代表省委和省委宣传部门就如何做好文化工作谈几点看法。

## 全省的文化建设取得了新成绩新进展

在过去的一年里，全省文化系统在邓小平理论的指导下，在省委、省政府的正确领导下，贯彻三个代表思想，落实科学发展观，扎实工作，各个方面都迈出了很大的步伐，取得了可喜的成就。在艺术精品生产、在公共文化服务、在文化产业发展、在文化市场管理、在文化遗产保护、在文化体制改革、在基层文化建设等各个方面，做了大量富有成效的工作，取得了可喜的成绩。特别是成功举办庆祝新中国成立60周年系列文化活动，展现了文化发展的成就，丰富了群众文化生活，营造了喜庆的节日氛围。文化厅和各地的文化局的工作受到了各级党委和政府的充分肯定，在社会上产生了良好的影响。

去年的文化工作可圈可点，主要有：中央去年在江苏召开文化体制改革会议，这是中央在地方召开的规模最大，规格最高，内容最重要的文化方面的一次会议，会议放在江苏是对江苏文化工作的肯定；省委、省政府去年召开了文化建设工作会议，出台了关于深化文化体制改革的意见，对文化体制改革和文化产业发展确定了路线图、时间表和任务书；设立了紫金文化投创基金，初始规模20个亿，设立了紫金文化奖章，这在全国是首创，20万奖金和金质奖章，今年就要颁布第一批的奖章；美术、国家舞台艺术精品、物质和非物质文化遗产保护工作都取得很大的成就；在新一轮的“五个一工程”评奖中，全国八十多个单位参加，江苏获得了组织奖，所谓组织奖，就是因为我们获奖的门类齐全，组织得力；我们在电影电视制作上也有所突破，电视剧《人间正道是沧桑》不但内容好，而且热播。李岚清同志对我说，他很喜欢这部片子，而且介绍给其他同志看。总之，文化工作在全省的文化建设中起很大作用，尤其是文化厅受到了省委、省政府领导的高度肯定，省委梁书记在各个重大场合，多次予以充分肯定。

## 文化系统要肩负起文化强省建设的重要责任

文化建设是社会主义四位一体建设的重要组成部分，在全面建设小康社会的任务中，文化建设占有重要地位，经济发展后，人们的文化需求越来越大，文化系统的任务也越来越重。梁书记多次强调“文化事业强，文化产业强，文化人才队伍强”的文化建设目标，这里的每一强都和我们有很大关系。

“文化事业强”是文化系统最重要的责任，让人民群众享受到改革发展的成果，江苏要走在全国前列。我们在全国率先对省级图书馆、博物馆、美术馆进行免费开放，随后全省一百多家文化场馆相继免费开放，全年接待5100万人次，社会效益空前，而且带动了旅游业的发展。文化厅在其中起了相当重要的作用。

“文化产业强”方面，省委、省政府已经做出产业经济结构调整、转变增长方式的战略决策，将文化产业定为支柱产业，到2012年，文化产业产值要占到GDP的百分之五，我们省去年的GDP是3.3万亿，百分之五是个很大的数字，全省能占到百分之五的产业不多。今年在北京开会时，长春同志指出，江苏已经是全国文化产业发展最快的省份之一，增长速度达到百分之三十几。我们要在肯定成绩同时，看到我们的不足。我们的文化产业在GDP中的比重还不够高。发展文化产业，江苏任重而道远。

“文化人才队伍强”方面，首先是文化人才队伍已经扩大，以前是表演艺术家，现在创意人才、营销宣传人才不断地在加入我们的队伍，江苏需要优秀的文化人才。其次，江苏是文化人才的高地，还不是高原，我们还缺少顶尖人才。要真正做到“文化人才队伍强”，文化系统要切实挑起担子。

## 打好改革发展的攻坚战

中央和省委、省政府领导，特别是长春同志多次强调，要把文化改革的实验田变成高产田。在全省文化建设工作会议上，省里已经把文化体制改革列为重要工作，现在是如何抓落实的问题。今年，文化厅系统有三件大事要做：第一，做好院团改革的工作，今年一定要完成任务。今年下半年中央要在江苏召开文化体制改革的会议，长春同志说江苏有三个好苗子，一是凤凰出版集团，二是省演艺集团，三是省网络集团。江苏在文化体制改革方面有成功的经验，比如丹阳的剧团改革。要加以总结推广。第二是事业单位内部改革，我省的事业单位绩效工资改革已经启动，剑华同志在具体抓这个事情。第三是网吧的综合整治。全省有8000多家网吧，其中连锁网吧只占百分之十五左右，这个数字还不是很理想，今年我们要想办法推动网吧连锁经营，这方面工作做好了，我们就争取了主动，这方面还有待于我们的探索。

文化产业发展目前面临机遇与挑战，机遇与挑战并存，机遇大于挑战。前几天省委宣传部召开部务会议，听取了省六大产业集团的工作汇报，我们听了汇报后感到很振奋，感到很有希望，我们文化产业发展的势头很猛，后劲很足。

梁书记在省委常委会上对经济工作提出三个怎么办：一是如何巩固现在不断向上的经济发展态势；二是怎么转变经济发展方式和经济结构；三是如何在发展中优先考虑民

生问题。文化系统在这方面也面临同样的问题。如何进一步推动文化的发展呢?前几天我曾提出了五个怎么办的问题：第一个怎么办是如何更好地服务大局，为转变经济发展模式做贡献。第二个怎么办是如何在加强服务的同时,加快文化产业的发展,将文化产业打造成支柱产业。第三个怎么办是如何通过改革创新来落实重点工作。文化系统的重点工作,比如艺术生产,人才队伍建设,特别是大家和名家的培养,需要我们有更得力的措施。第四个怎么办是如何加强管理和引导。要在正确的意识形态的引导下注重管理和发展方向。第五个怎么办是如何利用政策,抓住机遇来推动文化的跨越式发展。“十二五”规划编制是文化发展的一个新的重要的契机，长春同志和云山同志多次提到这点，各级文化部门要抓准它，将我们的文化发展规划纳入总盘子中，文化厅在这方面已经做了很多有效的工作,各地也要抓紧抓好。

## 积极探索符合科学发展的管理体制和运行机制

随着改革深入,事业发展,文化系统的工作格局和职能发生很大变化，从管办分离到市县的三局合一，这种变化给我们的管理体制和运行机制都带来很大的挑战，文化局以前不管广电和新闻出版,现在合到一起了,如何管理和运行,需要探索。另外管办分离后,院团和实体单位独立了,我们如何促发展,促繁荣，也需要探索。还有文化执法队伍合并了，如何进行联合执法等等问题都需要我们去探索。我们必须以改革适应发展,必须先布局再完善,至少也要做到边做边布局。在三局合并过程中,文化部门的探索要范围大一点,其他两个局的探索要专一点，三个部门要通力合作、协力探索。检验三局合并成功与否的关键是看能不能促进文化的大发展，人民群众能否享受到文化发展的成果，能否使江苏的文化发展处于国内前列。

开创文化工作新局面,关键在文化队伍,尤其是文化系统的各级领导干部。我希望文化系统的同志高举旗帜、围绕大局、服务人民、锐意改革,把今年的工作做得更好。

（《江苏文化周讯》2010 年 1 月 14 日 2 版）

# 在全省文化局长会议上的讲话

曹卫星

（二〇一〇年一月十一日）

岁末年初，省文化厅召开这次全省文化局长会议，贯彻落实中央和省有关会议精神，回顾总结去年工作，研究分析当前形势，部署安排今年文化建设任务，很有必要，也很重要。借此机会，我代表省人民政府，向长期辛勤工作、敬业奉献的文化战线的同志们致以亲切的问候！

2009年，我们走过了新世纪以来经济发展最为困难的一年。

面对国内外复杂形势，我省坚决贯彻党中央、国务院的决策部署，从容应对、迎难而上，全力做好保增长、保民生、保稳定各项工作，全省经济增速持续回升，地区生产总值比上年增长12%。与此同时，文化建设也在风险挑战中取得了重大进展。一是艺术生产成果丰硕。成功举办了庆祝新中国成立60周年系列文化活动，圆满完成了60周年庆典群众游行彩车设计制作任务。深入实施舞台艺术精品、文化理论创新等工程，一批优秀作品和科研成果获国家奖。二是文化设施建设得到加强。乡镇文化站建设成果进一步巩固，文化信息资源共享，“三送”（送科普书籍、送戏、送电影下乡）工程继续推进。省美术馆新馆建成，南京博物院二期工程开工建设。三是文化遗产保护力度加大。启动实施文化遗产保护抢救工程，在全国率先完成文物普查实地调查，大运河保护、古籍保护等工作有序推进，非物质文化遗产四级名录体系基本形成。四是文化产业加快发展。发挥文化产业的反周期调节特点，加大专项资金引导和财税政策扶持，推进文化体制改革和资源整合，文化产业发展速度明显高于一些传统产业，成为拉动经济发展的新引擎。五是文化市场管理进一步规范。建设网络化监管技术和信息服务平台，开展系列专项整治行动，推进网吧连锁经营、游艺娱乐场所管理规范化、制度化，文化市场实现健康有序发展。六是文化“走出去”步伐加快。精心组织具有江苏品牌的国际文化交流活动，扩大了江苏文化的知名度和影响力。这些成绩的取得，是在各级党委、政府领导下，全省文化行政主管部门和广大文化企事业单位共同努力的结果。文化建设的新进展，为应对国际金融危机、促进经济社会发展发挥了重要作用，为今年的进一步发展奠定了坚实的基础。

2010年是实施“十一五”规划的最后一年，是巩固发展经济企稳向好局面的关键一年，也是面临形势极为复杂的一年。做好今年文化工作，对于经济社会发展大局具有特殊重要的意义。去年以来，国家和我省及时把握国际金融危机中蕴含的重要机遇，审时度势对文化工作作出重大部署。国务院颁布了《文化产业振兴规划》，将发展文化产业提升到国家战略高度；省委、省政府隆重召开全省文化建设工作会议，进一步明确了“努力建设文化事业强、文化产业强、文化人才队伍强、文化综合实力位居全国前列的文化强省”的目标任务，对文化强省建设各项工作作出全面部署。当前，国际金融危机带来的全球性影响仍未消退，文化建设作为经济社会发展的重要内容和重要支撑，既面临严峻的挑战，更面临难得的机遇。中央经济工作会议指出，今年财政政策将增加对文化支持力度，要求把改善民生、发展社会事业作为扩大内需、调整经济结构的重点，坚定不移地加以推进。我省召开的经济工作会议，也对文化发展提出了明确要求。我们一定要坚决贯彻中央和我省的重大决策部署，始终保持昂扬向上的精神状态，以满足人民群众日益增长的精神文化需求为目标，以深化文化体制改革为动力，以科技进步与创新为支撑，在新的起点上开创文化工作新局面，为保持经济平稳较快发展提供思想保证、舆论环境、精神动力和文化条件。

关于今年的文化工作，稍后章剑华厅长将作具体安排，明天杨新力部长还要作全面部署，希望大家认真贯彻落实。这里，我先讲几点意见：

## 一、进一步提高公益性文化事业发展水平，为人民群众提供更多更好的公共文化产品和服务

今年我省人均地区生产总值已超过6000美元。要紧紧围绕2012年建成比较完善的公共文化服务体系的目标，深入研究城乡居民消费结构的新变化和对精神文化产品的新要求，强化政府主导责任，确保财政投入到位，加快构建城乡全覆盖、功能更完善、服务上水平的公共文化服务体系。一是推出更受欢迎的精品力作。尊重文化创作规律，大力实施精品工程，探索完善精品生产机制，引导文化企业在文化内容生产上“一次开发、多次使用”，打造和推出一批受群众和市场欢迎的文化品牌和精品力作。有重点地创办、承办全国性、国际性重大文化活动，使之成为汇聚人才、打造精品、展示形象、扩大影响的有效平台。二是建设更加完善的基层文化设施。把公共文化设施建设的重点放到基层和欠发达地区，规划建设一批综合性、多功能、有特色的城乡文化设施，确保今年全面实现“县有两馆，乡有一站，村有一室”，文化信息资源共享工程实现县有分中心、乡镇有服务点。三是提供更高水平的文化服务。继续推进公共博物馆、纪念馆免费开放工作，加快建设数字电视多媒体网络、网上图书馆、网上博物馆、网上剧院，不断提高公共文化资源利用效率和公共文化服务数字化、信息化、网络化水平。探索建立文化遗产保护利用新机制，积极运用现代科技手段加强对江苏优秀传统文化的挖掘、传承和利用。四是开展更加丰富的文化活动。加大文化资源向农村倾斜的力度，安排一定财力购买面向农村的“文化服务”。在继续开展“三送”等公益性文化活动的同时，依托传统节日、重大节庆和民族民间文化资源，广泛动员社会力量，利用各种有效形式，在社区、乡村、企业、校园和军营组织开展群众乐于参加、便于参与的各类文化活动。

## 二、大力振兴文化产业，发挥推动经济结构调整和发展方式转变的重要作用

当前，江苏经济正处在转型升级的关键阶段，发展文化产业的必要性、紧迫性进一步凸显。要抓住机遇、乘势而上，按照国务院《文化产业振兴规划》和文化部《关于加快文化产业发展的指导意见》的部署，以2012年全省文化产业增加值占GDP 5%以上为目标，进一步推动文化产业做强做大。一是实施一批重大项目。以文化企业为主体，加大政策扶持力度，充分利用社会资源，加快建设一批具有重大示范效应和产业拉动作用的重大文化产业项目。通过兼并重组、股份制改造和上市融资，培育一批跨地区跨行业经营、综合实力强、竞争力强、带动力强的骨干文化企业。对此，省文化产业引导资金、省文化产业发展基金要加大扶持力度，推动其实现跨越式发展。二是努力提升产业集中度。合理布局、科学谋划，在基础设施建设、土地使用、税收等方面给予支持，建立和完善一批产业研发基地和产业集聚示范区，形成一批高知识密度、高附加值的特色文化产业群。三是加快产业升级步伐。鼓励高新技术与文化产业相结合，催生新的业态，拉长产业链，刺激文化消费，有效带动内需。尤其要加强网络技术、数字技术研发，推动在文化领域广泛运用，不断提高新兴文化业态在文化产业中的比重。四是繁荣发展文化市场。建立健全门类齐全的文化产品市场和文化生产要素市场，引导和发展各类文化中介机构，鼓励多种类型、多种所有制文化企业协调发展。落实国家颁布的一系列扶持政策，加快文化企业"走出去"，提高江苏文化产品和服务的国际影响力。

## 三、切实加大改革力度，增强文化发展动力和活力

坚持把改革创新作为解放和发展文化生产力、建设文化强省的动力源泉，尊重基层和群众首创精神，及时发现和总结新鲜经验，解放思想，大胆探索，积极推进文化工作创新发展。一是推进文化体制机制创新。按照中央"继续深化文化体制改革，务必取得决定性进展"的新要求，在全省加快推进国有经营性文化单位转企改制，着力重塑文化市场主体；推动公益性文化单位加快转换内部机制，进一步激发内在活力，全面完成今年"两个到位"的目标任务。二是推进文化科技创新。把文化领域科技创新作为建设创新型省份的重要内容，落实高新技术文化企业税收优惠政策，鼓励文化企业加大自主创新投入，主动与高等院校、科研机构联合开展关键技术研发、创新平台建设和创新成果转化。三是推进传播手段创新。高度重视互联网等新兴媒体的巨大潜能和社会影响力，不断探索运用新媒体进行文化传播的方式和途径，大力发展网络影视、网络图书、手机电视、手机报等现代文化服务业，加快构建传输快捷、覆盖广泛的文化传播体系。

## 四、加强和改进对文化工作的领导，为文化建设提供有力保障

面对改革、发展、稳定的繁重任务，各级政府和文化行政管理部门要切实增强责任意识和大局意识，创新文化行政管理的体制机制和方式方法，进一步加强和改进对文化工作的领导，确保完成今年各项目标任务。一是转变职能。大力推进政企、政事、政资分开和管办分离，根据新的"三定"方案做好相关职能的调整划转工作。认真总结"十一五"文化发展规划执行情况和发展经验，科学制订"十二五"规划，增强工作的系统性、前瞻性和战略性。坚持依法行政，建立完善文化产业统计考核等制度，加强文化市场监管，继续推进文化市场综合执法。二是狠抓落实。按照"党委

统一领导、政府组织实施、宣传部门协调指导、文化行政主管部门具体落实、各相关部门密切配合”的要求，推进文化改革与发展。各级文化行政主管部门要推动工作重心下移，深入实际、深入基层、深入群众，加强对文化建设的研究和指导。对国家和省关于文化发展的各项重大部署和要求，要结合实际，尽快研究制定贯彻落实的具体方案、转换为具体的工程和项目，逐项推进、逐项落实。三是培养人才。拓宽文化人才培养渠道，着力加强高端复合型人才和实用型人才培养，开展大规模干部培训，优化人才结构，提高整体素质。开拓人才选拔思路，抓住机遇加大力度引进海外高层次人才，实行科学的文化人才评价激励机制，促进优秀人才脱颖而出、各类人才充分发挥作用。

同志们，做好今年的文化工作，任务艰巨，责任重大。我们要坚持以邓小平理论和“三个代表”重要思想为指导，深入贯彻落实科学发展观，开拓创新，锐意进取，努力完成今年文化改革发展各项任务，为服务省委、省政府中心工作、夺取应对国际金融危机冲击全面胜利作出新贡献。

在新的一年来临之际，祝全省文化系统广大干部职工新年快乐，工作顺利，阖家幸福！

（《江苏文化周讯》2010 年 1 月 14 日 2 版）

# 改善文化民生　共享发展成果
## ———在全省文化局长会议上的工作报告

章剑华

（二○一○年一月十一日）

2010年，是全面实现“十一五”规划目标的重要一年，也是文化建设和文化体制改革的关键一年。1月4日—5日，全国宣传部长会议和全国文化厅局长会议在北京召开。4日上午，中共中央政治局常委李长春出席全国宣传部长会议并作重要讲话，参加全国文化厅局长会议的代表列席了会议。他强调，宣传思想文化战线要着力在服务党和国家中心工作、夺取应对国际金融危机冲击全面胜利上作出新贡献，在加强社会主义核心价值体系建设、进一步凝聚全国各族人民团结奋进的强大精神力量上开创新局面，在深化文化体制改革、促进社会主义文化大发展大繁荣上实现新突破，在推动中华文化“走出去”、提升国家文化软实力上取得新进展，引导和激励全国各族人民为夺取全面建设小康社会新胜利、开创中国特色社会主义事业新局面而奋斗。

在全国文化厅局长会议上，文化部蔡武部长代表部党组作了工作报告。他指出，当前，文化发展正处于历史上的最好时期之一。党和国家对文化工作高度重视，文化在国家建设中的作用日益凸显，国家财政对文化建设的投入力度不断加大，为文化发展奠定了坚实基础；新的文化发展理念逐步形成，为文化建设提供了理论支撑、思想保障和行动指南；随着经济的快速发展和人民群众生活水平的显著提高，文化需求空前旺盛，为文化建设开辟了前所未有的广阔空间；全球性金融危机持续蔓延和我国经济结构调整总体战略的实施，更加凸显了文化产业的独特优势，为加快文化产业的发展提供了新的契机；文化体制改革不断深化，为文化生产力的解放和发展逐步消除了体制机制障碍，增强了文化发展活力；科学技术的迅猛发展和广泛应用，为文化插上了腾飞的翅膀；中国国际影响力不断上升，为推动中华文化“走出去”提供了新的机遇；全社会的文化认同、文化自觉大大增强，广大文化工作者的整体素质不断提高，精神面貌更加昂扬向上，为推动文化大发展大繁荣提供了强大的精神动力和智力支撑。因此，他要求，要立足文化实践，积极探索和把握社会主义初级阶段文化发展的内在规律，深入分析新时期我国文化建设过程中存在的深层次问题和矛盾，准确把握文化发展的总体思路和具体指标。要立足科学发展，以辩证的方法处理文化发展过程中的热点难点问题和重大问题，妥善处理好继承与创新的关系、高雅与通俗的关系、普及与提高的关系、引领与包容的关系、开放与防范的关系、社会效益与经济效益的关系、行政管理与市场调节的关系。

在部署2010年文化工作时，蔡武部长强调，今年全国文化战线要按照"高举旗帜、围绕大局、服务人民、改革创新"的总要求，深化文化体制改革，坚持一手抓文化事业繁荣，一手抓文化产业发展，为实现我国经济社会又好又快发展提供强大的精神动力和文化条件。2010年全国文化工作的重点内容主要有六个方面：一是着力完善公共文化服务体系，不断提升服务能力与水平。加强基层公共文化设施建设，加快完成"十一五"时期乡镇综合文化站项目任务。继续实施流动舞台车工程，加强全国文化信息资源共享工程乡镇和村级基层服务点建设，推进入户工作。围绕发挥基层公共文化活力，启动公共文化服务"软件"工程。加强公共文化服务机构制度建设，制定《文化馆管理办法》，贯彻落实《乡镇综合文化站管理办法》。继续深化博物馆免费开放工作，逐步推动美术馆、图书馆、文化馆免费开放。二是着力推进艺术生产与创作，为人民提供更多更好的精神食粮。办好第九届中国艺术节，组织好第十三届文华奖评选。继续推动国家舞台艺术精品开展优秀保留剧目大奖评选。规划和组织好优秀文艺作品的创作生产，为迎接中国共产党成立90周年营造良好氛围。做好重大历史题材美术创作工程优秀作品全国巡展。组织好世博会的文化活动。三是大力推进文化遗产保护，进一步弘扬优秀传统文化。推进第三次全国文物普查，做好第七批全国重点文物保护单位评审。四是进一步加强市场监管，加快推动文化产业发展。加大对网吧游戏娱乐场所违规接纳未成年人的查处力度，打击互联网低俗之风，清理网络音乐、手机音乐违法违规行为，打击假唱。开展第四批国家文化产业示范基地和第三批国家级文化产业示范园区的命名。五是着力推进体制机制创新，全面完成文化体制改革试点任务。确保试点地区、试点单位全面完成改革任务，制定下发验收标准，加强督促检查。加快推进文艺院团体制改革。推动全国副省级城市以下整合现有文化、广播影视、新闻出版（版权）等有关行政执法队伍，2010年底前基本完成文化市场综合执法机构的组建工作。积极推进公益性文化事业单位的人事、收入分配和社会保障制度改革，全面推行聘用制和岗位责任制。六是广泛开展对外及对港澳台文化交流与合作，深化与世界各国和地区的文化关系，大力推动中华文化"走出去"。

在8日下午的省委常委会议上，我向省委常委会汇报了全国宣传部长会议的精神。在听取汇报之后，省委梁保华书记作了重要讲话。他指出：去年，我省宣传思想文化工作，坚持"高举旗帜、围绕大局、服务人民、改革创新"的总要求，围绕"保增长、保民生、保稳定"和开展建国60周年重大宣传文化活动，取得了很大成绩。宣传思想文化工作给经济社会健康稳定发展提供了思想保证、精神动力和舆论支持。同时，文化改革和文化产业取得新的突破，得到中央领导的充分肯定。总之，全省宣传思想文化工作的成绩很大，应该给予充分肯定。接着，梁书记强调，要坚持围绕中心，服务大局，做好宣传思想文化工作，为经济社会健康稳定发展提供思想保证和精神动力。深化文化体制改革，加快文化产业发展。

要有紧迫感、危机感,采取更加有力的措施,整合资源,发挥优势,做强做大文化企业和文化产业,实现文化大发展大繁荣,努力推进文化强省建设。

我们必须按照中宣部、文化部和省委、省政府的工作要求,结合我省的实际,切实做好今年文化工作。大家知道,去年我国大事多、喜事多、难事也多,因而各条战线、各行各业的工作重点多、亮点多、成果也多。相比于去年,今年似乎没有那么多大事、喜事和难事,因而有人称之为平年。如何做到“平年不平”,文化建设再掀高潮,是我们面临的新课题、新任务。在今后的文化工作中,我们必须深入贯彻科学发展观,按照“高举旗帜、围绕大局、服务人民、改革创新”的总要求,努力做到“五个突破、五个并重”:一是在完善公共文化服务体系、注重文化民生上求得新的突破,坚持“硬件建设”与“软件建设”并重。二是在繁荣文化艺术上求得新的突破,坚持艺术规律与市场规律并重,创作与生产、生产与演出并重。三是在文化产业发展上求得新的突破,坚持改造传统产业与发展新兴业态、国有与民营并重。四是在文化体制改革上求得新的突破,坚持文艺院团转企改制与文化企事业单位搞活内部机制、实现可持续发展并重。五是在文化遗产保护上求得新的突破,坚持物质与非物质、保护与利用并重。因此,在推进今年文化工作的过程中,要高起点建设、高标准要求、高效能管理、高水平发展,更加自觉、更加主动地推动各项文化工作落实,以文化建设的新发展、新成绩促进文化大发展大繁荣。

关于今年工作,我们已经有了一个2010年的文化工作要点,会后还要再进一步修改之后下发。在工作要点上,今年的重点工作已经比较全面,这里我只强调以下四点:

第一,着力改善文化民生。民生问题,是党和政府关注的重点问题。改革也好、建设也好,最终的目的都是为了改善民生,也就是为老百姓谋福祉。民生问题既是党的宗旨的体现,也是文化发达的标志,同时也是小康生活的内涵。民生问题既是经济问题,也是文化问题,同时也是政治问题。党中央,特别是新一届党中央,对民生问题尤为重视,这是社会发展到一定阶段必须解决好的新课题。民生问题,从狭义上讲,是指国民的吃饭、穿衣、住房、交通、医疗等基本的物质生活问题。从广义上讲,它又包括经济生活、政治生活、文化生活、社会生活多个层面。可以说,民生问题就是与百姓生活密切相关的问题,主要的还是最基本的衣食住行、子女教育等等。当人们基本满足这些需求之后,民生问题就更多地体现在政治层面和文化层面。经过改革开放,我们国家有了很大的发展,人民的生活有了很大的提高,尤其在江苏,衣食住行已经基本满足,在这样的一个发展阶段,就必须要及时地关注文化民生。文化发达的一个重要标志,就是人人参与文化建设,个个共享文化成果。当经济社会不发达的时候,参与文化建设的,主体当然还是人民群众,但只是少数人、贵族享用文化成果。社会越发达,文化成果共享的面就越广泛。文化工作的目的就是为了人,人首先是人民群众。因此,我们一定要高度重视文化民生工作。今年省文化厅党组在讨论文化工作的时候,大家一致意见,要把“文化民生”作为一个口号提出来,同时要下大力气加以推进。应该说这项工作有基础,前些年,在抓基础、抓基层,建设公共文化服务体系方面取得了一些成绩。但是,“公共文化服务体系”还不能完全和“文化民生”划等号。我认为,文化民生的范围更广,要求更高。文化民生可以用这样几句话来概括:一是文艺作品贴近于人民群众。创作的文艺作品要能够反映人民群众的所思所想,反映人民群众的情感和诉求,就是说要符合“三贴近”的要求,真正地贴近老百姓。二是文化产品满足于人民群众。我们创作生产的文化产品要基本满足人民群众的需求。力求做到两个“满足”，即满足人民群众的物质需求和文化需求。三是文化活动依靠于人民群众。政府部门组织了许多文化活动，包括开展“送书、送戏、送电影”下乡活动，这些工作一定要做，也非常有必要。真正文化活动搞得好的地方，文化生活比较活跃的地方，都是当地的文化部门、文化人组织当地的群众所开展的。我到苏北有些市看到，虽然经济并不是很发达，但是它们的文化活动开展得非常丰富，老百姓的幸福指数很高，参与文化活动的热情也很高，一个重要原因，就是有传统，而且活动内容贴近于老百姓。因此，在实施“三送”工程、开展文化活动的同时，应该思考怎么样来挖掘各地的文化资源，组织好人民群众开展好自我文化娱乐活动。四是文化设施就近于人民群众。省一级的文化设施，主要是面向南京的城市人口，各地的群众不可能更多地享用这里的文化设施。在文化设施建设方面，前几年一直抓到乡镇，现在省委省政府提出，要在行政村设立文化室，文化部门一定要积极主动地去抓，扎实做好文化设施建设规划，让老百姓就近享用文化设施。五是文化服务方便于人民群众。前几天我在听取省网络公司工作汇报的时候就强调，为老百姓提供文化服务一定要考虑周密，一定要提供优质服务，最关键的问题还是要能够方便群众。老百姓许多的文化信息、娱乐活动、文艺演出都是通过电视来收看，现在通过电视收看文艺节目操作起来越来越复杂，老百姓根本就使用不了。包括文化信息资源共享工程，老百姓操作电脑非常困难。不光是普通的群众，就是有一点层次、有一点知识的人去使用这些文化设备也觉得很费劲。在这方面，我们既要考虑为人民群众提供一系列的文化服务，又要考虑在开展文化服务时怎样才能更方便于老百姓。总而言之，在构建公共文化服务体系的同时，要高度重视文化民生工作。

第二，深入推进文化体制改革。经济工作去年是困难，今年是复杂。而文化工作去年繁重，今年艰难。最艰难的还是文化体制改革问题。一是文艺院团转企改制任务艰巨。过去只有“路线图”，没有“时间表”。现在既有“路线图”，又有“时间表”。有了“时间表”就是硬任务，就没有退路。二是转企改制的文艺院团后续发展任务艰巨。改革是手段，发展是目的。改革的目的是出人、出戏、出效益。文艺院团并非“一改就灵”，“一改就活”，一改就出成效，这一点要保持清醒的头脑。文化体制必须要改，但改革要与发展并重。小平同志曾经指出：“过去我们讲先发展起来。现在看，发展起来以后的问题不比不发展时少。”小平同志的讲话非常有预见性。从现在的情况看，一方面发展得非常好，另一方面，存在的问题也非常多。比如：改革成本如何消化，内部机制如何转变，市场如何开拓，精品如何生产，队伍如何稳定，后劲如何增强，等等。有些改革试点单位已经暴露了这样和那样的问题。要坚持一手抓改革，一手抓发展，用发展的成果来体现改革的成效。只抓改革，不抓发展，或者不注意解决改革当中出现的问题，文艺院团改革的问题将会更多。一定要高度重视改革以后的问题，并及早研究、拿出对策，使改革成果得到巩固和发展。三是文化市场管理的任务艰巨。文化市场管理最关键的是综合执法机构、队伍还没有完全到位。关于文化市场综合执法，以文化部门为主体来抓更好。并不是为了争取机构，争取职权，而是为了更加有效地来管理好文化市场。四是文化厅局的任务越来越重。从全省的情况看，管理体制不顺，模式不一，加大了工作的难度。比如：市县三局合一，而中央和省还都没有合起来，一个文化局要应对上面三个厅局，任务非常重。如果每个厅局每年组织几次调研、几次检查，对下面的文化局就会形成非常大的压力。这些问题值得我们好好地进行研究与思考。前一阶段，省文化厅组织人员对全省文化体制改革情况进行了督查,从检查的情况看,许多市县对文化体制改革抓得非常紧,南京市6家院团已经于去年8月份完成转企,分别成立了6家有限公司;苏州市歌舞团、锡剧团于去年底完成转企,分别成立苏州市歌舞剧院有限公司和苏州市锡剧团有限公司;无锡市5家市属院团将全部撤销事业建制,整合组建无锡市演艺集团有限公司。文艺院团改革任务虽然非常艰难,但市这一级在努力地推进。目前,全省文艺院团改革总体上进展不够快,离中央和省委提出的要求相比还有较大距离。既有主观原因,也有客观原因。对文艺院团要不要转企改制,在认识上还不够统一、不够到位;有些地方文化部门重视,其他部门还不够重视;有个别地方的领导对院团改制的紧迫性认识不足,有的领导说"我们市养一两个院团没有问题,不一定要改";有些政策不配套,资金不落实,改革的成本无法消化。今年文化工作的任务非常艰巨,艰巨在改革。按照省委的要求,要完成三项改革:一是全省市、县国有文艺院团要于年底前完成转企改制。去年要求市一级完成院团转企改制,实际上没有完成。前不久,中宣部又发了一个文件,进一步明确转企改制不是简单地挂一块牌子,而是要求取得实效。今年中宣部要组织对全国进行督查,这项任务非常重,时间非常紧迫。二是要积极推进其他经营性文化事业单位的转企改制。年底前,全省文化系统所有经营性文化事业单位完成转企改制工作。三是要深化公益性文化单位的机制改革。文化事业更多地是靠事业单位在支撑,这些文化事业单位都是老单位、老人、老机制,包袱重、困难多、活力不够,不足以承担现在的公益性文化事业,改革的难度非常大。事业单位内部改革非常重要,对公益性文化事业单位改革的时间、目标、任务和要求已经非常明确。这几年文化事业单位的机制改革进展不快,现在已到了非改不可的时候,甚至可以说,它积累的问题不亚于经营性事业单位。南京图书馆、省美术馆新馆可以说是全国一流,但是内部机制、内部管理,包括队伍建设、服务水平还跟不上。一流的设施、一流的场所,就应该有一流的管理、一流的服务,为什么软件上不去,主要是内部机制有问题,还是计划经济条件下形成的老机制。强调高度重视文化事业单位内部机制改革,原因就在这里。这方面的改革,上下都在探索,有些市就做得很好,实际上比省里抓得紧、抓得早。就全国而言,今年完成试点任务,而江苏是要在今年全面完成文艺院团的改革任务,这个概念大不一样。总而言之,江苏是全国的试点、全国的标兵,省委、省政府下了很大决心,今年我省的改革不仅要有突破性进展,而且还要全面完成任务。

第三,加强文化与科技的结合。去年11月25—26日,省政府在常州举行了江苏文化创新与科技发展论坛。我觉得这个命题非常重要。文化与科技创新的互动是人类社会文明演进的主旋律。一部人类的发展史实际上就是一部文化发展史。在这个发展史上,文化的发展始终与科技进步紧密联系在一起,科技对人类的发展起到了巨大的推动作用。在古代,如指南针、火药、印刷术、造纸术并称为我国的四大发明,对中国及世界的文明和进步起了重大的推动作用。特别是造纸术和印刷术,对文化的普及和推动意义非常之大。古代文字都是靠刻在竹简和石头上面,文化传播和信息传播非常困难。有了印刷以后,可以无限制地复制。有了纸张,所有的知识、信息都可以迅速地传播开来,这就是科技的力量。在近代,电影、广播、电视的发明更是现代科技的产物,人民群众可以通过电视、电影直接享用文化产品。特别是电视已经成为人们获取信息的主要来源,深深影响着人民的生活。过去,文化成果由少数人享用,宫廷里的演出、珍贵的艺术品、高档的文化消费,老百姓根本看不到,更谈不上享用。最近我在研究故宫文物南迁这段历史，前几天我利用开会之便专门到故宫参观了一下，看到了很多很珍贵的文物。几百年来，故宫里到底有些什么东西，老百姓不知道，也根本无法看到。直到1925年溥仪被赶出去之后，故宫变成了博物院并对外开放，老百姓才大开眼界。据说第一次开放的时候，老百姓纷纷拥进去参观，可谓是万人空巷。过去文化是靠人际传播，有了电影、电视、广播之后，北京有什么高档的文艺演出老百姓立即就能通过这些媒体看到。由于科技的进步，实现了、推动了文化的平等和文化的发展。在当代，互联网、移动通信技术的发展更有极其深刻的意义。网络不光是点对面的传输，而且是点对点，相互之间可以互动，改变了信息、文化传播的根本形态。网络技术的广泛应用，更加进一步说明科技进步对文化所产生的巨大的影响力。我们要高度重视科技对文化发展的促进作用，更加积极、更加主动、更加自觉地推进文化创新。一是要强化文化与科技结合的意识。文化创新，最主要的是文化科技的创新，要充分利用科技新发明来武装文化。二是要大力倡导与扶持科技含量高的文化项目。发展新兴产业，催生新兴业态，文化产业要大发展，就一定要依靠科技的力量。文艺院团改革固然很重要，但不能企求文艺院团在文化产业方面有很大的作为。电影、音像制品就不同，可以无限制地复制，它才能成为真正的大产业。最近美国又推出一部大片《阿凡达》，所创票房之高，文艺院团的演出场次再多也无法与之相比。今后，一定要高度重视发展科技含量高的文化产业。三是要积极推动文化产业园区和文化产业基地建设。加强对文化产业园区和基地布局的统筹规划，重点扶持具有高新技术的文化产业园区建设，推进文化产业持续高效发展。四是要加快文化产业信息平台和交易平台建设。积极搭建江苏文化产业信息、政策、管理、交易等平台，为文化企业提供政策服务、信息服务和招商服务。省委、省政府确定，在2012年把我省文化产业发展成为国民经济的支柱产业。所谓支柱产业，就是要占GDP的5%。去年我省文化产业增加值预计是1000亿元，占GDP3%左右。也就是说到2012年，我省文化产业增加值要达到2500亿元，才能占GDP的5%。要实现这个目标，难度非常大，因此，我们要进一步加强文化与科技的结合，大力发展高科技的文化产业，依靠科技的力量来推动文化产业的发展。

第四，加快文化人才队伍建设。省委梁保华书记强调，做好宣传文化工作的关键是人才。文化领域主要包括文化艺术人才、文化产业人才、文化管理人才，目前这三方面的人才都很缺。既缺少领军人物，又缺少文化名人。在发展文化产业方面也同样的缺少人才。懂文化的人不会搞企业，搞企业的人又不熟悉文化。文化产业的发展，人才是最大的制约因素。人才是事业发展的关键环节，在推进文化建设与发展的过程中，一定要高度重视文化人才队伍建设。一是要发现人才。古人云："世有伯乐，然后有千里马"，"千里马常有，而伯乐不常有"。 发现人才不仅要靠领导的眼光和水平，更要有胸怀和胆魄。在实际工作中，只要我们细心观察，注意了解，就不难发现更具潜质、更有培养价值的优秀人才。二是要培养人才。怎么培养？我的观点是：人才，必须放到实践当中去培养，要通过干事业、干工作来培养、来考验。让他们学习书本知识，或把他们送到国外去学习还远远不够，人的才干还得要放到一线去锻炼才能提高。凡是干实事的人，凡是有在一线和基层工作经历的人，他的能力就会高于那些没有基层工作经验的人。真正的能力、才干还是来自于实践。这绝对不只是一句老话、空话，实践更进一步证明了这一点。我们每搞一次活动，就能带出一支队伍，培养一批人才。一直不做事，人的水平只会退化不可能提升。我一直强调文化部门要争取工作，争取任务，有为才有位，工作做少了文化部门就不可能有地位，也带不出队伍、培养不出人才。要在实践之中、在事业发展当中来培养人才。三是要引进人才。引进人才，有成功的，也有失败的。大家知道，小树好种，大树移植成功率不高。人才也一样，用不好，浪费了人才，而且还会造成很大的负面影响。文化系统有这样的经验，也有这样的教训。省国画院面向全国引进画家，应该说是成功的，他们在这里生根、成活、出成果。这次在十一届全国美展、中国百家金陵画展中获奖的就有我们引进的人才。但是，也有引进的人才，到了之后心情不舒畅，才能得不到充分发挥，结果又走了。引进人才的工作要做，一定要慎之又慎。四是要使用人才。发现、培养和引进人才的主要目的是为了用好人才。引进人才，并不是说开出好的条件，给一套房子，或者给一个职务，给多少年薪就能解决问题，这当然也是吸引人才的一个方面。如果是真正的人才，他不会完全在乎这些。如果他完全在乎这些，说到底也不是人才。比如演员，要给他成名成家的机会，要让他演好的剧目，要为他们提供施展才能的舞台，让他们的才华得到充分地发挥。五是要优待人才。人才生存的环境非常重要，有的单位环境差，人才来了留不住，就连自己培养的人才也留不住。不光是待遇问题，更重要的是环境问题，人才在一个单位心情压抑，才能肯定发挥不出来。尤其是江苏，人才生存环境是一个大问题，文人相轻，有才能的人受到抑制，这种情况屡见不鲜。作为文化厅局的领导，一定要关心人才、重视人才，为人才提供良好的服务、良好的环境，要积极营造有利于人才生存发展的氛围，让文化人才有用武之地。重视人才、培养人才、使用人才，最终的目的是为了把江苏的文化工作、文化建设搞上去。

同志们，2010年我们面临的困难和问题还有很多，希望全省文化战线的同志们一定要充分认识所肩负的历史使命，以饱满向上的热情，奋发有为的姿态、改革创新的精神、求真务实的作风，同心同德，群策群力，全力以赴投身于文化强省建设的伟大实践中，真正干出一番事业，兴起一方文化，为实现文化建设的新跨越做出新的更大贡献！

（节选自《江苏文化周刊》2010年1月14日1-2版）

# 专 文

# 着力改善文化民生 全面推进文化建设

章剑华

近几年来，在省委、省政府的高度重视和正确领导下，江苏着手全面、率先构建公共文化服务体系，以规划、投入、队伍、活动、机制等为切入点，以满足广大群众文化需求为目标，积极进行一系列探索实践，走出了一条建设公共文化服务体系的新路子。

## 公共文化服务体系建设初显成效

省委、省政府以及各级党委、政府对公共文化服务体系建设高度重视，投入和支持力度不断加大，全省公共文化服务体系建设取得阶段性成果。

一是文化设施建设取得新成效。投资近5亿元的南京图书馆新馆向社会开放。投资3亿元建设的省美术馆新馆于今年初试运行。投资7亿元的南京博物院二期工程正在建设之中。此外，苏州、南通、扬州博物馆新馆等一批重大文化设施相继落成开放。截至2008年底，全省共有各级公共图书馆106个，其中省级馆1个、市级馆15个、县级馆90个，市级图书馆平均建筑面积10667平方米，平均藏书76.12万册（件），县级图书馆平均建筑面积4663平方米，平均藏书16.89万册（件）。共有各级文化馆117个，其中省级馆1个、市级馆12个、县级馆104个，市级文化馆平均建筑面积4231平方米，县级文化馆平均建筑面积2363平方米。共有博物馆108个，其中省级馆2个，市、县级馆106个。共有文化站1313个，其中乡镇文化站1067个，平均建筑面积990平方米，街道文化站246个，平均建筑面积1346平方米。行政村普遍建有文化活动室。

二是文化经费投入大幅增长。“十一五”期间，省委、省政府明确提出“两个高于”的要求，即：每年文化事业的财政支出增幅高于财政一般预算支出增幅，“十一五” 文化事业投入占财政支出的比重高于“十五”时期。2006年，全省文化（文物）事业经费17.4亿元，财政拨款的增幅为13.19%。2008年，省财政拨出文化事业总经费2.5亿元。2007年，全省各级财政对“两馆一站”的拨款为5.68亿元。

三是从业人员素质逐步提高。目前，全省文化系统从业人员为100141人。其中图书馆从业人员2527人，高级职称279人，中级职称819人。文化馆从业人员1971人,高级职称231人,中级职称705人。博物馆从业人员2360人,高级职称210人,中级职称433人。文化站从业人员3786人,高级职称51人,中级职称537人。

四是群众文化活动日趋丰富。近几年来,通过举办民间艺术节、少儿艺术节、敬老日大型文艺汇演、农民美术书法大赛作品展等一系列活动,丰富群众文化生活。突出文化惠民,深入推进博物馆、纪念馆免费开放工作,精心组织文物等巡回展览,使更多的社会公众享受到江苏珍贵文化遗产。连云港市"和谐文化进万家"广场文化活动被评为全国特色广场文化活动,昆山市陆家镇文化中心广场和吴江市桃源镇严慕文化广场被评为全国特色文化广场。

## 公共文化服务体系建设的成功实践

文化的主体是人,对象是人,目的也是人。公共文化服务体系是点、线、面的有机结合。"点"就是重点。城市的重点是社区,农村的重点是乡镇,而重中之重是乡镇文化站建设。"线",就是文化、广电、出版、文物等部门条线分工,通力合作,互建互补,共建共享。"面",就是点线互联,纵横交错,全面覆盖。保证省有四馆:即美术馆、图书馆、文化馆、博物院;市有三馆:即文化馆、图书馆、博物馆;县有二馆:即文化馆、图书馆;乡有一站:即综合文化站;村有一室:即文化室。

公共文化服务体系建设主要是实现"三大覆盖":一是阵地覆盖,即遍布全省的公共图书馆、博物馆、文化馆、美术馆以及乡镇、社区文化站和村文化室等。二是网络覆盖,即有线电视村村通、文化资源信息共享工程等。三是内容覆盖,即"三送"工程和农家书香工程,以及各地开展的有特色的群众文化活动等。

积极开展乡镇文化站建设。2005年,省委宣传部、省文化厅确定17个乡镇文化站进行试点,对建设规模、体制创新和建设管理提出明确要求。其中规定试点乡镇文化站的建筑面积,苏南地区不低于2000平方米,苏中地区不低于1500平方米,苏北地区不低于1000平方米;公益服务项目设综合展示厅、多功能活动厅、体育健身和老年、少儿活动室、书刊阅览室、教育培训室、共享工程基层服务点,以及农村电影和其他因地制宜、满足当地群众需求的服务项目;用于经营性项目的设施面积不超过总面积的30%。为确保试点工作的顺利进行并取得预期效果,成立了试点领导小组,加强指导和协调。建立了专项扶持资金和奖励制度,对每个新建的乡镇文化站给予30万元资金补助。经过近一年的努力,在省扶持资金510万元的带动下,市、县安排配套资金325万元,乡镇自筹资金5860万元,吸纳社会资金470万元,试点乡镇文化站均建成开放,平均建筑面积2226平方米,成为当地标志性文化设施。

省委、省政府将乡镇文化站建设列入农村十大工程和新五件实事,投入7670万元,对经济薄弱地区和革命老区的446个无房和不达标文化站建设进行扶持,明确对无房文化站的建设补助每个30万元,对面积不达标文化站的建设,视面积差额和工程量大小,每个补助5万元至20万元。2008年底,省政府下达的446个乡镇文化站建设任务已全部完成。到"十一五"期末,一个高标准的省、市、县、乡、村和城市社区全覆盖的基础设施网络将全部建成。

大力实施文化惠民工程。省委、省政府把"送书、送戏、送电影"下乡工程列入农村十大工程和新五件实事,主要内容有三个:一是对经济薄弱地区乡镇文化站每年赠送价值1万元的图书,通过政府采购方式,集中购买农村适用、农民喜爱、内容健康的图书,直接配送到全省经济薄弱地区的县(市、区)图书馆和乡镇文化站，再由乡镇文化站以流动文化服务的形式，将图书送至行政村文化室，方便群众就近读书。二是对经济薄弱地区乡镇开展送戏活动，标准为每个乡镇每年4场演出，每场补助2000元，主要是依靠县级剧团送戏下乡，由县级文化主管部门组织实施，省、市剧团每年也要组织一、两台高质量的演出下乡。三是按照国家农村电影"2131"工程要求，对经济薄弱地区开展送电影活动，每村每月放映一场电影，每场补助80元。所需电影拷贝由省集中采购并免费配送给经济薄弱地区县（市、区）。4年来共送电影47.9万场，观众8000多万人次，送戏11095场，观众400多万人次，采购图书255.6万册，电影拷贝4000多个，数字电影放映设备530台，取得广泛社会效益。同时积极推进"共享工程"的深入实施，以省级分中心、市县支中心的达标升级建设为重点，切实提高数字化文化信息资源对城乡基层群众特别是广大农民的影响力和覆盖面。

努力推进文化设施免费开放。2008年初，根据全省文化设施的发展水平，结合人们对这些文化设施的广泛需求，我们果断做出决定，省级三大文化设施——南京博物院、南京图书馆、江苏省美术馆于春节前向社会长久免费开放。这一行动，一方面得到群众的拥护，参观人数激增，南京博物院一天有上万人；另一方面得到中央领导及相关部委领导的充分肯定，李长春同志亲自批示，希望江苏为全国免费开放创造经验。随着工作的推进，苏州、常州、镇江、扬州、南通、连云港等市级综合博物馆，仪征等县级博物馆，苏州戏曲博物馆、苏州碑刻博物馆等专题馆，以及南通地区的所有博物馆均实现免费开放。全省免费开放博物馆、纪念馆和爱国主义教育基地达174家。同时，各级公共文化设施积极面向社区、农村，积极开展流动服务、网上服务及举办讲座、展览和培训等延伸服务。目前，我们正在采用分阶段、分类别、分步骤的办法，从经济发达的苏南地区逐步向苏中、苏北地区扩大；从人流量较少的县级博物馆、纪念馆逐步向市级馆推进；从规模较小的纪念馆、行业博物馆逐步向历史综合博物馆拓展，不断扩大公共文化设施免费开放。

大胆创新投入机制与运行机制。在试点乡镇文化站中，实行公有民营制的有6家、股份合作制的有7家、目标责任制的有4家，运行情况都比较好。实行公有民营、股份合作制的乡镇文化站，在确保公益性和政府不断增加投入的前提下，有效依靠了社会力量，灵活运用市场和企业机制，以前那种"死不了、活不好"的守摊子状况得到根本改变。由于办理了县级文化部门和乡镇政府共有的产权证，文化设施被随便拍卖、出租现象得到控制。目前，江苏省乡镇文化站建设工程充分借鉴、运用了试点经验，全省建成了一大批设施领先、功能齐全的文化站，并以先进的机制和优良的服务开始满足广大农民群众多层次、多方面、多样化的精神文化需求。

不断提高服务水平和服务能力。在实现了以乡镇文化站建设为主的阵地建设等目标之后，即在硬件投入不断加强的情况下，另一个问题凸现出来，这就是农村文化队伍建设的问题。我们决定用3年时间，分期分批对全省1103名乡镇文化站长和106个县（市、区）文艺骨干进行培训。自2006年11月开班以来，我们共办乡镇文化站长培训班15期，有1020人受到培训。

## 实施以改善文化民生为重心的新一轮公共文化服务体系建设

文化民生是党和政府近几年亲民政策、爱民政策的体现，也是"执政为民"理念在文化上的具体反映。随着生活水平的逐步提高，人们的精神文化需求日趋旺盛，全社会求知、求乐、求美的愿望更加强烈，如何满足群众多方面、多层次的文化需求是当前文化工作面临的一个重要课题。

在今后的文化建设中，我们必须深入贯彻科学发展观，按照“高举旗帜、围绕大局、服务人民、改革创新”的总要求，努力做到“五个突破、五个并重”：一是在完善公共文化服务体系、注重文化民生上求得新的突破，坚持“硬件建设”与“软件建设”并重。二是在繁荣文化艺术上求得新的突破，坚持艺术规律与市场规律并重，创作与生产、生产与演出并重。三是在文化产业发展上求得新的突破，坚持改造传统产业与发展新兴业态并重，国有与民营并重。四是在文化体制改革上求得新的突破，坚持文艺院团转企改制与文化企事业单位搞活内部机制、实现可持续发展并重。五是在文化遗产保护上求得新的突破，坚持物质与非物质、保护与利用并重。在改善文化民生、推进公共文化服务体系建设的过程中，努力实现高起点规划、高水平建设、高效能管理。

一是要率先全面构建公共文化服务体系。“两个率先”包括文化的率先。江苏有条件、有能力、也应该在全国率先全面构建公共文化服务体系，这才与文化强省相匹配。为此，需要认真研究全面构建公共文化体系的主要指标，在10年建设文化大省的基础上，再经过10年努力，争取把江苏建设成为文化综合实力位居全国前列的高标准的文化强省。

二是要大力实施艺术产品创作生产。生产人民群众喜闻乐见的文化产品，是文化工作者的使命任务。继续实施精品战略，重点打造反映人民群众生活的现实题材艺术精品，积极配合国家舞台艺术精品工程，实施江苏省舞台艺术精品工程，带动各地区、各剧种、各门类文艺作品创作的全面繁荣。充分发挥江苏艺术人才优势，创作出具有鲜明时代特征、强烈艺术魅力、深受群众喜爱的优秀舞台艺术和书画艺术精品。在持续保持稳中有升的发展态势的基础上，推出一批在全国有重大影响的精品力作，争取在国家舞台艺术精品工程、“文华奖”、全国美展等重大评比中有更多的优秀剧目、美术作品入选获奖。

三是要进一步完善公共文化服务网络。坚持“硬件”与“软件”并重，形成覆盖全省城乡的公共服务阵地。加快文化设施建设，推进省级标志性设施江苏省美术馆新馆对外开放和南京博物院二期工程项目建设；推进村文化室建设，并做好对村文化室建设的业务指导工作；推进经济欠发达地区农村文化设施建设，加大文化资源向经济薄弱地区的倾斜力度。高度重视乡镇综合文化站建设，出台并实施《江苏省农村公共文化服务管理办法》。切实加强社区文化工作，加大投入力度。全面完成省文化信息资源共享工程“十一五”建设目标，实现乡镇基层服务点全覆盖。

四是要积极开展文化惠民活动。让人民共享文化发展成果，是文化建设的出发点和落脚点。经常性地组织精品剧(节)目下基层进行公益性巡演。继续开展“送书、送电影、送戏下乡”活动，开展省“特色文化之乡、团队、家庭、标兵”评选命名活动，为公民参与文化活动实践、形成独具特色的本土文化搭建平台。从2009年始，落实省农村文化“以奖代补”资金每年4000万元，主要用于对乡镇正常开展文化活动给予补助奖励，全面培训农村基层文化干部和文艺骨干。

五是要不断推进文化改革与发展。探索苏南地区、城市和重点企业对苏北农村的帮扶办法。改革政府举办各类文化艺术活动的投入方式，实施政府采购和市场运作相结合，组织好各类文化活动。设立省农村文化“以奖代补”资金，促进农村文化建设与发展。结合各级财政的专项投入，为全省各地开展农村文化活动建立起较为稳定的经费保障机制。

(《群众》2010年第2期)

# 开放征程从头越

## ——努力推动江苏对外文化交流工作再上新高度

高　云

"十一五"期间,江苏按照"文化走出去"战略,积极发挥各级政府文化部门的优势,通过整合资源,培育品牌,策划项目,组织活动,向世界较好地展示了文化江苏的活力,取得一定成就:

一是培育了一批可常年承担对外文化宣传与交流的艺术精品,如昆剧《牡丹亭》、《桃花扇》,杂技《太空遐想》、小红花艺术团《七彩童年》、摄影展"锦绣江苏"以及江苏书画、歌舞民乐、文物工艺精品等。

二是策划了一系列大型国际文化交流的品牌活动,如江苏国际文化艺术周、第31届世界戏剧节、第五届亚洲美术馆馆长论坛等;此外,各地定期举办的扬州运河城市博览会、南京国际爵士音乐节、苏州承办的中国国际民间艺术节、无锡太湖国际民乐节、常州国际动漫艺术周等大型国际文化活动也都成为了常态化的、具有一定影响的品牌项目。

三是发挥地方资源优势,积极配合文化部、外交部组织了一系列展演活动。在文化部外联局指导下,我们每年在国家文化年、主题年活动平台上,有重点地与友城开展文化交流。如成功地承办了第四届尼泊尔中国节,每年组派优秀艺术团组参与文化部"欢乐春节"海外展演;选派艺术项目赴比利时欧罗巴利亚艺术节展演等。

四是与港澳台的文化交流持续深入,为促进祖国统一,人心回归,做出了应有的努力。2009年至2010年,江苏与台湾互办了"台湾江苏周"和"江苏台湾周",影响空前,其间江苏艺术家赴台成功展演了本省风情歌舞,举办了两岸艺术家大运河写生作品展等。今年,我们将继举办"江苏澳门周"之后,于10月份举办"澳门江苏周"。

五是积极推进文化交流与文化贸易的结合。昆剧青春版《牡丹亭》、南京市杂技团以商演形式走入美国、英国、日本等国家;还与美国富顿集团合作,拓建了江苏工艺精品海外市场营销渠道;并通过举办常州国际动漫艺术周、南京文化产业博览会等平台,为江苏文化企业接轨国际市场创造了有利条件。

当前,对外文化交流的新态势已成为江苏一道亮丽的风景线,截至去年底,全省已与

47个国家建立了228对国际友好城市及近200对友好交流关系，位居全国前列。

未来五年中，江苏对外文化交流将围绕三个基础、四个方向、五个重点来进行规划。

## 一、从三个方面构筑对外文化交流的工作基础

**1. 着眼大局，加强研究，坚持对外文化交流科学发展。**

积极围绕“文化走出去”战略，按照“大国是关键，周边是首要，发展中国家是基础，多边是重要舞台”的新的外交指导方针和建立“全方位、宽领域、多层次”外交格局的要求，以科学发展观为指导，研究制定全省对外文化交流发展的指导性意见，全面实施省“十二五”文化发展规划提出的“文化走出去工程”，加大投入，完善机构，健全队伍。发挥省级文化主管部门在对外文化交流工作中的宏观指导作用。

**2. 构建平台，“走出去”与“引进来”相结合，推动对外文化交流全面发展。**

以全面发展为主题，立足世界文化发展前沿，积极发掘本省文化资源，开发创造江苏对外文化交流特色项目，建立分级数据库。适时策划举办对外文化交流项目洽谈会，吸引更多、更新的国内外经典、优秀的项目参与洽谈和交易，构建文化项目走出去引进来的交流平台。同时通过合作培育一批文化经营人才和文化经纪机构。

**3. 建立机制，强化合作，促进对外文化交流可持续发展。**

贯彻“统筹规划，整合资源，形成合力，突出重点，集中力量办大事”的工作方针，完善“政府主导支持、社会广泛参与、多种方式运作”的工作模式，加强与有关部门、地区的配合与协作，进一步完善江苏省对外宣传联席会议、江苏省友城联席会议及“长三角”区域合作机制，把对外文化交流工作与外贸、科技、旅游、体育等工作结合起来，把展演、展映和展销结合起来。发挥地方政府和民间力量的积极性，发掘对外文化交流的整体优势，形成以政府推动为主导、民间交流为主体，市场机制为杠杆的全省对外文化交流的新格局。

## 二、从四个方向确立对外文化交流的工作目标

**工作目标之一：积极开展文化外交，让江苏走向世界。**

坚持对外文化交流为江苏“两个率先”和文化强省建设服务的方针，进一步拓宽国际文化交流合作的渠道和领域，积极参与文化部及我驻外使馆举办的春节、国庆等重点文化品牌及相关活动。继续推进南京博物院、南京图书馆、江苏省美术馆、江苏省演艺集团等重点文化单位与海外各友好单位的协作关系，推进双方在技术合作、人员培训及管理服务等各个方面交流的广度和深度。支持江苏省演艺集团在海外设立营销机构，开拓国际市场。精心策划大型国际文化交流活动，以友城文化交流为平台，每年选择1—2个国家，举办“茉莉飘香——江苏文化周”。积极搭建交流平台，为江苏文化企业、文化产品“走出去”开辟商业演出、展览(销)市场提供支持，实现对外交流与文化贸易的紧密结合。全方位、立体化地宣传江苏文化，扩大江苏文化的国际影响。

**工作目标之二：全面展示江苏新貌，让世界走近江苏。**

江苏历史积淀深厚、文化资源丰富、经济实力雄厚，对外文化交流方面具有良好条件。计划每年举办1—2项较大规模、较高层次的文化交流活动，引进世界各国优秀文化成果，通过借鉴和吸收转换为有益于我省文化发展的成果。积极举办双边及多边文化交流活动，办好中国江苏国际文化艺术周、南京历史文化名城博览会、无锡太湖国际民乐节、南京国际爵士音乐节、常州国际动漫艺术周等品牌

文化活动，扩大影响，提升效益，吸引更多海外宾客走进江苏，了解江苏，亲近江苏。

**工作目标之三：努力强化品牌建设，让管理规范有效。**

针对江苏对外文化交流相对零散的实际，着力加大三方面建设：一是加大省级文化品牌建设。对省内对外文化交流项目及机构进行评估定级。重点打造一批既有传统文化内涵又具现代审美品位；既有中国气派又有江苏特色的品牌项目。二是加大地域特色文化品牌建设。苏南地区将充分发掘吴文化资源，进一步发挥昆曲、古琴、苏州园林等世界文化遗产的魅力。苏中地区要加大对南京云锦、扬州木偶、漆器及其他非物质文化遗产项目的宣传推介；苏北地区要充分挖掘、构建以楚汉文化为特色的品牌项目。三是加大文化交流人才建设。进一步发掘、扶持和培养文化交流复合型的人才，通过"请进来"和"走出去"的方式，有计划的培训本省的对外文化交流的经营和管理人员；借助外部智力、资金和条件，造就一支讲政治、懂艺术、通语言、擅策划、会经营的对外文化交流的专门人才队伍，使江苏对外文化交流管理与服务更具专业精神，提升我省对外文化交流事业发展的整体水平。

**工作目标之四：促进港澳台文化交流，让统一深入人心。**

积极研究对港澳台文化交流的新形式、新举措，进一步巩固和发展与港澳特区政府和社会文化机构、团体的交流交往关系，在现有基础上，发展更多的合作伙伴。进一步研究并充分发挥江苏省文化联谊会的作用，每年在港澳选择一地举办"苏韵流芳"艺术周活动，推荐江苏最有代表性的演艺团体、文物或艺术展览赴港澳台交流。

切实发挥江苏作为全国对台文化交流基地的作用。充分运用江苏与台湾的特殊联系和有利条件，以"苏台文化之旅"为平台，选择具有浓郁地域特色和乡音乡情的优秀项目和有影响的文化名人入岛交流；发展对台文化贸易，积极争取政策，在江苏设立台湾文化创意产业园区；加强民国文化研究，促进中华传统艺术的传承与发展，弘扬民族优秀文化，增进两岸人民的相互了解和交流。

## 三、围绕五个方面强化对外文化交流的工作保障

**1. 政策保障** 加强对外文化交流的法规建设，综合运用法律、法规、规章以及国家有关政策，加强对外文化工作的规范化管理，提高理论和实践的指导能力、规划和管理能力；认真梳理对外文化交流管理政策法规，通过调整省、市两级工作机制，积极争取条件进一步下放并减化行政审批程序，建立起符合江苏特点的对外文化交流管理架构，保障全省对外文化交流工作有步骤、有计划、有秩序地进行。

**2. 组织保障** 要求全省各级文化管理部门将对外文化交流工作列入各地文化发展的重点工作，力争在五年内实现各市有专门对外文化交流管理机构，各县有从事对外文化交流工作的专门人员。

**3. 资金保障** 通过精心设计项目，制定战略规划，积极争取财政支持，加大对外文化交流工作的投入，使各地文化部门有专门的对外文化交流工作预算资金，使我省对外文化交流工作能够有实施计划、有资金支持的常态化展开，以持续有效地工作，扩大江苏的对外影响。

**4. 信息保障** 开展对外文化交流信息数据库建设。深入了解各国政治、经济、文化的历史和现状，及时反映国际文化领域的重大事件和动态，调查研究各国文化政策和对华态度，为制定对外文化工作政策和策略、指导省内文化机构广泛开展对外文化交流提供重要信息参考。

**5. 管理保障** 进一步完善外事审批法规，加大对外文化交流活动的管理和督查力度，确保对外文化交流归口管理要求的实现，

严肃查处违纪违规事件，坚决防止出现重大责任事故。

“十二五”期间，江苏将进一步着眼于世界文化发展的前沿，以加快发展为主线，以服务国家文化外交大局为己任，进一步拓宽交流的渠道和领域，深化区域、多边文化交流与合作，充分利用各种资源，积极创新对外文化交流的形式和手段，吸收和借鉴世界各国优秀文化成果，着力展现江苏悠久的古代文明和当代文化艺术的成就，扩大在国际社会特别是在西方主流社会的传播和影响，树立中国、江苏改革开放和现代化建设的形象，提升江苏文化产品在国际市场的影响力和竞争力。

# 关于民营资本进入文化产业的思考

马　宁

改革开放以来，文化产业成为我国发展速度最快的产业之一。这其中，以民营经济为主体的非公有制经济的积极参与，发挥了不可忽视的作用。许多从事其它产业的民营企业，在完成资本积累、发展壮大后，纷纷叩击文化产业的大门，数百亿民间资本投身文化产业，使文化产业日趋繁荣兴盛。本文试图就民营资本进入文化产业的原因、现状及加快民营资本进入文化产业问题作一分析探讨。

国家相继出台政策鼓励支持民营资本进入文化产业，是民营资本积极进入文化产业的基本原因并直接导致了中国民营文化企业的快速发展。2003年，国务院办公厅《关于印发〈文化体制改革试点中支持文化产业发展和经营性文化事业单位转制为企业的两个规定〉的通知》中，提出要"鼓励、支持、引导"社会资本以股份制、民营等形式，兴办影视制作、放映、演艺、娱乐、会展、中介服务等文化企业，并享受同国有文化企业同等待遇。2005年国务院颁布了《关于非公有资本进入文化产业的若干决定》，明确提出要进一步引导和规范非公有资本进入文化产业，逐步形成以公有制为主体、多种所有制共同发展的文化产业格局，提高我国文化产业整体实力和竞争力。同年，文化部、财政部、人事部等联合下发了《关于鼓励发展民营文艺表演团体的意见》。2005年，中共中央、国务院出台《关于深化文化体制改革的若干意见》，再次提出大力推进文化领域所有制结构调整，鼓励和支持非公有资本以多种形式进入政策许可的文化产业领域，逐步形成以公有制为主体、多种所有制共同发展的文化产业格局。2006年，《国家"十一五"文化发展规划》提出，要认真落实《国务院关于非公有资本进入文化产业的若干决定》，创造良好的政策环境和平等机会，加强和改进服务，鼓励支持非公有经济进入政策许可的文化产业领域，支持非公有制文化企业的发展。2009年，国务院《文化产业振兴规划》出台，其中提出要降低准入门槛，积极吸收社会资本和外资进入政策允许的文化产业领域，形成以公有制为主体、多种所有制共同发展的文化产业格局。之后，文化部制定《关于加快文化产业发展的指导意见》,要求认真落实《国务院关于非公有资本进入文化产业的若干决定》,制定《文化部文化产业投资指导目录》,引导、扶持、规范非公有资本进入文化产业。积极鼓励非公有资本参与文化事业单位转企改制。非公有制文化企业在资金扶持、项目审批、政府采购、职称评定、命名评比、表彰奖励等方面,与国有文化企业一视同仁。2010 年 5 月,国务院出台《关于鼓励和引导民间投资健康发展的若干意见》,其中第十七条提出鼓励民间资本参与发展文化、旅游和体育产业,“鼓励民间资本从事广告、印刷、演艺、娱乐、文化创意、文化会展、影视制作、网络文化、动漫游戏、出版物发展、文化产品数字制作与相关服务等活动,建设博物馆、图书馆、文化馆、电影院等文化设施。”

由于上述政策的叠加效应,近十年来,中国民营文化企业的发展轰轰烈烈。有数据显示,目前在国家文化部门管理的文化产业中,非公有制经济所创造的文化产业增加值已经占到全部文化产业增加值的一半以上,就业人数占到 2/3。文化产业在我国国民经济中所占比重正在逐年上升,有关人士认为,这块市场蕴藏的巨大商机将吸引更多资本的介入。以影视为例,据统计,2008 年,民营资本共投资了 96 部电影,占全年 140 部国产电影出品量的 68.5%。国产电影的票房收入有近 80%是民营公司参与发行创造的,而“华谊”始终位列国内电影票房之首。“华谊兄弟”的成功上市,对资本市场来说,不过是增加了一家中小型公司,但作为国内最大的民营影视制作集团,这一事件对我国文化产业发展尤其是民营文化产业发展具有里程碑式的意义。又如,2009 年,北京松联国际影视文化传媒公司和北京天星际影视文化传播公司联合买下美国洛杉矶天下卫视华语电视台,这是内地民营资本在美国收购的第一家电视台,同样具有积极的意义。再以网游领域为例,据《文化蓝皮书:2010 年中国文化产业发展报告》披露,盛大游戏有限公司等 6 家中国文化企业在国际金融危机影响最深重的时候,先后登陆国际资本市场,总共募资 5.4 亿港元和 14 亿美元。其中,盛大游戏募集资金超过 10 亿美元,创下 2009 年美国 IPO 市场年度新高,也是中国网游企业上市规模之最。中国一批在境外上市企业虽涉及网游、广告、互联网、无线增值等不同行业,共同的特点是,全部是民营文化企业,且上市地点集中于美国与香港。

江苏作为文化大省,省委、省政府高度重视文化产业发展,将文化产业发展纳入文化大省、文化强省的总体战略之中,出台了一系列推进文化产业发展的政策举措,注重引导社会资本进入文化产业领域,江苏文化产业同样取得了长足的发展。2006 年,省委、省政府出台《关于发展先进文化、建设文化江苏的决定》,提出要优化配置文化资源,加快形成公有制为主体、多种所有制共同发展的文化产业格局。积极支持民营文化企业发展,鼓励和支持非公有资本以多种形式进入政策许可的文化产业领域。并于同年先后印发《关于印发〈江苏省“十一五”文化发展规划〉的通知》、《关于加快文化事业和文化产业发展的若干意见》等,进一步明确各项鼓励和扶持政策。2009 年江苏省文化建设工作会议召开,明确要求要调动和保护民营企业投资文化产业的积极性,鼓励民营资本在政策许可的范围内以多种形式参与国有经营性文化单位改制改组,支持有条件的民营文化企业做强做大,成为江苏文化产业发展的新亮点。同年,省委、省政府出台《关于深化文化体制改革、加快文化产业发展的决定》,鼓励民营企业在政策许可范围内,通过产业交易、共同投资、联合开发等途径参与国有文化单位改革改制。通过放开市场、放宽准入,引导和鼓励社会资本、民间资本进入文化产业领域，培育一批大型民营文化企业。2010年，全省文化系统体制改革工作会议召开，会议针对贯彻和落实国务院、文化部有关精神，专门制定了鼓励、支持和引导非公有制经济进入文化产业领域的11项意见。其中提出鼓励民营资本及个人投资兴办文化企业，除国家明令禁止不能进入以外的所有文化投资领域向民营资本及个人开放。并在准入条件、市场环境等方面给予大力扶持，全方位支持非公有制文化企业的发展。根据这些政策，在国家级和省级文化产业示范基地的推荐评比中，江苏非常注重向民营企业倾斜，通过评比命名国家级、省级和市级文化产业示范基地，扩大民营企业知名度，帮助其招商引资和发展壮大。目前，江苏的7个国家级文化产业示范基地中，民营企业占3个，27个省级文化产业示范基地中，民营企业接近半数。各市也积极加大对民营企业的政策扶持。中国玉文化创意产业园、105大院育智创意园、凤凰广场、清凉山文化创意公园、晨光1865科技创意产业园、南京红山创意工厂等6家单位被授予2008年度"南京市文化产业基地"称号。在省文化产业引导资金项目上，江苏大力扶持，积极引发民营资本进入文化产业的热情。2007年文化产业引导资金申报项目中25%为民营企业项目，投资额27亿元，获得扶持的项目占总立项数的12%。在2009年文化产业引导资金项目申报指南中明确加大对民营文化企业的扶持力度，其中申报项目中民营企业占47.9%，投资额超过110亿元，获得扶持的项目占总立项数的25%。

通过政策扶持和引导，民营资本进入江苏文化产业发展领域热情高涨，对江苏文化产业的发展起到了重要的推动作用。目前，非公有制经济创造的文化产业增加值已占全省的一半以上，从业人员占三分之二以上，成为发展文化产业的一支生力军。如演出市场，南京市现有的演出市场70%是民营资本的投资，许多娱乐场所的建造也多是各种民资，比较著名的有"光阳大舞台"、"星空大剧院"等。如文化创意，南京文化创意产业协会90个会员单位中有65家民营企业，占会员总数的72.2%，比较著名的有南京顺天实业集团(世界之窗文化产业园、世界之窗创意产业园)、弘业集团(爱涛艺术馆)、垠坤投资实业有限公司(创意东8区、西祠数码网络文化产业园、幕府三〇工园)、江苏盛世宝玉有限公司(中国玉文化创意产业园)等。再如动漫产业，江苏动漫产业在全国居领先地位。据不完全统计，全省350多家动漫企业中超过70%为民营企业，南京动漫产业协会67个会员单位中有46家民营动漫企业，占会员总数的68.7%。2009年，江苏省以69部40314分钟的产量位居全国第一，占全国产量(171816分钟)的23.4%，其中民营资本占据了主导地位。

虽然民营资本不断涉足文化产业各领域，民营文化企业在不断发展壮大，但总体上看，目前我国社会各种资本还处在分散、小资金进入文化产业的阶段，像江苏鸿国集团、浙江宋城集团这样具有巨大整合力量的社会和民营资本进入文化产业，创建民营文化产业集团，能与国有文化企业集团展开竞争的事例还是偏少的。这主要与当前人们对各个行业盈利水平的认识和文化产业自身体制障碍与制度缺位有关。当前人们把房地产、汽车、钢铁看作是高盈利行业，纷纷以各种方式进入，在与这些行业的比较中，人们还不把文化产业的某些领域作为高盈利行业；另一方面，符合文化产业发展规律的体制与机制还在探索与改革之中，在投入与产出、回报与风险等尚未明确的情况下，资本成本高于其它领域，并且没有相应的制度安排来加以调节时，社会大资金就不会作为资本投入进入文化产业的某些领域中。

为进一步加快民营资本进入文化产业领域的步伐，最大限度地发挥民营资本的作用，我以为关键还是要认真落实《国务院关于非公有资本进入文化产业的若干决定》,创造良好的政策环境和平等竞争机会,加强和改进政府服务,充分调动民营企业投资文化产业的积极性,培育一批重点民营文化企业。首先在市场准入方面,建议进一步有序开放文化市场。近几年来,我国文化市场在很多方面已经开放,但就社会资本的期望值而言,市场开放度仍然不够,尤其是传媒业,在社会资本已经事实上广泛进入的出版、报刊、广播电视领域,政策上仍然存在诸多限制。要一改过去主要靠国有资本投入来发展文化产业的局面,更大程度地发挥市场在文化资源和要素配置中的基础性作用,真正把它作为一个产业来办,尊重经济规律,用市场的手段去发展文化产业,让全社会参与文化产业的发展和创新,实现国有资本、民营资本和外资(允许进入文化产业的部分)几方力量的充分融合发展。

其次在市场主体方面,建议对国有文化企业进行混合所有制改选。通过改选,使文化产业集团相互参股,然后考虑让其它有兴趣的国有大企业小部分进入文化产业集团。通过这个办法来解决国有文化产业集团一股独大的局面,进行法人治理结构的改选,推进现代企业制度的建立。在此基础上,还应考虑逐步推进国有资本与民营资本的联合,进入一些新兴产业,或开始考虑强化部分弱势文化产业,如影视业。

三是在风险投资方面,建议建立文化产业发展基金和文化产业投资风险基金。风险投资基金是促进新兴产业发展的有效办法。文化产业发展基金主要用于政府对目前一些还有风险的文化企业进行托底支持,帮助这些企业创业,度过起步成长期。建立文化产业基金的另一作用,是体现政府的公平立场,在财政对国有文化产业支持的同时,可通过文化产业基金对各种民间文化企业进行创业资助。

四是在融资渠道方面,进一步拓宽民营文化企业的融资渠道。文化企业尤其是民营文化企业多数规模不大,可担保的固定资产相对较少,因此在融资问题上更加步履维艰。因此,政府可以考虑为中小文化企业特别是民营文化企业提供贷款担保,以解决其自身造血功能。建议建立无形资产评估和抵押办法,促进银行开展文化企业授信工作,积极引导银行为民营文化企业提供贷款。

最后在资金引导、扶持方面,建议继续加大对民营文化企业的扶持力度,特别是对符合经济发展方式转变要求、成长性强、科技含量高、市场前景好的民营文化企业要重点扶持,帮助其做强做大。同时,尽快制定出台鼓励民营资本进入文化产业的相关政策,制定发布《文化产业投资指导目录》,引导民营资本快速、有效渗透到文化产业各领域,推动江苏文化产业又好又快发展。

(《群众》2010 年第 7 期)

# 江苏城市社区文化建设的现状与思考

王世华

社区是社会的基本单位，是社会的细胞，也是社会主义精神文明建设的前沿阵地、社会管理的重要基础和构建和谐社会的重要基石。要把社区建设成为管理有序、服务完善、文明祥和的社会生活共同体，不仅要加强社区环境、社区管理制度和机构建设，更需要加强社区文化建设。社区文化是社区的灵魂，具有价值引导、行为规范、情感沟通、文化娱乐、精神激励等多种功能，在丰富市民精神生活、陶冶市民情操、开发市民潜能、增进市民交往、提高市民素质、促进社会发展等方面发挥着不可替代的作用。社区文化建设是公共文化服务体系建设的重要内容。在加快构建较为完善的公共文化服务体系，建设文化强省的背景下，江苏必须进一步加大力度，加强社区文化建设。

## 一、江苏城市社区文化建设的现状

近年来，江苏各地结合城市化建设和社区发展的实际，因地制宜，推进社区文化建设，取得了较大成绩。目前全省有建制街道352个，其中建成街道文化站(中心)的307个，建成率为87%；有社区(居委会)2924个，其中建成社区文化活动室的2908个，建成率为99%。各地以公共文化服务体系建设为抓手，广泛深入地开展贴近生活、贴近实际、贴近群众的社区文化活动，基本形成了覆盖面广、活动经常、特色鲜明、成效显著的城市群众文化活动局面，对社区文化阵地、队伍建设和社区公共文化服务水平的提高起到了重要的推进作用。全省有17个城市社区被中宣部、文化部表彰为“全国文化先进社区”。

(一) 基本建立起社区文化协调管理机制。据调查，江苏各地城市社区文化建设均以各行政区政府为主要责任者，与城市发展一同规划、一同建设。一些地区成立了由文化部门牵头，民政、妇联、工会等部门和组织参加的群众文化工作指导委员会、文明共建办公室等形式的工作机构，对社区文化建设进行统一指导、协调与管理，有效整合了相关力量和资源，保证了社区文化建设的正常开展。

(二)社区文化建设经费基本纳入政府财

政预算。目前,我省有市辖区55个,其中建有区图书馆39个,区文化馆53个,街道文化站(中心)307个。区级"两馆"和文化站的覆盖率分别达到71%、96%和87%。2010年,全省"两馆一站"财政拨款达到84307.4万元,比"十五"期末的35138.7万元增加140%。区级"两馆"公用经费基本得到保障。各级文化馆、站全面推进基本公共文化免费服务,当年组织开展的文艺活动达3.2586万场,举办公益性展览7235个,举办各类培训班1.895万个,培训人次达132万人,分别比"十五"期末增加了59%、3%、169%和422%,为健全完善城市社区公共文化服务体系提供了有力支撑,社区群众公共文化权益得到基本保障。

(三)社区文化服务和活动丰富多彩。各区文化馆、街道文化站积极开展各类文化服务和文艺活动,吸引广大群众参与,产生了良好的社会效果。无锡市文化部门提出了公共文化场馆"全年无休"服务理念,有效提升了市民的文化"幸福指数"。很多地区常年开展的社区文化活动已产生品牌效应,如南通市的"江海行"文化进社区活动,盐城市的"激情大舞台,魅力新盐城"广场文化活动,南京市白下区的"春之声"、"夏之夜"、"秋之色"、"冬之乐"活动,常州市的文化惠民"四个演"活动,泰州市的"百姓大舞台"演出活动等深受当地百姓的欢迎。连云港市的"和谐文化进万家"广场文化系列活动连续两次被评为"全国先进广场文化活动"。

(四)团队建设使社区文化充满活力。各区文化馆切实承担起对辖区街道开展文艺辅导的重任,每个业务干部都有自己的联系点。每个社区常年活跃着数支业余团队和特色团队。2010年,全省文化馆、站直接指导的文艺团队达1.1535万支,其中在城市社区的有4269支。这些团队是各地社区文艺活动的主力军,在当地具有一定的号召力和凝聚力,他们带动周边居民歌唱、跳舞、健身,开展各种文艺和体育活动。许多社区"天天有活动,长年不间断"。

(五)艺术培训丰富了市民业余文化生活。各区文化馆、街道文化站常年办有市民学校、老年大学,开展音乐、舞蹈、戏剧、曲艺、书画、摄影、健身操等各类培训活动,吸引了社区群众的广泛参与。只收取成本费用的公益性培训不仅使广大群众、特别是老年朋友学到了一定的艺术技能,还为他们提供了聚会交友,沟通情感的场所。"十一五"以来,全省参加各类文化艺术培训的普通市民以每年80%的幅度递增,文化艺术培训成为近年社区公共文化服务的重要形式之一。

## 二、江苏城市社区文化建设存在的问题及原因分析

江苏城市社区文化建设虽然取得了一定成绩,但是,和建设文化强省的要求相比,和社区群众的文化生活新期待相比,还有一定差距,还存在着不少问题。

(一)在城市建设规划中文化配套设施仍然欠缺。在一些地区,中办、国办《关于加强公共文化服务体系建设的若干意见》中"从城市住房开发投资中提取1%,用于新区公共文化设施建设"的政策几乎未能落实。一些新开发的住宅小区,在规划中没有文化活动场所。有的新建小区在设计图纸上能看到配套的文化设施,但交付使用后,规划的文化场所却变更了用途。究其原因,一是开发商缺乏文化意识,不履行应该承担的社会责任;二是缺乏监督机制,造成不但新设施难以落实,已有的文化设施亦面临流失局面。南通市的县、区,自2009年以来,文化站先后并入社会事业服务中心,成为非独立机构,难以发挥建设先进文化,提供公共文化服务的基层一线主阵地作用。

(二)社区文化经费投入仍然不足。近些年,社区文化建设的投入虽逐年提高,但与社会发展的速度及人民群众的文化需求相比,

资金投入的力度仍然不够。有些地区、特别是经济欠发达地区，很难按照有关政策标准将社区文化建设经费落实到位。据江苏省文化厅计财处统计，2010年，全省307个街道文化站财政拨款为7830万元，站均25.5万元，其中包括了1024名街道文化站工作人员的工资。但地区之间很不平衡，剔除人员工资福利，无锡市站均42.65万元，南通市站均12.78万元；而苏中、苏北8市平均每站为2.9万元，宿迁、淮安市几乎为零。经费缺乏仍是制约社区文化建设的主要问题。从政策层面分析，由于中央财政“十一五”期间重点投入农村基础设施建设，没有出台城市社区文化建设政策，地方争取资金较难，“政府主导、社会参与”的格局尚未形成。

（三）社区成员对社区文化建设的参与度不高。社区成员对社区文化建设的参与热情不高。据民政部抽样调查，全国仅有约1/4的居民参加社区的各项活动。在对我省南通市崇川区和无锡市新区两个较大社区居民调查中显示：在社区文化活动中希望是观众的占50%，希望作为表演者的占15%，作为组织者的占13%，作为局外人的占22%。很多城市社区居民对自己是社区文化建设和社区文化活动主体的意识不强，文化部门的宣传组织力度也不够。

（四）社区文化活动还缺乏对居民的吸引力。虽然一些地区的文化馆、站挖掘潜力，整合资源，把社区文化活动开展得有声有色，受到社区群众的欢迎。但就全省而言，社区文化活动水平参差不齐，特色不够鲜明，一些地区的社区文化活动形式单一，内容陈旧，仍处于低层次重复状态。造成这种情况的原因，一方面，是由于活动资金不足，即使基层文化单位想提高活动的水平和质量，也往往因为缺少经费而难以实施；另一方面，则是由于一些地区基层文化单位开拓和创新意识差，思路不活，组织能力也有限，难以调动各方面的资源，加上人才匮乏、业务水平偏低，使得活动的水平和质量难以提升。

（五）社区文化阵地利用率偏低。调查显示，目前，在社区文化活动中，棋牌活动，门球、乒乓球等健身项目，歌舞类项目，群众的参与率较高，而图书室、文化共享工程基层服务点的利用率则相对较低。分析其原因，从主观上看，社区居民更愿意参与动态的集体性活动，因为人与人之间的交流互动，容易使他们获得身心上的愉悦。从客观上看，由于参与社区文化活动的对象大多是老年人，其中有许多又是因城市建设而由农民变为市民的老人，他们大多文化水平偏低，没有阅读需求，而老年群体中，大多数人又不会操作电脑，进行网上阅读和查询很难。因而到图书室阅读和到文化共享工程基层服务点上网的人较少。此外，由于缺乏资金投入，文化站的图书不能得到及时更新，对群众缺乏足够的吸引力也是原因之一。

（六）社区文化人才缺乏。由于受人员编制等制约，区级文化馆、街道文化站普遍缺乏专门人才，特别是年轻的专业人才很难吸纳进来。据统计，目前城市街道文化站（文化中心）的工作人员中，具有高级职称的有13人，具有中级职称的有127人，只占从业人员总数的1.3%和12.4%。此外，街道文化站（文化中心）工资待遇不高也是难以吸引人才的重要原因。如前所述，街道文化站站均25.5万元的年公用经费，要包含平均每站3.3人的全年工资。这样的情况无法让有事业心的年轻人扎根基层在社区文化建设方面施展才华。

## 三、江苏城市社区文化建设的对策与建议

（一）统筹规划，切实加强社区文化建设。各市、区人民政府要切实承担起城市社区文化建设的主体责任，负责制定地方社区文化发展规划和分年度实施目标，推动社区文化

建设与城市经济社会协调发展。要全面落实关于“把社区文化中心建设纳入城市规划”的要求，在新区建设和旧城改造过程中，城建等建设规划部门要认真履行职责，在审批房地产开发项目之初，即要求新建小区必须建设社区活动室、健身广场等配套文化设施，否则规划部门不予批准，并在交付验收时严格把关。文化、民政部门要加强监督，加大检查指导力度，力争至“十二五”期末，全省所有社区都建立起具备综合服务功能的文化中心（文化室）。

（二）加大投入，建立完善考核奖惩机制。各级党委、政府要将社区文化建设纳入公共文化服务体系建设范畴，加大投入，在社区文化基础设施建设、管理服务、文化资源提供、人员培训等方面提供必要的政策和资金保障。要按照《中华人民共和国城乡规划法》和《中国城市居住区规划设计规范》中的有关标准和要求，加快城市区级两馆及社区文化设施建设。要按照“政府主导、社会参与”的建设原则，把社区文化建设作为先进创建的重要内容，纳入到对基层政府的年度目标考核体系，建立起行之有效的社区文化管理体制和考核奖惩机制，加强考核，明确责任，传递动力，确保社区文化建设各项工作的顺利推进。

（三）整合资源，实现社区文化共建共享。目前，有多个部门参与社区和社区文化建设。其中，有文明办负责的社区文明评比活动，体育部门负责的社区体育健身活动，工会在社区开展的向职工送温暖活动，共青团在社区开展的“青年之家”文化活动，妇联在社区开展的妇女文化教育活动，老龄协会在社区开展的老年文化活动，以及文化部门自身组织开展的系列社区文化活动。文化部门要积极研究并有效整合各部门的资源，围绕社区文化建设的共同目标，建立协作机制，充分发挥这些资源的综合效益，避免各部门单打一。社区内机关、学校、企业单位的文化设施要通过与社区签订文化资源共享公约，向社区群众开放，实现资源共享，解决社区文化设施缺乏的问题。

（四）加强培训，稳定壮大社区文化队伍。要认真贯彻中央六部委《关于加强地方县级和城乡基层宣传文化队伍建设的若干意见》精神，加强社区文化队伍建设，向社会招聘高素质人才充实到社区文化队伍中来，为每个社区文化中心落实 1 至 2 个编制，文化室至少要有 1 名工作人员负责文化工作。同时加强在职培训，提高社区文化人员的工作水平和工作能力。要积极培养业余文艺骨干，发展文化志愿者，以专兼职结合的方式发展和壮大社区文化队伍。

（五）挖掘特色，丰富社区文化活动和社区文化服务内容。各地文化部门要重心下移、资源下移、服务下移，加强对社区文化建设的指导，帮助社区挖掘特色文化资源，组织开展形式新颖、内容丰富、具有地域特色的社区文化活动。要以广场文化活动为龙头，带动社区文化活动的广泛开展。要着力丰富社区文化服务内容，创新文化服务形式。要增加经费投入，丰富社区文化室藏书，同时，加强区域内图书资源的流通。通过举办读书节、评比“读书明星”等活动，激发群众的阅读热情，提高图书的利用率。要积极开展数字化服务，努力实现文化共享工程（公共电子阅览室）社区全覆盖，方便群众在网上阅读学习、看戏、看电影。文化馆、站要面向市民免费开展普及性艺术培训和电脑知识培训，提高市民参与社区文化活动的积极性和使用电脑进行学习和娱乐的能力。

（六）加强引导，调动社会参与社区文化建设的积极性。积极引导社会力量支持、捐助、服务社区文化建设。一是倡导和鼓励“社区文化大家办”。政府可通过制度安排、政策引导等途径，积极争取开发商和物业管理部门的理解与支持，无偿提供相关设施，建设社区文化活动中心。鼓励企业兴办各种公益性文化服务组织，开展公益性社区文化活动，对支持和参与社区文化建设的企业给予表彰和奖励，对捐助社区文化建设的民营企业适当减税。二是本着资源共享的原则，坚持由社区文化向文化社区的方向发展。加强与社区内各单位和经济主体的横向交流，积极争取单位、学校、企业的文化资源免费向社区居民开放，筹建社区文化“资源共建网”。三是对于一些文化广场的“以文养文”经营活动给予政策上的优惠，通过政府引导，吸引更多的社会力量参与到社区文化建设的行列中来。四是注重提升社区文化建设的品位和风格。要着眼于挖掘社区历史和文化内涵，打造群众文化精品；着眼于高雅的品位追求，与社区整体环境和发展相适应；着眼于个性的创新，营造安逸、便利、舒适的社区文化环境，引领社区文化建设“一区一品”，努力打造成广大群众难以割舍的精神家园，全省社区公共文化服务能力明显提高。

# 加强培育和管理 促进繁荣和健康 构建统一开放、竞争有序的文化市场体系

秦基春

2010年7月23日,胡锦涛总书记在中央政治局就深化我国文化体制改革研究问题进行第二十二次集体学习时强调指出,要繁荣城乡文化市场,加强文化市场监管,构建统一开放、竞争有序的文化市场体系,推进文化市场综合执法改革,努力做到依法管理、科学管理、有效管理。随着文化体制改革逐步深化,文化市场综合执法改革全面推进,文化管理体制发生重大变化,文化市场由多头管理、多头执法向统一领导、综合执法转变,管理范围迅速扩展。同时,文化与信息网络技术深度融合,也打破了传统的文化市场分类方式和管理方式,文化市场管理领域出现了许多新情况、新问题,面临着新的形势、新的任务。一是随着文化需求的不断扩大,文化市场规模进一步增长,如何培育壮大市场主体,实行规范、有效的管理,是文化市场工作面临的新课题;二是文化与信息网络技术日益融合,既给市场发展带来了巨大的发展商机,也给传统的管理手段、模式带来了极大的挑战;三是国际意识形态领域的斗争日益尖锐,国际、国内市场日益融合,如何面对严峻的国际形势,在维护国家文化安全的基础上,丰富文化产品供给始终是我们面临的重大课题和难题;四是综合执法改革的全面推进,各级承担的责任更大、任务更重、要求更高,等等。面对这些新的形势,迫切需要我们正确认清形势和任务,调整创新管理理念、思路、方法和手段,找准工作定位,履行工作职责,不断把新形势下文化市场管理工作提高到新水平。

## 一、推进"四化"建设,努力提高文化市场管理科学化水平

胡锦涛总书记在省部级主要领导干部专题研讨班的重要讲话中,提出了扎扎实实提高社会管理科学化水平、建设中国特色社会主义社会管理体系的要求。文化市场管理是社会管理的一个重要方面。我们要把文化市场管理上升到建设中国特色社会主义社会管理体系的高度来认识,贯彻落实科学发展观,不断创新文化市场管理的方式方法,进一步

完善管理机制,全面加强文化市场管理,开创文化市场管理工作新局面。具体地说,就是要实现“四个化”。

**一是要实现市场管理常态化。**文化市场管理有一种现象,出了问题就“升温”,完了以后就“降温”,一些问题又回潮,很难“保温”,更谈不上“恒温”。随着文化市场规模日益扩大,文化市场管理与执法机制日益健全,文化市场管理工作要从根本上扭转过去那种运动式打击、突击性治理的管理模式,逐步步入到常态化管理的轨道上来,促进文化市场平稳有序地繁荣发展。为此,要建立有效的常态化管理运行机制,加强对文化市场事前把关、事中检查、事后监管。业务操作流程和行政工作流程都要实施流程化、程式化管理,做到凡事有章可循、凡事有人负责、凡事有人检查、凡事违章必究。要加强市场动态化监控,加大市场检查覆盖率和日常巡查频率,在动态中解决市场发展中的问题,杜绝形成管理死角、盲区,防止问题积重难返。

**二是要实现行政执法规范化。**各级要从健全各项制度入手,进一步严格规范执法行为,严格执法程序,确保有法可依,有法必依,严格执法,依法行政,做到行政执法“零败诉”。要学习省公安系统的“标准执法”、技术监督部门“说理执法”的经验,进一步规范文化市场执法行为。要加强执法工作考评,建立执法质量考核制度和《错案责任追究制度》,强化各级行政管理和执法人员依法行政、规范行政的意识。要积极推进电子政务和电子化办公,逐步实行网上办案、网上办证。要及时向社会公布相关法规政策、办事程序、工作动态以及审批信息等,与社会之间搭建起开放、公开的网络信息平台,增强行政执法透明度,接受内外监督。

**三是要实现监管手段现代化。**当前,科学技术广泛应用到文化经营领域,在促进文化市场快速发展的同时,一些违法经营者利用网络信息技术,违法违规经营的手段更加高明,方法更加隐蔽,传统的人工巡查、人力盯梢等管理模式无法适应市场监管的新变化、新要求。用一个形象的比喻,你在普通公路上跑,怎么能管到高速公路上的车?高射炮怎么能打到隐形战斗机呢?因此,必须重视现代科技监管手段的运用,创新市场监管手段,拓展市场监管空间,延长监管手臂,提高监管效率。省级拟投入480万财政资金,分三年时间,逐步建立覆盖省、市、县三级文化市场管理机构的高效、快速、通畅的信息管理系统和覆盖文化市场各行业的技术监管平台,基本实现对文化市场主要门类的综合动态监管,加快文化市场管理现代化进程。

**四是要实现队伍建设正规化。**用文化部领导的话说,就是要由“土八路”成为“正规军”。这不是短期内能够完成的事,起码需要3—5年的时间。各级文化行政部门和综合执法机构要按照专业化、规范化、信息化建设的目标要求,加强文化市场管理队伍建设。各地要结合实际,制定队伍建设的中长期规划,明确能力建设、制度建设、装备建设、形象建设和廉政建设的目标、任务和措施。要加大培训力度,省级将以江苏省警官学院为依托,对全省综合执法人员进行基地化训练,力争用3年时间轮训一遍。要加强基础性建设,统一执法标识、工作服装、执法证件,统一执法标准、执法程序、执法文书,逐步提高综合执法队伍的专业化水平。要建立综合执法数据库,推广综合执法办公系统,加快综合执法的电子政务建设,充分运用现代科技手段,逐步提升综合执法队伍的信息化水平。

## 二、突出“四个给力”,积极服务于文化市场繁荣发展

在抓好文化市场管理工作的同时,还要高度重视对文化市场的培育、引导和调控。近些年来,虽然文化市场规模扩张很快,但市场

发育很不成熟,市场体系没有真正建立起来,一直处于一种初级、稚嫩的发展状态。加之,我们本身对市场经济还缺乏了解,还很不熟悉,既缺乏经验,又缺乏人才,一讲文化市场就是管理,管理就是打击,一管就死,管理方式上常常背离市场规律,重监管,轻培育,导致文化市场发展长期处于自生自灭状态。全省各级文化行政部门要高度重视文化市场的培育与引导,要把繁荣文化市场作为首要任务,进一步深化改革,加快现代市场体系建设,充分发挥市场对资本、产权、技术、人才等要素的基础配置作用。要正确处理政府与市场的关系,加快政府职能转变,积极服务于市场繁荣发展。要坚持在繁荣中改进管理,以管理来促进繁荣,努力建立统一开放、竞争有序的市场体系。具体地说,主要是四个给力:

**一是给力演出市场,使其做大做强。**培育发展具有一定行业影响的集演出团体、演出经纪、演出场所于一体的大型综合性演出经营单位,延伸演出产业链;探索演出市场和旅游市场的结合,与省旅游局出台相关优惠政策,打造3—5个旅游演出的品牌项目;鼓励民营演出团体发展壮大,组织民营演出团体展演,对优秀剧目进行表彰奖励,并打包整合,参加江浙沪暨全国演出业务洽谈会;加强对音乐节等大型组台演出的服务与管理,协助文化部出台音乐节等大型组台演出管理办法,促进演出业形成多层次、多渠道发展格局。

**二是给力娱乐市场,实现转型升级。**严格按照科学规划、循序渐进、稳步推进、规范经营、有效管理的原则,积极转变增长方式,优化产业结构,提升产业层次,提倡连锁化、规模化、品牌化的经营模式,以发展全国知名连锁品牌娱乐企业为主导,鼓励和引导有实力的企业、省内区域性连锁企业进入娱乐市场。将连锁经营业态引入歌舞、游艺娱乐市场,提升娱乐行业发展水平。支持、引导各地发展一批经营规范、群众消费放心、管理部门省心的阳光、健康型游艺娱乐场所。逐步推进电子游戏经营场所进入旅游度假区、大型超市、商场、购物中心、五星级酒店以及连锁网吧等场所,实现娱乐场所向连锁化、多元化、大众化方向发展。

**三是给力新型网络文化业态,促进快速发展。**下一个五年,美国将重点发展高速无线网络。我们要抓住移动互联网络发展的机遇,整合网络内容、运营、渠道等多种资源,促进网络文化加快发展。在促进发展的同时,还要加强对新型网络文化业态的研究和应对。比如,对网络演出如何判断处置,对移动互联网游戏、音乐服务如何监管,等等,要提前谋划,及时跟进,不断研究新情况、新问题,适应新趋势、新变化。

**四是给力农村文化市场,保证繁荣健康。**目前,我省多数农村地区文化市场不够繁荣,文化产品不够丰富,文化市场经营秩序不够规范,严重影响了农村文化市场的繁荣与发展。必须加强农村文化市场培育力度,强化引导服务措施,降低准入门槛,支持社会资本投资农村文化市场。通过调控总量、盘活存量等手段,推动农村文化市场向规模化、连锁化、品牌化方向发展。文化行政部门要充分运用推进网吧连锁的成功经验,鼓励连锁网吧企业进入农村文化市场,力争用一年左右的时间,使全省每个乡镇都有连锁网吧,以满足广大农村居民的上网需求。在分步有序实施《江苏省电子游戏经营场所发展规划》的同时,可拿出一部分指标专门用于农村乡镇。省、市文化行政部门认可的优质电子游戏经营企业,可借鉴发展连锁网吧的经验,与乡镇一些大企业合作,在乡镇发展品牌化、连锁化的电子游戏经营场所。

## 三、健全"一个机制",努力推进文化市场诚信体系建设

信用是现代市场经济的基石。推进文化市

场诚信体系建设，既是建设现代市场体系的必要条件，也是规范市场秩序的治本之策，意义重大，它有利于营造公平竞争的市场环境，有利于改善市场监管，有利于加大对失信行为的惩戒力度，保护人民群众的切身利益，它对于文化市场的繁荣和健康发展至关重要。各级要把诚信建设作为培育和管理文化市场的一个重要方面来抓，建立健全文化市场诚信机制，不断推进文化市场诚信体系建设。

**一是要建立市场诚信记录档案。**信用信息的记录、归集和管理是市场诚信体系建设的基础。要建立文化市场经营者信用档案，实行的“黑名单”制度。各级行政管理部门、执法机构和行业协会组织要根据职责分工，在实施社会管理、提供公共服务和行业服务中，完整、准确、及时地记录文化市场各企业和经营者在经济社会活动中留下的“痕迹”，实行归档管理。要认真研究制定经营主体不良行为标准，把是否存在违法经营作为企业信用等级评价的重要指标。

**二是要促进市场信用信息公开共享。**信用信息的公开共享是加强市场诚信体系建设的前提，有利于减少市场主体交易过程中的信息不对称和信息不完整，从而让失信者“一处失信，处处受制”而提高失信的成本，才能让守信者享受到高效率和低成本的回报。要依托政务公开平台，加强与相关部门信息公开共享协调，建立共享的市场诚信工作平台，实现跨地区、跨部门的市场诚信记录联网，真正使那些失信的市场主体寸步难行、无处立足。

**三是要严厉惩治失信市场主体。**要切实加大对失信市场主体的惩戒力度，强化市场退出机制，努力净化文化市场环境。要按照文化经营企业诚信记录进行分类管理，严格监控有失信记录的市场经营场所，增大对其经营活动检查频率，加强跟踪监督。要依据有关规定对有不良行为记录的经营主体及时处置，并将处置结果纳入市场准入和退出管理，依法实行经济处罚直至吊销其营业执照，情节严重的，要依法移交公安机关，立案侦查，坚决惩处违法犯罪分子。

**四是要大力营造诚信经营氛围。**要加强诚信宣传教育，普及信用知识，增强经营者的诚信意识和守法意识，营造“有信者荣、失信者耻、无信者忧”的氛围。要结合文化市场法制宣传活动，开展文化市场政策法规宣传教育活动。要发挥行业协会的作用，通过制订行规行约，开展行业文明评比活动，要通过诚信经营挂牌和政府鼓励示范，增强市场诚信意识，提高行业自律水平。

# 积极探索推进文化生态保护区建设

吴晓林

我国探索和创新的文化生态保护实验区模式，可借鉴的国内外经验较少，实践的经验还不成熟，文化生态保护区的保护内容、保护方式、管理模式以及非物质文化遗产保护同区域内各项建设事业的相互关系等方面，还需要作深入探索。

## 一、理念与思路

借鉴文化生态学的原理，认识非物质文化遗产与自然环境、社会环境等各种变量交互作用和共生共存的关系，是文化生态保护区建设的理论基础。非物质文化遗产的传承和发展离不开其赖以生存的自然和社会环境。保护非物质文化遗产生存和发展，就要系统的、整体的保护与非物质文化遗产紧密相联的各种环境因素。选定一个历史文化积淀丰厚、非物质文化遗产项目相对集中、形式和内涵保持相对完整、具有重要价值和鲜明特色的区域，建立文化生态保护区，实行区域性整体保护，是遵循非物质文化遗产保护、传承和发展规律的必然要求。在当前大规模新农村改造和快速城市化的进程中，建立文化生态保护实验区无疑是加强非物质文化遗产工作的一项重要举措。这对于保护和保存优秀传统文化，调动各级政府和广大群众的积极性，推进和完善国家文化生态保护战略协调发展，自觉维护中华文化的多样性具有十分重要的现实意义和战略意义。

江苏自古形成的吴越文化、楚汉文化、金陵文化、淮扬文化等底蕴深厚；依托江、河、湖、海等自然环境而创造和传衍生产生活方式文化各具特色；历史上的鱼米之乡、人文荟萃之地和发达的传统手工业、工商贸易业的生产生活方式文化各具特色，存续至今传统文化遗产，各具鲜活的形态、完整的内涵和鲜明的个性，充分表现了江苏文化的多样性。这些都是各地文化生态保护区建设的重要依据。但我们也应该看到，江苏也是近代以来社会现代化发展的最早地区之一，社会文化生态发生了很大变化，存续至今范围较大、形态完整的传统文化生态区域并不多，保护好这些不多的传统文化生态，就显得尤其重要。同时，江苏正面临着加快城乡一体化的进程，抓紧文化生态保护区建设显得尤为迫切。

目前从全国来看，文化生态保护区的设立在生态主题、保护范围、保护内容等方面还没有具体的标准。从文化生态的理论原理来理解，文化生态保护区建设不是要把这个区域文化固定在一个历史的环境氛围中，实行封闭式、限制性的管理，而是要从整体上维护区域内的文化生态平衡，关注人文环境与自然环境的协调、文化发展与经济社会发展的协调、传统与现代的有机衔接。江苏要立足自身的文化资源特点和保护工作现状，积极探索建立适合自己的文化生态保护区建立模式，推进文化生态保护实验区建设。要在深入调查研究的基础上，全面认识地域文化的结构体系，分析文化生态系统，判定地域文化属性和特色，从保护江苏文化多样性、维护区域文化生态平衡、传承和发展地方特色文化的高度，选择那些传统文化生态系统比较完整、地方特色比较鲜明和生态环境良好的区域，建立省级文化生态保护实验区。在文化生态主题的选定上，可以结合文化圈理论选定文化生态主题，也可以结合文化分层理论选定文化生态系统。在保护区域范围的设定上，可以大到跨地区、几个县域，也可以小到乡镇、街道区域。

江苏的文化生态保护建设，要认真贯彻文化部关于文化生态保护区建设指导意见的精神，坚持以科学发展观为指导，科学制定保护规划，立足长远，分步实施，避免急功近利和盲目建设。要积极探索和把握文化与自然环境和人文环境要素互动的关联性，采取积极有效措施，促进人与自然和谐相处、文化遗产保护与经济社会协调发展。要坚持以政府主导、社会参与的原则，充分调动当地群众的文化主体意识和参与保护工作的积极性，推进文化生态保护区建设。

## 二、方法与策略

文化生态保护区建设是一种非物质文化遗产保护新模式、新途径和新方法。文化生态保护区建设不是对保护区内的“非遗”项目保护、传承人保护等保护方式的一种整合，而是关注保护区内的整体文化生态，侧重的维护区域内的文化生态平衡，强调的是传统文化形态、文化类型的整体性保护。以文化生态学的理论观点看，一个特定的地域文化生态系统，是由不同层次、不同类型的系统构成，各个系统互相关联，互为“生态”。同时，这个系统又与区域外的其他文化系统也有互动关系。非物质文化遗产是地域文化中一个重要组成部分。文化生态保护区建设不仅包括非物质文化遗产保护，也包括自然遗产保护、物质文化遗产保护，不仅关系到人文环境，也关系到自然环境。鉴于目前我国文化遗产多部门、多系统的管理体制，文化部提出“以保护非物质文化遗产为核心”，是为了适应现行文化行政部门管理职权的要求。因此，在实际工作中，文化生态保护区建设，就是整体性保护非物质文化遗产以及与其依存的自然和人文环境。

非物质文化遗产是存活于特定区域民众的现实生活当中的，同时也伴随着社会生活的进行而演进和发展。民众生活是非物质文化遗产的土壤，也是非物质文化遗产发生、发展的源泉和动力。文化生态保护区建设，应着力在民众的现实生活中保持或修复这样几个基本的文化生态系统。一是在生产方式上，应当保持传统的渔业、农业、商贸等独具地方文化特色的原文化形态体系，尤其要提倡独具特色的传统手工业生产方式；二是在生活方式上，应当保持当地民众传统的日常生活习惯，包括民居样式和格局、生活服饰和装饰、饮食方式和习惯、民俗礼仪等，从而构成原文化形态体系；三是民间艺术方面，应当保护传统的民间文化艺术门类的多样性和多元体系;四是在语言交流方面,应当保持方言独具特色的文化沟通、文化交流功能,包括保护以方言为载体的各种口头艺术形式,形成丰富生动的方言文化体系。

文化生态保护区建设牵涉面广,尤其需要分清主次、突出重点、围绕项目、以点带面开展工作。要把注意力集中在重点项目与重点对象的保护上,集中在最能代表保护区文化精神面貌以及地域特征的文化表现上,集中在文化生态结构可持续发展的关键环节上。一是要突出重点区域。在保护区内选择一些自然生态环境基本良好、传统文化生态保护较为完整的乡镇、村落、街道和社区,作为实施整体性保护的重点区域。注重协调城镇化建设过程中出现与原生态环境发展的矛盾和冲突,保持重点区域的历史风貌、自然景观和人居环境等传统文化生态。二是突出重点项目。以项目文化特质的“真实性”传承为核心,加强对一些濒危项目、代表性和象征性项目的保护和利用。项目保护重在激励传承人、传承单位、传承群众等传承主体的积极,以利益调整为手段,以不断发展壮大传承人队伍为目标,修复文化完整传承的人脉链条,提高传承人队伍素质。三是突出重点场所和设施。要创造相对集中地传承、弘扬传统文化的空间和场所。维护、建设一批承载“非遗”重要文化信息、展示地域民族风情的公共文化设施,支撑文化生态保护区的基本载体骨架。要通过系统规划布局、加大投资,多元化、多渠道建设文化生态博物馆、“非遗”博览场馆和“非遗”项目传习所,形成“非遗”活态传习网络。要充分利用当地的历史文化街区、文物保护单位、旅游景点的空间,传承、展示非物质文化遗产。

文化生态保护建设,要针对江苏历来手工业发达,生产性“非遗”项目众多这一特点,坚持“在生产中促保护,在发展中保传承”。对能够产生经济效益、需要通过市场经营开发而存续的项目,采取生产性方式加以保护,为其转化为经济效益和经济资源开发市场、创造条件,以此改善项目传承人的生活水平,激发“非遗”传承的生命力。江苏各地文化节庆丰富多彩,形式新颖多样,具有广泛文化影响力。文化生态保护建设要借助节会的拉动效应,激活传统民俗文化,激发民众文化认同,建立区域文化协调发展的大环境。要抓住传统节日、“文化遗产日”、地方民众集会节庆等时机,隆重举办宣传交流活动,全方位、多角度地展示“非遗”保护成果,促进民间文化保护和挖掘,促进文化生态建设与优化。

## 三、机制与保障

文化生态保护建设涉及全局性、长远性,必须着力构建系统化、长效性的保护机制,加大保障力度,突出政府主导地位和作用。要建立强有力的组织领导机构,保证可持续发展。一是要强化组织领导。文化生态保护区建设牵涉面广泛,工作难度大。尤其在目前我国文化遗产管理体制存在多头分散管理的情况下,当地要成立政府主要领导牵头的领导小组、建立部门联席会议制度,推动保护区工作有计划、有步骤地开展。二是要加大法规政策。要科学制定保护区建设总体规划,把保护区建设纳入当地经济社会发展的总体规划和工作考核目标。根据规划制定出台保护区建设的相关政策。在重视传承人保护的同时,要关注一些特殊群体的保护。三是要加大资金投入。要将保护区建设纳入本地区公共文化服务体系建设,所需经费列入本级财政预算。同时通过政策引导,多渠道吸纳社会资金投入。四是要强化工作队伍建设。要建立分级、分期、分类,定期化、长效性培训机制,并通过外派进修、公开招考、特约聘任等多种形式,切实解决当前存在的队伍人员不足、专业性不强、能力不高的问题。五要建立智力支持机制。要建立专家咨询机构，在规划制定、项目论证和绩效评估等工作中充分发挥专家的作用。采取多种方式，广泛调动有关学术研究机构、高等院校、企事业单位、社会组织、个人等各种社会力量的积极性，形成合力，共同开展文化生态保护区建设工作。要把文化理论研究作为生态区建设的重大工程来抓，建立研究机构、保护机构和保护责任单位等多部门共同参与的研究团队，建立以课题分工、合作及成果共享为纽带的实质性合作机制，研究保护区建设的理论与实践问题。定期举办各种形式的文化生态保护研讨会、经验交流会、论坛等，开展保护区建设的政策研究和学术交流。在江苏省非物质文化遗产网上，建立文化研究发布与交流平台，整合研究成果，促进实际应用。

文化生态保护区建设，重在积极构建、维护文化遗产与其相关联的各种要素之间的协调和平衡。在文化生态系统结构中，对人的社会化影响最直接、关联性最强的因素是社会价值观，其次是社会组织、经济体制及科学技术。在当前，影响非物质文化遗产生存与发展最大现实因素，是人们的价值观念的变化和生产生活方式的变迁。解决这个问题的基本途径：一是要加强“非遗”的利用，促进“非遗”适应新的环境。在保持非物质文化遗产基本形态特征和本质内涵不发生变异的情况下，积极探索非物质文化遗产适应新的生态环境，促进非物质文化遗产融入当地民众的生产生活，使民众从非物质文化遗产的实际利用中感受到实实在在的价值。二是要大力改善环境，为“非遗”生存和发展创造条件。当前，尤其要处理好城市现代化建设、乡村集镇建设、新农村建设、旅游发展建设、自然保护区建设等与物质文化遗产保护的关系，注重文化生态的恢复建设。

文化生态保护建设关键在发挥当地民众的积极性和主动性。文化认同是文化存在与传承的基础，也是文化保护与传承的重要动力。要坚持“以人为本”，注重发挥民众的文化主体性作用。一是加强宣传教育。通过大规模的、持久的、多渠道的宣传传统文化的价值、建立保护区的意义以及对于政策法规，形成对保护与传承文化的共识。要通过学校或社会化教育，使民众认识传统文化的重要性和保护区建设的必要性。要将“非遗”保护知识纳入公共教育体系，将地域文化内容列入保护区的乡土教材，加强对青少年进行普查教育，促进文化认同，培养文化自觉，树立文化自信。二是要一切从民众的长远和根本的文化利益出发，兼顾民众的意愿、事物发展规律和发展方向，从改善文化存续的基本条件入手，充分调动民众支持和参与保护区建设的积极性。三是要大力鼓励和扶持代表性传承人开展活动。建立健全“非遗”代表性传承人管理保护机制。积极探索“非遗”传承人扶持的新模式、新方法、新途径。完善项目保护单位和传承人扶持经费补助办法。

## 四、难点与对策

如何实现文化生态保护区的社会动员，使各方面达成共识，最终形成政府主导、民众主体、社会参与的良性互动，这是事关保护区建设的一个重大问题。保护区大多是经济欠发达地区，这些地区发展的压力大，发展的任务重，当文化保护与经济发展形成矛盾时，在现实的发展压力面前，文化生态保护常常要作某种程度的让步。对这种情况，探索建立文化生态补偿机制，出台相关政策，对保护区因保护而付出或牺牲的经济利益，进行有效补偿。文化生态补偿机制包括：建立和完善财政转移支付制度，由各级政府设立省级文化生态保护补偿专项基金，并动员社会捐助，建立民间保护基金；对保护区内与非物质文化遗产项目保护相关的经济行为给予减免税收方面的优惠，以鼓励其保护与传承文化遗产的积极性。

如何处理好传承人保护与民众利益协调的关系，是保护区建设的面临的一个需要认真对待的现实问题。对“非遗”传承人的保护是非常重要的一种保护方式，尤其是对于那些技艺类、美术类和表演类的“非遗”来说，传承人在这些项目中的作用和影响不可替代。在生态保护区建设中，应该采取更大的保护力度和特殊的保护政策或制度，扶持和鼓励传承人开展传承工作，符合保护区建设现实的需要。在对传承人保护工作中，传承人是最大得利者，获益最多、最直接、最明显，这就存在一个传承人与一般民众的利益关系问题。在保护区建设过程中，其他民众承担着实现保护区的目标责任和义务。探索补偿一般民众的利益机制和办法，协调好传承人与一般民众的利益关系，也是文化生态保护区取得成功的关键所在。这一利益均衡原则，同样也适用于不同文化形态的文化管理部门。

文化生态保护的一个基本思路，就是在保护区内不是单纯的保存物质形态和非物质文化的遗产，而是使之在经济、社会形态发生巨大改变的情况下，依然具备自然传承、自我保护、自动更新的能力，最终实现文化生态发展、净化、提升的良性循环。这其中，如何处理把握遗产继承与文化发展的关系，是实践中遇到最为棘手的问题。继续强调“真实性”，发展强调“变化”、“革新”。在多种多样、纷繁复杂的非物质文化遗产项目，如何把握文化遗产形态特征、文化内涵以及其“优质基因”不变异，缺乏理论诠释和专业的评估机制、评估标准。文化部部长蔡武指出：“文化生态保护实验区旨在完整地全面保护历史文化遗产，它和文化生态旅游区开发不是一回事，和经济开发区建设更不是一回事，要防止只看重眼前功利，要防止只着眼于开发利用的偏颇，要防止把特定区域整体保护变成经济开发区、旅游开发区。”在文化遗产传承保护与利用发展关系的处理上，需要进一步理清思路，既不能因为传统保护而排斥文化产业发展，也不能因为发展文化产业而破坏、削弱遗产的真实性保护，如何找到两者的契合点，是当前摆在我们面前的一项现实而紧迫的课题。

文化生态保护是新时期文化工作开拓的一个新领域。江苏要吸纳全国各地国家级文化生态保护实验区建设的新举措、新思路、新办法，进一步探索实践本省文化生态保护区建设。

# 小康生活目标下江苏文博事业发展的新要求

龚　良

当前，江苏文博事业发展面临着历史上少有的大好机遇，同时又遭遇着一系列新的问题和新的挑战。如何顺应形势变化，调整工作思路，更好地做好全省文物保护工作，最大程度地尊重文物保护过程中的民生需求，成为摆在文物行政部门和文博单位面前现实而紧迫的课题。

**（一）正确认识新形势、新阶段和新任务**

文物保护工作是有阶段性的，不同的阶段有着不同的工作要求。“十一五”以来，江苏经济社会保持快速、健康发展态势，并将在2010年底实现以县为单位的高标准的小康生活，2020年全省基本实现现代化。在此时期文物保护事业的发展，要服务于人民群众日益增长的精神文化生活需求。按照国际上的一般规律，当一个国家或地区人均GDP 3000—8000美元时，文物保护将进入一个既有保护愿望、又相对欠缺保护能力的关键时期；而人均GDP达到8000美元时，各级政府和全社会将十分重视对文物的保护。2009年，江苏人均GDP超过6400美元，而苏州、无锡地区则已经超过1万美元，南京、常州、镇江和苏中三市在5000美元至8000美元之间，苏北地区则大多接近4000美元，全省总体进入了普遍意义上的重视文物保护的时期，文博事业发展进入了一个新的阶段。不同的发展阶段，保护好文物要用不同的方法应对。

各级党委、政府对文物保护工作日益重视，全社会对文物保护的认识日益加深，经济实力的增强为江苏文博事业发展奠定了坚实的物质基础，创造了良好的外部环境，使大规模地修缮文物保护单位、有计划地建设高质量的博物馆成为可能。但随之而来的是，建设性、保护性破坏成为了新时期超越自然与人为因素的破坏文物的重要因素，成为现阶段文物保护中的主要矛盾——修缮一新的文物很难遵循“保留尽可能多的历史信息”这一原则，修大、修美、修新文物建筑成为有些地方的普遍追求；历史街区在短时间、大规模的“改造”后，往往成为没有多样性形式和文化内涵的仿古街区；不注重地方工艺特色的挖掘、抄袭不同地域的传统工艺和新工艺在施工中比比皆是；不考虑文物的历史审美观，大广场、大绿地式的环境也能够成为引领文物保护的时尚。而在博物馆建设领域，也确实存在着数量、规模快速增长与质量提高、服务提升脱节的问题。

因此，当前的文物保护工作处于“逆水行舟，不进则退”，如果态度消极、工作不力，我们就可能痛失机遇，使珍贵的文物资源在我们手中消失；反之，如果恪尽职守、迎难而上，我们就会留住更多的文化遗产，造福社会，惠及后人。

新形势下的文物保护工作，要本着四个“有利于”的原则，即有利于传统文明、地域文明的传承，有利于城市形象、城市品位的提升，有利于百姓的文化享受、社区居民的民生需求，有利于后人对我们今天的行为作出较好的评价。

### （二）注重文物保护中的整体意识

注重文物资源保护的整体意识，就是要在注重文物整体的法律保护、行政保护与规划保护的前提下，确立文物概念、内涵、空间和环境背景的整体性；确立在保护过程中地域特色、时间沿续、使用性质和反映一定社会生活的整体要求；确立“文物保护，规划先行”的管理理念，把行政保护与规划保护有机地结合起来。

在具体工作实践中，我们一要注重一个城市、地区文明特色的整体形象，将文物保护与环境改善相结合，与老百姓的教育、休闲相结合，与民生改善相结合；二要注重文物保护单位的整体保护，文物周边的环境价值与文物点本身的价值同等重要，不仅要保护好文物本体，还要保护好周边环境；三要注重与文化景观相结合，注意空间比例和视觉效果，科学、合理地将文物保护单位打造成文化景观和地域文明片区，体现保护后良好的整体效果。

要加强文物的法律保护，科学制定好历史文化名城名镇、各级文物保护单位的保护规划和博物馆的发展规划，并将之纳入国民经济发展计划和城乡建设规划。早在2000年，首批历史文化名城扬州市人大颁布实施了《扬州历史文化街区保护决定》和《扬州市历史文化名城保护详细规划》，以地方法规的形式对文化古城实施法律保护。享有“千年陶都”、“教授之乡” 美名的宜兴市，通过省人大于2006年颁布《无锡市宜兴紫砂保护条例》，使宜兴紫砂成为昆曲之后全国第二个立法保护的非物质文化遗产。吴中区建立健全区、镇（街道）、村（社区）、点（文物）四级文物保护网络，区政府每年与相关部门和单位签订文物保护管理责任书，纳入年度考核体系。我省吴中、吴江、宜兴、邳州、常熟等5个“全国文物工作先进县”全部确立了“文物保护，规划先行”的管理理念，把做好规划、彰显特色放在文物保护工作的首位。

要加强行政保护的力度，制定适合本地实际的文化遗产保护的经济政策。对第三次全国文物普查中新发现的文物点，要及时由当地政府公布为文物保护单位。要从文物保护中挖掘和传承地域文明，创造地域文化品牌。要在保护中以专业化的《中国文物古迹保护准则》作为我们保护项目决策的重要依据，强化保护中程序的规范和专家评估的作用。

### （三）推进博物馆的有序发展和优质服务

李长春同志2009年11月在考察河南博物院时指出：“要把博物馆建设成为群众爱国主义教育的重要阵地，传播先进文化、愉悦群众身心的精神家园，广大青少年接受教育的第二课堂，旅游业发展的新兴景点，对外文化交流的重要窗口，学术研究和科普教育的重要平台”，这为博物馆事业发展指明了方向。当前，江苏的博物馆事业蓬勃发展，在博物馆数量、面积、设施和提升服务上，都有了较大的提高。但在发展过程中也体现出一些问题，集中表现为三种倾向：一是把博物馆建筑外观当成地方的政绩工程、形象工程，而忽视了其文化工程的品质要求，忽视了博物馆内的软件建设，包括好的文化环境和好的文化服务；二是强调人有我有，在博物馆面积、设施上相互攀比，而忽视了博物馆地域文明特色的弘扬和文化服务的提升，忽视了文博场馆与文物资源的有效整合；三是重建设、轻运行管理的现象十分严重，较多新建博物馆因运营经费和管理能力问题无力开展相关活动，致使馆藏文物奇缺、文物展览罕见、基础设施不足、服务意识不强、人才队伍薄弱，有的甚至存在文物安全隐患。没有好的文化产品，或展览主题与地域特色彰显不明，就不能吸引公众走进博物馆、享受文化服务，就没有公益性博物馆对社会的贡献度。

博物馆事业的发展必须建立在有需要、有能力、有规划、有秩序的基础之上，走场所的高品位和展览的精品化之路。要坚持政府宏观主导，服务群众文化生活的原则，密切结合社会发展需求和百姓生活需求；要坚持发展各地区地域文化的个性特点，反映当地百姓引以为自豪的祖先过去的生活，反映地域文明的亮点；要坚持博物馆作为文化场所的高品位，力求做精做美，弘扬个性，让更多的公众感受博物馆的魅力；要认真服务公众，加强博物馆服务方法、服务手段的提升，积极创造优质的展览和优美的环境；要倡导博物馆科研能力的加强，为服务社会提供资源、成果和创新意识；要积极解决博物馆免费开放过程中的评估问题和可持续发展问题，建立免费开放科学评估机制，落实市、县博物馆免费开放财政补贴，促进财政效能的发挥；要加强博物馆馆际之间的交流合作，包括藏品（产品）、展览、人才、技术、服务成果的交流；要重视博物馆的服务在有良好社会效益的同时产生一定的经济效益，关注博物馆商店的发展，并以此作为博物馆的展览延伸和文化推广，为博物馆事业发展提供物质支持。

因此，一座好的博物馆必须有好的文化产品、好的文化环境和好的文化服务。

**（四）历史文化名城保护重在历史街区**

江苏现有国家级历史文化名城9座，省级历史文化名城5座，位列全国第一。但随着城市的快速扩张发展，保护与建设的矛盾在历史文化名城内日益突出，老城区改造和历史街区保护的矛盾十分突出。目前，在名城保护上有几个现象或趋势值得关注：一是随着经济社会的发展和城市改造的快速推进，一方面大量的传统历史街区在大规模改造中被拆蚕食损毁，真正反映城市过去面貌的传统生活已越来越少，另一方面各地又都在城市发展中热衷打造没有人们传统生活状态的"历史街区"、"古民居群落"，使之失去了名城保护中最能反映城市过去和特色的历史街区，逐步丧失了各城市自身的地域特色和文化意义；二是名城保护机制简单，投资模式单一，基本是以政府保护为主，社会化、多元化的投入机制尚未形成。特别是未能有效提高城市市民保护名城的积极性，未能积极调动涉及切身利益的老城区居民参与保护名城的积极性；三是对整治后的文物保护单位、城市历史建筑和历史街区，既要保持其原真性和整体性，又不能让它们成为只有旅游表演、没有百姓真实生活的"空城"、"死城"，怎样在保护的基础上进行科学合理的利用，充分发挥其社会价值，值得深入探讨。

我们必须认识到，历史街区不仅是一个建筑概念、空间概念，而且是人们过去城市生活状态的综合反映，是人们享受优秀传统文化的场所，澡堂、茶馆、祠堂、井台、戏楼、药店，承载着一个社区人们的生产生活和喜怒哀乐，承载着互助友爱的邻里关系和口口相传的社会道德。它是一个整体、一种形态、一种格局和一种优质的文化传统。历史街区应该具备几个要素：一是街区两侧的建筑应基本为历史上遗留下的原物，其高度、体量、外在形制等均为原生状态；二是街区内应有一定数量的原住民，他们所传承、所展示的是过去人们的生活状态、生活方式；三是街区内应保留居民相应的公共活动空间，供人们以此为相互交流的平台，维持共同的生活形态。因此，在历史街区保护的具体实践中，政府的主要职责是将历史街区的保护规划制订好，将街区内的公共基础设施建设好、完善好，在此基础上，完善相应的政策和措施，鼓励街区居民想办法、出力气，帮助政府共同完成街区的保护、整治、修缮，美化自己的家园。只有这样，才能够更好地传承街区的脉络和肌理，更多地保留街区的传统和特色，真正实现历史街区的有效保护和可持续发展的结合。

**（五）文物保护与文化惠民相互促进**

文化惠民是党和政府近几年亲民政策、爱民政策的体现，也是“执政为民”理念在文化上的具体反映。在全球金融和经济危机、国家财力受到严重影响的情况下，中央提出实施文化惠民工程，加大公益性文化设施建设，切实保障广大人民群众的文化权益，具有重要意义。文化惠民在文物保护工作中的主要体现，在于两个方面：一是通过文物保护改善民生环境，提升民生质量；二是通过免费开放和服务提升，让公众共享文物保护成果。

文博事业作为政府主导的以公益性为主的文化事业，在文化惠民工程中具有举足轻重的作用、负有不可推卸的责任。各级各类文博机构必须更多地体现博物馆的民生服务和社会服务功能，实现从重物（文物藏品）向重人（社会公众）的转变，为公众提供更多更好的文化产品和文化服务。必须坚持博物馆的公益性质，防止成为营利性机构，为部门或个人谋取私利。要加快推进博物馆、纪念馆免费开放进程，使更多的老百姓走进博物馆、纪念馆，接受优秀传统文化的熏陶，享受有益的文化休闲，从而最大程度地发挥文博场馆的综合功能。

要全面实施全省县级博物馆展览展示和服务水平提升工程，用4年左右的时间，完成全省所有县级博物馆（纪念馆）的提升，使博物馆事业迈上新的台阶，使更多更好的文化遗产保护成果为基层群众共享。要精心组织全省馆藏文物巡回展览，加强苏南、苏北等不同区域，吴文化、汉文化等各具特色文物展品的相互交流，将巡展重点放到市、县级博物馆，充实基层展馆的展览内容，使不同地区的公众感受江苏丰富多彩的地域文化。

文化惠民的重点在广大农村地区。县级行政区是我国最基本的行政区域，要按照党的十七届三中全会《中共中央关于推进农村改革发展若干重大问题的决定》提出的“加强文物、非物质文化遗产、历史文化名镇名村保护”要求，把文物保护与新农村建设和新一轮农村改革紧密联系起来，紧紧抓住第三次全国文物普查契机，全面调查遍布城乡的文物资源，重点加强乡土建筑、古村落、古民居的保护，确保文物资源的原真性和完整性，防止珍贵文物资源在城镇化进程和土地流转过程中遭到人为毁灭，保护和传承民族民间优秀传统文化，促进农村经济、社会、文化全面协调发展，保障和实现广大农民的文化权益。

**（六）依法保护重在基础工作**

文物保护重在基础工作，基础工作的立足点就是依法保护，第一责任人就是各级文物行政主管部门。要始终坚持“保护为主，抢救第一，合理利用，加强管理”的工作方针，严格执行《中华人民共和国文物保护法》、《江苏省文物保护条例》等法律法规，认真贯彻国务院《关于加强文化遗产保护工作的通知》、省政府《关于进一步加强文化遗产保护工作的意见》，充分运用法律手段加强文物保护工作。要落实文物保护的“五纳入”原则，坚持政府主导，将文物保护纳入地方经济社会发展规划、纳入城乡规划、纳入地方财政预算、纳入体制改革、纳入各级领导责任，不断增加文物保护的财力、物力、人力等方面的投入，同时积极鼓励全社会力量参与文物保护。要强化各级文物保护单位“四有”档案建设、保护范围和建设控制地带（“两线”）划定工作，全面完成全省四至六批省级以上文物保护单位保护范围和建设控制地带划定任务，对符合条件的文物资源要及时公布为文物保护单位，一时难以公布的要登记挂牌实施保护，使文物保护有据可查、有法可依。要按照国家文物局统一部署，有序开展第三次全国文物普查，加快推进全省馆藏文物调查和数据库系统建设，建立比较完备的馆藏文物资源档案数据库，建成科学合理、管理有序、品位高尚、藏品丰富、服务到位的博物馆体系。

各级党委、政府要加强对文物保护工作的组织领导，抓住全面推进文化体制改革的机遇，加强文物保护法制建设，健全文物保护地方性法规和政府规章，强化文物执法机构建设和队伍建设，充实文物行政执法力量，提高文物行政执法水平，依法查处文物违法犯罪行为，为文物事业科学发展创造良好的法制环境。

总之，文物保护需要全社会的广泛参与。省文物局将2010年确定为“文物事业服务提升年”。做好文物保护工作，一方面需要文物部门恪尽职守、努力奉献，同时也要引导和鼓励社会力量积极参与，可以通过成立文物保护基金会等方式吸纳社会资金投入文物保护，在法律法规允许的框架内吸纳民间资本投入。要提倡规范化服务，文物主管部门可会商有关部门制订出台相应的政策文件，领导就是服务，管理也是服务。全省文物系统就是一个大家庭，包括系统外从事文物保护事业的同志，维护好、运行好这个大家庭，就是为加强全省文物行政管理创造良好的环境。要规范行政管理行为，在行政审批、行政许可等具体事项中，应将原则性与便捷性相结合，提高办事效率。要加强文物保护法制建设，健全文物保护地方性法规和政府规章，依法查处文物违法犯罪行为。要加强机构队伍建设，不断充实业务部门的力量，抓住全面推进文化体制改革的机遇，强化文物执法机构建设和队伍建设，充实文物行政执法力量，提高文物行政执法水平，为江苏文物事业的科学发展创造良好的环境。

# 南京图书馆战略定位研究

方标军

2009年7月，江苏省委书记梁保华在全省文化建设工作会议中提出了建设文化强省的总要求，今后三年要实施“五个一批”的工作重点，贯彻“增加投入、转换机制、增强活力、改善服务”的方针，坚持把公益性文化事业作为社会事业发展的重点，深化内部改革，激发内在活力，继续完善公共文化服务体系，进一步扩大覆盖范围、健全服务功能、提高服务群众的能力和水平，适应全面建设更高水平小康社会的新要求。文化发展的新形势、新要求给各级图书馆带来新机遇、新挑战，作为江苏省级公共图书馆的南京图书馆，如何按照省委、省政府关于建设文化强省的战略部署，转变思想观念，确立战略定位，切实发挥省馆在公共文化服务体系中的作用，是每个南京图书馆人都值得思考的问题。笔者认为，所谓战略定位，就是用整体性、长远性、基本性的战略眼光，明确图书馆的性质、目标、职责和任务。

## 一、明确性质

在2009年11月15日召开的第十二届全国省、自治区、直辖市及较大城市图书馆馆长联席会上，来自全国各地大型公共图书馆和国家图书馆的近50位馆长，围绕中共中央政治局常委李长春同志在国家图书馆百年庆典上所作的重要讲话精神，通过深入研讨一致认为：图书馆是社会文明进步的标志，是公共文化服务的重要基础性设施，是各级政府保障人民群众基本文化权益的重要实现途径。要始终把社会效益摆在第一位，按照公益性、基本性、均等性、便利性的原则，创新服务方式和传播手段，积极运用现代科技手段开发利用馆藏资源，积极构建覆盖城乡、惠及全民、便捷高效的公共图书馆网络体系，发挥图书馆事业的公共文化服务职能，积极推进学习型社会建设。这已经成为全国图书馆界的共识，也符合国际图书馆发展方向。尤其是作为省级公共图书馆的南京图书馆，承上启下，统领全省，更应成为本省各级图书馆履行国家政策、引领发展潮流的表率。

## 二、明确目标

南京图书馆是江苏省公共图书馆、国家一级馆，其前身可追溯到创办于1907年的江南图书馆。这座“百年老馆”现收藏各种文献867万余册(件)，仅次于国家图书馆和上海图书馆，位居全国第三。藏书种类丰富，其中不乏珍贵的古籍善本，在海内外享有较高的声誉。2007年百年馆庆暨新馆全面开放后，提出了“国际先进、国内一流”的奋斗目标和“内抓管理、外塑形象，全面提升综合服务水平”的工作方针。笔者认为，南京图书馆作为馆藏量全国第三的省级公共图书馆，学术水平、服务水平、管理水平和综合水平理应与全国第三大馆的荣誉和地位相匹配，对全国图书馆事业起到助推和示范作用；理应代表江苏省图书馆的发展方向和发展速度，真正成为全省馆藏资源最多、学术研究最强、行业影响最大、服务品质最佳、社会效益最好的图书馆；理应全力向“国际先进、国内一流”的综合性、研究型、现代化图书馆迈进。

## 三、明确职责

国学大师任继愈任国家图书馆馆长期间一直关注国家图书馆的定位问题。他多次谈到，图书馆是一个国家文明的重要载体之一，作为国家级的图书馆，代表着中国图书馆事业发展的水平，应该具备国家总书库、为党政军中央领导机关和国家重点科研和建设项目服务、为公共图书馆服务的功能。美国是世界上图书馆事业最发达的国家，笔者通过对俄亥俄州立图书馆和南卡罗来纳州立图书馆的2002—2008年战略规划进行比较研究，发现两者都具有大同小异的愿景、使命、价值、目标和行动，都在传承地方文化、引领本州图书馆建设发展、为地方经济发展提供智力和信息支持、增强全州图书馆的协作、开展终身学习教育等方面发挥着重要作用。我国省级图书馆的定位问题多年来争论不休，笔者认为，南京图书馆应该放眼全省“凸显四大地位”，立足省城“发挥两个作用”，分层次、有重点地确定自己的职责，努力在公共文化服务体系和文化强省建设中彰显自己的全部价值。

### （一）放眼全省凸显四大地位

凸显事业发展的龙头地位。南京图书馆作为国家与市县级图书馆之间的省级图书馆，应该对国家文化政策和国际图书馆发展动向做出积极回应，切实起到上传下达的桥梁纽带作用，对全省图书馆事业发挥不可替代的指导、示范、集聚、辐射、协调和龙头带动作用。

凸显文献资源的中心地位。发挥社会记忆作用，保存人类文化遗产是图书馆的最基本功能之一。南京图书馆应积极构建全省图书馆服务体系，强化文献信息的积累保存和服务责任，加快制定《公共图书馆管理办法》，建立呈缴本制度，以法制化保证图书馆事业的健康发展。

凸显现代技术的保障地位。加强数字资源建设、提高数字资源服务水平是信息时代赋予现代图书馆的重要职能，南京图书馆作为地域中心图书馆必须发挥信息技术和数字资源方面的优势，在全省数字图书馆建设和数字服务中起着引领和保障作用。在加强自身数字资源建设的同时，指导并带领全省做好江苏地方特色资源的数字化工作，同时利用现代信息技术不断扩大面向全省用户的数字资源服务能力，努力缩小各个阶层的数字鸿沟，最终形成全省数字服务网络体系。

凸显学术研究的领跑地位。图书馆学属于专业性较强的学术领域，尤其是目前南京图书馆，面对广大省域却独处省会城市，传统服务范围大多局限于省城，与省会城市图书馆的职能容易交叉重叠、越俎代庖。所以，省馆应腾出机会给市县（区）馆以施展服务型图书馆的空间，也腾出精力给自己打造学术研究型图书馆的时间，以学术研究为主导，真正形成以学术研究带动业务建设、以省馆领跑市县（区）馆的发展格局。

### （二）立足省城发挥两个作用

发挥社会教育的作用。图书馆作为人类知识的宝库、没有围墙的学校，一直扮演着社会教育的角色。尤其是作为省馆的南京图书馆，设施齐全、馆藏丰富、服务优良、高度开放，更应成为公众的免费学习基地、阅读文化环境的建设者和倡导社会阅读的主力军，而不受时间、空间、年龄、费用的限制，这是任何其他教育机构所不能相比的。

发挥文化休闲的作用。随着公共图书馆延伸服务不断向纵深发展，公共图书馆的功能逐步向文化中心和休闲娱乐延伸，取得了较好的社会美誉度。据统计，现在到馆读者有近半既不借书也不看书，而是来参观展览、听讲座、看电影、上网冲浪等等文化休闲活动的。图书馆正在与其他公共文化服务机构优势互补、相辅相成，发挥着传播先进文化、推动文化交流、促进社会和谐的作用。

## 四、明确任务

### （一）放眼全省，统筹协调，责无旁贷地担起全省图书馆事业的领导重任

应该清醒地认识到，在公共文化服务体系中，南京图书馆馆藏再多、影响再大也只是一座图书馆，其自身提供的公共文化服务是有限的，真正贴近群众、直接服务群众、覆盖面更广的是市县等基层图书馆。作为全省公共图书馆行业的龙头和中心，最重要的是要宏观指导、统领带动全省各级图书馆，建立健全覆盖全省范围内的公共图书馆服务体系，更好地服务全省各级政府、企事业单位和人民群众。

建立健全江苏省公共图书馆服务体系。“一个篱笆三个桩，一个好汉三个帮。”在信息全球化的今天，可以说，全球没有任何一家图书馆能够收藏世界上所有的文献信息资源并满足用户的所有需求。只有依靠图书馆联盟的形式，建立健全江苏省公共图书馆网络服务体系，携起手来形成拳头，打破馆际壁垒，实行联合目录，开展馆际互借，搭建服务平台，实现资源共享，共同应对和解决图书馆服务过程中的一切问题，从根本上提高全省公共图书馆的服务能力和服务水平。成立全国联合编目中心江苏省分中心，带动全省编目工作的开展。在省域范围内，在做好 13 个地级市公共图书馆联盟的基础上，纵向上要与县级、乡镇图书馆联盟；横向上要与本省高校和科研院所图书馆联盟，最后形成本省完整的图书馆服务体系。在此基础上，要跨出省域，再与长三角城市图书馆联盟，一步一个脚印，先小后大，逐步推开，最终形成一个更大范围的、覆盖全社会的图书馆服务体系。

充分发挥江苏省图书馆学会的功能和作用。图书馆学会是联系各级图书馆之间、图书馆与工作者之间的桥梁和纽带，是发展图书馆事业的重要社会力量，在学术研究、教育培训、馆际协作、编辑出版、行业服务、倡导阅读等方面发挥着越来越大的作用。南京图书馆要重组江苏省图书情报工作协作协调委员会办公室，完善工作机制，强化工作职责，充分发挥省图书馆学会的职能，通过举办业务培训、技术比武和征文评比等，促进全省公共图书馆的业务建设。通过参观考察、学者访问、交换馆员、学习培训等方式，与港澳台、国际先进图书馆开展交流，积极参与国际图书馆业务协作，增加国际书刊交换，承办国际学术交流活动，努力增强南京图书馆在国际、国内的学术权威、影响力和声誉。

### （二）瞄准前沿，抓大放小，积极主动地利用高新技术开展高端服务

在馆藏信息数字化、以用为主的年代里，一个图书馆能提供文献信息资源的能力远比它拥有多少文献信息资源更为重要。公共图书馆的核心竞争力，就是不断增强的文献信息服务能力。坐拥丰富馆藏资源的南京图书馆，有必要在知识导航、参考咨询、信息加工、特色馆藏开发、个性化服务等高层次信息增值服务方面下功夫，充分发挥图书馆在信息服务方面的优势与专长，为地方经济发展提供智力和信息支持。

不断加大信息产品的生产力度。南京图书馆应当集中精力干大事，根据社会和市场

需要，对馆藏知识进行深度加工和提炼，把图书馆业务不强的工作推向市场进行外包。南京图书馆要充分利用馆藏资源和文献检索工具，继续做好联合参考咨询网的建设工作，探索推行学科咨询员制度，面向社会大力开展高知识含量的信息增值服务。进一步明确《信息传真》的读者定位，为党政机关领导干部开拓视野、正确决策提供服务，条件成熟时争取公开发行。加大为省委、省政府决策层服务的力度和深度，继续为省委办公厅、省政府办公厅、省委宣传部三个信息直报点提供信息服务。协助省社会科学院建设内部研究数据库，积极开展为省“两会”提供信息咨询服务，并逐步建立常年服务机制。

不断加大数字化的服务广度。加快馆藏资源的数字化建设，全面开展南京图书馆“数字建设年”活动，争取立项建设江苏数字图书馆工程，并将其作为“十二五”期间的重点工程项目，建设服务器、存储、集群、网络安全系统等硬件系统和文献数字化、数字资源组织、数字资源发布与服务、数字资源保存系统等主干系统，推进全省三大系统图书馆数字资源的共建共享。配合“文化共享工程”和“古籍保护工程”，积极开展数字化服务，为读者提供网上导航、网上读书、网上外借预约、多媒体欣赏等服务。

不断加大高新技术的普及程度。构建针对新兴媒体的数字资源发布与传输平台，利用新的成熟技术拓展资源服务渠道、开创新的服务领域，大力开展面向移动信息终端的服务，加强音视频、图片和图书等手机适用资源的建设，利用3G网络提供服务。实施ALEPH系统的升级和RFID项目的应用，继续做好力博软件的开发和推广工作，扩大手机短信服务的范围，增设自助借还书系统、报刊阅读系统、“口袋里的图书馆”等先进的服务方式，满足读者的多元化需求。

**（三）人有我优，人优我特，坚定不移地走品牌化战略之路**

众所周知，品牌是企业的无形资产，已成为一种战略，构成企业的核心竞争力。图书馆作为服务行业，也同样存在服务品牌问题。南京图书馆要实施品牌战略，着力寻求工作亮点，精心打造服务精品，在社会上树立良好的形象，形成优势，进一步扩大南京图书馆的服务影响和社会美誉度。

打造“一站三刊”品牌。南图网站、《新世纪图书馆》、《江苏图书馆之窗》、《信息传真》承担着对外宣传、服务读者、学术交流、参考咨询的重任，是南京图书馆的重要服务平台和服务窗口，要高标准、严要求，代表南京图书馆的管理水平、学术水平、服务水平和整体水平，努力打造成为知名品牌。

打造“南图讲座”品牌。继续打造“南图讲座”品牌。向社会公开承诺全年每个周六、周日都有讲座，其中原创性讲座不少于100场。邀请为中央政治局领导讲课的资深专家学者，每两个月一次为领导干部举办讲座，形成“南图讲座”的新亮点。

打造“南图阅读节”、“陶风读书会”品牌。继续精心打造品牌活动，进一步提高核心竞争力和社会美誉度，在“全民读书月”期间，举办两年一次的“南图阅读节”。阅读节期间举办系列活动，邀请国内部分知名图书馆参加。以新的主题编排、互动式讲授方法宣传中华优秀传统文化，逐步打造“陶风读书会”的影响力。

**（四）强化基础，全面开放，理所当然地全力保障民众基本文化权益**

早在1889年，美国现代图书馆事业的先驱之一麦维尔·杜威（Melvil Dewey，1851—1931）就任纽约州大学董事会秘书和纽约州图书馆馆长时，他认为美国的公立图书馆不应该仅仅是为政府服务的政府图书馆，而应该作为社会教育机构充分发挥图书馆的教育职能，成为民众终身学习的“平民大学”，从而完成了美国公共图书馆理念的现代转型。通过对美国几家州立图书馆进行研究发现，美国州立图书馆支持所有图书馆在满足所有公民的信息、教育、文化和娱乐需求方面所做的努力，特别是加强视听图书馆服务（TBS）计划与馆藏，帮助由于能力缺陷而在信息获取中受到阻碍的人们。

继续实行免费开放。美国所有的州立图书馆都是面向社会上所有的一切公民免费平等开放的，但图书馆内部总能保持安静、优雅的读书环境。我国公共图书馆全面免费开放后，不同层次的读者蜂拥而至，出现夏天乘凉、打闹嬉笑、衣冠不整等不文明现象，致使又有“提高门槛”的声音。笔者认为，不应因噎废食，实行免费平等服务是主流，是国际惯例，是民众的美好愿望。出现不文明现象，固然有国民整体素质较低的原因，但这正是图书馆开展社会教育、提高国民素质的根本职责，图书馆要加强管理，正确引导，潜移默化地规范他们的言行，充分发挥图书馆在开展社会教育方面的功能和作用。南京图书馆要进一步提高传统阵地服务的质量和水平，开展“服务明星”、“优秀读者”评选活动，每月公布中文图书借阅排行榜，关注弱势群体，面向农民工、中老年和少儿举办电脑技能免费培训，举办馆藏影片播放、馆藏书目推荐和馆藏图书展览等活动，力争年流通人次、流通册次和办证数量再创新高，促进“文化民生”的实现。

大力实施资源开发。利用馆藏设备和资源优势，继续拍摄非遗专题片、党史讲座课件和公益讲座。加大江苏地方文献的建设力度，继续建设馆藏特色数据库，完成《江苏文化》全文数据库、《中国近代文献图像数据库》等项目。继续落实历史文献研究整理计划，将《南京图书馆藏中央政治学校实习报告》、《南京图书馆藏曲谱集成》、《南京图书馆藏家谱集成》、《民国人物传记文献汇编》等10部书列入出版计划，参与《中华大典》、《金陵全书》、《广州大典》、《著名图书馆藏稀见地方志丛刊·南京图书馆藏稀见地方志丛刊》等项目的整理出版工作。

着力加强理论研究。制定《南京图书馆“十二五”科研课题指南》和《南京图书馆学术研究奖励办法》。以招标形式，确定3～5个重点课题，并积极向国家和省部级申报，形成以学术研究带动业务建设的发展格局。成立南京图书馆事业发展“十二五”发展规划课题组，用战略的眼光，研究制定南京图书馆发展总体思路、战略目标和主要任务。整合南京图书馆科研力量，聘请客座教授和研究员指导并参与相关科研项目。进一步提高《新世纪图书馆》办刊质量，发挥学术带头人的引领作用，规定高级职称人员年度评优必须发表专业论文一篇。

全面强化人才培养。设立人才培养专项资金，有计划、分层次地做好人才培养工作。进一步加强高层次学科带头人的培养和引进，全面构筑南京图书馆专业人才高地。今年内引进2～3名博士生。选派有培养前途的中层干部和业务骨干出国出境考察培训，到国图、上图跟班学习，同时面向社会公开招聘专业人才。制订出台《关于进一步加强职工教育培训的意见》，每月一次举办业务技能、学术知识讲座，以网络环境下图书馆员基本素质的培训为重点，强化全员外语、计算机、图书情报、礼仪和学科知识的培训。采取激励措施，加快培养博士、硕士等高学历人才。

总之，名正则言顺，位正则事利。作为省级公共图书馆的南京图书馆介于国家图书馆与市级图书馆之间，承上启下，位居显要，在国家大力推进文化大发展大繁荣的新形势下，只有确立科学合理的战略定位，找准位置，认真履职，有所为有所不为，不越位又不缺位，才能团结带领全省各级各类图书馆在文化强省建设中发挥更大的作用。

# 文化引领　创新思维
# 切实加强高层次文化人才队伍建设

韩　虹

高素质文化人才是文化生产力中最主要、最活跃的因素，是发展文化的第一资源。江苏文化底蕴深厚，经济实力较为雄厚，有基础、有条件推动文化大省向文化事业繁荣昌盛、文化产业发展强劲、文化人才队伍强大的文化强省跨越。文化人才队伍建设事关文化强省建设全局，是文化引领力和影响力的主力军，是文化事业强和文化产业强的重要支撑。切实加强高层次文化人才队伍建设，才能更有效的发挥文化教育人民，引导社会，推动发展的重要功能和作用。

## 一、以人文历史为借鉴，高度重视文化人才队伍建设

江苏人文汇萃，文化资源丰富，是金陵文化、楚汉文化、吴文化的发祥之地，据史料记载，《二十四史》中有传者2万余人，其中有6000余人是江苏籍人，约占30%，在全国位居首位。

自春秋时期到近现代，江苏文化名人群星璀璨。春秋时期，“南方夫子”的言子；两汉时期，我国目录学、图书馆学奠基人刘向；著名词人南唐后主李煜；宋代范仲淹、秦观，文人画创造者米芾。尤其是明清时期，中国四大古典名著有三部出自江苏，《水浒》作者施耐庵兴化人，《西游记》吴承恩淮安人，《红楼梦》曹雪芹南京人。进入20世纪，著名书画家徐悲鸿、傅抱石、林散之等，著名表演艺术家梅兰芳、周信芳等等，可谓是数不胜数。纵观历史，江苏因深厚的文化底蕴，滋养了灿若星辰的文化名人；因文化名人的辉映，提升了江苏独特的人文魅力和重要地位。

在如此辉煌的文化历史基础上，省委、省政府历来非常重视文化建设，1996年在全国最早提出建设文化大省，2006年率先提出建设文化强省，进入“十二五”，根据我省经济社会发展宏观战略，进一步确立了“文化凝聚力和引领力强，文化事业和产业强，文化人才队伍强”的建设目标，加快江苏文化人才队伍建设，是江苏文化强省战略的关键所在。

## 二、以创新思维为引领，建立多元的人才开发机制

坚持以改革创新为动力。解放思想、与时

俱进，转变观念、创新思路，进一步深化人事人才制度改革，建立充满生机与活力的人才管理体制机制，将改革创新贯穿于高层次文化人才培养与引进的全过程。

坚持以能力建设为主题。遵循人才资源开发规律，注重培养人才的学习能力、实践能力，着力提高人才的创新能力。坚持学习与实践相结合，培养和使用相结合，努力把人才资源优势转化为推动文化发展的强大动力。

坚持以高层次人才培养使用为重点。把高层次人才建设放在突出位置，努力造就一批有较大影响的文化领域领军人才和学术带头人。坚持重要人才重点培养使用，在育才、引才、用才的政策措施方面有新突破，重点带动、整体推进，推动文化人才队伍建设全面发展。

深入贯彻落实科学发展观，坚持服务发展、人才优先、以用为本、创新机制、高端引领、整体开发的指导方针，认真遵循社会主义文化建设规律和文化人才成长规律，更好实施“人才兴文”战略，以文化繁荣吸引凝聚人才，以人才辈出繁荣发展文化，加大高层次文化艺术人才队伍建设力度。

## 三、以名家工程为重点，不断提升文化人才的影响力

围绕建设文化强省目标，培养造就一批具有广泛影响和较高造诣的高层次文化人才，以及具有丰富市场运作经验的文化产业领军人才。坚持分类指导，整体推进，以培养高层次人才带动整体人才队伍建设，促进人才资源整体开发，实现各类人才队伍协调发展。

实施文化艺术名家工程。以打造江苏文化艺术精品，扶持高层文化艺术人才为目标，设立专项扶持资金，对江苏文艺精品的创作团队、艺术大师工作室的项目课题、具有突出贡献的文化艺术名家给予重点扶持和奖励；对引进的大师、名家等开展创作、研究、教学、交流等工作给予专门的经费支持，鼓励其出精品、出成果、育人才。将人才扶持计划、高级人才引进等与江苏文艺精品创作、重大课题研究等相结合，以文化人才扶持带动文艺精品创作、以文艺精品创作促进优秀人才涌现。在江苏选择适合的区域，以798、宋庄、上海戏剧谷等艺术人才和团体集聚特征和形态为建设模板，创造有利条件，营造艺术氛围，打造艺术氛围浓厚，环境优美、政策宽松、配套齐全，能够集聚文化艺术人才的创意园区。每年重点评选资助10名文化艺术名人名家。集聚一批在全国具备较高知名度的名演员、名画家、名编导、名专家，在形成江苏文化艺术创作的人才高地的同时，能够在演艺、美术等领域涌现一批优秀的文艺精品、建立一批在全国具有很高知名度和影响力的名家工作室。

推动文化产业领军人物计划。在对江苏文化产业发展做出杰出贡献，率领江苏文化企业在企业改革、企业发展方面获得重大突破和杰出成就、所带领企业具有较高品牌知名度和突出绩效的文化企业家中，每年评选出10名杰出企业家，给予“文化产业领军人物”称号，并对其个人及所带领的团队给予奖励。对获得“文化产业领军人物”称号的企业，在税收、土地使用、重大文化项目、市场开拓等方面给予优惠政策，并优先给予文化引导资金的扶持。

以江苏文化产业大型企业集团和文化产业领军人物为主要代表，集聚国内外知名企业和知名企业家，形成国内文化产业最高层次的论坛，论坛集信息发布、学术交流为一体，推动企业间合作以及信息、人才交流，促进江苏成为全国文化产业项目交流、资源互通、信息共享的中心和平台。

## 四、以完善措施为保障，切实加强文化人才队伍建设

**1. 建立专项人才培养资金。**建立起以政府投入为引导，用人单位投入为主体，社会投入为补充多元投入新机制。采取政府拨款、企

业赞助、社会捐助、自筹资金等方式建立“江苏省文化高层人才培养资金”。培养资金主要用于资助培养对象的演出、艺术创作或科研项目；用于解决引进急需的高层次人才的特殊困难；用于奖励为我省文化艺术发展作出重大贡献的人员；用于解决培养对象参加国际、国内文化艺术交流活动及培训、进修、出版科研成果的经费不足等问题。

**2. 完善人才激励机制和管理机制。**采取物质激励、感情激励、战略激励等多种途径，以人为本，充分发掘高层人才的潜力，做到适才适用。有效将吸引与活用相结合，适时对高层人才进行考核评价，依据考核结果建立恰当的优胜劣汰机制，确保高层人才与江苏文化发展的动态。

**3. 加大对高层次文化人才的培养力度。**优先为人才培养对象提供创作、演出、采风、科研项目所需设备、经费和工作用房，积极为人才成长提供机遇和舞台。充分利用各种社会培训资源，对文化专业人才进行长期的、系统地在职培训。每年选拔推荐10名包括文化管理、文化经营、演出经纪人、文化艺术各门类有培养前途的人才出国进行半年至一年的进修，学习和了解国际最前沿的文化管理、文化经营、文化艺术等方面的最新理念和动态。每年选拔推荐各类专业人员到国内大专院校或国家级表演艺术团体进修学习。每年举办2–3期高级研修班，邀请国内顶尖专家、学者授课，同时互相交流经验，取长补短。

**4. 提升文化高层人才的社会知名度和学术影响力。**每年投入经费用于拔尖人才的包装宣传，通过广播、报纸、专辑、影视作品等方法、定期举办培养对象的优秀剧（节）目、优秀作品和优秀学术科研成果展演展示活动，把人才积极推向社会，提高知名度。并推荐一批文化艺术人才进入各文化艺术评价、评审、评定机构，进一步提升高层人才的学术影响力。

# 文化工作大事记

# 2010年江苏文化工作大事记

## 1月

**6日** 江苏省文化厅对江苏省2009年全国重大艺术活动中获得优异成绩的单位和个人进行表彰，对2008—2009年度国家舞台艺术精品工程年度资助剧目南京市越剧团《柳毅传书》剧组、获得文化部首届优秀保留剧目大奖的苏州市滑稽剧团《一二三，起步走》剧组和省文化厅艺术处、剧目工作室分别记集体二等功一次，对在第十一届中国戏剧节中荣获优秀剧目奖的扬州市扬剧团《县长与老板》剧组、在第四届中国昆剧艺术节中荣获优秀剧目奖的苏州昆剧院《牡丹亭》剧组、江苏省演艺集团昆剧院《1699·桃花扇》剧组、苏州昆剧院《长生殿》剧组分别记集体三等功一次。

**10—12日** “江苏省乡镇文化站建设工程成果展”在南京图书馆展览大厅举办。省委常委、宣传部长杨新力在省委宣传部副部长、省文化厅党组书记、厅长章剑华陪同下参观了展览。

**11日** 2010年全省文化局长会议在宁召开。会议贯彻落实全国文化厅局长会议精神，总结回顾2009年全省文化工作，研究部署2010年文化工作任务。省委常委、宣传部长杨新力、副省长曹卫星出席会议并讲话，省委宣传部常务副部长、省文化厅厅长章剑华主持会议并代表省文化厅党组作工作报告。

**11日** 江苏省文化厅命名表彰一批为新农村文化建设做出突出贡献的优秀文化站和文化站长。受表彰的文化站有107个，优秀文化站长114位，分别来自全省106个县（市、区）。

**18日** “江苏省第三次全国文物普查十大新发现”揭晓仪式暨《江苏省第三次全国文物普查——新发现》首发式在宁举行，南京国民政府中央广播电台发射台旧址、高淳水阳江古代水利设施、宜兴紫云山墓群等10处文物点入选。在此次全国文物普查中，全省共调查登记不可移动文物2.1639万处，其中新发现1.3633万处。

**21—22日** 2010年全省文物工作年会在张家港召开。省文化厅党组成员、南京博物院院长龚良代表省文化厅传达了全国文物局长会议、全省文化局长会议精神，并对文物保护工作提出要求。

**31日** 由文化部、中国文联主办的“大地情深——全国城乡基层群众小戏小品展演”在北京人民大会堂小礼堂举行开幕式，我省选送的方言小品《回家过年》成为全国精选出的8个参加开幕式的演出剧节目之一。

## 2月

**5日** 由江苏省文化厅与美国夏威夷大学联合打造的英语京剧《白蛇传》在夏威夷肯尼迪剧场成功首演。文化部将该交流项目列为2010年“欢乐春节”品牌对美重点工作之一。文化部外联局局长董俊新发来贺信，并对江苏省在弘扬传统文化、创新对外文化交流思路等方面所做的贡献表示充分肯定。

● **8日** 江苏省美术馆新馆落成典礼暨美术作品特展开幕式隆重举行。省委书记梁保华、省长罗志军出席典礼并为新馆落成揭幕,省领导张连珍、赵龙、曹卫星、张九汉,省文联主席王湛等出席,省委常委、宣传部部长杨新力在落成典礼上讲话。江苏省美术馆新馆是江苏省"十一五"期间十大社会事业建设重点项目之一,由德国KSP建筑设计事务所设计,占地面积1.06万平方米,总建筑面积2.8万平方米,建筑层数为地下2层,地上4层,建筑高度为24米,工程总投资3个亿。

● **8—16日** 应中华人民共和国驻荷兰大使馆邀请,以无锡歌舞剧院和南通少年杂技团为班底的江苏省艺术团一行31人赴荷兰慰问演出,先后在布雷达市、马斯特里赫特市、海牙市、鹿特丹市等地进行了7场演出,荷兰女王代表、北布拉邦省省长、布雷达市市长、海牙市市长、中国驻荷兰使馆大使、旅居荷兰的华商华侨代表和荷兰著名企业家等观看了演出。

● **21日** 江苏省4个项目入选文化部"原创动漫扶持计划"。入选项目为:无锡天使动漫文化发展有限公司《天使部落》的动漫演出创作者(团队),常州卡米文化传播有限公司的网络动漫作品《炮炮兵之下一站新天地》,常州卡米文化传播有限公司《炮炮兵》系列的网络动漫创作者(团队),无锡哈皮动画有限责任公司《咒怨》、《感动》、《休闲时光》、《被烤焦了》的手机动漫创作者(团队)。

● **28日** 由江苏省委宣传部、省文化厅、省文联、省作协共同主办,省文化厅承办的"梅花迎春——2010年新春元宵晚会"在南京艺术中心举行。全省所有历届获中国戏剧"梅花奖"的演员都参与了演出,省领导杨新力、柏苏宁、张九汉等与千余名观众一起观看了晚会。

## 3月

● **3日** 文化部"2009中国现当代艺术重点推广项目"评选结果揭晓,江苏省3个项目入选,分别是南通市中心美术馆申报的"墨季——中国青年水墨展"、苏州本色美术馆申报的"《反·映》当代艺术展"和南京国际梅花书画院名画廊申报的"中国四合农民画"系列画展。

● **4日** 江苏省文化厅下发《关于公布第三批江苏省文化产业示范基地的通知》,公布南京云锦研究基地、苏州沧浪文化产业街区、吴文化博览园、常州创意产业基地、江苏文化科技产业园、扬州智谷、海安523文化产业主题公园、姜堰市溱湖湿地公园、邳州宝石玉器城9家单位为第三批江苏省文化产业示范基地。至此,江苏省省级文化产业示范基地达到27家。

● **16—23日** 受国家古籍保护中心和江苏省文化厅委托,江苏省古籍保护中心承办了第十四期全国古籍普查培训班暨第六期江苏省古籍保护工作培训班。

● **19—21日** 江浙沪评弹工作领导小组年会在扬州召开,文化部艺术司、上海市文化广播影视管理局、江苏省文化厅、浙江省文化厅、苏州市文广局等单位和苏州评弹界的专家参加了会议。会议对如何繁荣和发展评弹艺术、加强江浙沪评弹资源整合和做好三地文化联动工作进行了深入探讨。

● **24日** 文化部在江苏省常州市正式启动"平安世博"文化市场专项保障行动。文化部文化市场司司长李雄出席启动仪式并讲话,江浙沪三地及长三角地区16个主要城市文化部门和执法机构的主要负责同志参加了启动仪式,并共同签订了"长三角地区文化市场综合执法区域协作工程"合作框架协议。

● **26日** 江苏省政府在南京图书馆召开文化建设座谈会,美术界、文化企业家代表近

20人参加座谈。省长罗志军在座谈会上强调，要按照胡锦涛总书记对江苏工作的新要求，在重视发展公益性文化事业的同时，创新体制机制，强化市场导向，加快文化产业发展，推进文化强省建设，促进发展方式转变，使文化产业成为江苏新的支柱性产业。与会代表著名书画家言恭达、徐利明、宋玉麟、喻继高、马鸿增、赵绪成、管峻、陈世宁和文化企业家邵志坚、李军、陈卫国、徐琳、翟优先后发言。

**29日—4月5日** 受文化部委托，以省委宣传部常务副部长、省文化厅厅长章剑华为团长的江苏文化代表团，应邀访问了斯里兰卡、马尔代夫。

## 4月

**10日** 由国家文物局主办，无锡市人民政府、江苏省文物局承办的第五届“中国文化遗产保护无锡论坛”在无锡举行，本届论坛主题为“文化景观遗产保护”。国家文物局局长单霁翔，江苏省委常委、无锡市委书记杨卫泽、江苏省文化厅党组成员、南京博物院院长龚良等领导出席了论坛。

**15日** 由中国书协、江苏省委宣传部、省文化厅、省文联共同举办的“书法有法——孙晓云书法作品展”在北京中国美术馆开幕。中共中央政治局委员、书记处书记、中宣部部长刘云山，全国人大常委会副委员长蒋树声，全国政协副主席、中国文联主席孙家正参观了展览。

**18—28日** 由江苏省文化厅主办，江苏省美术馆、新西兰中国美术家协会、江苏省姜堰市委市政府承办，江苏省文化联谊会协办的“新西兰认识中国——曹俊中国画展”在江苏省美术馆举行。曹俊，新西兰著名画家，原籍江苏姜堰。

**21日** “情系大运河——海峡两岸名家运河写生活动”在扬州举行启动仪式。江明贤、周澄、林章湖、陈朝宝、黄才松、吴士伟6位台湾著名画家与江苏省画家在扬州、苏州、无锡等地进行为期一周的运河写生采风活动。

**23日** 为迎接第15个世界读书日，南京图书馆推出“4·23”世界读书日系列活动，主要包括高端讲座、读书会、少儿阅读以及展览四个方面内容。

**29日** 文化部公布了第三批38家全国古籍重点保护单位，江苏省有徐州市图书馆、常州市图书馆等7家古籍收藏单位入选。至此，全省已有20家古籍“国保”单位，入选总数继续位于全国各省(市)第一。

**30日—5月5日** 由江苏省文化厅、省文联主办的“第七届江苏省油画展暨2010年小幅油画研究展”在江苏省美术馆展出。

## 5月

**8日** 由江苏省委宣传部、省文化厅主办的“欢乐家园”——江苏省文化民生文艺巡演暨2010“幸福广场”——常州市广场文艺周周演活动在常州正式启动。省委宣传部副部长梁勇，省文化厅党组成员、纪检组长王世华等领导出席了启动仪式。

**15日** 在“5·18”国际博物馆日即将到来之际，江苏省文物局在宿迁市举行了“2010年全省馆藏文物精品系列巡回展览”启动仪式，确定了“盛世虎——2010虎年虎展”、“金与玉——明代贵族首饰展”、“宣炉吉金——苏州博物馆馆藏宣德炉精品展”、“皇家风范——清代宫廷官窑瓷器展”、“大汉王朝——徐州汉画像石艺术展”等7个展览在全省巡回展览。

**20日** 江苏省3件动漫作品和2家动漫企业获得国家重点动漫产品、重点动漫企业认定。

**25日** 在第九届中国艺术节上，全国第十五届"群星奖"评奖揭晓,江苏省获得16项"群星奖"大奖,其中舞台艺术作品奖8个,活动项目奖5个,"群文之星"奖3个,获奖总数位于全国各省(市)前列。

## 6月

● **3日** "利玛窦——明末中西科技文化交流的使者"巡回展在南京博物院艺术馆开幕。

● **3—9日** 由文化部主办、文化部艺术司和江苏省文化厅共同承办的"全国昆曲优秀剧目展演周"活动在南京举行。江苏省昆剧院、北方昆曲剧院、上海昆剧团等7家昆曲专业艺术院团,分别表演了7台昆曲剧目。

● **11日** 江苏万工科技集团有限公司的"喷气织锦文化"获"2010年度文化部科技创新项目"立项。

● **11—13日** 由国家文物局、江苏省文化厅、江苏省文物局和苏州市共同主办的第五个中国文化遗产日主场城市活动在苏州举办。苏州市张家港东山村遗址入选2009年度全国十大考古新发现。

● **12日** 江苏省文化厅、江苏省文物局在苏州举行了首批江苏省大运河沿线重点文物抢救保护工程启动仪式。徐州新沂市窑湾赵信隆酱园店等10个项目列入首批大运河沿线重点文物抢救保护工程。

● **13日** 上海世博会江苏活动周在世博园内宝钢大舞台隆重开幕。中共中央政治局委员、上海市委书记俞正声参加开幕式,江苏省委书记、省人大常委会主任梁保华宣布江苏活动周开幕,江苏省委副书记、省长罗志军和上海市委副书记、市长韩正在开幕式上致辞。江苏活动周文化艺术展演分为四个部分:锦绣江苏——大型音乐舞蹈诗画、人文江苏——非物质文化遗产及民间艺术综合展演、风情江苏——民间艺术广场表演、吴韵汉风·人文江苏——行进式民间艺术表演,围绕吴韵汉风·人文江苏的主题,为世博会游客展现了江苏传统与现代的民族、民间艺术精华。

● **13日** 第三届"江南如画——风景油画展"在江苏省美术馆举行开幕式。

● **18日** 江苏省美术馆新馆举行永久性全面免费开放仪式。省委常委、宣传部长杨新力,省人大常委会副主任、省总工会主席张艳,副省长曹卫星,省政协副主席陈宝田,中国美术家协会名誉主席靳尚谊,中国美术馆馆长范迪安等领导和嘉宾出席开幕式。

同日"国家重大历史题材美术创作工程"作品巡回展在江苏省美术馆新馆开幕。

## 7月

● **12日** 江苏省政府发布《关于加快文化产业振兴若干政策的通知》(省政府苏政发〔2010〕75号),就加大财税扶持力度、构建多元化投融资服务体系、培育重点文化产业和骨干文化企业、加强文化产业园区和基地建设、加快文化产业人才培养等做出明确规定。

● **14日** 国家社科基金艺术学项目课题立项名单公布,江苏省16个项目入选,为江苏省历史最好水平。其中南京大学俞为民教授申报的《中国古代戏曲理论史通论》被列为国家重点课题,在江苏省尚属首次。

● **17日** 由江苏省委宣传部、省文明办、省文化厅、省新闻出版局、新华日报报业集团等13家单位共同主办的第六届江苏读书节在南京举行。省委常委、宣传部长、读书节组委会主任杨新力,副省长、读书节组委会副主任曹卫星出席开幕式并讲话。

## 8月

● **3日** 全省考古工作会议暨首届江苏省田野考古评比表彰大会在南京高淳召开。江苏省文物局举办的首届江苏省田野考古奖揭晓，共评选出东山村遗址考古发掘等28个项目。

**3日** 江苏省残联、省文化厅在南京市甘熙故居共同举行了江苏省“残疾人文化活动周”启动仪式。

**10日** 江苏省文化厅召开文化系统干部大会，动员部署厅直系统深入开展创先争优活动，省委宣传部副部长、省文化厅厅长章剑华出席并作动员讲话。

**12日** 文化部公布第二批国家文化创新工程项目，省演艺集团的《“苏演院线”连锁经营》名列其中。

**13日** “凯绥·珂勒惠支作品展”在江苏省美术馆新馆举行开幕式。该画展持续到8月30日。

**19日** 中国入选联合国教科文组织非物质文化遗产名录项目颁证仪式在人民大会堂隆重举行。江苏省共有昆曲、古琴艺术、南京云锦织造技艺、中国雕版印刷技艺、中国剪纸、中国传统木结构营造技艺、中国传统桑蚕丝织技艺和端午节等8个项目入选“人类非物质文化遗产代表作名录”，是全国入选项目最多的省份。

**25日** 江苏省文化局长座谈会在南京召开。会议学习贯彻落实胡锦涛总书记在中央政治局第二十二次集体学习时的讲话精神和体制改革会议精神，总结上半年工作，研究今后一个时期的工作思路。省委宣传部副部长、省文化厅长章剑华出席会议并作重要讲话。

**27日** 2010第七届中国(常州)国际动漫艺术周暨国际动漫交易会，在常州国际会展中心隆重开幕。作为艺术周重要内容的动漫交易会，共设城市展区、动漫区、游戏区、动漫衍生品售卖区、艺术展示与产品产权交易区、创意生活展区、展会综合服务区七个展区，面积约3万平方米。

## 9月

**3日** 江苏省文化厅命名第三批江苏省非物质文化遗产代表性传承人，共111人。

**12日** 江苏省文化厅与国家文化部社会文化司共同举办“文化民生——全国第十五届‘群星奖’获奖节目江苏巡演”活动。

**14日** 中国曲协在南京召开第六届中国曲艺牡丹奖颁奖晚会及相关演出活动新闻发布会。江苏省共获6项大奖，获奖数名列全国第一。

**16—22日** 作为“江苏台湾周”文化专题活动的“情系大运河·两岸中国画名家作品展”和“白云忆故里——黄君璧书画展”在省美术馆新馆举行。

**16日** 江苏省中华文化促进会在南京成立。

**18日** “墨惊彩——赵绪成都市作品展”在北京市798艺术区正式开幕。该画展展出作品采用中国传统国画与西方绘画手法相融合的创新技法，生动地再现了上海世博场景、南京新街口等现代城市形象。

**25—29日** 由人力资源社会保障部和文化部联合主办、江苏省文化厅承办的全国动漫管理人才高级研修班在江苏省常州市举行。

**26日** 第二届中国江苏国际文化艺术周暨第五届亚洲美术馆馆长论坛开幕式在南京人民大会堂隆重举行。省领导与18个国家80位美术馆馆长及相关专家出席开幕式。本届艺术周主要活动包括6台剧目展演、3场美术展览、1场亚洲美术馆长论坛、1台开幕式文艺演出和1台闭幕式。

**29日** 扬州美术馆正式开馆。

**是月** 江苏完成全省馆藏珍贵文物数据库建设工作，共计23.6256万件(套)珍贵文物数据全部上报中国文物信息咨询中心(国家文物局数据中心)，其中一级文物2565件(套)、二级文物1.4928万件(套)、三级文物21.8763万件(套)。

## 10月

● **1日** 南京市博物馆在整修后的南京朝天宫内向公众展出了近3000件馆藏文物，成为该馆1978年正式挂牌以来展出文物数量最多、等级最高的一次展示，其中长干寺地宫出土的阿育王塔及两套金棺银椁是首次公开展出。

● **7日** 由中国文联和江苏省人民政府主办，苏州市人民政府、江苏省文化厅、江苏省文联承办的第八届中国国际民间艺术节于10月7日在苏州开幕，后移师北京，17日在京落下帷幕。

● **9日** 记载故宫文物在抗日战争中万里大流迁的长篇纪实文学《承载》，由人民文学出版社正式出版，在北京故宫博物院举行首发式。该书作者为江苏省委宣传部副部长、省文化厅厅长章剑华。

● **11日** 国家文物局公布了第一批国家考古遗址公园名单和立项名单，江苏省鸿山遗址列入第一批国家12个考古遗址公园名单，扬州城遗址列入第一批国家23个考古遗址公园立项名单。

● **12日** 首届全国经济百强县(市)博物馆馆长论坛暨县级博物馆馆长研讨会在江苏常熟召开。

● **20日** 江苏慈文紫光数字影视有限公司、苏州市蜗牛电子有限公司等5家获得文化部动漫游戏产品“走出去”出口奖励。

● **22—11月9日** 2010中国泰州梅兰芳艺术节在泰州举办。

● **22—26日** 由江苏省文化厅和泰州市人民政府联合主办的“第三届江苏省新人新作歌舞大赛”决赛在泰州举行。本次大赛全省共申报作品153个，入选决赛作品71个，评选出声乐创作、表演等级奖16个，舞蹈创作、表演等级奖14个，优秀奖若干，组织奖4个。

● **28日** 扬州文化艺术中心正式落成开放。

## 11月

● **10日** 《人民日报》以《江苏给力“文化强省”》为题，在头版头条报道江苏省“文化强省”建设情况。

● **13日** 由江苏省文化厅主办、江苏省文化馆承办的第九届江苏省“五星工程奖”美术书法摄影作品展在江苏省美术馆隆重举行，共展出美术作品164件，书法作品174件，摄影作品157件。

● **19日** 在中央电视台主办的首届CCTV全国戏曲院校京剧专业学生电视大赛上，江苏“小京班”学员张婉婷夺得金奖、陈惠禾获得银奖、章乃方获得铜奖和优秀表演奖，指导教师艾金梅、李成麟获得园丁奖，江苏省戏剧学校获得大赛组织奖。

● **19—21日** 第九届江苏省“五星工程奖”评奖活动在镇江市举办。徐州市《四季武魂》等6个节目获广场文艺类金奖；镇江市《打麦号子》等8个节目获音乐类金奖；无锡市《废墟·崛起》等5个节目获舞蹈类金奖；盐城市《公鸡做媒》等10个剧目获戏剧类金奖；苏州市《送果篮》等3个节目获曲艺类金奖。此外，还有28件美术书法摄影作品、2项理论研究成果获金奖，17个项目获服务项目奖。

● **22日** 由文化部、南京市政府主办，南京市文广新局承办的首届“上海合作组织成员国文化产业论坛”在南京开幕。上海合作组织各成员国、观察员国、对话伙伴国均派出代表参加。本次论坛为期4天，旨在进一步拓展交流渠道，丰富交流内容，增进上合组织各国文化企业界的相互了解、相互借鉴，加强成员国及相关国家之间的文化交流与合作。

● **23日** 文化部命名扬州智谷投资管理有限公司、江苏周庄文化创意产业投资发展有限公司、江苏金一文化发展有限公司为第四批国家文化产业示范基地。

**26日** 2010年度省文化产业引导资金项目签约仪式在南京举行，IPTV集成播控平台EPG业务开发与管理系统等151个项目获得省文化产业引导资金资助，资助资金总额为2.0511亿元。

**27日—12月1日** 第十届“华东六省一市戏剧小品大赛”在南京江宁区举办。共评选出大奖3个、金奖8个、银奖20个、优秀组织奖7个。南京市江宁区文化馆的《数钱》获得大奖；徐州市文化馆的《浪漫的事》，扬中市文化馆、油坊镇文化站的《老抠中奖》获得金奖；省文化馆的《排队买房》、常州市武进区文化馆的《世上本无事》、南通市通州文广局的《浪漫的夜》、昆山市文化馆的《鞋》和《那个路口》获得银奖。

**30日** 江苏省文物局、浙江省文物局、上海市文化市场行政执法总队在南京共同签署了《江浙沪文物行政执法合作协议》，发布了《江浙沪文物行政执法合作宣言》，并举办了首届江浙沪文物行政执法合作联席会议。

**是月** 2009—2010年度江苏省舞台艺术精品工程终评结果揭晓，滑稽戏《顾家姆妈》（苏州市滑稽剧团）、扬剧《丹凤湖畔》（江苏省演艺集团扬剧团）、淮剧《韩信》（淮安市淮剧团）、柳琴戏《孽海花》（江苏省柳琴剧团）、淮剧《二饼上城》（盐城市淮剧团）、淮剧《唢呐声声》（江苏省淮剧团）6台剧目被评为江苏省舞台艺术精品工程精品剧目，4台剧目被评为江苏省舞台艺术精品工程优秀剧目。

## 12月

**8日** 由文化部主办的第八届全国杂技（魔术）比赛在广州举行，盐城市杂技团的《想——软钢丝》获杂技类节目铜奖。

**8—10日** 第六届江苏省小戏小品大赛决赛在苏州市举行，小淮剧《公鸡做媒》等12个小戏和《世上本无事》等18个小品分别获得小戏、小品的一、二、三等奖；程红等72人分别获得优秀表演奖、表演奖；蒋宏贵等49人次获得编剧、导演、音乐、舞美单项奖；苏州市文联等12个单位获得优秀组织奖、组织奖。

**9日** 由中国美术家协会、江苏省委宣传部、江苏省文化厅、江苏省文联共同主办，江苏省江苏美术家协会承办的“现实·超越2010中国百家金陵画展（油画）”在江苏美术馆新馆隆重开幕。本届展览评出入展作品100件，金奖作品10件。

**13日** 住房和城乡建设部与国家文物局公布第五批中国历史文化名镇名村的名单，苏州市吴中区东山镇、无锡市锡山区荡口镇、兴化市沙沟镇、江阴市长泾镇、张家港市凤凰镇入选中国历史文化名镇，无锡市惠山区玉祁镇礼社村入选中国历史文化名村。

**16—31日** 南京图书馆举办首届南图阅读节，先后开展了“和名著对话”、“陶风图书奖”评选和评选馆藏珍品三大活动。

**28日** 苏州美术馆新馆启用。

**是年** 江苏省文化厅系统积极开展文化系统文明创建活动。江苏省国画院、江苏省戏剧学校被评为2007—2009年度江苏省文明单位，南京博物院、江苏省美术馆、江苏省文化馆被评为2007—2009年度全省群众性精神文明建设先进单位。

江苏省文化厅开展“江苏省文明图书馆”、“公共图书馆先进集体”评比表彰活动。全省共上报74个省文明图书馆、27个先进集体。经过实地检查验收、组织专家评审、并报厅办公会研究，苏州市图书馆等69家单位被评为江苏省文明图书馆，南京图书馆读者服务部等24个部门被评为先进集体。

江苏省文物系统全部完成首批名人故居古民居抢救保护工程项目，顺利实施第二批名人故居古民居抢救保护工程，启动第三批名人故居古民居抢救保护工程项目的先期遴选工作。

● 在全国地方志系统第二届年鉴评奖中，《江苏文化年鉴》(2009)获专业年鉴二等奖。

(许其兵)

# 文化工作概况

# 综　述

2010年，在省委、省政府的正确领导下，全省文化系统深入学习实践科学发展观，全面贯彻落实党的十七大、十七届五中全会精神，按照文化强省建设的战略目标，坚持以文化民生为重点，以文化体制改革为动力，以满足广大群众的精神文化需求为根本任务，全面推进江苏文化工作，有力促进文化大发展、大繁荣。

3月26日罗志军省长在南京图书馆召开文化建设座谈会，美术界及文化企业家20多人出席

## 以重大艺术活动和精品工程为抓手，文化艺术生产收获新成果

全省文化系统积极实施艺术生产精品战略，有力促进重大艺术活动品牌化建设，强化艺术职业教育工作，文化艺术生产呈现繁荣局面。

重大艺术活动影响显著。在上海世博会江苏活动周期间，以“吴韵汉风”为主题，举办55场演出和展示活动，吸引观众近90万人次，苏沪两地主要领导出席开幕式，予以高度评价。成功主办第二届中国·江苏国际文化艺术周暨第五届亚洲美术馆馆长论坛，举办优秀剧目展演和“傅抱石、齐白石——南北二石展”、“路德维希捐赠作品展”、“时代多彩·第十一届全国美展江苏获奖入选作品汇展”等高水准文化活动，有力推动江苏与亚洲及世界其他地区的文化艺术交流。承办全国昆曲优秀剧目展演周、组织江苏省第三届新人新作歌舞大赛和第六届全省小戏小品大赛等文化活动，以及连云港国际西游记文化(旅游)节、中国泰州梅兰芳艺术节等文化活动，取得良好社会反响。还与央视书画频道合作《书画江苏》栏目，推进江苏美术与电视媒体的深入合作。

艺术精品生产成绩斐然。2009—2010年度省舞台艺术精品工程评选出《顾家姆妈》等6台精品剧目，《桃花村》等4台优秀剧目。在第九届中国艺术节上，《1699·桃花扇》获文华大奖特别奖，《顾家姆妈》、《飘逸的红纱巾》获文华优秀剧目奖，李洁、李政成获文华表演奖，陆伦章等8人分获文华奖编剧、导演、舞美、音乐、优秀表演等单项奖。滑稽戏《顾家姆妈》、越剧《柳毅传书》获国家舞台艺术精品工程资助剧目。越剧《云之锦》获第二届中国越剧节银奖。17幅美术作品入选第九届中国艺术节·全国优秀美术作品展览。第八届江苏省戏剧文学奖推出《春秋烈》等一批优秀剧本。举办“书法有法——孙晓云书法作品展”等名家作品展、

"纪念徐悲鸿诞辰115周年当代中国画名家邀请展"等大型展览、"第七届江苏省油画展暨2010年小幅油画研究展"等专题展,有力促进美术精品创作。

滑稽戏《顾家姆妈》(苏州市滑稽剧团)

艺术教育及研究工作稳步提升。组织专家小组走进课堂,在全省艺术学校开展课堂教学评比活动,有效规范全省艺术学校教学活动。开展艺术职业学校专业教师课程改革及技能竞赛专题培训,提高了艺术学校专业负责人、骨干教师业务水平。省戏校"小京班"在央视举办的首届全国戏曲院校京剧专业学生电视大赛中获得一金一银一铜的好成绩。省演艺集团《"苏演院线"连锁经营》入选国家文化创新工程项目,在国家文化创新工程17个项目中江苏省占了3项,位居全国首位。

## 以文化民生建设为主题,公共文化服务体系建设再上新水平

紧紧抓住"文化民生"的工作主题,积极推进公共文化设施建设,不断完善公共文化服务管理体制和运作机制,有效提升公共文化服务能力。

文化惠民活动深受群众欢迎。精心策划并在全省开展"欢乐家园——江苏省文化民生文艺巡演"活动,与文化部共同举办文化民生——全国第15届群星奖获奖节目江苏巡

演活动。编辑出版《民生万象——江苏优秀小戏小品集》,向基层图书馆、文化馆、文化站和民营表演团体免费赠送3000余册。继续实施"送书、送戏下乡"活动,向经济薄弱地区乡镇送图书58.4万册,送戏2800场。

长效管理机制建设不断强化。制定下发《关于进一步加强乡镇文化站国有资产管理的通知》,指导乡镇文化站加强文化站国有资产管理;修订完善《江苏省农村公共文化服务管理办法》,加快推进全省农村基层文化建设。继续开展省"特色文化之乡、团队、家庭、标兵"评选命名活动,命名昆山市陆家镇等12个县(市)和乡镇为特色文化之乡,14个群众文艺团队为特色文化团队,5个家庭为特色文化家庭,10名个人为特色文化标兵。

文化共享工程建设有序推进。文化信息资源共享工程省、市、县、乡、村五级设施网络架构建设基本到位,"县县建有支中心"的目标任务全面完成,农村乡镇和城市街道基层服务点建设全面展开。省级财政扶持经济薄弱地区新建乡镇基层服务点713个。2个信息服务点被工信部、文化部等部委评为全国先进综合信息服务站,2名信息员被评为全国优秀信息员。

公共文化服务能力显著提升。省美术馆新馆落成并永久对外全面免费开放,南博二期工程建设如期推进,盐城市文化艺术中心等一批市级文化设施建成开放。开展2006—2009年度江苏省文明图书馆、公共图书馆先

进集体评比表彰和2010年度图书馆服务宣传周活动。推荐上报第二批69家拟向社会免费开放的博物馆、纪念馆。明确翁同龢纪念馆等10家单位为全省县级博物馆展览展示与服务水平提升工程参与单位。省文物局组织"盛世虎——2010虎年虎展"等7个展览在全省巡回展出23站,接待观众20余万人次。

群众文艺活动更加活跃。在第九届中国艺术节上,江苏获16项群星奖,获奖总数位于全国前列。在文化部举办的全国老年合唱节和首届中华红歌会上,江苏分别获金、银奖各一名。在全国第七届"四进社区"文艺展演活动中,江苏2个节目双双获奖。5个优秀群文小戏小品入选文化部"大地情深——全国城乡基层群众小戏小品晋京展演"活动。举办了第九届江苏省"五星工程奖"评奖活动,承办了第十届"华东六省一市戏剧小品大赛",开展了全省乡镇文化站从业人员"爱岗敬业"征文大赛、"美好家园"摄影大赛等活动。

## 以成为国民经济支柱产业为目标,文化产业发展步入快车道

紧紧围绕"两个高于"和推动文化产业成为国民经济支柱产业的目标,把加快发展文化产业作为调整江苏产业结构、培育新的经济增长点的重要抓手,多渠道、多方位地促进文化产业发展。

文化产业引导资金效应明显。完成2010年度省文化产业引导资金项目申报评审工作,优先支持市场前景好、具有重大示范效应和拉动作用的重大项目。申报项目589个,总投资额近500亿元,比去年增长33%。151个项目获得资助,资助总额超过2亿元。抓好2009年度引导资金资助项目跟踪管理,开展119个资助项目的绩效评估工作。

文化产业示范基地建设不断加强。根据《江苏省文化产业示范基地评选命名管理办法》,评选命名南京云锦研究基地等9家单位为第三批江苏省文化产业示范基地。目前,江苏省已有国家级文化产业示范基地10家,省级文化产业示范基地27家。

动漫产业实力整体增强。组织5件动漫作品、4家动漫企业申报文化部重点动漫作品

和重点动漫企业,其中3件动漫作品被认定为国家重点动漫作品。组织企业申报文化部"原创动漫扶持计划",无锡哈皮动画等4家企业获得原创动漫作品、创作者团队扶持奖励。南京合谷科技等29家动漫企业通过国家级认定,认定数量居全国各省(市)之首。推荐江苏慈文紫光、苏州蜗牛等19家"走出去"业绩突出的动漫游戏企业上报文化部享受税收优惠政策扶持,江苏成为全国动漫游戏企业数、原创作品数、销售收入和出口额最多的省份。

文化企业得到资助。加强与有关部门和金融企业的沟通,为更多的文化企业争取获得投融资支持。苏州香山工坊等项目得到金融机构的融资帮助,常州淹城等18个项目得到财政部的资助,资助项目数居全国第一。积极推进省政府加快出台文化产业振兴若干政策,受省政府办公厅委托起草《江苏省加快江苏文化产业振兴若干政策》,由省政府公开发布。

## 以提升综合执法监管水平为手段,文化市场管理实现新突破

积极转变工作思路,创新管理方法,提升

文化市场监管水平，有效促进了全省文化市场健康有序发展。

网络文化市场管理措施有力。积极探索网络文化市场管理的新模式，以连锁整合的方式促进网吧连锁经营业态的发展。认定全省12家网吧连锁企业资质，确定各网吧连锁

江苏第四届网吧知识技能竞赛

企业"单改连"整合布局，500多家单体网吧门店进入连锁改造通道，连锁网吧门店数超过1200家，约占全省网吧总数15%。积极发挥网吧监管系统作用，加强网吧动态监控，拦截各类有害信息2000万余次，屏蔽非法网站4000多个。完成网吧"净网先锋"监管软件安装工作，基本实现全省8000多家网吧、70余万台终端动态监控的全面覆盖。

文化市场整治成果显著。全省文化系统全年累计出动执法人员42.6万人次，立案调查2773起，行政罚款1037万元，查缴非法产品238余万张（册、台），吊销娱乐场所执照726家、网吧经营许可证6家，办理行政案件转刑事案件5起，其中"去听去听音乐网"违法案件入选2010年全省知识产权保护十大案件，连云港市镇海网吧复制淫秽物品牟利案被文化部评为全国重大案件。4—10月，围绕"迎接上海世博会"开展了文化市场专项治理。

执法队伍素质逐步提升。坚持持证上岗、上岗必考，严格执法人员岗位培训制度，提升文化市场执法队伍素质。先后举办了两期全省文化市场执法人员培训班，采取全程封闭式教学、准军事化管理的形式，重点进行现场勘察、调查询问、查辑战术、行为证据、调查证据等13个基础专业课目的学习训练，培训执法骨干近300人。

文化市场持续健康发展。无锡灵山实业有限公司《灵山吉祥颂》和扬州木偶剧团《扬州杖头木偶表演》被列入国家文化旅游重点项目名录，连云港汪其魔杂技团《魔术晚会》和无锡阿福文化公司《玉飞凤》获得全国首届民营艺术院团优秀剧目奖。全省演出总场次达10万余场，其中引进境外各类艺术表演团体795批次、涉外演出达4.5209万场次，比2009年分别增长11%、30%。

## 以保护利用并举为工作方针，文化遗产保护工作迈上新台阶

积极继承和弘扬优秀传统文化，深入开展文化遗产保护和利用工作，在文物保护、文物普查、非物质文化遗产保护和传承等方面取得突出成绩。

文物保护工作亮点频现。启动实施大运河沿线重点文物抢救保护工程，首批入选新沂市窑湾赵信隆酱园店等10个项目。完成第七批全国重点文物保护单位申报工作和第七批省级文物保单位遴选评审工作。第四至六批省级

以上文物保护单位保护范围及建设控制地带划定工作基本结束。名人故居、古民居抢救保护工程循序推进，全部完成首批工程项目，顺利实施第二批工程项目。无锡鸿山遗址入选首批12个国家考古遗址公园，扬州城遗址进入首批23个国家考古遗址公园立项名单。7家

古籍收藏单位和251部古籍入选第三批国家古籍重点保护单位及《国家珍贵古籍名录》。全省古籍"国保"单位和国家珍贵古籍分别达到20家和1025部,继续位于全国第一。

文物普查及馆藏文物数据库建设走在全国前列。第三次全国文物普查第三阶段工作领先全国,共调查登记不可移动文物2.1639万处,其中新发现1.3633万处。评选出"江苏省第三次全国文物普查十大新发现"。省文物局与省基础地理信息中心合作,组织研发并初步建成江苏省第三次全国文物普查不可移动文物地理信息数据库。全省23万余件(套)珍贵文物数据按时上报国家文物局数据中心,数据提交量居全国首位。全面完成全省文化文物系统博物馆(纪念馆)历史文物的鉴定定级工作,新增一级文物400余件。

文物行政执法水平整体提升。制定《江苏省文物行政执法机构规范标准》,开展文物行政执法示范单位创建活动。省文物局成功主办江浙沪文物行政执法合作签字仪式暨首届联席会议,江浙沪文物行政执法区域合作机制工作获2010年度江苏省政府法制工作创新奖。严厉打击文物违法犯罪活动,全省依法查处文物违法案件11起,制止文物违法行为64起,保护不可移动文物74处。

非遗保护向深层次迈进。24个项目入选第三批国家级非物质文化遗产名录和第二批扩展项目名录。以昆曲、古琴艺术、南京云锦织造技艺、雕版印刷技艺等"人类代表作"项目重点保护为示范,江苏省国家级项目全部制定"十二五"保护规划。30个传统美术、技艺和医药类项目申报国家级生产性保护示范基地。高淳、洪泽、姜堰、连云港等地区启动试点建设实验型省级文化生态保护区。认定、命名第三批省级"非遗"项目代表性传承人111人。

"非遗"保护基础工作继续加强。各级资金投入2719万元,加大省级以上"非遗"项目的保护力度。全省"非遗"展示馆(厅)达136个,展示总面积超过9.2万平方米。42名专家学者充实到省级专家库,总人数达104名。建立省级"非遗"研究中心基地,南京、徐州、常州、苏州等地依托高校及研究机构建立了区域性研究基地。全省34个"非遗"项目参加上海世博会江苏活动周展演。在全国首届"非遗"博览会上,江苏省"非遗"项目获金奖2项、银奖6项、铜奖1项,位列全国第一。全省各地举办各类"非遗"展演活动1870余场(次),参与人数1130万人次。先后举办了"中国农业文化遗产论坛"、"非物质文化遗产保护南京论坛"等一系列理论研讨活动。

## 以统筹兼顾、协调发展为工作方法,各项文化工作取得新成效

全省文化系统坚持科学发展,统筹兼顾,全面推进各项文化工作协调发展、不断进步。文化体制改革卓有成效。在国有文艺院团体制改革方面,举办全省文艺院团改革培训班,全省42家市级文艺院团有26家完成转企改制工作,其他正在进行之中。在事业单位内部机制改革方面,基本完成省国画院、南京图书馆、南京博物院等厅直单位的岗位设置方案。在综合行政执法建设方面,全省13个地级市完成文广新局三局合并,13个地级市和51个县(市)基本完成文化市场综合执法改革。

"十二五"规划编制初步完成。从江苏省文化建设实际出发,深入开展调查研究,广泛征求专家、各地文化部门意见,初步完成江苏省"十二五"文化发展规划的研究和编制工作,为江苏今后一个阶段的文化建设工作提供发展蓝图。同时,还编制完成省文物事业发展"十二五"规划及项目库,认真制定省文化系统"十二五"文化产业发展规划和省公共图书馆事业"十二五"发展规划。

对外文化交流更上层楼。组派江苏艺术团赴纳米比亚参加中纳建交20周年纪念演出

活动，起到了以完美的演出配合高访、烘托庆典活动热烈气氛的效果。由江苏省文化厅与美国夏威夷大学联合策划、被文化部列为2010年“欢乐春节”品牌对美重点项目之一的英语京剧《白蛇传》，在夏威夷肯尼迪剧场公

演8场并获好评。成功举办新西兰江苏裔画家曹俊中国画展及德国画家珂勒惠支版画展。由英国埃塞克斯郡和江苏省多家部门、单位联合主办的昆曲——莎士比亚体验项目稳步推进，增进了两地青少年对彼此优秀传统文化的了解。精心筹备并成功举办“情系大运河——两岸中国画名家作品展”和“白云忆故里——黄君璧书画展”，营造了“江苏台湾周”的文化氛围。

## 以提升综合素质为重点，干部队伍建设水平实现新提升

按程序、有计划地充实干部队伍，积极开展学习活动和课题研究，不断提升干部综合素质，有力强化干部队伍和文化人才队伍建设。

干部队伍和人才队伍得到充实提高。进一步充实提高江苏省文化厅机关处室力量，12名同志被提拔为处级领导，7名科级干部得到提任。积极开展干部交流工作，10名科级干部得到交流，7名处级干部换岗提任。遴选厅直单位领导后备人选4名，并提拔1名后备人选进入省文化馆领导班子。严密组织厅直单位公开招聘，录用22人，成功为省国画院、南京博物院、南京图书馆引入博士及博士后3人。扎实做好职称评审工作，全省446人获得高级职称资格，通过率71.8%。

“大学习、大培训、大提高”活动成效明显。

江苏省文化厅系统组织开展内容丰富、形式活泼的学习活动，营造浓厚学习氛围。举办两期厅系统中青年干部培训班，积极组织干部参与南图高端讲座，有效提升厅系统中青年干部素质。积极开展课题研究工作，以承接文化部研究课题为重点，组织开展9项课题研究，全厅干部人人参与。江苏省文化厅连续两年被文化部评为“全国文化人才培训先进单位”。

党风廉政建设得到加强。认真学习《中国共产党党员领导干部廉洁从政若干准则》，开展“学习廉政准则，争做勤廉表率”主题教育活动。加强职称评审、艺术评奖等内控机制和权力阳光工程建设。积极推进廉政文化建设，打造《天下无讼》、《母亲的守望》等廉政剧目，承办全省廉政书画作品展。继续开展以“五好”为主要内容的文明处(科)室创建活动。认真执行党内监督条例和信访监督等制度，加强对权力运行和重大文化项目实施及经费使用管理的监督。

（许其兵）

# 江苏省文化厅
# 江苏省文物局、二级局文化单位
# 领导人名录

（2010 年 1 月 1 日至 12 月 31 日）

## 江苏省文化厅领导及处室负责人

### 江苏省文化厅党组

党组书记　章剑华

党组成员　马　宁

王世华

秦基春

吴晓林（10 月任）

方标军（7 月任）

龚　良

韩　虹（女，7 月任）

### 江苏省文化厅厅长、副厅长

厅　长　章剑华

副厅长　高　云

马　宁

秦基春

吴晓林（10 月任）

### 江苏省文化厅处室负责人

办公室

主　任　嵇亚林

副主任（主持工作）韩显红（6 月任）

王秀云（女，7 月任）

计财处

处　长　徐晓林（12 月任）

副处长　姚　宁（女）

何　勇（7 月任）

人事处

处　长　韩　虹（女）

副处长　刘　宝

艺术处

处　长　吴小平

副处长　王永林

陈新建

市场处

处　长　苏启大

副处长　万永华（女）

社文处

处　长　谷　峰（女）

副处长　官天涛

冯锦文

科教与产业处

处　长　张晓雁

副处长　黄鲁闽
　　华心怡（女，7月任）

直属机关党委

副书记　沙夕九

老干部处

副处长　路承佳
副处长（主持工作）　王闽闽（6月任）

对外文化交流处

副处长（主持工作）车宁（女，6月任）
　　丛业立（7月任）

省纪委驻省文化厅纪检组、监察室

纪检组组长　王世华
副组长　赵　林
监察室主任　赵　林
副主任　李明珍（女，10月任）

# 江苏省文物局领导及处室负责人

## 江苏省文物局领导

局　长　龚　良（7月任）
副局长　刘谨胜
书　记　沐仁和
　　姚文中（8月任）

## 江苏省文物局处室负责人

综合管理处

处　长　沐仁和
副处长　苏同林

文物保护处

处　长　李民昌
副处长　盛志伟

博物馆处

处　长　束有春

法规处（执法督察处）

处　长　张　农

# 二级局文化单位领导

## 南京图书馆领导

党委书记　方标军（7月任）
馆　长　徐小跃（7月任）
副馆长　许建业
　　钱　明
党委副书记　赵厚洪
副馆长　全　勤（女）

## 南京博物院领导

院　长　龚　良
副院长　黄鲁闽
　　倪　明
党委副书记　朱小光

## 江苏省国画院领导

院　长　周京新（7月任）
副院长　胡宁娜（女）
　　刘　云
　　薛　亮
　　管　峻

# 江苏省演艺集团领导

总经理　顾　欣
党委书记、副总经理　朱昌耀
党委委员、副总经理　刘金星
　　赵京利

# 艺术生产

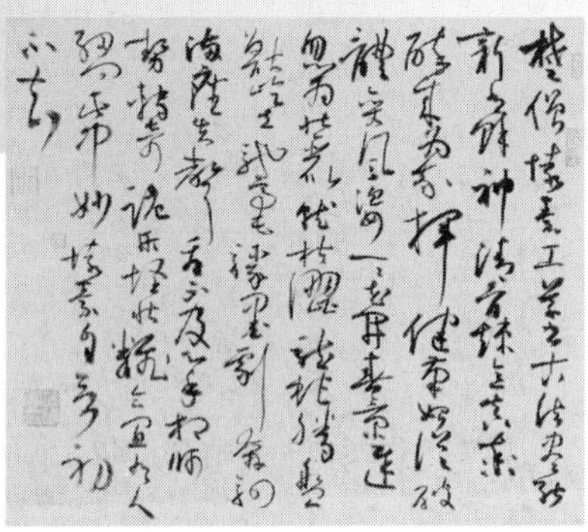

# 舞台艺术

**概况** 在2010年里，全省舞台艺术工作以科学发展观为指导，围绕着艺术创作与生产，攻关精品创作，繁荣舞台艺术，工作成效显著。以省精品工程带动全面繁荣，促进江苏剧（节）目生产向更高水平发展。在全国各项活动中，江苏舞台艺术硕果累累。滑稽戏《顾家姆妈》、越剧《柳毅传书》入选文化部国家舞台艺术精品工程资助剧目。在第九届中国艺术节上，苏州滑稽剧团的《顾家姆妈》和省演艺集团的京剧《飘逸的红纱巾》获文华优秀剧目奖。省演艺集团参与创作的昆曲清唱剧《1699·桃花扇》获文华大奖特别奖。《顾家姆妈》、《1699·桃花扇》的部分主创分获剧作奖、导演奖、舞台美术奖、优秀表演奖、表演奖等单项奖。组织实施了第二届中国·江苏国际文化艺术周开、闭幕式及国内、省内优秀剧目展演活动。以重大艺术活动体现政府导向，参与组织上海世博会江苏活动周开幕仪式及两个舞台共30场的演出，圆满完成了活动中相应的各项任务。

**2009—2010年度省舞台艺术精品工程**

2009—2010年度省舞台艺术精品工程设为“精品剧目”和“优秀剧目”两个层次，获得精品剧目的有6台：滑稽戏《顾家姆妈》（苏州市滑稽剧团）、扬剧《丹凤湖畔》（江苏省演艺集团扬剧团）、淮剧《韩信》（淮安市淮剧团）、柳琴戏《孽海花》（江苏省柳琴剧团）、淮剧《二饼上城》（盐城市淮剧团）、淮剧《唢呐声声》（江苏省淮剧团）。获得优秀剧目的有4台：锡剧《桃花村》（江苏省演艺集团锡剧团）、话剧《一叶知秋》（南京市话剧团）、话剧《风铃》（南通艺术剧院）、江苏梆子《桃花庄》（江苏省梆子剧团）。本年度剧目现代戏占80%，体现了省舞台艺术精品工程鼓励现代戏创作的鲜明导向。在8台现代戏中，有7台为当代题材，更是充分体现了艺术工作者们自觉贴近社会、贴近时代和贴近群众的创作意识。

淮剧《韩信》（淮安市淮剧团）

**承办全国昆曲优秀剧目展演周** 6月3日至9日，全国昆曲优秀剧目展演周在宁举办。此次活动由文化部主办，文化部艺术司和江苏省文化厅共同承办，目的在于全面展示《国家昆曲艺术抢救、保护和扶持工程》首轮5年实施以来在剧目建设和人才培养方面取得的成果，是昆曲列为世界口头及非物质文化遗产代表作以来国家举办的最重要的一次艺术展演活动。全国现有的7家昆曲专业艺术院团全部参加本次展演，包括江苏省昆剧院、北方昆曲剧院、上海昆剧团、江苏省苏州昆剧院、浙江永嘉昆剧团、湖南省昆剧院和浙江省昆剧团。

**第三届江苏省新人新作歌舞大赛** 由江苏省文化厅和泰州市人民政府联合主办的“第三届江苏省新人新作歌舞大赛”决赛于10月22日至25日在泰州举行。评出舞蹈表演奖、舞蹈创作奖、声乐演唱奖、声乐新创作品奖等若干名。此届大赛共有全省各地市的艺术团体、艺术院校、区县文化馆、中小学校、企业及个人等30多个单位参赛，报送作品153件，极大地鼓励和推动了我省的声乐舞蹈创作，发现和培养了一批青年艺术人才。

## 第三届江苏省新人新作歌舞大赛

主办：省文化厅

2010年5月13日，在泰州举行

声乐组

**演唱一等奖（空缺）**

**演唱二等奖（3个）**

1. 歌曲《桃花扇》

演唱：方晶晶 参赛单位：省演艺集团

2. 歌曲《板桥竹》

演唱：高旖 参赛单位：南京艺术学院

3. 歌曲《海之风》

演唱：刘勇正、张永新、顾剑等

参赛单位：如东县文广新局

**新创作品一等奖（空缺）**

**新创作品二等奖（3个）**

1. 歌曲《桃花扇》

词：晨雨 曲：崔安强

参赛单位：省演艺集团

2. 歌曲《倾听大江》

词：刘鹏春 曲：赵彤

参赛单位：省音乐家协会

3. 歌曲《茉莉花栀子花》

词：石启荣 曲：姚绍宏

参赛单位：泰州市职业技术学院、泰州市文化馆

舞蹈组

**表演一等奖（1个）**

1. 独舞《月光》 表演者：张娅姝

参赛单位：无锡市歌舞剧院

**表演二等奖（2个）**

1. 群舞《渴泉》 表演者：周晨、张璐等

参赛单位：扬州市歌舞团

2. 三人舞《最后的五分钟》 表演者：

汤成龙、刘峰、刘鑫
参赛单位:无锡市歌舞剧院

**创作一等奖(空缺)**

**创作二等奖(3个)**

1. 群舞《渴泉》 编导:刘福洋、窦娟
参赛单位:扬州市歌舞团
2. 群舞《湿漉漉的太阳》 编导:符薇薇、姜国萍、柯童
参赛单位:南通市歌舞剧院
3. 三人舞《最后的五分钟》 编导:汤成龙
参赛单位:无锡市歌舞剧院

**第二届中国·江苏国际文化艺术周** 9月26日,第二届中国·江苏国际文化艺术周在宁开幕。在本届国际文化艺术周期间,江苏各地举办了6台剧目展演、3场美术展览、1场亚

洲美术馆长论坛,有12万名观众享受到了丰富的文化盛宴。开幕式大型文艺演出"丹青世界"是本届艺术周的一大亮点,展现了江苏书画及戏剧艺术的曼妙精深、源远流长。本届国际文化艺术周充分展示了江苏文化魅力和发展成果,对于进一步扩大江苏与国内外的文化交流,繁荣文艺创作生产,增强江苏文化软实力,具有积极的作用。

**第六届江苏省小戏小品大赛** 12月,第六届江苏省小戏小品大赛在苏州昆山举办。本次小戏小品大赛共收到全省各地申报的作品366件,有30个剧目参加决赛。小淮剧《公鸡做媒》等12个小戏和《世上本无事》等18个小品分别获得小戏、小品的一、二、三等奖;程红等72人分别获得优秀表演奖、表演奖;蒋宏贵等49人次获得编剧、导演、音乐、舞美的单项奖。省小戏小品大赛是由江苏省文化厅、江苏省文学艺术界联合会共同主办的重要的艺术赛事之一,多年来,大赛坚持"出作品、出人才"的宗旨,卓有成效地推动了江苏小戏小品艺术的发展,给人民群众奉献出一大批主题积极向上、形式丰富多彩、群众喜闻乐见的优秀戏剧作品,推出优秀表演人才。

## 第六届江苏戏剧奖·小戏小品奖

主办:江苏省文化厅、江苏省文联
2010年12月公布

小戏类剧目奖

**优秀剧目一等奖(2个):**

《公鸡做媒》响水县艺术团
《金字招牌》江苏省淮剧团

**优秀剧目二等奖(2个):**

《表扬》南京艺术学院影视学院
《一只蹄髈》昆山市淀山湖镇文化体育站

小品类剧目奖

**优秀剧目一等奖(4个):**

《世上本无事》常州市武进区文化馆
《测谎记》江苏省演艺集团话剧院
《打工妹与靓小姐》江苏省梆子剧团
《鞋》昆山市文化馆

**优秀剧目二等奖(4个):**

《最浪漫的事》张家港市文化馆
《三秀探亲》扬州市广陵区文化馆
《那个路口》昆山市文化馆
《浪漫的夜》南通市通州区文广新局、顾学军小品工作室

# 2010年舞台艺术获奖(成果)项目

## 一、国家舞台艺术精品工程

主办:文化部、财政部

2010年底评出

苏州市滑稽剧团《顾家姆妈》、南京市越剧团《柳毅传书》入选2009—2010年度资助剧目

## 二、第十三届文华奖(2010年)

主办:文化部

2010年6月公布

文华大奖特别奖:《1699·桃花扇》(中央音乐学院、江苏省演艺集团)

文华优秀剧目奖:滑稽戏《顾家姆妈》(苏州市滑稽剧团)

京剧《飘逸的红纱巾》(江苏省演艺集团京剧院)

## 三、第九届全国声乐比赛

主办:文化部

2010年5月18日,在哈尔滨举行

三等奖　方鹂鹂　江苏省演艺集团

## 四、第八届全国杂技(魔术)比赛

主办:文化部

2010年10月,在广州举行

文华奖铜奖　《软钢丝》　盐城市杂技团

# 美　术

**概况**　在2010年里，省文化厅团结全省美术作者上下联动、抓住重点、争创一流，推出一系列精品展览与优秀作品。组织、遴选江苏作品参加第九届中国艺术节全国优秀美术作品展览，全省共有17幅作品入选。经文化部评审，江苏有五个美术项目入选文化部扶持计划。于第二届中国·江苏国际文化艺术周期间组织了“第十一届全国美展江苏获奖入选作品汇展”。组织实施“2010中国百家金陵画展（油画）”。为推出江苏美术名家，举办了

“书法有法——孙晓云书法作品展”（晋京），“山无尽，水无尽，行无尽——朱道平中国画作品展”（晋京）、“纪念徐悲鸿诞辰115周年当代中国画名家邀请展”、“赵文元新作展”等展览。与有关部门共同组织“情系大运河——两岸名家运河写生活动”、“情系大运河·两岸中国画名家作品展”，举办“江苏省反腐倡廉美术作品展”。抓好公共文化设施建设，指导、参与2月份省美术馆新馆落成揭幕活动，6月份省美术馆新馆全面运行。与央视书画频道在南京签署《书画江苏》电视栏目合作协议，标志着江苏美术与电视媒体合作的新开端。

**江苏项目入选文化部扶持计划**　经文化部评审，江苏有五个项目入选文化部扶持计划，在全国名列前茅。其中江苏省国画院的“其命唯新·山河丹青——新金陵画派的传承与发展”、苏州国画院的“新吴门画派”入选“全国画院优秀创作研究扶持计划”；省美术馆的“第五届亚洲美术馆馆长论坛”、“重大历史题材美术创作工程作品展江苏巡展”和常熟美术馆的“‘庞薰琴中国传统图案展’走进高校系列活动”入选“全国美术馆发展扶持计划”。这五个项目的入选，彰显了江苏美术的综合实力，表明了江苏美术工作扎实而富有成效。

**第七届江苏省油画展暨2010年小幅油画研究展**　由江苏省文化厅、省文联主办的“第七届江苏省油画展暨2010年小幅油画研究展”4月30日在江苏省美术馆开幕。本届展览倡导具有研究和探索精神的小幅油画精品，倡导油画本体语言的运用和发挥，共展出300幅作品，其中有相当一部分是以实地写生的方式完成，在画面上保留下了难得的生动形象。许多年轻作者踊跃参展，显示出江苏油画界努力进取的精神风貌。

**第三届“江南如画——风景油画展”**　6月13日，第三届“江南如画——风景油画展”在江苏省美术馆举行开幕式。展出徐明华、沈行工、陈世宁等9位油画家共70幅近作。“江南如画”油画展从2006年开始，已连续举办了

徐明华《有小桥的风景》

三届，这个画展展示了坚持在艺术创作一线的江苏油画家的创作风貌，聚集了有志于油画风景写生的艺术家，出新人、出新作，已经成为江苏油画的品牌活动。

**时代多彩·第十一届全国美展江苏获奖入选作品汇展** 为配合“第二届中国·江苏国际文化艺术周暨亚洲美术馆馆长论坛”的举办，向国内外嘉宾展现江苏美术创作的整体阵容，同时加强全省美术家之间的交流与学习，组织实施了“时代多彩·第十一届全国美展江苏获奖入选作品汇展”。展览聚集了江苏在第十一届全国美展中推出的具有鲜明时代精神风貌的精品力作，在内容、题材、表现形式上呈现出前所未有的多样性、开放性和包容性。共展出46件金、银、铜、优秀奖作品与获奖提名作品，以及国、油、版、水彩(粉)、雕入选作品及部分综合画种、设计类作品，总数200余件。这次展览是全省美术创作成果的一次巡礼，同时，它作为一次阶段性的经验总结，反映了江苏美术发展的基本水准和学术趋势，也提示和引导未来美术事业的发展趋向，为今后我省美术创作的大发展和美术事业的大繁荣提供更加厚实的基础和更加坚固的支撑。

**现实·超越2010中国百家金陵画展（油画）** 12月9日上午，由中国美术家协会、江苏省委宣传部、江苏省文化厅、江苏省文联共同主办，江苏省江苏美术家协会承办的“现实·超越2010中国百家金陵画展（油画）”在江苏美术馆新馆隆重开幕。本届展览评出入展作品100件，金奖作品10件。金奖作品为陕西杨洋的《魅族》、北京何永兴的《广阔天空》、广东谢郴安的《桌面游戏》、浙江全紫云的《室内的风景和窗外的风景》、北京黄胜贤的《塬上人家系列·秋阳》、江苏王嫩的《夜车》、江苏张新权的《雪龙号》、北京王海军的《俺们家》、河北刘克功的《老乡》、浙江商亚东的《生活甜如蜜》。

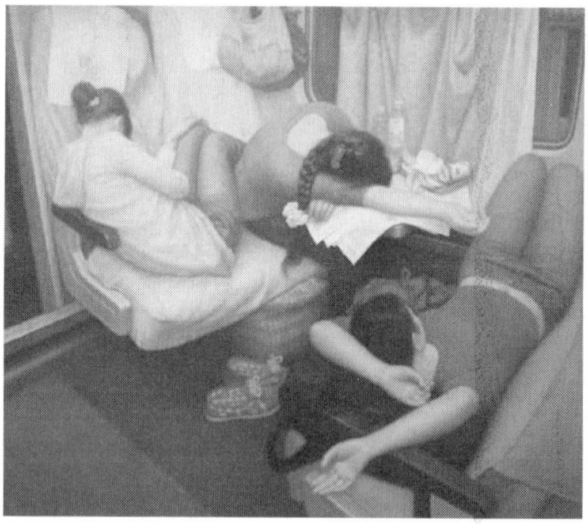

江苏王嫩《夜车》

# 2010年江苏美术国家级获奖情况

**文化部“全国画院优秀创作研究扶持计划”**

主办:文化部
2010年12月公布
“其命唯新·山河丹青——新金陵画派的传承与发展” 江苏省国画院
“新吴门画派” 苏州国画院

**文化部“全国美术馆发展扶持计划”**

主办:文化部
2010年12月公布
“第五届亚洲美术馆馆长论坛” 江苏省美术馆
“重大历史题材美术创作工程作品展江苏巡展” 江苏省美术馆
“‘庞薰琴中国传统图案展’走进高校系列活动” 常熟美术馆

**文化部“全国重点美术馆”**

主办:文化部
2010年12月公布
江苏省美术馆

**第九届中国艺术节“中国风格·时代丹青——全国优秀美术作品展览”**

主办:文化部
2010年5月10日,于广州举办(未评奖)

**入选**

江苏省文化厅 高　云
江苏省国画院 喻继高　宋玉麟　周京新　薛　亮　喻　慧　徐乐乐
江苏省美术馆 程　勉　金　田　庄　重　陈　超　王轶琼
南京艺术学院 沈行工　秦　静
苏州版画院 顾志军　凌君武
南京市文联 濮存周

**2010中国百家金陵画展(油画)**

主办:中国美协、省委宣传部、省文化厅、省文联
2010年12月9日,于南京举办

**金奖**

| | |
|---|---|
| 苏州科技大学 | 王　嫩 |
| 南艺美术学院 | 张新权 |

**入选**

| | |
|---|---|
| 江苏省美术馆 | 庄　重　金　田 |
| 常熟书画院 | 吴卫星 |
| 南京艺术学院 | 魏鲁安　金　捷　莫　雄　吴静一　汪莺莺 |
| 南师美术学院 | 王　治 |
| 苏州大学艺术学院 | 钱　流 |
| 盐城工学院 | 陆庆龙 |
| 江苏大学艺术学院 | 沈　荣 |

(李　慧)

# 社会文化

# 群众文化

**概况** 2010年，按照省文化厅党组的统一部署，以科学发展观为指导，以公共文化服务体系建设为统领，以改革为动力，以活动为抓手，以项目为依托，以理论和政策研究为支撑，加强制度体系和长效机制建设，着力改善文化民生，不断提高公共文化服务和管理水平。文化惠民工程全面推进，组织“文化民生”基层巡演活动，先后赴全省13个市，组织基层巡演22场，把先进文化送进千家万户，惠及普通百姓。9月中旬，与国家文化部社会文化司共同举办“文化民生——全国第十五届‘群星奖’获奖节目江苏巡演”活动。参加江苏“巡演”的节目均是全国第十五届“群星奖”获奖的优秀作品，全省共有近3万名观众欣赏了精美演出。省内各大新闻媒体和《中国文化报》给予广泛宣传和报道。文化艺术创作和文化赛事活动收获颇丰。各地精心组织创作优秀剧（节）目，积极参加全国性的赛演活动，取得可喜佳绩。在第九届中国艺术节暨全国第十五届“群星奖”现场赛演活动中，江苏省共捧回16项群星大奖，其中8个舞台艺术作品奖，3个“群文之星”奖，5个活动项目奖，获奖总数位于全国各省前列。在文化部组织的“大地情深——全国城乡基层群众小戏小品晋京展演”活动中，苏州市、东台市、江阴市、常熟市、张家港市选送的5个优秀群文剧（节）目被入选，其中苏州市的小品《回家过年》作为全国精选的8个节目之一参加在北京人民大会堂举行的“大地情深”开幕式演出。成功举办第九届省“五星工程奖”和第十届“华东六省一市戏剧小品大赛”，涌现出一大批优秀作品和艺术表演人才。精心编辑出版《民生万象——江苏优秀小戏小品集》，分别向全省109个图书馆、117个文化馆、1330个综合文化站和300个民营表演团体免费发送3000余册，为全省广大基层文化馆、站及群众文艺表演团队组织公益性演出提供支撑，受到基层普遍欢迎。继续开展省“特色文化之乡、特色文化团队、特色文化家庭、特色文化标兵”评选命名活动，积极培育地方文化品牌。举办全省乡镇文化站建设成果展示，命名表彰一批为新农村文化建设做出突出贡献的文化站和文化站长。这是我省自上世纪80年代以来，又一次在全省范围内表彰农村文

4月9日，文化民生基层文艺巡演启动

化先进典型。组织开展文化站从业人员技能（摄影）大赛和“爱岗敬业”征文评奖，使基层文化队伍整体素质得到进一步提升，基层文化队伍的凝聚力有效增强。

**公共文化服务体系建设** 公共文化服务体系制度建设取得新进展。经过努力，《江苏省农村公共文化服务管理办法》已正式报送省政府，近期有望审核颁布。《江苏省公共图书馆管理办法》亦完成新一轮立法前期准备工作。2010年上半年，省文化厅牵头承接《公共文化单位免费开放与公益性服务》、《公共文化服务经费保障机制研究》两项国家公共文化服务体系制度设计重点课题。文化厅党组高度重视，厅长、副厅长挂帅课题组，厅各有关处室积极参与，同时还邀请了苏州、无锡两市文广新局参与研究。并以此为契机，带动全省社文系统理论研究工作开展。

继续巩固、发展、提高乡镇文化站建设成果。制定下发《关于进一步加强乡镇文化站国

有资产管理的通知》，对乡镇文化站国有资产管理提出具体要求，提升公共文化设施利用率和公共服务效益。开展“送书、送戏下乡”活动，通过政府采购，全年为经济薄弱地区乡镇送图书、期刊75万余册，送戏2800场。经过与省财政沟通，适当提高“送戏下乡”场次补助标准。各地也积极采取措施，立足基层、服务群众，开展各类送文化活动，取得很好的社会效果。省文化馆、吴江市文化馆以及省厅官天涛、常州市许建荣、靖江市商海霞、东台市杭笑春分别被省委宣传部表彰为省“三下乡”先进集体和先进个人。在中宣部、文化部2010年全国“服务农民、服务基层”总结表彰会上，南京市江宁区文化馆和张家港市图书馆被评为先进集体。

**第九届江苏省“五星工程奖”** 2010年6月至11月，举办第九届江苏省“五星工程奖”评奖活动。11月19日至21日在镇江举

广场舞蹈《跳马伕》

行现场决赛。本届“五星工程奖”评选项目包括音乐、舞蹈、戏剧、曲艺、广场文艺、美术、书法、摄影、理论研究成果以及服务项目（含群众文化品牌活动和公共文化服务项目）。除理论研究成果和服务项目外，各艺术项目均包含成人、老年和少儿三个年龄组别。本届“五星工程奖”，共有235个表演艺术类节目参加角逐，600余件美术书法摄影作品、84篇理论研究文章和61个服务项目参加评选，1200多名演员参加了表演艺术类现场决赛，是参赛项目、参赛作品和参赛人数最多的一届评奖活动，涌现出一大批优秀作品和艺术表演人才。徐州市《四季武魂》等6个节目获广场文艺类金奖；镇江市《打麦号子》等8个节目获音乐类金奖；无锡市《废墟·崛起》等5个节目获舞蹈类金奖；盐城市《公鸡做媒》等10个剧目获戏剧类金奖；苏州市《送

果篮》等3个节目获曲艺类金奖。此外,还有28件美术书法摄影作品、2项理论研究成果获金奖,以及17个服务项目奖。本届赛事显现两大亮点;一是受众面宽,宣传发动和组织工作做得好;二是创新评奖机制,通过外请专家评委、邀请现场观众评委,实行回避制度等,确保了比赛的公正、公开、公平,使一批年轻作者及优秀作品脱颖而出。

## 第十届“华东六省一市戏剧小品大赛”

为促进华东地区戏剧小品创作、表演水平,促进群众文化事业繁荣发展,由华东六省一市文化厅(局)共同主办、华东六省一市文化馆(群众艺术馆)共同承办的“华东六省一市戏剧小品大赛”,按照大赛承办约定,第十届“华东六省一市戏剧小品大赛”2010年11月27日至12月1日在南京市江宁区举行。共有31个作品、200余名选手参加,经过三天4场的紧张角逐,产生大奖3个、金奖8个、银奖20个、优秀组织奖7个。江苏获大奖1个、金奖2个、银奖5个。

### 第十届“华东六省一市戏剧小品大赛”江苏获奖名单

**大奖**

小品《数钱》　南京市江宁区文化馆

**金奖**

1. 小品《老抠中奖》　扬中市文化馆油坊镇文化站
2. 小品《浪漫的事》　徐州市文化馆

**银奖**

1. 小品《世上本无事》　常州市武进区文化馆
2. 小品《浪漫的夜》　通州市文广新局
3. 小品《鞋》　昆山市文化馆
4. 小品《那个路口》　昆山市文化馆
5. 小品《排队买房》　江苏省文化馆

**全省特色文化建设**　开展省“特色文化之乡、特色文化团队、特色文化家庭、特色文化标兵”评选命名活动。在各地推荐申报的基础上,经过认真评选,分别命名昆山市陆家镇等12个县(市、区)、乡镇为特色文化之乡,南京市白下区文化馆锡剧协会等14个群众文艺团队为特色文化团队,南通市崇川区崔怀美家庭等5个家庭为特色文化家庭,泗阳县庄圩乡周成学等10位同志为特色文化标兵。

### 江苏省第四批“四特”名单

**一、特色文化之乡(12个)**

昆山市陆家镇(龙舞)
苏州工业园区胜浦镇(民间音乐)
吴江市(戏曲)
金坛市尧塘镇(锡剧)
金湖闵桥镇(秧歌)
扬州市邗江区(古筝)
兴化市茅山镇(民歌)
大丰市刘庄镇(书法)
海安县曲塘镇(民间舞蹈)
江阴市南闸街道(书画)
丹阳市延陵镇(马灯)
南京市六合区长芦街道(民间吹打乐)

**二、特色文化团队(14个)**

南京市白下区文化馆锡剧协会
太仓市弇西琴韵丝竹戏曲社
苏州市沧浪少年宫蒲公英艺术团
常州市新北区河海街道兰翔大秧歌队
泗洪县曹庙乡夕阳红农户演出队

铜山县戏迷协会
淮安市《运河之声》民乐团
扬州市维扬区康乐艺术团
赣榆县青口镇南街普法说唱团
兴化市沙沟镇板凳龙文艺演出团队
盐城市文化馆风铃儿艺术团
如皋市老年体协九鼎艺术团
无锡市滨湖区河埒街道新浪艺术团
丹阳市葆春艺术团

**三、特色文化家庭(5个)**

南通市崇川区崔怀美家庭(曲艺、主持)
徐州市贾汪区鹿守稳家庭(说唱)
连云港市海州区孟宪国家庭(舞龙舞狮)
无锡市惠山区洛社镇苏大伟家庭(特色收藏)
南京市秦淮区王湧坚家庭(编导)

**四、特色文化标兵(10个)**

泗阳县庄圩乡周成学(家庭图书阅览室)
宿迁市宿城区双庄镇季绪华(书画)
新沂市何光银(编导)
淮安市童骥良(戏剧小品)
连云港市海州区刘希兰(快板)
泰州市海陵区王锦洲(文艺创作)
建湖县纪万森(书画)
启东市夏阿林(民歌)
宜兴市宜城镇储杰(编导)
镇江市丹徒区世业镇施德玉(扬州评话)

(宋慧敏)

# 非物质文化遗产保护

**概况**　2010年，全省非物质文化遗产保护工作坚持以科学发展观为指导，以构建科学有效的保护体系为目标，以实施“人类代表作”和国家级项目规划保护为重点，以扩大传承人保障为核心，积极采取有效措施，不断完善保护机制，加强理论研究，加快基础设施建设，加大社会宣传和知识普及，努力探索实践生态化整体性保护，各项工作稳步推进，并取得了显著成效。

江苏省非物质文化遗产保护工作成果展

**规划保护全面展开**　省文化厅编制完成了“江苏文化建设——非物质文化遗产保护‘十二五’规划”，南京、连云港市率先完成市级规划编制，并纳入了政府经济社会发展规划，其他各市已在组织编制或修订完善。全省88个国家级项目（含联合国教科文组织公布的8个“人类代表作”项目）的99家保护单位重新制定了“十二五”保护规划，并获得了文化部原则认可。

**保护体系逐步完善**　全省所有直辖市和绝大部分县（市）建立了项目名录和传承人认定命名制度。全省已有国家级项目88个、省级274个、市级1424个、县区级2773个；国家级传承人102人、省级362人、市级1321个、县区级1789个，年内又有24个项目入围“国三批”名录项目公示名单。经我省及国家专家评选认证，向文化部推荐了作为本省乃至我国“非遗”保护成功范例的“苏州评弹艺术传承发展工程”，以及“苏绣 ”项目，分别申报2012年联合国教科文组织“非物质文化遗产优秀实践名册项目”和“人类非物质文化遗产代表作”。

**项目保护和传承保障不断加强**　在全省启动“人类代表作”和国家级项目保护工程，引导带动了一批省级以上项目的抢救与保护。积极探索实践整体性、生产性保护途径和方式，遴选高淳、洪泽、姜堰、连云港等四县市，启动了省级文化生态保护实验区建设。推荐了 30个项目保护单位申报国家级生产性保护示范基地，宜兴紫砂工艺厂、苏州香山工坊、扬州玉器厂经初评入选。苏州科学推进生产性保护、连云港以规划引领和推进保护，举措有力，成效显著。省文化厅评选命名了111名第三批江苏省非物质文化遗产代表性传承人。全省各地县级以上传承人通过职业教育、带徒传艺和社会化培训方式培养学员3.4万人。年度省级文化产业引导资金对南京云锦等7个项目共补助920万元，各级财政投入非物质文化遗产专项保护经费超过3500万元，创历年新高。

**基础设施建设继续加快**　全省各地建成开放各类“非遗”展示馆（厅）和民间艺术馆239个，传习所286个，有7个还挂上了“中国"字号。省"非遗"馆已开工建设,并将在年内基本完成。向国家推荐申报了27个基层"非遗"馆建设项目,争取纳入国家"十二五"公共文化服务体系建设的"非遗"保护规划。

**理论研究逐步深入** 强化保护工作的专家队伍建设,遴选了42名专家学者充实了省级专家库,总人数已达104名;与南京大学合作建立了省级"非遗"研究中心基地。南京、苏州、连云港、徐州、常州等地依托本地高校及有关社会科学研究机构联合建立了区域性研究基地。省内各地先后举办了"城市更新与文化传承"上海世博会(苏州)主题论坛、"中国

农业文化遗产论坛"、"江苏民俗研讨会"、"中国非物质文化遗产保护南京论坛"。省文化厅、省文物局以及省内各地组织进行了《江苏农村文化遗产保护利用战略研究》、《2010年苏州市非物质文化遗产生产性保护调研报告》等7个重大课题研究,有效引导和指导了保护工作实践。

**重大活动获得成功** 全省先后主(承)办、参加了上海世博会江苏活动周、2010年国家文化遗产日苏州主会场、首届中国非物质文化遗产博览会、江苏非物质文化遗产展演等8项重大国际、国家及省级活动,共获金、银、铜奖等近20项。

**社会宣传影响广泛** 全省各地共举办"非遗"艺术节、博览会、展演周、进校园、进社区、进军营等系列展示、表演、竞技、讲座及民俗活动4千余场(次),参与人数达1281万人次。南京、苏州、扬州、南通、常州、徐州等地开展多形式青少年传承教育,招募自愿者参与"非遗"保护。省文化厅及各地编辑出版了《江苏省第二批国家级非物质文化遗产要览》、《宜兴紫砂传统手工技艺》等一大批书刊、图录和多媒体制品。省非物质文化遗产保护建成开通了江苏省非物质文化遗产网。

**海外交流赢得声誉** 省昆剧院、苏州昆剧院以及省内剪纸、雕版印刷、苏绣、云锦、灯彩等"人类代表作",国家级、省级项目和传承人分赴欧亚多国及香港特区和台湾地区展演;全省13个市的32个项目、56名传承人和工作人员,自2009年8月起在澳门特区连续展示15个月,赢得了海外民众广泛好评和高度赞扬。

**2010年上海世博会江苏活动周** 汇集全省民族、民间艺术精华和760人的强大阵容,于6月13日至17日成功举办了以"吴韵汉风·人文江苏"为主题的上海世博会江苏活动周。通过开幕式、"锦绣江苏"大型音舞诗画、"人文江苏"非物质文化遗产表演和展示、"风情江苏"民间歌舞广场表演、"吴韵汉风"欢乐盛装大巡游等多样式的文化艺术展演,以鲜明的地域特色、创新的艺术理念、丰富的表现形式、唯美的呈现效果,全方位展示了江苏的文化内涵和开放、创新、进取的人文精神,为海内外观众奉献了一场精致精美的文化盛宴。苏沪两地主要领导同志全部出席开幕式,并予以高度评价。活动周期间,总共55场各类展演出吸引了近70万观众。全省各地34个非物质文化遗产项目、48位国家级、省级传承人和300多名民间艺术家参加了展演,凸显了江苏地域的文化特色和非物质文化遗产保护与传承成果。省文化厅、省文化馆,以及王爱国、冯锦文等6名同志作为参展工作先进单位及先进个人,分别受到中央及省委、省政府的表彰。

世博会“非遗”展演

**参加首届中国非物质文化遗产博览会** 由文化部、山东省人民政府主办的首届中国非物质文化遗产博览会于10月15日至18日在山东济南举行。江苏省共选送了南京云锦、苏州刺绣和缂丝、扬州漆器和玉雕、无锡泥人、宜兴紫砂、常州梳篦、江苏剪纸、徐州香包、苏州雷允上六神丸、南通王氏保赤丸和季德胜蛇药、镇江肴肉和恒顺香醋、沛县狗肉、常州萝卜干等30多个“非遗”项目、200多件展品参展,并组织了12名国家级、省级传承人现场演示绝技绝活。省“非遗”产品订货额超过1500万元,还获得了博览会组委会颁发的优秀组织奖,以及项目展示金奖2项,银奖6项、铜奖2项,另有12名参展的“非遗”传承人获得了传承人纪念奖,奖项数量居全国第一。

**第五个文化遗产日非物质文化遗产宣传展示活动** 6月12日—16日第五个文化遗产日期间,省文化厅和徐州市政府共同举办了江苏省非物质文化遗产(徐州)展演,徐州唢呐、邳州跑竹马、邳州舞狮、睢宁龙虎斗等项目的广场展演;昆曲、古琴艺术、丰县四平调、徐州坠子同台演出;徐州梆子和江苏柳琴戏专场演出;江苏省非物质文化遗产保护图片展,以及汇聚徐州剪纸、南京云锦织造技艺、徐州香包、苏州刺绣、扬州刺绣、宜兴紫砂陶艺、常州梳篦、镇江泥塑、淮安蛋雕、宿迁云渡桃雕、泰州叶雕、连云港锻铜技艺等50余个项目和40多位传承人参加的传统技艺现场展示活动,吸引了广大群众积极参与和热情互动。开幕式上,省文化厅对全省20个非物质文化遗产保护先进集体和43名先进个人进行了表彰。徐州市对5位国家级、17位省级非物质文化遗产代表性传承人进行了颁奖,并对徐州市第二批省级和第二批市级非物质文化遗产项目进行了授牌。

**评选命名第三批省级非物质文化遗产项目代表性传承人** 根据《江苏省非物质文化遗产保护条例》和《江苏省非物质文化遗产代表性传承人命名与资助暂行办法》的有关规定,省文化厅自2009年底在全省部署第三批省级非物质文化遗产代表性传承人申报评审,全省各地共申报了496人参加评选。2010年6月至8月,通过对全省各地申报的省级传承人推荐对象进行专家评选、评委会评议、社会公示、厅长办公会研究,省文化厅认定并命名了第三批省级非物质文化遗产代表性传承人111人,并于2010年9月3日下发了《关于命名第三批江苏省非物质文化遗产代表性传承人的通知》(苏文非遗[2010]8号)。通知要求各级文化部门和有关单位大力支持非物质文化遗产代表性传承人开展传习活动,进一步加强非物质文化遗产的保护和传承。

(张静静)

# 公共图书馆

**概况** 公共图书馆事业加速发展。研究制定《江苏省公共图书馆事业“十二五”发展纲要》，组织开展“图书馆服务宣传周”和2006—2009年度“江苏省文明图书馆”评比表彰活动及全省红领巾读书征文演讲比赛活动。文化共享工程省、市、县、乡、村五级设施网络架构基本建成，文化共享工程建设基本实现全覆盖。开展古籍培训工作，加强古籍保护专业人才的培养。成功举办“十一五”江苏省古籍保护工作成果展。

**文化信息资源共享工程** 文化共享工程省、市、县、乡、村五级设施网络架构基本建成，文化共享工程建设基本实现全覆盖。全省建有市、县支中心101个，省级财政扶持经济薄弱地区新建713个乡镇基层服务点，苏南地区基本实现乡镇基层服务点全覆盖。数字化信息资源对城乡基层特别是广大农村的辐射面迅速扩大。在完成对经济薄弱地区文化共享工程支中心建设省配设备配送、安装和试运行的基础上，结合对省配设备支中心的验收工作，先后对一年来新近建成的文化共享工程支中心、基层服务点进行了全面检查和实地调研，全省文化共享工程设施网络建设取得新的进展。南京、镇江、苏州、常州、无锡等地支中心建设全面升级，农村乡镇和城市街道基层服务点建设全面展开；苏中、苏北地区支中心在省配设备支持下全部建设到位，试运行良好；省财政扶持经济薄弱地区新建乡镇基层服务点713个。省文化厅对全省文化共享工程建设进行了督导。

由江苏省文化厅推荐的常熟市支塘镇蒋巷村和张家港市南丰镇永联村信息服务站被评为“全国先进综合信息服务站”；张家港市杨舍镇南庄村赵小江、大丰市大中镇同德村卞婧被评为“全国优秀信息员”。

**古籍保护工程** 各地高度重视古籍保护工作，工作成效显著。2010年，全省有徐州图书馆、常州图书馆、扬州图书馆、金陵图书馆、南京市博物馆、徐州师范大学图书馆和苏州博物馆等7家古籍收藏单位入选国家古籍重点保护单位。至此，全省已有20家古籍“国保”单位和1022部国家级珍贵古籍，两项入选总数继续位于全国各省（市）之首。3月，举办第十四期全国古籍普查培训班暨第六期江苏省古籍保护工作培训班；12月，举办第七期

全省古籍保护工作培训班。2010年底成功举办“十一五”江苏省古籍保护工作成果展。

**“江苏省文明图书馆”评比表彰** 为积极推动图书馆事业发展再上新台阶，在总结以

往工作经验和修订评比标准的基础上，2010年4月—12月，开展2006—2009年度“江苏省文明图书馆”、“公共图书馆先进集体”评比表彰活动。各地在积极构建公共文化服务体系，不断提高公益性文化服务水平的过程中，进一步加强图书馆科学管理，规范图书馆业务建设，努力提升社会服务能力，积极开展文明图书馆争创活动。在各级文化主管部门、公共图书馆和广大图书馆工作人员的共同努力下，全省共上报74个省文明图书馆、27个先进集体。经省文化厅组织检查验收、专家评审，苏州市图书馆等69家单位被评为2006—2009年度“江苏省文明图书馆”，南京图书馆读者服务部等24个部门被评为先进集体，有效激发了各级公共图书馆的发展活力。

## 2006—2009年度江苏省文明图书馆名单

**苏州市**

1. 苏州图书馆
2. 张家港市图书馆
3. 吴江市图书馆
4. 常熟市图书馆
5. 太仓市图书馆
6. 昆山市图书馆
7. 苏州市吴中区图书馆
8. 苏州市金阊区图书馆
9. 苏州市独墅湖图书馆
10. 苏州市沧浪区图书馆
11. 苏州市平江区图书馆

**无锡市**

1. 无锡市图书馆
2. 无锡市惠山区图书馆
3. 江阴市图书馆
4. 宜兴市图书馆

**常州市**

1. 常州市图书馆
2. 金坛市图书馆
3. 溧阳市图书馆
4. 常州市武进区图书馆

**南京市**

1. 金陵图书馆
2. 南京市六合区第二图书馆
3. 南京市鼓楼区图书馆
4. 南京市浦口区图书馆
5. 南京市建邺区图书馆
6. 南京市江宁区图书馆
7. 南京市秦淮区图书馆
8. 南京市玄武区少年儿童图书馆
9. 南京市白下区图书馆
10. 溧水县图书馆
11. 高淳县图书馆
12. 溧水县儿童图书馆

**镇江市**

1. 镇江市图书馆
2. 丹阳市图书馆
3. 扬中市图书馆
4. 镇江市丹徒区图书馆

**南通市**

1. 南通市图书馆
2. 南通市通州区图书馆
3. 海门市图书馆
4. 如皋市图书馆
5. 如东县图书馆
6. 海安县图书馆

**扬州市**

1. 扬州市图书馆
2. 扬州市少年儿童图书馆
3. 江都市图书馆
4. 仪征市图书馆
5. 扬州市邗江区图书馆

**徐州市**

1. 徐州市图书馆
2. 沛县图书馆
3. 铜山县图书馆
4. 邳州市图书馆

5. 新沂市图书馆

**淮安市**

1. 金湖县图书馆
2. 洪泽县图书馆

**盐城市**

1. 盐城市图书馆
2. 大丰市图书馆
3. 东台市图书馆
4. 射阳县图书馆
5. 建湖县图书馆

**连云港市**

1. 连云港市图书馆
2. 连云港市少儿图书馆
3. 东海县图书馆
4. 赣榆县图书馆

**宿迁市**

1. 泗阳县图书馆
2. 宿迁市宿城区图书馆

**泰州市**

1. 靖江市图书馆
2. 泰兴市图书馆
3. 姜堰市图书馆
4. 兴化市图书馆

**省直**

南京图书馆

## 2006—2009 年度先进集体名单

**南京图书馆**

1. 南京图书馆读者服务部
2. 南京图书馆信息资源开发部
3. 南京图书馆社会工作部
4. 南京图书馆采编部

**苏州市**

1. 苏州图书馆少儿部
2. 苏州图书馆采编部

**无锡市**

1. 无锡市图书馆读者服务中心
2. 无锡市图书馆社会工作中心

**常州市**

常州市图书馆少儿部

**南京市**

1. 金陵图书馆研究辅导部
2. 金陵图书馆少儿部
3. 金陵图书馆图书借阅部

**镇江市**

镇江市图书馆文献开发部

**南通市**

1. 南通市图书馆辅导部
2. 南通市少儿图书馆外借部

**扬州市**

高邮市图书馆流通部

**徐州市**

1. 徐州市图书馆社会工作部
2. 丰县图书馆外借处

**淮安市**

淮安市图书馆业务技术部

**盐城市**

1. 盐城市图书馆少儿部
2. 盐城市图书馆辅导部
3. 盐都区图书馆辅导部
4. 阜宁县图书馆信息技术部

**宿迁市**

沭阳县图书馆少儿部

**全省红领巾读书征文、演讲比赛** 2010 年 5 月—8 月在全省开展主题为“走进世博、走向世界”的红领巾读书征文、演讲比赛活

动。在各级文化、教育、妇联、共青团、关工委等部门的关心和支持下，经过各级公共图书馆、少儿图书馆的广泛发动和精心组织，今年的“红读”征文、演讲比赛活动在征文质量和参与面上较往年有较大提高。经过组委会认真评选，从各市推荐的优秀征文中共评出一等奖39 篇、二等奖103 篇、三等奖248 篇。8月24 日至25 日，在扬州举行征文演讲比赛，共评出一等奖8 个、二等奖12 个、三等奖19个。扬州市少年儿童图书馆等14 个单位荣获优秀组织奖，南京市江宁区图书馆等13 个单位荣获组织奖。

# 2010年江苏社会文化国家级获奖情况

## 一、第十五届“群星奖”比赛

（主办:文化部，4 月 25 日—5 月 25 日在广东举办）

戏剧作品类群星奖

1. 锡剧《喜搬家》　张家港市文化广播电视管理局
2. 小品《回家过年》　苏州市文化馆
3. 情景音乐剧《带锁的日记》　江阴市文化馆、江阴市花园实验小学
4. 锡剧小戏《追鱼》　常熟市文化馆
5. 小淮剧《我是你的留守妻》　东台市文化局

音乐作品类群星奖

1. 男女声对唱《荡湖船》　靖江市文化局
2. 女生独唱《梦中的大西北》　江阴市文化馆、无锡市文化馆

舞蹈作品类群星奖

舞蹈《姑苏井》　常熟市文化馆

项目类群星奖

1. “金陵合唱节”　南京市
2. “欢乐家园”广场文化活动（文心大舞台）　镇江市
3. “文化江海行”广场文艺演出　南通市
4. “动感彭城”广场文化活动　徐州市
5. “金图讲坛”　南京市金陵图书馆

"群星奖"群文之星

| | |
|---|---|
| 1. 李为民 | 南京市文广新局社会文化处处长 |
| 2. 牛小艾 | 常熟市文化馆馆员 |
| 3. 蔡晓英 | 江阴市文化馆办公室主任 |

**二、国务院公布第三批全国古籍重点保护单位(国发[2010]20号):**

1. 常州市图书馆
2. 南京市金陵图书馆
3. 扬州市图书馆
4. 徐州市图书馆
5. 徐州师范大学图书馆
6. 南京市博物馆
7. 苏州博物馆

**三、第十二届中国老年合唱节**

(主办:国家文化部、浙江省政府,9月24日—27日在浙江省嘉兴市举办)

金奖　南京和谐之声合唱团
银奖　苏州市"苏韵"合唱团

**四、中华红歌会**

(国家文化部,重庆市委、市政府主办,10月25日—28日在重庆市举办)

金奖
南京师范大学合唱团

银奖
泰州师范高等专科学校星光合唱团

**五、全国第七届"四进社区"文艺展演活动**

(中宣部、中央文明办 、文化部 、中国文联主办, 9月8日—9日在辽宁省营口市经济技术开发区举行)

优秀节目

| | |
|---|---|
| 1. 舞蹈《想爸爸 想妈妈》 | 常州市武进区南厦墅中心小学、南夏街道办 |
| 2. 小品《珍爱一生》 | 南通市通州区文广局 |

(宋伟敏)

# 文　物

# 文物保护与管理

**概况**　2010 年，全省文物保护工程以加强管理、服务基层为目标，强化基础工作，以重点文物保护工程项目为着力点，推进不可移动文物的保护和合理利用。

**第四至六批省级以上文物保护单位保护范围及建设控制地带划定**　按照省文物局、省住房和城乡建设厅关于推进全省第四至六批省级以上文物保护单位保护范围及建设控制地带划定工作的总体要求，全省各相关市文物、规划（建设）部门投入人力物力，开展第四至六批省级以上文物保护单位保护范围及建设控制地带划定工作，2010 年初各市拿出初步方案。省文物局会同省住房和城乡建设厅对各市提交的划定方案进行技术审查，提出修改要求。截至年底，各市将最终定稿方案文本上报省文物局、省住房和城乡建设厅。

**第七批全国重点文物保护单位申报后续工作**　根据国家文物局和中国文化遗产研究院关于第七批全国重点文物保护单位申报材料的修改要求，对各项申报材料进行修改补充完善，反馈国家文物局和中国文化遗产研究院。根据国家文物局关于同意增补第三次全国文物普查新发现申报第七批全国重点文物保护单位的意见，省文物局组织专家论证并向国家文物局增补推荐扬州双琚遗址等 8 处第三次全国文物普查新发现文物点申报第七批全国重点文物保护单位。全省共有 263 处文物点被推荐申报第七批全国重点文物保护单位。国家文物局组织有关专家对江苏申报的第七批全国重点文物保护单位中的 27 个项目进行现场考察。

**第七批省级文物保护单位申报**　2010 年 2 月，经省政府批准，省文物局下发《关于开展第七批省级文物保护单位申报工作的通知》，正式启动第七批省级文物保护单位申报工作，对申报的范围、标准和申报信息采集、文本编制等内容提出要求。截至规定时限，省文物局共收到全省各市县推荐的申报材料 478 份，为省级文物保护单位申报数量最多的一次，其中古遗址 48 处，古墓葬 28 处，古建筑 208 处，石窟寺及石刻 13 处，近现代重要史迹及代表性建筑 174 处，其他 5 处，另有扩展项目 2 处。省文物局在征求社会各界意见

镇江商会旧址（镇江）

的基础上拟定第七批省级文物保护单位推荐名单，提请省政府公布。

**第六批省级以上文物保护单位记录档案备案** 文物保护单位记录档案备案工作是文物保护的重要基础工作之一。自2006年第六批全国重点文物保护单位和第六批省级文物保护单位公布以后，省文物局部署开展记录档案备案工作。目前，苏州市、常州市、淮安市、镇江市、盐城市、宿迁市、连云港市、南通市等8市已完成第六批省级以上文物保护单位记录档案备案工作，其余各市正组织力量抓紧编制。

**文物保护工程项目审批验收** 2010年，省文物局共受理审核文物保护单位维修方案80余项。按照《文物保护工程管理办法》的要求，加强工程管理，对各地正在实施的工程项目实施监督指导，一大批重要的文化遗产得到科学保护与合理利用。常熟市仲雍墓、溧水县永寿寺塔、溧阳市水西村新四军江南指挥部旧址、中共中央华中分局旧址、高淳县保圣寺塔维修保护等工程通过省文物局组织的专家组验收。

**文物保护工程资质管理** 根据国家文物局《文物保护工程勘察设计资质管理办法》、《文物保护工程施工资质管理办法》和《文物保护工程监理资质管理办法》的有关要求，2010年3月，江苏在全国率先完成全省文物保护工程资质单位的年检工作，组织有关专家对初次申报资质单位及提出资质等级升级申请单位进行集中评审，报局长办公会研究决定。新批文物保护工程勘察设计乙级资质单位1家，丙级1家，暂定级1家；文物保护工程施工二级资质单位4家，施工三级资质单位5家；文物保护工程监理丙级1家，暂定级3家。向国家文物局推荐扬州市建筑设计研究院有限公司等4家单位申报文物保护工程设计甲级或施工一级资质。2010年9月，南京博物院获得文物保护工程勘察设计甲级资质，苏州蒯祥古建有限公司、苏州思成古代建筑工程有限公司获文物保护工程施工一级资质。

**世界文化遗产工作** 为加强世界文化遗产地管理工作，2010年6月，省文物局组织召开全省世界文化遗产地"十二五"规划编制座谈会，来自全省2个世界文化遗产地及中国世界文化遗产预备名单项目所在地的文物主管部门参加会议。会议对全省"十二五"期间世界文化遗产和预备名单项目的保护管理提出新的要求。相关规划项目已上报国家文物局。大运河遗产申报世界文化遗产基础工作取得进展。推动落实大运河（江苏段）遗产保护规划第二阶段省级规划编制工作。根据国家文物局安排，由中国文化遗产研究院前院长、研究员张廷皓，北京大学环境学院院长陈耀华，水利部水利科学院总工程师王英华，中国古迹遗址保护协会秘书处副处长马永红，国家文物局文保司遗产处杨非等组成的国家文物局专家组，对大运河（江苏段）遗产点候选项目90余处进行现场考察。

**历史文化名城保护** 会同省住房和城乡建设厅加强对历史文化名城、名镇名村保护规划的审批管理。2010年，先后参与对《泰兴市黄桥镇历史文化街区保护规划》、《南通市唐闸、寺街及西南营历史文化街区保护规划》、《扬州城市总体规划（2009—2020）》及《太湖风景名胜区保护规划》、《高淳历史文化名城保护规划》、《新沂窑湾历史文化名镇保护规划》等的审核论证工作。《江阴市历史文化名城保护规划（2009—2020年）》、《宜兴市历史文化名城保护规划（2009—2020）》、《泰州历史文化名城保护规划（2008—2020）》和《汾湖历史文化名镇保护规划》已经省政府批准实施。泰州市、宜兴市申报国家历史文化名城工作进展顺利，国家住房和城乡建设部、国家文物局联合组成的专家组对两市进行实地考察评估。

**名人故居古民居抢救保护工程**　首批名人故居古民居抢救保护工程项目已全部完成，扬州阮家祠堂于2010年11月2日通过专家验收，如皋集贤里古民居群维修保护工程进入提请验收程序。第二批名人故居古民居抢救保护工程项目进展顺利，镇江陆小波故居、常州瞿秋白故居、仪征盛成故居维修保

护工程已完工并通过验收，淮安周信芳故居维修保护及环境整治工程、苏州俞樾旧居保护工程及南京江宁杨柳村古建筑群二期维修保护工程已开工。同时，启动第三批名人故居古民居抢救保护工程项目的先期遴选工作。

**大运河沿线重点文物抢救保护工程**　江苏省大运河沿线重点文物抢救保护工程，是省文物局为配合国家文物局大运河申遗、推进全省文化遗产保护事业健康发展、提升社会各界文化遗产保护意识而启动的系统工程。首批大运河沿线重点文物抢救保护工程得到运河沿线各市的高度重视与支持。截至3月底，共收到上报项目31项，省文物局组织专家对各申报项目进行现场考察，形成调研

徐州市窑湾赵信隆酱园店

报告，确定徐州市窑湾赵信隆酱园店等10个项目列入首批大运河沿线重点文物抢救保护工程。6月12日，省文物局在苏州举行首批江苏省大运河沿线重点文物抢救保护工程启动仪式，国家文物局及省、市各级领导、专家出席启动仪式，宣布入选首批江苏省大运河沿线重点文物抢救保护工程项目名单。7月7日，省文物局与各项目所在地文物部门在扬州签订项目实施责任书。徐州市新沂窑湾镇赵信隆酱园店、苏州关税司署旧址维修工程已竣工，其他各项目正按计划有序推进。

**全省第三次全国文物普查**　2010年，是江苏第三次全国文物普查进入第三阶段的标志之年和关键之年。省政府召开全省第三次全国文物普查领导小组第三次全体（扩大）会议。省普查办在全国率先组织第三次全国文物普查十大新发现评比活动，举办“江苏省第三次全国文物普查十大新发现”评选揭晓仪式暨《江苏省第三次全国文物普查——新发现》一书首发式。指导各地编印文物普查丛书，《第三次全国文物普查南京重要新发现》、《盐城市第三次全国文物普查成果汇编》、《常州市第三次全国文物普查成果集》先后出版，其它市的普查丛书正在编辑出版当中。省文物局与省基础地理信息中心合作，组织研发江苏省第三次全国文物普查不可移动文物地理信息数据库，提供1∶10000的不可移动文物地图服务，为全省不可移动文物点的信息动态管理提供技术平台。

省普查办组织专家会同南京、扬州、连云港、徐州市普查办对高淳县、雨花区、宝应县、灌云县、赣榆县、新沂市、睢宁县等县区普查数据登录工作进行检查。下发《关于进一步做好全省文物普查数据登录工作的通知》，要求各地普查机构在做好实地文物调查的基础上，重点提升普查数据质量。召开文物定名专家论证会，以国家文物局普查办提供的《江苏省数据修订意见》为蓝本，对全省2万余处不

可移动文物点进行逐一筛查，确保普查数据的定名、分类等基础数据符合第三次全国文物普查标准规范。制定不可移动文物 GPS 坐标数据修正技术路线，对全省各县(市、区)普查基层技术人员开展培训，为普查数据的全面修正提供技术保障。

截至年底，全省共调查登记不可移动文物 2.1639 万处，其中新发现 1.3633 万处。省普查办把新发现中有重要价值的不可移动文物申报为各级文物保护单位，在江苏省第七批全国重点文物保护单位申报名单中有 30 多处是此次普查新发现，在江苏省第七批省级文物保护单位申报名单中有 70 余处是此次普查新发现。各地将此次普查中重要新发现公布为各级文物保护单位。

**首批大运河(江苏段)沿线重点文物抢救保护工程启动** 作为 2010 年中国文化遗产日苏州主场城市系列活动之一，2010 年 6 月 12 日，江苏省文化厅、江苏省文物局在苏州大运河畔关税司署旧址举行首批“江苏省大运河沿线重点文物抢救保护工程”启动仪式。国家文物局文物保护与考古司司长关强、江苏省文物局副局长吴晓林等出席启动仪式。

江苏是大运河流经最长的省份，为配合我国大运河保护和申遗工作，江苏省文物局决定，2010 年至 2014 年，每年确定 10 个有较高运河遗产价值、且存在险情隐患的文物保护单位，在技术、资金等方面予以重点扶持，每批安排经费约 1000 万元。徐州市窑湾赵信隆酱园店维修保护工程、扬州市岭南会馆维修保护工程、苏州关税司署旧址维修工程等 10 项工程列入首批“江苏省大运河沿线重点文物抢救保护工程”。江苏运河沿线的 8 个地级市中，拥有中国历史文化名城头衔的 5 座(徐州、淮安、扬州、镇江、苏州)，占全省国家级历史文化名城总量的 70%以上；国家级、省级风景名胜区 12 处，占全省的 60%。

**“江苏省第三次全国文物普查十大新发现”揭晓暨《江苏省第三次全国文物普查——新发现》首发式** 2010 年 1 月 18 日，“江苏省第三次全国文物普查十大新发现”揭晓仪式暨《江苏省第三次全国文物普查——新发现》首发式在宁举行。中国文物报社书记彭常新，国家文物局普查办副主任刘小和到会祝贺，江苏省文物局副局长吴晓林、刘谨胜、书记沐仁和出席仪式。省普查领导小组成员单位联络员、省普查业务指导专家以及十大普查新发现所在地代表参加仪式。南京国民政府中央广播电台发射台旧址、高淳水阳江古代水利设施、宜兴紫云山墓群、徐州韩桥煤矿旧址、金坛慰安所旧址、张家港黄泗浦遗址、连云港果城里民国建筑群、洪泽三河闸、兴化影山头遗址、沭阳古栗林等 10 处文物点入选。《新发现》遴选南京大报恩寺遗址等全省 300 处重要新发现不可移动文物点进行汇编。这些入围、入选和入编的文物点既涵盖传统文物各大类型，又兼顾新型文化遗产诸多品类，在调查登录的全省文物资源中具有显著特色和代表性。

吴晓林通报江苏省第三次全国文物普查工作开展情况，介绍江苏创造性开展普查工作“十大攻略”经验模式。全省第三次全国文物普查已全面完成第一、二阶段各项工作，在全国率先完成实地文物调查阶段性工作。全省共登录不可移动文物点 2.1299 万处，其中新发现 1.3371 万处，复查 7928 处。第三次全国文物普查新发现不可移动文物占调查总数

63%，全省文物总量实现翻番。“江苏省第三次全国文物普查十大新发现”评选活动在全国尚属首创。

**江苏省第三次全国文物普查实地调查阶段通过国家文物局普查办整体验收**　2010年6月30日至7月3日，国家文物局第三次全国文物普查办公室组织对江苏省第三次全国文物普查实地文物调查阶段进行整体验收。验收组由国家文物局普查办副主任刘小和带队，听取江苏省第三次全国文物普查工作情况汇报，查看《江苏省第三次全国文物普查资料汇编》、《江苏省第三次全国文物普查各市资料选编》、《江苏省第三次全国文物普查不可移动文物名录》，查验江苏省各普查试点单元的《第三次全国文物普查不可移动文物登记表选编》、《第三次全国文物普查消失文物登记表选编》，使用第三次全国文物普查数据汇总管理系统对该省的文物登记数量、各普查基本单元普查数据、电子地图等进行校验。验收组对南京市鼓楼区、扬州仪征市进行现场抽查、复核。

验收专家组审慎研究，形成《江苏省第三次全国文物普查实地调查阶段整体验收意见》，建议江苏省第三次全国文物普查实地调查阶段工作通过整体验收。

# 博物馆·纪念馆·考古发掘

**概况** 2010年，全省博物馆工作围绕深化免费开放、提升服务水平，增强博物馆公共服务功能。“常熟农家民俗陈列馆”、“苏州砖雕博物馆”、“泰州单声珍藏文物馆”、“扬州杭集牙刷博物馆”等一批民办博物馆、行业博物馆成立。考古发掘工作配合大型基本建设工程有序展开，挖掘和展示地域文明。

**博物馆免费开放** 结合财政部、国家文物局博物馆免费开放调研工作，做好对全省已

国家文物局、财政部调研组赴江苏对博物馆、纪念馆免费开放工作进行调研

实施向社会免费开放的博物馆、纪念馆的调查与跟踪服务工作。在各地上报与核实的基础上，向省委宣传部推荐上报第二批拟向社会免费开放的博物馆、纪念馆名单。会同省委宣传部、省财政厅，研究制定有关博物馆免费开放考评办法。

**全省馆藏文物精品巡回展览** 为了更好地适应免费开放后社会对博物馆服务的需求，丰富基层博物馆的展览内容和活动，发挥博物馆在构建公共文化服务体系中的重要作用，“5·18”国际博物馆日当天，省文物局在宿迁举行“2010年全省馆藏文物精品系列巡回展览”启动仪式，确定“盛世虎——2010虎年

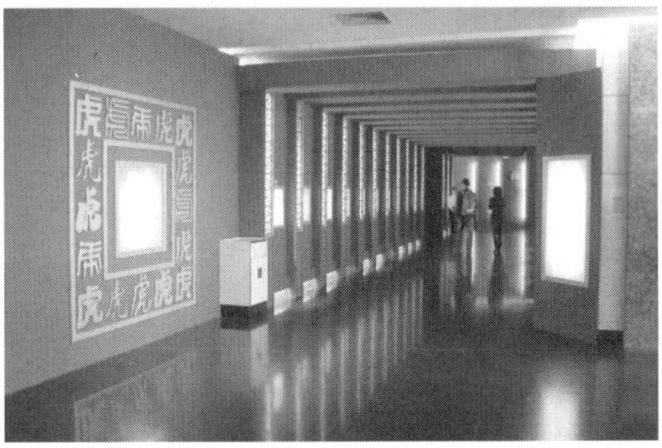

南京博物院推出的“盛世虎”标志着全省巡展正式拉开序幕

虎展”、“金与玉——明代贵族首饰展”、“宣炉吉金——苏州博物馆馆藏宣德炉精品展”、“皇家风范——清代宫廷官窑瓷器展”、“云想霓裳——南京云锦艺术展”、“锦心神针——苏绣与仿真绣”、“大汉王朝——徐州汉画像石艺术展”等7个展览，在南京、苏州、无锡、盐城、泰州、常州、淮安、连云港、宿迁、镇江、南通等11个市巡回展出23站，接待观众20余万人。

**县级博物馆展览展示和服务水平提升工程** 省文物局继续实施“全省县级博物馆展览展示与服务水平提升工程”，确定翁同龢纪念馆等10家博物馆、纪念馆列入2010年服务提升项目，召开工程推进会，省文物局与10家博物馆签订项目责任书。

**全省文化文物系统博物馆(纪念馆)历史文物鉴定定级** 2010年，省文物局数次组织专家，开展对苏州、常州、无锡、泰州、徐州、宿

迁、淮安等7市的历史文物鉴定定级工作，对1万余件馆藏文物进行审核鉴定，按照国家文物局珍贵文物定级标准进行文物定级，其中新增200余件一级文物报国家文物局确认。至此，继1994年全省文物定级工作以来，历时两年的第二次全省性、大规模、有组织的历史类馆藏珍贵文物鉴定定级工作全部完成。

**文物调查及数据库管理系统建设**　按照

全省馆藏文物调查及数据库管理系统建设工作会议

国家文物局《关于全面推进文物调查及数据库管理系统建设项目的通知》要求，2009年，全省完成馆藏一级文物的数据采集，2010年9月，按时完成全省馆藏二级、三级珍贵文物调查及数据库建设工作，全省23.6256万件(套)珍贵文物数据全部上报中国文物信息咨询中心(国家文物局数据中心)，其中一级文物2565件(套)，二级文物1.4928万件(套)，三级文物21.8763万件(套)。全省有89家单位、300多人参与此项工作。

南京博物院由于二期建设工程施工原因，馆藏文物全部装箱移库封存，调查建库存在实际困难，该院保管部和信息中心联合成立3个工作小组，明确职责分工，拆箱采集数据，在规定时间内完成工作任务。南京市博物馆在该市其他文博单位一次性调集30余名专业人员，分成6个小组投入工作，集中20多天时间完成数据采集任务。

**基本建设中的考古工作**　科学规范全省基本建设考古工作程序，省文物局制定并下发《关于进一步做好我省基本建设考古的通知》，推进全省考古工作科学化、规范化。

2010年，江苏省文物局向国家上报考古申请60多起。组织开展对郑徐铁路（江苏段）、上海大屯能源公司等20多个国家建设项目占地范围内的前期文物资源调查勘探与评估工作，做好南水北调二期(江苏段)控制性项目、西气东输二线工程(江苏段)等大型基本建设的考古工作。与省南水北调办公室、中石油管道建设项目经理部等单位多次协商，签订"以我为主"的文物保护协议书。组织专家对2009年开展的宁杭、沪宁城际铁路、溧阳抽水蓄能电站工程等考古工作进行竣工验收，总结推广工作经验。

**田野考古工作评比表彰与田野考古培训**　2010年3月，省文物局下发《关于开展首届江苏省田野考古工作评比表彰活动的通知》，在规定时间内收到各地参评申报材料69份。经组织专家评审并公示，共有28个项目获首届江苏省田野考古奖。省文物局举行"全省文物考古工作会议暨首届江苏省田野考古工作评

田野考古评比表彰

比表彰大会"，来自全省各地200多名代表参加会议，国家文物局文物保护与考古司司长关强及省文化厅、省文物局领导为获奖单位和个人颁奖。

2010年8月2日至8日，江苏省文物局与南京大学继续教育学院共同举办全省田野考古培训班，全省考古领队及考古积极分子

150多人参加培训。培训班邀请国家文物局及省内外的知名文物、考古专家授课，包括植物考古、动物考古等课程。培训班组织学员到盱眙大云山汉墓、高淳薛城遗址等考古现场学习观摩。这是省文物局首次与高校合作举办的考古培训班，对全省田野考古队伍的建设起到了积极推进作用。

**大遗址保护** 根据国家文物局《关于开展国家考古遗址公园评定工作的通知》，省文物局在开展无锡鸿山遗址申报国家考古遗址公园各项工作的同时，在全省范围内做好宣传发动工作，在国家文物局规定时间内上报扬州城遗址、南京明孝陵申报国家考古遗址公园的申报材料。在国家文物局公布的首批全国12个国家考古遗址公园中，我省无锡鸿山遗址位列其中，扬州城遗址进入首批23个

国家考古遗址公园立项名单。以国家考古遗址公园申报工作为抓手，推进全省大遗址保护工作，制订《江苏大遗址名录申报标准》，启动全省大遗址名录申报工作。

**文物拍卖业** 按照"拍前审核、拍中监督、拍后备案"原则，加强对文物拍卖活动的依法管理。全年共审核文物拍卖活动30场（次）。审核、推荐上报一批企业申请国家文物拍卖企业资质，其中无锡金鼎来拍卖公司、南京经典拍卖公司、江苏中山拍卖公司、南京嘉信拍卖公司获得国家文物局审批同意。推荐上报已获资质的江苏省拍卖总行、江苏省实成拍卖公司、江苏文海拍卖公司增加一类标的经营资质，获国家文物局批准。全省共有文物拍卖企业17家，其中具有一类资质的7家，二、三类资质的10家。首次召开全省文物拍卖企业座谈会，全省文物拍卖企业及所在地的文物、工商、商贸部门负责人参加会议，邀请省工商局、省商务厅、省拍卖行业协会、国家文物进出境审核江苏管理处的负责人出席会议。会议对省文物局拟订的《江苏省文物拍卖管理工作规范》进行讨论修改。

**江苏张家港东山村遗址入选"2009年度全国十大考古新发现"** 2010年6月12日，国家文物局在苏州举行新闻发布会，公布"2009年度全国十大考古新发现"，江苏张家港东山村遗址入选。在此前的初评中，江苏张

东山村墓地全景

家港东山村遗址、镇江双井路运河宋元遗址两项考古榜上有名。东山村遗址位于张家港市金港镇南沙街道办事处东山村内，遗址总面积约6万平方米，1995年公布为江苏省文物保护单位。2008年以来，由南京博物院主持，张家港市文广新局、张家港市博物馆等单位联合对东山村遗址进行两次考古发掘，取得重要收获，首次在长江下游发现崧泽文化早中期高等级大墓，填补崧泽文化时期没有高等级大墓的空白，为良渚文化高度的社会文明找到源头。镇江双井路改造项目是2009年镇江城市建设的重点项目之一。2009年7

月，省文物局委托镇江市文管办组织对双井路改造项目进行考古调查、勘探，确定该处是我国大运河漕运粮仓所在地，陆续发现宋、元仓储遗址、元代石拱桥以及清代驿站，对我国大运河文化遗产保护与申遗具有举足轻重的地位和作用。

**江苏省馆藏文物定级专家库**　为了更好

地开展全省馆藏文物管理保护与利用工作，发挥全省及周边省份专家的作用，省文物局建立江苏省馆藏文物定级专家库，首批受聘入库专家46人，聘期为5年。专家库成员受省文物局委托，在全省文物的鉴定评估、征集保护、出入境审核、司法鉴定、人才培养等方面开展工作，为全省文物行政决策提供咨询。专家库由书画碑帖组、古籍组、陶器瓷器组、金属器组、石器玉器组、货币组、杂项组、近现代历史文物组、民族民俗组等9个组组成。2010年7月12日，江苏省文物局在南京举行"江苏省馆藏文物鉴定专家聘书颁发仪式"，省文化厅党组成员、南京博物院院长龚良，省文物局副局长吴晓林、刘谨胜出席仪式并讲话。

**《江苏省文物拍卖市场管理工作规范》出台**　为依法加强文物拍卖市场规范化管理，充分发挥文物拍卖企业在民间文物收藏交流中的积极有效作用，加强对文物拍卖行业的合理引导，根据有关法律法规，结合本省文物拍卖市场的现状和发展需求，省文物局制定《江苏省文物拍卖市场管理工作规范》，并于2010年12月起执行。该《工作规范》对文物拍卖企业依法开展文物标的拍卖经营活动的各环节流程提出明确的要求。

自2004年国家文物局开展文物拍卖资质申报工作以来，江苏获得国家文物局颁发的文物拍卖许可证的企业共有17家，数量在全国位居前列。

# 文物法制建设

**概况** 2010年，全省文物法制工作创新思路，突出重点，在文物行政执法机构建设、区域执法合作、文物行政处罚、法制培训等方面取得显著成效。

**全省文化行政综合执法机构建设** 为进一步加强全省文物行政执法力量，推进全省依法保护文物工作，省文物局推动全省文化行政综合执法机构建设，帮助泰州市、南京市江宁区、高淳县、白下区等二十几个地区制定符合当地实际的文化行政综合执法机构的"三定"方案，得到当地党委宣传部门、机构编制部门的认可和肯定。除13个省辖市外，全省共有18个市、县、区成立文化行政综合执法机构并下设文化遗产执法机构。

**江浙沪文物行政执法合作** 为推动长三角地区文物行政执法工作，促进交流，共同提高，自2008年以来，省文物局将推动江浙沪文物行政执法合作作为重点工作。2010年，江苏省文物局和浙江省文物监察总队、上海市文化市场执法总队共同在文物行政执法人员培训和经验交流方面加大力度，江苏举办的文物行政执法人员培训班，邀请浙江省的文物行政执法专家授课，浙江省邀请江苏文物行政执法专家授课。江苏省文物局组织无锡市文化行政综合执法支队人员到浙江交流学习。

11月30日至12月1日，江苏省文物局、浙江省文物局、上海市文化市场行政执法总队在南京共同签署《江浙沪文物行政执法合作协议》，发布《江浙沪文物行政执法合作宣言》，并举办首届江浙沪文物行政执法合作联席会议。国家文物局督察司副司长刘铭威到会致辞，江苏省文化厅党组成员、江苏省文物局局长龚良，浙江省文物局副局长陶月彪，上海市文化市场行政执法总队副总队长朱耀人，江苏省文物局书记沐仁和等出席。两省一市文物行政执法机构约60人参加会议。龚良代表合作三方阐述开展文物行政执法合作的目的。刘铭威对江浙沪近年来的文物行政执法工作予以充分肯定，希望江浙沪地区文物行政执法部门要为全国多出经验。合作三方将共同致力于文物行政执法合作工程，围绕合作重点，形成合力，充分发挥整体优势，将合作引向深入。会议举行江浙沪文物行政处罚案卷评比获奖单位表彰活动，江浙沪市县文物行政执法部门代表作经验交流，邀请专家做文物行政执法专题讲座。

**文物行政执法人员法制培训**　为进一步提高全省文化行政综合执法人员的文物行政执法业务素质，省文物局制定下发《2010—2012年度江苏省文化行政综合执法人员文物行政执法业务培训规划纲要》，2010年5月，省文物局举办为期三天的“2010年度江苏省文物行政执法业务培训班”，这是第一届全省文化行政综合执法人员的文物行政执法业务培训班，全省部分市县文化行政综合执法人员共68人参加培训。培训班采取课堂教学和现场考察相结合、理论讲解和案例分析相结合、文物行政执法理论传授和文物保护专业知识讲解相结合的方法，使培训更具有针对性和可操作性。

2010年，全省共举办文物法制培训班17起，参加培训人员近600人。

**全省文物行政执法示范单位创建**　为切实加强全省文物行政执法力量，规范行政执法行为，提高行政执法水平，提升执法队伍形象，建设政治合格、作风过硬、业务熟练、纪律严明、保障有力、人民满意的行政执法队伍，2010年，省文物局继续在全省开展文物行政执法示范单位创建活动，制定《江苏省文物行政执法机构规范标准》，对申报单位的文物行政执法工作进行抽查。各级文物行政执法部门开展文物行政执法巡查、文物法制培训、文物行政处罚等工作，推进全省文物行政执法工作。9家文物行政执法机构被评为2010年度全省文物行政执法示范单位。

**文物行政执法**　2010年，全省对全国重点文物保护单位开展执法巡查1139次，安全检查1269次，依法查处文物违法案件11起，制止文物违法行为64起，保护不可移动文物74处。省文物局重点指导督办中国电信股份有限公司苏州分公司擅自在全国重点文物保护单位罗汉院双塔及正殿遗址保护范围内建设小灵通基站案、邹夕生购买国家禁止买卖的文物案、常州市武进区郑陆南城寺擅自在省级文物保护单位保护范围内进行建设工程案、镇江宋元粮仓仓基遗址被损毁案、江苏兴亚建设工程有限公司擅自在考古发掘区域内继续施工案等重大案件。在查办镇江宋元粮仓仓基遗址被损毁案件中，省文物局根据国务院和国家文物局领导的要求，及时获取证据，查清违法事实，为该案的查处提供充足的依据。同时督促镇江市文物主管部门对该案的违法单位实施行政处罚。

在第三届全国文物行政处罚案卷评比活动中，江苏省文物局选送的“常州市二十四中学擅自修缮市级文物保护单位游击府大殿，明显改变其原状案”荣获一等奖，“肖建邦擅自变更已批准的市级文物保护单位悬桥巷肖宅修缮计划和工程设计方案中的重要内容进行施工案”荣获二等奖，“王志伟擅自修缮省级文物保护单位近园，明显改变其原状案”、“无锡市崇安城市投资发展有限公司擅自修缮省级文物保护单位锡金公园旧址案”荣获三等奖，获奖成绩位居各省市之首。

**文物安全监督检查**　2010年10月—11月，省文物局配合省人大教科文卫委员会组织相关单位在全省开展《江苏省文物保护条例》执行情况专题调研活动，目的在于督促推动各级地方政府及相关职能部门依法履行保护文物的法定职责。调研组对徐州、扬州、南京等地开展调研和检查。2010年4月，省文物局配合国家文物局、公安部消防总局对全省文博单位的安防和消防情况进行大检查，消除安全隐患，确保珍贵文物资源安全。在全省建立文物行政执法与安全检查信息通报制度，要求各市按季度上报文物行政执法和安全检查信息。11月，省文物局举办第三届全省文物行政处罚案件评审会，对2009年、2010年全省查处并结案的20多起案件进行评审，共评出一等奖4名，二等奖8名，三等奖6名，先进集体奖2名。

# 文物宣传与科研

**概况** 2010年，省文物局重视和加强文物信息宣传工作，有力地推进了文化遗产的保护，完成江苏省文物事业发展“十二五”规划及项目库编制，并组织开展与省发展改革委员会编制的全省经济社会发展“十二五”总体规划的对接工作。

**文物宣传工作** 利用“5·18”国际博物馆日、中国文化遗产日等节庆活动，借助各级各类媒体，开展文化遗产保护宣传。省文物局下发开展文化遗产日活动通知，要求各地按照国家文物局《关于开展2010年文化遗产日活动的通知》和《2010年度文化遗产新闻宣传工作要点》的要求，结合地方实际，扎实有效、形式多样地开展2010年文化遗产日系列活动，各地组织遗产日活动累计近200项。文化遗产日期间，省文物局推出《中国文化报·江苏文物工作》专版、《江苏文化周讯·文化遗产》专刊。

为加强对县级博物馆建设工作的推进与引领，省文物局与中国博物馆协会、常熟市人民政府、苏州市文广新局在常熟共同主办首届“全国经济百强县博物馆馆长论坛”。协助无锡市做好年度“中国文化遗产保护无锡论坛”的有关组织工作，对文化景观的有关概念及本省文化景观遗产保护中要注意的问题进行探讨。

**江苏省文物事业发展“十二五”规划及项目库编制** 根据国家文物局的统一要求，江苏省文物局在全国较早启动“十二五”规划编制工作：第一，上报国家文物保护项目及经费需求“十二五”项目库；第二，编制江苏本省的文物事业发展规划。省文物局汇总审核并如期向国家文物局上报“十二五”规划江苏项目库、《江苏省文物事业发展“十二五”规划纲要（初稿）》。全省共申报全国重点文物保护单位项目139项，大遗址保护项目3项，拟申报第七批全国重点文物保护单位130项，博物馆及其他类项目164项，水下文物保护项目1项。10月中旬，国家文物局在浙江召开“十二五”国家文物保护重点项目及项目库东部片区论证会，江苏入围项目占上报项目的比例达到85%以上。同时，省文物局委托南京工业大学编制《江苏省文物事业发展“十二五”规划》，经多次调研论证，数易其稿，至9月初，规划文本及项目库汇总审核工作全部完成，与省发展改革委员会编制的全省经济社会发展“十二五”总体规划的对接工作已经展开。

**2010年江苏省文物工作年会在张家港召**

**开** 2010年1月21日至22日，江苏省文物局在全国文明城市张家港召开2010年全省文物工作年会。江苏省文化厅、江苏省文物局领导出席会议。各市、县(市、区)文化(文物)局分管局长，各市文化(文物)局文物部门负责人、文化行政综合执法机构负责人，南京博物院和各市博物馆负责人，南京中山陵园管理局、南京近现代史遗址博物馆、南京侵华日军南京大屠杀遇难同胞纪念馆负责人，近200名代表参加会议。

会议总结交流2009年全省文物工作，表彰2009年度全省文博优秀论文获奖单位和获奖个人、全省文物行政执法示范单位、全国文物行政执法案卷评选江苏获奖案卷，南京博物院等7家单位分别就博物馆免费开放、博物馆群建设、文物行政执法、文物保护维修、大运河保护和申遗、第三次全国文物普查等工作进行大会交流。会议代表实地考察具有7000年历史的张家港市东山村遗址考古工地、张家港市文化中心等文化文博场所。

会议确立2010年文物工作突出两项重点：打牢基础；提升服务。优化四大环境：加强不可移动文物保护，优化文物保护单位本体及周边经济社会发展环境；加强可移动文物保护，优化文物保护成果社会化服务环境；加强文物行政执法工作，优化文物保护法制环境；加强文物保护舆论宣传、业务培训工作，优化文物保护社会氛围和人才环境。推进六大项目：编制江苏文物事业发展"十二五"规划；配合省人大开展全省文物行政执法专项督查(检查)；推进大运河(江苏段)遗产保护工程；推进大遗址保护与人居环境改善协调发展；深化博物馆建设"三贴近"工作；初步建成全省文物资源数据库管理系统。

**2010年中国文化遗产日苏州主场活动在苏州隆重举行** 6月11日晚，由国家文物局、江苏省文化厅、江苏省文物局、苏州市人民政

府主办，苏州市文广新局承办的以"文化遗产在我身边"为主题的2010年中国文化遗产日主场活动开幕式在苏州胥门广场举行。文化部部长蔡武，国家文物局局长单霁翔、副局长童明康，江苏省委常委、苏州市委书记蒋宏坤，江苏省副省长曹卫星，苏州市市长阎立，江苏省文化厅副厅长马宁等领导及各界来宾出席开幕式。开幕式上，国家文物局授予苏州主场城市荣誉称号，发布了"2009年度全国十大考古新发现"并授牌，表彰了第三次全国文物普查实地文物调查阶段有突出贡献的个人和集体。本届主场城市活动的最大亮点之一，是在苏州太湖之畔举行的"城市更新与文化传承主题论坛"，这也是上海世博会六个主题论坛中唯一专门探讨古城保护与更新的论坛。活动期间，还举办了"全国青少年文化遗产知识竞赛预赛、决赛及颁奖"、"吴国都城与王陵考古研讨会暨新闻发布会"、"吴国王室青铜器特展"、"首批江苏省大运河沿线重点文物抢救保护工程启动仪式"、"苏州文庙收藏品大型交流会"、"'文化遗产在我身边'青少年画信活动"等系列活动。6月12日晚，2010年中国文化遗产日主场城市(苏州)活动在苏州太湖国际会议中心圆满闭幕。

**江苏省文物局对连云港、盐城、苏州三市进行集体调研** 2010年11月24日至27日，省文物局处级以上领导干部对连云港、盐城、苏州三市进行集体调研，对苏北、苏中、苏南不同地域的文物资源及其保护现状进行广泛

文物局调研

了解，对当前及今后一个时期文物保护工作面临的形势和任务作出科学判断和准确定位，从而更好地谋划“十二五”时期江苏文物保护事业的发展思路和工作重点。此次调研的主题是：不同地域、不同发展阶段文物保护事业的新要求。调研组由省文化厅党组成员、省文物局局长龚良带队，分别听取三市文物行政部门及相关文博机构的工作汇报，围绕调研主题进行深入座谈讨论，并实地考察连云港市博物馆、民主中路民初历史街区、赣榆县博物馆，盐城新四军纪念馆、陆公祠、海盐博物馆，苏州江苏巡抚衙署、浙江巡抚任道镕故居等一批文物保护单位、文博场馆和控制保护古建筑。调研结束后，省文物局形成专门调研报告。

（姚文中）

全省文化市场管理工作会议
江苏省文化厅
2010年3月·无锡



# 文化市场

光阳
GUANG YANG
量贩式KTV
光阳量贩式KTV
量贩式KTV

先进文化 构建和谐社会

# 网络文化市场

**概况** 2010年，网络文化建设和管理进一步加强，网络环境进一步改善。充分运用现代科技手段，积极探索文化市场监管新模式，建立了技术监管平台，市场监管手段日益多样化、科学化，全省网吧监管平台与各地监管平台互联互通，对全省8000余家网吧80余万台计算机终端实行动态监控，发挥了良好的监管作用，极大地提高了监管效率。积极发展网络文化市场，严格网络文化企业设立备案，全省新设立以网络游戏、网络动漫、网络音乐为主的互联网文化单位20家，注册资金3.13亿元，加上原有的18家企业，全省现有互联网文化单位38家，总注册资本已达12.1亿元，从业人员2000多人。一批研发能力强、运营渠道广、盈利模式多样的企业纷纷从上海等地转移落户江苏，全省网络文化市场呈现健康、快速的发展势头。

**全省网吧连锁管理推进工作** 网吧连锁管理推进工作是2010年省委、省政府关注的重点工作，也是中央高度关注并明确限时完成的重要任务。一年来，按照“坚持走改革整合的路子，向体制机制要秩序”的要求，以连锁整合的方式探索网吧管理的新模式，提升了管理和服务水平。2010年4月1日，省委宣传文化领导小组专门召开会议研究网吧连锁管理推进工作，省委常委、省委宣传部长杨新力同志听取了文化厅专题汇报，并决定将其列为文化体制改革三大目标之一，由省文化厅联合六部门印发了《江苏省推进网吧连锁

举办江苏省网吧从业人员培训班

管理工作方案》。建立连锁经营约束机制，抓住核心“连”。以“统一经营方针、统一服务规范、统一形象标识、统一计算机远程管理”为核心，制定了《加强网吧连锁经营管理的规定》，严格了连锁企业资质认定和直营门店管理标准。加强与省公安厅合作，开放、共享相关技术数据，实现企业连锁技术管理平台、统一计费软件与连锁管理平台的对接，建立连锁网吧直营门店与企业的责任共担机制，保证了连锁网吧真正“连得上”、“锁得住”。建立服务机制，互利互信“连”。把支持、扶持、服务企业作为推进网吧连锁的切入点，利用电视和网络媒体，开设专题访谈、热线电话，制作下发了1万余册《江苏省网吧连锁推进工作宣传手册》，大规模开展网吧连锁改造的政策宣传。指导行业协会协调行业相关知名企业介入网吧门头、店招、灯箱、连锁统一标识的改造工作，联络江苏市场占有率较高的电脑、网络硬件、网游、快速消费品企业，搭建省级连锁购销平台；省文化厅积极与相关部门协

调沟通，在电信宽带接入等方面为单改连网吧争取价格优惠。7月2日，省文化厅在南京召开全省网吧连锁推进工作座谈会，对全省连锁企业开展业务情况进行了总结，一起探讨全省网吧连锁推进工作。10月，在昆山市召开会议为网吧连锁企业与盛大等网络游戏经营单位之间搭建战略合作平台。建立联动机制，形成合力"连"。积极与工商局、消防局、网警总队协商，统一简化了"单改连"审批程序，建立了从网络信息安全审核、消防安全审核到工商登记变更等一条龙式的行政审批绿色通道，为网吧连锁整合改造提供了便利条件。

截至2010年底，全省已有3500多家单体网吧门店完成或进入连锁改造通道，加上原有500余家直营门店，全省连锁网吧门店总数达4000余家，约占全省网吧总数的40%。其中，镇江全市网吧连锁改造率已达93%，扬州高邮市取得许可证的连锁网吧比率已达91%。在全国规范网吧经营秩序经验交流会上，江苏推进网吧连锁化整合的做法在会上专门作了介绍。

**全省网络文化市场管理工作会议** 10月22日至24日，省文化厅在昆山召开为期三天的全省网络文化市场管理工作会议，全省各省辖市及相关县（市）的文化行政管理部门、全省互联网文化单位、网吧连锁企业共130余人参加了会议。会议重点围绕学习和贯彻落实文化部颁布的《网络游戏管理暂行办法》，切实加强全省网络文化市场的管理工作，提升全省各级文化市场执法人员业务水平，着重就全省网络游戏管理和互联网文化单位设立与变更等最新的政策内容做了重点解读，并专门邀请上海盛大的专业维权机构——盛聚网络科技有限公司有关专家详细介绍了网游企业运营模式及网游侵权行为的基本情况。会议期间，召开了全省网吧连锁企业与互联网文化单位座谈会，探讨了网吧连锁企业与互联网文化单位联合推进全省网吧连锁整合的合作模式，并就双方共同关心的问题进行了交流。

全省网络文化市场管理工作会议

**建立全省文化市场办公信息系统** 为进一步提高工作效率，降低办公成本，促进全省文化市场管理工作的科学化、规范化、信息化，建立了江苏省文化市场办公信息系统，并于3月底投入使用。这套系统是一个集信息发布及工作交流等为一体的内部办公信息化系统，主要包括：查收文件、发布公告、发送公文、收发邮件、工作交流等功能模块。该系统分为省、市、县（市、区）三级用户和文化市场管理、行政执法、行政审批三大类别。

**与中国联通江苏省分公司签订战略合作协议** 2010年11月24日，江苏省文化厅和中国联通江苏省分公司在南京金陵饭店举行了战略合作签约仪式。省委宣传部常务副部长、省文化厅厅长章剑华，省文化厅副厅长秦

江苏省文化厅与中国联通江苏分公司战略合作协议签订仪式

基春和中国联通集团客户事业部副总经理崔涛等出席了签约仪式。双方同意建立长期战略合作关系，联手推动文化行业信息平台的开发和建设，推动文化系统信息化应用展开全面、深入的合作。随着以网络游戏、网络音乐为代表的新兴文化业态同步于通信技术、网络技术而高速发展，一方面促进了文化产业的快速发展，另一方面打破了传统文化市场分类方式和管理模式，对文化市场的管理提出了新的挑战，迫切要求文化部门转变思想观念，充分利用信息网络技术，创新管理方法和技术手段，全面提高监管效率。建立与中国联通战略合作伙伴关系，必将进一步提高全省文化系统移动执法、掌上办公、重点场所监控、网络内容监管、连锁网吧综合信息化服务等方面的信息化水平，推动江苏文化市场健康繁荣发展。

# 娱乐市场与演出市场

**概况** 积极鼓励发展大型娱乐场所，提升娱乐产业的发展水平。开展了全省游艺娱乐场所发展状况调查，在苏州地区进行了游艺娱乐场所的发展试点延伸工作。据不完全统计，2010年全省娱乐场所新设230多家，新增投资15.6亿元，营业面积增加18.3万平方米，一批上档次、有品位、信誉好、实力强、主题突出、内容健康、管理规范、经营有方的娱乐场所投入运营。各地陆续建起了类似南京1912、苏州石路、盐城东进路等模式文化娱乐休闲街区。全省现有卡拉OK厅、夜总会和音乐酒吧等歌舞娱乐经营单位3500多家，电子游戏经营场所3800多家，从业人员16万人。

积极落实文化部《关于促进民营表演团体发展的若干意见》精神，不断扩大社会资本在演出业的投资比重，推动了民营演出市场的发展，全省演出市场规模不断扩大，演出市场保持了稳步繁荣的发展态势。截至2010年12月31日，全省演出总场次达10.9万余场，其中引进境外54个国家和地区的各类艺术表演团体695批次，涉外演出达2.87万场次，艺术表演团体达130个，演出经纪机构270个，演出经纪人1200余人。连云港汪其魔杂技团的《魔术晚会》和无锡阿福文化公司的锡剧《玉飞凤》作为优秀剧目参加了全国首届民营艺术院团优秀剧目展演，并获优秀剧目奖。无锡灵山实业有限公司的《灵山吉祥颂》和扬州木偶剧团制作的《扬州杖头木偶表演》被列入国家文化旅游重点项目名录。

**举办第七期演出经纪人职业资格培训班** 2010年12月11日至12日，在江苏南京举办了全省第七期演出经纪人职业资格培训班，280多人参加了培训。培训结束后，统一组织考试，为243名考试合格者颁发了《演出经纪人资格证》，截至2010年底，全省演出经纪人达到1160人，为活跃演出市场增添了新的力量。

# 文化市场行政执法

全省文化市场行政执法人员培训班

**概况** 积极围绕平安文化市场建设目标要求，打击非法违法经营，开展系列专项治理行动，有效地维护了全省文化市场秩序。开展"平安世博"文化市场专项保障行动。加大市场巡查力度，省文化厅先后抽调近百名执法骨干，组成14个检查组对近40个市、县和乡镇进行巡查、暗访，督查指导各地进行执法行动80余次，组织督查组分4个批次进行"回头看"，检查市场整改状况，督办重点查办案件。加强文化市场经营活动的监控，组织对南京李宇春演唱会、淮安东方母爱文化节演唱会等大型演出活动的现场监控、检查。通过对歌舞娱乐场所审核换证工作，吊销（注销）经营场所240家，对安全生产不合格的86家娱乐场所进行停业整改。组织查处了文化部通报的第八期、第九期互联网文化案件，关闭非法网站15家。指导督办了无锡"7.01"案和连云港镇海网吧非法牟利案等案件。2010年，全省累计出动执法人员42.6万余人次，执法车辆1万余车次，检查场所近10万家次，立案处罚3333起，查缴非法产品238.2余万张（册、台），行政罚款1036.5万元，吊销网吧7家，办理行政案件转刑事案件5起，7名违法经营者受到刑事拘留等刑事处罚。常熟王佳豪网络音乐违法经营案、镇江宏大损坏宋元粮仓遗址案被评为全国文化市场十大案件。

**"平安世博"文化市场专项保障行动** 根据文化部部署要求，自2010年4月1日至6月30日在全国范围内开展"平安世博"文化市场专项保障行动，为办好一届"成功、精彩、难忘"的世博会营造良好社会文化环境。结合文化部在常州举办全国文化市场"平安世博"

专项行动启动仪式，省文化厅与浙江省、上海市文化行政部门及长三角地区16个主要城市文化行政部门和综合执法机构签署了"长三角地区文化市场综合执法区域协作工程"合作框架协议，与苏南、苏中8个市签订了安全责任书。根据文化部行动方案，开展暑期文化市场专项治理、互联网低俗信息整治和打击违法经营行为执法行动，净化了文化市场经营环境。

**全省文化综合执法改革** 按照省委梁保华书记在2009年全省文化工作会议上提出

的“路线图”、“时间表”和《省委办公厅、省政府办公厅关于深化文化行政管理体制改革的实施意见》(苏办发[2009]36号)精神，省文化厅加强了对各地综合执法工作进展情况跟踪指导，建立了综合执法进展工作报告制度，督促各市定期上报进展情况。坚持把推进改革与形成改革成果相结合，边组建边规范综合执法制度。以当年组建当年形成综合执法能力为目标，组织编写综合执法手册等执法规范，统一执法文书，建立完善相关工作制度，基本形成了市场技术监管、执法指导监督、工作考评等系列综合执法指导体系，有效地促进了各级综合执法改革平稳推进。截至2010年底，全省13个省辖市完成了文广新三局合并，9个省辖市组建了综合执法机构，31个县(市)已基本完成文化市场综合执法改革任务。宿迁市所属3县2区已率先完成改革任务。

**与江苏警官学院合作培训文化执法队伍** 省文化厅制定了全省文化市场队伍三年培训规划，在江苏省警官学院先后举办了两期全省文化市场执法人员培训班，采用全程封闭式教学、半军事化管理的形式，进行了13个基础专业课目的学习训练，培训执法骨干近300人。这一做法，得到了文化部充分肯定，文化部并准备将全国首个文化综合执法培训基地设在江苏警官学院。

**全省交叉执法行动** 为形成综合执法合力，提高各级执法水平，组织省、市开展交叉检查执法行动，以省带市、市带县(区)的方式，在实践中培训执法骨干。先后组织全省120名执法骨干分赴各地进行交叉执法行动，抽查600多家文化经营场所，现场体验执法程序、方法、手段，提高了执法人员的操作能力与水平。

**全省综合执法考评** 进一步修订完善了文化市场行政执法考评细则，建立了日常检查考核记分制度，定期组织人员对各地市场情况进行抽查考评。年底，抽调各地执法机构负责人与省厅有关人员组成联合考评组进行年度考评，既增强了考核的公正性、准确性，又起到了相互学习、借鉴、促进的作用。经综合评定，6个省辖市、13个县(市)被评为全省文化市场综合执法先进单位，43名同志被评为全省文化市场综合执法优秀个人。

(何　明)

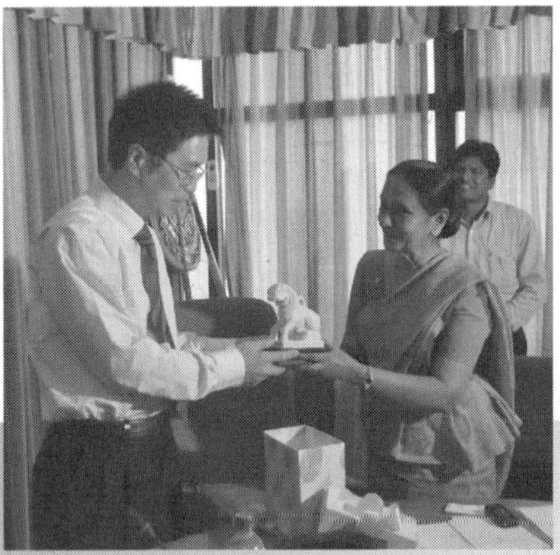

# 对外及对港澳台文化交流

# 对外文化交流

**概况** 2010年，江苏省文化厅认真配合国家整体外交大局和全省对外开放工作，积极响应国家的“中华文化走出去”战略和省委、省政府的文化强省建设战略，进一步发挥省级文化主管部门在推动全省对外文化交流工作中的宏观指导作用，努力强化文化交流品牌建设，大力推动江苏文化“走出去”，为扩大江苏文化的国际影响力作出了积极贡献。

省内共有43批560人次的文化艺术团组出访世界27个国家；同期有19个国家12个项目、4批文化艺术团组105人次前来江苏交流访问及举办各类文化艺术活动（不含外国来我省的营业性演出）。

**积极组织赴外文艺展演活动** 2010年，江苏进一步推进与友省的文化交流，组派了几个展演团体赴外演出，取得了良好的交流、合作和宣传效果，赢得了国内外的普遍赞誉，为江苏塑造良好的国际形象打下坚实的基础。春节期间，由江苏省文化厅与美国夏威夷大学联合主办的英语京剧《白蛇传》2月5日在夏威夷肯尼迪剧场成功首演。期间，并由泰州市在夏威夷大众美术馆配合举办了“梅兰芳艺术人生展”，以丰富的历史图片及实物向美国民众更直观地展示了京剧的魅力和大师的风采。应荷兰北布拉邦布雷达市政府邀请并根据文化部“欢乐春节”活动的统筹安排，江苏省文化厅组派了以无锡歌舞剧院及南通少年杂技团为班底的江苏艺术团一行31人于2010年2月8日至2010年2月16日赴荷兰进行文化交流。艺术团在荷期间共演出7场，取得圆满成功，获得各界好评。2010年3月20日至28日，受外交部委派，江苏省文化厅派遣由南京市歌舞、杂技节目组成的江苏艺术团一行24人，赴纳米比亚参加中国和纳米比亚建交20周年系列演出纪念活动并取得圆满成功。彼时正在当地访问的全国政协主席贾庆林与纳米比亚开国总统努乔马、全国委员会主席卡佩雷以及400多位中纳各界人士共同出席了纪念中国和纳米比亚建交20周年招待会。在纳米比亚期间，江苏艺术团还为中资机构华人华侨、纳米比亚政要分别进行了两场具有江苏地方特色的专场文艺演出，受到观众热烈欢迎和我驻纳米比亚大使馆的好评。

**成功举办大型国际交流活动** 在文化部、江苏省人民政府的支持下，由江苏省文化厅、亚洲美术馆馆长论坛执委会主办，中国美术馆、江苏省美术馆承办，全国美术馆专业委员会协办的第五届亚洲美术馆馆长论坛于9月26日至28日在江苏省美术馆新馆举行，来自亚洲各国和中国各地以及台湾、香港的美术馆馆长，作为观察员的欧美、澳大利亚美

术馆馆长或代表近70人参加了论坛。本届论坛以“美术馆的亚洲模式与文化职责”为主题，深入探讨了亚洲美术馆的当代功能与管理特征，美术馆与现代城市的协调发展以及亚洲美术馆与西方美术馆的交流。

**广泛引进国外优秀文化成果** 年内，全省相继引进了意大利“马克艾思泰先生油画展”、荷兰“复制的力量·2010国际艺术学院设计展”、新西兰“曹俊画展”、“西班牙瓦伦西亚现代艺术博物馆藏品展”、“西班牙艺术大师萨尔瓦多·达利版画及雕塑作品展览”、德国“凯绥·珂勒惠支画展”等展览，以及日

本歌手福井舞演唱会和“江苏省与日本爱知县结好30周年纪念音乐会”，为广大民众近距离接触和感受国外优秀的文化艺术成果创造了机会，繁荣文化市场，培育文化氛围。

**深化友城合作发展友好关系** 2010年，友城文化交流有了进一步可喜进展。为落实江苏与意大利马尔凯大区《关于进一步加强友好合作的协议》，并纪念意大利传教士利玛窦这位中西文化交流的使者，值利玛窦逝世400周年和中意建交40周年之际，意大利“利玛窦——明末中西科技文化交流的使者”展在南京博物院成功举行。

世博会期间，澳大利亚维多利亚州在其国家馆展出的“淘金展”延伸至江苏，在南京图书馆展出。州政府还将世博展品——针鼹鼠雕塑存于江苏省美术馆作为永久性收藏。此外，作为江苏省与英国埃塞克斯郡文化交流的一部分，由英国文化委员会、埃塞克斯郡议会、江苏省教育厅、江苏省文化厅、英国环球剧场、江苏省昆剧院和伦敦京昆剧协等多家单位联合主办的昆曲莎士比亚体验计划正稳步推进。两省郡分别有8所学校参与其中，旨在为青少年构建一个了解学习对方文化的良好平台，从而增强双方的互信和友谊。

**江苏省文化代表团访问南亚** 受文化部委派，并应斯里兰卡文化事务和国家遗产部及马尔代夫旅游、艺术和文化部邀请，以章剑华为团长的江苏文化代表团一行5人，于3月29日至4月5日访问了斯里兰卡、马尔代夫。访问期间，我国驻斯里兰卡兼驻马尔代夫特命全权大使杨秀萍会见并宴请代表团一行。斯里兰卡、马尔代夫两国政府官员分别与代表团就文化交流项目进行商谈，在多个方面取得共识并将展开合作。

# 2010年对外文化交流项目统计表(出访)

| 序号 | 项目名称 | 团长姓名 | 人数 | 出访地区 | 时间 | 出访主要目的、活动内容 | 经费来源 | 邀请、主办单位 |
|---|---|---|---|---|---|---|---|---|
| 1 | 苏州昆剧院 | 蔡少华 | 20 | 奥地利 | 1月10日—1月15日 | 交流演出 | 协调解决 | 奥地利国家科学院 |
| 2 | 南京民族乐团 | | 12 | 新加坡 | 1月7日—1月15日 | 交流演出 | 邀方负担 | “春城洋溢华夏情”筹委会 |
| 3 | 南京博物院 | 王奇志 | 1 | 希腊 | 1月27日—2月5日 | 出席中希博物馆发展研讨会 | 派员单位负担 | 希腊文化部 |
| 4 | 省演艺集团昆剧院 | 柯　军 | 4 | 比利时 | 1月30日—2月16日 | 演出 | 邀方负担 | 欧罗巴利亚国际协会 |
| 5 | 省戏剧家协会 | 汪人元 | 1 | 美国 | 1月31日—2月10日 | 讲学 | 协调解决 | 夏威夷大学 |
| 6 | 南京市文化局 | 刘春杰 | 3 | 德国 | 2月1日—3月31日 | 交流 | 协调解决 | 德国国际旅游促进协会德国海里根达姆地区分会 |
| 7 | 江苏文化代表团 | 朱　军 | 6 | 美国 | 2月3日—2月10日 | 文化交流 | 派员单位负担 | 美国夏威夷大学 |
| 8 | 江苏艺术团 | | 28 | 荷兰 | 2月8日—2月18日 | 演出 | 协调解决 | 荷兰布雷达市政府 |
| 9 | 省演艺集团 | 顾　欣 | 89 | 新加坡 | 2月23日—2月28日 | 参加第八届华艺节 | 邀方负担 | 新加坡滨海艺术中心华艺节 |
| 10 | 南京艺术团 | | 30 | 俄罗斯、哈萨克斯坦 | 2月24日—3月10日 | 参加文化部“春节品牌”演出活动 | 协调解决 | 我驻俄罗斯使馆、我驻哈萨克斯坦使馆 |
| 11 | 南京博物院 | 林留根 | 3 | 韩国 | 3月10日—3月15日 | 学术交流 | 邀方负担 | 韩国(财)湖南文化财研究院 |
| 12 | 江苏艺术团 | 潘维林 | 24 | 纳米比亚 | 3月19日—3月28日 | 交流演出 | 协调解决 | 我驻纳米比亚大使馆 |

（续表）

| 序号 | 项目名称 | 团长姓名 | 人数 | 出访地区 | 时间 | 出访主要目的、活动内容 | 经费来源 | 邀请、主办单位 |
|---|---|---|---|---|---|---|---|---|
| 13 | 江苏省文化代表团 | 章剑华 | 5 | 斯里兰卡、马尔代夫 | 3月29日—4月5日 | 考察访问 | 派员单位负担 | 斯里兰卡文化事务和国家遗产部、马尔代夫旅游、艺术和文化部 |
| 14 | 省演艺集团 | 顾　欣 | 61 | 荷兰 | 4月15日—4月23日 | 参赛 | 派员单位负担 | 荷兰MIK艺术学院院长 |
| 15 | 省演艺集团 | 柯　军 | 2 | 英国 | 4月17日—4月25日 | 文化交流 | 邀方负担 | 英国埃塞克斯郡议会 |
| 16 | 南京博物院 | 吴荣清 | 2 | 意大利 | 5月10日—5月21日 | 参加"中国明代文物特展"撤展活动 | 邀方负担 | 意大利卡萨德·卡拉雷兹博物馆 |
| 17 | 省演艺集团 | 杨　阳 | 1 | 印度 | 5月13日—5月20日 | 文化交流 | 邀方负担 | 印度APPEN艺术节 |
| 18 | 省演艺集团 | 柯　军 | 3 | 新加坡 | 5月23日—5月29日 | 交流演出 | 邀方负担 | 新加坡滨海艺术中心华艺节 |
| 19 | 南京森林公安高等专科学校 | 王邱文 | 63 | 比利时、荷兰 | 5月27日—6月5日 | 交流演出 | 派员单位负担 | 比利时圣·露西亚皇家交响乐协会 |
| 20 | 随文化部代表团 | 吴　政 | 1 | 美国 | 6月12日—7月3日 | 图书馆技术专题交流任务 | 协调解决 | 美国伊利诺伊大学 |
| 21 | 江苏文化遗产代表团 | 沐仁和 | 4 | 澳大利亚、新西兰 | 6月15日—6月24日 | 考察访问 | 派员单位负担 | 澳大利亚维多利亚州艺术厅、新西兰罗吐鲁阿博物馆 |
| 22 | 汤显祖与莎士比亚体验计划交流团 | 戴　许 | 1 | 英国 | 7月4日—7月14日 | 文化交流 | 派员单位负担 | 英国埃塞克斯郡议会 |
| 23 | 南京市杂技团 | 费广生 | 39 | 西班牙 | 8月1日—9月5日 | 商业巡演 | 邀方负担 | 西班牙ACTIVIDADES CULTURALES UNIDAS S.L公司 |

（续表）

| 序号 | 项目名称 | 团长姓名 | 人数 | 出访地区 | 时间 | 出访主要目的、活动内容 | 经费来源 | 邀请、主办单位 |
|---|---|---|---|---|---|---|---|---|
| 24 | 南京图书馆组团赴IFLA | 钱　明 | 4 | 挪威、瑞典 | 8月5日—8月14日 | 参加第76届IFLA大会 | 派员单位负担 | 国际图联大会前会图书馆为特殊需求者服务专业组常委会、第76届国际图联大会组委会 |
| 25 | 南京市组团赴IFLA | 谢　山 | 3 | 挪威、瑞典 | 8月5日—8月14日 | 参加第76届IFLA大会 | 派员单位负担 | 国际图联大会前会图书馆为特殊需求者服务专业组常委会、第76届国际图联大会组委会 |
| 26 | 淮安市组团赴IFLA | 杨炳辉 | 1 | 挪威、瑞典 | 8月5日—8月14日 | 参加第76届IFLA大会 | 派员单位负担 | 国际图联大会前会图书馆为特殊需求者服务专业组常委会、第76届国际图联大会组委会 |
| 27 | 南通市组团赴IFLA | 张　红 | 1 | 挪威、瑞典 | 8月5日—8月14日 | 参加第76届IFLA大会 | 派员单位负担 | 国际图联大会前会图书馆为特殊需求者服务专业组常委会、第76届国际图联大会组委会 |
| 28 | 南京博物院 | 毛　颖 | 1 | 美国 | 8月23日—9月8日 | 参加“中国元代艺术展”布展工作 | 邀方负担 | 美国大都会艺术博物馆 |
| 29 | 南京博物院 | 杨海涛 | 1 | 韩国 | 9月6日—9月11日 | 学术交流 | 协调解决 | 韩国国立古宫博物馆 |
| 30 | 随文化部代表团赴美交流 | 张晓雁 | 2 | 美国 | 9月15日—9月29日 | 执行开展贸易经验交流项目任务 | 派员单位负担 | 美国纽约倪德伦环球娱乐公司 |
| 31 | 省演艺集团 | 倪同芳 | 25 | 韩国 | 9月23日—9月27日 | 文化交流 | 协调解决 | 韩国忠清南道 |

（续表）

| 序号 | 项目名称 | 团长姓名 | 人数 | 出访地区 | 时间 | 出访主要目的、活动内容 | 经费来源 | 邀请、主办单位 |
|---|---|---|---|---|---|---|---|---|
| 32 | 苏州昆剧院 | 俞玖林 | 1 | 美国 | 9月21日—9月29日 | 参加昆曲座谈会 | 邀方负担 | 国际佛光会休士顿协会 |
| 33 | 苏州昆剧院 | 王　芳 | 8 | 美国 | 9月28日—10月10日 | 参加全州国际SORI艺术节 | 邀方负担 | 全州国际SORI艺术节组委会 |
| 34 | 苏州昆剧院 | 蔡少华 | 42 | 日本 | 10月3日—10月29日 | 演出中日版《牡丹亭》 | 邀方负担 | 北京梦花庭园文化传媒有限公司 |
| 35 | 省演艺集团 | 茅　蕾 | 1 | 奥地利 | 10月3日—12月31日 | 讲学表演 | 协调解决 | 奥地利联邦文化部 |
| 36 | 南通书法国画研究院 | 康　荣 | 4 | 美国 | 10月14日—10月26日 | 举办学术研讨会 | 协调解决 | 美国新泽西州威廉帕特森大学中国艺术中心 |
| 37 | 省演艺集团 | 赵京利 | 25 | 日本 | 10月30日—11月3日 | 专场演出 | 派员单位负担 | 日本新潟县政府 |
| 38 | 南京市杂技团 | 康　荣 | 15 | 委内瑞拉、特立尼达和多巴哥、苏里南及法属圭亚那 | 11月10日—11月16日 | 演出 | 协调解决 | 委内瑞拉文化部舞台及音乐艺术协会 |
| 39 | 省文物局随国家文物局团 | 陈宁欣 | 1 | 意大利 | 11月6日—11月15日 | “秦汉—罗马文明展”文物点交、布展 | 邀方负担 | 意大利文化遗产与活动部 |
| 40 | 南京博物院 | 戴　群、杨海涛 | 2 | 韩国 | 11月18日—11月23日 | 学术交流 | 协调解决 | 韩国国立古宫博物馆 |
| 41 | 南京市杂技团《蹬伞》、《转碟》节目组 | | 10 | 法国 | 11月29日—12月31日 | 商演 | 邀方负担 | 法国COMITE INTER ENTREPRISES DES PETES DE NOEL |
| 42 | 南通市文化广电新闻出版局 | 徐庆满 | 6 | 新加坡 | 12月4日—12月9日 | 接洽第十八届”春城洋溢华夏情”文化旅游艺术展“南通周”相关工作 | 派员单位负担 | 新加坡“春城洋溢华夏情”筹委会 |
| 43 | 省演艺集团 | 杨　阳 | 4 | 日本 | 11月30日—12月5日 | 参加Kazuo Ohno艺术节 | 邀方负担 | 日本横滨BankART1929艺术中心 |

# 2010年对外文化交流项目统计表（来访）

| 序号 | 项目名称 | 团长姓名 | 人数 | 来访地区 | 时间 | 来访主要目的、活动内容 | 经费来源 | 邀请、主办单位 |
|---|---|---|---|---|---|---|---|---|
| 1 | 日本歌手福井舞演唱会 | 福井舞 | 2 | 日本 | 3月5日 | 文化交流 | 协调解决 | 南京市人民对外友好协会 |
| 2 | 马克艾思泰先生油画展 | | | 意大利 | 3月18日—3月22日 | 展览 | | 江苏省国际文化交流中心 |
| 3 | 曹俊画展 | 曹　俊 | 3 | 新西兰 | 3月28日 | 展览 | 协调解决 | 江苏省美术馆 |
| 4 | 复制的力量·2010国际艺术学院设计展 | | | 荷兰 | 5月14日—7月14日 | 展览 | 协调解决 | 徐州艺术馆 |
| 5 | 西班牙瓦伦西亚现代艺术博物馆藏品展 | | | 西班牙 | 6月2日—7月15日 | 展览 | 协调解决 | 常熟美术馆 |
| 6 | 江苏省与日本爱知县结好30周年纪念音乐会代表团 | | 79 | 日本 | 7月29日 | 演出 | 协调解决 | 省外办 |
| 7 | 西班牙艺术大师萨尔瓦多·达利版画及雕塑作品展览 | | | 西班牙 | 12月18日—2011年7月17日 | 展览 | 协调解决 | 苏州美术馆 |
| 8 | 凯绥·珂勒惠支画展 | | | 德国 | 8月13日—8月30日 | 展览 | 协调解决 | 省美术馆 |
| 9 | 美籍华裔画家朱一雄教授书画展 | | | 美国 | 9月8日—9月18日 | 展览 | 协调解决 | 江南大学 |
| 10 | 美国脉搏——美国圣地亚哥艺术博物馆馆藏油画、版画精品展 | | | 美国 | 2010年11月6日—2011年2月9日 | 展览 | 协调解决 | 苏州博物馆 |

(续表)

| 序号 | 项目名称 | 团长姓名 | 人数 | 来访地区 | 时间 | 来访主要目的、活动内容 | 经费来源 | 邀请、主办单位 |
|---|---|---|---|---|---|---|---|---|
| 11 | 西班牙画家油画作品展 | | | 西班牙 | 11月11日—11月13日 | 展览 | 协调解决 | 无锡市江南书画院 |
| 12 | 第五届亚洲美术馆长论坛 | Thida Tun | 21 | 缅甸、孟加拉、印度尼西亚、马来西亚、新加坡、越南、日本、韩国、蒙古、哈萨克斯坦、老挝、柬埔寨、美国、澳大利亚、德国 | 9月25日—9月28日 | 文化交流 | 协调解决 | 江苏省美术馆 |

# 对港澳台文化交流

**概况** 2010年，江苏的对港澳台文化交流工作在过去的基础上有了进一步的提高，往来文化交流团组为52个，总人数为539人。其中赴香港交流项目10个，人数133人，赴澳门交流项目13个，人数33人；赴台湾交流项目25个，人数319人。台湾赴江苏省交流项目4个，人数53人；香港来江苏省1人。交流项目以江苏省优秀传统戏曲昆剧、京剧及地方戏为主，并加入了舞台美术，充分展示了江苏与港澳台文化交流与合作的成果。

**苏州昆剧院参加第38届香港艺术节演出** 2010年3月2日至8日，应第38届香港艺术节的邀请，苏州昆剧院由院长蔡少华率领63人的大型团队赴香港参加香港艺术节的演出。由于在以往的交流项目中受经费、人员等等因素的制约，戏曲艺术赴海外交流时只能由几名主要演员为观众们表演曲目。今年在双方的共同努力下，苏州昆剧院在香港文化中心大剧院演出昆剧经典《玉簪记》、《钗钏记》及《玉茗堂四梦》，派出了以著名表演艺术家王芳领衔，赵文林、吕福海、俞玖林、沈丰英、周雪锋、沈国芳等优秀演员参与的豪华演出团队，让香港的广大民众大饱眼福，戏迷们更是大呼过瘾。本次苏州昆剧院63人团队上演的戏曲节目也成为本次香港艺术节的一大亮点。

《玉簪记》

**苏州科文中心芭蕾舞走进台湾** 2010年5月20日至31日，苏州科文中心芭蕾舞团38人一行应台北爱乐文教基金会邀请，赴台湾演出由他们鼎力打造的原创中式新编芭蕾舞剧《罗密欧与朱丽叶》。该剧用融合中国

传统元素的舞蹈动作与高潮迭起的交响乐演奏，诠释最为脍炙人口的西方经典爱情故事，引起了到场观众的热烈反响，老中青三代观众都为之叫好。演出中，随处可见的中国传统文化元素：扇子、伞、戏剧面具，它们时而是舞蹈的表现道具，时而又成为了舞美的意境点缀，使观众在动情于莎士比亚悲剧的同时，也

品味了中国传统文化的独特风韵。此次科文中心芭蕾舞团的出访演出，为两岸文化交流又增添了佳话，在高雄当地市民中也引起了新一轮关注苏州的热潮。

**情系运河——两岸名家运河写生活动** 为推进海峡两岸艺术家的交流与合作，加强江苏与台湾的文化交流，江苏省文化联谊会邀请6位台湾著名画家于2010年4月20日至4月28日来参加“情系大运河——海峡两岸名家运河写生活动”，并举办情系运河画展。此项目是今年“江苏台湾周”的重点项目之一。6位台湾画家与江苏部分著名画家一起在大运河两岸主要城市扬州、无锡、苏州、常熟四地寻根、采风、创作。本次运河写生活动已经在江苏引起极大的反响，央视书画频道、江苏省电视台等多家媒体对写生全过程进行了跟踪报道。

**“江苏台湾周”文化活动打造苏台文化交流新亮点** “江苏台湾周”于9月16日至22举行，是在两岸签署经济合作框架协议的新形势下，苏台交流合作的一件盛事。江苏省文化厅通过“情系大运河·两岸中国画名家作品展”和“白云忆故里——黄君璧书画展”的精心筹备和成功举办，营造了“江苏台湾周”的文化氛围，为苏台交流合作、和谐发展作出

了贡献。“情系大运河·两岸中国画名家作品展”为4月下旬启动的苏台两地中国画名家“大运河写生创作”活动的成果展，由江苏省文化联谊会和台北市文化艺术促进协会主办，江苏省美术馆承办，江苏省国画院及苏州、无锡、扬州、常熟四地文广新局协办，共展出两岸画家创作的中国画作品108件（其中台湾画家作品26件）。该展览于“江苏台湾周”结束后还在扬州美术馆、常熟美术馆、无锡市博物院和苏州图书馆进行了巡展，计划于明年4月在台北“国父纪念馆”展出。“白云忆故里——黄君璧书画展”由江苏省文化联谊会主办，江苏省美术馆和台湾黄君璧文化艺术协会承办，南京艺术学院和东南大学艺术学院协办，共展出与徐悲鸿、张大千同辈齐名的台湾著名国画大师黄君璧(1898—1991)的书画作品60件。

# 2010年对港澳台文化交流项目统计表（出访）

| 序号 | 项目名称 | 团长姓名 | 人数 | 出访地区 | 时间 | 出访主要目的、活动内容 | 经费来源 | 邀请、主办单位 |
|---|---|---|---|---|---|---|---|---|
| 1 | 省演艺集团 | 朱昌耀 | 1 | 香港 | 1月8日—1月20日 | 文化交流 | 邀方负担 | 香港竹韵小集乐团 |
| 2 | 苏州评弹学校、无锡市江阴评弹团 | 邢晏芝 | 12 | 台湾 | 1月11日—1月18日 | 演出《四大美人》 | 协调解决 | 台湾中信商业银行文教基金会 |
| 3 | 第六批非物质文化遗产展示团 | 王振霞 | 2 | 澳门 | 1月11日—2月8日 | 展演展示 | 邀方负担 | 澳门特别行政区政府文化局 |
| 4 | 常熟书画代表团 | 时映光 | 13 | 台湾 | 1月14日—1月21日 | 举办“虞山画派台北书画交流展” | 协调解决 | 台湾新世纪文化艺术协会 |
| 5 | 第七批非物质文化遗产展示团 | 张方林 | 2 | 澳门 | 2月8日—3月8日 | 展演展示 | 邀方负担 | 澳门特别行政区政府文化局 |
| 6 | 苏州昆剧院 | 蔡少华 | 63 | 香港 | 3月2日—3月8日 | 参加2010年香港艺术节演出 | 协调解决 | 香港艺术节协会 |
| 7 | 第八批非物质文化遗产展示团 | 周存玉 | 2 | 澳门 | 3月8日—4月5日 | 展演展示 | 邀方负担 | 澳门特别行政区政府文化局 |
| 8 | 省演艺集团 | 柯　军 | 3 | 香港 | 3月13日—3月29日 | 参加2010年香港艺术节演出 | 邀方负担 | 香港艺术节协会 |
| 9 | 第九批非物质文化遗产展示团 | 吴元新 | 2 | 澳门 | 4月5日—5月3日 | 展演展示 | 邀方负担 | 澳门特别行政区政府文化局 |
| 10 | 省演艺集团 | 卢小杰 | 1 | 台湾 | 4月11日—6月9日 | 教学指导及文化交流活动 | 邀方负担 | 台湾东南国中 |
| 11 | 苏州当代书画艺术研究院 | 徐圭逊 | 1 | 台湾 | 4月15日—4月19日 | 文化交流 | 派员单位负担 | 台湾财团法人沈春池文教基金会 |
| 12 | 省演艺集团 | 孔爱萍 | 1 | 台湾 | 4月29日—6月28日 | 教学指导及文化交流活动 | 邀方负担 | 台湾兰庭昆剧团 |
| 13 | 南京博物院 | 张小朋 | 1 | 台湾 | 5月17日—5月20日 | 参加“微软亚洲研究院文化遗产数字化研讨会” | 邀方负担 | 台湾微软股份有限公司 |

（续表）

| 序号 | 项目名称 | 团长姓名 | 人数 | 出访地区 | 时间 | 出访主要目的、活动内容 | 经费来源 | 邀请、主办单位 |
|---|---|---|---|---|---|---|---|---|
| 14 | 苏州科技文化艺术中心 | 刘　夏 | 43 | 台湾 | 5月20日—5月31日 | 文化交流演出活动 | 协调解决 | 台湾财团法人台北爱乐文教基金会 |
| 15 | 省演艺集团 | 朱昌耀 | 75 | 台湾 | 5月30日—6月11日 | 文化交流演出活动 | 邀方负担 | 台湾台北市立国乐团 |
| 16 | 第十批非物质文化遗产展示团 | 邵同义 | 2 | 澳门 | 5月31日—6月28日 | 展演展示 | 邀方负担 | 澳门特别行政区政府文化局 |
| 17 | 江苏昆剧展演团 | 沈丰英 | 9 | 香港 | 6月20日—6月25日 | 参加“2010香港中国戏曲节”交流演出 | 邀方负担 | 香港联艺机构有限公司 |
| 18 | 南京艺术团 | 胡恒发 | 44 | 台湾 | 6月24日—6月30日 | 文化交流 | 派员单位负担 | 台湾文化艺术发展促进会 |
| 19 | 第十一批非物质文化遗产展示团 | 汤　征 | 2 | 澳门 | 6月28日—7月26日 | 展演展示 | 邀方负担 | 澳门特别行政区政府文化局 |
| 20 | 太仓市人民政府 | 周文彬 | 10 | 台湾 | 7月8日—7月24日 | 举办“朱屺瞻先生艺术人生与新娄东画派”展览 | 派员单位负担 | 台湾唐龙艺术有限公司 |
| 21 | 第十二批非物质文化遗产展示团 | 沈社国 | 3 | 澳门 | 7月26日—8月23日 | 展演展示 | 邀方负担 | 澳门特别行政区政府文化局 |
| 22 | 苏州昆剧院 | 俞玖林 | 1 | 台湾 | 8月15日—8月31日 | 教学指导及文化交流活动 | 派员单位负担 | 台湾魏海敏京剧艺术文教基金会 |
| 23 | 第十三批非物质文化遗产展示团 | 吴小琦 | 2 | 澳门 | 8月23日—9月20 | 展演展示 | 邀方负担 | 澳门特别行政区政府文化局 |
| 24 | 省演艺集团 | 卢小杰 | 1 | 台湾 | 8月29日—10月27日 | 教学指导及文化交流活动 | 派员单位负担 | 台湾东南国中 |
| 25 | 随中华文化联谊会访问团赴台 | 龚　良 | 1 | 台湾 | 9月5日—9月11日 | 参加“海峡两岸文化高峰论坛” | 邀方负担 | 文化部 |

（续表）

| 序号 | 项目名称 | 团长姓名 | 人数 | 出访地区 | 时间 | 出访主要目的、活动内容 | 经费来源 | 邀请、主办单位 |
|---|---|---|---|---|---|---|---|---|
| 26 | 南京博物院 | 田名利 | 7 | 澳门 | 9月5日—9月11日 | 举办“秣陵烟月——南京博物院藏明末清初金陵画派精品展” | 邀方负担 | 澳门管理委员会 |
| 27 | 苏州市评弹团 | 孙　惕 | 17 | 台湾 | 9月15日—9月26日 | 演出交流 | 邀方负担 | 台北市文化艺术促进协会 |
| 28 | 东台市台属联谊会 | 王湘平 | 3 | 台湾 | 9月19日—10月8日 | 举办书法展览 | 邀方负担 | 台湾宜兰县文艺作家协会 |
| 29 | 第十四批非物质文化遗产展示团 | 徐　跃 | 2 | 澳门 | 9月20—10月18日 | 展演展示 | 邀方负担 | 澳门特别行政区政府文化局 |
| 30 | 省演艺集团 | 周义刚 | 1 | 台湾 | 10月16日—12月14日 | 教学指导及文化交流活动 | 邀方负担 | 台湾弘梅雅集京昆艺术团 |
| 31 | 省演艺集团 | 朱昌耀 | 1 | 香港 | 10月2日—10月6日 | 参加“2010香港·国际江南丝竹展演邀请赛” | 邀方负担 | 香港国际中华文化艺术交流展演协会 |
| 32 | 省演艺集团 | 赵　坚 | 3 | 香港 | 10月4日—10月13日 | 参与《紫禁城游记》艺术交流活动 | 邀方负担 | 香港进念·二十面体 |
| 33 | 省演艺集团 | 石小梅 | 3 | 香港 | 10月4日—10月18日 | 参与《万历十五年》艺术交流活动 | 邀方负担 | 香港进念·二十面体 |
| 34 | 江苏省图书馆学会调研团 | 谷　峰 | 18 | 台湾 | 10月12日—10月19日 | 调研学习 | 派员单位负担 | 台湾地区中华图书咨询馆际合作协会 |
| 35 | 第十五批非物质文化遗产展示团 | 王洪祥 | 2 | 澳门 | 10月18日—11月15日 | 展演展示 | 邀方负担 | 澳门特别行政区政府文化局 |
| 36 | 省文化联谊会 | 汪人元 | 1 | 台湾 | 10月28日—11月9日 | 参加“2010年海峡两岸戏曲音乐学术研讨会”并赴台湾大学讲学 | 邀方负担 | 台湾中华国乐学会 |
| 37 | 省演艺集团 | 孔爱萍 | 1 | 香港 | 11月3日—11月7日 | 演出交流 | 制作方与邀方协调解决 | 香港志莲净苑 |

（续表）

| 序号 | 项目名称 | 团长姓名 | 人数 | 出访地区 | 时间 | 出访主要目的、活动内容 | 经费来源 | 邀请、主办单位 |
|---|---|---|---|---|---|---|---|---|
| 38 | 省演艺集团 | 戴培德 | 6 | 台湾 | 11月10日—12月15日 | 教学指导及文化交流活动 | 邀方负担 | 台湾幽兰乐坊 |
| 39 | 省演艺集团 | 石小梅 | 5 | 香港 | 11月11日—11月21日 | 参与《舞台姐妹》艺术交流活动 | 邀方负担 | 香港进念·二十面体 |
| 40 | 苏州昆剧院 | 蔡少华 | 44 | 香港 | 11月15日—11月22日 | 参加康乐及文化事务署2010新视野艺术节闭幕演出活动 | 邀方负担 | 香港承艺文化传播有限公司 |
| 41 | 第十六批非物质文化遗产展示团 | 姚卫芬 | 2 | 澳门 | 11月15日—12月13日 | 展演展示 | 邀方负担 | 澳门特别行政区政府文化局 |
| 42 | 南京博物院 | 强明中 | 3 | 澳门 | 11月19日—11月25日 | 参加“秣陵烟月——南京博物院藏明末清初金陵画派精品展”撤展 | 邀方负担 | 澳门民政总署管理委员会 |
| 43 | 南京钟山昆曲社 | 徐立梅 | 38 | 台湾 | 11月26日—12月3日 | 参加“两岸中华诗词昆曲南管演唱会” | 邀方负担 | 台湾台北市松山奉天宫南乐团 |
| 44 | 省演艺集团 | 于得海 | 1 | 台湾 | 12月23日—12月31日 | 排练辅导、演出伴奏等文化交流活动 | 邀方负担 | 台湾弘梅雅集京昆艺术团 |
| 45 | 省演艺集团 | 徐季平 | 1 | 台湾 | 12月25日—2月25日 | 文化交流活动 | 邀方负担 | 台湾醉霜国剧团 |
| 46 | 扬州市京剧团 | 王呈祥 | 2 | 台湾 | 12月23日—12月31日 | 排练辅导、演出伴奏等文化交流活动 | 邀方负担 | 台湾弘梅雅集京昆艺术团 |
| 47 | 江苏省甲骨文学会 | 赵绪成 | 9 | 台湾 | 12月5日—12月12日 | “联合国甲骨文书画展”作品赴台展出活动 | 派员单位负担 | 台湾中华甲骨文学会 |
| 48 | 连云港市淮海戏协会 | 张乃霞 | 18 | 台湾 | 12月20日—12月25日 | 演出淮海戏《红楼梦》 | 协调解决 | 台北市文化教育交流发展协会 |

# 2010年对港澳台文化交流项目统计表（来访）

| 序号 | 项目名称 | 团长姓名 | 人数 | 来访地区 | 时间 | 来访主要目的、活动内容 | 经费来源 | 邀请、主办单位 |
|---|---|---|---|---|---|---|---|---|
| 1 | 两岸名家运河写生活动 | 江明贤 | 7 | 台湾 | 4月20日—4月28日 | 参加“情系大运河——两岸名家运河写生”活动 | 邀方负担 | 江苏省文化联谊会 |
| | | 江明贤 | 3 | | 9月16日—9月22日 | 参加“情系大运河——两岸名家运河写生”江苏省美术馆展览 | | |
| | | 吴士伟 | 2 | | 9月29日—10月6日 | 参加“情系大运河——两岸名家运河写生”扬州美术馆展览 | | |
| | | 黄才松 | 2 | | 10月9日—10月16日 | 参加“情系大运河——两岸名家运河写生”常熟美术馆展览 | | |
| | | 陈朝宝 | 2 | | 10月9日—10月16日 | 参加“情系大运河——两岸名家运河写生”无锡市博物院展览 | | |
| | | 陈朝宝 | 4 | | 10月9日—11月6日 | 参加“情系大运河——两岸名家运河写生”苏州图书馆展览 | | |
| 2 | 台湾《双城恋曲》剧组 | 杜　黑 | 32 | 台湾 | 9月15日—9月22日 | 文化交流 | 协调解决 | 江苏省演艺集团 |
| 3 | 台湾画家林智信作品展 | | | 台湾 | 9月16日—9月22日 | 展览 | 协调解决 | 南京市建邺区文化局、南京河西中央商务区管委会办公室、金陵图书馆、艾莉亚企业有限公司（台湾） |
| 4 | 第五届亚洲美术馆长论坛 | 谢佩霓 | 2 | 台湾、香港 | 9月25日—9月28日 | 文化交流 | 协调解决 | 江苏省美术馆 |

（俞骁窈）

# 科教与产业

# 文化科技与艺术教育

**文化科技概况** 2010年认真组织国家社科基金艺术学项目以及文化部设立的各类创新奖项目的申报工作，取得较好成绩。省级文化科研项目与评审工作顺利开展。积极配合文化部文化科技司开展“文化与科技融合”专题调研。积极组织参加首届中国演艺科技高峰论坛。

**国家社科基金艺术学项目** 根据《文化部办公厅关于印发<国家社会科学基金艺术学项目2010年度课题指南>暨开展2010年度国家社会科学基金艺术学项目申报工作的通知》，积极组织江苏省内文化系统和省内高校进行申报。共有39家单位申报项目161项，涉及文化产业、公共文化服务、艺术生产、文化市场、文化人才培养、文化遗产保护等研究领域。申报数量超过2009年。经全国艺术科学规划领导小组评审，2010年国家社科基金艺术学项目立项113个，江苏入选11个，仅次于北京，列全国第二，创历史最好水平。其中南京大学俞为民教授申报的《中国古代戏曲理论史通论》被列为国家重点课题，在江苏尚属首次。另有7个项目入选文化部艺术科研项目。18个项目共获得文化部本年度专项拨款120万余元。

认真做好日常课题管理工作，对在研项目进行年度检查并上报年检报告。做好各类课题的结项审批，保证课题正常结项。同时认真梳理历史逾期未结项课题，积极推进历史遗留课题的逐步结题。积极协助《国家社会科学基金艺术学项目成果简介汇编》的编辑工作，收集、补充1992年以来的17个项目、34套成果资料。

**国家文化创新工程项目** 国家文化创新工程项目是2009年文化部首次设立的项目，要求在创新性、科学性、实践性、有效性、示范性等方面具有突出表现和推广价值。2010年文化部公布第二批国家文化创新工程项目10个入选项目，省演艺集团的《“苏演院线”连锁经营》成功入选。加上2009年度首批国家文化创新工程入选的《苏州市昆曲遗产保护、继承、弘扬工程》和《区域文化联动项目》，在两批入选共17个项目中，江苏独占3项，位居首位。

**文化部科技创新项目** 2010年，文化部将“文化市场文化产业”作为文化部科技创新项目的重点申报方向之一。经评审，江苏推荐的江苏万工科技集团有限公司《喷气织锦文化》获得立项。

**江苏省文化科研项目** 2010年度江苏省文化科研课题于3月11日开始申报，6月9日完成立项评审工作。在深入调研、听取多方意见的基础上，重新修订2010年度江苏省文化科研项目申报指南，将研究项目申报分为文化产业类、文化科技类、公共文化服务类三大类，并拟定10多个与现实文化工作密切相关的课题研究方向。全省文化系统和高校、研究单位踊跃参与，共59个单位申报项目226项，涉及文化产业发展、文化市场管理、公共文化服务、艺术精品生产、文化人才培养、文化遗产保护等研究领域。申报数量同比增加18.9%。经评审，立项32个，并根据《江苏省文化科研课题管理办法》，给予重点课题

1.2 万元、一般课题 8000 元的经费资助。

同时,不断加强对省级科研课题的管理,做好 2007、2008、2009 年度共 23 项省级课题的结项工作,确保课题研究工作顺利开展。

**"文化与科技融合"调研** 为推进文化与科技的深度融合,11 月 10 日—13 日,文化部科技司王丰副司长率专家调研组在江苏就

文化部"文化与科技融合"江苏调研座谈会

"文化与科技融合发展战略研究"与"工艺创意及工艺科技创新"进行专项调研。调研组紧紧围绕"文化与科技融合发展"的主题,先后召开专家座谈会 1 次,实地走访文化产业基地(园区)及文化企业 7 家,调研对象包括文化科技主管部门、基地(园区)、公益性文化事业单位、演出团体、相关科研机构、高等院校和文化企业等,进行广泛深入的调研。省文化厅科教与产业处既具体负责这次调研的组织协调工作,也作为调研组的一员积极参与。从调研方案的制订、调研对象的选定、调研项目的落实等进行认真的策划和落实,调研组领导、专家给予充分肯定。

**积极组织参加首届中国演艺科技高峰论坛** 文化部文化科技司 10 月下旬在深圳召开首届中国演艺科技高峰论坛暨"演艺文化的科技支撑与本体开拓"经验交流会。江苏的演艺业在全国具有一定的代表性和示范性,在文化体制改革中走在全国的前列。同时,对科技与演艺的融合、科技在演艺中的应用有着更迫切的需要。为此,省文化厅科教与产业处与厅大型活动处协商推荐江苏的代表人选,并与主办单位文化部科技司文化科技处沟通,申请增加代表名额,江苏是本届论坛所有省市中代表人数最多的。代表们十分珍惜这次宝贵机会,认真听讲,并与主讲嘉宾、其他会议代表等进行广泛的经验交流,取得较好的学习效果。

**艺术教育概况** 2010 年,紧扣招生和教学环节,深入细致做好艺术教育工作。通过首批自主录取及补录、中考后录取工作,圆满完成 2010 年全省艺术学校招生工作。全省艺术学校开展课堂教学评比活动,推动全省艺术学校教学规范活动的开展,取得显著效果。与省教育厅联合开展全省职业学校专业教师课程改革及技能竞赛专题培训,全省职业学校中的音乐表演、美术(艺术)设计、舞蹈表演专业负责人或骨干教师的专业技能获得提高。加强本省和跨省考级承办单位管理工作,维护广大考生的利益。

**全省艺术职业学校规范教学评比活动**

为加快全省艺术职业教育改革与发展的步伐,有效地促进规范教学,提高教育质量,为艺术人才培养奠定良好的基础,省文化厅在 2010 年第四季度举办全省艺术职业学校规范教学评比活动。评比对象为全省各艺术职业学校在职教师。评比内容包括:1. 查阅教案;2. 说课;3. 课堂教学观摩。比赛采用学校推荐和评委组抽查相结合的方法,根据学校教师人数比例确定实际参赛人数。通过进课堂开展教学评比活动,彻底解决全省艺术职业学校教师不备课、不写教案、不知说课为何物的状况,帮助校领导班子明确教学在办学思想中的中心地位,同时也帮助学校诊断教学过程中出现的问题,确立教学质量是学校生存发展的根本理念。《中国文化报》对此作专题报道《江苏艺术学校质量建设实打实》,产生了良好的反响。

**2010 年江苏省职业学校文化艺术类专业**

**教师课程改革及技能竞赛专题培训班** 由省文化厅、省教育厅统一领导，省教科院、省职业教育文化艺术类教科研中心组、江苏省戏剧学校和南京艺术学院高职院承办的“2010年江苏省职业学校文化艺术类专业教师课程改革及技能竞赛专题培训班”，2010年7月15日至29日在省戏校和南艺高职院分两段进行，来自全省职业教育课程改革实验学校、专业实验点、省级示范专业及文化艺术类职业学校共50所学校的音乐、美术、舞蹈专业负责人、骨干教师和省职业教育文化艺术类教科研中心组成员共76名学员参加此次培训。培训以专家讲座、教师辅导、学员交流研讨与操作实践相结合，围绕音乐、美术、舞蹈三个专业，先后按照实施性教学计划研制、项目课程课例开发设计、课堂教学展评三个模块进行培训。聘请多位职教专家作专题讲座，有17位学员进行教学计划和课例的大会交流，有11位学员进行说课或课堂教学录像的展示交流；全体学员多次进行大组或小组研讨，并完成实施性教学计划的修改、专业课课例的编写和学习心得或论文撰写的作业练习。此次培训，紧密联系全省文化艺术类职业学校教学实际，以任务导向、研究式、工作式培训为主要方式，以提高学员素质、解决实际问题、促进学校工作为根本目的，取得较好效果。

**全省艺术学校招生** 圆满完成2010年全省艺术学校招生工作。2010年全省艺术学校招生计划数为2408名，其中高职558名。首批自主录取1701人，后通过补录及中考后录取，全面完成招生计划。

**艺术考级管理** 2010年为近300个本省和跨省艺术考级承办单位办理备案手续。联合省物价局检查各地考级收费情况，对无锡、淮安进行重点抽查，对违规收费现象及时指出并责令整改，维护广大考生的利益。

**三星级职业艺术学校评估** 指导并协助连云港和淮安艺校参加省评估院组织的三星级职业艺术学校评估，按照评估组的要求，做好有关评估材料、教学现场等准备工作，得到评估组专家的认可。

**普通话培训与测试** 2008年省文化厅在免费开放图书馆、博物馆等公共文化设施的同时，在全国率先对图书馆、博物馆从业人员普通话等级及持证上岗作出规定。省文化厅与省语委联合发文，决定用两年时间对全省博物馆、图书馆等具有公共服务职能的窗口单位开展普通话培训与测试工作。为此，专门成立工作组，面向十三个市文化部门，通过积极宣传发动，合理组织实施。在各市文化部门的大力支持下，稳步推进培训与测试各项工作。至2010年10月，基本完成全省文化系统图书馆、博物馆从业人员普通话培训测试。

# 文化产业

**概况** 2010年，省文化厅紧紧围绕“文化产业增长速度高于国民经济增长速度，高于服务业增长速度，成为国民经济的支柱产业”目标，把加快发展文化产业作为调整江苏产业结构、培育新的经济增长点的重要抓手，多渠道、多方位地促进文化产业发展。

**积极推进省政府加快文化产业振兴若干政策的出台** 受省政府办公厅委托，起草加快江苏文化产业振兴若干政策，收集整理国内外、省内外文化产业的政策及文件，结合江苏文化产业发展现状，并通过座谈会、发函征求意见等方式，广泛征求文化企业代表、文化产业专家、各级文化产业管理部门、政策涉及到的相关厅局意见，前后修改10多稿，形成众多部门比较一致的政策意见，提交省政府办公厅并经省政府常务会议审议后以省政府名义下发全省。同时积极参与现代服务业、广告业发展政策的制订。

**顺利完成2010年度文化产业引导资金项目申报及评审工作** 省文化产业引导资金管理协调小组联合办公室制定下发《关于发布〈2010年度江苏省文化产业引导资金项目申报指南〉及组织项目申报工作的通知》，并通过《新华日报》、中国江苏、江苏文化网、江苏省广播电视局和江苏省新闻出版局网站同步发布。2010年度文化产业引导资金优先支持一批市场前景好、成长性强、对全省文化产业具有重大示范效应和拉动作用的重大项目。本年度全省共申报项目589个，与去年基本持平(其中，通过文化、广电、出版系统申报的项目分别为268个、182个、139个)，项目总投资额近500亿元，比去年增长33%。截止6月中旬，经过联合办认真细致的形式审查，最后确定进入专家评审的项目共539个。经专家评审、实地考察、领导小组审定等环节，确定本年度共有151个项目获得资助，资助总额超过2亿元。

文化产业引导资金签约

在此基础上，根据省财政厅要求，在抓好引导资金资助项目跟踪管理的同时，抓好资助项目绩效评估工作。对2009年度119个项目开展绩效评估和跟踪管理，掌握各类项目的引导资金使用情况、项目进展情况、项目建成后的带动作用等，系统地了解引导资金对地方经济特别是对文化产业的引领、带动作用，总结引导资金使用管理的经验、存在问题及对策建议等，以更好地发挥引导资金的效用。

**评选命名第三批省级文化产业示范基地** 根据《江苏省文化产业示范基地评选命名管理办法》，2009年12月，省文化厅正式下发通知开始第三批省级文化产业示范基地申报工作。2010年2月上旬，共收到30家申报单位的申请材料。经实地考察和专家评审，确定南京云锦研究基地等9家单位为第三批江苏省文化产业示范基地，批准南京中医药大学中医药文化产业园筹建省级文化产业示范基地。目前，经过几年的发展，全省已有国家级文化产业示范基地10家，省级文化产业示范基地27家。

**争取财政部文化产业发展专项资金支持** 年初，财政部出台《文化产业发展专项资金管理暂行办法》，设立20亿元文化产业发展专项资金，并明确专项资金的支持范围与方式、申报流程等。同时，财政部、文化部分别下发通知，推进专项资金申报工作。江苏积极组织开展申报工作，共申报项目30个，涉及国家级文化产业示范基地建设、动漫公共技术服务平台打造、动漫与网络游戏产品开发与运营等。经评审，省演艺集团、苏州欧瑞动漫有限公司等19个单位获得3425万元资助。获资助单位数量全国第一。

**不断加强动漫企业认定管理等工作** 做好动漫企业认定工作，使全省更多优秀动漫

企业获得税收减免，推动企业做强做大，培育出一批骨干动漫企业，继续保持江苏动漫产业在全国的领先地位。组织五件动漫作品、四家动漫企业申报文化部重点动漫作品和重点动漫企业，江苏有三件动漫作品被认定为国家重点动漫作品。组织申报文化部“原创动漫扶持计划”，共有无锡哈皮动画等四家企业获得文化部原创动漫作品、创作者团队扶持奖励。组织江苏动漫企业参加2010年度全国首批动漫企业认定审核，南京合谷科技、无锡哈皮动画、常州新时途等32家动漫企业的申请材料通过省级认定机构审核，并上报文化部，其中29家获得认定，申报企业数、获认定企业数均列全国第一。另有2家获得国家重点动漫企业认定。对2006年以来全省动漫游戏产品出口和动漫游戏企业在海外（含港澳台地区）投资等情况进行全面调研，推荐江苏慈文紫光、苏州蜗牛等十九家“走出去”业绩突出的动漫游戏企业上报文化部享受优惠政策扶持。按照文化部要求，组织开展全省动漫游戏产业调查统计工作，全省共有近200家动漫游戏企业注册填报，已进入文化部动漫游戏产业资源数据库。组织江苏卡龙等8家动漫企业参加由文化部主办的国家原创动漫（企业上市）高级研修班，使有上市意向的江苏动漫企业了解上市的整体流程、上市过程中可能遇到的问题等，积极做好上市的准备工作。承办由国家人力资源社会保障部和文化部联合主办的全国动漫人才高级研修班，来自全国各地的50余名学员参观常州国家动漫产业基地，考察基地内的动漫公共技术服务平台和卡龙、渔夫等动漫企业，同时参观常州科教城、恐龙园等。常州动漫园区型集聚发展模式给学员们留下了深刻印象。

**积极做好文化企业融资服务工作** 3月19日，中国人民银行会同中宣部、财政部、文化部等九部委联合发布了《关于金融支持文化产业振兴和发展繁荣的指导意见》后，文化厅积极加强与文化部和金融支持文化产业跨部门工作小组联系，与工商银行江苏省分行、

中国银行江苏省分行、北京银行等进行沟通，争取使更多的文化企业获得支持。同时，定期做好对投融资公共服务平台系统的管理工作，使更多需要融资的文化企业享受到快捷周到的服务，目前苏州香山工坊等项目已经得到金融机构的融资帮助，常州淹城得到财政部的贷款贴息补助。举办江苏文化产业企业上市业务培训班，全省各省辖市文广新局有关负责同志以及52家文化企业负责人等100多人参加培训。文化部产业司、中国银行总行、上海文化产权交易所、深圳证券交易所等单位的8位资深专家到会授课并与学员现场交流答疑解惑，取得较好的培训效果。通过培训，有的文化企业已与中信建投等中介部门进行对接，并确立合作关系，加快江苏文化企业上市步伐。

（曹　蕾）

# 计财、人事

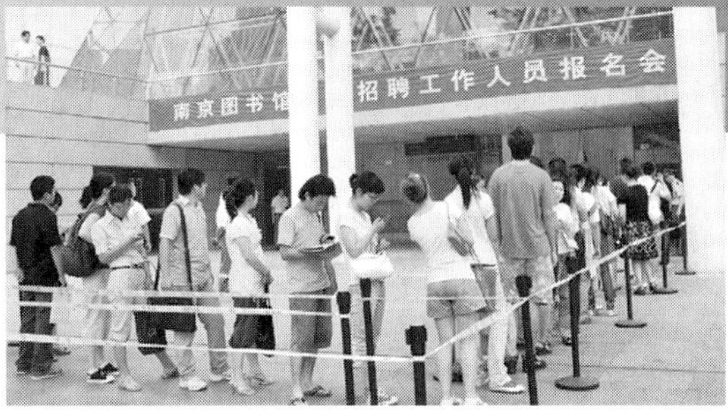

# 规划财务与审计

**概况** 2010年,财务工作在保安全、保重点的情况下各项工作井然有序，和各相关部门、单位保持多方面紧密联系沟通，提供及时、准确、全面、优质的服务。

**固定资产管理** 近年来,文化厅系统固定资产的种类和数量都较以前有了很大增长，对固定资产管理的要求也随之提高。厅计财处主要采取以下几项措施，保障固定资产管理工作的落实。(1)建章建制,规范管理。根据《江苏省行政事业单位国有资产管理办法》和对固定资产管理的有关规定，先后制订了符合我厅实际，便于操作的固定资产管理暂行规定,完善了管理机制。明确固定资产管理与会计核算的基本要求，纠正思想认识偏差。(2)全面梳理,摸清“家底”。要求厅机关各单位明确相对固定的资产管理人员，并对资产管理人员进行业务培训，使其对本单位固定资产的管理机制及重要性有一定了解认识，通过对固定资产清理,明晰产权,完善制度,规范手续。(3)固定资产实行分级管理相互配合的原则。财务部门建立资产总账,记录固定资产购置、使用、报废、处置等情况;资产管理部门在管理软件上建立分类明细和固定资产登记卡,资产购置申请、资产处置申请、建立使用部门资产登记卡,标明财产编号、数量和金额,固定资产出入库等相关手续。(4)各司其职,各负其责。资产管理部门,计会、监察部门同时参与对固定资产的管理,互相督促。财务部门在搞好固定资产账务管理的基础上协助资产管理部门搞好固定资产实物的管理。(5)运用系统,改进管理。目前文化厅采用的是省财政厅研制的国有资产管理系统，该系统具有原则性强、功能齐全、操作简捷、通用性强、安全性强、标准化强、技术先进等优点。新系统的运用,能够简单、明了、直观的了解所管理的固定资产,可随时、随机的了解单位的每一项固定资产的去向和现状，解决了手工管理的复杂、无序、盲目等问题。

**收费票据管理** 财政票据管理是厅财务管理工作的重要组成部分，是落实国库集中支付改革的重要一步,为加强这一管理,财务处根据《财政部关于印发 <财政国库管理制度试点会计核算暂行办法 >的通知》(财库[2001]54号)规定及《财政部关于行政事业单位资金往来结算票据使用管理有关问题》的补充通知和《江苏省文化厅财政票据管理暂行办法》,要求各单位设立票证专管员,负责各类票证的领入、领用、回收、上缴、保管等工作。票据管理人员调离岗位时,必须认真办理移交手续,移交不清,不得离职。

随着我省文化经济发展软环境和公益事业多元化形式的变格,对南博、南图、省美术馆三大馆实行了免费开放，保留部分成本性收费项目。目前,行政事业性收费有两个方面的特点:一是收费项目呈减少趋势,主要是省财政对公益事业的加大投入。二是免费开放,坚持了文化惠民政策,做到多服务、少收费甚至是不收费的原则，主动放弃了一些原有的收费项目。

**银行账户管理** 相对于其他工作来说，财务工作的延续性、安全性强；制度化、规范化、标准化、程序化、审批程序严格。在人民银行检查期间，南京银行、建设银行、浦东发展银行等，特别是华夏银行的机关干部和退休干部的工资发放困难重重。为理顺关系，更正名称，财务通过努力协调、多方沟通，补办各种证明、审批、材料和相关手续，对所有的开户行重新更换了《江苏省文化厅财务专用章》，到2010年10月份开户银行名称和印章相符一致，各项工作得以正常的顺利开展。

**强化预算、决算** 部门预算是规范财政支出、强化预算约束的重要措施，是建立公共财政框架的基础，是加强科学管理、依法理财的基础，也是从源头上制止腐败的有力措施。部门预算编制工作，财会人员是主要力量，对涉及事项的动态性和连续性能尊重部门单位意见，客观、全面地了解部门分管业务和发展计划及资金需求状况，相对全面、科学、准确和完整的编制年度预算，不盲目提高增长基数，使项目预算基本准确。在厅机关和厅直单位财务人员的共同努力下，圆满完成2011年度预算编制工作，同时积极向财政争取，2011年度预算经费同比增长13%，有力地保障文化厅系统各项工作的顺利开展。

决算是年度预算收支执行情况的具体反映和编制下年度预算的基础工作。财务人员能认真核对本年的财政拨款收支情况、预算外收支情况、人员装备情况及指标文件，做到每项工作不漏细节，准确无误。根据相关数据和指标，做到收支平衡，略有结余。编制基本数据框架，细分支出数据，落实到各个子目录中，再将确定的数据录入到部门决算报表，经过数据调整审核最终生成电子决算数据。及时、准确、全面地做好预算执行情况分析，进一步了解收入、支出、平衡情况，找出收支执行情况的规律，为领导进行科学决策提供参考依据。坚持工作质量第一，工作效率为重的原则，消除疑点，排除疑问，及时与相关部门进行沟通和交流，圆满完成年度决算工作。

**内部审计监督与数据统计工作** 规范财务管理，提高资金使用效益，维护财经纪律。坚持依法理财、科学理财、民主理财，加强预算执行管理，强化预算监督。管好、用好财政性资金，提高财政资金科学化、精细化管理水平，严格按照批复的预算科目和数额执行。切实维护部门预算的严肃性，不突破预算，不随意调整，更不挪作它用，把专项支出作为日常管理工作的重点，掌握分析预算执行进度。对财政拨款的重点专项资金，实行全面跟踪监督，提高了资金使用效益。认真落实财政收支“两条线”管理，将预算外资金收入纳入预算管理，做到应收尽收、及时入库，避免预算执行脱节和收不入账等“小金库”的情况发生。

财务处组织厅系统内部审计人员，对部分厅直单位预算执行情况进行了审计，确保了财政资金能够为开展各项文化活动提供更有力地保障服务，并有针对性的进行了业务锻炼，相互交流、相互学习，全程审校、局部提高，效果显著。同时，积极配合纪检监察部门对个别专项进行了审计。

通过全省文化统计人员的共同努力，按时完成了全省文化文物定报、快报、服务业、文化产业、社会发展评估、科学发展评价考核、文化系统指标和美术馆一次性调研等各项任务，及时为相关部门提供所需资料，高标准、高质量地完成了本年度各项统计任务。由于工作出色，文化部、国家文物局在南京召开2010年度全国文化文物统计现场会议。如期出版了《江苏省文化统计年鉴》。《2009年江苏文化发展概况分析简述》、《针对统计执法与依法行政现状分析》分别被登载在文化部统计网站、《全国文化统计分析汇编》、《文化统计信息》和长三角地区《统计科学与实践》等期刊。

**业务培训** 一年一度的财务人员培训，使会计人员明确财务目标，它不仅统领财务应用理论，而且还是联系财务基础理论和应用理论的纽带。正确处理财务关系，提高资金使用效益，是财务管理达到其目标的前提，有了明确的职能才能更好地实现目标、更新财务管理理念。培训要求会计人员不仅要有精湛的专业技术和业务技能，还要有良好的职业道德和职业荣誉。大力倡导“诚信为本，操守为重，坚持准则，不做假账”。培训为建立起一支思想政治素质好、业务能力强的会计队伍起到积极推动作用。

（杨维启）

# 人事管理

**概况** 根据厅党组的工作部署,组织开展“大学习、大培训、大提高”活动。组织召开了“三大”活动的动员大会。制定了《江苏省文化厅“大学习、大培训、大提高”活动实施方案》,成立了省文化厅“三大”活动领导小组和活动办公室,编印下发了《学习手册》及相关学习书籍。分别组织厅系统青年干部培训班、两期课件制作培训班,着力提高中青年干部课件制作水平。组织指导全体学员撰写论文、评点修改并登台汇报演讲。组织开展南京图书馆高端讲座,在厅“三大”活动办公室的安排下,2010年南京图书馆共组织了5次高端讲座。

**干部队伍管理** 进一步加强厅直单位干部队伍建设,先后从高校调任2名、内部提任1名副厅级干部到厅直单位担任正职领导;从省美术馆内部推荐产生馆长1名;从厅机关民主推荐选任1名同志担任省文化馆党总支书记,从厅系统民主推荐产生1名副馆长;从戏校内部中层推荐产生副校长1名;聘用厅直单位中层干部13名。提高厅机关处室力量,17名同志提拔到了处级领导岗位,14名科级干部得到提任,5名军队转业干部完成了初任定级。积极开展干部交流工作,10名科级干部、9名处级干部进行了换岗交流。推荐1名科级干部参加省委组织部“科技镇长”活动,赴基层实践一年。省戏剧学校、省文化馆、省文化艺术研究院、剧目工作室等四个厅直单位遴选出4名后备人选,并完成组织考察工作。协助做好省委组织部开展公推公选工作,有力确保了整个公推公选工作的圆满顺利完成。

**干部队伍培训** 根据省委组织部等四部门的通知要求,组织厅机关、省文物局、市场办的80人参加“5+x”学习以及网上学习,安排2名厅领导、4名处级干部参加省委党校培训,组织了18名同志参加了省级机关工委和人事厅组织的“五五”普法学习;推荐1名处级干部参加了省委组织部组织的赴美高级人才研修班。结合全省文化体制改革任务,举办了全省文艺院团改革培训班;结合动漫产业发展,协同国家相关部委举办了全国动漫管理人才高级研修班。江苏省文化厅连续两年被文化部评为全国文化人才培训先进单位。

**文化体制改革** 2010年5月份,组织开展了全省文艺院团改革培训班。全省13个地市的文化体制改革领导小组领导和市县文艺院团长代表,共60多人参加了培训。文化部和省委宣传部文化体制改革领导办公室领导及有关专家对全体学员集中授课培训,对文化体制改革有关经济政策、转企改制工作规程、文艺院团改革的政策进行解读,对改革的实际操作进行培训,达到了“提高认识,掌握政策,推进改革”的效果。

组织开展全省文化体制改革督查,协同厅改革办建立每月定期上报改革动态工作制度，对全省42家市级文艺院团进行了跟踪检查制度。同时为推动工作，2010年6月初，组织了厅文化体制改革小组对全省文化体制改革工作检查。全省42家市级文艺院团，已基本完成了转企改制工作。事业单位内部机制改革有序进行，基本完成了省国画院、南京图书馆、南京博物院等13个厅直单位的岗位设置方案审核工作。

**职称和人才工作** 扎实做好文化系列职称评审工作。创新职称评审面试方式，进一步增加了破学历、破资历等“双破”人员面试的改革，社会反响强烈。本年度共收到申报高级资格材料621份，经过学科组专家审核、鉴定，以及高评委会专家的严格评审，有446人获得高级资格，通过率为71.8%。审核报送非主管专业高级职称申报评审材料10份。认真抓好中、初级职称的评审工作。今年共召开7个专业的中、初级评审委员会，评审和转评127 人。

按照事业单位公开招聘的程序，厅直5个单位面向社会公开招聘录用22名同志；通过人才引进，江苏省国画院、南京博物院、南京图书馆引入博士及博士后3人；指导江苏省美术馆面向社会招聘30名编外人员。为贯彻落实“人才兴文”战略，2010年，国家文化部推荐了“文化行业高技能人才”10名；向省委宣传部、省委组织部等有关部门推荐。申报国务院特殊津贴人员1名，突出贡献专家2名；增补“333文化人才培养工程”人员1名，推荐“全省杰出专家”1名；向省人力资源和社会保障厅等单位推荐“六大人才高峰”4名。

**综合管理工作** 做好厅系统增编工作。积极向省编办申请安置2009年度军队转业干部编制。2010年，厅机关行政编制增加3名，省文物局参照公务员编制增加2名。

做好社会组织管理工作。与省民政厅社会组织管理局合署联审的方式，对28个厅业务主管社会组织进行了年检。召开了厅管社团和民办非企业单位管理工作会议，总结了2009年的社团管理工作。批复成立江苏省中华文化促进会。

积极做好厅机关及直属事业单位公务员年报、干部年报、工资年报、劳动工资定报；建立文化厅系统工资业务综合管理信息数据库；做好厅机关和参照单位30人工资滚动升级，32人津补贴调整，确定5名转业干部的工资；办理35人的退休手续；办理25批次53人次的出国政审手续，办理12人次因私出国政审手续；整理归档160多份干部档案材料。统计上报了1990年以来江苏省文化系统省、市级劳模名单。

# 2010年全省晋升艺术、图书、群文、文博专业高级专业技术资格名单

## 省　直:(35人)

高　峰　江苏省戏剧学校　一级演员
葛忠泽　江苏省戏剧学校　一级演员
张兆辉　江苏省戏剧学校　一级演员
崔　健　江苏省国画院　一级美术师
桑建国　江苏省国画院　一级美术师
张济銮　江苏省戏剧学校　一级化妆师
黄　红　南京图书馆　研究馆员
詹秋红　南京图书馆　研究馆员
田名利　南京博物院　研究馆员
徐　飞　南京博物院　研究馆员
郝明华　南京博物院　研究馆员
徐年发　江苏省戏剧学校　二级演员
孙娟娟　江苏省戏剧学校　二级演员
王坚如　江苏省美术馆　二级美术师
金中伦　江苏省戏剧学校　主任舞台技师
赵振凤　江苏省戏剧学校　主任舞台技师
李洪义　江苏省文化艺术研究院　主任舞台技师
谢中霞　江苏省美术馆　二级美术师
余　戈　江苏省戏剧学校　二级美术师
翟立群　江苏省戏剧学校　二级美术师
顾光明　江苏省戏剧学校　二级美术师
李　浩　南京图书馆　副研究馆员
陈　立　南京图书馆　副研究馆员
阮晓岚　南京图书馆　副研究馆员
张　晖　南京图书馆　副研究馆员
武心群　南京图书馆　副研究馆员
高建强　南京图书馆　副研究馆员
韩　祥　南京博物院　副研究馆员
张　祎　江苏省文化馆　副研究馆员
夏海滨　江苏省文化馆　副研究馆员
周润垦　南京博物院　副研究馆员
周健林　南京博物院　副研究馆员
黄海涛　南京博物院　副研究馆员
庞　鸥　南京博物院　副研究馆员
袁　荣　南京博物院　副研究馆员

## 江苏省演艺集团:(32人)

何忠琴　江苏省演艺集团歌剧舞剧院　一级演员
顾　俊　江苏省演艺集团昆剧院　一级演员
卢海兵　江苏省演艺集团锡剧团　一级演员
孟芙蓉　江苏省演艺集团锡剧团　一级演员
汪小艳　江苏省演艺集团扬剧团　一级演员
姜永春　江苏省演艺集团评弹团　一级演员
张其萍　江苏省演艺集团歌剧舞剧院　一级演员
韩俊鸣　江苏省演艺集团老干部服务中心　一级演员
孙胜华　江苏省演艺集团老干部服务中心　一级演奏员
张　波　江苏省演艺集团　一级导演
顾　芳　江苏省演艺集团尚美学院　一级编导

倪斌彬　江苏省演艺集团歌剧舞剧院　二级演员
陆丽倩　江苏省演艺集团歌剧舞剧院　二级演员
姜孝萌　江苏省演艺集团歌剧舞剧院　二级演员
庄嘉敏　江苏省演艺集团话剧院　二级演员
秦小天　江苏省演艺集团扬剧团　二级演员
徐春华　江苏省演艺集团扬剧团　二级演员
杨　勇　江苏省演艺集团扬剧团　二级演员
江　汁　江苏省演艺集团京剧院　二级演员
陈士刚　江苏省演艺集团京剧院　二级演员
孙　立　江苏省演艺集团评弹团　二级演员
朱源源　江苏省演艺集团歌剧舞剧院　二级演奏员
王　琛　江苏省演艺集团民族乐团　二级演奏员
崔　俊　江苏省演艺集团民族乐团　二级演奏员
朱宏伟　江苏省演艺集团民族乐团　二级演奏员
张天林　江苏省演艺集团扬剧团　二级演奏员
赵建国　江苏省演艺集团京剧院　二级演奏员
周笑春　江苏省演艺集团交响乐团　二级演奏员
庄培成　江苏省演艺集团昆剧院　主任舞台技师
陈　强　江苏省演艺集团昆剧院　主任舞台技师
袁俊平　江苏省演艺集团话剧院　二级导演
宋延宁　江苏省演艺集团尚美学院　二级美术师

## 江苏省教育厅:(65人)

方丛蕙　南京理工大学　研究馆员
彭奇志　江南大学　研究馆员
魏鲁霞　南京中医药大学　研究馆员
陈守鹏　南京中医药大学　研究馆员
彭　涌　江苏科技大学　研究馆员
颜　惠　江苏科技大学　研究馆员
陈德芳　南通大学　研究馆员
钱　军　南京邮电大学　研究馆员
潘松华　盐城工学院　研究馆员
仲超生　淮阴工学院　研究馆员
曹志梅　徐州师范大学　研究馆员
邵建萍　南京特教职业技术学院　研究馆员
吴建国　南京医科大学　研究馆员
黄建年　南京财经大学　研究馆员
沈　忱　盐城工学院　二级作曲
张　群　江南大学　副研究馆员
何　静　江南大学　副研究馆员
王美琴　苏州大学　副研究馆员
付丽琴　苏州大学　副研究馆员
黄　玲　苏州大学　副研究馆员
杨祖逵　扬州大学　副研究馆员
方　勇　扬州大学　副研究馆员
刘　洪　南京中医药大学　副研究馆员
严令耕　南京中医药大学　副研究馆员
陈燕珠　南京工业大学　副研究馆员
李　霞　南京工业大学　副研究馆员
冯　君　南京工业大学　副研究馆员
柳　翔　江苏大学　副研究馆员
胡唐明　南京财经大学　副研究馆员
陈海珠　南京财经大学　副研究馆员
袁建娟　南京信息工程大学　副研究馆员
田桂兰　南通大学　副研究馆员
阚德涛　南京邮电大学　副研究馆员
曹海峰　南京邮电大学　副研究馆员
樊百华　南京邮电大学　副研究馆员
姜　巍　常州大学　副研究馆员
张忠民　苏州科技学院　副研究馆员
罗绍伟　苏州科技学院　副研究馆员
王晓芳　淮海工学院　副研究馆员
徐红玉　淮海工学院　副研究馆员

张　鼐　淮海工学院　副研究馆员
燕姣云　淮海工学院　副研究馆员
李　明　盐城工学院　副研究馆员
张良图　淮阴工学院　副研究馆员
司军梅　淮阴工学院　副研究馆员
郭　雷　徐州医学院　副研究馆员
乔红丽　徐州医学院　副研究馆员
卢小平　徐州师范大学　副研究馆员
蒲莜哥　徐州师范大学　副研究馆员
毛沁红　江苏技术师范学院　副研究馆员
周佳丽　江苏技术师范学院　副研究馆员
张新民　盐城师范学院　副研究馆员
程凤刚　盐城师范学院　副研究馆员
潘荣生　淮阴师范学院　副研究馆员
肖爱斌　常熟理工学院　副研究馆员
朱原谅　常熟理工学院　副研究馆员
吴建平　常熟理工学院　副研究馆员
顾　剑　南京森林公安专科学校　副研究馆员
马丽娜　南京工业职业技术学院　副研究馆员
曹望昭　江苏经贸职业技术学院　副研究馆员
黄康美　江苏信息职业技术学院　副研究馆员
陈维喜　江苏海事职业技术学院　副研究馆员
陈爱华　盐城纺织职业技术学院　副研究馆员
朱晓菁　江苏教育学院　副研究馆员
王素琴　常州机电职业技术学院　副研究馆员

## 南京市(52人)

姚苏云　南京市歌舞团　一级演员
陈常生　南京市杂技团　一级演员
毛炳民　南京市民族乐团　一级演奏员
梁建平　南京市歌舞团　一级编导
朱小松　南京市文化广电新闻出版局　一级编剧
彭　坚　南京市艺术小学　一级艺术监督
毕鸣仁　金陵科技学院　一级美术师
沈　洪　南京市玄武区少年儿童图书馆　研究馆员
吴小宝　中共代表团梅园新村纪念馆　研究馆员
杨新华　南京市文物研究所　研究馆员
刘　洋　南京市歌舞团　二级演员
雷　晓　南京市歌舞团　二级演员
池文杰　南京市歌舞团　二级演员
洪　建　南京市杂技团　二级演员
陈富康　南京市杂技团　二级演员
孟文豪　南京市歌舞团　二级作曲
赵长贵　南京飞音吉他音乐专修学校　二级演奏员
朱　平　南京市文学艺术界联合会　二级美术师
刘海峰　南京市歌舞团　二级舞美设计师
张晓茜　南京市京剧团　主任舞台技师
盖永喜　南京市京剧团　主任舞台技师
张云峰　南京市越剧团　主任舞台技师
严　华　南京市工人文化宫　主任舞台技师
刘亚辉　南京市广播电视集团　二级导演
方　原　南京书画院　二级美术师
朱新建　南京书画院　二级美术师
纪小虎　南京市文学艺术界联合会　二级美术师
胡勤奋　南京市玄武区图书馆　副研究馆员
潘　洁　金陵图书馆　副研究馆员
张永胜　南京市白下区图书馆　副研究馆员
陈　欣　南京市六合区第二图书馆　副研究馆员
俞桂芳　南京市溧水县图书馆　副研究馆员
周晓丹　南京市溧水县图书馆　副研究馆员
邵　萍　南京市广播电视大学图书馆　副研究馆员

朱宝林 金陵科技学院图书馆 副研究馆员
王凤梅 金陵科技学院图书馆 副研究馆员
张　庆 金陵科技学院图书馆 副研究馆员
宋　燕 南京市博物馆 副研究馆员
黄　玲 南京市太平天国历史博物馆 副研究馆员
刘媛之 中共代表团梅园新村纪念馆 副研究馆员
魏云兰 中共代表团梅园新村纪念馆 副研究馆员
杨国庆 南京市明城垣史博物馆 副研究馆员
郑孝清 南京市民俗博物馆 副研究馆员
马　麟 南京市民俗博物馆 副研究馆员
张玉英 南京市云锦研究所有限公司 副研究馆员
汪桔生 南京市博物馆 副研究馆员
夏爱军 中山陵园管理局 副研究馆员
秦建华 南京市白下区文化馆 副研究馆员
蒋江南 南京市鼓楼区文化馆 副研究馆员
章　治 南京晓庄学院 副研究馆员
朱　萍 南京晓庄学院 副研究馆员
杜存迁 南京晓庄学院 副研究馆员

## 镇江市:(9 人)

庄道静 镇江画院 一级美术师
刘乃茜 镇江市艺术剧院 二级演员
金　炜 镇江市图书馆 副研究馆员
张　剑 镇江博物馆 副研究馆员
霍　强 镇江博物馆 副研究馆员
朱美俊 丹阳市文化馆 副研究馆员
智连喜 丹阳市文化馆 副研究馆员
夏淑芳 镇江市高等专科学校 副研究馆员
陈　萍 镇江市高等专科学校 副研究馆员

## 扬州市:(23 人)

包　伟 扬州市曲艺团 一级演员
赵紫君 扬州市扬剧团 一级演员
王瑞如 扬州市扬剧团 一级演员
张世新 扬州市扬剧团 一级演奏员
王　冰 扬州市扬剧团 一级演奏员
王克诚 江都市文化旅游局剧目工作室 一级编剧
李　路 扬州市扬剧团 二级演员
薛永生 扬州市木偶剧团 二级演员
金美美 仪征市扬剧团 二级演员
侯春梅 仪征市扬剧团 二级演员
苏建林 扬州市木偶剧团 主任舞台技师
刘扬山 扬州市国画院 二级美术师
钱　昕 扬州市建筑设计研究院有限公司 副研究馆员
黄青青 江苏油田科技处局图书馆 副研究馆员
刘晓平 扬州市技术监督情报研究所 副研究馆员
刘长凤 扬州生活科技学校图书馆 副研究馆员
李　强 扬州职业大学 副研究馆员
王　红 扬州市图书馆 副研究馆员
纪开平 宝应县图书馆 副研究馆员
李江华 扬州史可法纪念馆 副研究馆员
董学芳 扬州唐城遗址博物馆 副研究馆员
陆登标 扬州市文化馆 副研究馆员
何　梅 仪征市文化馆 副研究馆员

## 苏州市:(44 人)

王如丹 江苏省苏州昆剧院 一级演员
季静娟 张家港市艺术团 一级演员
王　勤 苏州评弹学校 一级演员
叶　音 苏州市滑稽剧团 一级灯光设计师
徐春宏 苏州市滑稽剧团 一级艺术监督
周沛然 苏州评弹学校 一级艺术监督
俞建良 昆山市昆仑堂美术馆 一级美术师
张迎春 苏州国画院 一级美术师
范逸清 苏州图书馆 研究馆员

张　欣　苏州博物馆　研究馆员
龚　平　苏州市民族民间文化保护管理办公室　研究馆员
朱雪燕　苏州市滑稽剧团　二级演员
金　凡　苏州市歌舞剧院有限公司　二级演员
屈斌斌　江苏省苏州昆剧院　二级演员
朱璎媛　江苏省苏州昆剧院　二级演员
金建农　苏州市锡剧团有限公司　二级演员
魏家根　苏州市评弹团　二级演员
杨衣云　苏州市评弹团　二级演员
陈锦燕　苏州市评弹团　二级演员
莫桂英　苏州市吴中区评弹团　二级演员
陆建兵　常熟市文化馆　二级演员
陈伟春　常熟市评弹团　二级演员
金慧新　常熟市评弹团　二级演员
金冬梅　常熟市锡剧团　二级演员
韩桂芬　常熟市锡剧团　二级演员
唐惜寸　苏州市滑稽剧团　主任舞台技师
周　云　苏州市歌舞剧院有限公司　二级编导
周　晓　苏州戏曲博物馆　二级艺术监督
沈　宁　苏州国画院　二级美术师
陈凤珍　昆山市昆仑堂美术馆　二级美术师
冷建国　苏州美术馆　二级美术师
赵　炎　太仓市博物馆　二级美术师
李双阳　吴江市书画院　二级美术师
蔡　玮　江苏省苏州实验中学　副研究馆员
邱冠华　苏州图书馆　副研究馆员
汪建满　苏州图书馆　副研究馆员
曾丽霞　苏州市职业大学　副研究馆员
应曾　苏州市吴中区图书馆　副研究馆员
孙敏霞　张家港市图书馆　副研究馆员
徐梦华　张家港市图书馆　副研究馆员
赵宗强　张家港博物馆　副研究馆员
梁苏华　苏州市沧浪区文化馆　副研究馆员
朱　琳　苏州市民族民间文化保护管理办公室　副研究馆员
周民森　苏州市吴中区甪直文体教育服务中心　副研究馆员

## 无锡市:(14人)

孙　冰　无锡文化艺术学校　一级演员
刘宝山　无锡市文化遗产保护和考古研究所　研究馆员
杨丽芳　宜兴市锡剧团　二级演员
吴观领　无锡文化艺术学校　二级演奏员
钱莉娜　无锡文化艺术学校　二级艺术监督
孙家乐　无锡市歌舞剧院　二级艺术监督
许志勤　无锡市人民医院　副研究馆员
许祥生　无锡市第四人民医院　副研究馆员
刁文伟　江阴市博物馆　副研究馆员
邬红梅　江阴市博物馆　副研究馆员
盛诗澜　无锡博物院　副研究馆员
马旭明　无锡博物院　副研究馆员
周惟芝　无锡博物院　副研究馆员
王　立　江阴市文化馆　副研究馆员

## 常州市:(12人)

王胜标　常州市青年锡剧团　一级演员
祝玉峰　常州市歌舞团　一级编导
陈吉安　常州市文化馆　研究馆员
黄　彪　常州市青年锡剧团　二级演员
蒋文邦　常州市青年锡剧团　二级演奏员
庄晓勃　常州市歌舞团　主任舞台技师
吴炜栋　金坛市书画院　二级美术师
卢　燕　常州市第一人民医院　副研究馆员
高云霞　常州市图书馆　副研究馆员
朱　军　常州市图书馆　副研究馆员
丁　耘　常州市文化馆　副研究馆员
蒋全海　常州市工人文化宫　副研究馆员

## 徐州市:(44人)

姬君玲　江苏省梆子剧团　一级演员
王　静　江苏省梆子剧团　一级演员

藏玉玲　江苏省柳琴剧团　一级演员
王丽娥　徐州文化艺术学校　一级演员
王思丹　江苏省柳琴剧团　一级作曲
杨秀勇　徐州文化艺术学校　一级演奏员
张君实　江苏省梆子剧团　一级舞美设计师
韩　梅　江苏省梆子剧团　一级艺术监督
武爱苹　江苏省柳琴剧团　一级艺术监督
仇高驰　徐州工程学院　一级美术师
孙茂祥　徐州书画院　一级美术师
刘玉芝　徐州市文管办　研究馆员
刘　鹏　江苏省梆子剧团　二级演员
潘　芳　江苏省梆子剧团　二级演员
吴　燕　江苏省梆子剧团　二级演员
张秀云　江苏省梆子剧团　二级演员
苏秀云　江苏省柳琴剧团　二级演员
卢　燕　江苏省柳琴剧团　二级演员
靳　颖　江苏省柳琴剧团　二级演员
张　雯　徐州市歌舞团　二级演员
叶志军　新沂市柳琴剧团　二级演员
徐友利　新沂市柳琴剧团　二级演员
赵先龙　丰县小凤凰梆子剧团　二级演员
卓婉君　睢宁县柳琴剧团　二级演员
杨　洁　徐州市歌舞团　二级演员
范胜安　徐州市歌舞团　二级演员
梁永安　江苏省梆子剧团　二级演奏员
卞家森　江苏省柳琴剧团　二级演奏员
李大军　徐州市歌舞团　二级演奏员
冯维筝　徐州市歌舞团　二级演奏员
方金良　丰县小凤凰梆子剧团　二级演奏员
仝　浩　睢宁县柳琴剧团　二级演奏员
侯徐生　江苏省梆子剧团　主任舞台技师
曹凤敏　江苏省梆子剧团　主任舞台技师
张童节　江苏省柳琴剧团　主任舞台技师
王梦彤　徐州书画院　二级美术师
王　真　徐州工程学院　副研究馆员
赵建军　徐州经贸高等职业学校　副研究馆员
王　伟　铜山图书馆　副研究馆员
张传龄　铜山县文化市场管理站　副研究馆员
葛明宇　徐州汉兵马俑博物馆　副研究馆员
边　策　徐州博物馆　副研究馆员
马晓辉　徐州博物馆　副研究馆员
阮　芳　徐州文化馆　副研究馆员

## 淮安市:(28人)

徐建军　江苏省淮海剧团　一级演员
徐云鹏　江苏省长荣京剧院　一级演奏员
马佩云　江苏省淮海剧团　一级演奏员
申旭光　淮安市淮阴区文化局剧目工作室　一级作曲
曹亚芳　江苏省淮海剧团　一级导演
郑泽云　淮安市文化广电新闻出版局　一级艺术监督
尹增淮　淮安市博物馆　研究馆员
吕春艳　淮安市歌舞二团　二级演员
孟庆梅　盱眙县黄梅戏剧团　二级演员
董媛媛　盱眙县黄梅戏剧团　二级演员
龚明如　盱眙县黄梅戏剧团　二级演员
季红梅　涟水县淮剧团　二级演员
呼来且　淮安市淮剧团　二级演员
汤亚军　江苏省淮海剧团　二级演奏员
任　彬　江苏省淮海剧团　二级演奏员
马履双　江苏省长荣京剧院　二级演奏员
顾永刚　淮安市淮剧团　二级演奏员
张荣建　江苏省淮海剧团　主任舞台技师
张维胜　江苏省淮海剧团　主任舞台技师
李　敏　盱眙县黄梅戏剧团　主任舞台技师
吴永开　淮安市文学艺术院　主任舞台技师
栾　剑　淮安书画院　二级美术师
韩苏闽　淮安市第二人民医院　副研究馆员
陈锦惠　淮安市楚州博物馆　副研究馆员
王学军　金湖县文化馆　副研究馆员
华　炜　淮安市楚州区建工局　副研究馆员
侯品秀　淮安市楚州区文化馆　副研究馆员
王怀玉　涟水县文化馆　副研究馆员

## 盐城市:(22人)

朱红芳 江苏省淮剧团 一级演员
陈 芳 江苏省淮剧团 一级演员
王 雷 盐城市淮剧团 一级演员
王苏军 盐城市文化馆 一级作曲
盛美开 江苏省淮剧团 一级艺术监督
蔡 娟 江苏省淮剧团 二级演员
王玉干 盐城市杂技团 二级演员
戚月华 大丰市锡剧团 二级演员
马彦风 盐城市淮剧团 二级演奏员
周寒夜 盐城市文化局剧目工作室 二级编剧
倪根荣 江苏省淮剧团 主任舞台技师
严以伟 盐城市京剧团 主任舞台技师
张正勇 射阳县杂技团 二级艺术监督
王宝新 盐都网络信息有限公司 二级艺术监督
王炳东 盐城市书画院 二级美术师
祁月芹 盐城中学图书馆 副研究馆员
苏宇波 盐城市图书馆 副研究馆员
刘小萍 盐城市图书馆 副研究馆员
陈宗彪 盐城市新四军纪念馆 副研究馆员
许月芳 东台市文化馆 副研究馆员
陈乐美 大丰市文化馆 副研究馆员
王益众 东台市文化馆 副研究馆员

## 连云港市:(15人)

孙曙霞 连云港市歌舞剧院 一级演员
杨再金 东海县文化馆 一级编剧
石阿芳 连云港市歌舞剧院 二级演员
赵斯斌 连云港市淮海剧团 二级演奏员
张海连 连云港市话剧团 主任舞台技师
范 炜 连云港市文化馆 主任舞台技师
房伟奇 连云港电视台 二级导演
杨 涛 连云港市少儿图书馆 副研究馆员
蒋炜宏 连云港市图书馆 副研究馆员
杜友文 连云港师范高等专科学校 副研究馆员
吴 波 连云港职业技术学院 副研究馆员
王建军 灌南县图书馆 副研究馆员
贾庆华 连云港市博物馆 副研究馆员
任晓晶 连云港市文化馆 副研究馆员
王世林 连云港市连云区文化馆 副研究馆员

## 南通市:(18人)

许 君 南通市通州区文化馆 一级演员
李晓华 南通艺术剧院 一级演员
张贺林 通州歌舞团 一级演员
宋卫香 海门市山歌剧团 一级演员
邱国明 南通市文化广电新闻出版局 一级美术师
张 红 南通市图书馆 研究馆员
顾建华 海安县图书馆 研究馆员
顾学军 南通市通州区文化馆 研究馆员
吴田玉 海安县文化馆 研究馆员
张铁军 南通艺术剧院 二级演员
耿 艳 南通艺术剧院 二级演员
李 俊 南通农业职业技术学院 副研究馆员
周 昶 南通市图书馆 副研究馆员
丁一红 南通职业大学 副研究馆员
徐瑞娟 海安县文化馆 副研究馆员
王奇寅 海安县文化馆 副研究馆员
丁 壮 南通市崇川区文化馆 副研究馆员
俞 哲 南通市文化馆 副研究馆员

## 泰州市:(11人)

韦锡锋 泰州市淮剧团 一级演员
王静文 泰兴市歌剧团 二级演员
刘泽旺 兴化淮剧团 二级演员
瞿九干 兴化淮剧团 二级演员
冷稼祥 靖江市图书馆 副研究馆员
陈茂国 泰州师范高等专科学校

副研究馆员
叶爽美　泰州师范高等专科学校　副研究馆员
赵新龙　泰州市职业技术学院　副研究馆员
朱九香　泰州市田家炳实验中学　副研究馆员
徐　林　兴化市图书馆　副研究馆员
张　萍　泰州市海陵区文化馆　副研究馆员

## 宿迁市:(2人)

王　梅　宿迁市宿豫区广文局剧目室　二级演员
李庚善　宿迁市宿城区博物馆　副研究馆员

## 省广电集团:(8人)

江兆健　江苏省广播电视总台影视中心　一级剪辑师
肖俊珍　南京电影制片厂　一级录音师
钱爱东　江苏省广播电视总台卫视频道　一级导演
汤　嫣　江苏广播电视总台　一级导演
石　岭　江苏广播电视总台　一级导演
晨　波　南京电影制片厂　二级演员
柳　嘉　江苏省广播电视总台卫视频道　二级导演
周锡宁　江苏广播电视总台　二级艺术监督

## 新华日报总编办:(1人)

熊晓绚　新华日报总编办　副研究馆员

## 江苏省文学艺术界联合会:(2人)

王卫军　江苏省文学艺术界联合会　一级美术师
徐宝亚　江苏省文学艺术界联合会　副研究馆员

## 江苏省卫生厅:(3人)

徐建平　江苏省疾病预防控制中心　一级美术师
张红萍　江苏健康职业学院　研究馆员
江　凡　江苏省疾病预防控制中心　副研究馆员

## 中共江苏省委党校:(1人)

仲　明　中共江苏省委党校　研究馆员

## 江苏省电影发行放映公司:(1人)

李守英　江苏省电影发行放映公司　一级演员

## 南京军区政治部文工团:(1人)

艾红梅　南京军区政治部文工团　二级演员

## 江苏省计划生育宣传教育所:(1人)

李　敏　江苏省计划生育宣传教育所　二级摄影师

## 中化江苏有限公司:(1人)

余黎明　中化江苏有限公司　一级摄影师

## 江苏省青溪雅集文化发展公司:(1人)

李路平　江苏省青溪雅集文化发展公司　二级美术师

（胡俊波）

# 党政群团

# 党团工会

**省文化厅直属机关党委工作情况** 2010年,厅系统党建工作大力推进学习型党组织建设,把服务发展、服务基层、服务群众和队伍建设贯穿基层党组织活动始终,以改革创新精神不断加强厅系统党的思想、组织、作风、制度和反腐倡廉建设,着力提高党建工作科学化水平,努力推进机关党建工作"两个走在前",为文化强省建设提供了坚强的思想和组织保证。

**推进学习型机关党组织建设** 积极推进学习型机关党组织建设,在组织厅系统广大党员干部深入学习中国特色社会主义理论体系的同时,认真总结学习实践科学发展观活动的成功经验,使学习实践活动不断推向深入。积极组织厅系统各级党组织和广大党员开展"弘扬社会主义核心价值体系"主题学习讨论和箴言征集评选活动,厅系统干部职工先后撰写党员箴言375条,经过筛选,上报157条,最终被省级机关工委选用17条,收录到《理想与信念——江苏省市机关共产党员箴言录》一书中。根据省级机关工委安排,先后3次组织厅系统党员干部参加专题学习报告会,并安排机关党委负责同志参加了省级机关党务干部集中轮训。为贯彻落实全国全省宣传部长会议和全国省区市党委宣传部调研工作会议精神,组织开展了"提高宣传思想文化工作科学化水平"征文活动。

积极配合厅里开展的"大学习、大培训、大提高"活动,组织举办了厅系统第二期中青年干部培训班,努力营造爱岗敬业、争创一流的良好氛围。机关党委从2010年下半年起,以开展"文化日"活动为载体,通过定期、不定期举办形式多样的文化活动,从组织、时间、人员上给予学习保障。"文化日"活动做到年度有计划、月度有安排、周周有活动。

省文化厅第二期中青年干部培训班在盱眙县文化参观

组织厅机关102人参加了省级机关公务员公共知识和应用技能竞赛并获得三等奖;组织机关干部认真参加了第二届"万人学法"知识竞赛活动。

**加强基层组织建设** 认真做好抓基层、打基础工作,不断增强厅系统党组织的生机活力。明确要求厅系统各单位要建立健全党组织工作情况通报、党费管理与使用情况通报、组织活动情况反映、重大问题征求意见、党务信息发布及有关事项公示等制度,切实保障党员主体地位和民主权利,不断拓宽党员意见表达渠道,努力在广开言路中集中智慧、在民主讨论中凝聚共识。积极健全基层党组织建设:及时抓好支部改选工作,认真制定发展计划,组织厅系统15名同志参加省级机关工委组织的4期入党积极分子培训班;认真执行和改进"三会一课"制度,建立学习教育的长效管理机制,进一步健全党员领导干部双重组织生活会制度;依据《中国共产党基本信息管理系统》技术平台，整合党建信息资源，推进厅系统党的组织工作信息化建设。

**推进机关作风建设和文明创建活动** 在认真总结两年来文明处(科)室创建经验的基础上，今年重点把服务发展、服务基层、服务群众作为推进厅系统作风建设的出发点和立足点，积极协助厅党组落实省委、省政府关于加强机关作风建设的一系列部署。在广泛征求意见的基础上，认真修订了实施意见，明确指出抓好文明创建活动要做到“四个结合”，即：与学习十七届四中、五中全会精神和科学发展观相结合，与党风廉政建设和创先争优活动相结合，与发展先进文化和文化强省建设相结合，与厅党组中心工作和单位工作实际相结合。对部分党员干部精神状态、工作效能、服务质量、社会交往、生活作风等方面的不良现象，做到敢抓敢管，及时提醒、批评、制止，反对和克服好人主义，力争文化厅在年底第三次群众评议中排名前移。积极做好省级文明单位创建工作，及时召开了省级文明单位领导座谈会，要求各单位努力做好创建工作，切实提高公共文化服务能力和服务水平。经过省文明委对省文化厅系统5家申报单位进行的检查考核，省国画院和省戏校被评为“江苏省文明单位”，省文化馆、省美术馆和南京博物院被评为“江苏省精神文明建设先进单位”。

**省文化厅党组理论学习中心组** 充分发挥厅党组中心组学习的示范带动作用，认真落实中央和省委关于加强和改进中心组学习的各项要求。机关党委认真履行中心组学习秘书的职责，协助做好计划安排、活动组织、学习记录、情况报送等工作，为厅党组中心组学习提供服务和保障。按照省级机关工委要求，继续围绕深入学习贯彻党的十七届四中、五中全会和省委十一届八次、九次全会精神以及重大形势任务开展了一系列学习教育活动，组织了“以改革创新精神加快推进经济发展方式转变”专题学习调研活动，立足我省发展的新阶段、新形势，紧密结合业务工作，深刻理解文化建设在加快转变经济发展方式中的作用与地位，为进一步推进文化强省建设提供了精神支撑和智力支持。

**开展“创先争优”活动** 在党的基层组织和党员中深入开展创建先进基层党组织、争当优秀共产党员活动，是巩固和拓展全党深

南京图书馆党委深入开展“创先争优”活动，组织全体党员赴小岗村参观学习，举行了“重温入党誓言”宣誓活动

入学习实践科学发展观活动成果的重要举措。省文化厅党组根据中央、省委、省级机关工委和文化部的一系列要求，从2010年8月起，在全系统组织开展了“创先争优”活动。成立了厅“创先争优”活动领导小组及其办公室，办公室设在机关党委，印发了《关于在党的基层组织和党员中开展创先争优活动的通知》，制定了具体工作进度表，努力做到活动有计划、有步骤、有方法、有要求。截至12月底，各直属单位、省文物局和厅机关各处室先后研究制定了具体工作计划；其中，南京图书馆、省戏剧学校、省国画院、省艺研院、省文化馆和厅机关财务处、科产处、社文处、市场处研究确定了党组织及党员的具体服务承诺，并通过各种形式向社会公布。南京图书馆、省戏剧学校、省文化馆、省文物局和厅机关社文处、市场处还结合各自业务特点，通过设立党

员义务奉献日、创建文明示范岗和省级青年文明号、开展文化民生巡演及“一对一”帮扶教育活动等形式，努力扩大创先争优活动的影响，积极发挥基层党组织的战斗堡垒和共产党员的先锋模范作用，为文化强省建设做出了积极贡献。

**做好扶贫工作** 2010年度扶贫工作任务下达后,机关党委认真开展协调工作。先后多次赴沭阳县进行现场调研，并落实了专项扶贫资金。本着为基层排忧解难的原则,主动牵线搭桥，将原文化食府一批仍然可以正常使用的旧电视机、南京博物院的依维柯汽车,以及省国画院的一批桌椅、书橱、沙发等,捐赠给沭阳县的扶贫联系点，受到当地文化部门和群众的欢迎。

**文化理论创新工程** 根据厅党组要求，继续推进文化理论创新工程,2010年着重围绕“文化民生建设”主题,研究新情况、探讨新问题、提出新思路。制定下发了《2010年江苏文化理论创新工程实施方案》，先后收到厅机关、厅直各单位和全省13个市文广新局上报的文化理论创新工程征文123篇,经文化理论创新工程论文评审委员会评审,共评选出一等奖5篇、二等奖9篇、三等奖12篇,入围论文29篇,优秀组织奖6个,为江苏文化理论建设又积累了一批新理念、新经验和新成就。

## 2010年文化理论创新工程论文获奖名单

**一等奖:5篇**

程亚平、徐爱武:《文化惠民“镇江模式”思考》

仲玉龙:《正确的导向是保障文化民生的金钥匙》

姚呈明:《文化民生的理论与实践探析》

郑泽云、欧维柱:《站团结合:繁荣特色文化的创新实践》

许新建:《试论文化惠民工程“内核”升级之路径》

**二等奖:9篇**

张　杰:《创新农村文化活动，保护农民文化权益》

汤钰林:《发挥苏州文化资源优势，建设历史文化与现代文明相融的文化旅游城市》

宿迁市龙王庙行宫文物管理所课题组:《宿迁运河文化资源的协调利用和可持续开发》

于　川:《“它山之石,可以攻玉”:从日本社区图书馆看以人为本的创新服务》

唐健军:《文化产业的“阿凡达”》

曹　蕾:《破解资金瓶颈,发展文化产业,为文化民生提供良好的物质载体和发展空间》

蒋　山:《试论社会主义文化民生的科学内涵与基本理论》

许建业、陆忠海:《论文化共享工程与基层公共文化服务之发展》

季　征:《文化民生与民生文化》

**三等奖:12篇**

杨延慧、周瑾等:《搜寻历史印记,汇聚泰州之光》

杨文良、李忠影:《张家港市村(社区)公共文化服务体系建设工程研究报告》

黄　欣:《直挂云帆济沧海》

乐成长:《文化惠民工程长效机制的探索》

杨炳辉、左培远:《农家书屋的可持续发展构想》

仲春梅:《论加强农村文化建设是文化惠民的重点》

颜金娥:《资源与潜力：连云港市节庆文

化与城市文化的互动》

李明华:《倾斜的舞台》

谷　峰:《试论文化民生与城乡公共文化服务一体化》

叶　军:《开展“三送工程”也要问需于民》

李　川:《试论文化产业的文化民生责任》

戴震宇:《浅谈文化景观的保护与利用》

**优秀组织奖:6个**

淮安市文化广电新闻出版局、镇江市文化广电新闻出版局、南通市文化广电新闻出版局、南京图书馆、省文化厅科教与产业处、省文化厅社会文化处

**加强统战和群团工作**　在认真学习贯彻中央和省委有关文件精神的基础上，按照党建带工建、带团建、带妇建的要求，进一步加强对厅系统统战和群团工作的领导，积极支持工、青、妇等群众组织发挥各自特点和优势，开展了一系列符合本单位干部职工需求的各项活动。

厅直属工会联合会积极发挥机关工会工作为党的中心工作服务，为党的各项工作提供决策依据，密切党和人民群众的联系，更好地维护广大干部职工合法权益的职能作用。先后组织厅系统部分职工参加了省人事厅、省红十字会举办的现场救护知识与技能培训，选派南京图书馆、省戏剧学校等单位参加了省直工会举办的全民健身活动大众体育比赛，并获得了踢毽子团体第四和象棋团体第七的好成绩。厅机关工会组织全体工作人员每天集体做第八套广播体操；南京图书馆工会组织全馆人员进行了登山比赛；省戏剧学校组织全校师生举办了运动会和歌咏比赛。

厅机关工作人员在做广播体操

2010年6月至8月间，厅系统各级工会还组织干部职工到上海参观了世博会。

积极开展合格“职工之家”建设，南京图书馆的“职工之家”通过了省直工会的检查验收。各单位工会还紧紧围绕“全面达小康、建设新江苏”目标，结合本单位实际工作，积极组织开展了各种形式的劳动竞赛活动：南京博物院发动干部职工在二期工程建设中积极开展劳动竞赛；省美术馆结合新馆建设和全面开放组织开展了劳动技能竞赛；南京图书馆结合全面免费开放，组织开展了各种类型的争先创优活动；省文化馆结合非物质文化遗产工作和承担重大节庆活动，通过劳动竞赛来不断提高服务质量和干部职工的综合素质；省戏剧学校通过各种形式的劳动竞赛，不但在各类比赛中获得优异成绩，而且还极大地促进了全校教职工的工作积极性。

在支援青海玉树地震灾区和甘肃舟曲泥石流灾区的捐助活动中，厅系统广大干部职工发扬“一方有难，八方支援”的精神，积极为灾区送温暖、献爱心，帮助灾区群众度过难关。厅系统共向青海灾区捐款15.815万元，其中单位捐款10万元，个人捐款5.815万元；厅机关干部职工向甘肃灾区捐款2.51万元。

（陆忠海）

# 纪检监察

**概况** 2010年，文化厅认真贯彻落实上级党委、纪委关于党风廉政建设和反腐败工作的总体部署，以构建惩治和预防腐败体系为重点，以《2010年省文化厅党风廉政建设重点工作责任分解意见》为抓手，认真落实《建立健全惩治和预防腐败体系2008—2012年工作规划》，党风廉政建设和反腐败工作取得新的明显成效。

**切实加强反腐倡廉教育** 以学习贯彻《廉政准则》为重点，强化党员干部廉洁自律意识。厅党组多次召开学习中心组会议，学习《廉政准则》及中央和省委关于贯彻廉政准则的各项要求，学习中央新修订的《关于实行党风廉政责任制的规定》及省委出台的"5+1"廉政制度建设重要文件，领导以身作则，以学促行。认真开展"学习廉政准则，争做勤廉表率"主题教育活动，在厅系统处级以上党员领导干部中开展学习廉政准则征文活动，《文化周讯》开辟"清风论坛"专栏，交流学习体会。厅领导带头撰写学习体会文章，部门和直属单位领导干部踊跃参加，厅系统党员干部结合学习和工作实际撰写理论文章40多篇，大兴廉政之风，大树廉政之气，营造浓厚的廉政氛围；分别组织厅机关和厅系统党员干部集中收看中纪委、省纪委录制的警示教育片、观看电影《第一书记》等，做到示范教育和警示教育、经常性教育和集中教育有机结合，增强反腐倡廉教育的针对性和实效性，使大家从正反典型教育中得到启示和警醒。

**扎实推进制度建设** 落实省纪委"惩防体系基本框架形成年"的工作部署，进一步加强内控机制和权力阳光建设，形成了制度规范权力，机制制约权力的良好局面。根据省委、省纪委关于推进部门内控机制建设的要求，结合省文化系统特点，厅党组制定下发了《关于加强内部控制机制建设的规定》，对全厅系统内部权力运行提出明确要求。认真排查廉政风险点，梳理相关涉权事项，初步建立了职称评审、行政处罚、行政审批等数个内控制度，完成了流程图与流程控制，为全面构建文化厅行政管理内部控制制度打下了基础；大力推进权力阳光工程建设。制定《权力阳光实施方案》，所有涉权事项网上运行。目前在网上运行的行政权力共38项，其中行政许可7项，行政处罚31项，进一步促进了行政权力规范运行，公开透明，高效廉洁。

**大力推进廉政文化建设** 组织全省文艺工作者创作以勤政廉政为主题戏剧小品33个，已经有25个搬上舞台，这些作品丰富了舞台艺术的内容。充分发挥南京图书馆、南京博物院、省美术馆、省文化馆廉政教育示范基地和窗口单位作用，开展形式多样的廉政文化活动。通过廉政图片展览、"廉政文化"专题讲座等活动，扩大廉政文化活动的受众面和参与度。积极组织开展"文化民生"基层巡演，利用公共文化服务体系建设和农村文化阵地建设等契机，在农村、社区开展廉政文化宣传，让群众在艺术熏陶中得到教育和启迪，增强廉政文化的教育力和感染力。去年10月，协助省纪委、省监察厅举办了全省反腐倡廉美术作品展，在江苏省美术馆新馆展出一周，全面展示江苏廉政文化、廉政思想、廉政历史，接待观众近2万人次。

**强化机关和行业作风建设** 教育党员干部保持高尚情操和良好作风，强化服务意识。对少数干部在服务基层、社会交往、休闲娱乐、廉政勤政等方面存在的问题及时提醒，严肃教育；倡导厉行节约、艰苦朴素的作风。认真开展清理公费出国（境）工作，2010年厅机关因公出国（境）分别比上年减少7批次、6人次，出国（境）费用及有关行政费用支出较去年有所下降。着力加强重点领域的行风建设，进一步规范文艺创作演出和各类竞赛活动，加强文化市场执法管理和文物执法工作，规范行政行为，严厉打击各类非法经营行为，进一步增强文化行政干部、公共文化服务机构干部职工服务基层、服务群众、服务社会的能力。认真对待群众的投诉和反映，全年受理和调查处理来信来访100多件次，大力提升文化机关公信力。

**不断加强监督检查** 加强对领导班子、领导干部执行民主集中制、干部任免、重大项目安排和大额度资金使用等决策情况的监督，对南京博物院、南京图书馆、省美术馆公开招录人员进行监督，确保公开、公正、公平；加强对文物管理、文化市场行政执法、行政许可、行政审批等事项的监督，对南京博物院二期改造工程、省戏校校舍维修工程等基建项目和政府采购项目进行监督，以防违规违纪行为的发生；加强对第二届江苏国际艺术周、舞台艺术精品工程、第九届江苏省“五星工程奖”评奖等重大文化活动以及职称评审等活动的监督，组织对建国60周年彩车制作经费审计，做到全程监督和重点监督、事前监督和事后审计相结合，保证各项重点工作健康有序开展。

（李明珍）

# 离退休干部工作

**概况** 2010年，离退休干部处围绕中心，服务大局，服务老干部，紧紧抓住落实好老干部政治待遇、生活待遇这一中心任务，切实加强老干部思想政治建设，加强老干部党支部建设，加强离退休干部处自身建设，认真落实各项工作。

**抓好党支部建设** 落实“三会一课”制度，切实加强党员的先进性建设，支部的战斗壁垒作用得到较好发挥。学习中注重掌握精神实质，努力在解决现实思想问题上下功夫，取得了较好的效果。组织经常性思想工作，坚持正面引导为主的原则，认真抓好积极因素，大力开展谈心交心和思想互助活动，厅离退休干部处内部关系和谐，每个同志党员意识进一步增强，坚持以积极向上的精神状态投入到为离退休老同志服务的工作中去，更好的指导厅系统各单位的离退休干部工作。

**落实好老同志政治待遇和生活待遇** 注重老干部的思想政治建设，提供有针对性的学习资料。坚持做到及时组织传达上级重要文件和指示精神，平时坚持每两月传达文件和会议精神。切实保证老同志及时了解掌握有关政策和上级指示精神。在集体学习的同时，坚持将每期《江苏文化周讯》发给老同志，使他们及时了解全省文化工作动态，充分发挥老同志的余热。每年坚持为老同志订阅《银潮》杂志。对因身体或其他原因，不能正常参加的老同志，事后采取其他方式传达。2010年是解放战争胜利65周年，厅离退休干部处配合省委组织部、省委老干部局走访慰问厅系统参加过解放战争的老战士19人次，并发放慰问金2.85万元，把中央和省委、省政府的关怀送达到每一位老战士。

高质量落实老同志生活待遇。春节组织厅离退休干部团拜会，慰问厅离退休老同志69人，走访慰问厅系统知名人士、遗属15人。组织了部分离休和退休厅局长8人赴外地疗养，完成疗养天数120天，车辆保障16台次。确保厅级离退休干部的用车，全年安全出车，无事故。组织全体离退休老同志健康检查，并将体检反馈意见汇总报省卫生厅。平时坚持看望生病住院的老同志，加强与医院的交流与沟通，为老同志及时就医住院创造条件。坚持每周两次为老干部代取药，不论节假日全年代取药100多次，并送药上门。为厅系统生重、特大疾病的，生活不能自理，有特殊困难的11位离退休老同志申请省委、省政府的特殊困难帮扶金，共计3.2万元。厅离退休干部处邀请部分在南京的厅领导和有关处室为两位老同志过八十岁寿辰。厅一位退休干部因交通事故不幸逝世，厅离退休干部处协助老人的家属与交警及肇事方协商妥善地解决了此事，使家属满意，厅党组放心。白下区四条巷32号、34号是厅离退休老同志的生活区，由于建筑年代早，地下的化粪池经常发生堵塞，厅离退休干部处与厅办公室协调多次解决了化粪池堵塞的问题。

**组织老同志开展丰富多彩的活动** 根据省委老干部局的要求为符合条件的离退休老干部及部分家属办理省老干部活动中心证，很好地满足了老同志业余活动的要求。重阳节组织老同志到无锡参观学习，下半年还组织了一次去福建观光，让老同志亲临世界文化遗产福建土楼，领略厦门美丽风光。

**加强处室建设** 今年厅系统组织“大学习、大培训、大提高”活动，离退休干部处全体同志积极响应，参加了五期在南京图书馆举办的专题讲座，以及厅机关中青年干部演讲活动。参加第二届江苏国际艺术周暨亚洲美术馆馆长论坛的一系列保障工作。2010 年国家地质灾害频发，厅机关离退休老同志积极响应为灾区捐款，为玉树灾区捐款金额共计 2 万余元，为甘肃舟曲灾区捐款金额共计 6500 元。完成省委老干部局要求的有关厅系统离退休干部的信息采集上报工作。

（李立亚）

组织老同志赴厦门参观

# 文化法制建设与文化行政管理

**文化法制建设** 大力开展法制宣传教育。为进一步提高厅系统党员干部法律意识和依法行政的能力，研究制定法制宣传工作要点，组织部分骨干参加了省级机关法宣办举办的培训班，并重点加强了对厅市场处、省文物局等执法部门依法行政的教育培训。12月份，组织厅系统广大干部职工参加省级机关工委组织的万人学法活动，并积极参加考试。通过宣传教育，进一步提高了厅系统广大干部职工学法、懂法、用法、执法的素质。

继续做好立法相关工作。为推进乡镇综合文化站建设，着力解决突出的矛盾和问题，并将实践中积累的经验上升为法律规范，列入2010年省政府立法计划的《江苏省农村文化服务管理办法》，目前已经进入最后的论证协调阶段。2010年12月31日，《江苏省农村公共文化服务管理办法》意见按规定程序由省政府法制办审核完毕，报送省政府办公厅，按程序提请省政府常务会议审议后将正式出台。

突出内控机制建设。根据省委提出的“惩防体系基本框架形成年”以及省纪委加强内控机制建设的要求，结合文化系统特点，认真排查廉政风险点，切实加强内控机制建设。重点对艺术处、社文处、科教产业处、人事处、市场处等权力部门的业务工作进行了梳理，重点排查权力点和风险点，对全厅的业务工作进行科学论证，统筹规划，最后确定了6个内控事项，目前，已经完成了流程图与流程控制，已经构建了“江苏省文化厅行政管理内部控制制度”框架。

继续推进政务公开。继续加强文化厅门户网站建设，增强门户网站的综合性、时效性、开放性、互动性，及时发布文化建设信息和文化法律法规等，向社会公众提供文化政务信息。做好“政务公开”专页，通过电子邮件、在线解答、留言板等形式实现与群众的网上沟通，及时答复群众留言。满足公民在政府网站下载有关表格办理审批事项等需要。为更好提供文化信息服务，省文化厅门户网站改版工作已经启动，即将试运行。改版完成后，门户网站与群众互动功能将加强，在线服务功能将得到大大提升，把权力阳光系统与厅门户网站相结合，使行政相对人可以直接在网上提交行政许可，真正实现网上受理，网上办理。

稳步推进综合执法改革。积极按照省委梁书记在去年全省文化工作会议上提出的“路线图”、“时间表”和《省委办公厅、省政府办公厅关于深化文化行政管理体制改革的实施意见》(苏办发[2009]36号)精神，加强了对各地综合执法工作进展情况跟踪指导，建立了综合执法进展工作报告制度，督促各市定期上报进展情况。6月份，参加了厅领导带队的专题调研活动。截至2010年10月底，全省13个地级市已经完成了文广新局三局合并，51个县(市)已有20个县完成改革，28个县(市)已基本完成文化市场综合执法改革任务，其余3个县(市)也已上报文化市场综合执法改革方案。

**办理人大代表建议和政协委员提案** 2010年，省文化厅从全面落实科学发展观的高度，切实做好人大建议、政协提案办理工作，坚持将提高办理质量放在工作首位，将完善机制作为关键措施，将解决问题作为根本目的，加强与代表委员的联系沟通，认真负责地办好每一件建议提案。全年共办理全国政协提案2件，省人大代表建议5件，政协委员提案19件，2009年B类提案再办理2件，共28件。其中，涉及文化产业8件，社会文化7件，艺术生产5件，文化市场3件，非物质文化遗产3件，艺术教育1件，对外文化交流1件。从目前已收到的反馈意见看，全部为满意或基本满意，较好地完成了各项办理任务。

**领导重视，处室协作，形成办理合力** 厅党组书记、厅长章剑华高度重视建议提案办理工作，多次强调，办理建议提案是政府部门的法定职责。人大代表、政协委员来自于各条战线、各个阶层，具有最广泛的代表性，他们所提出的建议和提案，代表了人民群众的根本利益。厅领导要求，厅办公室、各有关处室在办理工作中，要充分认识做好新时期建议提案办理工作的重要性，严格按照省委、省政府的要求，紧密结合厅重点工作的开展，加强协作，形成办理合力，努力把建议提案办理工作提高到一个新水平，让人民群众共享我省文化发展的新成果。对一些重要的、涉及面广、影响大的重点建议提案，厅主要负责人亲自参与办理方案的研究，亲自审签办理和答复意见，协调解决办理过程中出现的矛盾和问题。

厅办公室、各有关业务处室高度重视建议提案办理工作，切实把办理工作摆上重要位置，并结合工作实际和文化事业发展情况，坚持高标准、严要求，认真研究、办理代表委员提出的建议提案，同时对建议提案进行认真分析和研究，吸取切实可行的合理化建议，用以指导工作实践。厅办公室制定下发《关于做好2010年建议提案办理工作的通知》，将今年的建议、提案予以分解到位，要求涉及到的相关处室高度重视这项工作，指定专人负责，落实办理任务，同时，除主办处室外，建议提案内容如涉及其他处室的，由主办处室牵头，会同协办处室共同协商并拿出切实可行的办理意见。

**完善制度，分解任务，建立办理责任制**

在厅内部建立了办理责任制，将建议提案办理任务明确到处室、到个人，做到任务明确、责任明确、措施明确，有力地推动了办理工作的顺利开展。明确要求：各处室主要负责人为第一责任人，要将办理工作作为处室的重点工作安排、落实。完善制度，规范程序，明确办理流程、时间、进度和质量要求，对交办、承办、催办、审核、答复等各个环节加以规范，使各项要求具体、明确，确保办理质量不断提高。建立了一支高素质的承办队伍，各处室均配备了素质好、能力强、懂业务的同志负责办理建议提案。各处室主要负责人对每一份建议、提案均亲自审核，经分管厅长把关同意后，交厅办公室修改、统稿，再报厅主要负责人签发。涉及其他处室职能的，要求协办处室也认真负责地拿出协办意见，由主办处室统一吸收后形成答复意见。同时，切实改进办理方式，在建议、提案办理过程中，各处室注重加强与代表、委员的联系沟通，采取上门走访、开会座谈、开展调研、实地考察、电话联系等多种方式，认真听取代表、委员的意见，共商解决办法，实现提办双方的良性互动。

**开门办理，加强沟通，注重提高实效** 在办理工作中，厅深入研究代表委员提出的每一个问题和意见，坚持开门办理，坚持公开透明，注重讲求实效，切实解决建议提案中所反映的矛盾和问题，把解决实际问题作为办理工作的目的，在解决问题上下功夫。今年的建议、提案内容主要涉及大力发展文化产业、推进公共文化服务体系建设、文化市场管理、加强非物质文化遗产保护等，办理处室能够改变原来“文来文往”的办理方式，在办理过程中增进与代表委员的沟通。如今年529号提案“关于充分发挥归侨侨眷和海外侨胞在传播中华文化和江苏地域文化方面独特作用的建议”，我们在办理中多次主动联系省侨联，结合会办单位省侨办的意见，经过电话联系、上门走访等，与对方充分沟通，提办双方取得良好的相互理解与信任，并基本达成合作共办新西兰文化交流项目的意向。不仅完成了提案办理任务，还推动了厅对外文化交流工作。又如今年546号提案“关于保留南京图书馆成贤街馆舍的建议”，厅业务处室主要负责人多次与领衔的徐忆农委员当面沟通，把厅意见以及会办单位省发改委的意见当面通报，对南京图书馆成贤街馆舍难以保留的情况作充分的说明，获得了该委员的谅解。

对建议提案提出的问题，凡是有条件解决的，能够抓紧时间、集中力量尽快解决，如今年4003号建议、“传统工艺美术应列为文化产业发展之重点”、601号提案“发挥示范带头作用，促进我省文化产业发展”，都提出江苏应发挥工艺美术的传统优势，采取措施做大做强。厅在办理中，对全省工艺美术业进行了一次全面专题调研，并形成了一份调研报告上报省委、省政府，建议省委、省政府在理顺管理体制、加强知识产权保护、加强人才培养和引进、培育行业龙头、加快产业升级、加大政策扶持等方面加大扶持发展力度。

**文化信息工作** 2010年文化信息工作主要围绕围绕一报、一网、信息保障以及三项任务（行政权力公开、文化厅宣传工作、江苏文化产业网项目建设）展开。先后组织了九场对外发布活动（含厅省美术馆等直属单位），尤其是第二届中国江苏国际艺术周暨亚洲美术馆长论坛的宣传延伸了活动的影响，起到了较好的宣传效果；《江苏文化周讯》围绕厅党组大局和重点工作组织宣传报道，在全省文化系统起到了积极的作用；在厅科教与产业处的指导下，参与了江苏省文化产业网的具体工作，目前该网已经上网试运行。

**加强宣传力度** 第二届江苏国际艺术周暨亚洲美术馆长论坛在宣传上颇具特点，一是参与宣传报道的媒体多，新华社、新华日报、扬子晚报、现代快报、江苏卫视多家媒体对活动进行了集中采访、发稿。二是参与宣传媒体的类型多，除了有报纸、广播电视媒体参与之外，还邀请了网络等新兴媒体参与其中，厅政务网专制作了“第二届中国江苏国际文化艺术周暨亚洲美术馆馆长论坛”专题，并与中国江苏网互动，拓展宣传面、受众群。三是刊发的文章数量多。艺术周期间，平面媒体、广电媒体天天有报道，而且频率快、内容多。国庆期间在报纸版面缩减的情况下，新华日报在同一天刊发三篇有关艺术周的文稿。这些产生了较为强烈的视觉、听觉冲击力。四是报道不仅信息量大，而且文稿的质量高。这次宣传深度报道达40篇，有综述、访谈、背景分析、评论等等。江苏卫视“江苏新时空”栏目六次报道艺术周，江苏人民广播电台除了设专题之外，还对艺术周进行了滚动报道。新华日报9月26日发了整版广告。南京《现代快报》、《扬子晚报》等四大发行量大的纸媒均以一个或数个整版的篇幅予以报道。本次宣传工作在形式和范围上也作了充分的努力。

**政府信息网站突出公共服务** 政府信息网站的文化公共服务信息更加贴近实际，贴近民生。江苏省文化厅网站按照政府的、文化的、面向公众服务的功能定位，根据省政府的要求基本实现了功能转换，并体现了文化厅特征。“服务大厅”频道向公众提供包括演出、网吧、文物、职称申报等各类信息，突出了文化行政管理部门服务性与公共性特点，而且方便、醒目，富有特色。强化厅重点工作的宣传，特别是对第二届中国江苏国际艺术周暨亚洲美术馆馆长论坛的宣传。在内容更新上，做到了每天有新发布、每天有更新，其中新闻类的更新每天不少于10条。在互动交流方面，严格做到了回复网民投诉、提问不超过24小时，办理“厅长信箱”、“投诉建议”、“在线咨询”、“问题解答”等数百条次。2010年1月份以后，信息的更新量近4000篇。网站日均浏览量3000余次，累计超过360万次。公共服务和宣传功能不断加强。完成了江苏文化产业网和江苏省非物质文化遗产保护网的设计。省内公共图书馆、博物馆、美术馆等文化单位的数字化、网络化平台建设和升级进一步加强，更加方便群众查阅和感受文化信息。

**电子政务建设** 进一步加强电子政务系统和文化市场管理信息网络的建设。2010年文化厅完成了“权力阳光”系统的建设，并通过省政府的验收。通过对厅系统55项行政权力的梳理，已经把适合在网上运行的38项行政权力放在网上透明公开运行。江苏省文化厅网站进一步加强政务信息公开的范围，所有可以公开的政府信息均在网站上进行公开，保证权力运行的公开、透明。进一步加强了政务信息与上级部门的对接，信息报送及录用数量保持了一定的增长。文化市场管理信息网络发挥着越来越重要的作用。江苏省被列入全国综合执法办公系统的试点省份。

南京图书馆稳步推进信息化建设，建立起了集文化共享工程、电子阅览和培训三大功能于一体的公益性网络服务中心。继续做好全省联合参考咨询网工作，共解答网上咨询及各类资询1.5825万条，完成课题检索101个，实现文献传递1.78万篇。加大资源建设力度，及时整理、下发国家中心资源，同时加强对本省特色资源的开发和上传。共转换国家中心下发的视频资源765部，容量达65GB，提供给省委组织部农村党员干部现代远程教育中心170GB视频资源。为54个市县支中心加配了新资源，拷贝资源总量达到6T。大力推行“1+1”工程，在国家中心配发资源的基础上，由省中心加配1T资源，为县级中心服务，目前已完成自建资源200个讲座视频的加工任务。加大视频资源建设力度，目前正在进行国家中心《江苏红色之旅》、国家数字图书馆《江苏名人故居》系列专题片、《中国近代史系列讲座》和省委组织部《江苏革命英烈》系列讲座的拍摄。加大人才培养力度，面向全省举办5期培训班，组织全省各市县支中心收看视频直播培训10次，共培训2000余人次。加强对市、县支中心建设的技术指导，确保正常运行。根据“全国文化信息资源共享工程十一五成果展览”要求，拍摄并提供了反映江苏省特色资源的视频短片和基层点服务案例视频短片。继续做好江苏文化共享工程网建设，网站点击量达17.7万次。

（王　磊）

# 文化企事业

# 江苏省演艺集团有限公司

**概况** 2010年,江苏省演艺集团有限公司继续深化改革,紧紧围绕"深化改革,深化认识,站在新平台实现新跨越"的战略目标,在千帆竞渡的改革洪流中勇立潮头,在激烈的竞争中始终保持高速发展的态势。经营收入达到1.25亿元,再度超亿,与2009年相比增长13.6%;演职员工的人均年收入持续增长,达到了8.2万元,同比增长16.3%;全年完成演出场次为5320场,同比增长17%,再创新高。"十一五"时期,江苏省演艺集团的的发展历程引领着新时期中国艺术表演团体发展的主流方向,改革探索为众多演艺集团的崛起提供了新鲜经验,丰硕的发展成果为"十二五"发展打下坚实基础。2010年,集团公司再度蝉联"全国文化企业30强"。

**艺术生产形成制度化** 2010年,江苏省演艺集团首次召开创作规划会,研究制定了艺术生产未来三年的路线图、时间表,出台《江苏省演艺集团关于戏剧、曲艺新剧(节)目生产的暂行条例》和《江苏省演艺集团关于音乐舞蹈新剧(节)目生产的暂行条例》两个制度,为艺术生产标准化、流程化的建立奠定了坚实的基础。全年实现新创剧(节)目41台,复排剧(节)目56台,艺术生产步入崭新天地。

**精品佳作取得新突破** 2010年,集团公司的艺术生产蓬勃发展,共获得省级以上集体奖项37项,其中国际级奖项2项,国家级奖项11项,省级奖项24项。无伴奏合唱昆曲清唱剧《1699·桃花扇》获第十三届中国文化艺术政府奖"文华大奖特别奖";京剧《飘逸的红纱巾》获"文华优秀剧目奖";话剧《书

香茶楼》获得全国戏剧文化奖·话剧"金狮奖"优秀小剧场剧目奖;扬剧《丹凤湖畔》荣获2009—2010年度江苏省舞台艺术精品工程精品剧目;锡剧《桃花村》荣获优秀剧目。

**上海世博会展示新成果** 江苏省演艺集团积极参加2010年上海世博会活动,将其作为精品力作的展示舞台。江苏省演艺集团交响乐团献演世博首场演出,深情演绎"雨中情";无伴奏合唱昆曲清唱剧《1699·桃花扇》在上海世博综艺大厅以全新的艺术形式

给中外游客观众带来一份别样丰富的文化盛宴。而在为期一周的世博江苏周演艺“天天秀”的活动中，以一天两场的《锦绣江苏》文艺演出独领风骚、别具一格，展现了江苏省演艺集团改革后充满活力、不断进取的精神面貌。昆剧院与国际团队合作推出的音乐剧《朱鹮的故事》全程参加了世博日本馆的演出，半年时间演出6618场，观众人数达到400万人次，创下了本次世博会上表演场次最多、观看人数最多两项纪录，成为世博会最为靓丽的文化风景。

**惠民工程实现常态化** 2010年，江苏省演艺集团努力坚持以文化的力量提升群众幸福指数，以企业的身份争当公益性文化服务的当然代表。集团文艺惠民工程以农村为龙头，以学校和社区为两翼，进入常态化、品牌化的良性轨道。2010年，集团公司保持高品质、低票价，在推出“欢歌迎新春”、“春之畅想”和“秋之韵”三个演出季的基础上以演艺会员俱乐部这一新形式，建立观众资料库，锁定了相对稳定的观众群体，吸引观众走进剧场，欣赏高雅和民族艺术，培养了观众看演出的文化消费习惯，上座率不断提高，取得良好的社会影响。除了引观众“走进来”，我们还更加主动地“送出去”。“高雅艺术进校园”、“扬剧村镇行”等一系列颇具影响力的惠民活动坚持开展。2010年，在集团公司完成的5320场演出中，在县及其以下的乡镇、村演出场次就达2817场。通过这样的“一引一送”，丰富

9月20日，六合茉莉花节演出

多彩的文化活动无缝对接基层群众生活，得到了群众的高度赞扬。

**文化“走出去”战略升级** 2010年集团公司对外文化交流达到43项，448人次实现了“走出去、走进去、走上去”。集团公司在日本、比利时的海外分公司相继成立并开始成功运作，贯穿亚洲和欧洲的海外营销渠道已初显雏形，为集团公司全球化运作奠定良好基础。爱之旅合唱团参加荷兰MIK国际音乐节和比利时国际合唱节一举获得2010MIK国际音乐节合唱金奖、比利时2010国际合唱节金奖等五个金奖，扬名欧洲。随后，爱之旅

7月1日，爱之旅欧洲力揽五金

合唱团参加“2010香港·国际黄河大合唱展演”邀请赛，荣获一等奖(第一名)。民族乐团参演“2010香港·国际江南丝竹展演”邀请赛，获得了一等奖和新作品演奏奖两个奖项。歌剧舞剧院出访阿曼参加第三届亚洲沙滩排球接旗仪式文艺演出获得高度肯定，这也是集团公司成立以来首次出访中东地区，将江苏的影响传播到前所未有的地域范围，为我们未来发展开辟了更为广阔的市场。同时，“出海舰队”的规模也越来越大，影响力越来越强。应我国驻日本新潟总领馆邀请，集团公司以“江苏民族艺术团”之名在日本公演，获得盛赞，被称之“文化的大使，在中日关系遇到困难的关键时刻，起到了非常重要的作用，作出了重要贡献，比职业外交官发挥的作用还要大”。

**文化产业拓展新业态** 2010年，江苏省演艺集团坚持培育新的文化业态，通过与通

讯产业、高科技产业合作，以业态创新、跨领域合作等模式突破舞台演出的单一形式，对演出市场的开拓及演艺业今后发展方向进行了全新的探索。另一方面，不断进行跨地域、跨行业的资源整合，将重大文化产业项目作为集团公司跨越发展的支撑，文化产业建设步伐不断加快。由集团公司控股的江苏演艺文化产业股份有限公司，经过新一轮的增资扩股，市值翻了五番，彰显了文化品牌资本的效应；投资建设的新型演艺文化连锁体系"苏演院线"以全新的体制机制和自身独特的产品特色，形成强而有力的品牌优势，入选了2010年度"国家十大文化创新工程"，分别获得中央文化产业发展专项资金和省级文化引导资金支持。该项目计划3年实现100家的连锁规模，形成独特的产业经营模式。

**人才建设成果丰硕** 2010年，江苏省演艺集团建起了一个人才汇聚的一方热土，打通了一条人才成长的高速公路。一方面坚决贯彻"机会给青年，荣誉给青年，资源给青年，平台给青年"的"四给"方针，通过为演员举办为个人专场等措施，创造有利于人才成长的环境，搭建有利于人才施展才华的舞台，提供有利于人才脱颖而出的平台。另一方面，构建多元化的人才选拔机制，提供畅通的人才发展道路，以体制机制优势吸引优秀人才加盟。2010年，集团个人累计获得国际级奖项9项，国家级奖项26项，省级奖项64项，其中90%以上为中青年演员获得。

**进军影视出版新领域** 继电影《南京的那个夏天》之后，集团公司在2010年首次涉足电视剧领域，投拍了30集电视连续剧《悲喜亲家》。集团公司所属文化音像出版社依托集团及全省丰厚的艺术资源，策划的"江苏舞台艺术精品、名家"等四个系列，获得2010年度江苏省文化产业引导资金，成为全省舞台表演艺术类音像制品唯一获得政府扶持的项目。

## "12580文化演艺信息服务系统"启动

2010年4月14日，江苏省演艺集团和中国移动江苏公司合作打造的"12580文化演艺信息服务系统"启动仪式在紫金大剧院举行。江苏省委宣传部常务副部长、江苏省文化厅厅长章剑华出席启动仪式，并开启"12580文化演艺信息服务系统"。"12580文化演艺信息服务系统"作为江苏省文化惠民演出的官方票务服务平台，全年可为市民提供包含演唱会、音乐会、舞蹈、儿童剧、京剧、昆剧、扬剧、评弹等风格多元、门类丰富的100余场演出的票务服务。合作双方致力于将该系统打造成江苏省内规模最大、最具价格优势与品牌影响力的综合性演艺信息服务平台。

## 30集电视连续剧《悲喜亲家》正式开机

2010年7月，江苏省演艺集团首次投资拍摄的30集电视连续剧《悲喜亲家》正式开机。陈

《悲喜亲家》剧照

瑾等著名演员在该剧中展现他们精湛的演技。这部都市情感大戏，在时间上从上世纪八十年代横跨至今，将普通百姓的亲情、爱情予以细致入微的全景再现。2010年底已进入后期制作，2011年将在央视播映。电视剧《悲喜亲家》是江苏省演艺集团积极进行"演艺产业化，产业立体化"的全新尝试，是业态创新的最新举措，将艺术生产链条延伸至更为广阔的领域。

**苏演院线启动** 2010年10月10日晚，江苏省演艺集团旗下的苏演院线启动仪式在南京紫金大戏院隆重举行。省委常委、宣传部长杨新力，文化部文化科技司副司长王丰，省政府副秘书长肖泉，省委宣传部副部长梁勇，省文化厅副厅长马宁和江苏省演艺集团领导班子成员及苏演院线合作方代表等嘉宾出席仪式。在仪式上，顾欣与肖泉、梁勇、马宁一起为首批10家加盟剧院授牌，杨新力按下了代表苏演院线正式启动的水晶球。

"苏演院线"是江苏省演艺集团为了落实中央领导同志指示，构建"中国南方演艺航母"，推进"演艺产业化、产业立体化"而投资建设的新型演艺文化连锁经营体系。它是全国第一家以市、县基层为目标市场，以市、县剧院为核心资源并链接其他文化资源进行产业化运作的艺术演出院线。

在文化部组织实施的"国家文化创新工程"2010年度项目评审中，"苏演院线"获得立项，成为财政部和文化部重点扶持资助的"国家文化创新工程"。

（侯　焱）

# 省文化厅直属单位

## 南京图书馆

2010年2月19日，国务院副总理回良玉视察南京图书馆

**概况** 全年坚持“抓管理，树形象，内外兼修，努力提高综合服务水平”的工作思路，紧紧围绕品牌活动、数字发展、资源开发、理论研究和人才培养五大工程开展工作，努力推进南图事业稳步、有序发展。2010年8月，南京图书馆主要领导干部调整，方标军同志任省文化厅党组成员、南京图书馆党委书记，徐小跃同志任南京图书馆党委副书记、南京图书馆馆长。至2010年底，南京图书馆从业人员417人，馆藏912万册。

**基础业务** 全年购进中文书5.5039万种、17.0981万册，港台书516种。外文原版书2719种、3210册，电子图书7635种、1.527万册。续订中外文数据库29个，预订外文原版报刊1713种。分编、加工入库中文新书5.0418万种、16.8966万册，外文原版书2857种、3071册，中文期刊11.5728万册，外文报刊1.8417万册，光盘794种、2840张。接受个人和单位赠书2288种、5373册。国际交换外文原版书251种、276册，外文期刊139种、491册，发出期刊8200册，图书557册。资源建设各主要数据逐年稳步增长，资源体系建设得到系统发展，确保了省馆区域性文献中心的资源保障地位与作用。全面修订书刊文献采访条例，成立馆文献采购委员会，进一步加强对馆藏文献资源采购和建设进行规范化管理。接收全省出版社缴送中文图书3162种、4051册，价值人民币15.29万元，为地方文献建设提供了有力保障。

**阵地服务** 全年阵地服务取得新成就，

引进并推出触摸屏电子读报系统

日均接待读者超6000人，书刊借还9425册。共接待读者220万人次，图书借还344万册。办理新证8.4337万张，读者证总数达到36.0979万张，南图网站点击达218万次，日均点击率达6056次。数字资源下载和在线浏览量达132.8987万次。对电子阅览室实行改造，电脑数量由225台增加到285台，新增了培训区，建立起了集文化共享工程、电子阅览和培训三大功能于一体的公益性网络服务中

心。继续做好重点信息服务项目《信息传真》的编发工作，全年该刊编辑出版 24 期。继续做好全省联合参考咨询网工作，共解答网上咨询及各类资询 1.5825 万条，完成课题检索 101 个，实现文献传递 1.78 万篇。提升参考咨询服务层次，为"两会"代表开展现场服务，共接待"两会"代表 500 多人。

**延伸服务** 举办元旦春节、世界读书日、"七彩夏日"等 3 场大型系列读者活动，"读者座谈会"、"祖国多美好——南京、无锡聋人摄影作品展"、"馆藏资料片播放"等各类读者活动项目达 189 场，参加活动人次近 2 万。

服务宣传周期间，开展"电子阅览室免费上网"活动，周一至周五每天上午 9:00-11:00 为免费上网时间段，420 名读者参加了活动，受到欢迎。继续发挥公益职能，为中老年读者、进城务工人员开展 5 期公益培训，共培训 340 人次，社会反响良好。坚持开展流通服务点工作，为 10 个流通服务点配置新书达 3900 册。全面开展省属文化单位志愿服务工作，在南图设立文化志愿办公室，成功招募在宁高校大学生文化志愿服务者 200 名。"南图讲座"实现每周六、周日都有讲座，共举办公益讲座 110 场，听众达 4.92 万人次。提升层次，邀请为中央政治局领导讲课的资深专家学者，举办 5 场高端讲座。为进一步扩大讲座影响，制作完成 70 场公益讲座视频，并有 66 场在网上发布。持续开展"陶风读书会"，共举办 3 期 12 场读书会，参加活动读者 900 余人。努力打造南图会展品牌活动，举办、承办会展 65 个，观展人数达 26 万多人。创新举办"南图阅读节"，每期围绕一部名著展开主题活动，促进全民阅读。

2010 年农历正月，南图举办第 3 期倡导国学的"陶风读书会"

**学术研究与对外交流** 出版、编纂或参与著作 7 部，启动出版项目 1 个。出版《南京图书馆藏朱希祖文稿》、《江苏第二批国家珍贵古籍名录图录》，完成《中国古籍总目·子部》《中国近代人物像传》编纂，参与并着手《金陵全书》、《著名图书馆藏稀见地方志丛刊·南京图书馆藏稀见地方志丛刊》、《广州大典》编纂。启动《二十世纪三十年代国情调查》项目出版工作。加大江苏地方文献的建设力度，继续建设馆藏特色数据库，建成并发布《老商标·老广告》数据库，继续推进《江苏文化》全文数据库、《中国近代文献图像数据库》等项目，新建《江苏地方报刊数据库》。进一步提高《新世纪图书馆》办刊质量，成立新一届编委会，于 2010 年起正式改为月刊。全馆员工公开发表论文达 50 余篇，其中《南京图书馆战略定位研究》获中国图书馆学会 2010 年会征文一等奖，2 篇获二等奖。参与"公共文化单位免费开放与公益性服务研究"课题，该课题是文化部确定的 10 大国家级重点课题之一。重视对外文化交流，受文化部委派，馆主要领导随同省委宣传部常务副部长、省文化厅厅长章剑华访问了斯里兰卡、马尔代夫，密切了文化领域的交流合作。组织专人参加第 76 届 IFLA 大会，了解全球图书馆事业最新动态与发

江苏第二批国家珍贵古籍名录图录

展趋势。组织专人赴台湾参加第八届中文文献资源共建共享合作会议,并在会上做主题发言。与台湾中央图书馆深入探讨合作可能,努力开展深层次、多渠道的交流与合作。

**人才建设** 面向社会公开招聘10名专业人才，吸引报名者近千名,814名人员通过初步审核,通过笔试和面试,最终录用10人,其中1名博士生、4名硕士生、5名本科生,增强了图书馆高学历人才队伍力量。今年,特别选派1名专业技术人才赴美参加图书馆技术专题交流项目，选派7名中层干部和业务骨干赴国图进行为期半个月的跟班培训,全面、深入、扎实学习国图先进的业务和综合管理经验。强化职工教育培训,面向全体职工举办5期图书馆业务知识拓展讲座,为一线服务人员举办外文电子期刊导航培训。积极开展高层次人才培养,许建业获省“突出贡献中青年专家”,2人获研究馆员高级职称,6人获副研究馆员职称。重视对新进馆人员的培训,进行新进馆人员轮岗。

**综合管理** 进一步落实责任制，加强管理。根据省委、省政府的部署,馆主要领导干部实行调整,完善了领导班子建设。继续实行馆领导、中层干部、班组长三级管理制度,全面做好安全保卫、后勤保障和物业管理工作。重视并积极主动回复读者意见，及时整理统计网络读者意见，以馆长办公室名义进行公开回复,受到读者肯定。配合二号地铁线的开通，顺利实现南门开放并加强管理，方便读者。完成门禁系统调整改造，全面实现工作证、借阅证、门禁卡、就餐卡“四卡合一”,实行“一卡通”式管理。进一步完善考勤管理制度,及时统计分析全员考勤数据,强化考勤管理。落实安全保卫工作责任制，开展消防安全知识培训和疏散演习。

**首届南图阅读节** 12月16日,首届南图阅读节开幕式暨《红楼梦》学术研讨会在南京图书馆学术报告厅举办。江苏省委宣传部常务副部长、省文化厅厅长章剑华,中国文化传媒集团有限公司董事长、中国文化报社社长孔繁灼出席并讲话。江苏省文化厅党组成员、南京图书馆党委书记方标军致欢迎辞，开幕式由南京图书馆馆长徐小跃主持。

12月16日首届南图阅读节

以《红楼梦》为举办主题的首届“南图阅读节”,包括《红楼梦》论坛、主题系列活动、“陶风图书奖” 以及南图馆藏珍品展示评选。省级公共图书馆举办阅读节,在国内是首创。每届阅读节围绕一部名著展开主题活动,旨在促进全民阅读。

历时16天的首届南图阅读节取得显著的社会效益,活动期间红学专家云集南京,近万名读者踊跃参与,一时引发了重温经典、全民阅读的热潮。人民网、新华网、中国文化报等主流媒体,新浪、搜狐等门户网站,新华日报、江苏电视台等地方主要媒体累计报道、转载南图阅读节消息达300多篇。

**南图高端讲座** 为充分深化南京图书馆职能，积极响应建设学习型政党的号召，在南图讲座的基础上，南京图书馆举办“高端讲座”。该讲座立足高层次，主要为省级机关领导干部服务，讲座主题涵盖经济、法治、党建、民生等各个领域，主讲嘉宾全部是为中央政治局集体学习讲课的专家学者，确保讲座的权威性与前瞻性。一年来，先后有李向阳等5

3月12日首场南图“高端讲座”亮相，中国社科院亚太研究所所长李向阳，讲述《后危机时代世界经济的发展趋势》

位专家做客“高端讲座”，省人大、省委宣传部、省委党校以及省安全厅、审计厅、统计局、武警边防总队等多家厅局、系统的400余名省级机关干部听取了讲座。南图“高端讲座”成为省级机关领导干部了解各领域发展最前沿、最权威信息的平台，形成了“南图讲座”的新亮点。

**全国图书馆联合编目中心江苏省分中心成立** 5月27日至29日，由国家图书馆、全国图书馆联合编目中心主办，南京图书馆协办的全国图书馆联合编目中心2010年工作会议暨江苏省分中心揭牌仪式在南京图书馆举行。来自全国各地省、市公共图书馆的馆长、采编主任，部分高校和部队院校图书馆的同行80人参加了会议。南京图书馆党委书记、副馆长方标军代表南京图书馆与国家图书馆副馆长陈力在全国联编中心江苏省分中心协议书上签字并共同为分中心揭牌。全国

联编中心现有成员馆724家，数据直接用户1171家，省级分中心14个。江苏省分中心的成立，标志着江苏图书馆的联合编目进入一个新的发展时期。

**省属文化单位志愿服务活动在南图启动**

10月23日，省属文化单位志愿服务启动仪式在南京图书馆举行。省委宣传部常务副部长、省文化厅厅长章剑华，团省委副书记沈海斌出席仪式并致辞，省文化厅党组成员、南京图书馆党委书记方标军主持仪式。南京图书馆、省美术馆领导班子成员、部分干部职工和200名文化志愿服务者参加了启动仪式。省属文化单位志愿服务项目是为了进一步发挥公共文化服务窗口单位的优势和公共文化设施的功能作用，同时鼓励和引导社会各界人士积极参与公益文化建设，主要面向大学生进行招募，首批共招募200位大学生，主要服务于南京图书馆、省美术馆。省属文化单位志愿服务常设管理机构为文化志愿者服务办公室，地点设在南京图书馆。省属文化单位志愿服务活动的正式启动，标志着我省公共文化服

务又增添了一支生力军。

**中华古籍保护计划江苏省古籍保护中心** 顺利完成第三批国家珍贵古籍名录和国家重点保护单位以及第二批全省珍贵古籍名录和古籍重点保护单位的申报工作。全省共有248部古籍和7家单位入选国家级，全省国家古籍重点保护单位达20家，名列全国首位。配合国家图书馆、国家古籍保护中心在南京召开古籍修复人才座谈会，省内20余家相关单位代表参加座谈。这是国家中心首次在地方召开相关会议，省中心起草《国家古籍修复人才培养基地建设方案》并在会上讨论。召开2010年全省古籍保护工作会议，保障古籍保护工作持续稳步发展。推进联合目录编纂工作，认真组织开展《中华古籍总目·江苏卷》编纂，制订编纂方案并切实推进，已收集全省61家古籍收藏单位的41万条数据。继续做好古籍人才培养工作，联合国家中心举办一期培训班，培训全省及山东、山西学员达60名，为金陵科技学院、莫愁职业学校等古籍修复专业提供师资，11月再次举办全省古籍普查申报培训班，采用跟班形式，加强培训效果。为充分展现江苏古籍保护成果，举办了“江苏‘十一五’古籍保护成果展”，拍摄了江苏省古籍保护宣传片，开展“江苏省2007—2010年古籍保护先进单位和先进个人”评比活动。

6月23日江苏省古籍保护工作会议在南京召开

（陈　立）

## 南京博物院

**概况** 2010年，南京博物院坚持以十七届五中全会为指南，以“和谐发展”、“科学发展”为统领，以“十二五”规划编制为契机，认真落实省委、省政府、省文化厅的工作部署和要求，紧紧围绕年初制定的重点工作计划，团结一致、开拓进取，各项工作亮点频现，单位建设呈现良好的发展态势。

**陈列展览** 为更好地服务公众，2010年共筹划举办了16个院内专题展览。有为迎接虎年而举办的“2010盛世虎——南京博物院藏虎文物精品展”、为纪念傅抱石诞辰105周年而举办的“遥远的心象——写生创作对比展”、为配合中国区域博物馆展览交流而举办的“文宴——区域博物馆专题交流展览文献展”、为纪念利玛窦逝世400周年而举办的“利玛窦——明末中西科技文化交流的使者”展。还举办了“钟山风韵——陆永才中国画作品展”、“第四届‘中国画画世界’作品展”、“江苏民间收藏精品展”等展览。

“利玛窦——明末中西科技文化交流的使者”展

**考古发掘与研究** 继续对盱眙大云山汉墓进行勘探发掘，已确认大云山山顶区域为一西汉诸侯王陵园，陵园内共发现M1、M2、M8三座大墓，M2、M8已经发掘完毕，M1正在清理中。发现车马坑2座、兵器坑2座。

对新沂花厅遗址进行了考古发掘，共发掘面积700平方米，揭示了一批大汶口文化时期的房址，清理了若干座墓葬。对泗洪县境

一号墓清理场景

内的遗址进行调查,特别是新石器时代遗址,对泗洪县顺山集遗址进行考古调查与勘探、试掘。完成对邳州梁王城遗址大汶口及龙山文化时期的地层、墓葬、房址、灰坑等各类遗迹及出土遗物的全面清查核对。完成《梁王城遗址·史前卷》中大汶口文化时期墓葬、房址、灰坑以及龙山文化时期房址、灰坑等相关内容的文字撰写约15万字,完成人骨的病理鉴定和大汶口文化时期保存较好的88具人骨的测量工作,初步完成人种的分析工作。对大汶口及龙山文化时期典型灰坑及房址中采集的土样进行了浮选漂洗,对准备进行食谱分析的人骨和动物骨骼标本的采样工作亦已完成。对东山村遗址进行了大规模的抢救性考古发掘,取得了重要的收获,首次在长江下游地区发现了一批崧泽文化早中期的高等级大墓。2010年6月,东山村遗址入选“2009年度全国十大考古新发现”;2010年7月,东山村遗址参加首届江苏省田野考古工作评比,获“考古技术奖”。

**文物典藏** 针对文物库房和办公区域分离、库房设施设备老化、文物出库利用频繁、安全压力加大的现状,保管部制定了一系列文物安全制度和措施,在文物提取、出库、退库、点交、包装、装车、运输、修复、照相、扫描、拓片、布展和撤展等工作中,库房文物保管人员全程参与,人物随行,部门领导负责监管。对朝天宫库房进行整理、维修、防水、通风、除湿及内部防霉、防虫、防鼠等各种安全防护。提高安全防范意识,以保证南博建设时期各类文物安全有效保管。

旧藏整理工作稳步推进,重点整理钱币类文物1000余件。全年共接受18批次1434件文物,完成新收文物的登记、编目、照相、分类和入藏工作,确保院藏文物数量每年稳定增长。按照上级要求,按时按期保质保量完成了南博一至三级16余万件文物文字信息录入,一、二级文物1万余件影像资料的拍摄、提取、登录和合成。初步完成《南京博物院珍藏大系》的总目编写。

**文物保护** 编制完成《南京博物院青铜器保护与修复》初稿。“文物流动医院”赴省内外中小博物馆进行馆藏文物“巡诊”服务,对考古现场出土文物的保护与保存、大遗址保护、石质文物的检测分析、室外大型金属文物的保护起到积极的作用。纸质文物的保护工作在继承传统装裱技术的基础上,利用现代科学技术研发了一批新的保护技术,从清洗、脱酸、揭取、托裱、加固到保存已初步形成了完整的保护体系。对陈璋壶保护修复进行预研究,召开陈璋壶保护与研究讨论会。完成20件泗阳汉墓出土文物的脱水保护工作。修复宝座1件。对大云山考古工地出土文物进行初步保护与修复。保护与修复江西萍乡、庐山

崧泽文化大墓M92出土器物

博物馆青铜器、银器42件。为本院和庐山、如皋等博物馆装裱和修复书画176件。绍兴印山越国王陵墓二期保护修复工程、杭州梵天寺石刻保护修复工程通过验收。完成杭州萧山跨湖桥独木舟遗址土体加固保护工程。通过了省科技厅《整本图书脱酸技术的研究》、《残损纸质文物保护修复用纸与工艺》课题的验收。

**大遗址与古建保护** 组织院里大遗址保护业务人员对安徽、河南、陕西等地的大遗址项目进行调研，为南博大遗址保护规划编制工作走上规范化、科学化轨道奠定实践基础。对大云山考古工地进行现场考察，做好保护规划的前期准备工作，初步完成了设计总图构想。完成新沂花厅遗址保护规划的初稿。根

花厅遗址保护规划专家座谈会

据姜堰市新一轮城市规划要点，调整姜堰天目山遗址保护规划。协助太平天国纪念馆完成瞻园静妙堂的古建修缮方案，并根据评审意见修改完善方案。参与扬州双博馆、盐城市博物馆、盐城市盐都区博物馆、周恩来童年读书处旧址维修改造方案的评审，提出具体意见和建议。配合相关部门完成四川绵竹市双忠祠修缮改造工程的竣工验收工作。

**文物征集鉴定** 经过广泛搜集文物线索，筛选出备选文物数百件(套)，组织专家进行鉴定和评估，报院领导审核批准，共甄选征集了108件(套)精品文物，主要包括汉代陶器、牙雕类文物、木雕类、青铜器和民国文物等，填补了院藏文物的缺项。其中最具特色的是57件巴蜀地区的陶马、陶俑等汉代精品陶器，它们代表了巴蜀地区陶器的艺术特点和成就，真实生动地反映了汉代历史面貌，与院藏四川彭山汉墓出土的汉代陶器一脉相传，属于同一文化类型，弥补了彭山汉墓展览中展品数量的不足。征集的象牙雕摆件《刺虎》，是以昆剧《刺虎》(《铁冠图》的一折)为题材雕

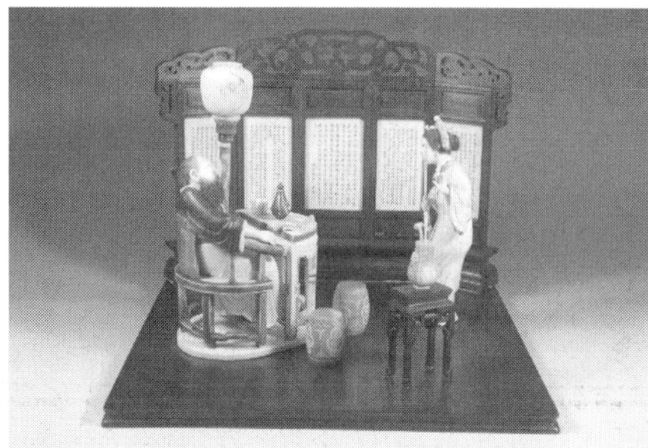
民国 象牙雕《刺虎》

刻而成，年代悠久，工艺精湛，内容生动有趣，兼具极高的艺术欣赏和戏曲研究价值，为近年来牙雕文物中不可多得的精品。全年共接受社会捐赠9批次55件套，其中以姚建萍女士捐赠的个人苏绣作品最具代表性。承担了国家文物进出境审核江苏管理处的工作，负责私人携带文物进出境的审核，协助江苏省文物局完成省内馆藏文物定级确认，文物拍卖公司的文物标的审核以及海关、公安、法院、检察院等部门涉案文物的司法鉴定工作。

**文化交流** 2010年南京博物院文化交流以人员交流和文物外展为主，策划并举办了近20个交流展览，院内二十多名专家参与文化交流，文化交流工作有序开展。

境内展有："宫廷遗粹——南京博物院藏清宫文物精品展"(深圳市博物馆)、"踪迹大化·傅抱石作品展"(浙江省博物馆)、"盛世虎——2010年虎年虎展"(宿迁市博物馆、张家港博物馆、盐城海盐博物馆)、"南京博物院藏扬州八怪书画作品展"(山西博物院)、"南

京博物院藏清宫瓷器展”(无锡博物院)、“江山如此多娇——南京博物院藏傅抱石绘画精品展”(辽宁省博物馆)、“浙江籍近现代中国画名家作品展”(浙江美术馆),有6件文物参

陈之佛　花果双鹤　1957年

加了上海世博会“世博会博物馆”与“城市足迹馆”的展览。选送文物参加的境外展有:“中国明代文物特展”(意大利特拉维索卡雷拉兹博物馆)、“秣陵烟月——南京博物院藏明末清初金陵画派精品展”(澳门艺术博物馆)、“英雄再起——大三国特展”(台北历史博物馆)、“忽必烈的时代——中国元代艺术展”(美国纽约大都会艺术博物馆)。与台北故宫博物院的交流合作顺利进行,双方在联络机制创建、互赠出版物等方面开展了一系列工作。与韩国古宫国立博物馆互派专业人员进行学术交流。

**开放服务**　2010年,南京博物院在原讲解接待科的基础上,成立社会服务部,主要承担向社会公众宣传、普及博物馆文化,为公众提供相应的文化教育服务等任务,包括讲解接待、重要活动礼仪、观众咨询服务、志愿者培训和管理等,并对省内市县博物馆的社会教育服务工作进行业务指导。开展走进幼儿园、走进农村、走进校园、服务社区以及特色专题活动等社会服务延伸工作。开设了崭新的体验教育活动模式——趣味活动体验室,受到了观众尤其是青少年的欢迎,年内共接待4000余名体验者,组织各种主题活动50

余次。在“中国2010年上海世博会”上,南京博物院选派4名优秀讲解员担任江苏馆的贵宾接待工作,接待观众百余万人,其中贵宾接待讲解200余场,承担了“江苏周”开幕式主要领导的讲解接待工作。

**图书信息建设**　2010年初,在原信息中心和图书馆的基础上成立了图书信息部,内设图书馆、信息中心和档案资料中心。图书信息中心整理、编纂了《江苏省数字博物馆整体策划方案》。编写完善了“身边的博物馆”建设规划方案,完成了项目资源规划、基础软硬件体系和客户端软件建设。建立了图书电子阅览室,并将数字图书资源向南博的内网用户免费开放。档案资料中心配备了固定人员和基础设备,采购、安装了档案资料信息管理软件,进入了档案资料的整理阶段。通过详细的调查和技术对比研究,初步完成了“国家文化遗产安全呼叫中心建设硬件体系研究”中所需硬件技术、设备的研究,提出了硬件体系建设方案。

全年采购新书500余册,接收捐赠500余册,其中台北故宫博物院捐赠图书近300册,登记编目新书1000余册,订购中外报刊120种,与国内外11家文博单位进行文献交

换。完成馆藏珍贵文物的数据采集和培训工作。做好考古工地影像资料的拍摄、航拍、GPS测量。收集、整理、保存各项活动的影像资料。做好程控通信、计算机网络和展厅多媒体设备的维护、修复工作以及南京博物院网站、江苏省文博信息网服务器的维护工作。

**文物总店** 江苏省文物总店全年共收购文物479件(组)。严格做好文物出库的整理、交接、登记工作,出库1047件,其中瓷器164件,杂件224件,玉器479件,书画180件,营业额近2000万元,创造了文物总店历年来销售新高。为扩大业界知名度,树立良好信誉,文物总店积极派员参加北京、厦门、镇江、长沙、无锡等地的全国文物交流会,与众多优质客户建立合作关系,努力构建销售网络。重视文物商店的品牌营销,开办江苏清溪堂文物店,拓宽经营规模,探索运营模式,以适应文化艺术品市场发展多元化格局需要。与招商银行等单位合作开展文物鉴赏、艺术品投资等系列讲座,受到高端客户的欢迎。

**安全保卫** 2010年安全保卫工作立足于保稳定、促和谐,紧密围绕二期工程和院各项重点工作展开。组织全员全装防盗抢模拟演练和消火栓、灭火器灭火、火灾自动灭火系统联动等演练。与二期工程施工单位签订安全责任协议,加强管理。为保证大云山考古工地安全,派专门人员进驻工地实施全天候安全保卫监控。做好日常的文物押运、布展及开放等工作。与上级公安、消防部门联络,加强信息共享,争取上级给予业务指导。

**组织建设和人事管理** 经院党务工作小组研究,对党支部进行了调整,并进行支部委员换届选举。派出入党积极分子3人参加省级机关工委举办的入党积极分子培训班。院团委组织团员青年进行主题学习活动。8月,省委组织部任命龚良院长兼任江苏省文物局局长、江苏省文物管理委员会办公室主任。10月,省文化厅党组任命黄鲁闽副院长为常务副院长。经省文化厅党组批准,从1月起正式聘用11位中层正职干部。招聘7名正式工作人员,引进1名博士。本年度9人获得高级职称资格。派出15人次参加国家和省有关单位举办的专业技能培训班。举办主题为"提升管理水平和组织执行力"的南京博物院第三期青年干部培训班。

**基本建设** 2010年2月4日省发改委下发《关于南博二期工程初步设计(含可行性研究报告)的批复》,4月取得了施工图审查合格证。特展馆基础建设进展顺利,部分主体结构封顶;历史馆完成老大殿顶升加固施工图审查,修改完善施工组织设计,顺利完成顶升加固施工。年末,其它各馆的陈展文案完成,已委托三家设计单位做概念形式设计方案和概算。

**学术与出版** 承办"中国博物馆学会区域博物馆专业委员会2010年会暨'区域博物馆与和谐社会'学术研讨会系列活动",来自全国各地近30家省级博物馆、20家地市级博物馆馆长参会,就"区域博物馆与和谐社会"主题进行广泛而深入的研讨。主办了"'学术期刊·博物馆·文化遗产'论坛暨《东南文化》创刊25周年纪念学术研讨会"、"中国博物馆协会建筑空间与新技术专业委员会成立大会",与其它单位合作主办了"2010南京明洪武瓷国际学术研讨会"、"纪念南唐二陵发掘60周年学术论坛"、"古代东亚土墩遗存及其社会——中韩土墩墓比较研究学术研讨会”。研究人员参加各种类型学术交流活动43人次、发表论文/著作149篇/部、科研项目17项。单位和个人获得各类奖项19项。编辑出版书籍/期刊13本。

**老大殿成功顶升3米**　南京博物院主体

南博老大殿成功抬高三米

建筑老大殿,是中国近代建筑中唯一采用现代结构形式的仿辽代建筑。老大殿顶升工程为文物保护性施工,顶升点之多、单层顶升面积之大、顶升高度之高、顶升难度之艰等在国内外建筑史上均属罕见。在工程指挥部的努力和南京博物院的积极参与下，经过200多天的紧张施工,总重量达7700吨的南京博物院老大殿顶升加固工程顺利完工，老大殿整体“拔高”了3米。

南京博物院采用整体顶升、隔震加固等先进技术对其进行修缮保护,不仅有效增强了其抗震水平,还扩大了建筑的空间面积、提升了空间使用功能、丰富了展示内容和方式,为优秀古建筑的保护利用提供了新的技术思路，也为优秀古建筑的保护利用与博物馆馆舍建设及博物馆各项事业发展的相互促进积累了成功经验。

**大云山考古发掘获得重大进展**　大云山汉墓位于江苏省盱眙县马坝镇云山村大云山山顶区域。西距盱眙县城30公里,南距汉代东阳古城遗址2千米,西南与小云山汉代墓地相距1.8千米。2010年度,南京博物院继续对大云山汉墓进行勘探发掘,基本明确了大云山西汉诸侯王陵园的基本结构和平面布局,陵园内的主墓基本发掘完毕,建筑基址、陪葬坑正在发掘过程中。一号墓与二号墓中出土了大量铜器、玉器、漆器、陶器等精美文物。一号墓出土的10余件含有“江都”铭文的文物,表明大云山西汉陵园有可能与汉代江都王有关。此外,墓主人身份的逐渐明晰,也为重新认识大云山下的东阳城遗址提供了前提。

（李金兰）

## 江苏省国画院

**概况**　2010年，江苏省国画院在省文化厅党组的领导下，继续认真组织学习科学发展观，学习党的十七届五中全会精神。8月，周京新任新一届画院院长，成为国画院第五任院长。国画院积极开展公益捐赠活动,党总支组织“送文化下乡”活动,向靖江、兴化等地图书馆和文化馆赠送院藏画册书籍。组织画家作画义卖，所得款捐献给白血病教师侯建飞和省慈善总会。

画院开展形式多样的美术交流活动,携院藏精品参加“江苏省国画院院藏珍品展暨常州博物馆2010年新春书画展”,接待了台湾“情系大运河”写生采风团,画院还领导组织画家们赴上海世博参观学习。年末,在江苏省美术馆举办“新金陵画派遗页——余彤甫、丁士青、张晋艺术展”暨《江苏省国画院典藏新金陵画派作品选集》和《江苏省美术家史论文丛》的首发式。画院上报的《其命唯新·山河丹青——新金陵画派的传承与发展》项目入选2010年度全国画院优秀创作研究扶持计划。

**思想建设**　按照省委、省政府和省文化厅的要求,组织党员开展创先争优活动,组织

参观世博会

中青年干部参加“大学习、大培训、大提高”活动，组织党员及入党积极分子赴贵州遵义进行革命传统和爱国主义教育，通过座谈、阅读、观看电影、参观考察等形式多样的活动，加强思想觉悟的学习，提高了党员和干部群众的凝聚力。画院党总支在院领导班子成员中开展“学习廉政准则，争做勤廉表率”主题的教育活动，使领导班子成员做到廉洁自律，克己奉公。画院还被江苏省精神文明建设指导委员会授予“2007—2009年度江苏省文明单位”，这是画院第五次获得“江苏省文明单位”荣誉称号。

**交流活动** 2月，“江苏省国画院院藏珍品展暨常州博物馆2010年新春书画展”开幕式在常州市博物馆举行。常州市领导王成斌、原江苏省国画院院长宋玉麟，以及众多省内文化艺术界名流出席了开幕式。4月，台湾“情系大运河——两岸名家运河写生活动”启动，江苏省国画院为此次活动协办单位，画院部分画家参加了采风写生活动，4月下旬，写

台湾“情系大运河”采风团来画院参观考察

生采风团成员来到国画院参观考察，在画院美术馆展出了傅抱石、钱松嵒、亚明、宋文治、魏紫熙五位新金陵画派前辈的作品供其参观。8月，深圳画院院长董小明来国画院参观，这是继2009年末江苏省国画院访问深圳画院后，深圳画院院长的首次回访，增进了两院交往与艺术交流。9月，甘肃美术馆举办甘肃画院建院20周年庆典暨“全国画院中国画名家学术邀请展”，江苏省国画院部分画家作品参加此次展览。10月，画院部分画家到西安参加“长安雅集——中国画流派回顾展”并进行学术研讨活动，进一步扩大了新金陵画派在画界的影响。

**学术研究和美术展览** 画院一直以来对理论研究工作予以高度关注，并将2010年的业务工作确定为“学术年”。年初，江苏省国画院举行特约研究员聘用仪式，聘用省内10位著名理论家为画院特约研究员，组织编写《江苏美术史论家文丛》，并于11月举行首发式，

特约研究员聘用仪式

为推进江苏的美术理论工作出了贡献。作为“第九届中国艺术节”的重要活动之一的“中国风格·时代丹青”展览5月在广州展出，这次全国性的优秀美术作品展览全面体现了我国当代美术创作的最新成果，画院组织画家积极参加全国性美展，有5位画家作品入选。江苏省国画院是新金陵画派的诞生地，11月在文化厅的支持下，由国画院主办，在江苏省美术馆举办了“新金陵画派遗页——余彤甫、丁士青、张晋艺术展”开幕式，展出了三位老

前辈的艺术作品共计200余幅,同时举行《江苏省国画院典藏新金陵画派作品选集》的首发式,展览后召集理论界著名人士进行学术研讨活动,该次展览被各大媒体相继报道,对于发扬完善和更全面展示新金陵画派的风貌产生了深远的意义。

**公益活动** 江苏省国画院一贯重视公益活动。年初,画院组织约30位书画家联手扬子晚报社,创作书画作品50余幅,作为新年礼物赠送给广大读者。3月,画院党总支组织"送文化下乡"活动,分别向靖江、兴化等地图书馆、文化馆赠送院藏画册一百余本,价值1万多元。4月,"相约世博 畅游江苏——世博旅游宣传周"在上海成功拉开帷幕,作为江苏文化的代表,江苏省国画院30位书画家的作品与南京云锦、苏州刺绣、扬州漆器等一起亮相,成为展示江苏文化艺术一道亮丽的风景线。12月,花鸟画研究所四位成员合作了两幅大画,其中一幅《荷韵清风》进行义卖,所得收入10万元捐赠给白血病教师侯建飞,另一幅作品《春色满园》赠送给省慈善总会。

**内部管理** 8月周京新出任省国画院第五任院长后,对部分岗位进行微调,完善考勤制度,制定奖惩制度,明确个人职责,使得画院工作既通力协作,又各司其职,井井有条。画院还于今年完善了典藏工作,对画库进行扩大修建,将原来的画院美术馆西展厅二楼装修改造为第二画库,添置了新的收藏设备,为典藏工作的现代化管理奠定基础。维修了部分房屋设施,针对画院大会议室房顶漏水等问题,重新做了防水维护和保养工作。对院内和傅抱石纪念馆有可能引发安全事故的老化电线线路进行了改造、更新,更换老式灭火器340多个,更换了36条消防带,更换了3个水箱。与"三产"单位签定了消防责任书,明确了责任人。继续与公安部门联合,定期沟通情况,加强对重点部位的防盗措施,还对物业在防火防盗方面提出了具体明确的要求。紧抓老干部工作不放松,5月,组织离退休画家及行政人员赴宜兴、溧阳观光考察。组织老干部进行体检工作,经常对离退休人员进行电话或者上门走访,给老干部带去了温暖。

(王 飏)

## 江苏省美术馆

**概况** 2010年,江苏省美术馆翻开崭新一页:新馆落成并正式全面免费开放。在省委

省政府的关心下、省文化厅的正确指导和大力支持下,江苏省美术馆努力贯彻科学发展观,深入开展"创先争优"活动,先后圆满完成新馆落成及试运行、新馆正式全面免费开放、"第五届亚洲美术馆馆长论坛"等重大活动,并在开馆数月来成功举办一系列高水准、影响广泛的美术展览,得到国内外美术馆同行、专家学者及广大人民群众的热烈欢迎和广泛赞誉,积极推进了江苏公共文化服务体系的建设。12月孙晓云担任江苏省美术馆馆长,新

的领导班子成立后，积极做好新体制、新机制的建立与转换，实行中心制管理的改革，建设真正的现代化美术馆。

**思想建设** 按照上级领导的部署，深入贯彻胡锦涛总书记关于"大学习、大培训、大提高"的讲话精神，充分认识和提高文化大发展、大繁荣的新形势下美术馆工作的重要性和独特性，组织开展美术馆"创先争优"活动。深入开展省市级精神文明单位和厅系统文明处室创建工作，坚持制作精神文明宣传展板和精神文明宣传标语、口号，张贴在每个部门办公室和公共场所。开展"三走进、三服务"活动，领导干部和艺术家带头到基层、进社区、下乡村，设立创作基地。

**新馆落成及试运行与全面对外开放** 2月8日，江苏省美术馆新馆落成典礼暨美术作品特展开幕式隆重举行。省委书记梁保华、省长罗志军出席并为新馆落成揭幕。开幕式上省委常委、宣传部部长杨新力发表讲话，对美术馆在公共文化服务上发挥的重要作用给予很高评价。省委宣传部常务副部长、省文化厅厅长章剑华在开幕式上致辞，对美术馆的建设与发展作了重要指示，向社会承诺做到"三个免费"：为有重大艺术成就的艺术家免费办展，向广大观众免费开放，为青少年美术爱好者免费现场培训。与新馆落成典礼同时推出的美术作品特展由"走向辉煌"、"大师大家"、"传世经典"三部分组成，免费向社会开放近一个月时间，新馆试运行期间参观人数

达到8万人次。试运行后进一步对新馆基本建设进行科学论证，深入设施设备、建筑装饰、服务设施的配备、建设及功能完善。

6月18日，新馆全面开放，隆重推出首展"国家重大历史题材美术创作工程"江苏巡回展。展览是继北京、上海、杭州、深圳、厦门、武汉巡回展之后，在南京开始的新一轮巡回展出。新馆良好的办展条件确保了"国家重大历史题材美术创作工程"的104件作品在此次江苏巡回展中全部展出，包括中国画33件、油画53件、雕塑18件及创作草图、手记、影像资料等在新馆的三层楼7个展厅共计800米展线展出。本次展览标志着江苏省美术馆新馆正式实现永久性全面开放，参观人数超过了10万人次。

**业务工作** 展览注重学术水准，先后策划、举办一系列有影响的美术精品展，并且在展览布置上提高要求，根据不同的展览主题、作品种类、视觉要求，设计相应的布展方式、照明效果。全年主要展览有："新馆落成美术作品特展"、"书法有法——孙晓云书法作品展"、"德国珂勒惠支作品展"、"国家重大历史题材美术创作工程作品巡回展"、"白云忆故里——黄君璧书画展"、"第五届亚洲美术馆馆长论坛专题展"、"江苏省反腐倡廉美术作品展"、"新金陵画派遗页展"、"2010中国百家金陵油画展"、"岁月丹青1956—2010江苏省美术馆艺术家优秀作品回顾展"等，展期平均为20天左右，同时做好设计新门票、增加交通图与休息椅、发放免费宣传册、提供语音讲解等各项服务工作，新老两馆全年参观人数达40多万人次。

典藏部的工作重点放在对全部万余件藏品的系统性、数据化归纳整理，工作量极大，为画库搬迁、建立藏品数据库和举办专题陈列展作准备，已完成三个专题300多件的资料收集。配合策展部完成"大师大家"展览，全年举办五次馆藏作品展，通过藏品展

不仅让公众看到了艺术精品，也显示出江苏省美术馆的实力。全年共收藏书画精品 41 件。学术部全年编辑出版《江苏美术》正刊 6 期，增刊 1 期。

11 月 26 日以董小明为组长的全国重点美术馆评估专家组一行七人到江苏省美术馆进行检查、评估，专家组参观了新馆一流的建筑和硬件设施，对江苏省美术馆的软硬件各方面进行综合评估。

新馆开放以来先后接待了新任美国驻上海总领事馆文化副领事、韩国全北道立美术馆、德国歌德学院总院主席、台湾亚太文化创意产业协会、大英博物馆艺术策划总监、法国驻上海总领事馆文化领事等来访，并与歌德学院合作办展，和韩国全北道立美术馆签约

为友好馆。通过“第五届亚洲美术馆馆长论坛”活动，和国外美术馆建立起了联系，向外拓宽了交流合作的通道。国内馆际间交流日趋频繁，中国美术馆、深圳何香凝美术馆、黑龙江美术馆、福建美术馆等单位人员来访；馆内也相继派人赴北京、上海、浙江、湖北等地美术馆交流访问，并与中国美术馆、北京画院美术馆等合作借展，实现资源共享。

孙晓云分别在中国美术馆、江苏省美术馆举办“书法有法——孙晓云书法作品展”，中央、省市领导先后莅临展览，出版《书法有法》（第五版），分别在北京与南京举行新闻发布会和签名售书仪式，得到了各级领导、同行、群众的高度肯定。

两院一室的艺术家积极致力于美术创

作，10 月赴云南丽江等地写生创作。全年 20 位画家参加省级以上画展 30 人次，获奖 6 人次。

制订“三免费”细则，建立包括展览、典藏、公共教育、学术研究、计算机、行政人事、财务、安保等制度在内的江苏省美术馆管理制度，形成科学的、规范的运行机制。在省文化厅人事、纪检、艺术处等部门监督指导下，按照公正、公开、公平原则，经过笔试、面试和体检等过程，录用近 20 名学历均在大专以上的编外工作人员，分配到展厅、监控、客服等岗位试用。9 月和南京图书馆联合招募文化志愿者并举行省属文化单位志愿服务启动仪式，志愿者来自热心公益文化服务的高校学生，在对他们进行短期培训后主要用于讲解、推广和服务。

工作之余，馆领导组织安排职工到上海参观世博会。高温季节，安排人事、工会部门上门慰问高龄及生病的离退休职工。重阳节时组织离退休同志登高赏秋，为退休老馆长免费举办个人展览，将组织的关怀送到每一员工心中。

**第五届亚洲美术馆馆长论坛暨专题展** 9 月 26 日，“第五届亚洲美术馆馆长论坛专题展”开幕式在江苏省美术馆隆重举行，展览由“时代多彩——第十一届全国美展江苏获奖入选作品汇展”、“走进大师——中国美术馆

高云 还记得我们了吗 200cm×116cm

藏路德维希捐赠作品展”、“南北二石——傅抱石、齐白石中国画作品展”三个部分组成。9月27日—28日,以“美术馆的亚洲模式与文化职责”为主题的第五届亚洲美术馆馆长论坛隆重举行。本次论坛是“第二届中国·江苏国际文化艺术周”的一项重要内容,论坛由江苏省文化厅、亚洲美术馆馆长执委会主办,中国美术馆、江苏省美术馆承办。参加本届论坛的80多位馆长、专家分别来自12个亚洲国家和港台地区的18家美术馆,以及美国、德国、澳大利亚等3家观察员美术馆和国内的24家美术馆。论坛对推动亚洲美术馆之间的交流,提出了许多良好的构想与建议。江苏省文化厅、江苏省美术馆为论坛所做的组织工作得到了很高的评价,被誉为是“卓越的、无与伦比的”,由此成就了“一次卓越的、无与伦比的亚洲美术馆界的盛会”。

**岁月丹青:1956—2010年江苏省美术馆艺术家优秀作品回顾展** 12月26日,由省文化厅策划主办的“岁月丹青:1956—2010年江苏省美术馆艺术家优秀作品回顾展”在省美术馆新馆隆重开幕,展览是自1956年至今江苏省美术馆所有专职艺术家的第一次整体展示。早在20世纪五六十年代,江苏省美术馆就成为江苏省美术创作的一支重要力量。江苏省美术馆下设的江苏版画院、江苏油画雕塑院、江苏书画工作室,是一支实力雄厚的创作队伍。展览展出江苏省美术馆54位艺术家的150余件作品,是艺术家们在全国参展、获奖、珍藏的优秀作品,代表着55个丹青岁月累积而成的辉煌的艺术成就,从一个侧面呈现了江苏现当代美术发展的脉络。

**感悟生活:2010江苏省美术馆艺术家写生活动** “感悟生活”是江苏省美术馆品牌性的艺术活动,10月5日江苏省美术馆领导召开动员大会,对即将进行一年一度“感悟生活”写生活动的美术馆“两院一室”艺术家进行动员。馆领导在充分肯定历年活动成果的基础上,希望艺术家们通过本次艺术实践活动出精品、出更好的成绩。10月6日18位艺术家赴云南写生,是第六次外出写生,历时10天,途经丽江、香格里拉、梅里雪山、泸沽湖等地,体验了云南独特的风土人情,收集了大量的创作素材。在写生的基础上,艺术家们积极开展创作,出版作品集,展示出江苏省美术馆艺术家们丰富的创作硕果。

(李　芹)

## 江苏省文化馆

**概况** 2010年,江苏省文化馆紧紧围绕文化厅年度重点工作要求,在确保重点工作的高质量完成、继续做好服务基层等工作基础上,各项工作得到有序推进,经过全馆同志的共同努力,较好地完成了全年工作任务。

精心组织世博会江苏活动周巡游和广场演出活动。巡游和广场演出作为世博会江苏活动周群众参与最广、直接影响面最大的一项活动,得到了文化厅领导的高度重视。在

“吴韵汉风·人文江苏”的主题背景下，省文化馆六次修改活动方案。

在活动周期间，文化馆组织的群众队伍纪律严明、有序，敢打硬仗。在园区的一周时间内，巡游表演每天都吸引数万余游客驻足观看，演员们精彩的表演引得沿途观众掌声不断。世博巡游组对江苏巡游队伍给予了极高的评价。庆典广场的演出同样精彩，演员们顶着梅雨季节的闷热，每天转场三次，参演节目尽现江苏丰厚的文化底蕴和鲜明的江苏特色，其中少儿广场舞《睢宁落子》还受到沙特

馆的邀请，专门到沙特馆内做表演并和沙特艺术家们进行联欢。

在宝钢大舞台“中国元素”传习区进行的“人文江苏——非物质文化遗产活态展示”，汇集了南京云锦、扬州雕版印刷、剪纸、苏州刺绣、宜兴紫砂陶艺等我省18个优秀非遗保护项目，48位国家级、省级传承人和艺术家进行现场展示；昆曲、古琴、扬州木偶、睢宁落子等江苏“非遗”项目在宝钢小舞台进行展演。在5天的展示时间里，参观或观看演出的人数接近30万，精彩纷呈的展示给海内外游客留下了美好记忆，得到了世博局领导和各地游客的一致好评。

做好“群星奖”作品报送工作及巡演组织工作，组织文化馆业务骨干对多个参赛作品进行有针对性的辅导，并积极做好江苏代表队赴广东的比赛组织工作。在第十五届“群星奖”比赛中，江苏代表队共获群星奖16个，获奖数量名列全国各省市前茅。

群星奖 小品《回家过年》

国庆前夕，第十五届群星奖获奖作品到江苏省巡演，文化馆积极配合文化厅做好接待和演出的组织工作，巡演团在苏期间分别在南京市山西路市民广场、东台市、江阴市、靖江市、张家港市进行了五场演出，均获得了圆满成功，文化馆出色的组织工作也得到了巡演团的好评。此外，文化馆还积极实施承办了第九届江苏省五星工程奖决赛、华东六省一市小品大赛等。

**文化民生基层演出活动** 文化民生基层演出活动是今年列入文化厅年度重点工作的

内容之一，该馆作为责任单位，负责具体实施此项工作。5月8日，“欢乐家园”——江苏省文化民生基层文艺巡演启动仪式在常州钟楼区举行，先后组织演出队伍赴全省十三个省辖市演出20余场，所到之处，受到群众的热烈欢迎。今年的活动主要呈现三个特点：一是服务对象重心下沉，把关注点放在最基层的乡镇、城市弱势群体，把文化送到最需要的地方；二是内容更加丰富，将廉政文化、和谐文化内容纳入其中，并组织创作了多个相关题材的作品；三是活动组织水平进一步提高，馆领导一把手亲自抓，一名副馆长具体落实，大胆启用新人、大力推出新作。

**群众文化活动丰富多彩** 10月21日，一年一度的南京国际爵士乐新音乐展演会如期在南艺音乐厅举行。今年活动的规模和参演队伍的质量都较往年有一个较大的提升，吸引了德国、荷兰、美国等8支爵士乐队。除开幕式以外，还分别在东南大学、索菲特银河大酒店等地演出26场，为南京的观众献上了一顿别样的文化大餐。

2010年，文化馆自主主办、承办或联办的各类群众文化活动有二十多项，这些活动涉及多个艺术门类，对各地开展群众文化活动具有一定的指导意义。其中有：承办江苏省第五届企业职工美术书法作品大展、“6·26”国际禁毒日系列活动、江苏省乡镇文化站建设成果展等，与盐城市亭湖区联合举办了江苏省首届“亭湖杯”少儿曲艺大赛，组织作品参加由国家农业部、文化部、中国文学艺术界联合会共同主办的“中国农民艺术节”中国农民画精品展，推荐和辅导的选手获第十届“和平杯”中国京剧票友邀请赛十大名票。

**非遗保护工作成绩斐然** 随着非遗保护工作的逐步深入，各地各级的相关活动层出不穷。2010年，组织和参与的省级以上活动就达十多项，除继续做好在澳门举办的江苏省非物质文化遗产展示活动外，还分别组队参加了在天津、浙江、云南举办的多项全国性的非遗展示活动；组队参加了文化部在山东举办的首届非物质文化遗产博览会，获奖数量全国最多，同时获优秀组织奖；参与组织了第三批江苏省非物质文化遗产代表性传承人的评选，组织报送了第三批国家级非物质文化遗产名录项目230项，数量位居全国前茅；编辑了《江苏省第二批国家级非物质文化遗产名录要览》；筹建开通江苏非遗网站；全年编辑印发了四期《江苏省非遗工作简报》。

**基层业务骨干培训卓有成效** 省文化馆通过组织改稿会、培训班、采风等活动，培训了一批基层文艺骨干。通过培训，涌现出了一批新人新作，为群星奖、五星工程奖等重要奖项的评选储备了人才和作品。本年度的培训活动主要有：4月26日—29日，在扬州组织召开的全省文化馆美术摄影创作会议，会议期间组织代表

赴苏州创作采风；开展了江苏省全省群文戏剧曲艺作品创作征文，145个戏剧、曲艺作品报送参评，34件优秀作品参加了全省群文戏剧曲艺作品创作改稿会，一批思想活跃年轻作者展示了极高的创作欲望，他们的作品为江苏业余戏剧创作注入了新鲜的血液。

**理论调研工作呈现新特点** 文化馆在理论调研的内容方面呈现新特点，调研内容已不仅局限于群众文化的本身，主要活动有：参与了“公共文化单位免费开放与公益性服务研究”国家级课题的调研、课题其中（子课题）报告的撰写任务；参与了省文化厅组织的《江苏省“十二五”文化发展规划》、《文化建设在江苏》“公共文

化建设"部分的编写任务;完成了中国群文学会举办的"群文与创新"征文评比报送工作,最终获一等奖2个、二等奖4个、三等奖2个并获省群文学会、南京市群文学会组织奖。此外还完成了"江苏省群文与创新论文评奖"、"文化民生"理论研究征文评比、"文化江苏"散文、随笔、诗歌征文等多项评比工作;按计划完成《文化新世纪》全年4期杂志及2011年新春文艺专刊的编辑发行任务;编辑出版了《江苏省优秀禁毒艺术作品展览优秀作品集》、《2010全省美术考级优秀作品集》等。

**业务拓展项目稳步推进** 少儿艺术培训学员档案管理和任课教师的队伍建设得到进一步规范,增加了文化类、戏曲类等特色班级,全年开设30多个班次,培训人数2000人次以上;美术考级在巩固原有考点的基础上又开辟了新考级点,目前全省考级点已达20多个,全年美术考级人数1万余人次;继续与全国民族管弦乐协会和中国歌剧舞剧院合作,做好推广音乐考级试点工作,在溧阳、江阴、吴江等地获得了成功,吸引600余人次参考。

老年大学在社会各界的关心支持下,今年共开设38个专业、130多个教学班,全年在校学员4800多人次。今年的教学呈现几个新特点:一、根据中老年的需求,及时调整专业设置。新开设了爵士舞、老年街舞、中老年综合礼仪等专业,专业设置对路,班班暴满。二、大胆聘请有专业特长的年轻老师任教。青年教师知识结构新,能满足老年学员对新知识的渴求,目前青年教师占到教师总数约70%左右。三、管理人性化,服务亲情化。要求教职工以学员的乐意、在意、满意为标准,真心、诚心、热心地为老年朋友服务。四、开通了江苏省中老年文化网站,为老年学员提供学习交流的互动平台,学员只需在家点击鼠标就可实现报名、远程学习。五、创新教学形式,开设免费公共课。积极开展助残帮教活动,将残疾老年学员请进课堂,圆他们的歌唱梦、摄影梦、书画梦,这在全省乃至全国老年大学系统中带了个好头,提升了国办文化的美誉度。六、积极参加社会活动,彰显老年文化大学教学特点。7月,应宁夏回族自治区文化厅的邀请,老年文化大学艺术团一行60余人,赴银川市参加"宁苏两省区中老年文化艺术交流"活动;重阳节前后,组织了三场"关爱老人、构建和谐"文艺演出进社区活动,老年演员良好的精神状态,感染和鼓舞了现场老年观众。

(吴振宇)

## 江苏省文化艺术研究院

**概况** 2010年,省文化艺术研究院深入学习实践科学发展观,认真学习党的十七届五中全会精神和胡锦涛同志在中央政治局第22次学习会上的重要讲话精神,围绕省文化厅中心工作,以理论研究为主,积极完成省厅下达的各项任务。

**理论研究取得新成果** 国家艺术科学规划重点课题《昆曲学》子课题《中国昆剧志》已通过全国艺术学科规划领导小组办公室组织的评审结项,进入修改出版阶段;子课题《中国昆曲通史》、《昆曲舞台美术及其体制》、《昆剧表演艺术论》、《昆剧文学史》通过预审,进入修改完善阶段;子课题《曲唱与曲律》、《昆剧美学》开始编纂。组织《昆曲学》子课题负责人参加江苏省昆剧研究会2010年年会,共提交相关学术论文7篇。文化理论研究部成功申报省文化厅文化创新理论研究课题"剧院团改革后运行机制研究"。

在2009年承办首届中国昆舞国际学术研讨会的基础上,主编了"昆舞"学术专刊《中国昆舞国际学术研讨会论文集》。

**完成省文化厅下达的任务** 上半年完成省厅下达的"江苏省戏曲现状"调查任务。经过两年多的调查,完成"江苏省戏曲现状调查”七大类数据表和撰写调查报告(约20万字),为厅领导决策提供参考依据。

参加江苏省委党史办和省文化厅主编的《文化建设在江苏》一书的编写工作,完成“舞台艺术”和“书画艺术”两章节的撰写任务。

继续做好艺术档案工作,扩大品牌影响力。“江苏文化名人库”继续进行征集、整理。已征集到全省各戏剧院团获中国戏剧“梅花奖”全部演员的艺术档案资料,并于10月12日召开省暨各省辖市书画院、美协、书协主要负责人会议,广泛征集作品,为举办“江苏文化名人库暨艺术档案资料成果展”作准备。院部分同志参加省厅组织的上海世博会江苏馆开馆仪式、“江苏活动周”、大型展览和重大文艺活动,拍摄了大量图片和影像资料,收集了各项活动的档案资料。

(汪小建)

## 江苏省文化厅剧目工作室

**概况** 2010年,为继续深入实施“江苏省艺术创作源头工程”,江苏省文化厅剧目工作室着力抓了三个“机制创新”——通过一系列积极有效的举措,在艺术作品的创作机制、评奖机制和专业人才培养机制上积极开拓思路,打开了戏剧创作的新局面。4月7日,在南京召开全省剧目工作室主任会。省辖13个市的剧目工作室和省演艺集团创作室的负责人出席了会议。各地交流了2010年各地剧目创作的新选题以及本年度戏剧工作的重点与计划,并就深化文化体制改革、发现与培养青年编剧、大力推进编剧与院团以及市场的沟通等问题展开了讨论。江苏省剧目工作室网站(http://www.jsxiju.com/)于2月份正式开通,对加强全省各地的创作交流,起到了积极有效的作用。

**艺术作品创作机制的创新——把重点项目的工作重心前移** 鉴于多年来全省小戏小品创作弱在剧本环节的实际状况,本年度剧目工作室下大力气抓了小戏小品的剧本创作,并有的放矢地把工作重心前移至剧本的论证及加工打磨阶段。全省13个地区和省演艺集团,以及部分大专院校参加的第六届江苏省小戏小品大赛,共收到申报作品360余件。初评后,即从入围作品中选择了20个重点剧本,组织专家召开了为期三天的改稿会,面对面地帮助作者加工修改,作品质量有了非常明显的提高。

**艺术作品评奖机制的创新——把抓作品成活率和推新人放在首位** 坚持多年的“江苏省戏剧文学奖”在继续保持新创作品数量稳中有升的同时,剧目室把关注点放在了作品的成活率以及作者队伍的年轻化上,将评奖作为一种激励机制,评出创作积极性,推出新人新作,以实现通过评奖切实推动剧目建设和队伍建设的目的。

第八届“江苏戏剧文学奖”共评出二、三等奖和提名奖共6名,省剧目工作室29岁的年轻编剧罗周以话剧《春秋烈》摘得桂冠。为保证戏剧文学奖的含金量和权威性,该奖坚持宁缺勿滥的原则,本年度一等奖空缺,但获得二、三等奖的作品均已达到较高的水准。本届获奖的大部分作者,年龄在40岁以下,他们正值创作的成熟期,呈现出全省戏剧创作后继有人的良好发展趋势。剧目室把向剧团推荐获奖作品作为一项重要工作,积极加强与作者和剧团双方的沟通,有目标地进行推荐,有效地促进了剧团和作者之间的双向选择。

**专业人才培养机制的创新——“江苏戏剧讲坛”重理论指导实践** 举办了首届“江苏戏剧讲坛”。有别于以往的编剧读书班、短期培训班等,“江苏戏剧讲坛”在内容安排上,特别注重理论对实践的指导,不是灌输空洞的课本知识,而是集中最好的教学资源,以最有效的教学方式,用编剧理论和技巧直接指导

首届江苏戏剧讲坛——作品坐排

全省的新剧目创作。“讲坛”的最大亮点是获奖作品的实地“坐排”。学员们结合理论课，在自己的作品现场“坐排”中，反省自身的问题和不足，寻求提高艺术水准的良方。首届“讲坛”的主题是“编剧理论与技巧”，邀请了中央戏剧学院著名教授黄维若，就全省年轻编剧创作中的若干问题，结合第八届省戏剧文学奖部分获奖作品，有针对性地开办了为期五天的专题讲座，全省50多名学员参加了学习。

在首届全国戏剧文化奖评奖（第七届中国戏剧文学奖）中，剧目室有3人获得大型剧本铜奖，1人获论文二等奖。

剧目室认真研究全省舞台艺术事业的发展大计，积极参与全省重大艺术活动：参与了“舞台艺术精品工程的提升和充实”课题调研和报告撰写工作；参与了第二届中国江苏国际艺术周的组织工作，主要承担剧目组的剧目选调和演出任务；参与了全国昆曲优秀剧目展演周的组织工作，主要承担评论及宣传等工作；参与了省舞台艺术精品工程的评审工作；参与了2010年全省中青年戏剧培训班的组织工作，主要承担嘉宾邀请、授课以及接待、宣传等工作。此外，还组织了近三十次全省重点剧本的研讨会。

**首届江苏戏剧讲坛** 8月9—14日，首届江苏戏剧讲坛在南京举行，省文化厅艺术处处长吴小平、人事处副处长刘宝、省剧目工作室主任陈晶参加了开班典礼。省文化厅副巡视员汪人元做了题为《艺术生产要着眼于建设与积累——从江苏省舞台艺术精品工程说起》的专题报告。

该活动将以往的读书班、短期培训班、研讨会等进行整合，注重理论联系实际，特邀中央戏剧学院教授黄维若，以作品现场“坐排”等教学方式和学员进行互动，启发他们对编剧技巧和题材把握上的认识。全省近50名专业编剧参加了学习。

江苏戏剧讲坛将每年举办一届，结合本省实际，每年确定一个主题，并力争使之规范化、专题化和经常化，努力做成品牌项目。

首届江苏戏剧讲坛课堂

**南北戏剧交流座谈会** 12月21—24日，省剧目工作室召开南北戏剧交流座谈会，全省13个市剧目工作室主任、省演艺集团创作室的负责人、部分作者，共40余人参会。座谈会由镇江开幕，在宿迁闭幕。省剧目工作室主任陈晶主持会议。会上，各地代表交流了本年度本地区剧目创作情况和工作经验，并就进一步加强全省剧目创作和人才队伍建设，献言献策，提出了许多建设性的意见。会议期间，组织代表深入基层，对镇江醋文化博物馆、西津渡历史街区、宿迁市历史文化博物馆、宿迁市文化名人馆、项羽故里、农业生态园等进行了考察活动。

**第八届江苏省戏剧文学奖** 2010年5月5日，第八届江苏省戏剧文学奖在南京揭晓，共评出等级奖3名、提名奖3名。本届戏剧文学奖，共收到各地的申报作品69件（均为大戏，小戏小品另评）。作品涵盖京剧、话剧、锡剧、淮剧、淮海戏、柳琴戏、滑稽戏、丹剧、儿童剧、音乐剧等诸多门类，其题材涉及现代戏、新编历史戏、古装神话剧、改编传统戏等各个领域，现代题材约占65%。本届戏剧文学奖呈现出作者年轻化趋势，获奖作者中，45岁以下作者占65%左右。

### 第八届江苏省戏剧文学奖 获奖作品名单

**一等奖（空缺）**

**二等奖（1名）**

话剧《春秋烈》

（江苏省文化厅剧目工作室 罗周）

**三等奖（2名）**

戏曲《杨家碾坊》

（盐城市文化局剧目工作室 杨蓉）

话剧《天下太平》

（徐州市文学艺术研究所 管昭林）

**提名奖（3名）**

戏曲《忠义街》

（江阴市文广新局创作室 胡永忠）

话剧《高高的旋塔》

（江苏省文化馆 夏海滨）

戏曲《玉飞凤》

（无锡市文化艺术研究保护所 蒋东敏、夏吉平）

（曹敬辉）

## 江苏省文化厅《剧影月报》编辑部

**概况** 2010年，《剧影月报》在厅党组统一领导和部署下，努力贯彻落实科学发展观，更新思想观念，改进工作作风，坚持“双百方针”和“二为”方向，各项工作积极开展、有序推进，完成了期刊的组稿和编辑出版工作。全年，共编辑出版《剧影月报》杂志6期，并编辑出版了《江苏省昆剧院专刊》和《<剧影月报>省戏校增刊》等2本刊物，编辑量200余万字。

**业务工作** 《剧影月报》2010年度有四篇文章（剧本）荣获全国田汉戏剧奖一、二、三等奖（《云锦人家》获田汉戏剧奖剧本一等奖；《梁山伯与祝英台》获田汉戏剧奖剧本二等奖；《元杂剧的观念衍变》获田汉戏剧奖论文二等奖；《根扎两淮大地 弘扬淮剧文化》获田汉戏剧奖论文三等奖），取得丰硕的成果。中国学术期刊综合引证年度报告显示，《剧影月报》总被引频次、影响因子、他引总比、被引期刊数和即年下载率都有所提高。

2010年，《剧影月报》放眼全国，面向市场，面向读者，在内容和形式上，吸收影视类期刊的优点，打造本刊的亮色特点的同时，围绕中心，服务大局，配合省文化厅舞台艺术工作，作了大量宣传报道。2010年度大的文化艺术活动，上海世博会江苏活动周、第二届中国江苏国际文化艺术周暨第五届亚洲美术馆馆长论坛、全国昆曲优秀剧目展演周、江苏省第三届新人新作歌舞大赛、第六届全省小戏小品大赛、契诃夫诞辰150周年、越剧著名表演艺术家竺水招诞辰90周年、淮海戏著名表演艺术家谷广发诞辰100周年和京剧著名表演艺术家宋长荣从艺60周年等等，《剧影月报》都辟有专栏重点宣传。特别是江苏省舞台艺术精品工程，《剧影月报》作了全程跟踪报道。全年6期，发表了10余篇关于舞台艺术精品工程剧目的评论文章，为省文化厅的重点工作造势，为江苏舞台艺术留档，为读者和戏剧爱好者提供了精神食粮。

**业务管理**　《剧影月报》经过多年来的改版实践，发展本刊特色栏目。现有的主打栏目《舞台精品》、《演艺精英》、《艺术人生》、《台前幕后》、《影视风云》、《论坛》、《艺坛》、《演员沙龙》等，增强了可读性、艺术性和趣味性，获得读者好评。

丰富杂志内容，提高办刊质量。随着杂志社各项工作的逐步开展，《剧影月报》把提高办刊质量作为工作的中心，对编辑的工作提出量化标准，制定了《期刊质量责任制及工作流程》，对选题申报、文章质量、约稿的调整与修改都提出了较高的要求。把期刊的质量落实到各个工作程序每一个责任人，从而使误差率大大缩小，提高了刊物质量。

《剧影月报》坚持两个效益一齐抓，多年来从无到有，由少到多地发展了40多个理事单位。2010年，经过梳理调整，保留了20个左右或有戏或出人，而且来稿相对优良的理事单位。这样，不仅扩大了读者群，有效提高了刊物质量，而且也基本解决了办刊的经费来源。

（徐　可）

## 江苏省戏剧学校

**概况**　2010年江苏省戏剧学校有从业人员283人，有南京长白街、百水桥和溧阳天目湖三个校区，内设19个科室。年内，进一步深入贯彻落实科学发展观，以国家和省中长期教育改革和发展规划纲要为指引，认真制订学校“十二五”发展规划；以开展“创先争优”、“大学习、大培训、大提高”活动为契机，全面提升党员干部及师生员工的政治思想和品德素质；以“评估整改”为抓手，加强加快以教学为中心的内涵建设，全年各项工作成绩显著。

**德育建设**　学校坚持以校理论中心组学习为引领，以各支部和各科室学习为基础，以领导干部学习为重点，改进学习形式，理论联系实际，注重学习实效。党委组织党员学习《社会主义核心价值体系学习读本》等材料，全校党员联系实际撰写箴言160多条。结合文化厅系统“大学习、大培训、大提高”活动，组织党员干部、教职员工学习国家、省中长期教育改革和发展规划纲要、全国教育工作会议精神和文化体制改革新精神。开展“结合岗位，读本好书”活动，全校95%以上教职工撰写读书心得，年底，召开读书心得交流大会。学校组织专门班子，对学校校园建设、专业建设、人才建设等发展目标进行调研，分析论证，起草制订学校“十二五”发展规划。

以“创先争优”活动为契机，进一步加强和改进思想政治工作、师德建设和学生德育工作，全面提升师生员工的政治、思想和品德素质。党委、各支部联系实际开展多种创争活动，领导干部带头撰写公开承诺书，学校网站开设创争活动专栏，橱窗公示每位党员的公开承诺内容，接受群众监督。党员与学生结对子开展帮扶学生活动。举办“师德教育报告会”，继续在教职工中开展“向身边的同志学习”活动，通过校内外先进事例，引导教职工爱校、爱岗、爱生、敬业，践行和弘扬崇高师德。针对学生的特点和实际情况，着力创新德育和学生管理工作，进一步在校园文化中融进行业文化,发挥环境文化的育人作用。

有针对性地开展主题教育和专项整治活动,举办第十四届校园文化艺术节、第十三届校田径运动会、学生志愿者等形式多样、寓教于乐的各种活动;开设"名校友讲坛";坚持利用业余党校、团校培养学生骨干和团干部,在团组织和团员中推动"创先争优";采取激励措施,加强班主任队伍的建设和管理,从多方位提高德育和学生管理工作的有效性。全校师生向青海玉树地震灾情捐款6.0675万元。持续开展群众性精神文明创建活动,进行文明科室评比、"文明风采"竞赛等活动,取得明显成效:年内,校团委荣获"江苏省五四红旗团委标兵"称号;学校被评为"江苏省中等职业学校德育工作先进单位";再次获"江苏省文明单位"荣誉称号。

著名演员王馥荔回母校讲课

**业务发展** 学校以五年制高职专业建设水平评估和示范专业评估为契机,全校发动,全员参与,以评促建,着力基础能力建设,强化课堂教学管理,提高人才培养质量。学校一切工作围绕教学,聚焦课堂,校领导带头,从严格课堂秩序入手,深入课堂,加强对课堂教学的日常管理和质量监控;结合全省艺术职业学校课堂教学评比活动,进行全校性的备课、说课、上课的研究和评比。加强专业建设,继续扎实推进"小京班"教育教学各项工作。影视表演专业被评为"江苏省五年制高职示范专业"。

继续推进课程改革,年内滚动修订四个五年制高职专业的实施性人才培养方案,编写部分专业课校本教材,研究制订文化课改革方案,筹建精品课程,进行项目课程、校团合作和演学结合人才培养模式的实验研究。加大招生宣传力度,首次进入西部省份招生,较好地完成招生任务。加强毕业生就业指导,毕业生当年就业率达95%。面向全国公开招聘缺行专业教师,规范外聘兼课教师的管理,抓好现有教师的培养提高。组织相关专业负责人、文化课和专业课教师参加全省的各种培训,组织京剧专业教师参加全国艺术院校京剧专业中青年教师教学展评活动。拨出专款鼓励教师在职进修本科和研究生学历(学位),继续举办教职工计算机应用技术培训班。积极组织教师参加各种专业比赛、演出、展览等实践活动,提高教师的"双师"素质和专业实践能力。

年内,更新了第二微机房设备,完成长白街校区网管中心改造工程,更换语音室设施,添置了大量专业教学物品设备,引进了全国文化信息资源共享工程,提升学校设施设备的现代化、信息化程度。省教育厅专家组对学校五年制高职专业建设水平进行评估,给予了高度评价,认为学校坚守在传承民族传统艺术的园地,努力培养五年制高职人才,成绩斐然。

全省艺术职业学校课堂教学评比,学校教师获得三个优秀教学奖和四个教学奖,成绩名列第一;艺术表演专业实训基地被评为"江苏省职业教育实训基地";女子群舞《桃花扇随想》获第三届全国中小学生艺术展演专业组一等奖和优秀创作奖;学校学生还获第十四届"中国少儿戏曲小梅花金花"称号,2010年江苏省职业学校学生技能大赛声乐组一等奖、二等奖和舞蹈组二等奖,第五届长三角青年歌手大赛民族组优秀演唱奖等专业奖项。

**服务社会** 学校坚持"以服务为宗旨"

的办学方针，以师生专业实践为载体，积极主动为江苏"两个率先"和建设文化强省服务。年内，学校师生演学结合，产教结合，现代京剧《沙家浜》选段、小舞剧《雪翎飘飘》先后作为江苏省2010年新春元宵晚会、全省文化局长会议招待晚会、2011年元旦惠民演出的专场剧目，《雪翎飘飘》还作为第二届中国江苏国际文化艺术周闭幕式的专场演出剧目；舞蹈专业师生参加上海世博会江苏活动周文艺演出活动，圆满完成任务；学校师生还参加由教育部主办的第四届中外大学校长论坛文艺演出、全国职业学校"文明风采"竞赛活动颁奖晚会、第二届中国江苏国际文化艺术周开幕式等演出活动。学校利用自身教育资源，拓展社会艺术培训，与吴江市文广新局合作建立"吴江市戏曲传承中心暨江苏省戏剧学校培训实训基地"，开展"戏曲进校园、进社区"培训活动，传承、普及戏曲文

戏校学生参加世博会演出

化。全年学校面向社会开展艺术培训、舞蹈考级和普通话测试工作达1.6万多人。

**改善民生** 学校坚持以师生为根本，统筹兼顾，改善民生。进一步完善助学机制，坚持公开、公平、公正原则，做好国家助学金、奖学金和学校奖学金、学生学费减免与困难补助等工作，全年用于学生助学资金100多万元。解决了第二批教职工住房补贴380多万元。进一步改善师生的教学、办公和生活条件，维修长白街校区女生宿舍，修缮百水桥校区校舍，添置教学和办公设备。加强健康卫生宣传教育和安全防范措施，热情做好"献爱心、送温暖"工作，及时慰问伤病和有困难的教职工。工会举办登山、球类比赛等多种活动，丰富教职工生活。学校高度重视离退休老同志工作，开展各项活动，关心老同志生活，及时给生病和有困难老同志"送温暖"，逢年过节慰问老同志。年内，提高了全校教职工奖金福利。

**"小京班"在央视首届"学京赛"中成绩斐然** 11月，在中央电视台举办的首届CCTV

参加首届CCTV全国戏曲院校京剧学生电视大赛颁奖晚会演出后与领导和评委合影

全国戏曲院校京剧专业学生电视大赛决赛中，学校"小京班"学员张婉婷获金奖、陈惠禾获银奖、章乃方获铜奖和优秀表演奖，其他参赛的13名学生分获荧屏奖、纪念奖，指导教师艾金梅、李成麟获得"园丁奖"，学校获组织奖，总成绩在省级参赛院校中名列前位。此次大赛是继中央电视台青年京剧演员电视大奖赛、优秀青年京剧演员研究生班和京剧流派艺术研习班后，又一京剧人才培养工程，也是对全国戏曲院校京剧教学成果的检阅。全国10个省市、20所戏曲院校、近300名京剧专业在校学生参加大赛，经过历时七个月的预赛、初赛、复赛层层选拔，学校《扈家庄》、《击鼓骂曹》、《盗仙草》三出剧目最终进入决赛并获奖，为江苏赢得了荣誉。

（张天舒）

# 市、县（市、区）文化工作

# 市、县（市、区）文化行政机构领导人名录

（2010年1月1日至12月31日）

## 南京市

**南京市文化广电新闻出版局**

局　长　陈光亚
党委书记　何亦农（女）
副局长　徐开利
副局长　李俊才
副局长　吴秀亮
副局长　彭年龙
副局长　谢　山（女）
副局长　顾小荣
纪委书记　马献庭
巡视员　陈　军
巡视员　孙晓兵
副巡视员　施　坚

**南京市文物局**

副局长　杨新华

**溧水县文化广电局**

局　长　管红玲（女）

**高淳县文化广电局**

局　长　张永年

**玄武区文化局**

局　长　杨雯懿

**白下区文化局**

局　长　张振荣

**秦淮区文化局**

局　长　还建军

**建邺区文化局**

局　长　金光明

**鼓楼区文化局**

局　长　张国防

**下关区文化局**

局　长　姜东林

**浦口区文化广电局**

局　长　卢厚今

**栖霞区文化旅游局**

局　长　赵家宝

**雨花台区文化局**

局　长　朱天燕（女）

**江宁区文化广电局**

局　长　杨嘉清

**六合区文化广电局**

局　长　梁　超

## 无锡市

**无锡市文化广电新闻出版局**

局　长　叶建兴
副局长　刘基平
　　　　贺　军
　　　　张振华
　　　　高　燕

**江阴市文化广电新闻出版局**

局　长　王建炜

**宜兴市文化广电新闻出版局**

局　长　许夕华

**锡山区文体局**

局　长　郁　枫

**惠山区文体局**

局　长　钱俊法

**滨湖区文体局**

局　长　孙力民

**崇安区文体局**

局　长　陈志刚

**南长区文体局**

局　长　顾文娟

**北塘区文体局**

局　长　马建华

**新区社会事业局**

局长助理　鲍宇红

## 徐州市

**徐州市文化广电新闻出版局**

书记、局　长　单兴强
副书记、副局长　汪诚谊
副书记、副局长　张仰枢
副局长　张海波
乔景山
张　柯
朱世平
韩如海
韩　峰
郑建华
党委委员　安亚如
刘继刚

**丰县文广新体局**

局　长　胡清涟

**沛县文广新体局**

局　长　朱　勇

**铜山县文广新体局**

局　长　冯军成

**睢宁县文广新体局**

局　长　魏晓峰

**邳州市文广新体局**

局　长　杜　伟

**新沂市文广新体局**

局长、党委书记　夏同宪

**贾汪区文广新体局**

局　长　郭修汾

**云龙区文教体局**

局长、党委书记　赵民强

**泉山区文教体局**

局　长　王　建

**鼓楼区文教体局**

局　长　李乐东

## 常州市

**常州市文化广电新闻出版（版权）局**

党委书记　黄　欣
副书记、局长　赵唯强
副书记　鱼国平
副局长　张　献
徐　进
蒋雅芬（女）
汪忠泽
张戬炜
荣凯元
纪委书记　薛建强
党委委员　高　慰

**金坛市文化广电体育局**

党委书记　吴　寅
局　长　贺进军

**溧阳市文化广电体育局**

党委书记　王万鹏
局　长　朱洪伟

**武进区文化广电新闻出版局**

党委书记、局长　郝建成

**天宁区教育文体局**

党委书记　丁　方
局　长　张　龙

**钟楼区教育文体局**

党委书记　徐澄范
局　长　许立新

**戚墅堰区教育文体局**

党委书记、局长　贺国良

**新北区社会事业局(教育文体局)**

党委书记　茅雪鹤
局　长　徐　俊

## 苏州市

**苏州市文化广电新闻出版局**

局　长　汤钰林
副局长　成从武
谢　芳(女)
陆　菁(女)
尹占群
纪委书记　李振林

**张家港市文化广电新闻出版局**

局　长　陈世海

**常熟市文化广电新闻出版局**

局　长　庞　欢

**太仓市文化广电新闻出版局**

局　长　黄友良

**昆山市文化广电新闻出版局**

局　长　赵红骑

**吴江市文化广电新闻出版局**

局　长　金健康

**吴中区文化体育局**

局　长　李　强

**相城区文化体育局**

局　长　沈炳泉

**平江区文化和科学技术局**

局　长　吕　俊

**沧浪区文化体育旅游局**

局　长　朱　敏

**金阊区文化和体育局**

局　长　华建新

**苏州工业园区社会事业局**

局　长　华雪兴

**高新区、虎丘区教育文体局**

局　长　顾彩亚

## 南通市

**南通市文化广电新闻出版局**

局　长　陈　亮
副局长　范　平(女)
王栋云(女)
王帜华(女)
金星华
邱国明
王倚海
党组成员　褚跃华
黄洪平
余家成
张　辉
徐庆满
张金香

**海安县文化局广电新闻出版局**

局　长　郑　华

**如皋市文化广电新闻出版局**

局　长　姚呈明

**如东县文化广电新闻出版局**

局　长　张　恺

**海门市文化广电新闻出版局**

局　长　陈忠新

**启东市文化广电新闻出版局**

局　长　许锦飞

**通州区文化广电新闻出版局**

局　长　陈剑俊

**崇川区文化新闻出版局**

局　长　高　峰

**港闸区文化体育新闻出版局**

局　长　李　峰

**开发区社会事业局**

局　长　黄洪生

## 连云港市

**连云港市文化广电新闻出版局**

局　长　田　明

副局长　王亚平

尚玉金（女）

苏中保

赵　鸣

王咏梅（女）

副书记　许小芳（女）

纪检组长　胡向鲁

**赣榆县文化广电体育局**

局　长　韩宝东

**东海县文化广电体育局**

局　长　李祥龙

**灌云县文化广电体育局**

局　长　陈守金

**灌南县文化广电体育局**

局　长　相海龙

**新浦区文化体育旅游局**

局　长　范益军

**海州区文化体育旅游局**

局　长　王恒云

**连云区文化体育旅游局**

局　长　周永刚

**市经济技术开发区和社会事业局**

局　长　苏月虹

## 淮安市

**淮安市文化广电新闻出版局**

局长、党委书记　郑泽云

副局长、党委副书记　刘华庭

副局长　张益民

于明星

李　倩

陈　静

纪委书记　张亚刚

**清河区文化广电新闻出版局**

局　长　刘桂珍

**清浦区文化广电新闻出版局**

局　长　侯正军

**淮阴区文化广电新闻出版局**

局　长　周　舜

**楚州区文化广电新闻出版局**

局　长　杨文杰

**洪泽县文化广电新闻出版局**

书　记　夏宝国

**金湖县文化广电新闻出版局**

局　长　李中秋

**涟水县文化广电新闻出版局**

局　长　刘宝泽

**盱眙县文化广电新闻出版局**

局　长　葛　云

**淮安经济开发区城乡事业局**

局　长　陈光锋

## 盐城市

**盐城市文化广电新闻出版局**

局　长　许新建

书　记　陈晓莲

副局长、党委副书记　王桂东

副局长、党委副书记　顾云峰

副局长　刘剑峰

赵劲松

邵仁贵

徐寿芹

薛万昌

吴春杏

纪检组长　程霖霞（女）

党委委员　胡友祥

王东成

**东台市文化广电新闻出版局**

局　长　张源平

**大丰市文化广电新闻出版局**

局　长　叶玉成

**射阳县文化广电新闻出版局**

局　长　尤国勋

**建湖县文化广电新闻出版局**

局　长　陈远立

**阜宁县文化广电新闻出版局**

局　长　蔡卫国

**滨海县文化广电新闻出版局**

局　长　沈光祥

**响水县文化广电新闻出版局**

局　长　李　清

**盐都区文化广电新闻出版局**

局　长　丁　勤

**亭湖区文化广电新闻出版局**

局　长　刘清茂

## 扬州市

**扬州市文化广电新闻出版局**

局　长　陆苏华

副局长　颜志林

吴宝根

刘　俊

仲玉龙

周启云

张亚华

文物局局长　顾　风

文物局副局长　徐国兵

纪委书记　徐朝平

**江都市文化旅游局**

局　长　蒋　伟

**宝应县文化体育局**

局　长　钱永建

**维扬区文化教育局**

局　长　杨　荣

**邗江区文化体育局**

局　长　朱跃建

**广陵区文化局**

局　长　徐　超

**仪征市文化体育局**

局　长　陈　彪

**高邮市文化局**

局　长　黄　平

## 镇江市

**镇江市文化广电新闻出版局**

党委书记、局长　戈　矛

党委副书记、副局长　邬建国

党委委员、副局长　徐爱国

党委委员、副局长　赵　峰

党委委员、副局长　董有成

党委委员、纪委书记　殷国平

党委委员、副局长　孙小梅

党委委员　顾维林

**扬中市文化广电体育局**

局　长　文层耕

**句容市文化广电体育局**

局　长　方寿根

**丹阳市文化广电新闻出版局**

局　长　陆中华

**丹徒区文化体育局**

局　长　步履平

**京口区文化体育局**

局　长　李莉

**润州区文化体育局**

局　长　陈晓鸽

**新区社会发展局**

局　长　陆海栋

## 泰州市

**泰州市文化广电新闻出版局**
局　长　陈士宏
副局长　陈　兵
曹学赋
杨延慧
曹家为
张　莹

**靖江市文化广电新闻出版局**
局　长　季灿华

**泰兴市文化广电新闻出版局**
局　长　张　敢

**姜堰市文化广电新闻出版局**
局　长　周　谅

**兴化市文化广电新闻出版局**
局　长　刘春龙

**海陵区文化体育新闻出版局**
局　长　吴家宽

**高港区文化体育旅游局**
局　长　张霁明

## 宿迁市

**宿迁市文化广电新闻出版局**
局　长　仲向阳
副局长　吴长喜
胡　宏
洪　声
周建平
党组成员　高　超

**沭阳县文化广电新闻出版局**
局　长　毛善科

**泗阳县文化广电新闻出版局**
局　长　王东成

**泗洪县文化广电新闻出版局**
局　长　赵　勇

**宿豫区文化广电新闻出版局**
局　长　王新春

**宿城区文化广电新闻出版局**
局　长　李士禄

# 南京市

**南京文化工作概况** 2010年，南京市文化广电新闻出版局紧紧围绕市委、市政府中心工作，以文化繁荣发展为中心，以公共文化服务体系建设为重点，以创造更多、更好地适应人民群众需求的精神产品为目标，以改革创新为动力，以队伍建设为保障，以科学发展观的要求大力推进文化事业和文化产业的发展，统筹城乡文化建设，在文学艺术创作与生产、公共文化服务体系建设、文化遗产保护与利用、文化产业发展、文化体制改革、文化发展环境以及对外文化交流等方面取得了一系列成就，为“两个率先”目标的实现做出了新的贡献。

**艺术生产** 市越剧团有限公司的越剧《柳毅传书》获得省“五个一”工程奖，并进入国家舞台精品工程前三十名，经评审，最终以第十二名的好成绩进入明年的前十台终评。修改加工话剧《高速时代》，获省舞台艺术“精品工程”优秀奖。该剧在京召开了专家论证会，赴重庆参加了全国优秀话剧剧目展演和公演，获得专家、观众的好评。

《柳毅传书》第三场剧照

举办了朱道平先生“山无尽、水无尽、行无尽—中国画作品展”、张伟先生“甲子书画作品展”和“2010南京年度提名画家作品展”等三次书画展活动及“申青奥”书画笔会活动。白下区文化馆选送的《虞美人·悲歌》荣获第二届中国越剧艺术节金奖。

朱道平先生中国画作品北京展出

**舞台演出** 2010年，完成了30余场不同场所、不同形式及不同规模的接待演出任务，组织了“虎跃金陵2010年新年音乐会”和“南京市各界人士迎春团拜会”专场文艺演出及春节系列演出、“宁台之夜”大型文艺晚会演出、对外文化交流成果公益性系列演出。南京民族乐团赴上海与日本华乐团在世博中心大会堂联合举行了“激情世博”专场民族音乐会，小红花艺术团参加了江苏周的演出活动。组织南京民族乐团赴国家大剧院进行《金陵风韵》演出。以“对接世博、迎接青奥、感受欢歌”为主题，2010年百场公益演出广场行活动全年演出了110场。配合“惠民工程”，组织举办了10场“公益交响音乐会”高雅艺术欣

“虎跃金陵”2010年新年音乐会

赏活动、15场“打开音乐之门”暑期系列演出活动。

**社会文化** 树立了一批基层文化建设的先进典型，命名表彰了第六批8个五星级文化站和39个村（社）级文化活动室示范点。组织开展“送书、送戏、送电影”下乡活动，全年送书3.423万册，送戏436场，送电影4846场。全市开展文化广场活动1395场。开展社区文艺团队优秀节目展演活动，全市80个团队共100个节目参加了展演，集中展示了全市社区文化活动和社区艺术团队建设的成果。“金陵合唱节”和“金图讲坛”两项公共文化服务品牌活动在第九届中国艺术节上获得了第十五届群星奖“公共文化服务项目奖”。浦口区永宁侯冲手狮队在农业部、文化部、中国文联主办的首届中国农民艺术节上，一举获得最高奖项——金穗奖。

浦口永宁手狮队表演现场

浦口区石桥文化站、江浦街道文化站建成投入使用。高淳开工建设保圣寺塔文化园，该项目总投资约1.2亿元，主要包括博物馆、图书馆和多功能剧院等，总建筑用地面积为2.3799万平方米。组织了文化馆干部业务技能比赛，来自全市13个区县14个文化馆的150余名群文干部参加了声乐、器乐、舞蹈、戏剧、曲艺、美术、书法、摄影、专题策划文案、个人全能和团体的竞赛，锻炼和提高了群文干部队伍；组织南京两支合唱团参加了文化部举办的全国老年合唱节和 中华红歌会比赛，取得了优良成绩；举办了南京市戏曲票友大赛，在层层选拔的基础上，来自全市13个区县的80名选手参加了决赛，大赛为繁荣和振兴戏曲艺术，活跃人民群众的文化生活搭建了平台。下关区以南京妈祖庙会和第九届社区文化艺术节为平台，广泛开展群众文化活动，全年组织举办“欢乐进社区”系列活动、“祈福到永远”广场系列演出等各类群众文化活动38场，观众22万余人次。建邺区成立了全市首个区级社区文工团，深入社区村、学校、敬老院，并根据重大的工作契机创作演出了迎接青奥、人口普查、平安创建综合治理等16场专项宣传演出，填补了区域内文化的盲点和空白点，受到了社区居民的热烈欢迎，在社会上引起了强烈的反响。全区33个社区团队也结合各自特色，开展丰富多彩的活动，进一步提升建邺文化的影响力和覆盖面。

2010年，在第九届江苏省“五星工程”现场决赛中，南京代表队的广场舞蹈“盛世龙舞”、“男女声二重唱”、“读书好”等6个节目获得了金奖，3个节目获得了银奖。在第十届华东六省一市戏剧小品大赛中，江宁区文化馆的小品《数钱》获得了创作表演大奖。秦淮区少儿相声《南京欢迎您》独获江苏省“五星工程”奖曲艺类金奖。鼓楼区老年合唱团荣获第十二届中国老年合唱节金奖（金船奖）。下关区摄影作品《梅》获得江苏省文化厅等八部委举办的禁毒展铜奖。雨花台区全年创作各类艺术作品 820 件，26 件作品获市级以上大奖。

举办了以“重读南京、了解南京、热爱南京、建设南京”为主题的第十五届读书节，共开展 12 大项读书活动。组织全市公共图书馆开展了“走近读者 创新服务”系列读书活动。组织举办了“金陵颂”古诗词少儿经典诵读、红领巾读书征文和农民读书征文等活动。金陵图书馆新馆于 10 月 18 日举行了开馆仪式，藏书达 153 万册，“市民书房、知识学堂、文脉传承、今古典藏”成为新馆服务功能的定位目标。金陵图书馆新馆开通了电话服务、多功能网上服务和“手机图书馆”等多项服务，市民日均到馆 4000 人次以上，日均借阅量近 6000 册次，约 20 万市民持有“金图读者证”。建邺区编制完成了《建邺文化志》。鼓楼区出版发行了《鼓楼文化丛书》。李媛撰写的论文《新环境下基层公共图书馆的文献采访工作》获 2010 年全国图书馆文献资源建设研讨会征文三等奖。六合区第一、二图书馆选送的 3 篇论文在全国中小型图书馆服务建设研讨中获二等奖。

在文化拥军工作中，全市文化系统共出动流动图书车 20 余台次，捐赠各类图书 2 万余册，送电影 110 场次，为部队订报刊 20 余种，举办了 115 场军地联欢活动，开展书法、绘画、摄影交流活动 15 次，帮助部队培训基层文化骨干千余人次，组织了万余名部队官兵到文博馆所参观，举办送讲座进军营 5 场、送展览进军营 2 场。

**文化遗产保护** 开展了第三次全国文物普查，完成了实地文物调查阶段验收工作，启动文物普查第三阶段调查资料的整理汇总和数据库建设工作。对市域范围内 13 个区县 113 个乡镇、街道的地上、地下、水下的不可移动文物进行了实地调查，实际调查文物点 2871 处，其中新发现 1813 处，复查 1058 处，内容涵盖古遗址、古墓葬、古建筑等六大类；

第五个文化遗产日暨第八届南京文博之夏开幕式

完成了市级以上 448 处（点）文物保护单位文物保护范围和建设控制地带划定工作；完成了第七批全国重点文物保护单位 63 处、省级文物保护单位 46 处的申报工作。

组织力量对南京大报恩寺遗址进行考古发掘，制定了阿育王塔、丝织品、漆木器、金银器、铁函等出土文物的保护方案；配合市政建设，完成了南京市土地储备中心、仙林大学城管委会等 62 个建设项目的考古及审批工作，配合开展了“明外郭——秦淮新河”百里风光带的勘探工作；积极推进和协调南朝陵墓石刻加顶保护和上坊大墓防水加固保护工程；制定了《南京市文物局考古发掘管理实施办法》。

维修后的玄武巷城墙

组织评选、公布了第一批南京市非物质文化遗产生态保护区和传承保护基地，高淳县被命名为南京市首个“非物质文化遗产生态保护区”，南京云锦研究所、南京市民俗博物馆等 12 个单位被命名为“非物质文化遗产传承保护基地”。组织评选、公布了南京市第一批共126个市级非物质文化遗产传承人；配合全国第五个文化遗产日活动，组织南京“非遗”项目参加了北京“巧夺天工”全国“非遗”工艺大师技艺展、西安全国剪纸展及在徐州举办的全省遗产日展览。南京云锦、南京剪纸、秦淮灯彩等三个“非遗”项目及传承人参加了上海世博会“江苏活动周”的展览演出活动。

**博物馆·纪念馆** 侵华日军南京大屠杀遇难同胞纪念馆、中共代表团梅园新村纪念馆、静海寺纪念馆、雨花台烈士纪念馆、南京渡江胜利纪念馆、孙中山纪念馆、明孝陵博物馆、抗日航空烈士纪念馆、南京云锦博物馆等9家博物馆、纪念馆实行对外免费开放。开展了以“博物馆致力于社会和谐”为主题的“5·18国际博物馆日”宣传活动，举办了南京市文博系统讲解员培训班，来自全市文博系统共60余名讲解员参加了此次培训。

参加“文博之夏”活动的孩子学习彩绘葫芦

6月11日至9月10日，配合第五个文化遗产日，组织举办了第八届南京“文博之夏”系列活动。以“重读南京，共享和谐”为主题，围绕“特色夏令营”、“青奥会与世博”、“文物展览展示”等六个专题开展了66项活动，让农民工子弟和乡村孩子进入文博场馆是本届活动的重点。本次活动惠及城乡居民，有近10万人参加了活动。

开展全市文物调查及数据库管理系统建设工作，初步建成了文物数据信息中心。开展全市馆藏文物定级工作，同时对已定级文物进行检查，全年共完成三级品以上文物鉴定5000余件。

**文化产业** 截至12月底，全市原创动画片产量16部、6000分钟。鸿鹰动漫的《饮茶之功夫学园》、明日科技的《拯救侏罗纪》、阿法贝的《阿法贝乐园》3部原创动画片喜获省、市精神文明建设“五个一”工程奖。南京苗行天下传媒科技有限公司创作的动画形象“南南猫”，获得了中国动画学会首届中国十大卡通形象入围奖。40余部动画新作在第六届中国国际动漫展览会上参加了国际动画片交易大会、项目合作洽谈会、动漫企业握手酒会等大型推介活动。组织了第三届海峡两岸大学生科普动漫创意设计作品巡回展；征集了南艺、南广等8所院校动漫专业学生原创动漫作品120余件，经过评选，其中65件作品分获一、二、三等奖和优秀作品奖。组织了全市动漫产业园公共服务平台建设、原创动画作品、游戏等4大类共49个项目的申报工作。玄武建成了十朝文化园、创意中央科技文化园、曼度·嘉年华。

电影市场蓬勃发展，到12月底，电影票房收入2.0335亿元，同比增长35%。

组织全市文化企业参加申报2010年省、市文化产业引导资金和评审工作。共申报省文化产业引导资金项目146个，上报91个，其中24个项目获得了2640万元的资金扶持。申报市文化产业专项资金项目共计49项，获得扶持资金1910万元。其中，补贴类32项，资助资金1170万元；配套资助类2项，资助资金30万元；贷款贴息类15项，贴息710万元。

参与筹备2010第五届中国（南京）文化产业交易会，10家重点动漫企业参加展览展示，28支COSPLAY队伍进行了现场表演，数十家动漫衍生产品、玩具企业参加了交易，5

家少儿图书企业在现场售书，成为动漫展区的一大亮点。动漫项目现场签约达8700万元；组织南京高新开发区软件园、雨花创意园、晨光1865创意产业园等国家动画产业基地园区参加了2010中国（常州）国际动漫艺术周，展示了我市动漫产业发展的成就；组织2010年度江苏省文化科研课题申报工作，共申报科研课题3项。

**文化市场管理** 按照省文化厅《关于对南京市网吧总量和布局规划的批复》要求，制定了实施方案。指导39家网吧连锁企业直营门店规范化建设，对已达标的4家网吧颁发了《网络文化经营许可证》；制定了《南京市连锁网吧考核细则》，对落户在南京的6家网吧连锁企业进行了考核。制定了《南京市清理、整治中小学校园周边200米范围内文化市场经营场所的实施方案》。完成了全市350家歌舞娱乐场所换证工作。全年共受理网吧变更事项85家次，办理完成75家次。整顿和规范文化市场秩序，严厉打击各种违法违规经营活动。全市共出动检查人员1.6万人次，检查网吧9500家次，覆盖率达98%，检查游戏机场所1700家次，歌舞娱乐场所1500家次，受理举报280件，立案查处网吧违规经营活动172起，罚款人民币40万元。稽查支队获得了省厅查处“12·10”特大网络游戏“私服”案先进单位的表彰。强化了校园周边文化市场经营场所整治力度。全年出动执法人员1300人次，车辆60台次，对违规接纳未成年人的4家网吧和150家未按规定核对登记上网人员有效身份证件的网吧进行了处罚。

**对外文化交流** 2010年，共办理并组织实施对外和对港澳台文化交流项目25批次，共计273人次，其中出访21批次、239人次，与22个国家和地区进行了文化交流；来访4批次、34人次，与4个国家和地区进行了文化交流。应邀参加了新加坡第17届“春城洋溢华夏情”艺术节访问演出。完成了国家文化部委派的“欢乐春节——中俄联欢节”、“欢乐春节——哈萨克斯坦中国年”访问演出、随贾庆林主席的商访团赴纳米比亚庆祝中纳建交20周年系列演出任务。南京市歌舞团和民俗馆赴台湾举办了“南京文化艺术交流展演”。

中国南京艺术团赴纳米比亚演出现场

南京市艺术研究所画家、南京版画院院长刘春杰等一行3人赴德国参加了“梅克伦堡——启发灵感”画家交流活动。南京市杂技团赴西班牙、法国巡回商演并受国家委派赴南美四国友好访问演出，并收到了中国驻四国大使馆的感谢函。赴意大利举办了“中国明代文物特展”。南京钟山昆曲社一行42人于11月份赴台参加两岸中华诗词昆曲南管演唱会。

南京市杂技团在南美表演期间一票难求

**文化体制改革** 制定并实施局机关职能处室和执法总队“三定”方案。对市属6家艺术院团转企改制完成了财务审计、资产评估和工商注册，并与市各相关部门积极沟通，努力争取相关配套政策，力争把“老人老办法”的精神落到实处。完成了市影剧公司出资人变更及移交给市文化集团的相关工作；依照事业单位内部机制改革方案，完成了局系统12家直属事业单位的岗位设置工作；对区县文化管理体制改革工作给予了相应的指导和协调，江宁区锡剧团已改制为南京锡剧团有限公司。全市13个区县完成了文化市场综合执法机构改革任务。江宁、浦口、六合、溧水、高淳等区县完成了文化、广电的工作合并，成立了文广局。

**文化法制建设** 印发了2010年局普法、依法行政和法制建设工作要点，明确了法制建设为民办实事工作项目，确定了法制宣传教育与科技创新相互促进示范点。编制了《南京市文化发展“十二五”规划》、《南京市“十二五”文物保护规划》、《南京历史文化名城保护建设规划纲要》和《南京市属艺术单位三年创作规划》。完成了局2009年度规范性文件的清理工作。对《南京历史文化名城保护条例（草案）》等4部地方性法规立法草案提出了修改建议，对《南京市连锁网吧考核细则（草案）》等2份规范性文件进行形式审查，提出了书面意见。实施了“文化法制宣传动画片——网吧行政处罚自由裁量”和“创建法治城市公益广告”的创意、制作、播出和宣传推广工作。完成了市“五五”普法检查验收和数据统计工作。

## 第十届南京文化艺术节

9月26日至10月26日，第十届南京文化艺术节以“十年欢歌，文化惠民”为主题，精心组织了舞台艺术演出、广场文艺演出、文博书画展览、中外经典影片回顾展4大系列共30多项文化艺术活动，极大地丰富了广大市民的文化生活，向国内外嘉宾系统展示了南京城市的文化魅力。据统计，艺术节期间约有40万人次参与了各类文化活动，真正体现了“艺术的盛会，

第十届南京文化艺术节开幕式演出——施光南作品音乐会

人民的节日”这一办节宗旨。在此期间，圆满完成了第四届中国南京世界历史文化名城博览会赋予的人民音乐家施光南诞辰70周年作品音乐会、荷兰王国克维尼交响合唱音乐会、现代红色经典京剧音乐会、首届南京国际音乐节等演出任务。

## 上海合作组织文化产业合作南京论坛

11月22日—11月27日，南京市文广新局承办了由国家文化部和南京市政府主办的首届上海合作组织文化产业合作南京论坛。来自上合组织俄罗斯、哈萨克斯坦、吉尔吉斯斯坦、塔吉克斯坦、乌兹别克斯坦、白俄罗斯等11个国家22名代表，文化部外联局、新疆维吾尔自治区文化厅和南京市的官员及南京市

文化产业界等 43 名国内代表出席了本次论坛。论坛正式会期 4 天，分实地考察、专家讲座和集体讨论三部分，举行了 1 场主题论坛和 4 场分会场论坛，实地考察了南京地区的动漫网游产业、创意产业园区建设、特色工艺品及“非遗”产品开发等代表性文化企业，参观了南京明孝陵、南京明城墙。这次论坛会的举办，使南京与上海合作组织成员国、观察员国、对话伙伴国及周边国家的联系更加紧密，加深了上海合作组织成员国对南京城市的认识和印象，有力地促进了南京文化产业界与上海合作组织成员国之间的了解和交流，提升了南京在国际上的影响力。

**朝天宫提档升级工程**　朝天宫提档升级改造工程被列为 2010 年南京市文化建设 1 号工程，根据《南京市城市环境综合提升三年行动计划》安排，该工程总投资约 9000 万元，历时 5 个月。期间，搬迁了朝天宫古玩市场，

朝天宫提档升级工程竣工及市博物馆全新对外开放仪式

整治了周边环境；完成了朝天宫古建筑大成殿及两侧厢房和回廊的维修。扩大展陈面积 5000 平方米，展陈内容包括“龙蟠虎踞——南京城市史展”、“圣塔佛光——阿育王塔特别展”、“云裳簪影——馆藏宋明服饰展”、“玉堂佳器——馆藏精品展”、“瓷珍雅集——馆藏元明清瓷器展”和“朝天宫历史展览”等 6 个展厅，展览了南京市博物馆近 60 年珍藏的文物近 3000 件，这在南京市博物馆的展陈历史上是第一次。新建成的博物馆以“园林式博物馆、市民休闲修学的文化场所，南京特色的文化核心片区”的崭新姿态于 10 月 1 日正式对外开放。

**玄武区举办第一届文化创意产业发展论坛**　2010 年 1 月 26 日，由玄武区委、区政府主办，区委宣传部、区文化局承办的第一届文化创意产业发展论坛暨文化企业联席会议在南京图书馆学术报告厅召开。省文化厅科技产业处张晓雁处长、省广电网络有限公司张华副董事长、市社科院李程骅副院长、南京大学国家文化产业研究中心梁君副主任分别从不同角度对创意时代文化产业的转型与发展，经济、科技、文化的融合做论坛发言，并把脉玄武创意产业发展，各文化企业就文化创意产业前景及自身发展进行交流。玄武区文化底蕴深厚，文化产业资源丰富，发展、创新发展将成为下一轮文化产业发展趋势。省文化厅马宁副厅长、市委宣传部张俊副部长、区委单景南书记、区委宣传部宋晓辉部长等四套班子领导出席了会议，区文化产业相关部门、街道、26 家文化企业参加了会议。

**“书香鼓楼”第二届鼓楼区社区全民阅读节**　2010 年 5 月 27 日，由区委宣传部、区文明办、区文化局、区教育局等单位联合举办的 2010“书香鼓楼”第二届鼓楼区社区全民阅读节开幕式在鼓楼区文化艺术中心门前广场举行。本届读书节围绕“阅读，让生活更精彩”这一主题，开展“阅读是心灵的享受”、“阅读是智慧的钥匙”、“阅读是知识的源泉”、“阅读是永恒的乐趣”、“阅读是进步的阶梯”五大版块的活动。

**白下区与南航大建立文化产业战略合作伙伴关系**　6 月 28 日，白下区文化局在南京市民俗博物馆举行白下区文化局与南京航空

航天大学国家文化产业研究中心建立“文化产业战略合作伙伴关系”签约仪式。此次合作首开江苏地区国家文化产业研究机构与地方政府文化产业直接对话和亲密合作的先河，为文化产业“官—产—学—研—服”模式的建立开辟一条新思路和创建一个新的典范。南航大国家文化产业研究中心凭借其理论优势，在公共文化、文化遗产，特别是在文化产业发展方面，长期向白下区提供智力支持，并将文化产业最新研究成果在白下区应用；白下区则为南航大国家文化产业研究中心和南航艺术学院的实践教学研究基地。目前，白下区和南航大首个合作项目已落实，南航大国家文化产业研究中心正式将白下区文化产业建设研究纳入其主持的文化部2010年度国家级课题“国家艺术创意设计产业发展思路与政策建议”的子课题。

**“龙腾虎跃 两岸同辉”2010年江苏秦淮灯会** 2月11日，海峡两岸首度联手举办的“龙腾虎跃 两岸同辉”2010年江苏秦淮灯会点灯仪式隆重举行，张卫国副省长主持，南京市市长季建业、台湾海峡两岸观光旅游协会名誉会长陈威仁分别致辞，省委书记、省人大常委会主任梁保华按动点灯按钮，拉开了灯会的序幕，2000余名观众到场观看。2010年江苏·秦淮灯会以“龙腾虎跃 两岸同辉”为主题，灯展、灯市、灯景“三灯”同展，夫子庙、白鹭洲公园和十里秦淮水上游览线全面布展，共扎制了150余组大中型灯彩，同时还特设了台湾展区，展出了台湾艺人精心扎制的4组大中型灯彩。

**栖霞龙舞队赴越南演出** 应越南承天省的邀请，2010年6月5日至13日，栖霞区舞龙艺术团代表江苏省和南京市参加了在越南顺化市举行的2010年顺化国际旅游文化艺术节“第一次各洲国家古都及遗产城市艺术文化展台”演出。栖霞区舞龙队与数支外国代表队参加了开幕式表演，开幕式结束后，区舞龙队与来自全世界27个国家的47支文化团队在艺术节上进行了表演，这是栖霞龙舞第一次在境外国际舞台上进行文化交流。

**雨花台举办“生态杯”推新人器乐大赛** 2010年5月29日，由雨花台区文联、雨花台区文化局、雨花台区农林局共同主办的“生态雨花，奏响和谐”为主题的“生态杯”推新人器乐大赛（决赛）在雨花学术报告厅举办，共有17个节目、120余名选手参赛，参赛器乐有葫芦丝、萨克斯、少儿笙、竹笛、口笛、古筝、少儿管乐等近10种，本次大赛云集了众多雨花的音乐迷，上至近八十的耄耋老人，下至五岁的天真幼儿同场角逐。

**江宁区纪念南唐二陵发掘60周年系列活动** 2010年是南唐二陵发掘六十周年，为了让更多的人了解南唐这段丰富多彩的历史，了解这座长江以南科学发掘的最大地下宫殿的考古、艺术和历史价值，南京博物院、南京市文广新局（文物局）、江宁区人民政府联合举办了“纪念南唐二陵发掘60周年”系列活动。通过系列活动的举办，让更多的人了解了南唐二陵这座南方最大的地下宫殿的艺术、建筑价值，提高了南唐二陵的知名度，促进了江宁区文化旅游产业的发展，使众多的文物艺术精品和普通百姓零距离接触，实现了“文化惠民”。

**六合第九届中国南京六合《茉莉花》·雨花石国际文化旅游节** 2010年9月20日至10月20日，第九届中国南京六合《茉莉花》·雨花石国际文化旅游节隆重举行。为期一个月的节庆，六合区开展了丰富多彩的群众文化活动，举行了大型专场“雨花流韵 茉莉飘香”、“青奥大使 青春六合”的文艺演出。节庆期间，进行了聚焦六合文化旅游美食节、主题会展、文体赛事、商贸活动等30多项主题活动，成为“文化的盛宴”。第九届《茉莉花》·雨花石节期间，六合共接待各地游客75.4万人，实现旅游总收入5.6亿元。

**溧水成立中山读书社**　2010年5月27日，在溧水县图书馆召开了中山读书社成立大会，全县机关、企事业单位、私营企业、个体经营户中的读书积极分子和来馆读者共50多人参加了大会。这是首次完全由民间自发组织的读书团体，活动经费由当地喜好读书的企业家赞助，旨在响应“倡导全民读书，建设学习型社会”的要求，来提升市民素质，营造读书气氛，引导社会风气，促进整个社会的文明与进步。

**高淳县保圣寺塔塔体维修工程竣工**　高淳县保圣寺塔属于江苏省文物保护单位。此次塔体维修工程于2010年3月21日开工，维修以“不改变文物原状”为原则，由南京工业大学建筑与城市规划学院编制《保圣寺塔维修设计方案》，聘请省古建筑专家戚德耀为顾问。整个维修工程力求恢复宋塔风貌，同时，对塔体重新进行了亮化设计，维修一新的保圣寺塔重现唐宋神韵。9月10日，保圣寺塔维修工程竣工，11月12日，通过了江苏省文物局专家组的验收。

（张剑宏）

# 无 锡 市

**无锡文化工作概况** 2010年，无锡市文化系统紧紧围绕全市“十一五”文化发展规划，加大工作力度，攻艰克难，圆满完成各项目标任务，为“十二五”文化发展奠定坚实基础。

**艺术生产** 民族舞剧《茉莉花》于4月1日在2010中国（无锡）吴文化节开幕当晚隆重首演。民族舞剧《茉莉花》以上世纪二三十年代的江南水乡为故事背景，塑造了一位善良秀美、重情重义的江南女性茉莉形象，演绎了一出东方版的“罗密欧与朱丽叶”。10月3—4日，《茉莉花》应邀赴宁参演第二届中国·江苏国际文化艺术周，在前线大剧院献演两场，受到各方好评。

《茉莉花》剧照

“纪念徐悲鸿诞辰115周年”“徐悲鸿艺术展馆经典作品展”和“当代中国画名家邀请展”于4月13—20日在无锡博物院举办。“徐悲鸿艺术展馆经典作品展”展出了30幅徐悲鸿的真迹，集中展现了大师在各个时期、不同绘画类别上的艺术造诣。“当代中国画名家邀请展”展出了来自17个省市40位当代中国画名家作品78件，其中大部分作品是为纪念徐悲鸿诞辰115周年专题创作的，具有较高的学术价值和创新水平。

单霁翔等领导参加纪念徐悲鸿诞辰115周年画展开幕式

“迎世博，庆五一”大型山水实景剧《太湖传说》5月1日晚在无锡市宝界公园水上大舞台隆重首演。《太湖传说》强调题材的唯一性、地域性和可看性，选取若干个最具无锡地域特色的历史传说和民间传说，从不同层面展示太湖的风土人情和诗情画意。

大型新编古装锡剧“梅花精英版”《玉飞凤》于7月7日晚在北京梅兰芳大剧院上演。《玉飞凤》首次在戏曲界采用了“剧组型”排演机制，采取纯民营资本运作，导演、作曲、演员均跨剧团合作。该剧不仅集聚了锡剧界“中国戏剧梅花表演奖”男、女得主周东亮和黄静慧，还邀来无锡、常州锡剧精英潘华、陈鹰等加盟，以“大锡剧”概念整合演艺资源，是民营资本对传统文化艺术传播的有益尝试。

无锡灵山实业有限公司推出的“灵山吉祥颂”入选文化部、国家旅游局所公布的《国家文化旅游重点项目名录——旅游演出类》第一批名录，游客可在灵山梵宫圣坛内，领略这场被誉为“极富视觉、听觉和佛教文化震撼力”的音乐史诗情景剧。演出表现了佛祖释迦牟尼舍太子位、出家，学道，成为智者、觉者的历史故事。

2010年度，无锡市共有5部原创动画片获得国家广电总局优秀动画片推荐，居省内第一。这5部动画片分别是世纪宏柏数码动画有限公司制作的《福五鼠之孙子兵法》、亿唐动画设计有限公司制作的《亿唐皮影戏寓言故事》、哈皮动画有限公司制作的《超能泡蛋》、光年动漫文化有限公司制作的《爱吃爱健康》、雪豹十月数码动画制作有限公司创作的《麦歌传奇》。

2010年，无锡市书画院在艺术创作方面取得丰硕成果，一批作品在国家级美展获奖或入选。郭瑞卿的中国画《气寒西北》荣获“第六届中国西部大地情中国画油画作品展”优秀奖，《寒山清境》荣获“中国山水画作品展”优秀奖，《天寒水无声》入选“2010年全国中国画展”；吴国平的中国画《热血一腔》入选2010年“中国画展”；王洋的油画《古运晨曦》入选“上海世博会中国美术作品展”；方国新的中国画《江南往事》入选“全国首届现代工笔画大展”。此外，还有8件作品在省级美展获奖或入选。

在“第三届江苏省新人新作歌舞大赛”决赛中，无锡市演艺集团歌舞剧院取得优异成绩：张娅姝的独舞《月光》荣获表演一等奖；汤成龙、刘峰、刘鑫表演的舞蹈《最后的五分钟》获表演二等奖，汤成龙还获创作二等奖；张立创作的舞蹈《关于那四年》获创作三等奖；舞蹈《月光》、《关于那四年》、《关于梦》摘得优秀奖。此外，由无锡市文化馆华兆瑛、彭艳玉、冯根荣创作的歌曲《城里城外》获创作优秀奖。

江阴市全年为基层群众文化活动提供各类文艺作品500余件，创作的16个作品获国家级奖项。宜兴市全年开展和参与全国性文艺活动各1次；创作反映新农村建设和改革开放成果的小戏、小品和曲艺作品72件，并结集出版《幸福是本难念的经》；组织剧本参加“首届全国戏剧文化奖”评选，5件作品分别获一、二、三等奖和剧本奖。小品《卖红薯的故事》获“中国博兴国际小戏艺术节比赛”最佳剧目奖、最佳导演奖和最佳演员奖，获中国·余杭“良渚文化杯”小戏小品大赛暨第四届“中国戏剧奖·小戏小品奖”二等奖。业余作者顾达新创作的小戏曲《夺箱》获“首届全国戏剧文化奖”小型剧本一等奖，《王三斤戒酒》在第二届“中华颂——全国小戏小品曲艺作品大展”中获小戏二等奖。

**群众文化**　春节期间，无锡市共开展各类群众性文艺活动180余场次，参加演出约5000人次，观众人数达8万多人次。江阴的民间舞蹈展示、江南丝竹专场等系列活动，宜兴的春节大戏展演，新区的第八届泰伯文化节开幕式、民俗表演等系列活动，市属各文艺院团举办的新春歌舞晚会、系列滑稽戏小品展演、锡剧表演、长篇弹词等演出活动，丰富了全市人民的节日文化生活。

4月11日，2010年中国（无锡）吴文化节的重头戏——惠山民俗文化庙会巡游在锡惠公园举行。这次庙会巡游内容更加丰富，富有本地特色的民俗表演再次展示在锡城老百姓的面前，并将无锡繁荣的工商文化融入其间，展示了无锡老字号、名特优产品和旧时百业昌盛的360行等，彰显了无锡深厚的历史文化底

2010年惠山民俗文化庙会

蕴。巡游队伍中,还增加了外国友人方队。

10月15日晚,2010年无锡市群众文艺会演(展)在市人民大会堂圆满落幕。本次活动首次将美术、书法、摄影等静态类群文作品纳入比赛。本次会演(展)共收到舞台类申报作品158个,书法美术摄影申报作品1010件。本次会演(展)舞台类作品决赛各专场参赛人数总计近1000人,吸引了观众3000余人前往观摩,部分优秀群众文艺节目和获奖书法美术摄影作品到基层开展了公益巡演和巡展。

无锡市群众文艺会演决赛——舞蹈《水弄堂》

无锡市选送的儿童音乐剧《带锁的日记》、女声独唱《梦中的大西北》成功摘得全国第十五届"群星奖"作品奖,在第九届江苏省"五星工程奖"评奖活动中,无锡市共获得舞台类、静态类作品12个金奖、16个银奖、20个铜奖,"太阳花开"无锡市未成年人心理健康系列活动获得群众文化服务项目奖。

江阴市相继举办了徐霞客国际旅游节、刘天华民族音乐节、"幸福进万家·文化欢乐行"文化下乡、"欢乐夜晚·品味幸福"夜晚文化及读书节等具有江阴地方特色的大型文化品牌活动。江阴市南闸街道被命名为"江苏省书画之乡"。宜兴市培训全市舞蹈、小戏小品、主持人、摄影等专业骨干150多人。举办"文化陶都魅力宜兴"、第十一届"荆溪之夏"广场文艺晚会系列活动,全市各镇、园区、街道全面参与互动,艺术质量和社会影响进一步提升。

崇安区举办好一年一度的崇安文化艺术

宜兴市第十一届文艺调演

节活动,相继举办了"歌唱祖国"无锡红歌会、"小荷艺苑　花儿朵朵"少儿文艺专场、"建精品崇安,创和谐家园"街道优秀节目展演、"幸福崇安　和谐万家"二泉映月艺术团大型广场文艺等专场演出。南长区相继举办了"相约古运河"第二届文化艺术节暨文化旅游节、"免费电影进社区"等群众文化活动。北塘区组织举办了"百年回眸　玫瑰吐芳"文艺演出、"关爱民工,幸福北塘"、"劳动者之歌"走进丰涵里工地。"喜迎世博　幸福北塘"首届旅游文化艺术节等大型文艺演出活动。新区开展"幸福进万家,文化乐万民"文化惠民进社区、进工地、进军营、进企业活动。锡山区举办"幸福锡山"2010优秀文艺节目巡回展演,"走进新锡山"广场文艺共演出61场,观众15万余人次。惠山区积极组织开展丰富多彩的群众文艺活动,洛社镇的"百姓歌会"、阳山镇的"桃花节"、长安街道的"社区文化节"、钱桥街道的"欢乐大舞台"等都成为当地具有代表性的活动亮点。

**公共图书馆**　无锡市图书馆免费开放接待读者达185万人次,承办了"无锡文化讲坛"、"东林学习讲坛"等高水平报告会17场次;发挥资源优势,推出了"英语沙龙"、"讲座听友沙龙"、"艺术沙龙"、"心理健康沙龙"、"读书沙龙"、"吴文化专题沙龙"等一系列特色沙龙活动,深受广大市民的喜爱和欢迎;完善图书预约、新书推荐等服务，印发《读者简报》、《无锡市图书馆导读》、《锡图广角》等资料，进一步增强了地区龙头图书馆的社会影响力；承办了无锡市第二届“十大书香家庭”评选暨“阅读无锡，走进世博”读书征文活动、江苏省2010年度“红读”征文比赛等重大活动。

江阴市17个镇（街道）建成图书馆分馆，

江阴市第十四届读书节开幕式

实现城乡“通借通还”。宜兴市图书馆重点扶持社区图书室、农家书屋35个，赠送图书2.1万册，全市217个行政村农家书屋信息数据全部进入全国农家书屋信息资源库。锡山区图书馆积极开展征集地方文献工作，全年征集地方文献235册。至年末，全区共建有7个镇（街道）图书馆，以文化共享工程支中心为平台，免费向公众提供丰富的数字资源及百余部经典影片。惠山区图书馆在全市率先完成文化信息资源共享工程支中心的建设，建成残疾人阅览室和地方文献室，被命名为“江苏省文明图书馆”。北塘区建立了以市图书馆为龙头、区级图书馆及各镇、街道图书馆（室）联动的文化信息资源共享工程，通过覆盖乡镇（街道）的文化信息资源网络传送到各社区、农村乡镇等广大基层单位，实现了优秀文化信息资源的共建共享。

**文化遗产保护**　大运河（无锡段）申遗点保护工作顺利推进，《大运河（无锡段）遗产保护规划》通过市级专家论证。9月17—18日，运河遗产保护专家专程到无锡进行运河申遗点遴选考察，对无锡市运河遗产保护和申报工作表示肯定。两大历史文化遗址保护取得新突破。10月11日，鸿山遗址公园入选第一批国家考古遗址公园名单；阖闾城遗址保护项目进展良好，《阖闾城遗址保护总体规划（纲要）》于4月通过省级专家论证，阖闾城遗址博物馆奠基并启动馆舍建设。清名桥街区荣膺第二届十大“中国历史文化名街”，6月13日，国家文物局局长单霁翔专程为清名桥街区“中国历史文化名街”揭牌。长泾镇、荡口镇、礼舍村入选第五批中国历史文化名镇、名村，实现了无锡市国家级历史文化名镇（村）零的突破。五大历史文化街区、十大古村落保护工作进展良好，清名桥、荣巷善文化街、惠山古街、清名桥历史文化街区核心区保护修复工程基本完成。十大古镇、古村保护修复工程全面启动，深入挖掘古镇、古村的文化底蕴和文

中国历史文化名街清名桥揭牌仪式

化特色，展开了全面修缮。“国家历史文化名城群”创建顺利推进。3月2日，在北京组织召开了无锡国家历史文化名城群专家咨询会，国家有关部门及名城专家对无锡市建设“国家历史文化名城群”的理念、措施高度赞誉，并表示积极支持我市宜兴、江阴申报国家历史文化名城。进一步做好文保单位的保护工作，2月份，市文管办会同市规划局划定全市四至六批省级以上文物保护单位保护范围

及建设控制地带。文化遗产保护两大盛会成功举办，4月10—11日，成功举办第5届中国文化遗产保护无锡论坛，会议发表了《保护文化景观遗产无锡共识》。6月13—14日，第三届“薪火相传——中国文化遗产保护年度杰出人物”颁奖典礼暨事迹报告会在无锡成功举办。

江阴市制定了《江阴市历史文化名城保护规划》、《江阴市非物质文化遗产保护和管理暂行办法》等政策性文件。加强文物修缮，有23处文保单位修缮竣工。加大非物质文化遗产保护力度，1个项目入选第三批国家级非物质文化遗产名录推荐项目名单，22人被命名为第一批无锡市级非物质文化遗产项目代表性传承人，1人被命名为第三批省级非物质文化遗产项目代表性传承人。10个项目入选第二批无锡市非物质文化遗产名录推荐项目名单。广泛开展非遗宣传展示活动，建成江阴市非物质文化遗产展示馆，着手编辑《忆江南——江阴市非物质文化遗产图录》。

宜兴市加大文物保护规划编制和文物维修经费投入力度，完成全国重点文物保护单位前进窑、省级文物保护单位福田桥和市级文物保护单位蒋店桥、后亭桥、长春桥、洋塘桥、秀凝桥以及文物控制单位圩渡桥、万寿桥的维修。全市第三次全国文物普查确认新发现文物点475个，其中紫云山古墓葬被评为“江苏省十大新发现”。完成省文物局专家组对宜兴市库藏文物鉴定定级和一、二、三级文物的数据库建设。申报国家历史文化名城工作通过国家专家组考核验收。完成《古韵流芳——宜兴市非物质文化遗产专辑》第二辑出版工作。

惠山区“无锡华圻小学旧址”入编由国家文物局主编的《2009年第三次全国文物普查重要新发现》，成为无锡市唯一一个入编的新发现不可移动文物点。阳山桃木雕刻在中国首届农民艺术节上现场献艺。新区社会事业局会同市考古所对鸿山新城镇开发公司在吴文化广场东侧绿化施工过程中发现的古墓葬进行抢救性考古调查和发掘，经考古确认，该墓为南宋时期夫妇合葬墓，为无锡地区发现规格最高、保存完整的宋代墓葬。

**博物馆·纪念馆**　2010年，全市36座博物馆、纪念馆实行免费开放，全年共举办各类展览480多个，接待观众500多万人次，获得中央、省财政免费开放补助资金950万元。5月19日，全国首家虚拟西方艺术馆在无锡博物院建成开放。该馆主要通过高科技手段和多媒体形式对实物进行虚拟仿真，系统展示西方建筑、绘画、雕塑、音乐等四个主要艺术门类的发展历史、流派、代表人物和经典作品。类似的虚拟艺术馆在全球仅三家，其余两家分别在埃及和意大利。12月，无锡博物院通过国家旅游局评审，成为当年全省唯一通过国家AAAA级旅游景区评审的博物馆和无锡市唯一通过评审的旅游景区。

2010年，无锡又有一批博物馆、纪念馆开建或建成开放。5月18日，定址无锡太湖国家旅游度假区闾江月白湾的吴都阖闾城遗址博物馆开建，遗址博物馆占地95.2亩，建筑面积约2万平方米，总投资约2亿元。9月29日，中国泥人博物馆在惠山古镇原无锡惠山泥人厂旧址举行开工典礼，国内13个泥塑产地逾千件代表作品已征集到该国字号博物馆，其中一半以上为无锡惠山泥人精品。10月1日，宜兴博物馆在东氿之滨奠基。

1月4日，江苏无锡动漫玩具博物馆开馆。展馆建筑面积1000平方米，包括动漫周边商品销售区、无锡动漫成果展区、动漫小剧场、动漫名人堂、动漫形象摄影区和互动区等。7月28日上午，中国乡镇企业博物馆正式开馆。这是无锡市继民族工商业博物馆、吴文化博物馆之后，建成的又一处国家级遗址类主题博物馆，标志着无锡“全国三大发源地”均拥有了崭新的展示平台。该馆主展馆面积4570

江苏无锡动漫玩具馆开馆仪式

平方米，各类重要展品（藏品）4000多件。

9月27日，由无锡市人民政府、中国音乐学院和中国艺术研究院共建，无锡日报报业集团承建的中国民族音乐博物馆开馆。中国民族音乐博物馆目前是国内第一家全面展示中国民族音乐发展全貌的综合性博物馆，全面展示了中国民族音乐史的发展脉络，介绍了阿炳、刘天华、杨荫浏等无锡籍民乐大家，集中展示了中国入选联合国教科文组织“人类口头和非物质遗产代表作”的有关民族音乐和百余种各民族乐器。

9月27日，位于惠山区洛社镇天授村戴李巷17号的李金镛故居正式开放，并被命名为“惠山区爱国主义教育基地”。李金镛（1835—1890），为近代官办企业之典范，在中国近代企业史上占有重要地位。

11月21日，无锡市举办“百年锺书——纪念钱锺书诞辰100周年”系列活动。中国社会科学院文学研究所和无锡市有关方面领导

纪念钱锺书诞辰100周年故居瞻仰仪式

专家，以及钱锺书先生母校无锡辅仁中学和东林小学学生汇聚钱锺书故居举行瞻仰仪式，同时进行了钱锺书诞辰100周年纪念邮册首发式，还举行了纪念钱锺书先生诞辰100周年座谈会。

**文化市场管理** 3月9日，全省文化市场管理工作会议在无锡召开，研究部署了全省2010年文化市场管理工作。省文化厅副厅长秦基春、无锡市副市长曹佳中出席会议并讲话。会上，省文化厅表彰了2009年度文化市场管理工作先进集体和个人。江阴文化市场综合执法大队与锡山文化市场稽查大队受到表彰奖励。

2010年，无锡市充分发挥文化市场网络监控平台的作用，全面加强网吧技术监管，提升“净网先锋”在线率。认真落实未成年人进入网吧情况月报制度，查处网吧接纳未成年人案件24起。加强与工商、公安等部门的协作，摸排黑网吧线索51家，开展联合执法行动17次，取缔黑网吧35家。开展文化市场专项整治，相继开展了元旦春节期间文化市场专项整治行动、“市民公共文明指数”文化市场迎检测评、“平安世博”文化市场专项保障行动，检查文化娱乐经营单位近万家次，查处案件61起，罚款28.8万元。着力推动文化市场繁荣发展，各类演出不断向县市深入，全市演出场次达1500余场次。进一步引导歌舞娱乐业发展，2010年，新设立歌舞娱乐场所45家，增加营业面积近5万平方米，新增投资近1.6亿元。

2月20日，全国“扫黄打非”工作小组办公室挂牌督办的无锡“12·02”手机传播淫秽物品牟利案，由无锡市惠山区人民法院作出一审判决：被告人陈某、潘某分别被判处有期徒刑11年和4年，并处罚金2万元和5000元。无锡查办“12·02”手机网站传播淫秽物品牟利案专案组被江苏省“扫黄打非”工作领导小组授予“有功集体”称号。11月22日，在全国“扫黄

打非”工作小组召开的打击互联网和手机媒体传播淫秽色情信息专项行动表彰会上，无锡市“扫黄打非”办公室荣获“打击互联网和手机媒体传播淫秽色情信息专项行动有功集体”称号。

7月1日，根据群众举报线索，市“扫黄打非”工作领导小组办公室组织文化行政综合执法支队和公安部门联手，在无锡市横街一地下仓库内查获13余万张涉嫌盗版及淫秽光盘，其中淫秽碟片万余盘，涉案人郑某被收容劳动教养一年。

江阴市积极开展“扫黄打非”活动，加强对营业性演出、音像制品经营和文化娱乐场所的管理，对全市100家网吧安装远程可视监控系统。开展“扫黄打非”集中行动16次，检查2475家次，取缔无证摊点29个，收缴非法音像制品3.3万余张、非法电子出版物3000余张、非法出版物3000余本，淫秽音像制品1931张。检查网吧712家次，立案查处41家，取缔黑网吧100余家。

宜兴市加强网吧监管，市政府出台了《关于加大对网吧接纳未成年人违法行为处罚力度的实施意见》。年初，突击检查了宜城街道金三角汽车站地下室、周王庙地区以及电脑市场，当场收缴非法出版光盘1万多张，取缔无证摊点3个。开展迎世博“扫黄打非”专项行动，重点查处政治性非法出版物和网上有害信息，集中清查出版物经营场所150多个，责令整改8个，取缔无证摊点6个。4月26日世界知识产权日，市文广新局配合工商部门集中销毁侵权盗版非法出版物3万多件。

**文化产业** 无锡市委、市政府把文化创意产业列为八大战略性新兴产业，编制了全市文化创意产业“双倍增”计划。8月，市委、市政府召开了全市文化创意产业工作推进会，全市文化创意产业呈现蓬勃发展态势。华莱坞电影产业园、盛大之家数字互动娱乐主题园区、当当网公司华东总部、“创意亚洲”、亿唐动画“动漫衍生产品电子商务平台”等一批重大文化产业项目落户无锡。金一文化发展有限公司成功申报“国家文化产业示范基地”，成为无锡首家国家级文化产业示范基地。江苏华莱坞电影产业园经国家广电总局正式批复为无锡（国家）数字电影产业园。江苏金一文化发展有限公司董事长兼总裁钟葱荣获“2010中国创意产业领军人物奖”，慈文紫光数字影视有限公司荣获“2010中国创意产业领军企业奖”。

全市13个文化企业优势项目获得江苏省文化产业引导资金1588万元，获奖项目和资金总额连续第三年居全省第二。积极为文化企业发展搭建投融资平台，市文广新局与中信银行无锡分行等7家银行签署合作框架协议，向重点文化创意企业在符合授信条件的前提下提供3年105亿元的专项授信额度。动漫产业全力“提速增效”。全市动漫企业总计154家，较上年增加10家。动漫原创分钟数保持全国领先，年内有40部3.035万分钟动漫原创作品获发行证，稳居全省第一、全国第二。无锡动画产业基地荣获国家广电总局颁发的“最佳基地奖”提名，慈文紫光数字影视有限公司创作的《西游记》主题曲《AOAEO出发》荣获“最佳动画歌曲奖”提名，无锡哈皮动画有限公司创作的“哈皮父子”形象荣获“最佳动画形象奖”提名。无锡慈文紫光数字影视有限公司的《西游记》获得中国首届学生原创动漫作品大赛特别奖。15家企业通过文化部国家动漫企业认定。全市年销售超500万元的动漫企业达12家。全市动漫企业主营业务收入及衍生产品收入合计超过27亿元。大力发展文化新业态，江苏移动手机动漫基地落户我市，成为全省手机动漫制作主平台。文化与旅游相得益彰，灵山、影视城、蠡湖、民族工商业文化等四条旅游精品线路被评为长三角世博主题体验之旅示范点。

江阴市起草出台了一系列文化产业政策

措施，编制了文化产业发展规划，推动产业规模化、集群化发展。打造知名文化品牌，规划建设了“百亿文化创意产业园”、“创意亚洲”创意设计基地。2010江苏省江阴市文化产业发展（北京）洽谈会上，35个项目成功洽谈，总

2010江阴市文化产业发展洽谈会在京签下51亿大单

投资额达51.449亿元；现场签约20个项目，投资额43.587亿元。

宜兴市发挥文化资源优势，推动文化产业又好又快发展。全市初步形成紫砂陶艺、书画收藏、文化旅游、歌舞娱乐、图书报刊、影视演艺、信息软件、广告传媒、文体健身、艺术培训等十大类文化产业群体。2010年实现文化产业增加值36亿元，占全市GDP的4.47%。市文化行政管理部门扶持建立江苏宜兴陶瓷产业园、江苏宜兴文化创意产业园等集聚平台，引导分散的资源和项目向园区集中。重点扶持了中国陶都陶瓷城、阳羡茶文化旅游集聚区、中国宜兴艺术家村和晨兴数字影院等重大文化产业项目，总投资超10亿元。

2010年，全市文化创意产业营业收入达108.6亿元，实现增幅30%。2010年，无锡文化产业增加值达353.63亿元，占GDP比重达到6.1%。

**公共文化设施建设** 1月，《无锡市区公共文化设施布局规划》正式颁布实施，“十一五”基层公共文化设施达标建设目标任务全面完成。到2010年底，全市基层公共文化设施达标率由2006年的38.89%上升到100%，全市已建成达标图书馆、文化馆、文化站、文化活动室1148个。“农家书屋”向300户以上自然村延伸覆盖，自然村农家书屋、四通书屋累计建成193家，评选出了50家优秀自然村农家书屋和50家优秀四通农家书屋。全市共享工程建设工作快速推进，宜兴市支中心、惠山区支中心和新一批26个共享工程基层服务点通过省文化厅验收。无锡大剧院年底完成主体工程建设。

4月，无锡市委办公室、市政府办公室印发了《关于在全市实施“幸福进万家，文化乐万民”行动，推进幸福市（县）区建设的意见》。根据计划，全市9个公共图书馆、9个文化馆、82个文化站、1088个文化活动室按“先两馆，后馆、站、室全面推广”的步骤，逐步实行全年开放服务。2010年，市、区两级文化馆、图书馆、博物馆100%实行“全年无休”，各市（县）区所辖镇（街道）文化站50%以上实行“全年无休”；到2012年，全市公共文化设施100%“全年无休”。为确保场馆对外开放，市文化部门在相关网站不定期公示文化活动内容，方便百姓参与活动，确保开放质量。

江阴市公益性文化设施达标率为100%，城乡居民人均公共文化场馆面积达0.5平方米。17个镇（街道）文化服务中心、238个村（社区）文化活动室达到无锡市级标准。建成农家书屋203家，文化信息资源共享工程基层服务点257个，2家农家书屋获2008—2009年度全省“百佳农家书屋”称号。

**文化体制改革** 7月3—4日，全市推进文化体制改革、加快文化强市建设工作会议在江阴召开。会议明确了市文化强市建设的总要求和目标，力争把无锡建设成为“文化事业强、文化产业强、文化人才队伍强”的文化强市和具有文化影响力、文化核心竞争力、文化创新发展力的区域性文化中心城市。会议下发了市委、市政府《关于深化文化体制改革和加快文化强市建设的决定》以及四个配套性

政策文件。

文艺院团改革取得实质性进展。7月21日，市属国有文艺演出院团转企改制而组建的市演艺集团有限公司正式成立。新成立的演艺集团由无锡歌舞剧院、滑稽剧团、评弹团、锡剧院、锡剧团等5家院团整体转企改制而来，下辖3个分公司和3个子公司，主营演出营销、艺术培训、文化置业等。集团的发展目标是，构建完整的艺术产品生产、销售及舞台产品开发的演艺产业链，全力打造成为无锡文化演艺产业的支柱型企业，实现收入、资本、效益“三个提升”，使集团真正成为自主经营、充满活力的新型文化市场主体。12月20日，在无锡市文管中心成立五周年庆祝仪式上，江苏省委常委、无锡市委书记杨卫泽为演艺集团正式揭牌。演艺集团2010年共演出1700余场，观众达100万人次，演出收入达2800万元，集团自我“造血”功能显著增强，对市场份额的占有量不断扩大。

**对外文化交流** 2010年，无锡市文化部门充分发挥文化资源优势，积极开展对外宣传工作，取得了良好的成效。全力完成上海世博会任务，无锡博物院承办“上海世博会中国美术作品展览（无锡展区）”和世博会广场“周周演”活动无锡群文专场；市演艺集团携舞剧《阿炳》、《茉莉花》献演世博会，儿童剧《世博小主人》在沪锡两地巡演150场。积极开展文化交流，无锡歌舞剧院赴荷兰献演7场歌舞节目；市书画院赴加大拿举办“‘锦绣中华’美术作品展”；“中国无锡摄影图片展” 赴美巡展。市对外文化交流中心引进德国汉堡交响乐团新年音乐会、瑞士“融合”爵士乐团等6场高雅艺术演出。丹麦拜瑟克伦城市联合体文体代表团来锡交流教育教学工作，并于10月17日赴无锡艺校交流访问。

4月，江苏省文化联谊会和台北市文化艺术促进协会携手启动两岸中国画名家大运河写生创作展览活动。两岸画家在大运河江苏段沿线的主要城市扬州、无锡、常熟、苏州等地，以运河沿岸的自然景观、风土人情、民俗民风、历史遗迹、人物典故为背景，进行了为期一周的采风、写生活动。10月19—26日，“情系大运河——两岸中国画名家作品展” 108件作品在无锡博物院展出。

**《无锡市区公共文化设施布局规划》颁布实施** 2010年1月，无锡市政府公布了《无锡市区公共文化设施布局规划》。规划期限从2009年至2020年，规划范围包括无锡市区1622平方公里，辖崇安、南长、北塘、锡山、惠山、滨湖、新区七个区。规划总目标是将无锡市建设成为自然风貌与历史文化人文景观相融合、广大人民群众综合素质普遍提高、拥有先进的文化设施、高层次的文化人才、高质量的文化工程、群众文化生活丰富多彩，文化综合实力全省领先，位居国内同类城市前列的长三角区域文化中心城市。分目标：一是完善体系，形成以标志性文化设施为龙头、街道（镇）和基层文化设施为基础、覆盖全市的四级公共文化设施体系；二是提升品质，打造一流的市、区级文化中心，建设高水平标志性文化设施；三是服务基层，构建满足居民多样生活需求的社区公共文化设施网络（“十五分钟文化圈”）。

**第十九届中国金鸡百花电影节在江阴举行** 10月12日，第十九届中国金鸡百花电影节在江阴市拉开帷幕。本届电影节为期5天，通过50余项活动来全方位深层次展现电影节的核心内容和核心价值。其八大重点主题活动为：电影节开幕式暨文艺晚会、国产新片的推介展映活动、金鸡国际影展、港澳台影展、中国电影论坛、“电影科技之光论坛”、“星光大道”明星走红地毯仪式、第三十届大众电影百花奖终评及颁奖典礼。参加金鸡国际影展的26部影片来自21个国家，均为近两年摄制完成的新片，体现和代表了世界电影创作的最新动向。展映结束后，分别评出了观众最喜爱的影片、最喜爱的男演员、最喜爱的女演员和最喜爱的导演等奖项，并由国内电影界知名人士、国际知名导演和影星现场颁奖。

**第五届中国文化遗产保护无锡论坛** 由国家文物局主办、无锡市人民政府和江苏省文物局承办、中国古迹遗址保护协会协办的第五届中国文化遗产保护无锡论坛于4月10日在无锡湖滨饭店隆重开幕。本届论坛以“文化景观遗产保护”为主题。来自中国、日本、韩国等国的专家学者，围绕“文化景观遗产保护”的理论与实践问题，进行了广泛而深入的探讨与交流。论坛形成并通过了《关于文化景观遗产保护的无锡倡议》。

**清名桥历史文化街区入选中国历史文化名街** 清名桥历史文化街区是中国近代民族工商业发祥地，也是京杭大运河申报世界文化遗产的典型风貌河段。街区内文物遗址品类丰富，集寺、塔、河、街、窑、宅、坊、弄、馆等众多人文景观于一体，涵盖了江南民俗文化、民族工商业文化、水弄堂文化、古建景观文化、宗教文化等多种形态。街区内目前拥有国家、省、市级文保单位19处，牌坊8座，其他文物遗存17处，文化遗产之多、质量之高，在古运河两岸城市中屈指可数。6月12日，第二届中国历史文化名街评选在苏州揭晓，无锡市清名桥历史文化街区以独具特色的古运河江南人家历史文化入选第二届中国历史文化名街。

**鸿山遗址入选首批国家级考古遗址公园** 鸿山遗址是2004年全国十大考古新发现之一，2006年被国务院公布为第六批全国重点文物保护单位。该地区现保存百余座大小土墩，分布于伯渎河、九曲河“两河流域”。由众多贵族墓葬构成的越国贵族墓地在长江下游的太湖流域属首次发现，也是继绍兴印山越王陵之后最重要的考古发现，填补了春秋战国时期越国考古资料的空白。鸿山遗址发掘后，无锡当地政府进行了抢救性修复，完整保留并优化保护了周边生态、人文环境，被中国多数文保专家誉为“中国大遗址保护典范”。10月11日，国家文物局公布了首批12个国家考古遗址公园的名单，无锡鸿山遗址与圆明园、秦始皇陵等12个国内重量级遗址同时入围。

**“太湖情韵”献演上海世博会** 6月12日下午，由无锡市文化广电新闻出版局、无锡市文化艺术管理中心承办的群众文艺“太湖情韵”在上海港汇广场精彩献演，本场演出展示了无锡这座江南名城的文化魅力和无锡人民蓬勃的精神风貌。上海世博会城市文化广场“周周演”活动是由上海市文化广播影视管理局主办的世博园区外围群众文化活动，是世博会城市群众文化系列最重要的活动之一，从5月1日起至10月31日的27个周末的54天里，组织海内外、社会各界优秀文艺节目进行展演、巡演。上海世博会城市文化广场“周周演”活动中，无锡市有两台节目入选，6月19日下午，江阴市专场“幸福欢歌”在上海南京路世纪广场上演。

世博无锡专场（舞蹈《芦花香香鼓儿响》）

**无锡市首例盗窃国家文物案审结** 市首例以盗窃国家文物保护单位文物为对象的刑

事案件10月9日在滨湖区人民法院审结。被告人朱某、宋某、吴某依法分别被判处有期徒刑三年、四年、三年，并处罚金3000元。4月26日下午，市文广新局接到群众举报，反映江苏省文物保护单位秦金墓的墓道武官石雕像被盗。该局即刻会同胡埭派出所对秦金墓地进行勘察，并成功抓获犯罪嫌疑人3人。经公安机关审讯，被告人朱某提议并与被告人宋某、吴某合谋盗窃坐落在无锡市滨湖区胡埭镇秦金墓前的武翁仲石雕像，致使石雕像断成两截。两被告人遂将该石雕像的上半段装入铲车，按照被告人朱某的电话指示，将半截石像运至锡山区东亭镇的无锡市某公司内藏匿直至案发。此案中被盗窃的武翁仲石雕像位于秦金墓墓道边，具有很高的历史、艺术和研究价值。

（陆建明）

# 徐 州 市

**徐州文化工作概况**　2010年，徐州市文化广电新闻出版局在市委、市政府的坚强领导下，扎实踏实，用心用力，创新创优，各项文化事业日益繁荣，文化体制改革成果显著，文化产业快速发展，全局各项工作扎实推进，圆满完成了年初既定的各项目标任务，有力地促进了全市文化与经济又好又快发展。

**艺术生产**　梆子戏《桃花庄》、柳琴戏《水远路长》同获第七届江苏省“五个一”工程奖；柳琴戏《孽海花》、梆子戏《桃花庄》分别荣获2009—2010年度江苏省舞台艺术精品工程精品剧目奖和优秀剧目奖。书画作品《七彩轮滑》荣获2009年“中国百家金陵”中国画大展金奖。新创作京剧《浮生六记》在国家大剧院隆重上演。大型话剧《天下太平》荣获第八届江苏省戏剧文学奖三等奖。《一辆自行车》等3部作品荣获第六届江苏戏剧奖·小戏小品奖。徐州文化艺术学校在2010年江苏省职业学校技能大赛艺术类比赛中成绩优异，荣获二等奖2个、三等奖1个、优秀奖4个。圆满举办了中国徐州第四届马可艺术节系列活动和徐州书画院成立30周年庆祝活动。组织市直文艺院团开展“高雅艺术进校园”活动20余场；组织女子民乐团在上海世博园奥地利馆完成演出活动6场和市委、市政府在上海举办的“世博会奥地利馆日”和“世博会新西兰馆日”2场演出任务。丰县举办了2010年梨花节唢呐大赛、第十三届广场文化艺术节、“璀璨金都夜·相约中国红”第21届红富士苹果节等文艺活动，现代戏《孝道春秋》荣获市第七届“五个一工程”入选作品奖。沛县举办了第八届中国沛县刘邦文化节，并被评为中国十大品牌节庆活动。睢宁县举办了“盛夏盛景，欢乐睢宁”广场嘉年华（2010·夏）系列文化活动和“睢宁县第二届艺术教育成果展演”活动。邳州市举办了中国邳州首届桃花节“在那桃花盛开的地方”专题文艺演出等活动。

柳琴戏《水远路长》剧照

**群众文化**　组织举办2010年“动感彭城”广场文化活动36场，受众30余万。“动感彭城”广场文化活动喜摘“全国第十五届群星奖”项目类“群星奖”。圆满举办了徐州市“田园新秀”——第九届农民歌手大赛。徐州文化馆组织作品参加首届“亭湖杯”江苏省少儿曲艺大赛成绩优异，共荣获一等奖1个、二等奖2个、三等奖3个，徐州文化馆荣获优秀组织奖。精心组织创作群文作品，在江苏省第九届“五星工程奖”评奖活动中，徐州市一举斩获6金、7银、8铜的佳绩，获奖总数位列苏北第一，全省前列，为历届最佳。积极开展“送戏、送电影、送科普书籍”下乡活动，全年为基层送戏610场，送电影2.892万场，送书10.1万册。组织开展2006—2009年度全市镇文化站

省五星工程奖获奖作品颁奖暨汇报演出

建设先进集体和先进个人评选活动，全市共评出先进集体21个和先进个人23个。积极组织参加京杭大运河（江苏）文化艺术节活动，参与举办徐州市首届老年艺术节活动。铜山县戏迷协会被评为“江苏省特色文化团队”，贾汪区鹿守稳家庭（说唱）被评为“江苏省特色文化家庭”，新沂市何光银（编导）被评为“江苏省特色文化标兵”。沛县武舞《四季武魂》、唢呐合奏《苏北风情》双双获得江苏省第九届“五星工程奖”金奖。沛县夏季乘

沛县唢呐《苏北风情》获江苏省“五星工程奖”金奖

凉晚会已成为全省品牌广场文化活动，并被评为“江苏省五星工程服务奖”。铜山区强化“农家书屋”管理，完善了文体站及体育中心的管理制度，确保对社会的全天候开放；柳新镇魏庄村被评为江苏省“农家书屋”法制文化建设示范点。

**公共图书馆** 徐州市图书馆及六县（市）文化信息资源共享工程支中心通过省级验收并获得好评。徐州市、铜山区和沛县图书馆被评为国家一级图书馆；徐州市图书馆成功入选“第三批全国古籍保护重点单位”，4部古籍入选《第三批全国珍贵古籍名录》，32种古籍入选《第二批江苏省珍贵古籍名录》。徐州市少年儿童图书馆被市文明委评为“徐州市未成年人思想道德建设工作优秀活动场馆”。积极参加全省“走进世博，走向世界”主题红领巾读书征文、演讲比赛活动，其中优秀征文获一等奖3篇、二等奖8篇、三等奖19篇；演讲比赛获二等奖1个、三等奖2个；徐州市图书馆、新沂市图书馆获优秀组织奖。铜山区图书馆创建成省级文明图书馆，全面完成了全区21个镇（场）的文化信息资源共享工程建设目标。贾汪区新建镇基层文化信息资源共享工程服务点6家，投资20万元配备了电脑、投影仪、桌椅等配套设施，向7个乡镇文体站赠送图书800余册，价值1万余元。

**文物保护** 第三次全国文物普查工作有序推进，全市共普查文物点1797处，其中新发现1229处，复查568处。贾汪韩桥煤矿旧址入选江苏省第三次全国文物普查十大新发现，铜山向阳渠入选江苏省第三次全国文物普查十大新发现提名项目；贾汪玉龙湾遗址等10处入选徐州市第三次全国文物普查十大新发现。圆满完成全市39处省级以上文物保护单位保护范围及建设控制地带划定工作，《徐州市省级以上文物保护单位保护范围及建设控制地带图录》上报省文物局、省建设厅。《大运河（徐州段）遗产保护规划》已经市政府批准待公布。户部山古建筑群（余家大院、翟家大院）抢救保护工程和窑湾明清古建筑群（赵信隆酱园店）修缮工程，被省文物局列入首批大运河沿线重点文物抢救保护工程项目名单。建立1—6批省级文保单位“四有档案”；确定了19个项目为第七批省级文保单位申报项目；第五批市级文保单位初选名单也基本确定。加大文物行政执法力度，规范文物依法行政。严格落实《徐州市依法保护文

物奖励办法(试行)》相关规定,召开了2008—2009全市依法保护文物表彰大会,表彰奖励了16个先进集体、31名先进工作者和11名积极分子;拟定完成了《徐州市地下文物保护管理办法》,并上报市政府审定公布。查处徐州市泰山房地产开发有限公司黄河景园建设工程、云龙区"老东门时尚街区"改造工程和中央百大改造工程等3起破坏文物案件,使许多珍贵文物得到及时有效的保护。配合邳州市、贾汪区、云龙区及铜山区公安部门共破获涉及文物案件4起,查获文物(工艺品)98件。丰县文庙大成殿重修工程和配套设施建设全面完工,并新建碑园1处。铜山区全面实施茅村汉画像石墓陈列馆的修缮工程,新公布县级文保单位14处。

全市文物工作会议暨依法保护文物表彰大会

**非物质文化遗产保护** 徐州剪纸入选联合国教科文组织"人类非物质文化遗产代表作名录"。徐州鼓吹乐(徐州唢呐艺术)成功入围第四批国家级非物质文化遗产名录。新增第三批省级非物质文化遗产代表性传承人7人。成功举办了"迎新春——徐州市非物质文化遗产项目图片展暨徐州剪纸作品展"和中国第五个文化遗产日"江苏非物质文化遗产徐州展演"活动。1月,组织徐州香包、徐州布艺参加在澳门举办的"江苏省非物质文化遗产展示活动";6月,组织徐州剪纸、徐州香包、睢宁落子舞等参加上海世博会"江苏周"展演活动;9月组织徐州剪纸、邳州农民画作品分别参加中国农民艺术节和"人类非物质文化遗产代表作名录——中国剪纸艺术展"。市政府新公布了61位市级非物质文化遗产项目代表性传承人和柳将军传说等第二批45个

省人大教科文卫委周世康主任率调研组考察非遗保护工作

市级非物质文化遗产项目。局社文处被省文化厅表彰为"江苏省非物质文化遗产保护工作先进集体";市非物质文化遗产保护中心办公室被市政府授予"徐州市先进集体"荣誉称号。睢宁县落子舞《娃娃闹新春》入选上海世博会"江苏文化周"展演,是以"吴韵汉风"为主题展演中唯一代表"汉风"的"非遗"展演节目。

**博物馆·纪念馆** 博物馆公共文化服务功能进一步提升,徐州博物馆全年接待观众20.3万人次,比免费开放前年均接待人数翻一番。扎实推进馆藏文物调查及数据库管理系统建设工作,2010年徐州市向省文物局报送已登陆数据库文物1271件。举办了全市馆藏文物调查及数据库管理系统培训班,承办召开了苏北片区馆藏文物调查及数据库管理系统工作调研会。博物馆"四位一体"工程进展顺利。主楼接建工程(文保中心及展厅扩建)外立面干挂装修基本完成,深化设计方案已修改、完善,土山汉墓展区设计已经开展,预计于2011年国庆节前竣工。考古调查、发掘工作有序开展。全年共发掘墓葬23座,出土文物150余件,发掘遗址1处。先后对徐州中波发射台等4家建设单位进行了考古调查、勘探工作,共勘探面积437亩。积极开展

文物交流宣传工作，徐州汉画像石拓片参加“2010年全省馆藏文物精品系列巡回展”；组织文物赴比利时参加“天子——中国帝王艺术展”；狮子山楚王墓出土玉棺赴意大利参加“秦汉罗马展”。“5·18”国际博物馆日、文化遗产日等宣传活动丰富有效。邳州市博物馆实施提升改造工程，投资100余万元新建汉画像石廊，新增梁王城遗址、青铜器展室。

**文化体制改革** 全面完成“6＋3”改革任务。2010年全面启动徐州市电影剧场公司等市直6家经营性文化事业单位697名职工、江苏省梆子剧团等市直3家文艺院团452名职工转企改制工作，历经一年时间，9家单位改制任务全面完成，整体进度和成效在全省名列前茅。改制过程中，突出抓好6家经营性单位职工思想稳定工作，制定下发了《应急预案》、《风险评估报告》和《信访突发性事件应急预防和处置工作机制》等文件。局改制办人员在原局机关集中办公，设立政策咨询和信访接待专门场所，将每周五定为“局长接待日”，建立“改制工作周例会”制度。一年来，共接待9家单位上访职工1000余人次，通过扎实有效的工作，改制职工队伍较为稳定，没有出现职工集访至市委、市政府和越级上访事件，保障转企改制工作稳步推进。

成功组建两大集团。根据市委、市政府深化文化体制改革、加快文化产业发展的部署要求，在推进9家单位转企改制进展中，坚持边破边立、破立并举，成功组建徐州演艺集团和徐州文化产业集团。徐州演艺集团全力开拓演艺市场，成功举办了大型杂技主题晚会《生命·阳光》、戏曲音乐专场晚会《国韵·新粹》、周华健个唱会、京剧《飘逸的红纱巾》、昆剧《我的浣纱记》等演艺活动。徐州文化产业集团全面启动中山堂星级改造、文化产业园招商引资、社区影院建设等运营项目，成功举办了江苏·徐州首届全国文物艺术品展销会。

全面完成文化行政管理机构和综合执法机构改革。2010年2月，原徐州市文化局（新闻出版局、版权局）与原徐州市广播电视局合并，组建成立徐州市文化广电新闻出版局，加挂“版权局”、“文物局”牌子，完成市级文化行政管理机构改革。2010年9月市编委下达了《关于同意成立徐州市文化行政综合执法支队的批复》（徐编复［2010］44号）；10月下达了《关于徐州市文化行政综合执法支队升格为相当于副处级机构的批复》（徐编复［2010］70号），完成市级文化行政综合执法机构改革。各县（市）、铜山区、贾汪区已全面完成文化行政管理机构改革，组建成立了文化广电新闻出版局与体育局，正积极推进县级文化行政综合执法机构改革。新沂市在全省率先组建了江苏东陇海文化产业集团，在全市率先完成市直经营性文化事业单位及文艺院团转企改制。

**文化产业** 邳州宝石玉器城被省文化厅命名为第三批省级文化产业示范基地。徐州动漫产业公共服务平台等7个项目成功获得2010年度省级文化产业引导资金790万元。制定下发了《徐州市文化产业示范基地评选命名管理办法》，评选命名第一批市级文化产业示范基地16家。组织徐州文化产业集团、徐州动漫产业基地申报国家级文化产业示范基地；组织泉山区软件园申报国家级动漫示范基地；推荐徐州今日彩印等5家文化企业进入国家新闻出版总署项目库。参与完成《市

徐州文化产业园

政府关于加快推进重点现代服务业发展的若干政策意见》制定工作，文化动漫产业被列为全市重点发展行业之一，市政府设立四大产业推进办公室，文化动漫产业推进办公室设在市文广新局。根据市委、市人大和市政府有关要求，完成了《徐州市促进特色文化产业发展条例》起草工作；相继编制了《徐州市特色文化产业发展规划纲要》、《徐州市“十二五”文化产业专项规划纲要》和《淮海经济区核心区文化中心（文化产业一体化）发展规划纲要》。积极组织各县（市）、区参展第五届中国南京文化产业交易会，交易额居全省前列。加快建立文化产业统计体系，联合市统计局对全市骨干文化企业进行培训；组织各县、（市）文化部门对所属文化企业进行统计。加快推进文化科技“产、学、研”一体化发展，与徐州师范大学等联合共建苏北文化产业研究中心，打造苏北文化产业理论研究和应用研究为特色的文化产业研发基地。新沂市新组建的江苏东陇海文化产业集团，积极开展经营性演出、灯光、音响、舞台设备出租、演出策划、庆典礼仪服务、承接国内外演出经营、演出经纪、会展服务、工艺美术品销售等业务，成功运作了第二届生态新沂旅游文化节主场晚会、中国青岛双星队和立陶宛国家青年队的国际篮球争霸赛以及中国门球冠军赛江苏分区赛、歌王歌后大赛、广场纳凉晚会、江苏省第三届大学生龙狮精英赛等大型文体活动，集团凝聚力和影响力不断扩大。

**文化市场** 深入开展网吧、音像、电子游戏娱乐和演出市场的治理整顿工作。网吧市场实施长效动态管理，将加强市场监管与提升管理服务有机结合，着力规范网吧经营；电子音像市场注重堵源截流，严查深挖，将严厉取缔与查端窝点相结合，加大音像市场管理；歌舞娱乐和演出市场通过登记审核与规范行为，全力提升经营管理水平。全年共组织检查9840余人次，出动检查车辆1100余辆次，检查经营场所9200余家次，查处各类违法违规经营单位57家，罚款5万元，停业整顿17家，取缔无证经营48家，收缴各类非法音像制品7万余张，有力规范了徐州市文化市场秩序，文化市场执法质量和队伍素质不断提高，文化市场经营规模稳步提升，文化市场繁荣有序发展。睢宁县文化市场管理工作成绩显著，

行政执法人员收缴非法音像制品

特别是网吧管理成效突出。2010年3月31日，徐州市文化市场管理工作会议在睢宁召开，徐州市文广新局和六县（市）、五区文广新体局领导及文化市场管理稽查队负责人共40余人参加了会议，睢宁县副县长徐卫东到会并讲话。铜山区重点加强网吧、电子游艺经营场所等娱乐场所的管理，积极开展“扫黄打非”、“专项行动”、“零点行动”、“午时行动”、“平安世博”、“亚运”等专项保障行动，有力打击了违法违规行为，净化了文化市场。

**中国·徐州第四届马可艺术节——民族音乐进社区活动隆重举办** 为庆祝中华人民共和国61周年华诞，让广大市民过一个欢乐祥和的国庆，10月4日—7日，中共徐州市委、市政府主办了中国·徐州第四届马可艺术节——民族音乐进社区活动。本届艺术节由中共徐州市委宣传部、徐州市文化广电新闻出版局联合承办，江苏省梆子剧团、江苏省柳琴剧团、徐州文化馆、徐州市马可合唱团和徐

第四届马可艺术节——民族音乐进社区演出现场

州马可艺术团等单位共同协办。艺术节活动主要用马可的音乐作品来赞美祖国、赞美家乡、赞美新时代。艺术节上，演员们充满激情，将人民音乐家马可先生创作的《白毛女》、《南泥湾》、《咱们工人有力量》等一批优秀革命歌曲搬上了舞台，深受观众喜爱，有效激发了人们的爱国主义热情。

**徐州云龙湖再添新景观——彭城金石园** 10月27日，作为云龙湖景观工程之一的金石园一期工程如期展现在市民面前，受到市民的一致好评。彭城金石园一期工程由徐州市文广新局设计建设，该工程完成大型石刻浮雕艺术50余块。在这50余块花岗岩天然石料上，共完成设计、临摹历代名印、官印、吉祥印和彰显古城徐州篆刻艺术的印章200余方，特别是大型石刻艺术“彭城金石园百印壁”，堪称“中华之最”。据调研，在长近13米、高近2米、厚1.5米的大条石上浮雕100枚中华名印的石刻艺术，全国仅此一块。“彭城金石园百印壁”艺术设计为四面浮雕：一面为临摹历代著名玺印，另一面为临摹中华各金石流派篆刻，两边分别为名印和吉祥语印。国家著名书画大师李可染先生的家属，在得知家乡徐州建设“金石园”后喜出望外，特意从李可染先生书法作品中精选了“彭城金石园”五字赠与徐州，为徐州市“金石园”增加了厚重的文化色彩。

**江苏非物质文化遗产展演活动在徐州成功举办** 6月12日，中国第五个文化遗产日

“江苏非物质文化遗产徐州展演”开幕盛况

“江苏非物质文化遗产徐州展演”在徐州展览馆隆重开幕。省文化厅党组成员、副厅长王世华，中国文化传媒集团总裁、中国文化报社总编辑卜键，徐州市领导刘忠达、邹徐文、段雄、赵彭城等出席了开幕式。开幕式上，省文化厅表彰了全省20个非物质文化遗产保护先进集体和43名先进个人；徐州市对5位国家级、17位省级非物质文化遗产代表性传承人进行了颁奖，并对徐州市第二批省级和第二批市级非物质文化遗产项目进行了授牌。开幕式结束后，徐州唢呐、邳州跑竹马、邳州舞狮、睢宁龙虎斗、睢宁鲤鱼戏花篮等“非遗”项目为徐州市民和与会代表进行了一场精彩的广场展演。当日下午，王世华副厅长与广大徐州市民一起在徐州人民舞台观看了昆曲、古琴艺术、徐州琴书、海州五大宫调、淮海戏、扬州清曲、丰县四平调、徐州坠子等“非遗”项目综合演出。6月12日至6月16日在徐州展览馆举行了江苏省非物质文化遗产图片展和非物质文化遗产项目传承人现场展示活动。6月13日和14日，在徐州市中山堂分别进行了传统戏剧徐州梆子专场和江苏柳琴戏专场演出，受到观众的一致欢迎和好评。

**“动感彭城”广场文化活动喜摘国家“群星奖”** 徐州市“动感彭城”广场文化活动在文化部组织的全国第十五届“群星奖”评奖活动中喜摘项目类“群星奖”。徐州市“动感彭城”

徐州市“动感彭城”广场文化活动——汾酒之夜文艺晚会

广场文化活动设立于2003年，原名“动感古彭”广场社区文艺演出，2008年初更名为“动感彭城”广场文化活动。该活动旨在活跃城乡文化广场，丰富居民文化生活，在常年持续不断的坚持中，让全市人民共享文化发展成果。其特点是“政府花钱，群众受益；文广新局搭台，百姓‘唱戏’”，充分体现群众性，突出服务性。所有参演团体、人员和演出的节目都是无偿奉献，社会公益性强。该活动开展以来，历时8年，已持续演出近200场，涉及相关文艺团体100余家，参与的专业或业余演职人员约2.5万人次，受众达100余万人次，极大地丰富了群众的文化生活，在群众中产生了广泛影响。2008年，“动感彭城”广场文化活动荣获江苏省“五星工程服务奖”；2009年，被授予“全国特色广场文化活动”荣誉称号；2010年5月，在文化部组织的全国第十五届“群星奖”评奖活动中，成功捧回项目类“群星奖”。

**徐州发现明代老东门城墙遗址** 2010年6月20日，淮海东路原徐州警备司令部院内老东门时尚街区工地发现古城墙遗址，经调查清理，城墙遗址位于明代徐州城的东门（正式名称为河清门，具体位置在大同街东端）南边，距地表约3米左右，城墙呈东南西北走向，现施工暴露出的为城墙墙体及外壁（东壁），并有马面一处，长约50米。根据《铜山县志》等地方志记载，明洪武年间在被元代摧毁的老城之上筑徐州城，天启四年（1624）黄河决口，大水三年不退，整个徐州城被淹没在淤土之下。明崇祯年间又在原址上重建，遂形成徐州城叠城奇观。此次发现的城墙是明清时期的城墙，保存较为完整，结构清晰，特别是马面的揭露，为徐州城墙的首次发现，更加丰富了徐州历史文化名城内涵，具有重要的价值。为做好该城墙遗址的保护工作，徐州市文广新局对其工地提出了原址保护意见，以确保古城墙遗址的文物安全。

**徐州再现一座西汉楚王墓** 2010年10月21日，徐州市西郊卧牛山西北坡发现一座大型汉墓，墓室规模宏大，结构复杂。经调查，发现的盗洞竖井深度为7米，位置基本是在甬道口，然后折向南甬道，长度约25米，上层甬道塞石已被拉出。东侧还有一个墓道，塞石完好，两个墓葬墓室之间最宽约24米。两座墓各有8个墓室，计16个墓室，初步分析，该墓为合葬墓，为西汉早、中期楚王墓，且历遭数次盗掘，墓内随葬品已被盗空。从该墓结构和规模看（目前徐州西汉十二代楚王墓已发现8处）应为一处楚王墓，墓葬的陪葬品应该很丰富。

**徐州书画院举办纪念建院30周年作品展** 2010年9月30日，徐州书画院建院30周年书画展在徐州艺术馆举行。徐州书画院建院30年来，在市委、市政府的关怀下，在社会各界的支持以及画院全体人员的共同努力下，取得了丰硕的成果，在全省乃至全国形成广泛的影响。徐州的书画艺术源远流长，历来名家辈出。特别是近现代，一大批书画艺术家如李可染、刘开渠、朱德群、张伯英等为我国的美术事业做出了突出的贡献，影响巨大。现今活跃在全国各地的徐州书画名家数以百计，他们为古老的徐州增光添彩，形成了社会公认的“徐州书画”现象，为徐州书画艺术的发展奠定了坚实的基础。徐州书画院的书画家们立足徐州，潜心创作，历年均有佳作问世，在全国美展、百家金陵中国画展、兰亭书法展等重要的国家级展览上获得大奖，展示了徐州本土书画家的实力与水平，成为书画徐州建设的中坚力量。徐州书画院还着力发挥在徐州美术界的带头作用，积极促进徐州书画艺术的交流与研讨，2007 年开始创办了书画徐州年展，使其成为徐州、书画的品牌活动之一，并以立足徐州放眼全国的美学视野，努力促进“彭城画派”的形成。

（李晓军）

# 常州市

■ **常州文化工作概况** 2010年，常州文化广电新闻出版局按照"文化事业强、文化产业强、文化人才队伍强、文化综合实力强"的总体要求，重点抓好繁荣社会文化、攻关精品创作、推进文化产业、突破人才建设4项工作，完成各项目标任务。3月31日，全市启动实施文化发展绩效考核评价制度，对文化发展、政府投入、文化服务、文化消费4大类别15项指标进行了考核，加快"文化常州"建设步伐。

**艺术生产** 2010年，实施文化精品战略，舞台艺术表演日趋成熟。整理了常州评话《常州白泰官》、《江南新雨——常州画派研究文集》，修改剧本《三斩苏戌娟》、《飞扬少年》。锡剧《状元打更》、《三篙恨》取得良好的社会和经济效益，儿童剧《留守小孩》、《我们快乐成长》获得第八届上海优秀儿童剧展演最佳剧目奖，《我们快乐成长》获得首届全国戏剧文化奖优秀演出奖等7个奖项。滑稽戏《十字路口》成为第一个财政购买剧目签约项目。3月31日，举行江苏省第十七届省运会倒计时200天"龙城春韵"大型音乐会，17位全国著名艺术家欢聚龙城共同登台献艺，全国政协副主席孙家正、江苏省省长罗志军等领导莅临大剧院并观看演出。

常州市第八届青年演员会演

吴青霞百年诞辰作品展

11月19日，在上海中国画院举办"篆香映霞——吴青霞百年诞辰作品展"，展出吴青霞书画作品近80件。教育部高教司司长张大良出席开幕式。12月23日，在常州博物馆举办"百年青霞——吴青霞作品特展"，展出吴青霞各时期的百余件作品。

**群众文化** 2010年，常州不断加大"文化民生"政策保障和资金投入，形成了以"幸福广场周周演"为龙头的文化惠民工程长效机制，树立常州文化特色品牌。群众文化活动异彩纷呈，广场周周演、社区巡回演、非物质文化展演、阵地天天演完成210场，戏曲会馆、小剧场、金秋书场等文化阵地演出1135场，大剧院演出138场。"三下乡"送戏486场，赠送图书2.3万册，送电影下乡放映1.386万场。武进区推出"先进文化进百村"的惠民举措，百兴艺术团分赴遥观、横林、横山桥等乡镇，为百姓奉上200场以歌曲、戏剧、小品为主要内容的综合性文艺节目，受益群众达60万人次以上。溧阳市全年共组织举办了42场群众喜闻乐见的广场文艺演出，打造了极富特色的城市广场文化活动品牌。金坛市开展了“纪念华罗庚100周年”系列文化活动。大型现代儿童剧《少年华罗庚》在各地巡演，公开展出“纪念华罗庚诞辰100周年”书画展，编印出版《数学巨匠华罗庚刻纸系列连环画》。

全年共计放映3609场流动电影，惠及农民群众近110余万人次。“2131”工程于3月29日实施，该工程采用“以奖代补”的形式给予放映单位每场500元奖励（区镇两级财政按6：4比例分担），由常武电影演出有限公司负责实施。

2010年，完善城乡公共文化服务体系，初步形成了市、县（区）、镇（街道）、村（社区）四级全覆盖的公共文化服务体系。全市38个乡镇文化站和871个行政村村级文化室实现基本全覆盖。天宁区文化馆和钟楼区文化馆新馆落成使用。金坛市以成功创建17个“星级文化示范村”为契机，积极培育和发展特色文化镇村、特色文化户和特色民间文艺团队，尧塘镇被命名为“第四批江苏省特色文化之乡（锡剧）”。新北区设立村级专职文体委员，为农民群众提供文化服务。公共文化服务水平进一步提高。全市37个镇文化站和城区21个街道文化中心建成信息共享工程服务点，创建星级农家书屋30个，图书馆、博物馆、纪念馆等场馆接待观众261万人次。常州、金坛、溧阳、武进图书馆被评为国家一级公共图书馆，常州图书馆入选全国重点古籍保护单位，流动服务车服务网络基本形成。

2010年，武进区把建设特色文化博物馆列入区重点工作目标，区文广新局与相关企业、单位联手，累计投入资金2.5亿元，以新建、改扩建等形式，建成了清琪雅苑、牟家生态旅游观光园、抱朴斋、萧剑波艺术馆、淹城美术馆、丹青雅韵坊、芙蓉居、徐秉言刻艺雕塑研究所等八个特色文化博物馆。

**公共图书馆** 常州市图书馆、金坛市图书馆、溧阳市图书馆和武进区图书馆被评为国家一级图书馆。6月，国务院公布第三批国家珍贵古籍名录和第三批全国古籍重点保护单位名单，常州图书馆入选为全国古籍重点保护单位。该馆20世纪70年代开始单独设立古籍部，至2010年收藏古籍8万余册，其中善本313种3660册，有67种被收入《中国古籍善本书目》。2010年，入藏新修家谱24种228册，征集到地方文献719种（册），修复古籍360册（页）。9月28日，常州图书馆运河五号分馆暨恒源畅书坊揭牌。运河五号分馆定位于艺术特色分馆，是常州市图书馆继天合分馆、常州文艺学校分馆后建成的第三家分馆，拥有常州图书馆馆藏艺术类珍品图书6800余册及价值40余万元的艺术类、创意类图书和常州地方人文资料、港台原版书。

7月20日，市政府投资600万元实施的常州图书馆内部消防改造工程开工，11月30日主大楼工程完工交付。按照立项改造计划，重点整改消防疏散通道、防火分区、火灾报警系统、灭火系统、强弱电线路和给排水系统等，同时整治全馆的内部、外部环境。12月1日起，经改造、整治的常州图书馆重新对外开放。

**文物保护与管理** 文博部门开展了第三次全国文物普查，普查文物点2171处，新发现文物点1503处；完成恽氏庭院、前后北岸楠木厅、道台府（将军楼）、材罩屋旧址、庄氏济美堂、星聚堂、庄氏塾馆等修缮工程；完成馆藏文物数据库建设工作，全市馆藏文物达3.5万件，其中国家一、二、三级文物4145件套。完成第七批全国重点文物保护单位、第七批省级文物保护单位的申报工作和第四至六批省级及其以上文保单位两线划定工作，完成第五批市级文保单位的预备名单筛选、论证和公布工作；完成溧阳蓄能电站工程考古发掘和中石油项目、常溧高速公路的文物调查；抢救性发掘了泰和家苑地块明清墓葬群；恒源畅厂修缮保护工程被列入全省大运河保护十大重点工程；金坛市博物馆、溧阳新四军江南指挥部纪念馆被列入全省博物馆展览展示提升工程。全市制止和查处了文物违法案件14起。全市博物馆、纪念馆举办了展览35个，接待观众150万人次。

1月28—29日，受国家文物局委托，省文物局组织书画、瓷器、青铜器、玉器等方面专家对常州博物馆馆藏文物进行了鉴定，其中26件（套）文物被鉴定为国家一级文物，95件（套）被鉴定为国家二级文物。被鉴定为国家一级文物的有寺墩出土的良渚文化玉钺、圩墩出土的马家浜文化木桨等史前文物，南朝画像砖，景德镇窑影青刻花牡丹纹筒式炉等宋代瓷器，毛笔、砚台等宋代文房珍品，以及孙慎行的行书佛家语通屏、恽向董巨遗意图轴、王原祁小孤山图轴等明清传世书画精品。

4月12日至6月17日，常州博物馆对位于雕庄某建筑工地的董家坟、马家坟（局部）等明清墓葬进行了科学钻探和抢救性考古发掘，完成钻探面积7200平方米，累计发掘探方7个、墓葬29座，出土陶瓷器17件、大小铜镜10面、银戒指两枚和铜钱若干，共计出土文物30余件。

8月，市文物调查和数据库管理系统建成。常州博物馆、金坛市博物馆、武进区博物馆和溧阳市文物管理委员会办公室共计完成4145件馆藏珍贵文物的数据库建设，其中一级文物78件、二级文物350件、三级文物3717件。

4月初，武进区礼嘉桥孙觌纪念馆启动市级文物保护单位孙觌古墓修复工程，将一度流失的孙觌墓碑重新竖立于礼嘉禹城桥孙觌古墓原址。10月中旬，修复工程完工，历经1000多年的孙觌古墓终于得到政府及孙氏族人的妥善保护。

11月27日，世界吴氏宗亲总会、无锡至德国学研究院等共同组织太伯丝绸路寻梦之旅，85位文史专家和志愿者第一站来到金坛市，立碑纪念。金坛市三星村遗址曾经出土饰有桑蚕图案的权杖、陶壶、石钺、陶纺轮、陶尊和骨簪。这些装饰性的蚕图腾，将中国养蚕制丝技术推前上千年。2010年，经无锡至德国学研究院专家组3年的考证研究，证实丝绸之路之源——丝源、绸源、路源均在太湖流域的吴地，因此，金坛成为古代丝绸之路的发源地之一。

**非物质文化遗产保护** 2010年，全市非物质文化遗产保护部门继续贯彻“保护为主，抢救第一，合理利用，传承发展”的工作方针，坚持以生态化整体保护为目标，创新机制，重点保护“人类代表作”和国家级项目，延续文化传承。在6月13—17日举行的上海世博会

常州市市长王伟成等领导参观“非遗”展示馆

江苏周文艺展演活动中，民间项目传承人现场展示了常州的金坛刻纸、留青竹刻和常州梳篦3个“非遗”项目。6月，常州市第三批“非遗”名录公布，涉及民间文学、传统音乐、传统美术、传统舞蹈、传统戏剧、曲艺、传统技艺、杂技与竞技、民俗和传统中医10大门类33个项目。8月，第三批国家级非物质文化遗产名录公示名单公布，常州小热昏、巨村舞龙、

蒋塘马灯3个项目入选。9月，常州有12人被确定为第三批江苏省非物质文化遗产代表性传承人。10月23日，常州吟诵传习班在市文化馆开班，向学员传授近体诗、古体诗的吟诵音调和近体诗吟诵的基本规律等内容，结业时按等级发给学员初、中、高级结业证书。10月30日，常州市吟诵艺术协会在市文联成立，由传统朗诵、常州吟诵、艺术演唱等专业人士组成，为非营利性社会团体。年底，国家级“非遗”常州吟诵代表性传承人秦德祥撰写的《“绝学”探微——吟诵文集》由上海三联书店出版发行，该书共40万字，与《吟诵音乐》、《赵元任、程曦吟诵遗音录》构成常州吟诵专题研究“三部曲”。

金坛市“非遗”保护工作再创佳绩，直溪巨龙被列入第三批国家级“非遗”名录，金坛刻纸代表性传承人获邀参加世博会江苏周文艺展演和首届中国农民艺术节，金坛市文化广电体育局获“江苏省非物质文化遗产保护工作先进集体”称号。尧塘镇被省文化厅命名为第四批“江苏省特色文化之乡（锡剧）”，该镇以当地特色锡剧为依托，成立了尧塘镇锡剧协会，建立锡剧小剧场，积极挖掘和培育本土剧目和演员，通过自编自演创作锡剧作品，培养了一大批锡剧人才，累计向省、市级锡剧团输送锡剧人才30余位，促进了镇村文化事业繁荣发展。

**文化市场管理** 2010年，市文广新局办结许可事项182件，办结率100%，驻市行政服务中心窗口满意率100%。深化“文明网吧”创建工作。探索筹建镇文化站特色连锁网吧，推进网吧连锁化，强化对省落地6家网吧连锁公司及市培育的1家网吧连锁公司的引导和规范管理。常州市网吧行业协会顺利完成换届，成立了常州市演出行业协会。认真开展“平安世博”、“平安省运”、“平安亚运”保障行动以及以政治性非法出版物、未经批准发行的非法出版物和盗版教材教辅读物等为整治重点的“阳光五号”行动，确保上海世博会、省十七届运动会、广州亚运会、文明城市创建期间的文化市场安全。年内出动执法人员4845人次，检查场所4306家次，受理并查处举报65件，立案处理案件69件，督查督办案4件，收缴非法出版物36万多张（册），其中音像制品35万张、书籍1万余册。市文化行政执法支队与公安、工商部门联合成立了市互联网和手机淫秽色情信息整治工作领导小组，破获“11·29”手机淫秽色情网站案。

3月24日，国家文化部“平安世博”全国文化市场专项保障行动在常州市启动。此次行动以“平安世博、精彩文化”为主题，围绕维

护社会整治稳定、促进未成年人身心健康、保护知识产权、维护国家文化安全等重点，为上海世博会营造良好的社会文化环境。专项行动期间，常州市加大对文化娱乐市场的巡查，进一步规范新闻出版业和印刷业，重点打击政治、迷信、涉黄类案件。

6月21日，市文化行政综合执法支队根据举报线索，组织执法人员突击检查了常州市一家广告公司，当场查获10份名为《人才信息报》的出版刊物。经前期调查和现场查验，该报涉嫌假冒其他报纸名称违规出版，执法人员当场查封扣押了这些出版物，进一步作了调查询问，确认该广告公司行为违反《报纸出版管理规定》，扰乱市场经济秩序，侵犯他人合法权益，依法予以行政处罚。该

案是常州市查办的首例假冒报纸名称出版报纸案。

**文化产业** 常州中华恐龙园有限公司获得中国进出口银行9亿元贷款支持；常州创意产业基地获得文化部500万元奖励扶持资金；淹城文化产业园进入国家文化产业发展资金扶持名录，获得800万元贴息扶持。中国（常州）国际动漫艺术周升格为国家级，年交易总额达28.6亿元；19家动漫企业获得全国动漫企业资格认定，总数居全国第一；11家企业获得省文化产业引导资金总额1200万元。《秋之白华》、《涨停板、跌停板》、《途爱》3部电影投入拍摄，动漫作品《炮炮兵》获得国家原创作品扶持奖，《恐龙宝贝》、《晶码战士》等5部动漫作品在中央电视台播出。华夏工艺美术产业博览园、运河五号、武进淹城文化产业园、环球数字园等文化产业园区在不断发展。12月22日举办了常州首届演艺交易会，成交一批演艺合作大项目。

常州大剧院保利影城于5月8日开业。

保利影城开业仪式

该影城是新北区唯一的影院，位于常州大剧院内，拥有特色电影放映厅5个，777个座位，提供免费停车位300个。票房采用开放式服务，观众可自由选择座位。一楼大厅设有休闲区域，提供餐饮服务，完善了大剧院和新北区文化服务功能。

10月22日，韩国CGV影城进驻环球恐龙城国际游憩型主题商业综合体迪诺水镇签约。该影城以人性化、智能化、精致时尚风格为主，总建筑面积约5000平方米，设计有个性时尚观影厅8个，可容纳1000余人同时观看电影，计划2012年底正式营业。

澳大利亚ARTEC(雅艺)木器实业有限公司董事长、福建省工艺美术协会副理事长、莆田市美诚达李氏工艺美术有限公司董事长、木牙雕刻大师李凤强入驻华夏艺博园，并于11月16日签约。李凤强专业从事木牙雕刻等工艺美术研究、创作及生产，作品数十次获得国家、省、部级大奖。

12月21日，常州市首批文化产业引导资金项目公示结束并进行资金发放，文化产业出口营运一体化电子商务平台、姬山古镇景区、常州文化产业网建设等17个项目以补贴形式，总共获得640万元资金的扶持。

**文化体制改革** 2010年，常州市文化广电新闻出版局开展以剧本原创为龙头、以中心制为管理平台、以剧组制为生产形式的试点改革，有序推进文艺院团、经营性文化事业单位的转企改制和公益性文化事业单位内部机制改革工作。核销常州市青年锡剧团、常州市歌舞团、常州市评弹团、常州市滑稽戏剧团、常州市京剧团、常州市锡剧团6家文艺院团的事业单位法人资格，成立常州市锡剧院、常州市歌舞剧院、常州市曲艺团和常州市滑稽剧团4家国有文化企业；常州市演出公司、常州市文物商店、常州市出版事务所3家经营性文化事业单位改制为国有文化企业；完成11家公益性文化事业单位的内部机制改革工作。成立了常州文化艺术管理中心，完善、落实文化体制改革各项政策。推进院团体制改革后跨地区、跨行业和跨领域的8项演艺合作发展协议的实施进程。

4月，溧阳市根据深化文化体制改革的总体要求，整合归并了原文化局、广电局、体育局职责职能，组建了溧阳市文化广电体育局，

挂溧阳新闻出版局牌子。新局成立后，按照“融合、提升、发展”的要求，统一思想，精心组织，切实做好机构改革工作的落实。至11月底，整个机构改革工作实现了平稳过渡，取得了圆满成功。

4月，金坛市精心组织、扎实开展了政府机构改革工作，在平稳有序中实现了结构优化、责任强化和效能提升，整合归并了原文化局、广电局、体育局职责职能，组建了金坛市文化广电体育局。按照新的“三定”方案，结合原文化、广电、体育三局各自工作的具体实际，采取了“科学统筹、有序集散，相对独立、合力互补” 的运转模式，及时完成了职能划转、人员定岗和工作衔接。

4月，武进区下发《常州市武进区人民政府机构改革实施意见》，整合区文化局和区广播电视局的职责，组建武进区文化广电新闻出版局，挂武进区版权局牌子。5月28日，原武进区电影演出公司和武进影剧院两家转制单位职工签字工作全面完成。7月5日，常武电影演出有限公司正式成立，按照自愿原则，公司员工由两家转制单位符合条件的职工构成，主要负责武进区农村电影放映工作，公司实行企业化管理、市场化运作。

**常州首届演艺交易会** 12月22—24日，常州首届演艺交易会在常州大剧院举行。文化部文化市场司、江苏省文化厅和江浙沪两省一市长江三角洲城市的文化主管部门，以及近30个城市150多个演出单位的300余人参加。交易会以演出剧本、演出剧目、演艺人才、演出场地、演艺设施、演艺中介、演艺培训、演艺普及8个方面内容为主，达成签约意向380多项，合同金额近4000万元，其中常州本地演艺企业签约80多项，合同金额近1800万元。

**常州非物质文化遗产展示馆开馆** 5月，常州非物质文化遗产展示馆在常州大学图书馆挂牌开馆。该馆由市文广新局和常州大学利用常州大学现有存量资源、发挥高校科研力量所共建。该展示馆展厅面积1300平方米，以文字、图片、影像、录音、实物等形式，展示了常州市57项市级及其以上“非遗”项目，其中包括联合国教科文组织人类非物质文化遗产代表作名录项目1个、国家级“非遗”项目9个、国家级“非遗”名录推荐项目3个和省级“非遗”项目30个。该展示馆对于加快常州“非遗”项目内涵的挖掘、研究和提升，开创了先例；同时也是高校与地方文化主管部门共建“非遗”馆成功的典范。

**民营60美术馆开馆** 11月3日，常州市首家非营利性民营美术馆——60美术馆在钟楼开发区星港苑小区成立。美术馆面积近600平方米，以收藏、陈列、研究古玩字画，交流、培训、广告设计制作等为主，同时还成立了国家艺术品鉴定师、艺术品评估师认证教学培训实习基地，与常州艺术高等职业学校等合作，挂牌建立教学实习基地，为中国文化珍宝的鉴赏培养接班人。

**溧阳焦尾琴参加2010北京国际音乐文化展览会** 8月2日，2010北京国际音乐文化展览会在国家会议中心开幕，日本、澳大利亚、英国以及非洲等中外各种传统乐器和创新乐器等参加展出，溧阳作为中国四大古琴之一焦尾琴的故里受邀参展。展览会上，溧阳文化部门以焦尾琴故里为文化特征，运用图文、影视形式展示蔡邕与焦尾琴的故事，展演蔡邕古琴曲《蔡氏五弄》等，吸引了世界音乐界的专家、学者和演奏名家。

**纪念谢稚柳诞辰100周年书画精品特展** 4月16日至5月15日，常州博物馆举办了“百年稚柳——纪念谢稚柳诞辰100周年书画精品特展”。本次展览萃选了谢稚柳先生各个时期的绘画、书法作品共100余幅，对谢稚柳一生的艺术创作进行系统的回顾，并编辑出版了精美的专题图录。展览期间还举办了研讨会，邀请上海、北京和江苏等地的专家、学者对谢稚柳先生的艺术与学术进行深入的探讨。

举办谢稚柳诞辰100周年纪念活动

**常州首届广场健身舞大赛** 2011年1月12日，常州首届广场健身舞大赛决赛在武进区横山桥中学体育馆举行，钟楼区大地幼儿园的街舞获得大赛一等奖，并获得6000元奖金与奖品。常州市首届广场健身舞大赛由常州广播电视台主办，常州市文化馆承办，武进、新北、天宁、钟楼、戚墅堰5个区的区委宣传部协办，分别在5个辖区进行海选，2500人参赛，设有民族舞、现代舞、拉丁舞、街舞、健美操、太极拳、健身球和莲湘等比赛项目。12月底海选结束，选拔出32支队伍进入复赛，最终产生12支代表队参加决赛。

**溧阳社渚傩文化艺术节** 2010年2月21日（农历正月初八），溧阳市社渚镇举办了傩文化艺术节，嵩里跳幡神、蒋塘竹马灯、乘马圩跳祧神等非物质文化遗产项目相继登台表演，吸引了很多群众前来观看。社渚镇现存系列傩舞是当地的民间祭祀歌舞，大多沿袭了宋代之仪，并融入释、道、儒三家文化和易学文化。溧阳社渚傩文化艺术节从1994年开始每年举办1次，从2000年开始每年在正月初八举办。作为江苏省傩文化研究表演基地，至2010年，社渚镇仍有60多人从事傩文化艺术表演，成为苏南地区仅有的几项活态傩文化遗存，其中嵩里跳幡神、蒋塘竹马灯先后被列为江苏省“非遗”保护项目。

**张太雷研究史料海外回归** 12月初，张太雷的外孙冯海龙将3盘《华北明星报》（1919.1.19—1921.5.31）胶片无偿捐赠给常州张太雷纪念馆。这批史料是经冯海龙多方查找，最终从美国邮购回国的，将永久收藏于张太雷纪念馆。《华北明星报》由天津北洋大学法科教授福克斯等人于1918年8月中旬在天津创办，当时在北洋大学法科学习的张太雷被聘为兼职编辑。该报作为20世纪上半叶华北地区发行量最大的英文日报，受政府新闻检查限制较少，比较客观地刊载了当时大量的社会、政治和经济信息，对于研究“五四运动”及张太雷等同时代青年思想成长、变化和中国共产党早期活动的社会背景有重要价值。

张太雷纪念馆与张太雷的母校天津大学档案馆签订了《关于〈华北明星报〉史料开发利用事项合作协议书》，协议由天津大学档案馆组织力量将这批史料整理翻译成中文，成果共享，用于张太雷研究、北洋大学校史研究和中共党史、近代史的研究。

**《常州先哲遗书》重版限量发行** 《常州先哲遗书》原书为光绪刻本，系为被誉为“中国实业之父”的盛宣怀发起、出资襄助编纂出版，由有“中国图书馆之父”之称的缪荃孙编纂、清末四大名刻工之一的陶子麟领衔刻印而成。原书108册。重版《常州先哲遗书》是新中国成立以来常州地区规模最大的古籍整理编纂工程。《常州先哲遗书》汇集南北朝至清代1375年间73位常州先贤大师著作，并增加了与《常州先哲遗书》有关的历史文献《〈艺风老人日记〉选辑》《〈常州先哲遗书〉相关文献资料汇辑》两册，全书增设凡例和索引，补阙7185字，使得新版更有利于使用、内容更加完整。重版《常州先哲遗书》由南京大学出版社编号出版，限量300套，9月28日在常州举行的上海世博会长江三角洲“友谊日”活动上首发。

（季　春）

# 苏州市

**苏州文化工作概况** 2010年，苏州市文化工作紧紧围绕“三区三城”建设总目标，立足“稳增长、促转型、惠民生”，各方面工作继续取得了一系列新进展、新成绩，形成了一系列喜人亮点：夯实服务基础，公共文化设施建设取得新业绩；落实惠民举措，加强公益文化服务开创新局面；加强政策扶持，推动文化产业发展迈上新台阶；挖掘特色资源，加强文化遗产保护实现新突破；坚持传承创新，繁荣文艺创作演出喜结新硕果；实施城乡联动，开展重大文化活动形成新亮点；拓宽交流渠道，对外文化交流迈出新步伐；坚持人才兴文，文化人才队伍建设呈现新起色；开展“创先争优”，党建和精神文明建设呈现新气象。

**艺术生产** 2010年，苏州市文艺精品创作演出在全国、省继续取得重要荣誉。滑稽戏《顾家姆妈》获“文华优秀剧目奖”，剧本获“中国戏剧奖·曹禺剧本奖”，并入选2009—2010年国家舞台艺术精品工程初选剧目和省舞台艺术精品工程精品剧目。中共江苏省委常委、苏州市委书记蒋宏坤等领导集体观摩了大型滑稽戏《顾家姆妈》，并给予高度评价。苏州市滑稽剧团在保持苏式滑稽特色的基础上，贴近时代、贴近生活，坚持在演出实践中创作、磨砺精品，受到了观众和专家广泛的关注和好评。中篇评弹《雷雨》、短篇弹词《重逢》分获第六届中国曲艺“牡丹奖”节目奖和文学奖。苏州市画家在参与世博会专题创作、“2010全国中国画作品展”、“2010中国百家金陵画展（油画）”等国家、省、市重大美术展览中收获一系列重要荣誉。12月28日，“2010全国中国画作品展”在苏州美术馆新馆隆重开幕。优秀文艺获奖作品积极面向社会进行演出，滑稽戏《顾家姆妈》应邀参加中宣部“五个一”工程奖优秀剧目全国巡演和第二届江苏国际文化艺术周的演出。儿童滑稽戏《一二三，起步走》被列入文化部“优秀保留剧目大奖”全国巡演计划，分别在上海、浙江、海南演出72场。积极组织实施的“昆曲为在校学生公益演出普及工程”，全年共为中小学生演出昆剧136场次，观众近两万人次。组织苏州市直专业文艺院团、市文化馆开展了舞台艺术“四进工程·社区行”，在苏州市100个社区广场为居民共计演出100余台优秀剧（书、节）目，得到城乡群众一致肯定。大型舞剧《桃花坞》12月16日完成首演，受到一致好评。“新吴门画派”成功入选文化部“2010年全国画院优秀创作研究项目扶持计划”，再次为苏州美术赢得了荣誉。“全国画院优秀创作研究项目扶持计划”是“国家美术发展工程”的重要组成部分，旨在鼓励和支持国有画院积极开展形式多样、内容丰富的美术创作研究活动，推动画院“出精品、出人才、出效益”，实

市委书记蒋宏坤高度评价《顾家姆妈》

现对画院创作和研究工作的有效引导、扶持。

**群众文化** 2010年苏州市各项文化公益服务活跃多彩。“群星璀璨·2010”四大文化惠民系列活动共开展各类公益性惠民展演展示3万次，惠及农村及社区群众3000万人次。联袂组织开展的2010年苏州市群众文艺大汇演，在5市7区的24个广场上演出70余场次，是苏州历年来规模最大、参与节目最多、持续时间最长的一次大型群众文化公益演出活动。文化“三送工程”力度持续加大，全年全市范围内送书10万册，送戏3000场次以上，送电影达到1.3万场次。在第十五届“群星奖”评比中，苏州市的小品《回家过年》、小锡剧《喜搬家》、小锡剧《追鱼》和舞蹈《姑苏井》喜获群星大奖，牛小艾获“群文之星”称号，获奖数创历届之最，位居全国地级市之首。在第九届省“五星工程奖”评比中，苏州市的广场舞蹈《打莲湘——圆融欢乐情》、小品《鞋》、小品《那个路口》、女声组合《茉莉情》和评弹表演唱《送果篮》问鼎金奖，小品《二狗与三丫》、舞蹈《戏迷》、舞蹈《一块红布》、女声独唱《锦绣江南》获得银奖。太仓市业余文艺团队“百团大展演”活动荣获了省“五星工程奖”服务类金奖。

2010年，苏州市开展的各项重大文化活动特色鲜明，反响强烈。苏州大市各市（县）、区通力协作，上下联动，精心组织策划承办的第八届中国国际民间艺术节，吸引了来自14个国家的1200多位艺术家参演，累计演出72场次，形成全市联动、万民同乐的和谐氛围，增进了苏州人民与世界各国人民的友谊。张家港市的2010年长江文化艺术节、常熟市的第二届江南文化节和第四届尚湖国际民间艺术节、太仓市的首届“吴晓邦杯”国际标准舞全国公开赛暨沙溪舞蹈节、昆山市的首届中国农民艺术节开幕式文艺晚会“希望的田野”和2010中国昆山国际文化旅游节、吴江市的第七届区域文化联动暨京杭大运河（江苏）文化艺术节、吴中区的2010年苏州·吴中洞庭

第八届中国国际民间艺术节国外艺术家精彩表演

（山）碧螺春茶文化旅游节、相城区的活力岛音乐节、平江区的苏州首届工艺美术大师精品艺术节、沧浪区古胥门元宵灯会和第六届苏州吴地端午民俗文化节、金阊区的2010年轧神仙活动暨金阊民俗文化旅游节、高新区的第三届刺绣文化艺术节和“活力高新·欢乐社区行”大型广场活动、工业园区的“2010江苏台湾周”闭幕式暨“盛世明月”大型中秋文艺晚会等一系列活动精彩纷呈，反响强烈。

**公共图书馆** 2010年，苏州市图书馆事业蓬勃发展。图书馆总分馆建设成效显著，新增图书馆分馆15个，截至2010年底，共有市级分馆26个，县级分馆 82个。

苏州市各级各类图书馆都取得了新的成绩：苏州图书馆“掌上苏图——手机图书馆服务系统”荣获江苏省“五星工程奖”服务类金奖；苏州图书馆被江苏省文明委评为2007—2009年度江苏省精神文明建设先进单位。苏州图书馆及10个市（县）区图书馆被评为“江苏省文明图书馆”；苏州图书馆未成年人流动图书大篷车荣获“苏州市未成年人思想道德建设工作创新品牌”，苏州大讲坛荣获首批“苏州市行业文明服务品牌”；苏州图书馆荣获“第五届苏州市少儿艺术组织工作奖”、苏州市肢残人协会全国首次“肢残人活动日”爱心杯。独墅湖图书馆获得国家科技图书文献中心“NSTL服务贡献奖”，入选文化部国家图书馆数字资源征集项目；晒书会活动被中央电视台子午书简栏目专题播出。昆山图书馆

被列入“县级数字图书馆推广计划”；吴江图书馆获得全国图书馆学会“全民阅读”先进单位荣誉称号；张家港图书馆被中宣部、文化部、广电总局、新闻出版总署等联合评选为“全国服务农民服务基层文化建设先进单位”；永联村图书馆被中宣部等四部门评为“全国优秀农家书屋”等等。

第五届苏州阅读节

**非物质文化遗产保护**　2010年，苏州市非物质文化遗产保护体系不断完善。全面完成入选“人类非物质文化遗产代表作名录”六个项目的保护规划制定工作。由苏州市申报的滑稽戏、国画颜料制作技艺（姜思序堂国画颜料制作技艺）、盆景技艺（苏派盆景技艺）、绿茶制作技艺（碧螺春制作技艺）分别入选第三批国家级“非遗”传统戏剧、传统美术、传统技艺三类推荐项目名单。截至年底，苏州市已有24个项目被列入国家级“非遗”项目名录，数量上在全国仅次于北京、杭州位居第三位，另有64个项目列入省级“非遗”名录。新增19人入选第三批省级“非遗”传承人，新增91人入选第二批市级“非遗”传承人。公布第四批市级“非遗”保护示范基地13个。截至年底，苏州市共有国家级“非遗”传承人28人、省级76人、市级225人，市级“非遗”保护示范基地总数达到48个。推进“非遗”生产性保护取得显著成效，江苏省副省长曹卫星在12月15日作出批示，充分肯定了苏州市非物质文化遗产生产性保护的思路和做法。

非物质文化研究成果丰硕，《苏州文化遗产丛书》、《苏剧遗产集萃丛书》、《苏州昆曲艺术原真性研究丛书》等一批非物质文化遗产理论研究成果先后出版。

**文物保护与管理**　2010年，苏州市文物保护与管理工作再上新台阶，文化遗产保护取得新进展。6月，成功承办2010年中国文化遗产日主场城市活动。文化部部长蔡武、

遗产日主场城市活动

中共江苏省委书记罗志军、国家文物局局长单霁翔和有关省市领导、联合国教科文组织官员、海内外嘉宾共600余人参加开幕式和相关活动。

物质文化遗产保护成绩显著。山塘街历史街区继平江路之后荣获第二批“中国历史文化名街”称号。桃花坞历史文化片区综合整治前期工程圆满完成，形成桃花坞地区保护整治更新利用方案。高质量完成五人墓、彩云桥、北半园等重点文物保护单位维修工程，启动了首批江苏省大运河沿线重点文物抢救保护工程项目关税司署旧址、吴江运河古纤道维修和泰伯庙二期环境整治、俞樾旧居维修等。张家港市恬庄古村落维修保护工程取得阶段性成果。常熟市仲雍墓、言子墓保护工程和碑刻博物馆改扩建工程顺利竣工。太仓市启动了省级文保单位沙溪雕花厅内部维修和环境整治，沙溪古镇吴晓邦祖居维修项目工程顺利竣工并通过验收。昆山市如期完成了列入2010年昆山市政府实事工程的16处文

物维修工程。吴江市启动了师俭堂、柳亚子旧居的保护规划编制。

吴文化考古取得阶段性成果。2010年，经过中国社会科学院考古研究所和苏州市考古研究所组成的联合考古队的不懈努力，一座春秋晚期具有都邑性质的超大型城址在木渎、胥口一带得到确认。该城址不仅规模大，而且保存状态好，内涵丰富，特别是城墙河道、水城门、作坊、墓葬等遗存的发现，是吴文化考古的重要突破。以这一中心性遗址为核心，各种等级的遗址、墓葬，构成了完整的聚落群。这一聚落群对现今理解苏州地区春秋时期的各种遗存现象和重构当时的社会、文化史提供了重要基点。木渎春秋古城遗址获评中国社会科学院“2010年中国六大考古新发现”。另外，张家港东山村遗址荣获国家文物局“2009年度全国十大考古新发现”，这是该年度江苏省唯一入选的考古新发现。东山村遗址是目前发现的规模最大的崧泽文化遗址，是全国考古界极为重大的发现。

**文化市场管理**　2010年，苏州市文化管理部门继续推进依法行政，规范文化市场，努力开创新局面。创新举措，积极扶持文化市场发展，出台了《支持民营文艺表演团体发展奖励办法(试行)》，进一步繁荣民营文艺演出。正式启动苏州网吧新一轮发展，已有41家新增网吧门店获筹建许可。建立健全文化与公安联合管理游艺娱乐场所和联合检查验收歌舞娱乐场所的工作机制，依法建立涉外演出备案制、国内演出审查制、演出活动抄告制，进一步加强对演出市场的动态管理，着力完善文化市场管理。配合上海世博会和文明指数测评，全年共查处各类文化行政违法案件185起，行政处罚131.34万元，受理各类举报131起，努力净化市场环境。苏州市文化广电新闻出版局由于工作突出，被国家版权局授予2009年度全国查处侵权盗版案件有功单位三等奖。

**对外文化交流**　2010年，苏州市对外文化交流工作紧紧围绕文化大发展、大繁荣的发展目标，积极实施“走出去”战略，取得了丰硕成果，迈出了崭新步伐。“新吴门画派——苏州国画院中国画作品展”赴欧洲六国巡回展览，得到温家宝总理肯定。江苏省苏州昆剧院中日版昆剧《牡丹亭》在日本东京上演大获成功，日本驻华使馆发来电报，称这是“中国优秀文化艺术赴日本的成功范例”，中共江苏省委书记罗志军，省委常委、苏州市委书记蒋宏坤均作出批示，给予祝贺。此外，江苏省苏州昆剧院《浮生若梦》、《玉簪记》、《临川四梦》等经典昆剧和折子戏赴奥地利、法国、韩国、日本等国家和港澳地区交流演出，受到海外主流媒体的广泛关注和观众的如潮好评。苏州评弹团中篇评弹《雷雨》赴京演出和评弹作品赴法国和中国台湾演出均取得良好反响。西班牙瓦伦西亚现代艺术博物馆作品展、美国圣地亚哥艺术博物馆油画等一批高质量展览在苏州市先后成功举办。

**文化产业**　2010年，苏州市文化产业发展取得新突破，全市加快文化产业发展工作会议、全市加快文化产业发展推进会、苏州市金融支持文化产业发展座谈会等一系列会议，加快了文化产业的发展。文化产业实现营业总收入1369.17亿元，比上年增长22.43%；文化产业增加值379.11亿元，比上年增长35.6%；占GDP比值4.14%，占比增加0.53%。

完善政策体系。依据国家、省、市有关文

件精神，制定公布了《苏州市文化产业发展投资指导目录及说明》、《关于印发 < 苏州市文化产业统计调查报表的实施意见 > 的通知》、《苏州市重点文化企业认定和考核管理暂行办法》、《苏州市文化产业示范基地评选命名管理办法》、《苏州市文化产业发展资金管理办法》、《苏州市金融支持文化产业发展实施意见》、《苏州市文化产业担保基金管理办法》等文件，制定了《苏州市文化产业 2010—2012 年发展规划》。

加大资金扶持力度。积极帮助相关企业争取文化部动漫扶持资金 700 万元，申报推荐 6 个项目入选“2010 年省文化产业引导资金项目”，获补助 916 万元。充分发挥市级文化产业专项扶持资金作用，积极解决中小文化企业贷款融资难题，建立苏州文化产业担保基金 2 亿元。2010 年，继常熟市、昆山市、吴中区、平江区、沧浪区设立文化产业专项引导资金之后，张家港市、太仓市、吴江市、相城区、金阊区、工业园区也相继设立了本级文化产业专项引导资金。全市文化产业引导资金总额达 1.12 亿元。

加快推进重大项目建设，全年推动包括国际（苏州）动漫产业园、中国光华（苏州）文化创意产业园、中国工艺文化城等项目在内的亿元以上项目 31 个，20 亿以上重大项目 10 个。截至年底，苏州市共有已建、在建或拟建的文化产业重点项目 95 个，总投资 583 亿元，其中文化产业集聚区、园区、基地 52 个，国家级、省级文化产业示范基地分别达到 4 个和 5 个。全市已建文化创意产业园 11 个，在建、拟建 32 个。太仓 LOFT 工业设计园、博济创意园、容创意产业园、创元婚庆创意产业园等逐步形成规模效应。

加强文化产业宣传推介，成功举办了中国工艺文化创意产业峰会，首届苏州文化创意产业峰会暨第二届江南十大创意策划师、十大创意策划案例，2010 苏州影视动漫创意投资大会，纸上的舞台——第一届表演艺术海报设计国际（苏州站）邀请展，“木洋子”首届校园戏剧节等一系列活动，有效地推动了文化产业快速发展。

**文化设施建设**　市级重点设施苏州美术馆新馆、苏州市文化馆新馆、苏州名人馆于 2011 年 1 月 23 日顺利落成。苏州“三馆”的建成与投入使用，对于进一步完善公共文化服务体系，提升苏州文化影响力将发挥出更大的作用。

“三馆”落成典礼

苏州评弹学校新校顺利开学。桃花坞木刻年画博物馆二期工程完成施工，进入审计阶段。各市（县）、区一批重点文化设施项目争相兴建。张家港市文化中心大剧院、太仓市图博中心和文化艺术中心、沧浪区图书馆完成建设，常熟江南文化艺术中心、昆山市文化艺术中心一期、吴中区现代文体中心进入施工阶段，昆山市博物馆、吴江市传媒大厦、高新区文化中心等项目进入建设筹备。在 2009 年基本实现市、县级市（区）、镇（街道）公益性文化设施三级全覆盖的基础上，2010 年推动完成了 251 个行政村（社区）综合文化设施建设任务，全市行政村（社区）综合文化设施达标建设覆盖率达到 95%以上，基本实现全市公益性文化设施四级全覆盖。

**人才队伍建设**　注重抓好文化艺术名家、文化产业领军人才及各类重点人才、急需人才建设，加快建立与全市人才规划相配套衔接的各类领军人才和重点人才评价体系，起草了《苏州市文化艺术名家(领军人才)、文化艺术重点人才评价办法（试行)》、《苏州市文化产业领军人才、重点人才评价办法（试行)》。加大对后备人才的培养力度，选拔基层单位后备干部到局机关挂职锻炼，局机关采取公开竞争上岗方式选拔年轻副科职干部。基层单位通过公开招聘，全系统新录用人员26名，其中博士研究生1名，硕士研究生5名。继续推进基层文化从业人员培训，在市区、昆山、张家港、吴中区和常熟陆续开展了基层文化从业人员资格认证第二轮培训工作，共有1050人参加培训并结业。

**2010年中国文化遗产日主场城市活动** 2010年6月11日至12日，2010年中国文化遗产日主场城市活动在苏州市举办。中国文

化遗产日主场城市活动是国家最高规格的文化遗产日活动，也是国家文物局倡导文化遗产日活动的主要组织形式。文化部部长蔡武、副部长赵少华、中共江苏省委书记罗志军、国家文物局局长单霁翔等领导和联合国教科文组织汉斯·道维勒副总干事、弗朗西斯科·巴达兰主任等海内外嘉宾共600多人参加开幕式和相关活动。国家文物局局长单霁翔对苏州市文化遗产保护与传承工作及本次活动组织安排给予了高度评价。此次遗产日活动提升了苏州市的知名度和美誉度，为让世界了解苏州，让苏州走向世界，提供了难得的机遇，同时又为苏州与中外历史城市增进友谊、合作交流搭建了一个平台。

**“新吴门画派——苏州国画院中国画作品展”赴欧洲六国巡展** 2010年10月至2011年1月，“新吴门画派——苏州国画院中国画作品展”欧洲六国巡展先后赴意大利威尼斯、罗马尼亚图尔恰、德国康斯坦茨、法国诺曼底、比利时布鲁塞尔、丹麦艾斯比约展出。此次展览共展出张继馨、孙君良、周矩敏、刘懋善、马伯乐、杨明义、徐源绍、潘裕钰、姚新峰、徐惠泉、吴雍、冯豪、张明、刘佳、孙宽、张迎春、沈宁等17位画家的作品58件，这是“新吴门画派”继中国美术馆、江苏省美术馆和上海美术馆巡展之后，首次在海外的整体亮相，也是苏州国画院建院五十年来首次集体走出国门，在国外展示“新吴门画派”的创作成果和艺术风采。

**“2010年全国中国画作品展”在美术馆新馆隆重开幕** 2010年12月28日，由中国美术家协会、苏州市人民政府主办，江苏省美术家协会、中共苏州市委宣传部、苏州市文联和苏州市文广新局共同承办的“2010年全国中国画作品展”在苏州美术馆新馆拉开帷幕。本届展览是苏州市迄今为止举办的最高规格的全国美术单项展，共展出作品312件，其中优秀作品61件、入选作品251件。作品兼具了清新风格与强烈的时代性，呈现出传统审美精神与现代观念相融的崭新艺术风格，赋予传统的中国画艺术以紧跟时代的生生活力。

**成功承办第八届中国国际民间艺术节** 2010年10月7日至12日，第八届中国国际民间艺术节在苏州市举行。中共中央政治局委员、国务委员刘延东向开幕式发来贺信。全国政协副主席、中国文联主席孙家正，中国文联党组书记、副主席胡振民，中共江苏省委书

记罗志军和有关省市领导出席开幕式和相关活动。来自14个国家1200多位艺术家演出的72场高质量节目，体现出艺术节的民间性、群众性。艺术节营造喜庆氛围，促进艺术交流，形成了全市联动、万民同乐的文化氛围，增进了苏州人民与世界各国人民的友好情谊。

**苏州评弹学校新校落成暨2010年秋季开学典礼** 2010年9月1日，苏州评弹学校举行新校落成暨2010年秋季开学典礼。原国

苏州评弹学校新校开学典礼

务委员、苏州评弹学校顾问唐家璇，中共江苏省委常委、宣传部长杨新力，中共江苏省委常委、苏州市委书记蒋宏坤，江苏省副省长曹卫星，江苏省政协原副主席陆军，文化部教科司副司长王丰，江苏省教育厅厅长沈健，江苏省文化厅副厅长马宁等领导参加庆典活动。占地4万平方米、建筑面积2.84万平方米、总投资1.52亿元的苏州评弹学校新校落成后，将积极争取升格为独立大专院校，加快完善师资队伍建设，科学创新教学模式，不断提高办学质量，努力把评弹学校建设成为一流水准的特色艺术职业教育名校。同时，学校还将依托现有的教学资源，加快建设，使之成为苏州评弹艺术的保护基地、传承基地、创新基地和重要的宣传展示窗口，使其在促进苏州评弹艺术事业发展方面，发挥出更多、更好、更大的作用。

**“颜文樑艺术大展”在北京亮相** 2010年3月26日，由苏州美术馆和北京炎黄艺术馆共同主办的“中国现代美术奠基人系列·颜文樑大型艺术展”在北京炎黄艺术馆隆重开幕。“颜文樑大型艺术展”的两条主线为“油画本土化创作实践”与“纯粹美术与实用美术并重的教育思想”，着重对颜文樑一生中各个时期的重要作品和美术教育成就进行系统梳理研究和呈现。展览的作品由苏州美术馆、中国美术馆和上海美术馆提供，包括《厨房》、《重泊枫桥》、《石湖串月》、《国庆十周年》、《祖国颂》等60多件具有代表性的作品首次在北京集中亮相。另外在这次大展上还同时展出颜文樑之父、著名画家颜元的作品，以及与颜文樑并称为“沧浪三杰”的胡粹中、朱士杰的作品、文献资料，展开对颜文樑的多视角研究。

**苏州评弹惊艳京津，载誉宝岛** 2010年5月11日至5月18日，苏州评弹团携新编中篇评弹《雷雨》及“精品折子专场”分别在北京、天津演出。中篇评弹《雷雨》是根据著名戏剧大师曹禺先生的话剧《雷雨》改编的，分别在南开大学、北京大学、清华大学和长安大戏院演出。苏州评弹团排出了盛小云、吴静等超强演出阵容，表演十分精彩，引起观众们的强烈反响。评弹“精品折子专场”分别在天津中国大剧院和北京长安大戏院演出，演员们说、噱、弹、唱，把经典名段演绎得淋漓尽致，观众好评如潮。

9月23日至25日，中篇弹词《雷雨》在台北新舞台举行了3场公演，同时还献上了评

话选回《武松·出差》、《西厢·回柬》、《萧何月下追韩信》等传统曲目。台湾观众大加赞赏，《中国时报》、《联合报》、东森电视台等媒体纷纷对演出盛况给予热情洋溢的报道。

9月28日，为纪念曹禺诞辰100周年，在北京梅兰芳大剧院上演了根据曹禺同名剧作改编的中篇弹词《雷雨》。这不仅是参加此次纪念活动四台经典剧目中唯一一台非话剧演出，也是唯一一部进京参演剧目。

**苏州文化产业参展第六届深圳国际文化产业博览会** 2010年5月14日至17日，第六届中国（深圳）国际文化产业博览会在深圳会展中心开幕。由苏州市组织的苏州文化产业参展项目——姚建萍刺绣艺术馆参加了此次博览会。博览会期间，苏州市特装布置的展位主题鲜明、新颖，以传统文化元素点缀展示区域。苏州周庄画家村、容创意产业园、苏州文化旅游等文化产业介绍，姚建萍刺绣艺术馆参展的《百子图》、《宫扇》、《苏州园林》、《荷花观音》等绣品及姚建萍的苏绣现场表演、动漫卡通、服饰工艺品激起了观众的极大兴趣，吸引了大批参观者驻足观看、留影、咨询。苏州市二个展区共发放各类宣传资料和纪念品2万多份，参观展区人数达5万余人次。在第六届深圳国际文化产业博览会上，苏州市昆山文化创意产业园和魔卡童纸玩二个项目入选《中国文化产业2010投融资项目手册》（江苏共4个项目入选），昆山展区获第六届文博会优秀展示奖。

**“中国（苏州）工艺之都”战略合作意向书签署** 2010年5月29日，苏州市政府与中国工艺（集团）公司合作打造“中国（苏州）工艺之都”战略签约仪式在太湖国际会议中心隆重举行。中国工艺（集团）公司是唯一直接从事工艺美术文化产业经营的一级中央企业，也是国内最大的综合性工艺美术文化国企。此次苏州市政府与央企对接，双方将按照“优势互补、共谋发展、互惠互利、实现共赢”的原则，以传承创新为核心内容，共同推动苏州工艺美术文化创意产业的发展，将苏州打造成“中国工艺之都”。其中包括共同探索建设中国工艺文化城、中国工艺品交易中心、中国工艺创意产学研基地等多个子项目。

“工艺之都”签约

**“香山帮传统建筑营造技艺”赴上海世博会现场表演** 2010年5月6日至31日，世博苏州馆展示“香山帮传统建筑营造技艺”现场技艺表演活动，这是继“香山帮传统建筑营造技艺”2009年入选世界非物质文化遗产之后，在世界舞台上的首次亮相。在为期一个月的技艺展示中，12位香山帮技艺的传承人，分期为观众现场表演了红木家具、斗拱、石雕、砖雕、盆景等八大项目的香山帮传统建筑营造技艺绝活，使这项世界级的非物质文化遗产项目直观地展现在大众的眼前，赢得了来自世界各地16万游客的一致好评。

（孙 庆）

# 南 通 市

**南通文化工作概况** 2010年，全市文广新系统坚持以邓小平理论、“三个代表”重要思想和科学发展观为统领，紧紧围绕“文化强市”战略目标，团结一心，开拓进取，各项工作取得新的成绩，为全市超目标、超预期完成全年和“十一五”任务作出新的贡献。

**艺术生产** 全年组织承办大型文艺演出13场，开展“千戏下基层，唱响新农村”、“高雅艺术进校园”等主题活动近百场次，观众达10万余人。组织参加江苏省第三届新人新作歌舞大赛，5件歌舞作品获得7个奖项，市文广新局获组织奖。张谟创作的剧本《貂蝉之死》获首届全国戏剧文化奖银奖，《接到命令以后》、《真情有约》分获(小型剧本)二、三等奖，《大眼睛与小记者》获剧本奖。小品《美丽四季》获全国小品小戏创作大赛三等奖，小话剧《我是农民工》在《中国剧本》发表。话剧《风铃》(原名《天堂的风铃》)获“2009—2010年度江苏省舞台艺术精品工程优秀剧目”。廉政话

南通艺术剧院话剧《风铃》剧照

剧《母亲的守望》在首都剧场向中央纪委、中宣部、监察部、文化部领导作专场汇报演出。“大型廉政话剧《母亲的守望》晋京汇报演出”入选南通反腐倡廉“十件大事”。通州歌舞团荣获“江苏省青年文明号”称号。南通市少年杂技团《海上升明月》获江苏省首届杂技作品

杂技《海上升明月》

大赛主题晚会金奖。南通市文化艺术创作研究中心编辑的《钩沉与拾遗——南通京剧的历史轨迹》一书由吉林人民出版社出版。南通艺术剧院全年创作《湿漉漉的太阳》、《河埠头的女人》等舞蹈和伴舞节目100多个。女子群舞《湿漉漉的太阳》获江苏省第三届新人新作歌舞大赛创作二等奖(一等奖空缺)和优秀表演奖，双人舞《网之梦》获优秀创作奖。大型神话舞蹈史诗《东方神韵》上海世博会期间献演上海大剧院。全年组织举办南通名家系列展之二故乡行——“丁杰山水画展”、“袁运甫作品展”等书画展览活动38次。组织选送美术作品参加全省反腐倡廉美术作品比赛，20余幅作品获奖。启东市全年创作版画45件，其中30余件在专业刊物发表或展出、10余件作品在省级以上获奖。由中国文化艺术发展研究会和中国美术家协会艺术委员会联合主办的“索线——2010朱建辉版画艺术展”在上海

“索线－2010 朱建辉版画艺术展”宣传画

美术馆展出。海安县全年60余幅书画作品在省以上刊物发表、展出或获奖，国画《凝霜立雪》获中国美协主办的上海世博会美术大展国画展优秀奖（最高奖）。南通书法国画研究院全年组织举办“庚寅大吉——南通市第八届画展”、“相约崇川——海上风中国画展”等书画展览18期，在美国宾轩美术馆举办“江海丹青·传承与创新——南通书画院新水墨作品展”，在《美术报》、《中国艺术经典收藏》、《中国艺术》、《中国画家》等刊物发表作品共160多幅，编辑《南通美术研究》一书由黄海数字出版社出版。南通市个簃艺术馆全年在省级以上刊物发表作品23件、征集书画作品17件。

**群众文化** 组织举办第三届“公共文化服务月”、第八届南通韬奋读书节暨第二届南通农民读书节等一系列群众文化活动。组织实施“三下乡”、“三送”工程，市文广新局被评为江苏省文化科技卫生“三下乡”先进集体。“文化江海行”广场文艺演出被文化部授予全国第十五届公共文化服务群星奖。在第九届江苏省“五星工程奖”评比中，南通市获得三金、七银、七铜的佳绩，广场舞蹈《跳马伕》、情景民歌《海之风》、小话剧《欢庆与建国》获金奖，舞蹈《网祭》、小品《浪漫的夜》、女子相声《变味的旋律》、中国画《荷塘清秋》、摄影作品《徽乡新元素》、国画《清露坠素辉》等获银奖，南通市文化馆“免费艺术培训”、海门市“激情江海风”乡镇联动文艺获江苏省第九届“五星工程服务奖”。在全省农家书屋绩效考核中，

“文化江海行”庆祝建党89周年专场演出

南通市入选江苏省五星级农家书屋1家、四星级农家书屋6家、三星级农家书屋10家。港闸区秦灶街道西安桥村农家书屋获江苏省“优秀农家书屋”称号、张建军获“优秀农家书屋管理员”称号。海门市全年组织创作各类文艺作品336件，在省级以上发表或获奖作品44件，陈忠新的论文《传播先进文化服务全市百姓》获全国科学发展与构建和谐社会理论实践成果一等奖。崔立民作词、作曲并领唱的通东民歌《东灶港渔歌》，樊惠彬、瞿文涛创作的歌曲《东疆放歌》获全国群众创作歌曲大赛金奖，顾毓明创作的小戏《“蟹”书记》获第二届全国小戏小品曲艺作品大展一等奖。陈鹏刚创作的版画《寒冬》获首届中国农民艺术节——江苏农民画展一等奖。通州区稳步推进四大文化惠民工程，再次荣获“全国文化先进县（市）”称号。海安县全年组织送戏下乡200多场、送电影近2000场、送书8000多册、送书画春联1000多幅。如东县全年举办群众文化活动300多场，组织送戏下乡文艺演出100多场次，崇川区“三送”工程推陈出新，港闸区文化惠民“十百千”工程内容丰富，开发区星湖文化广场大舞台带动村居小舞台惠及

通州区文广新局常年坚持送戏下乡

千家万户。如皋市制定出台《2010年全市农村文化建设考核细则》，姚呈明的论文《文化民生的理论与实践探析》获省文化厅颁发的“文化理论创新工程”一等奖。全市119个乡镇已有116个建有文化站，达标率97.5%；1660个行政村已有1656个建有文化活动室，达标率99.8%。市文化信息资源共享工程网站开通。南通市图书馆新馆奠基，海安县文化艺术中心、如皋文化广场、如东县杂技艺术学校、海门市新城区文化中心、启东市图书馆等文化工程建设先后开工。南通市文化馆“文化江海行”先后围绕“唱响南黄海”、“欢乐进社区”、“爱国歌曲大家唱”等主题开展演出活动22场。承担的省文化科研课题《“非遗”的开发与利用——以南通市为例》如期结题。论文《免费艺术培训——公共文化服务的必然选择》分获“群文与创新”全国群众文化论文评比二等奖、全省群众文化论文评比一等奖。

**公共图书馆**　南通市图书馆全年购新书2.55万册，订刊1147种，征集地方文献734册。编辑出版《文献与信息》、《南通信息目录》和论文集《求索集》。与南通市人民广播电台联合开办“静海讲坛”（广播版）。20余篇论文在省级以上刊物或学术会议发表、交流。朱志强的《图书馆建筑与人文环境功能的再造》、蒋国庆的《苏中地区公共图书馆合作协调与交流之探讨》分获中国图书馆学会年会征文二等奖，张红的《建设老照片特色馆藏，坚持可持续科学发展》获第五届苏中地区图书馆发展战略研讨会一等奖。南通市图书馆被授予“江苏省文明图书馆”，被评为“江苏省‘十一五’古籍保护工作先进单位”，鲁晓红被评为“江苏省‘十一五’古籍保护工作先进个人”。4部古籍入选《国家珍贵古籍名录》、17部古籍入选《江苏省珍贵古籍名录》，至此，市图书馆共有31部古籍入选《国家珍贵古籍名录》，114部古籍入选《江苏省珍贵古籍名录》。如皋市图书馆《元史地名考》、《三朝北盟会编》、《书学大成》等三部古籍成功申报第三批《国家珍贵古籍名录》。南通市少年儿童图书馆全年采购新书1.2万册，订购报刊281种359份，全年接待借书小读者11万人次。新增新开镇文化站、小海镇文化站、竹行镇文化站等四个图书流动点。少儿图书馆网站年点击率已达近30万人次。全年撰写学术论文4篇，其中入选参加中国图书馆学会年会分获二等奖1篇、三等奖1篇，入选参加全国图书馆文献资源建设研讨会获三等奖1篇，入选参加江苏省少年儿童图书馆建设理论研讨会获三等奖1篇。

**文物保护与管理**　组织协同规划部门修编文化名城保护规划并获省政府批准通过。指导各县（市）区全面完成四至六批省以上文物保护单位保护范围和建设控制地带的划定工作，报省政府待批。完成第七批国家级文物保护单位和第七批省级文物保护单位的推荐和申报材料上报，完成第三次全国文物普查第二阶段工作。南通文庙、如皋集贤里、曹顶墓、北极阁城墙遗址等一系列文物保护单位开展保护维修工作。全面推进伶工学社保护利用工程，该项目总投资6000万元，总建筑面积2162平方米，其中修缮面积762平方米，复建面积1400平方米。

根据南通市名人、民居的保护现状，积极推荐南关帝庙巷明清住宅成为江苏省第三批名人、民居抢救保护工程候选单位。编制完成寺街等历史街区保护规划和白雅雨故居抢救

南关帝庙巷明清住宅

保护方案。海安县博物馆被列为江苏省县级博物馆水平提升项目并获得省文物局的专项资助。如皋市先后建成李昌钰刑侦技术博物馆、安定先生纪念馆、李渔纪念馆、长寿博物馆、红十四军纪念馆和东方盆景博物馆等一批名人馆和特色馆，博物馆群体系逐步形成。

南通博物苑对苑藏等级文物进行信息采集和登录输入工作。全年共盘点、移交书画、图籍、碑帖、史料等四大类文物 3588 号 1.14 万件，装裱、修复苑藏旧书画作品 68 幅、新书画 24 幅，征集文物、史料 1078 件，新入藏标本藏品 693 件。全市复查文物 196 处，新发现文物 576 处。

南通博物苑“游客服务中心”建设项目被列入市政府重点旅游设施建设工程，并获江苏省旅游产业发展专项引导资金 100 万元。完成《南通文博馆群概览》、《南通文博场馆导览》编撰制作，编辑出版《南通遗迹传说》、《博物苑的故事》等系列丛书。

南通博物苑被中国科学技术协会授予全国科普教育基地。全年接待观众 50 多万人次，中央政治局常委、全国人大常委会委员长吴邦国，中央政治局常委、中央纪律检查委员会书记贺国强，中央政治局委员、国务委员刘延东，江苏省委书记梁保华、省长罗志军等领导先后来苑视察。

**非物质文化遗产保护** 文化遗产保护利用成果丰硕。中国古琴艺术（梅庵琴派）入选联合国教科文组织世界“非遗”名录，南通范氏诗文世家陈列馆、范氏诗文研究所获文化部表彰。“季德胜蛇药制作技艺”和“王氏保赤丸制作技艺”亮相由文化部和山东省人民政府主办的首届中国非物质文化遗产博览会。如皋木偶团、盆景研究所、麒麟阁食品厂和南通市文化馆被审定为省级非物质文化遗产传承基地。南通市申报的“传统舞蹈——跳马伕”、“传统技艺——南通色织土布技艺”、“传统医药——季德胜制药技艺”等 3 个项目入选第三批国家级非物质文化遗产名录推荐项目名单，夏阿林等 11 人被列入第三批江苏省非物质文化遗产代表性传承人名录。截止到 2010 年 12 月底，全市国家级“非遗”保护项目项目 9 项、省级项目 24 项、市级项目 67 项，保护项目传承人 81 人。如皋市文化广电新闻出版局被评为“江苏省非物质文化遗产保护工作先进集体”，曹锦扬、罗企曾、杜友农被评为“江苏省非物质文化遗产保护工作先进个人”。编纂出版《海安县非物质文化遗产概览》。

**文化市场管理** 文化市场健康发展。网吧连锁经营顺利推进，签约比例超过 50%。网吧技术监控系统服务器在线率和客户安装率全省第一，并在全省文化市场管理工作会议上作专题经验介绍——《严格依法行政，防止群体性突发事件发生》。开展打击侵权盗版音像制品专项行动、校园周边地区特别整治行

2010年全市文化市场行政执法考评工作会

动和“平安世博”等专项行动，清缴侵权盗版音像制品和其它各类非法出版物，先后出动1万余人次，检查出版物经营点6299家次，收缴各类非法出版物14.1万件，行政处罚案件17起，刑事处理案件5起，审结刑事案件2起，刑事判罚3人。全市文化市场稽查共出动2.4万人次，检查文化经营场所1万余家次，受理举报395件，立案调查119起，行政处罚5.5万元，协助部、省级文化市场管理部门督办重大案件7起。市文化稽查队被省文化厅评为查处“12·10”特大网络游戏“私服”案先进单位。海门市文化广电新闻出版局被评为全省文化市场行政执法先进单位、全省扫黄打非工作先进单位和江苏省扫黄打非工作模范县（市）。

**文化产业** 全市共有文化经营单位3200家，从业人员1.08万人。年末全市登记在册的民营演出团体160个。全市文化经营创收快速增长，全年经营总收入8.84亿元，较上年增长18%。市直年经营收入突破4亿元。海安“523”文化产业主题公园、江海民俗博览园、动画片《孔小如》等5个项目共获省补助或奖励文化产业引导资金636万元。海安县“523”文化产业主题公园跻身第三批江苏省文化产业示范基地。如皋市高点定位、精心编制文化建设“十二五”发展规划，成为全省首家编制文化产业发展规划的县级市。如东县积极探索民间绘画产业化，推出以现代民间绘画为

海安县“523”文化产业主题公园跻身省文化产业示范基地

主题的折伞、折扇、烤瓷茶杯、桌毯、文化衫、印花毛巾、手提袋、太阳帽等8个系列旅游纪念品，引资1000万元建设的如东金港国际影城正式开业。通州区打造家纺文化创意园、动漫企业集聚区，崇川区重点打造江海民俗生态文化博览园、飞越百度文化广场，港闸区成功引进深圳华强城市乐园，打造国内首家城市版主题乐园。南通更俗剧院全年组织放映各类中外优秀影片达1.15万场次，邀请国家京剧院等中外知名演出团体，组织举办“红色经典”大型京剧演唱会等大型演出近80场，全年总收入突破1700万元。该剧院被国家电影基金管委会评为优秀国产影片放映先进单位二等奖，被上海联和院线评为推荐影片放映优胜奖。中央电视台、江苏电视台、《中国文化报》、《新华日报》、《扬子晚报》等新闻媒体记者近百人次先后来院采访。

**文化行政管理** 坚持以科学发展观为指导，实施新型团队建设工程，着力加强组织建设、思想建设、作风建设、党风廉政建设，全系统呈现风清气正、政通人和的良好氛围。加快行政审批制度改革，打造最佳办事环境。市文广新局14个行政审批项目承诺时限中，最长的为9个工作日，最短的为3个工作日，平均承诺时限缩短为5.9个工作日，“网吧变更”和“电影放映单位设立”的办理时限由15天缩减到6天，85%的行政审批项目承诺时限全省最短。全市文化、广电行政管理体制改革全面完成，组建南通市文化行政综合执法支队的各项准备工作已经就绪，各县（市）区已基本落实到位。全市专业艺术院团改革稳步推进，南通艺术剧院深化改革总体方案及4个具体实施办法制定完成。

组织实施文化部对外文化交流品牌项目“欢乐春节”——新加坡第十八届“春城洋溢华夏情”文化艺术旅游展，中国驻新加坡大使以及新加坡政要出席相关活动，文化部副部长赵少华专门发来贺辞。《人民日报》、中央电

视台、新华社、新加坡《联合早报》及地方媒体分别报道。

**吴邦国视察南通博物苑** 1月15日上午，中共中央政治局常委、全国人大委员长吴邦国在江苏省委书记梁保华、省长罗志军，南通市委书记罗一民、市长丁大卫等领导陪同下视察南通博物苑，并先后参观“江海文明之光”、“人文江海——南通地域文化陈列”等展览。走到濠南别业张謇铜像前，委员长和周围的省市领导议论起张謇的生平，赞誉一个旧时代知识分子在国破家亡的时刻实现报国理想的勇气和坚毅。在“江海文明之光”展陈大厅，委员长详细了解南通的文明发展史。在张謇故居濠南别业内，委员长对张謇事迹及南通近代文化、城市特色等作进一步了解，并对一百年前张謇创建馆园一体化博物馆的创新精神感到敬佩。参观过程中，委员长不时与随行的人员亲切交谈，赞叹南通出了很多杰出人才，充分肯定这几年南通文化建设的成就，特别是对文物保护工作的重视。参观结束后，委员长在南通博物苑留下珍贵墨宝，并与南通博物苑干部职工亲切握手合影留念。

**如皋市文化产业发展规划在宁通过评审** 1月18日，如皋市文广新局假座南京西康宾馆举行文化产业发展规划评审会。省委宣传部副部长梁勇，省文化厅副厅长马宁，省社科院院长宋林飞，如皋市领导陈惠娟、谢新民、刘培银、陈冬梅、张元健等出席评审会。

如皋市具有深厚的历史文化底蕴，大力发展文化产业，既是满足人民群众日益增长的物质文化生活的需要，也是主动顺应科学发展的要求，更是调整优化产业结构、加快经济转型升级的关键举措。2009年下半年，市文广新局邀请南京大学国家产业研究中心编制《如皋市文化产业发展规划》，各位专家、学者深入如皋市调研，多次召开座谈会，听取各方面意见和建议，形成《如皋市文化产业发展规划》文本。评审会上，与会专家和领导纷纷建言献策，对如皋市今后如何抢抓文化产业的发展机遇期提出殷切希望。评审组一致认为，《如皋市文化产业发展规划》指导思想明确，发展思路清晰，重点任务突出，操作步骤切实可行，具有较强的科学性、针对性、前瞻性和可操作性；并希望如皋市进一步解放思想、开拓创新，以《如皋市文化产业发展规划》为引领，进一步加快建设文化强市、打造文化名城、提升城市文化软实力，为推动经济社会又好又快发展奠定坚实基础。

**话剧《母亲的守望》晋京演出** 10月19日晚，南通艺术剧院《母亲的守望》在北京首都剧场隆重上演。这是时隔50多年南通文艺作品又一次走上首都舞台。中纪委副书记、监察部部长马馼，中宣部副部长孙志军，文化部纪检组长李洪峰，省委常委、省纪委书记弘强，省纪委副书记、省监察厅厅长解畅等领导，在京部分专家和艺术表演家，以及首都各界人士900多人观看演出。

话剧《母亲的守望》由上海戏剧学院孙祖平教授根据央视热播二十集电视连续剧《老娘泪》改编而成，讲述的是一位普通农村母亲程大娘，千里追寻在逃犯罪儿子投案自首的故事。该剧在省内巡回演出近百场，观众近10万人次。在京召开的汇报演出座谈会上，首都

大型廉政话剧《母亲的守望》亮相首都剧场

知名专家学者对该剧给予高度评价。中影集团公司副总经理江平称赞这部剧“通过母子亲情、人间真情，细腻入微地层层展现一个具有重大教育意义的故事，感人至深”。著名导演翟俊杰说，该剧通过描写亲情弘扬社会正气，很亲切，并希望这部戏能再次入京公演。中央党校党建部副主任张志明认为，该剧的进京上演，是反腐倡廉创新实践的生动体现。《中国纪检监察报》社社长李本刚说，南通通过话剧形式来宣传反腐倡廉并取得丰硕成果，给今后反腐倡廉宣传教育工作探索出一条好路子。

**“梅庵派古琴艺术”入选联合国教科文组织非物质文化遗产名录** 8月19日，中国入选联合国教科文非物质文化遗产名录颁证仪式在北京人民大会堂隆重举行，南通市申报的中国古琴艺术（梅庵琴派）入选。此前“梅庵派古琴艺术”已列入国家级非物质文化遗产保护名录和省、市非物质文化遗产保护项目，并列入南通市崇川区民族民间文化保护工程。

梅庵琴社成立于1929年，但在此之前，梅庵琴派已经形成，并在现代古琴界拥有巨大的影响。1916年，山东著名的古琴家王燕卿经康有为推荐任教于南京高师，是中国历史上最早进入高校传授古琴的古琴家，比蔡元培邀请山东另一位古琴家王心葵到北京大学任教还要早两年。王燕卿培养出许多重要的传人，其中以南通徐立孙成就最高。1920年后，梅庵琴派的活动中心从南京转移到南通，徐立孙以他任教的南通师范和南通中学为基础，大量吸收师友、学生、亲戚学琴，使梅庵派古琴艺术迅速流传。到30年代，长江下游一带更具备南方琴坛盟主的地位。新中国成立以后，梅庵琴派得到持续发展。1956年，徐立孙在全国音乐周上，因高超的演奏艺术和梅庵琴派的巨大影响，与查阜西、管平湖、吴景略被称为当代中国古琴四大家。1958年，他应邀为来南通视察的国家主席刘少奇演奏古琴。1960年，徐立孙赴北京出席中国文学艺术工作者第三次代表大会，受到毛泽东、朱德、郭沫若等党和国家领导人接见。

**“海安花鼓”入选上海世博会展演** 6月13日，“海安花鼓”入选参加“吴韵汉风、人文江苏”上海世博会“江苏文化周”展演活动，省委书记梁保华出席并作重要讲话。

“海安花鼓”演出队由海安县文化馆、县歌舞团、县艺术学校、县教育系统部分教师等近40人组成。自三月份投排后，先后到南京、镇江、常州等地演练。在上海世博会“江苏文化周”展演期间，“海安花鼓”的精彩表演受到数十万观众的普遍好评，并获中国上海世博会江苏省参展工作领导小组和江苏省文化厅表彰嘉奖，县歌舞剧团获上海世博会组织奖。此前，“海安花鼓”入选参加由文化部、农业部、中国文联主办的中国首届农民艺术节开幕式演出和文化部、农业部主办的央视春晚录播以及省委宣传部、省文化厅主办的江苏省文化民生文艺巡演启动仪式文艺演出。

（曹　琦）

# 连云港市

**连云港文化工作概况**　围绕全市经济社会发展大局，抢抓江苏沿海开发新机遇，贯彻落实省、市文化建设工作会议精神，解放思想，创新理念，夯实措施，拼搏进取，各项工作取得新成绩。

**艺术生产**　召开艺术生产工作会议，编辑出版《新农村文艺作品Ⅳ》，免费发送到基层文艺团队。开展第五届“和谐新港城”连云港市新农村文艺作品征稿活动，举办“九龙杯”连云港市首届小戏小品大赛、第三届“新农村　新文化　新农民”文艺调演。王咏梅谱

“三新”颁奖晚会

曲《太阳城之恋》成为第四届世界太阳城大会会歌，《把欢乐举起来》登上央视元宵晚会。王亮担任广州亚运会开幕式中篇《白云之帆》编导组组长。承办2010江苏音乐“茉莉花奖”全省民族器乐大赛，全市获金、银、铜等奖项8个，总分名列全省第三。淮海戏《左邻右舍》、歌曲《和是我们共同的歌》获省第七届“五个一工程奖”。屈潇萌参加全国民乐大赛获中阮独奏银奖。

市美术馆承办第十一届全国美展江苏获奖入选作品展、第三届连云港工笔画邀请展、周明亮写生作品展等展览20余台。4月14日上午，“山海神韵——恒瑞杯情系连云港”大型书画展在市博物馆开幕。

承办在深圳明思克航母上举行的四季沐歌·品牌十年启航仪式暨VIP客户营销盛典文艺晚会、在洛阳举办的“我们的品牌　我们的未来”——四季沐歌十年庆典晚会、连云港之春开幕式大型文艺晚会、纪念《江苏沿海发展规划》实施一周年大型文艺晚会，以及新海中学80周年、豪森药业15周年、恒瑞药业40周年、《苍梧晚报》10周年、金海集团5周年庆典等数十场大型晚会，演艺单位经营收入在苏北领先。

赣榆县举办第八届赣榆国际徐福节，海州湾锣鼓《渔家鼓声》获省“五星工程奖”广场类金奖，组织拍摄大型系列纪录片《走遍赣榆》。东海县推介水晶、温泉、版画三张文化名片，承办全省第六届水晶雕刻大赛，在北京举办彦涵从艺75周年作品展，发起举办“绿色健康家园”全国少儿版画展暨全国少儿版画创作论坛。组织创作文艺作品百余件，小吕剧《称爹》获四项全国大奖，《杨再金剧作选》及其37年戏剧成就获美国加州大学嘉奖。灌云县组织创作新作品近百件，歌舞剧本《血染的木梅花》获中国戏剧文学奖优秀剧本奖，2件书法、摄影作品入选省展览。灌南县组织创作46件文艺新作品，其魔艺术团参加全国首届民营艺术院团展演并受到文化部表彰。

**群众文化**　发动社会各界力量，紧扣江

苏沿海开发实施一周年主题，首创“市县联动”模式，组织开展全市“和谐文化进万家”广场文化系列活动300余场。发起举办“江苏沿海·魅力无限”——连云港、盐城、南通三地摄影作品交流展。市文化馆组织举办“相约艺术剧院”公益文化专场系列活动9场，文化馆艺术团演出30余场，组织艺术考级、艺术培训5000多人次。

相约艺术剧院

举办全市乡镇（街道）综合文化站站长技能（摄影）赛展和征文评选活动，赣榆县罗阳镇文化站等8家单位被评为“江苏省优秀乡镇文化站”，苏宁等8名文化站长被评为“江苏省优秀文化站长”。组织开展第四批连云港市特色文化之乡、特色文化团队、特色文化家庭和特色文化标兵（简称“四特”）创建活动，评选命名5个特色文化之乡、10个特色文化团队、10个特色文化家庭、11位特色文化标兵。

继续推进以送戏、送图书、送电影为主要内容的“三送工程”，全市各级送戏1017场次，送书32.6949万册，送电影下乡1.6692万场（次）。组织参加第九届江苏省“五星工程奖”评选活动，获奖23个，其中金奖2个、银奖7个、铜奖12个、服务项目奖2个。

新浦区树立节庆文化品牌，在城区以完善“十五分钟文化圈”为主线，举办春节民俗大联欢、元宵焰火晚会、“魅力新浦”文艺汇演等活动20多场。2幅摄影作品获第23届全国摄影艺术展览优秀奖，4件摄影、书法作品获省“五星工程奖”。

海州区依托丰厚历史文化底蕴，以举办“连云港之春”系列文化活动为龙头，聚集民间民俗文化资源，组织开展庙会系列文艺演出、元宵节焰火晚会、民俗文化节等活动80多场次。

连云区巩固与10多家企业合作关系，加强与驻区单位资源整合与互动，促进文化资源共享、共建、共用，开展各项文化活动，全面打造海滨广场文化品牌，开展群众性文化活动60多场。

赣榆县整合民间文化资源，扶持青口镇民间艺人说唱团、柘汪健身秧歌等特色文化团队，打造“徐福文化”、“赣榆锣鼓”、“健身秧歌”、“草根文化”等文化品牌，举办第八届青年歌手大奖赛，开展“赣榆风情”广场文化活动近70场，深入基层辅导32次，举办“幸福家园”摄影展等展览8次。

东海县组织举办第三届花卉博览会演出、“幸福东海·和谐文化进万家”广场文化活动、“四进”、“三送”和“三下乡”等主题文化活动320场次。

灌云县组织“伊山放歌·和谐文化进万家”广场文化活动45场次，组织文化进社区、学校、工厂、军营活动15场次，承办全国秧歌及腰鼓大赛等省级以上文体赛事14项次，扶持培养民间艺术团体20余个，深入乡村演出1000多场次。

灌南县围绕“先进文化进万家”主题，举办广场文化活动35场，承办省著名作家沿海行走进灌南大型采风活动、首届城市形象大使选拔赛等赛事活动20余项。

**公共图书馆** 市图书馆再次被文化部评为国家一级图书馆。加强图书馆数字化建设，建成拥有32座的多媒体电子阅览室，添置全彩LED显示屏。江苏省公共图书馆联合参考咨询网解答读者网上咨询2100余人次，传递期刊全文2300多篇。读者下载电子图书9300余人次，全文期刊论文检索5622人次，下载3149篇。通过文化信息共享工程网络，组织视频播放及讲座16次。“苍梧讲坛”邀请专家现场讲座4次，与上海图书馆合作开展视频讲座每周定期开播，全年共播出52期。整理《中国教育报》中推荐的教师暑期阅读书目，制作宣传版面分类推荐，设立教育图书专架，服务全市广大中小学教师。设立《西游记》文献专架，启动《西游记》文化信息中心建设。新增电台社区、武警连云港市边防支队等7个馆外服务点。图书馆党支部与市纪委机关党支部到赣榆县厉庄乡赤涧二村，开展图书捐赠、创建乡村图书室活动。

市少儿图书馆坚持免费开放，全年接待读者30万人次，新购图书1.4231万册(件)。组织举办七彩夏日活动、“红读”活动、图书馆服务宣传周活动、“弟子规”诵读表演比赛、“走进世博”等系列小读者活动数十次，少儿流动书库稳步运行，送书下乡14次，送图书8000册。联合教育部门举办“走进世博，走向世界”红领巾读书征文活动，在全省“红读征文演讲比赛”中获一、二、三等奖30项，少儿图书馆获优秀组织奖。参加在长沙举办的全国阅读嘉年华活动，市少儿图书馆获“阅读年成果摄影展”金奖和银奖、最佳阅读推广奖等多个奖项。年内再次被国家文化部公布为国家一级图书馆，并被授予市小公民道德建设实践示范基地。

**文化遗产保护** 加强文物保护工作。完成第三次全国文物普查资料整理、汇总和上报工作，公布新发现文物555处，并筛选公布39处市级文物保护单位，将11处公布为市第一批文物控制保护单位，果城里民国建筑群入选全省文物普查十大新发现。组织11处文物申报全国重点文物保护单位，30处文物申报省级文物保护单位。完成南城城隍庙维修保护、石棚小区汉墓抢救发掘。4月，北京未来星空科技发展有限公司与市文管办、市重点文物保护研究所专家联合对将军崖岩画进行三维激光扫描，并在此基础上制作将军崖岩画遗址三维虚拟高仿真数据模型，为岩画保护带来全新视角和方法。6月，中国国家博物馆田野考古研究中心、南京博物院考古研究所、市文管办、市博物馆共同编著的《连云港孔望山》一书由中国文物出版社正式发行。7月22日，花果山乡文化站在该乡小村新发现一处古代摩崖石刻，此摩崖题刻时代比其附近的郁林观唐代隶书早23年，为研究佛教史、唐代书法史提供重要实物资料。

加强非物质文化遗产保护传承。召开全市非物质文化遗产保护工作会议，巩固普查成果，部署工作任务。年初启动《连云港市非物质文化遗产保护发展规划(2010—2020)》编制工作，5月中旬形成初稿。7月下旬召开专家论证会，原则性通过《规划》。11月上旬，市政府召集征求意见会，11月下旬通过市政府常务会议审议。《规划》突出生态性保护、区域性保护、整体性保护、系统性保护、生产性保护、兼容性保护的工作思路和工作计划，以及“传承—保护—创新—发展”运作模式，具有一定前瞻性和可操作性。

徐福东渡传说入选国家级保护目录，公布市第二批市级项目32个，第一批市级扩展项目8个，第一批市级项目代表性传承人67名，在省辖市中第一个研究制订“非遗”保护中长期规划。组织水晶石补画和锻铜技艺到澳门卢家大屋展示展演。组织开展“非遗”进校园系列活动。6月12日，在苍梧绿园举办中国第五个“文化遗产日”“非遗”工作成果展。海州五大宫调、淮海戏参加江苏非物质文化遗产展演。7月22日上午，市艺术研究所与新海小学合作举办首届“非遗”夏令营活动在新海小学开营，童子戏、淮海戏、海州五大宫调、飞白书法传承人现场为学生表演讲解。24日，组织新海小学学生到赣榆县观看苏北大鼓、黑陶、柳编、捻船等项目展示，并和传承人进行互动。

市博物馆完善服务功能，推进免费开放，组织举办“《西游记》文化书画展”、“大汉王朝——汉画像石精品展”等展览22台，接待观众14万人次。完成馆藏335件珍贵文物藏

《西游记》文化书画展

品数据采集、合成和上报。推进完成“美猴王龙宫探宝——海洋动物标本陈列”设计，召开专家论证会。4月，中央一套《天下大观》栏目组拍摄“不腐女尸”系列片播出。5月12日，彦涵先生委托其子将其创作作品《汶川地震·生死关头》委托其亲属捐赠给市博物馆（彦涵美术馆）永久收藏。

市民俗博物馆免费对外开放，征集文物100多件，接受市民捐赠文物近20件，整理展出一批老报纸、老照片，在节假日举办海州五大宫调、淮海戏专场演出，接待观众过5万人次。完成院内地面维修工程，铺设苏州御窑金砖。民俗婚庆服务公司正式运行，参加市首届婚庆博览会。

各县区文化遗产保护工作深入推进。新浦区公布42个区级非物质文化遗产保护项目，建立解放路小学等10家传承基地及1家传习所，举办童子戏专场演出。海州区制订“非遗”中长期保护规划，开展海州五大宫调、淮海戏展演活动，建立民俗展演中心等多个传承基地。连云区巩固普查成果，在节假日开展项目展演活动。

赣榆县新博物馆建成开放，举办“非遗”成果展2次，建立命名10个“非遗”保护基地。东海县2处文物保护单位申报省级大遗址保护项目，挂牌成立县“非遗”保护中心，8个项目入选市级保护名录。灌云县文物普查工作代表江苏省通过国家文物局验收，3处文物保护单位申报省级文物保护单位，县博物馆基本竣工。挂牌成立县“非遗”保护中心，公布县级保护名录19个，确立12个传习所和传承基地。灌南县完成文物展览中心提升工程，编印出版《灌南县文物简介画册》，在全市第一家挂牌成立县级“非遗”保护中心，举办“汤沟杯”全国第五个非物质文化遗产日活动，对7个市级保护单位授牌。

**文化市场管理**　完善市、县（区）、乡镇（街道）三级“扫黄打非”组织网络和监管机制，推进综合执法。举办“打击侵权盗版，保护知识产权”侵权盗版及非法出版物集中销毁暨“扫黄打非”宣传教育和成果巡回展，组织开展专项治理活动28次、督查暗访行动20余次，上级交办案件和群众来信来访390余起，调查处理各类案件145起，95家违法经营单位受到警告、罚款、停业整顿等行政处罚，3家严重违法经营网吧被吊销《网络文化经营许可证》。市文化行政综合执法支队办理的复制淫秽物品牟利案入选2010年上半年全国文化市场综合执法八大重大案件之一，在2010年全省文化市场综合执法考评中，市文化行政综合执法支队获综合考评第一名，并被文化部评

为“全国文化行政执法先进集体”。

各县区文化市场管理工作得到加强。新浦区建立“多方联席、整体作战”工作体系和区、街道、社区“三级监管网络”，开展“迎世博、净市场、保成长”等7次大规模行动，查处案件10余起，收缴盗版音像制品、非法报纸1.2万余张（册），取缔无证游戏机10家、“黑网吧”8家，查处无证歌舞厅14家。海州区坚持日常稽查与专项整治并举，查缴盗版书刊800余册、音像制品1.5万余盘，培训经营业主12次。连云区狠抓文化市场综合整治，收缴非法、盗版音像制品1100盘，书报刊1200余本（份），检查网吧80余家次，行政处罚4家，获省“扫黄打非”有功集体、“全国查处侵权盗版案件有功单位”称号。市经济技术开发区开展网吧专项整治等五大整治活动，清查音像社、书刊社、网吧游戏室等经营单位150个（次）。

赣榆县形成“政府主管、行业自律、社会监督、科技防范”扫黄打非工作机制，举办从业人员培训班8期，引导新建5家网吧连锁店和2家歌舞厅。东海县保持“扫黄打非”高压态势，组织专项综合执法42次，处理27件举报案件，被评为全省“扫黄打非”工作先进县。灌云县与所有网吧签订管理责任书和自我承诺书，组织法律、法规培训5次。灌南县对文化市场管理推行分片包干和百分考核机制，促进网吧、歌舞厅规范化管理，率先在全市启动并完成“网吧”单改联工作。

**对外文化交流** 1月5日晚，由市文化局、市海外交流协会、美国梁氏文化交流基金会主办的“2010与大师有约”新年音乐会在市文化艺术中心举行，美国朱利亚音乐学院钢琴表演艺术家Aaron Wunsch和大提琴演奏家Julia Bruskin演奏贝多芬、肖邦等众多名曲。3月15至16日，日本名古屋大学中川原育子博士、清泉女子大学石松日奈子博士等学者，对孔望山摩崖造像进行学术调研。4月20日上午，美国《国际时报》报社社长、美国希望基金会主席邱岭女士率美国工商界代表一行参观考察市博物馆，并在市艺术学校观看女子民族乐团演出。8月21日下午，佐贺市少年使节团参观市少儿图书馆。9月29日下午，新加坡国会议员曾士生一行参观市博物馆。

**艺术教育** 市艺术学校进一步改善办学条件，加强教学管理，提高教学质量，实现招生120人，通过江苏省三星级学校评估，舞蹈表演专业被评定为省级课程改革试验点。青年歌舞团创作演出大型舞蹈晚会《追梦》，组织师生参加省职业学校师生技能大赛等省级以上赛事，获奖近20项，被省教育厅评为“德育先进集体”。10月25日上午，市委书记王建华等视察东方艺术中心暨市艺术学校（分部），观看艺术学校师生排演的专场舞蹈晚会《追梦》。9月18日下午，香港江苏同乡会名誉

《追梦》

会长、香港巴黎毛冷百货有限公司董事长郑兆财先生一行到市艺术学校分部暨东方艺术中心考察，现场捐助100万元港币帮助艺术学校分部添置教学设备。

**文化设施建设** 修改完善《连云港城区文化设施布局规划（2010—2030）》，形成送审稿上市政府常务会。筹集资金500多万元，完成东方艺术中心暨市艺术学校（分部）维修改建工程。巩固乡村级文化设施建设成果，社区文化中心、文化信息资源共享工程实现全覆盖。组织完成中心改造装修工程。在去年完成82个社区文化中心建设任务的基础上，按照《连云港市社区文化中心标准化建设实施方

案和考核办法》要求，推进社区文化中心建设，年内实现全市201个社区文化中心建设全覆盖。

新浦区实现72个社区文化中心建设全覆盖，建成30个社区文化小广场，协调市图书馆在6个社区设立馆外服务点、流动图书馆。海州区改建完善区文化馆基础设施，完成19个社区文化中心建设任务。开发区科教创业中心两馆主体封顶。市经济技术开发区投入1500万元、面积5000平方米的中云文体中心投入使用，投入50多万元，对猴嘴文化中心进行维修改造，添置相关配套设施。

赣榆县博物馆开馆，图书馆建成并将投入使用，32个社区文化中心通过验收。东海县启动中国水晶博物馆建设，完善少儿版画活动中心、县博物馆功能，完成所有行政村电子阅览室及文化信息资源共享工程建设。灌云县文化设施快速提档升级，新影剧院、图书馆相继投入使用，博物馆即将建成开放。灌南县加强文化设施配套建设，文化馆、博物馆、图书馆硬件设施上新台阶，提升乡镇文化站配置，推进乡镇社戏大舞台建设。

**文化产业** 推进文化产业园区建设，《西游记》文化产业园、北京联创酷歌动漫产业园、京能天阶文化广场、国家级软件产业园等一大批重点项目全面启动，计划总投资近两百亿元。制定加快文化产业振兴的若干政策。加快文化产业项目库建设，近60个文化产业项目纳入项目库进行跟踪管理。包装4个项目争取省文化产业引导资金700万元。市区新建大型歌舞厅6家、印刷包装企业9家，吸纳社会资金近亿元。新浦区、连云区、灌南县、灌云县相继建成5个多厅数码影城，市文化艺术中心数字影城开业一年票房过500万，跻身东方院线省内十大影城。

东海县提出文化产业发展“四带三区”基本框架，水晶文化创意园一期项目投入使用。赣榆县徐福文化创意园、海州湾文化产业园、青口文化生态公园、淮海国际旅游岛、电影《徐福》等一批文化产业项目正在建设或规划推进中。灌南县五龙口文化产业园一期工程顺利推进。灌云县投资5000万元的兴云生态园《西游记》主题餐厅及灌云县数字影城即将投入运行。新浦区以发展“商贸文化、山水文化、宗教文化、婚庆文化”为重点，打造通灌路文化娱乐一条街，建成新浦公园露天影视文化广场，完成南城城隍庙修缮工程，举办连云港首届婚庆文化博览会。连云区创新融资手段，完善政府资金为引导、企业投入为基础、银行信贷和民间资金为主体、股市融资和境外资金为补充的多元化文化产业投融资体系，后云台山旅游开发及法起寺建设扎实推进。海州区推进文化与旅游融合发展，编制锦屏山山北文化休闲区、《镜花缘》文化园区发展规划。市经济技术开发区着力引导文化创意产业发展，联创酷歌文化创意产业园签约，国家级软件产业园开工建设。科教园区内广播影视文化产业城开始桩基工程，《西游记》文化产业园签约，《西游记》文化实证博览园一期工程开工建设，云雾茶文化博览园开始策划设计工作，花果山茶文化园开展招商，准备内部装修。

**文化体制改革** 1月，挂牌成立市文化广电新闻出版局；年内，成立市文化行政综合执法支队，完成事业单位岗位设置。女子民乐团完成独立建制，从中央音乐学院、中央民族大学、上海音乐学院等艺术院校引进10名优秀人才，聘任中国音乐家协会副主席、中国音乐学院副院长、著名二胡演奏家宋飞为名誉团长，聘请著名指挥家刘文金为艺术顾问。推进文艺院团转企改制工作，市歌舞剧院有限公司完成企业注册登记手续。四县三区完成文广体和文体旅机构合并。

**全市文化建设工作会议** 市委、市政府于年初召开全市文化建设工作会议，市委书记王建华、市长徐一平等市四套班子领导出席会议。会议提出建设文化强市的任务，对全市文化建设优秀品牌和先进个人进行表彰，授予王咏梅等21名同志“全市文化建设先进个人”荣誉称号，授予女子民乐团等10个项目“全市文化建设优秀品牌”荣誉称号。4月20日上午，市政协组织召开十一届十九次主席会议，听取全市文化建设情况汇报。7月29日上午，徐一平市长到市文广新局调研文化工作。

**女子民乐团首次进国家大剧院演出** 2月27日、28日，江苏省女子民族乐团在国家大剧院举办两场“民族情·古韵风—江苏省女子民族乐团元宵音乐会”，演奏民族管弦乐《春节序曲》、《春江花月夜》、《拔根芦柴花》、《海州五大宫调·软平·天台有路人难到》等经

女子民乐团走进国家大剧院

典曲目和具有江苏特色、连云港风韵的曲目。音乐会由连云港市委、市政府和中国民族管弦乐学会联合主办，著名指挥家、中国交响乐团联盟主席卞祖善担任指挥。27日晚，江苏省委常委、宣传部长杨新力，市领导王建华、张光东、杨莉，中国音协副主席宋飞、中国民族管弦乐学会副会长兼秘书长张殿英、中央民族乐团团长席强等近二十名著名专家出席音乐会。28日上午，市文化广电新闻出版局在北京召开专家座谈会，为女子民族乐团发展“把脉”。《中国文化报》、《光明日报》、《新华日报》、《人民音乐》等多家权威媒体对江苏省女子民族乐团国家大剧院演出进行关注报道。

**2010江苏音乐“茉莉花奖”全省民族器乐比赛** 7月23日，由江苏省文化厅、江苏省文联、连云港市人民政府联合主办，江苏省演艺集团、江苏省音协、连云港市文化广电新闻出版局承办的2010江苏音乐“茉莉花奖”全省民族器乐比赛在市文化艺术中心开幕，江苏省文化厅副厅长高云等及市四套班子领导观看开幕式“乐响云港”民族音乐会。本次大赛是全省历年来参赛人数最多、比赛规格最高

全省民族器乐比赛

的民族器乐比赛，比赛分二胡组、古筝组、弹拨乐组（琵琶、扬琴、中阮）、笛子组、管乐组（唢呐、笙）和民乐组合组等6个组别进行，全省225名选手参加比赛，国内多位民乐大家担任评委。连云港获金、银、铜及优秀演奏奖8项，在全省排名第三。7月26日晚在市委党校报告厅举行闭幕式暨颁奖晚会，江苏省文联书记王慧芬、副书记杨企鹏，省演艺集团副总经理朱昌耀，市领导张光东、杨莉、俞向阳等出席颁奖晚会。

**2010连云港·国际《西游记》文化（旅游）节文化产业博览会** 7月10日上午，2010连云港·国际西游记文化（旅游）节文化产业博览会在市文化艺术中心开幕，省委常委、宣传部长杨新力，省文化厅副厅长马宁，市领导王

建华、徐一平和社会各界人士数千人参加开幕式。活动由连云港市委、市政府主办，市委宣传部、市发改委、市文广新局等单位联合承办。主要活动内容包括：文化产业项目推介会及现场签约；文化产业发展银企论坛；文化产

文化产业博览会

品展示交易；大型新视听魔幻剧《梦境西游》正式公演；汽车文化展；文化惠民系列活动等。在文化产业项目推介会上，确定签约项目9个，投资总额21.95亿元，十个项目达成合作意向，投资总额32.77亿元。数十个专题展区200多家参展单位汇聚全市特色文化产品近千种，其中《西游记》文化产品展在全国尚属首次举办。

**大型新视听魔幻剧《梦境西游》** 为发挥《西游记》文化品牌效应，提升文化旅游品位，市文化广电新闻出版局、市旅游局、连云港市汇凌文化有限公司经过两年酝酿、设计和精心制作，联合出品大型新视听魔幻剧《梦境西游》。该剧由国内一流艺术家邢时苗、龙华、刘文豪、王家鹏打造，截取《西游记》石破天惊孙猴子诞生到受戒西行这一经典断面，在表现手法上集音乐、舞蹈、杂技、魔术、武术、谐剧等诸种艺术元素于一体，对孙悟空形象进行全新诠释和舞台呈现。《梦境西游》从5月排练到6月29日首次试演，从7月10日公开演出到9月7日收官，持续演出42场，接待观众4万人次，填补连云港市旅游演出市场空白。

7月26日晚，省委常委、宣传部长杨新力，省文化厅副厅长高云，省文联副主席朱昌耀等，市领导王建华、张光东、杨莉等观看《梦境西游》。杨新力部长对《梦境西游》给予高度评价，并对该剧寄予很大希望。他还对该剧的音乐、舞美、舞蹈等方面提出更高要求。

**江苏省中青年优秀演艺人才汇报慰问演出** 11月21日晚，“情暖深秋春满台——江苏省中青年优秀演艺人才赴连汇报慰问演出”在市文化艺术中心大剧院举行，省委常委、宣传部长杨新力，市委书记王建华、市长徐一平等省市领导与近千名观众观看演出。入选全省首批优秀中青年演艺人才的是梅派

省中青年演艺人才汇报演出

青衣李洁、青年歌唱家张其萍、“扬剧王子”李政成、青年古筝演奏家任洁和青年琵琶演奏家杨婷婷，5位青年文艺家是江苏省近年来涌现出来的德艺双馨的青年艺术家代表。根据省委宣传部安排，“情暖深秋春满台”综合演出精选京剧《贵妃醉酒》选段、古筝独奏《丝绸之舞》、琵琶独奏《十面埋伏》、民歌独唱《山歌好比春江水》等精彩曲目，从17日至22日，5位青年艺术家分别奔赴徐州、扬州、泰州、连云港和盐城，为基层群众演出。

**第十一届全国美展江苏获奖入选作品展** 10月29日上午，由江苏省文化厅、连云港市

人民政府主办，市文化广电新闻出版局承办的“时代多彩——第十一届全国美展（国画、油画、版画）江苏获奖入选作品展”在市美术馆开幕。展览展出国画、油画、版画作品 87 件，其中，连云港市作品 5 件，曹鸣凤版画《秋声赋》获银奖。由文化部和中国美协每五年一届共同举办的全国美术作品展览，是我国规格最高、规模最大、最具权威的综合性美术展览机制。在第十一届全国美展评选中，江苏有 200 余件作品入选，47 件作品获奖（含理论奖 1 件），取得 3 金 3 银 4 铜的历史最好成绩。

**市淮海戏协会到台湾交流演出** 应台湾文化教育交流发展协会邀请，市淮海戏协会组成文化交流演出团一行 18 人，12 月 21 日至 12 月 25 日赴台湾进行交流演出。12 月 22 日上午，历时九个月排练的大型古装淮海戏《红楼梦》在台北市崇光女中文萃楼演艺厅演出，连云港籍台北市私立强恕高级中学董事长、台北市文化教育交流发展协会理事长李平阴，台湾省立法委员罗明才，台北市文化教育交流发展协会执行长刘志旋，新店崇光社区大学吴治香，台北市崇光女中校长魏兆颐，台湾树人家商师生、崇光女中师生、剧场周边台湾民众以及海州同乡会观看演出。台湾海州同乡会会长、台湾《海州文献》杂志社社长辛子方为演员献上锦旗。

**果城里民国建筑群入选“江苏省第三次全国文物普查十大新发现”** 1 月 18 日上午，省文物局在南京举行全省第三次全国文物普查十大新发现揭晓仪式暨《江苏省文物普查新发现》一书首发式，果城里民国建筑群入选“江苏省第三次全国文物普查十大新发现”。该建筑群位于连云街道胜利社区果城巷 1—23 号，20 世纪 30 年代初由上海中兴公司兴建，共有四个院落，全石结构、红瓦屋面，一条南北向小路两侧，分布两座对称小院，占地面积约 2300 平方米，每幢建筑上下各六间，木质外走廊、外楼梯，是一组典型的中西合璧式民居建筑群。该建筑原为建港初期政府要员及高级职员居住，曾为荷兰专家、银行家、高级员工寓所，二战期间曾为日军慰安所，解放后为陆军海运队接管，至今保存完好。

（武依林）

# 淮 安 市

**淮安文化工作概况**　2010年，全市文化系统以改善文化民生为前提，以文化体制改革为动力，以发展公益性文化为重点，以提升淮安文化竞争力为核心，以满足广大群众的精神文化需求为根本任务，紧扣淮安“大文化”建设任务，抢抓机遇，扎实推进，各项文化建设工作更上新台阶。

**艺术生产**　戏剧艺术创作实现了新的突破。全年新创电视剧本《吴鞠通》、现代淮海戏《永远的红手印》、新编历史故事剧《梁红玉》、戏曲《细侯》、小戏《豆腐脑与茶馓》、《买丝巾》等十多个，其中，电视剧本《吴鞠通》与江苏凰座影视公司签订了拍摄权；小戏《买丝巾》获第二届“中华颂——全国小戏小品曲艺作品大展”小戏一等奖。新编历史剧《韩信》获首届全国戏剧文化奖大型剧本银奖，新编历史故事剧《梁红玉》、戏曲《细侯》获大型剧本剧本奖，小戏《豆腐脑与茶馓》获小型剧本三等奖。小戏《豆腐脑与茶馓》还获得第七届中国滨州·博兴小戏艺术节最佳剧目奖、“江苏戏剧奖·小戏小品奖”决赛三等奖。新编历史剧《韩信》（淮剧）成功入选2009—2010年度江苏省舞台艺术精品工程剧目。淮海小戏《夜深人不静》获第四届“中国戏剧奖·小戏小品奖”大赛最高奖项——优秀剧目奖，主演许亚玲、魏佳宁获得最佳演员奖。全国第一台将沈浩同志先进事迹搬上舞台的戏剧节目《永远的红手印》（淮海戏）3月26日晚在淮安人民大会堂首次公演。江苏省长荣京剧院复排的青春版荀派经典剧目《金玉奴》、新创荀派剧目《缇萦救父》在淮安人民大

《韩信》参加上海世博会江苏“淮安文化周”精品剧目展演

会堂公演、录播。

书法美术创作获得了新的丰收。积极组织淮安书画家参加中国美协、中国书协主办的展览，取得了喜人成绩，其中，国家级获奖10人次，入展7人次，为历史之最。淮安书画院青年画家范海龙的中国画作品《姑苏梦寻》荣获2010年全国中国画作品展优秀奖（最高奖）。

**群众文化**　开展主题群文活动。成功举办了全市群众文艺调演、全市农村农民歌唱比赛等群众文化活动，开展了“快乐淮安·激情广场”等30多场演出，组织送戏下乡370场次，送电影下乡1.79万场，送书25万册。积极组织节庆期间群众文化活动。开展了“迎新年、颂家乡”地方特色文艺节目表演、“城市让生活更美好”迎新年广场文艺演出、“相约古戏台”戏曲票友及民乐演唱会、欢歌国庆淮剧专场折子戏等一系列形式多样、丰富多彩的文化活动。2月6日，在洪泽大剧院举办“大地情深”淮安市群文新作调演暨洪泽县迎新春联欢会。其中，“快乐生活·激

市、县区联动的“快乐淮安·激情广场”大型文艺演出现场

情广场”文艺演出分别在市民健身广场、大运河文化广场、文庙新天地和淮阴区黄河广场同时开演。楚州区南闸镇在全社会广泛开展征集白马湖特色文化活动。该镇对征集到的白马湖特色文化将邀请专家进行论证，并将建立白马湖博物馆，向游客展示白马湖特色文化的神奇魅力。

积极开展群文作品创作比赛。市文化馆的小品《风满楼》获江苏省第九届“五星工程奖”银奖，编创的广场舞蹈《沿着社会主义大道向前方》、金湖秧歌《唱起秧歌喜洋洋》被选送到上海世博会演出。在省文联举办的江苏舞蹈“莲花奖”首届社会舞蹈比赛中，市文化馆的冯祥幸、郭翠红编创的舞蹈获得两项银奖。金湖县闵桥镇（秧歌）被命名为“特色文化之乡”，淮安市运河之声民乐团被命名为“特色文化团队”，童骥良（戏剧小品）被命名为“特色文化标兵”。淮安市第一个乡镇文联——金湖县涂沟镇文联4月15日上午成立，下属八个文艺爱好者协会，会员近300人。

公共文化服务体系建设迈上新台阶。全市累计投入15亿元，相继开工建设市文化馆、图书馆、美术馆、淮安文化艺校新校区和清河城市化史馆、楚州淮安府衙三期、金湖尧帝公园、开发区文体中心等一批重点项目。全市万人拥有公共文化设施面积达780.78平方米，万人拥有公共文化设施数量位居全省第三。建成了38个城市社区文化中心。市图书馆、洪泽县图书馆等6家单位建成了文化共享工程基层分中心。全市建成23个增强型文化共享工程乡镇基层服务点和92个普通型乡镇基层服务点。

创新区域性文化节庆品牌。全市文化系统积极开展节庆品牌创新，先后举办了上海世博会“江苏·淮安文化周”系列活动、2010淮安周恩来读书节、2010中国淮阴·东方母爱文化节、中国（涟水）·首届中华缘文化节、2010中国淮安·楚州《西游记》文化旅游年“魅力楚州”广场群众文化活动启动仪式、中国金湖荷花·美食节、2010中国·淮安清江浦庙会等富有淮安区域特色的节庆文化活动，促进了和谐文化、特色文化以及文化旅游的发展。洪泽县还举办了第三届非物质文化遗产节暨洪泽湖原生态大型民俗文化表演和2010迎世博洪泽湖原生态文化展示周、罩鱼大赛等系列重大文化活动。

**公共图书馆** 淮安市图书馆藏书45.24万册。各级公共图书馆全年接待读者71.4万人次，流通书刊83.9万册次。

创新创优图书采购新流程，充分挖掘地方文献征集途径和线索，进一步加强地方文献的征集力度，形成周恩来、《西游记》、大运河、淮扬菜等一批有特色的淮安地方文献。4月、5月，市图书馆在富春图书分馆举办了“热爱读书，享受阅读”社会实践和“庆六一，爱心诵读”活动。9月26日到10月8日期间，组织开展了淮安市2010年度红领巾读书征文、演讲比赛活动。推进共享工程淮安市图书馆支中心建设任务，完成中心馆与社区分馆网络线路改造工程，及时接受共享工程省中心传送的文化信息资源。完成《淮扬菜美食菜谱》数据库建设工作，开展计算机基础知识、共享工程发展、资源建设与使用方法等培训，完善网站建设，打造馆读互动平台，网络参考咨询工作名列全省前茅。开通了“江苏省公共图书馆联合参考咨询网”，免费为有条件的县区馆提供数据库查询。

组织开展多方位的读书服务活动，不断扩大读书服务范围和网点建设，增加了市级馆外服务点14个。淮安市图书馆先后组织开展了第二十二届服务宣传周活动、图书馆流动讲座进农村、首届老年电脑培训班、少儿知心姐姐讲坛、“我眼中的上海世博会”大学生读书演讲比赛、“淮安文化讲坛——首场海峡两地专家专场学术报告会”等系列读书活动。

组织开展业务辅导和理论研究。组织全市公共图书馆会员撰写学术论文近100篇，完成文化理论创新论文40余篇，其中6篇入选第九届中国社区乡镇图书馆年会大会交流，2篇论文获中国图书馆学会、全国中小型图书馆征文一等奖，2篇获中国图书馆学会年会征文三等奖，1篇获第八届海峡两岸儿童图书馆与中小学图书馆学术研讨会征文二等奖，1篇获江苏省文化理论创新论文三等奖。

**非物质文化遗产保护** 完成了江苏省非物质文化遗产专家库10大门类17名专家的推荐上报，淮剧（西路）和“京剧荀派——宋长荣的表演艺术”2个项目入选第三批国家级非物质文化遗产名录，公布第三批市级非物质文化遗产名录39项，完成了8大类28个第三批省级非物质文化遗产名录申报；命名公布了第二批市级非物质文化遗产代表性传承人41名。9月8日，在国家文物局的组织下，大运河（淮安段）申遗预备名单遴选考察组来到淮安，对大运河申遗遗产点进行实地考察。

2010年9月，省文化厅命名第三批省级非物质文化遗产代表性传承人，淮安的京剧表演艺术家宋长荣、淮剧表演艺术家荣光辉、高沟酒酿造技艺传承人吴建峰、洪泽湖渔鼓舞传承人蒋寒松、传统木船制造技艺传承人刘兆湘、洪泽湖渔具制作技艺传承人吕洪玉6人入选。11月30日，淮海戏市级传承基地在江苏省淮海剧团荷芳剧院挂牌成立。

6月10日至12日，在大运河文化广场举办了“淮风楚韵”——中国第五个“文化遗产日”淮安市系列展演展示活动。6月12日至16日，淮安蛋雕项目应邀参加在徐州举办江苏省非物质文化遗产展演活动。10月底，圆满完成“我身边的老物件”——淮安市非物质文化遗产实物资料征集活动，征集实物资料线索1000余条，征购与市级非物质文化遗产名录有关的实物资料100余件。12月底，编撰出版了《人文淮安——淮安非物质文化遗产通览（卷二）》。各县区非常重视“非遗”项目的研究与开发利用工作，金湖县成立金湖香火戏开发研究小组，加强这个项目的抢救、保护、研究工作。

“淮风楚韵”——中国第五个“文化遗产日”淮安市系列展演展示活动开幕仪式

**文物保护与管理** 完成第三次全国文物普查工作第三阶段的工作任务。开展了“全市文物普查十大新发现”评选活动，洪泽湖大堤重点堤段维修保护项目等39个项目入选国家文保项目“十二五”规划，洪泽县三河闸入选全省文物普查“百大新发现”，编撰出版了《淮安市第三次全国文物普查新发现》一书。

完成了馆藏珍贵文物调查和数据库建设工作。先后完成了市博物馆、周恩来纪念馆、楚州区博物馆、洪泽湖博物馆等九家文物收藏单位1765件（套）珍贵文物调查，并初步建立了馆藏珍贵文物数据库。市博物馆对全市各县区的等级文物摄影及文物数据采集录入工作进行了有效指导帮助，在江苏省馆藏珍贵文物数据库建设工作评比中被省文物局评为先进单位。组织开展文物定级工作。6月30日，江苏省及淮安市文物局专家组对淮安市博物馆申请鉴定的200余件国家一级、二级、三级文物进行了评审鉴定，其中战国带盖青铜鼎等31件被定为国家一级文物。截至目前，淮安市博物馆共有一级文物76件，二级文物97件，三级文物845件。

启动第七批省保和第一、三、四批市级文保单位两线划定工作。集中组织开展了重要地下文物埋藏区勘查工作，共计调查古遗址、古墓群、古代沉船11处，并确定了旧县遗址、黄岗古墓群等6处为我市第一批重要地下文物埋藏区。洪泽县启动了洪泽湖大堤世界文化遗产的申报工作，洪泽湖博物馆被列为全省重点提升工程，并通过省文物局的验收。

组织了古墓群考古发掘。2月至6月，市博物馆派员参加了南京博物院考古研究所在大云山汉代王陵的考古发掘项目，完成了陪葬坑与车马坑的清理工作。同时，还发掘了淮安经济开发区南马厂乡范庄村明清家族墓，共清理古墓5座，并对祭祀石刻实施原址保护。8月8日，淮安市博物馆参加了江苏省考古工作会议暨首届江苏田野考古工作评比表彰大会，《淮安运河村一号战国墓》获得了全省首届田野考古优秀成果奖，这是建国以来江苏省田野考古工作的最高荣誉。

盱眙大云山汉墓发掘现场

组织编制了维修保护方案。在认真审核、筛选的基础上，共推荐双金闸、吴承恩故居、二河闸等20处文物点申报第七批江苏省文物保护单位。先后组织编制了《关帝庙移建保护方案》、《青龙庵修复保护方案》等8个专题保护方案。淮阴区组织力量编制了《双金闸维修方案》、《码头关帝庙移建保护方案》和《高堰铁牛维修保护工程方案》、《淮阴区“十二五”期间文物保护项目预算》，并通过省文物局审核，上报国家文物局。完成了重点文物保护单位的维修保护。苏皖边区政府旧址维修保养工程、周恩来童年读书旧址库房建设工程、总督漕运公署遗址维修保护工程、运河博物馆安防系统建设工程、彭城古井维修保护工程等5个维修项目，均成为省重点扶持项目。市博物馆陶瓷器修复、运河博物馆展陈提升及清江钟楼、王遂良故居、王瑶卿故居等文物维修保护、周信芳故居维修改造工程、华中分局旧址钟楼维修保护及内部展陈工程，均获得了市财政专项经费。

提升免费开放服务质量，切实做好免费开放期间安全保卫工作。全年共免费接待各界观众200余万人次，社会效益显著。淮安运河博物馆承办了江苏省导游服务技能比赛淮安选拔赛，举办了淮安“运河文化进校园”活动，完成了江苏省精神文明建设工作先进单位的申报工作。

举办各类馆藏文物展览。淮安市博物馆举办了“淮安市博物馆藏清代状元、翰林、进士、举人书画作品展”、“淮安市第三次全国文物普查成果展”和“江苏省馆藏文物精品巡回展”等多个系列展览。11月1日至8日，“马明东先生古代酒具收藏展”在淮安市博物馆二楼的临展大厅举办。此次展出的120件历代酒器，展品时代早至新石器时代，晚至民国时期，让人们领略到中国古代酒器千变万化的发展历程。6月10日，淮安民间收藏艺术馆举行开馆仪式，集中展示、宣传我市民间收藏家王凤琴女士近400件展品。涟水县文物部门与相关部门通力合作，圆满完成妙通塔地宫出土文物佛牙的展览保护工作。

积极开展全国爱国主义教育基地的申报准备工作，完成了《苏皖边区政府旧址纪念馆旅游景区发展提升策划》，市博物馆、苏皖边区政府旧址纪念馆被表彰为江苏省文明单位。淮安运河博物馆成功创建国家3A级旅游景区。

**文化产业** 积极开展文化招商活动。上海世博会"江苏·淮安文化周"期间组织了文化产业推介会，共签约文化产业项目26个，签约投资额59.97亿元。组织申报了2010年度省文化产业引导资金，清河古淮河生态园、淮阴区刘老庄红色影视基地、金湖数字电视技改项目等3项通过验收，共获得产业引导资金450万元。

加快了动漫产业基地建设，楚汉文化、华娱动力传媒等影视制作企业落户淮安；总体规划400亩的淮安软件园一期已建成并投入

文化部文化产业司副司长李晓磊视察清河文化产业

使用，近40家软件及服务外包企业入驻。园内阿里巴巴软件淮安服务中心，辐射连云港、盐城、南通、徐州、宿迁等地市场；中鑫文化创意大厦已吸引传媒、广告装潢、工艺与设计、视觉艺术、旅游休闲娱乐等200余家文化企业入驻，成为淮安市首家文化创意产业大厦。江苏楚天极目动漫科技有限公司制作的三维系列动画片《阿拉法的奇妙世界》、三维系列动画片《飞翔·青春》在中央电视台少儿频道黄金时段首播，江苏华娱动力传媒科技有限公司首部电视剧《美丽的家园》于7月15日在淮安举行了隆重的开机仪式。

壮大特色文化产业。清河区通过招商引资，吸引了上海长三角文化传媒有限公司落户新区，打造全国一流的动漫产业基地。古淮河文化生态产业园区已成功创建淮安首家省级文化产业园和国家4A级旅游景区。"古淮河文化生态产业园"项目获省文化产业引导资金补助200万元。

**文化市场** 全面深入开展文化市场执法和"扫黄打非"工作。认真开展"扫黄打非"三个阶段集中行动和迎世博、迎亚运"扫黄打非"等专项治理。全市共出动检查6806人次，检查各类经营网点8950家次，查处无证或证照不全的歌舞娱乐场所16家，立案查处行政案件356件，收缴各种非法书刊6.8万册，非法报纸1.2万余份，查缴各种非法音像制品、电子出版物14.3万盘，维护了文化市场的安全稳定，促进了文化市场健康有序发展。

组织开展打击手机和互联网传播淫秽色情信息专项行动，建设手机访问互联网业务运营管理系统，对不良信息进行有效过滤；加强对营业性演出节目和商业性美术展览的内容审查，清查了市区电子市场、汇通市场、学校周边等摊点的音像店、书店及报刊亭以及市区26家大型歌舞娱乐场所卡拉OK曲库；严厉查处"3·18"私服网络游戏案、淮安"中国宽频网"侵犯著作权案。相继建立县区文化行政综合执法机构，制定出台《淮安市"扫黄打非"考评办法》和《全市文化行政综合执法工作考评办法》。举办全市行政执法人员培训班，依法行政工作获市级开放型依法行政示范点。4月22日，2010年全国集中销毁侵权盗版及非法出版物活动江苏现场会在淮安举

行，社会各界和学生代表1200余人参加了签名活动。2010年，市“扫黄打非”办公室获国家和省“扫黄打非”工作领导小组表彰的先进集体，市文化行政综合执法支队被省文物局表彰为2010年度全省文物执法示范单位，被省文化厅表彰为2010年度全省文化市场综合执法先进单位。

**文化艺术交流** 江苏省长荣京剧院在元旦期间赴北京、天津、上海等地参加纪念荀慧生先生诞辰110周年演出。6月6—11日，江苏省长荣京剧院姚中文、刘小荣随市政府组织的赴台湾招商引资活动，进行演出交流。5月15—16日，淮安市淮剧团西路淮剧代表性演员李春栋、王芳应邀参加著名淮剧表演艺术家马秀英经典传承剧目展演。6月，选送了舞蹈《鼓动春潮》、京剧《棋盘舞(小红娘)》、笛子独奏《淮海情》等一批节目参与吴江文化活动。金湖秧歌表演艺术团接受韩国固城郡守李鹤烈先生邀请，编排了《打莲湘》、《秧歌联唱》、《金湖小调联唱》、《打硪号子》等最具金湖特色民间文化的节目，参加了韩国固城第25届大韩民国民俗音乐大会演出交流。8月24日，两项“非遗”项目——淮安吴小琦的蛋雕和邱卫平的草编在澳门向广大市民展示。

12月中旬，圆满举行上海戏剧艺术家来淮采风及座谈系列活动。9月15日，涟水县参加了“灌河情”苏北四市五县文化联谊演出。9月19日上午，景会寺暨中华文字艺术园在淮安经济开发区举行奠基仪式，艺术园的建设是两岸经济文化交流的又一项丰硕成果。

**“江苏·淮安文化周”在上海世博会成功举办** 8月6日至8月11日，淮安市派出强大的阵容赴上海举办上海世博会“江苏·淮安文化周”系列活动。活动共分四项内容：举办“墨香世博·美好淮安”书法美术作品展，78幅淮安书画名家作品与上海观众开展深度交流；举办“淮上梨园·戏剧淮安”精品剧目展

“墨香世博·美好淮安”书法美术作品展开幕式

演，市直三院团分别举办淮剧《韩信》、京剧《主仆奇冤》、淮海戏《皮秀英》等精品剧目展演；举办“文化名城·锦绣淮安”宣传推介活动，重点推介“人文淮安、美食淮安、生态淮安”；举办“台资高地·热土淮安”文化招商签约活动，向外界发布和签约了57个文化产业项目，总金额超百亿元。“江苏·淮安文化周”得到全国众多媒体的关注。

**纪念著名淮海戏艺术家谷广发诞辰一百周年** 10月29—30日，江苏省文化厅、淮安市人民政府共同举办《谷广发谈艺录》发行仪式、淮海戏谷派艺术学术研讨会、《谷艺流芳》纪念晚会以及谷派折子戏专场演出等一系列文化活动，隆重纪念著名淮海戏艺术家谷广发先生诞辰一百周年。谷广发是淮海戏谷派艺术创始人，国家一级演员，中国戏剧家协会会员。他出生于灌云县一个贫苦艺人家庭，5岁学艺，6岁登台，生旦净丑、唱念做打，无不精绝；主演、导演、编剧、艺术指导淮海戏剧目

《谷广发谈艺录》发行仪式暨淮海戏谷派艺术学术研讨会

近200出，新创男、女腔20多种，创定淮海戏男腔基本调“东方调”，创新淮海戏板三弦弹奏手法，对淮海戏的传承与发展做出了卓越的贡献，被广大观众和同行誉为“淮海戏王”。在淮海戏谷派艺术学术研讨会上，与会者就谷广发先生生平、艺术成就以及传承发展等三个议题进行了深入研讨。江苏省淮海戏剧团还精心准备了“谷艺流芳”和“折子戏专场”两台晚会在淮安人民大会堂演出。

**2010淮安周恩来读书节** 7月28日，淮安市隆重举办2010淮安周恩来读书节。2004年以来，淮安市成功举办了六届市民读书节和四届农民读书节，在全社会形成崇尚阅读、尊重知识的良好风气。淮安市整合资源，以“倡导阅读，书香淮安”为主题，创办了周恩来读书节。读书节的举办得到了全国人大常委会原委员长许嘉璐先生的高度赞扬和充分肯定，并亲自题写了节名。周恩来总理的侄女周秉德女士特地来到现场，为读书节活动赠送了手书“为中华之崛起而读书”的牌匾。本届读书节共安排了“恩来讲坛”首场报告会、“生活因读书而精彩”征文大赛、淮安网络读书竞赛、“校园人文行”活动、“淮安文化讲坛”系列讲座、“农家书屋”读书用书阅读和演讲、淮安经典诗词朗诵会等12项系列活动，各县区同时开展相关联动活动。市县区机关、企事业单位、学校、社区、军营、农村和工地约100万名群众直接参与了读书活动。

周恩来总理的侄女周秉德女士在开幕式上作了热情洋溢的讲话

**中华缘文化节圆满落幕** 4月24日下午，中国（涟水）·首届中华缘文化节圆满落幕。本届文化节以“大家有缘，和谐永远”为主题，既节俭务实、隆重热烈，又特色鲜明、内涵丰富，四海宾朋因缘而齐聚涟水，八方来客因缘而共襄盛举。文化节期间，先后开展了“十大缘分故事”征集，“中华缘”诗词、书法、美术、摄影作品大赛，涟水县“十佳孝子”、“十佳好邻里”、“十佳模范夫妻”评选等活动，得到了社会各界的广泛支持和积极响应。闭幕式上，中央电视台《激情广场》栏目组给涟水人民送上了一台精彩纷呈的文艺演出。

**大云山汉墓文物保护管理处成立** 7月14日，盱眙东阳大云山惊现古汉墓的相关消息一经报道，便引起各方面的关注，反应非常强烈。8月初，中央电视台《百科探秘》栏目组，来到大云山汉墓挖掘现场进行为期3天的采访、拍摄。8月8日，中央电视台《走进科学》栏目组，走进大云山汉墓挖掘现场进行为期一周的采访、拍摄，将大云山汉墓考古挖掘工作制作专题片，进行系列报道。8月4日，国家文物局文物保护司司长关强、南京博物院院长龚良、省文物局副局长刘谨胜等亲临大云山汉墓考古挖掘现场视察指导工作，关强司长对大云山汉墓前期考古挖掘和文物保护工作给予了充分肯定和高度评价，希望盱眙将大云山汉墓打造成全省乃至全国有影响的文物保护单位和旅游景区。9月2日上午，盱眙大云山汉墓文物保护管理处成立。南京博物院副院长王奇志，市文广新局党委副书记、副局长刘华庭，县政协主席王斌，县委常委、宣传部长石平洋出席成立剪彩仪式。

**2010中国淮阴·东方母爱文化节** 5月5月20日上午，2010中国淮阴·东方母爱文化

淮安市盱眙大云山汉墓文物管理处成立

节于新建成的东方母爱公园隆重开幕。两千多年前，漂母无私分食给少年韩信，韩信建功立业后返乡报恩，演绎了“一饭千金”的动人篇章，成为“爱心淮阴”的历史源头和文化根源。中国妇女发展基金会理事长黄晴宜，省人大常委会副主任丁解民，省政协副主席陈宝田，中国妇女发展基金会秘书长秦国英，省妇联主席张京霞，市领导刘永忠、陈洪玉、刘希平，淮阴区委书记刘学军等出席开幕典礼。文学大师冰心的女儿吴青围绕冰心的话“有了爱，就有了一切”，在开幕式上赞扬了母爱的无私，主题雕塑漂母像的创作者吴为山结合创作历程作了发言，10名首届“淮阴当代漂母”受到表彰。参加2010中国淮阴·东方母爱文化节开幕典礼的各方来宾，在被称为“东方母爱金字塔”的漂母墓前，公祭漂母。晚上，由中国妇女发展基金会、淮阴区政府联合主办的“CCTV中华情·爱心淮阴·融侨之夜”——2010中国淮阴·东方母爱文化节大型文艺晚会隆重举行。

**宋长荣从艺60年暨长荣京剧院建院50周年庆祝活动** 京剧表演艺术家宋长荣是京剧艺术大师荀慧生的传人，从艺60年中曾主演过80多出传统和现代剧目，尤以《红娘》一剧蜚声海内外，被人们誉为“活红娘”。12月18—19日，省文化厅、淮安市委、市政府共同举办了宋长荣从艺60年暨长荣京剧院建院50周年庆祝大会开幕式、专场演出和荀艺长荣艺术论坛等系列活动，编辑出版了《江苏省长荣京剧院建院50周年暨宋长荣从艺60周年纪念画册》、《江苏省长荣京剧院经典剧目选粹》等。中央电视台《空中剧院》栏目组来淮录播了专场演出节目。中国剧协及上海、江苏等剧协，省文化厅、省文联领导出席了开幕式，刘长瑜等海内外著名京剧表演艺术家、国家京剧院及天津、福建等17个省市京剧院代表云集淮安，省委宣传部、国内京剧艺术研究机构、十数家演出机构以及尚长荣、孙毓敏等艺术家先后发来贺电贺信。

**中共中央华中分局旧址纪念馆对外开放** 10月24日，由淮安市委、市政府主办，楚州区委区政府承办的纪念中共中央华中分局成立65周年暨中共中央华中分局旧址纪念馆开馆仪式在楚州中学南校区广场隆重举行。原中共中央华中分局书记邓子恢之女邓小燕，原中共中央华中分局常委、华中军区司令员张鼎丞之子张太山，原中共中央华中分局副书记谭震林外孙谭靖恒，原中共中央华中分局民运部长、苏皖边区政府第一副主席刘瑞龙之女刘延宁等老一辈无产阶级革命家的后代，专程来楚出席了开馆仪式。邓小燕、刘延宁代表老一辈革命家的后代发表了热情洋溢的讲话，并深情回忆了父辈在华中分局度过的革命岁月，祝愿淮安在今后的发展中创造新的辉煌。出席这次活动的还有淮安市委常委、常务副市长陈洪玉，省党史公办副主任吴雪晴，以及楚州区四套班子有关领导。

**中国金湖荷花·美食节跻身2010年度中国十大节庆** 中国金湖荷花·美食节在上海召开的第六届（2010）中国节庆产业年会上，从全国1万多个现代节庆中脱颖而出，获中国节庆年度最高荣誉称号——“2010年度中国十大节庆”，成为江苏500多个节庆中本年度唯一获得这一称号的节庆。中国金湖荷花·美食节还获得了“2010年度中国十大饮食类节庆”、“最具潜力节庆”大奖，是本届年会唯一获得三个大奖的节庆。中国产业节庆年会由新华社新

中国金湖荷花美食节文艺晚会

华网、亚洲财富论坛等单位主办，评审委员会根据全国各大节会的知名度和实际效果进行提名，国内权威节庆专家和经济专家进行多轮论证，加上网上新闻指数检索调查和读者投票，最终确定前10名及其它相关奖项。

（朱广军）

**周恩来纪念地**　2010年周恩来纪念地管理局紧紧围绕“弘扬周恩来精神，构建和谐新景区”这个主题，按照把周恩来纪念地建设成为“在全国周恩来纪念地领衔，在全省红色旅游景区领先，在全市旅游行业领跑”的工作定位，抢抓机遇，开拓创新，各项工作又有了新的飞跃。

**“四进”周恩来班活动被市政府评为2010年度优秀项目**　“四进”周恩来班是指“周恩来读物进课堂、周恩来格言进教室、周恩来班辅导员进班级、周恩来宣讲团进校园”。在全国红色旅游校园行研讨会上，代表全国红色旅游景区作唯一典型发言，全面介绍“四进”周恩来班经验。全系统共接待观众140万人次，比去年增加17%，为历年最高。1300平方米的周恩来纪念馆服务中心全面竣工并通过有关部门验收。元月8日，在北京毛主席纪念堂成功举办《周恩来身边工作人员、亲属座谈会暨<周恩来与新中国>研究论文集首发式》。3月，举办了周恩来告别故乡百年纪念系列活动。全年组织周恩来精神宣传团进社区、学校、军营16次。继续推进免费开放工作，全年讲解6700场次，比去年增加15%，卫生绿化、景区安全、旅游接待等方面观众满意率100%，继续保持了服务零投诉，安全零事故，环境零污染。周恩来纪念馆再次荣获江苏省文明单位称号，周恩来童年读书处被评为国家3A级旅游景区，机关被表彰为市级文明机关先进单位。

**透过淮安第一窗口，展示开国总理故乡的美好形象**　认真做好日常接待和重要节日的对外开放工作。面对景区接待能力超负荷的实际困境，及时采取多项有效措施予以妥善安排和解决。工作人员全部值班，增强一线管理力量；开通绿色通道，疏通人流；开放内部停车场和办公区域场地，解决停车难问题；新增水上游船，增加游玩项目；加强保安力量；聘请大学生引导员和志愿服务者进行引导和服务；故居与纪念馆互通信息等。这些措施有效地提升了服务质量和效率，确保景区正常秩序和参观效果。圆满接待重要领导和社会名流30多人次，成功完成外交部使节团、中央巡视组、西藏自治区党政访问团、新疆生产建设兵团、国家园林城市检查组等重要团体瞻仰接待任务，为淮安争了光添了彩。

**着力打造主题突出、环境优美、功能配套的人民公园**　周恩来诞辰110周年改扩建后续工程全部竣工，完成周恩来纪念馆主入口景观林，在西花苑碑园西侧，又新建了周恩来纪念馆服务中心，服务中心与仿中南海西花厅、西花苑碑园东西连贯，构成了景区一组极具特色的古典园林建筑群。周恩来童年读书处进一步完善“万公馆”、“陈家花园”和“一品园”建筑设计方案，按照国家3A级旅游景区标准，重新调整绿化，维修房屋，添置配套设

施。通过努力,周恩来诞辰110周年扫尾工程已全部结束。

**充分发挥爱国主义教育基地纪念、宣传、教育作用** 3月5日,是周恩来诞辰112周年纪念日,纪念馆举办了“献花篮,诵箴言”活动,全体共青团员发起成立“关爱空巢老人”志愿者服务队。周恩来童年读书处与相关学校联合举办“丝带寄深情”和“我给周爷爷过生日”活动。3月16日上午,在周恩来故居隆重举行纪念周恩来告别故乡100周年暨“少年周恩来学习的故事”展览揭幕仪式。联合周恩来少年读书旧址银冈书院纪念馆、沈阳东北育才东关模范学校、天津南开中学以及翔宇教育集团淮安外国语学校,向全国青少年发出“以少年周恩来为榜样,为中华之崛起而读书”倡议书。整理周恩来祖辈和家族在做人、做事、立言、立德等方面的家规,编辑出版发行《周氏家训》。周恩来故居还与邮政部门共同制作《周恩来告别故乡100周年纪念明信片》。与市教育局、淮安日报社共同举办“学习少年周恩来,报效祖国立大志”征文活动。组织宣讲团宣讲周恩来青少年学习的故事和周恩来廉政故事。

**努力促进藏品征集、展览、研究工作齐头并进** 周恩来故居陈列展出“少年周恩来学习的故事”,产生了较好的社会效益。4月28日上午,“海棠情深——原周恩来邓颖超身边工作人员赵炜、高振普摄影作品展”在纪念馆仿中南海西花厅开展。“十·一”黄金周,从馆藏众多藏品中挑选60余幅精品,举办“墨海华章——馆藏楹联精品展”。千方百计做好文物征集和保管工作。全年征集文物资料、名家字画、纪念作品60余件(幅),图书画册资料21册,音像制品15件。新增国家一级文物2件、国家二级和三级文物40件。规范文物库房管理,对馆藏文物数据重新采集,完成馆藏文物、字画卡片的制作、整理等工作。

强化研究和宣传工作的深入开展。6月份,参加外交部与市政府共同组织的周恩来外交思想研讨会,并接受有关媒体专题采访。8月,在湖南湘潭召开的全国“红色旅游校园行”研讨会上,我局代表全国红色旅游景区作唯一典型发言,详细介绍“四进”活动的经验。选派7名同志参加了周恩来研究中青年学者论坛,我局中青年学者成了这次论坛的主力军。组织开展了全省红色旅游摄影大赛。今年全系统发表市级以上研究文章50多篇。出版《丰碑》报纸4期,刊物1期。

**推进景区管理逐步由规范化向科学化转变** 继续做好免费开放工作,采取多项措施,促进免费开放后景区服务质量的提升。会同市质监部门在全国率先推出红色旅游服务标准,发挥了行业示范作用。进一步加大职工思想教育和业务培训力度,先后举办周恩来精神、旅游管理、消防等业务培训班,选送讲解员等参加国家和省有关培训,与同行相互交流经验。朱勇获得全国优秀讲解员称号。讲解员谢美霞参加市级机关“民防杯”服务大局、争创一流演讲比赛获得一等奖。市政府在北京军事博物馆举办淮安市洪泽湖风情摄影展,周恩来纪念馆张丽丽作为唯一讲解员负责全部讲解工作,受到了到场的国家和省市领导高度赞扬。

(张秋兵)

# 盐城市

**盐城文化工作概况** 2010年，全市文化广电新闻出版系统围绕“特色文化打造全国品牌，艺术创作争创全省一流，广播电视跻身苏中板块，基层文化建设走在苏北前列”的目标，团结拼搏，务实创新，各项工作取得新的成绩。

**艺术生产** 召开全市艺术创作座谈会，对2010年全市新剧目创作进行具体布置。广泛发动全市剧作者精心创作一批小戏小品参加第六届“江苏省戏剧奖·小戏小品奖”大赛的选拔。9月28日，市文化广电新闻出版局主办的2010年盐城市首届“金菊杯”小戏小品调演在盐城广播电视台演播厅举行，参加调演的5个小戏和5个小品是从近年全市各地新创作品中推选出来的。这些作品大多选材角度新颖，立意积极深刻，情节曲折生动，人物形象鲜明，具有较高的创作技巧，在演出实践中广受群众欢迎。积极实施舞台艺术精品工程，加工、打磨优秀剧目成效显著，省淮的《唢呐声声》、市淮的《二饼上城》入选2009—2010年度的江苏省舞台艺术精品工程精品剧目。群文创作成果丰硕。群众文艺创作演出在全国专业大赛中连创佳绩。其中，小戏小品喜获两个全国大奖。东台小淮剧《我是你的留守妻》荣获全国第十五届“群星奖”大奖。阜宁小品《体检风波》获中国戏剧家协会主办的第二届中国江南文化节首届“沙家浜戏剧奖”小戏小品大赛银奖、小品类总分第一名的好成绩，该剧还在10月份“天穆杯”全国第二届“新农村、新文化、新风貌”小品展演中，获得最佳组织奖、优秀节目奖、优秀演员奖。在第七届“中国滨州·博兴小戏艺术节”上，江苏省淮剧团排演的小戏《金子招牌》获优秀剧目奖、优秀导演奖、最佳演员奖；阜宁县参赛作品《夜半情缘》获优秀剧目奖、最佳演员奖；响水县参赛作品《风雪之夜》获最佳剧目奖和最佳演员奖。

盐城市举办首届“金菊杯”小戏小品调演

盐城市9部作品入选由江苏省文化厅主编的《民生万象——江苏优秀小戏小品集》，此书收集了全省作者创作的89个优秀小戏和小品剧本。组织优秀文艺作品参加第九届省“五星工程奖”评选，全市获奖总数26个，其中金奖4个、银奖8个，获奖总数名列苏北第一。

**社会文化** 精心组织策划2010中国盐城经贸洽谈会暨第三届海盐文化节和中国盐城丹顶鹤国际湿地生态旅游节系列文化活动，成功举办“水绿畅想”、“水边是我家”大型文艺晚会，让海内外嘉宾、客商领略到盐城文化的深厚底蕴，达到“主题突出、创意新颖、气势宏大、形式别致、雅俗共赏”的效果。组织举办水街民俗文化节，组织杂技、淮剧节目赴京在人民大会堂参加江苏沿海开发央企来盐合

2010“水绿畅想”大型文艺晚会

作投资恳谈会文艺演出。

广泛开展社会文化活动，在元旦、春节期间，组织文化单位和群众文艺团队开展数十场“迎新春”广场文艺演出和百科知识有奖竞猜、儿童民间传统体育竞赛、淮剧专场演出、免费放映电影等丰富多彩的文化活动，营造欢乐、祥和、文明的节日氛围。认真举办第三届“激情大舞台、魅力新盐城”文化广场活动，打造群众文化活动品牌。以市文化馆、盐都区文化馆、亭湖区文化馆为主体，鼓励学校、社区、企业文艺团队积极参与，以市区苏宁广场、迎宾公园、家乐福超市、新体育馆等四个广场为主阵地，做到周周有演出，月月有活动。

“六一”在中国海盐博物馆广场举行第四届百名少儿书画“我与世博同行”现场大赛活动，500多名少儿参加现场书画长卷大赛和古筝集体演奏。精心办好水街漂舟戏苑，省淮剧团每周2场淮剧演出，深受广大群众的喜爱。“七一”节举办数场“红歌”广场演唱会，“八一”节举办“颂世博、庆八一”军民联欢文艺演出。仲夏季节，连续一个月举办“淮腔淮韵故乡情”夏夜纳凉广场演唱会，以票友演唱、观众互动的舞台形式，让市民们踊跃加入到传承淮剧、唱响淮剧的队伍中。国庆前后，组织专业文艺团体、民间文艺团队在市区广场演出20多场，让市民尽享文化盛宴。12月9日，盐城市未成年人思想道德建设文艺汇演在市第一小学实小校区举行。

百名少儿书画古筝大赛现场

文化下乡“三送”工程扎实开展。加强文化“三送”工作督查，做到“三个确保”，即：确保专项补助资金落实到位，确保规定的任务完成到位，确保城乡群众文化生活健康丰富。全市送戏612场，送电影2.7553万场，送图书18万多册，较好地满足了基层群众的文化需求。2010年，盐城市第五届“和谐文化到农家”十馆联动下基层文艺演出以宣传贯彻党的十七届五中全会精神，实施文化惠民工程为主题，从10月25日至29日，历时5天，行程千里。演出团先后来到大丰的草庙、东台的头灶、射阳的海通、建湖的芦沟、阜宁的阜城、响水的六套、亭湖的青墩和滨海的社区进行演出，致力于把最好的艺术奉献给群众，把文化惠民工程落到实处。

市文化艺术中心、淮剧博物馆建成。市图书馆新馆、市博物馆于9月28日奠基开工。农家书屋建设取得新成果。2月份，市政府与各县（市、区）政府签订农家书屋建设责任状，落实农家书屋全覆盖和全达标工程建设任务。重点推进亭湖、滨海农家书屋全覆盖建设扫尾工程。年底实现农家书屋全市所有行政村全覆盖，基本完成农家书屋达标建设。组织开展“4·23”世界读书日送书进农家书屋、“书香家庭”评比和“我的书屋、我的家”——新华杯2010年盐城市农家书屋阅读演讲比赛等活动，社会效果显著。樊国栋、刘畅代表盐城市参加省决赛分获二、三等奖。

乡镇文化站建设得到进一步巩固提高。

重点抓好新建文化站后期建设和基本设施配置,保证正常对外开放,推动基层文化活动的开展。加强对乡镇文化站国有资产管理,对撤并乡镇的原有文化站进行专项检查,防止国有资产流失。加强文化共享工程农村基层服务点建设,全市所有乡镇基本完成基层服务点建设任务,设备全部安装到位,并自行建设29个增强型基层服务点,完成省厅下达的目标任务。

公共文化服务空间进一步拓展。全市各公共图书馆、纪念馆、博物馆精心组织策划各种类型讲座、网络信息服务、优秀视频播放、文物展览等丰富多彩的活动,为广大群众提供优质文化服务。

市图书馆积极打造"黄海讲坛"讲座品牌,开展"红领巾读书"、诗词朗诵、优秀读者评选等各类为民服务活动100多个。5月,特邀中国当代作家、原文化部部长王蒙来盐主讲,扩大了"黄海讲坛"的社会影响力。"今周讲坛"三贤讲堂特邀著名学者曾仕强、金正

王蒙参观盐城市图书馆

昆、蒙曼等来盐讲学,产生较大的社会影响。图书馆2010年的服务宣传周以"充分发挥公益性电子阅览室作用,积极推进学习型社会建设"为主题,注重宣传公共图书馆电子阅览室的公益性质和共享工程的作用发挥。4月下旬,盐城市图书馆与盐城市社科联、市教育学会、法学会等部门联合举办以"保障阅读权利,享受阅读快乐"为主题的系列读书活动,通过举办街头主题推广、中小学生阅读教育论坛、"我家有宝,淘书会友"、中国第二届中国诗书画高峰论坛、为少儿读者举办"永远的童话"专题讲座等系列活动,以引起社会对"世界读书日"的广泛关注,推动全民阅读活动的深入开展。

盐城市图书馆承办"全国图书馆志愿者行动"——江苏省公共图书馆馆长培训班,来自国内图书馆界知名专家分别就"公共文化服务体系建设中的图书馆"、"图书馆馆长实务"等课题进行讲授,并且与来自全省各地的120多位基层图书馆长一起进行分组讨论,交流实际工作中遇到的问题。专家们结合多年的研究成果和工作经验,给江苏省图书馆界带来的新知识、新理念、新方法和先进的管理经验。

12月28日,盐城市图书馆学会在盐城市图书馆召开2010年会暨第23次科学讨论会,来自全市各系统图书馆负责人、学会理事和论文获奖代表80多人参加会议。这次会议以"构建体系,提升效益,持续发展"为主题,广大会员围绕主题积极撰写文章。研讨会收到征文78篇。经过评审,评选出一等奖7篇、二等奖18篇、三等奖 26篇以及6个征文组织奖。

继续抓好博物馆、纪念馆免费开放工作,提高服务质量。新四军纪念馆、中国海盐博物馆接待国家、省领导人以及国内外嘉宾105万余人次,圆满完成市委、市政府交办的重大接待任务。12月1日,新四军纪念馆创建国家4A级旅游景区初检汇报会在盐城召开。经全国旅游景区质量等级委员会考核、评审,新四军纪念馆被公布为国家4A级旅游景区。新四军纪念馆经过20多年的建设发展,成为全国爱国主义教育示范基地和全国百家红色旅游经典景区。

**文化遗产保护** 围绕"特色文化打造全国品牌"的目标,依托新四军纪念馆、中国海

盐博物馆等特色文化优势，组织召开座谈会，多方征求意见，推进新四军文化、海盐文化建设。编辑出版《盐城市第三次全国文物普查成果汇编》。做好全市文物调查及数据库管理系统建设，完成全市所有历史文物定级和大部分珍贵文物数据采集工作。组织做好《施耐庵纪念馆提升陈列设计方案》等7个方案的编撰和报省审批工作。组织5·18国际博物馆日和6·12中国第五个文化遗产日宣传活动，策划、拍摄、播出9集盐城市文化遗产宣传专题。举办"盐城市第三次全国文物普查成果展"大型专题展览，向广大市民宣传文物保护法律法规。与市规划局联合编制20处四至六批省级以上文物保护单位保护范围和控制地带的划定意见，对全市一至三批市级文物保护单位的保护范围和建设控制的划定工作作出统一部署。积极配合、支持重大基本建设，先后开展阜宁热电联产工程、盐城港滨海区中电投煤炭码头一期工程和中电投滨海港电厂一期工程等重大经济项目用地范围的文物考古调查勘探工作。完成《关于请求组织对纺南社区拆迁建设范围内开展考古调查勘探工作的报告》。经过近十年的调查，纺南社区拆迁建设范围内有大范围的古代遗存，具有极其重要的历史研究价值。协调并妥善处理省级文保单位宋曹故居的保护及市书画院与盐城中茵置业有限公司合建文化产品展示用房的相关事宜。配合市建设局做好铜马广场有关文化设施建设意见的征集设计和实施工作。

完善非物质文化遗产名录及传承人体系。组织全国第三批"非遗"项目和省第二批"非遗"项目传承人的申报。做好市级第二批"非遗"项目的申报评审，公布市级第一批"非遗"传承人和保护单位，31人命名为第一批市"非遗"代表性传承人。推动县级名录项目传承人的确认，鼓励和支持"非遗"传承人开展传习和展演活动。组织麦秆剪贴、面塑等"非遗"项目传承人赴澳门参加"'非遗'民间工艺展演"和省"非遗"项目展演活动。利用"文化遗产日" 在迎宾公园举办盐城市非物质文化遗产保护成果图片展，彰显盐城市民间文化的特色与魅力。麦秆剪贴传承人还参加"文化遗产日"江苏省"非遗"项目展演和首届中国非物质文化遗产博览会，深受参观者的欢迎和喜爱。东台市文化广电新闻出版局、市文化馆被评为省"非遗"保护工作先进集体。

**文化市场管理** 年内，全市出动检查2.965万人次，检查经营单位1.9126万家（次），立案调查违规案件182起，警告273次，停业整顿95家，罚款43.2万元，收缴非法音像制品16万张，有力打击各类非法经营活动。切实加强网吧市场管理。10月14日—15日，市文化广电新闻出版局在盐城广电中心举办全市文化执法人员培训班，各县（市、区）文化行政执法人员及分管行政执法的负责人共70余人参加培训。培训结束后对全体执法人员进行集中考试，给考试合格人员颁发结业证书。

以打击网吧接纳未成年人和超时营业为重点内容，以学生放学时段和节假日为重点时段，以城郊结合部和乡镇为重点区域，加大对网吧的整治力度。运用"净网先锋"网络监控平台，对网吧的经营行为实行全天候网上监控，杜绝色情、暴力等不健康的信息在网络上蔓延。根据省文明委、省文化厅等六部门联合下发的《关于推进网吧连锁管理工作方案》要求，大力推进网吧连锁经营。有效清理整顿音像市场。以打击非法音像制品及色情、淫秽音像制品经营活动为重点，在春节、"五一"前后，对音像门店比较集中的原新客站周边和市迎宾路电子一条街进行突击检查，共检查音像制品经营门店30余家，收缴非法音像制品2万余张（盒）。加大娱乐场所执法力度。利用重大节日，开展歌舞娱乐场所安全生产专项检查，确保文化娱乐场所的安全。印发《关于加强中、高考期间文化市场管理工作的通知》,切实做好每年一度的中、高考期间娱乐场所的噪音控制工作。加强对非法流动大棚演出活动的检查，做好演出活动的跟踪服务工作。开展平安世博保障行动，制定工作方案,明确工作目标和任务,排查、化解不稳定因素,维护社会稳定。

深入开展“扫黄打非”斗争。贯彻全国、省第二十三次“扫黄打非”工作电视电话会议精神，将查堵政治性非法出版物和网络有害信息，打击利用手机媒体和网络传播淫秽色情及低俗信息，规范出版物市场秩序作为全年“扫黄打非”的工作重点。印发《盐城市2010年“扫黄打非”行动方案》,大力净化全市出版物市场环境,营造良好的社会文化氛围。年初由市“扫黄打非”领导小组牵头,在市区举行“扫黄打非”“春雷行动”启动仪式及公开销毁非法音像制品、非法出版物、非法电子游戏机活动,并现场举行“打击侵权盗版,保护知识产权”、“远离黄、赌、毒”千人签名活动,共销毁非法音像制品20万张和非法电子游戏机260台。年内全市共出动执法人员3500多人

盐城市开展“扫黄打非”“春雷行动”

(次),检查出版物市场400多处(次),检查印刷复制企业及文化娱乐经营场所、门市、店档摊点3000余家(次),收缴非法出版物4万余件，取缔非法经营单位及门市摊点180余家(处),关闭非法网站、游戏私服6家,删除各类网上有害信息6000多条。市文化广电新闻出版局被评为省“扫黄打非”工作先进集体。

**文化产业** 5月,盐城市文化广电新闻出版局成功承办盐城市第二届文化产业博览会和第三届文化产业项目招商推介会，共签约26个文化产业项目,投资总额达41亿元。积极组织申报2010年度省文化产业引导资金项目,全市共上报21个项目,有4个企业共获得350万元省文化产业引导资金的扶持。认真做好市文化艺术中心开业和招商工作，年内有6个文化经营项目落户艺术中心。加大对民营发行行业龙头企业的扶持力度,文峰教育传媒有限公司获二级出版物批发企业资质,美豪、创新两家企业正式获批出版物印刷资质，使全市出版物发行业结构得到进一步优化。10月1—7日,盐城首届水街·动漫嘉年华活动在市区盐镇水街激情上演，让人们现场感受到了动漫的精彩魅力。全市文化产业增加值比上年增长25%。

**文化体制改革** 按照省、市关于文化体

盐城市举办首届“动漫嘉年华”活动

制改革的工作要求和“路线图”、“时间表”,积极推进各项改革工作。2月份,实施文化、广电两局合并,成立盐城市文化广电新闻出版局,拟定市文化市场综合执法机构改革方案。

大力推进市文化经济发展公司的改制工作,5月20日签订市文化经济发展公司《国有产权转让合同》,标志着市直经营性文化事业单位转企改制全部完成。根据文化体制改革的总体要求，对经营性文化事业单位由事业性质统一转为企业性质,注销事业法人,成立

企业法人。根据各经营性文化单位的特点，以维护企业职工的根本利益为宗旨，通过转让、出售国有产权等措施，使国有资本彻底退出，建立具有民营性质的有限公司；以体制创新促进管理创新和技术创新。争取优惠政策，实施捆绑式改制，资产相互调剂，以余补缺，帮助企业做大做强，扶持文化产业的发展。

加快文艺表演团体的改革改制，完成省淮剧团、市歌舞剧院资产评估和《转企改制方案》的制定，筹建盐城市演艺集团。

盐城市图书馆是省、市改革试点单位，为了更好地发挥图书馆职能，进一步深化干部人事制度改革，健全干部培养、选拔和任用制度，2010年7月至10月，该馆内部全面实施岗位设置管理试点和内部深化改革方案，中层干部全部采取竞聘上岗，员工采用双向选择上岗。在单位初步建立以“竞争上岗、择优聘任、评聘分开、合理分配”为主要内容的新型人事管理体制。文化广电事业单位内部改革正在有序推进。

**“水边是我家”在市文化艺术中心首演** 11月17日晚，来盐参加2010中国盐城丹顶鹤国际湿地生态旅游节暨经贸洽谈会的八方宾朋欢聚大剧院，欣赏地方风情晚会“水边是我家”。男声独唱《黄海道情》、女子群舞《海灵盐花》、杂技《水街游》等节目艺术地诠释了盐城的地域文化，歌曲《一个真实的故事》盐城观众耳熟能详，来自中国人民解放军海军政治部歌舞团的甘萍再次深情演绎，养鹤女孩徐秀娟的故事又一次感动观众，千人大剧院内不时响起热烈的掌声。市委书记赵鹏、市长李强等领导观看演出，并祝贺地方风情晚会“水边是我家”在市文化艺术中心首演取得圆满成功。

盐城地方风情歌舞晚会“水边是我家”

**《想——软钢丝》入选全国杂技大赛总决赛** 11月17日，江苏省首届杂技作品大赛颁奖晚会在南京人民大会堂落下帷幕，全省共有126个杂技节目参加比赛，盐城市杂技团的3个节目荣获4项金奖。《想——软钢丝》获技巧类金奖和创作类金奖、《龙腾虎跃》获技巧类金奖、《雏鹰飞翔》获表演类金奖。12月初，《想——软钢丝》作为江苏省唯一的杂技节目入围第八届全国杂技大赛总决赛，并获大赛铜奖。

**小淮剧《我是你的留守妻》获全国“群星奖”** 5月25日，在第十五届“群星奖”决赛中，小淮剧《我是你的留守妻》获戏剧类作品大奖。这是自全国“群星奖”评奖活动以来盐城市第二次获此殊荣。

此次“大地情深”群星奖戏剧类作品决赛活动，展示了近几年来全国城乡群众性小戏、小品创作的丰硕成果。盐城市选送的小淮剧《我是你的留守妻》是一出生动活泼、载歌载舞的农村题材小戏，通过一对农村夫妻的矛盾和误会，衬托出一个有抱负、有办法、能吃苦、一心为民的大学生村官形象。该作品贴近时代，贴近生活，立意新颖，表演生动，在全国申报的269个小戏小品中脱颖而出，最终获得“群星奖”大奖。

**“湿地拥抱着您”书画摄影展** 10月18日，“湿地拥抱着您”书画摄影展在大丰市半岛温泉酒店举行，这是中国·大丰第八届国际麋鹿节文化活动之一。这次书画摄影展共展出《盛世麋鹿》、《海港晨韵》、《和谐共生》、《鹿缘》等138幅摄影作品和110多幅书画作品，从不同的角度展示美丽的湿地滩涂，讴歌人们致力"地球之肾"湿地和世界珍稀动物麋鹿保护，建设黄海港城的伟大成就，以及对美好明天的憧憬。许多书画、摄影爱好者和群众参观展览。

**第六届省小戏小品大赛成绩优异** 12月6日至10日，第六届江苏省小戏小品大赛在苏州举行。全省共有40余部小戏小品参加决赛。盐城市代表队选送的3部小戏在决赛中取得优异成绩。响水的小淮剧《公鸡做媒》、省淮剧团排演的小淮剧《金字招牌》同获优秀剧目一等奖。东台的小淮剧《我是你的留守妻》获得剧目奖。响水县剧目室孙智宏、李运成，江苏省淮剧团特约编剧袁连成获优秀编剧奖；盐都区剧目室蒋红贵、响水县淮剧团王体苏获优秀导演奖；江苏省淮剧团青年演员刘正阳、吕苏盐和盐城市淮剧团青年演员陈红获优秀表演奖。滨海县曹阳、崇蓉获表演奖；东台市剧目室仲春梅获编剧奖；东台市文化广电新闻出版局杭笑春、王生茂，响水县文化广电新闻出版局武春来、江苏省淮剧团顾飞获音乐奖。盐城市文化广电新闻出版局获本次大赛优秀组织奖。

**市图书馆、市博物馆新馆开工建设** 9月29日，总投资约16.3亿元的市图书馆、市博物馆等4个项目正式开工建设。市图书馆新馆（含少儿图书馆）位于市行政中心，总建筑面积约3万平方米，总投资约2.5亿元。邀请国内顶级设计大师邢同和进行方案设计，整体建筑形态类似百科全书的书架，寓意图书馆是书的海洋。市图书馆建成后将成为市民查阅资料、文化休闲、学术研究的重要场所。市博物馆新馆位于市行政中心南侧森林公园内，建筑面积约为2.8万

平方米，工程总投资3.6亿多元。根据概念性设计方案，该项目将成为反映盐城历史文化底蕴，弘扬盐城传统文化，完善城市功能，提升城市形象的大型综合性博物馆，为大市区又一个标志性文化建筑。

**盐城市图书馆开展"七彩夏日"系列活动** 7月13日，盐城市图书馆组织40余名小学生举办少儿快乐暑假DIY活动。盐城师范学院美术学院的大学生志愿者现场指导，小朋友可以任意选择自己喜爱的卡通图案，用丙烯颜料在单色T恤上上色，绘制一件带有自己个性特色的T恤。这一活动既培养孩子们的设计创新能力，更让他们了解衣服给生活带来的色彩，体验自己动手绘制衣服所带来的乐趣。8月8日，市图书馆和师范学院外语学院联合举办少儿英语故事会活动，近50名中小学生和家长参加。孩子们用英语讲述所喜爱的故事，大胆地展示、尽情地表演，并邀请专业英语老师作点评，活动现场气氛热烈，得到家长的一致好评。8月22日，市图书馆馆与师范学院音乐学院联合举办少儿器乐交流会活动，交流的器乐有古筝、二胡、笛子、小提琴、吉它等，盐城师范学院音乐学院教师进行现场点评，给孩子们提供一个相互学习、相互切蹉的平台和锻炼展示自我的机会。

**"铁军颂·盐阜情"音乐会** 12月19日晚，为隆重纪念新四军重建军部七十周年，

盐城历史上规模最大、水准最高、阵容最强的音乐盛典——“铁军颂·盐阜情”音乐会印青作品专场在市新体育馆浓情上演。董文华、阎维文、蔡国庆等总政歌舞团的艺术家们以精湛的技艺、澎湃的激情为盐阜人民送上一场高品位的视听艺术盛宴。熟悉的旋律令现场6000多名观众沉浸其中，共同感受伟大的中国共产党带领亿万人民建立新中国、建设新中国的光辉历程，感受伟大祖国在新时期里前进的步伐，感受蓬勃生机的盐城继往开来、奏响新征程的华彩乐章。音乐会最后，印青登台执棒指挥压轴歌曲《走向复兴》。他满怀深情地说：“今晚通过总政歌舞团最优秀的艺术家们的演出，使我完成了一个心愿，那就是把我多年的作品，回报给曾经培育我的盐阜大地和父老乡亲，回报给新四军的先辈们。”本次音乐会由中国人民解放军总政治部宣传部，中国音乐家协会，中共盐城市委、盐城市人民政府联合主办。海军政治部主任王兆海，沈阳军区副政委潘瑞吉，总政宣传部副部长黎国如，中国音乐家协会党组书记、副主席徐沛东，市委书记赵鹏，市长李强等出席音乐会。

（任　爱）

# 扬 州 市

**扬州文化工作概况** 2010年，全市文化广电新闻出版工作以科学发展观为指导，艺术精品创作取得新成果，公共文化服务能力实现新提升，文化遗产保护工作取得新进展，文化产业发展质态有了新改善，文化体制改革取得新成绩。

**艺术生产** 艺术创作精品迭出。创作了扬剧《响九霄》，完成了大学生村官题材扬剧剧目《青春树》剧本初稿；市木偶剧团创作上演了木偶剧《哆啦A梦》、《我与哈皮共成长》；市歌舞剧院创作了《梅花岭上》、《老街记忆》、《吉祥孔雀》、《两滴水》等；市曲艺团创作了《悠悠运河柳》、《风流是扬州》等节目；举办了“绿杨清声——李政成扬剧专场”；高邮创作的现代扬剧《白色陷阱》受到观众好评。

“绿杨清声”——李政成扬剧专场演出

重要赛事成果丰硕。扬剧《县长与老板》获中国戏剧节优秀剧目奖，入选省舞台艺术精品工程，并与长篇评话《王少堂》共获省“五个一工程奖”；木偶剧《白雪公主》在“金狮奖”第三届全国木偶皮影中青年技艺大赛上获金奖，梁苏荣、骆燕获得最佳表演奖，戴荣华、薛广菊、王兴凤获得木偶制作奖，郭江、王江和沈酝明3人获5个表演奖；李政成荣获2010年文华表演奖，并被评为全国先进工作者；包伟获第六届中国曲艺“牡丹奖”表演奖，韦明铧获理论奖；市歌舞剧院周晨、张璐表演的双人舞《两滴水》获2010华东六省一市专业舞蹈比赛表演、创作一等奖，陈彦妃表演的独舞《秋水红叶》获优秀表演奖；扬州评话《武松打虎》获法国巴黎中国曲艺节“罗浮”银奖；王巨成《穿过忧伤的花季》获得第八届全国优秀儿童文学奖；组织扬剧《县长与老板》赴沪参加第十二届上海国际艺术节。此外，市局还组织编辑出版了《扬州艺术丛书》（第一辑），启动了《扬州艺术丛书》（第二辑）编撰工作。

重大节庆文化活动丰富多彩。承办了运博会文艺晚会“绿色旋律”，组织了重要接待“故乡情”主题文艺晚会、中国扬州“烟花三月”国际经贸旅游节扬州市“非遗”经典项目展示、淮扬美食节开幕式演出、“走进宋夹城·体验宋文化”活动，承办了央视“激情广场”之中秋篇主题歌会。国庆节期间举办的“红舞献祖国”广场舞蹈比赛、市第四届老年艺术节、上海世博会扬州友谊日文艺晚会、音乐厅系列音乐会和庆祝鉴真大和尚像回扬省亲系列演出活动均取得了圆满成功。

**社会文化** 公共文化设施建设顺利推进。扬州文化艺术中心（图书馆新馆、美术馆、音乐厅）10月28日正式落成开放。以创建全国文明城市为契机，基层公共文化设施建设成绩显著，全市县（市、区）乡镇文化站全部达标，市、县（市、区）文化信息资源共享工程支中心全部建成，乡镇（街道）基层服务点基本覆盖并连接；开发区乡镇（街道）基层服务点与市支中心连接。城区邗上街道等 14 个街道建成达标文化站，康乐社区等 112 个社区基本建成文化活动室。

群众文艺创作。在省“五星工程奖”评选中，全市共取得 5 金、8 银、11 铜的好成绩；在省舞蹈莲花奖首届社会舞蹈大赛中，市红十字博爱艺术团的《红珊瑚》等 4 个舞蹈获得表演、创作 3 金 4 银的佳绩。

基层文化干部培训。举办了全市乡镇（街道）综合文化站站长技能（摄影）赛展和爱岗敬业征文评选活动。举办了基层文化干部培训班，请相关专家就文化产业、群众文化活动的策划、摄影、合唱排练、编舞、群文理论研究等方面进行了培训，共有约 100 多名基层文化干部参加了培训，有效地推进了基层文化干部业务素质和理论水平提高。基层文化活动精彩纷呈。宝应县的荷藕节、仪征市的“万人共品绿杨春” 和芍药节等系列文体活动都受到了当地群众的好评。开展文化惠民工程。全年共组织下乡、进社区送电影 9270 场、送戏 616 场、送书 12.8609 万册。举办了“幸福扬州”社区广场群众文化活动 29 场、“百场公益演出”109 场；完善了社区文化辅导员制度，培训社区文化辅导员 110 名，超额完成年初制定的培训 100 名的目标任务。指导城区 125 家已建成的社区文化室开展各类文化活动。

社区特色文化团队现场展演

全年先后举办了全市街道（乡镇）综合文化站站长技能（摄影）赛展和爱岗敬业征文评选活动，全市各街道（含乡镇）的文化站长参加了比赛，评选出 8 幅优秀摄影作品和 5 篇征文送省文化厅参赛。举办了基层文化干部培训班，聘请市内外专家进行了文化产业、群众文化活动的策划、摄影、合唱排练、编舞、群文理论研究等讲座。针对市区辅导，市文化馆建立了社区文化辅导员制度，强化对社区群众文化活动的组织、辅导，引导社区文化宣传队伍的健康发展。举办社区广场舞蹈培训、交流及比赛，联合市舞蹈家协会，举办了 8 期社区广场舞蹈辅导员免费培训班，教授了长绸舞、尊巴舞等舞蹈。10 月 1 日，举办了“红舞献祖国”第二届扬州市广场舞蹈比赛，全市的 1500 名广场舞蹈爱好者参加了比赛，检验和交流了培训成果。

第二届“红舞献祖国”广场舞蹈比赛

在省文明图书馆评比中，市图书馆、市少儿图书馆、江都市图书馆、仪征市图书馆、邗江区图书馆被评为 2006—2009 年度“江苏省文明图书馆”，高邮市图书馆流通部被评为先进集体。市图书馆围绕“充分发挥公益性电子阅览室作用，积极推进学习型社会建设”的主题，开展了“4·23”世界读书日、社区读书讲座、广场新书推荐、读书沙龙等系列主题活动。市图书馆举办的“扬图讲堂”。先后邀请了纪连海、郦波等知名学者，举办各类讲座 24 场，受众达 2 万人次。市图书馆被列入第二批全国古籍重点保护单位，10 种古籍入选第三批国家珍贵古籍名录。

2010年，全市文化信息资源共享工程建设得到发展。建成市级支中心——市图书馆支中心，建立了标准的VPN通道；开发区5个街道、乡镇建成基层服务点，并实现连接，投入运行；建成高邮、宝应、仪征、江都、邗江等县(区)级支中心，全市街道、乡镇基层服务点基本覆盖。县(区)级支中心与乡镇、街道之间建立了直接的、标准的VPN通道连接，构建起了一个各自独立的、完整的文化信息资源专用局域网，文化信息资源得以共享。

“非遗”保护工作成效显著。公布了第二批扬州市非物质文化遗产代表性名录49个。“扬州毛笔制作技艺”项目入选第三批国家级非遗名录，方惠等10人入选第三批省级非物质文化遗产传承人。6月12日全国文化遗产日当天，市局在个园的花局里开展了文化遗产保护的系列活动，公布了扬州市第二批市级“非遗”保护项目，举办“扬州市文化遗产保护成果展”，市直博物馆、纪念馆向社会免费开放一天。

4·18扬州非物质文化遗产现场展演、展示

2010年，“申遗”工作以编制申遗文本及组织遗产价值研究为中心，推进扬州盐商历史遗迹申遗项目，开展大运河联合申遗工作。夯实申遗基础工作。完成四岸公所等10处盐商建筑的补充测绘工作，收集了盐宗庙等33处盐商遗迹的测绘图纸；编制大运河（扬州段）数字管理平台建设方案；初步完成扬州盐商历史遗迹与大运河的关系研究；《扬州瘦西湖文化景观价值研究》课题中期研究报告已通过验收。开展扬州遗产点遴选，参与大运河遗产点遴选。初步确定扬州盐商历史遗迹9个13处作为申遗遗产点，明确了扬州盐商历史遗迹维修保护的具体要求和措施。发挥牵头作用，参与了大运河山东段、河南段遗产点考察遴选。开展申遗宣传工作。主办了“流淌的文明——大运河申遗图片展”，承办了2010年大运河保护和申遗工作会议、“文化遗产管理规划”国际培训班、大运河保护学术研讨会与“大地与水——景观美的认知”国际学术研讨会，扩大了扬州申遗项目在国际遗产界的影响和知名度。

**文物保护** 文物保护工作扎实推进。贯彻省普查会议精神，推动第三次全国文物普查第三阶段工作。针对少数普查点的定名、年代认定不够准确、现状描述不够完善、图文信息前后不一致以及图纸照片不规范等问题，召开数据整改会议，抽调业务骨干赴宝应、江都蹲点扶持与现场校对，确保文物普查数据质量。11月下旬，在全省率先完成GPS数据修正，定点上图。实地调查成果顺利通过国家文物局专家组的抽查验收，仪征市文物普查组被国务院第三次全国文物普查领导小组办公室授予“第三次全国文物普查实地文物调查阶段突出贡献集体奖”。巩固普查成果，从新发现文物中遴选一批具有重要价值的公布为市县级文保单位，其中仪征市公布17处，高邮市公布50处，邗江区公布8处，宝应县划定公布了21处新发现文物点的“两线”保护范围。全面审核第三次全国文物普查数据，做好资料录入工作，编辑出版了《扬州市第三次全国文物普查新成果汇编》和《扬州城遗址考古报告》，扬州城遗址列入国家考古遗址公园立项名单。完成《扬州文物事业“十二五”规划》及项目库的编制，根据国家文物局专家组建议，增补推荐盐宗庙申报第七批全国重点文保单位；编制43处文物古迹文本推荐申报第七批省级文物保护单位；完善大明寺、高邮当铺等第六批国家重点文保单位的“四有档案”；重新设计制作并更换市级文保单位标志牌，市区更换143处，高邮更换85处。科学推进古城保护。参与《广陵路、甘泉路、彩衣街综合整治方案》及《南河下历史文化街区保护规划》等古城保护方案的编制。扬州玉器博物馆、南门遗址展示馆等文博场所相继建成开放。

加强文物建筑保护利用。审查批准丁氏马氏住宅、愿生寺、四岸公所门楼等5处文保单位的维修方案，指导、监督梅花书院、愿生寺、高邮王氏父子故居和宋代城墙等维修工程。丁氏马氏住宅、匏庐、岭南会馆门楼的维修工程基本结束，胡笔江故居北宅维修工程顺利推进；阮家祠堂、仪征盛氏兄弟故居等江苏省名人故居抢救保护工程项目，顺利通过省委宣传部、省文物局验收。

切实加强扬州城遗址的整体保护，推进《扬州城遗址保护规划》的编制，中期成果通过省文物局专家组的论证。4月18日，初步建成开放宋夹城考古遗址公园，展示了东西瓮城、北城门及角楼、兵营、十字街等历史遗迹，恢复了护城河、城门、城墙等重要历史记忆。精心编制《扬州城南门遗址本体保护与展示设计方案》，9月26日建成开放南门遗址展示馆，通过遗址本体展示和“不朽的年轮——扬州城遗址巡礼”展览，展现了唐代以来多个时期城址遗存，解读了“中国的城门通史”。10月，扬州城国家考古遗址公园正式通过国家文物局立项。

加强文物安全工作。建立与公安、消防部门的协作机制，重视重大节日、重大活动和日常安全检查，及时排查、消除各种安全隐患。落实安全措施，组织人员演练各项安全应急预案。汉广陵王墓博物馆完成了监控、周界报警安全系统建设；唐城遗址博物馆安装避雷系统，解决了延和阁、门阙的安全问题。加大文物行政执法力度，严厉查处文物违法行为。开展全市文物行政执法巡查，严肃查处文物违法事件1起，对上海证大商旅发展有限公司在教场二期整治工程中擅自拆毁文物建筑行为，实施行政罚款30万元。配合公安机关，严厉打击盗掘破坏古墓葬犯罪行为。配合仪征市、维扬区等公安机关，查处仪征市新城镇官胜村、马集镇、新集镇及市区瘦西湖新苑三期等建设工地盗掘、破坏古墓葬事件8起，追缴了一批出土文物，20余名犯罪分子落入法网。

**文化市场管理** 文化市场建设管理有了新突破。网吧管理力度加大。评选出市区的三乐、飞时等10家“文明网吧”，网吧服务器在线率达到了95.89%，客户端安装率达到了84.85%，均位列全省前列。网吧违规接纳未成年人打击力度进一步加大，出台了有奖举报制度和3+1组合督查制度，确保了网吧在全国文明城市测评中不失分。市场监管成效显著。配合文明城市创建工作，开展了春、夏、秋、冬四季文化市场专项整治行动。深入开展“扫黄打非”工作，开展手机网站淫秽及低俗色情信息专项整治行动、迎世博“扫黄打非”和重要节庆期间出版物整治等专项行动，收缴非法出版物6万件。

文化交流频繁展开。组织了“情系大运河——海峡两岸名家运河写生”并举办了作品展，举办了中亚“丝绸之路——和平之旅”国际艺术家采风笔会，赴日本组织了“庆祝扬州与奈良结好文艺演出”和“奈良友好城市周广场文艺演出”。

**博物馆** 举办临时展览，扩大馆际交流与对外合作。扬州博物馆、扬州八怪纪念馆等单位先后举办“魂归故里——潘玉良作品展”等54次临时展览，扩大了馆际交流。依托馆藏资源，推出中学生现场作文竞赛、剪纸培训班、“童眼看家乡”摄影夏令营、“考古小奇兵”等社教活动，发挥博物馆社会功能。博物馆免费开放。双博馆等7座博物馆（纪念馆）继续对社会免费开放，共接待观众130万余人次，比上年增长30%。完成江都博物馆展示服务水平提升工程，原江都人文陈列改造提升为江都历史文化陈列，10月1日对外开放，并通过省文物局验收。创新经营理念，推进博物馆经营模式改革。推进文博景点与园林、旅游部门的合作，汉广陵王墓博物馆、唐城遗址博物馆、扬州八怪纪念馆和史可法纪念馆四家文博景点与市园林局签订合作协议，扩大了文博景点的知名度和影响力。

馆藏文物数据库建设进展顺利。多次组织召开文物调查及数据库管理系统建设工作会议，对项目建设进行全面部署、督促和审查。各项目单位在省局下拨数据库项目建设专项经费的基础上，积极自筹经费，购置设备，确保图片采集工作的顺利开展。扬州博物馆、唐城遗址博物馆、汉广陵王墓博物馆等九个项目单位，历经10个多月紧密协作，在全省率先完成3161件馆藏珍贵文物数据上报。其中，一级文物112件，二级文物604件，三级文物2445件。项目验收完成后，市文管办与《扬州晚报》联合推出《扬州馆藏珍品》系列报道，共9期10个版面，分别对馆藏玉器、陶器、瓷器、金银器、铜镜等精品文物进行专题介绍。

全市加大文物保护宣传力度，营造关心支持文物事业、推动文物事业发展的浓厚氛围。组织开展文化博览城建设宣传，举办第二届“瘦西湖杯”文化博览城知识大赛，举办“走进文博馆，触摸城市魂”作文大赛；开办“扬州文博讲坛”，邀请文博专家讲授“宋代扬州文化”、“双东历史文化”等文化专题；编辑出版了《历代帝王咏扬州》。组织拍摄《国宝档案——扬州文物瑰宝》，配合央视拍摄了《大明寺与鉴真》、《扬州海上贸易瓷》、《石涛与扬州画派》、《扬州八怪》等28集专题片并在央视四套滚动播出。2010年“4·18”和运博会期间，在宋夹城月城进行扬州市非物质文化遗产经典项目展览和展示活动，40个省级以上的重点项目（联合国、国家级、省级项目）布置图片展览、实物展示，传承技艺展示；在宋夹城北门至“4·18”主会场沿途安排了32支队伍1200人的群众文艺表演队伍进行文艺表演；在运河沿线和运博会南门遗址主会场组织了800多人的群众迎宾表演。

2010运河名城博览会“绿色旋律”晚会

协助做好鉴真大师坐像回扬省亲活动。利用重要节庆日组织宣传活动。在“烟花三月”经贸旅游节、市民日、国际博物馆日、中国文化遗产日等节庆期间，组织开展免费鉴宝、遗产保护成果展、“非遗”展示以及《文物保护法》等系列宣传活动，进一步增强了市民对文化遗产保护的认识和自觉保护行为。

**考古发掘**　配合基本建设，做好地下文物保护工作。配合江六高速公路、西气东输等国家重点工程建设，在江都、仪征境内全线62公里范围内进行考古调查，抢救性发掘汉代至明清古墓葬20座，出土较完整文物10余件；配合城市发展建设，在扬州文昌乐都汇、汇金玄武饭店二期扩建、二道沟疏浚等工程中，勘探城址面积2万平方米，发掘城址面积3600平方米，发现宋代吊桥和挡军楼南墙等重要遗迹，出土文物标本50余件；配合“佳家花园”二期、“运河一品”等城市基本建设，勘探4万平方米，抢救性发掘汉代以来古墓葬227座，清理汉代古井36口，出土文物400件（套）。仪征博物馆配合基本建设，全年考古调查、勘探6.95平方米，抢救性发掘古墓葬34座，出土文物398件(套)。

出版发行《扬州城考古发掘报告》，1987至1998年扬州城遗址考古项目圆满结项。

**文化产业** 全市文化产业进入了一个加速发展的新阶段，共有文化经营单位5000家，从业人员10万人，形成了以国有、民营、外资等多种所有制形式并存的产业格局。文化旅游、工艺美术、文体制造、玩具琴筝、出版印刷等特色行业在文化产业中占据了较大比重。文化产业发展质态有了新改善。制定了《扬州市文化产业示范基地评选命名管理办法》，评选命名了扬州报业传媒集团有限责任公司、扬州广播电视传媒集团有限责任公司、扬州市歌舞剧院有限公司等首批24家扬州市文化产业示范基地；拟定了文化产业“十二五”规划，把文化产业规划纳入到全市经济、文化、服务业发展的“总盘子”。文化产业园区建设步伐加快。邗江区积极加快扬州智谷文化创意产业园建设，已有54家企业入驻，2010年先后获得“江苏省文化产业示范基地”和“国家文化产业示范基地” 称号；广陵区丰富提升1912酒吧文化风情街、“双东”历史街区等休闲旅游街区；维扬区加速扬州市文化创意产业园建设，“央视动画形象毛绒玩具指定基地”和“扬州市动漫设计衍生产品工程技术研究中心”落户维扬；宝应县加快玻璃水晶工艺研发、贸易和展示中心的建设，建成乱针刺绣和教玩具产业园；江都市发挥文体器材、金属工艺和制笔优势，建设文化产业特色产业园区；高邮市提升运河西岸生态旅游等文化旅游景区建设；仪征市打造集生态观光、休闲旅游为一体的特色文化产业群。文化产业示范基地建设。扬州智谷被命名为第四批国家文化产业示范基地和江苏省文化产业示范基地，开展了首批扬州市文化产业示范基地的评选命名工作。扬州智谷投资管理有限公司、扬州工艺美术集团有限公司、扬州电广文化传播有限公司、江苏京都印务有限公司、江都市广播电视台、《中国名城》杂志社、扬州市海纳文化娱乐投资有限公司、仪征市广播电视台等8家文化企业(单位)获得省文化产业引导资金800万元的扶持。新兴文化业态崭露头角。川奇光电、易狄欧电子科技等一批电子书企业在扬州投资生产。扬州报业传媒集团、扬州广播电视传媒集团正式组建，中央电视台唯一的戏曲影视基地永久落户扬州。举办了2010中国扬州文化创意产业项目签约会暨扬州智谷笛莎动漫文化周活动。集中签约了11个文化产业项目，总投资近20亿元。目前，全市已确定57个文化产业项目，总投资额达225.79亿元。投资40亿元的中国3D科技产业园落户邗江。

**央视“激情广场”之中秋篇主题歌会** 9月10日下午，由中共中央宣传部、中央文明办主办，扬州市委、市政府承办，市文广新局组织的“激情广场”之“我们的节日——中秋篇主题歌会”在扬州举行，全市30家单位5900人参加了现场录制。歌会由《盛世欢歌》拉开大幕，在青歌赛上屡次摘金夺银的刘和刚、歌唱家蒋大为演唱了《儿行千里》、《在那桃花盛开的地方》等歌曲，京剧名角于魁智和李胜素冒雨演唱了交响京剧《花好月圆》，歌手韩延文、魏金栋表演了《相约在月圆时节》、《梦里全是桂花香》，刘玮和夏忠平联唱的《十五的月亮》等，都散发着浓浓的节日氛围，中秋节日的特点和扬州文化元素在整场演出中充分展示。市委、市政府领导王燕文、谢正义等四套班子领导出席，CCTV—3分3次播放了此次歌会。

**“千年运河·一脉相承”运河申遗图片全国巡展** 2009年11月至2010年10月，由扬州市图书馆携手“长三角”及运河沿线主要城市公共图书馆联合举办的“千年运河·一脉相承”大运河申遗图片巡展活动完成了苏、浙、沪三地巡展并受到好评。各地市民在感受运河文化、关注运河申遗、领略运河沿线城市大量的文化遗产的同时，了解了中国大运河申遗牵头城市——古城扬州的影响，以及她所肩负的保护、规划、宣传运河文化的重任。该展览将继续沿运河而上一路向北，向更多运河沿线城市的市民公开展出。传播并推广现代扬州独具的“人文、生态、精致且宜居”的城市品质。

**红领巾读书征文演讲比赛** 2010年6月—8月，市文广新局、教育局联合举办主题为“走进世博、走向世界”的红领巾读书征文、演讲比赛活动，全市的7家县（市、区）图书馆及中、小学生4万人参加，经过筛选，专家评审，210篇征文分获扬州市一、二、三等奖，30篇征文分获江苏省一、二、三等奖，3名优秀演讲选手参加了省“红读”征文演讲比赛。8月，在扬州市承办的省红领巾读书征文演讲比赛中，扬州市获2个一等奖、1个三等奖。

**文化博览城建设** 2月，召开年度文化博览城建设会议，确定了宋夹城遗址考古公园、南门遗址展示馆、扬州学派纪念馆等10个重点项目和鉴真史料陈列馆、盐商文化生活展等9个推进项目，并与相关单位签订了目标责任书。全年共建成重点项目6个，宋夹城考古遗址公园、扬州工艺坊、扬州文化艺术中心以及南门遗址展示馆、扬州学派纪念馆一期陈展工程先后建成对外开放，扬州书院博物馆布展完工；马可·波罗纪念馆、熊成基故居、街南书屋等3项建设、修复工程正在实施。推进项目中，鉴真史料陈列馆、盐商生活文化展和匏庐维修等工程已经完工，丁氏马氏住宅、胡笔江故居北宅等项目正在按进度推进。

**国有文艺院团转企改制** 扬州市直共有

扬州市曲艺团建团50周年演出

歌舞团、扬剧团、曲艺团、京剧团、木偶剧团等5家剧团。按照全国、全省文化体制改革的部署和要求，以及市委常委会审议通过的《扬州市属文艺表演团体改革实施方案》，市歌舞团、京剧团和扬州大剧院资源整合转企改制，成立扬州市歌舞剧院有限公司。成立后的公司面向市场，实行企业化经营，原事业身份人员通过提退、挂编分类安置，公司以后新进人员全部按照《劳动法》签订劳动合同。2010年7月，扬州市歌舞剧院有限公司正式成立并挂牌。扬剧、扬州评话、扬州清曲、扬州木偶为国家级非物质文化遗产项目，是扬州市最具特色的文化品牌。从传承、保护的目的出发，决定成立相应的“非遗”保护机构，市木偶剧团、扬剧团、曲艺团实行公司制，进行企业注册登记，此项工作正在进行中。

**扬州文化艺术中心建成开放** 扬州文化艺术中心包括新图书馆、美术馆、音乐厅等一组建筑，总投资约4亿元，占地54亩，建筑面积4.8309万平方米。

文化艺术中心工程于2009年2月10日开工，2010年9月26日试开放，10月28日举行落成开放典礼，比计划施工周期提前了4个月。文化艺术中心按照现代化、智能化、数字化、人性化、低碳化、生态化的“六化”要求，精心设计，科学施工。整个中心全智能控制，数字化管理，用树状钢结构玻璃顶把“两馆一厅”与扬州双博馆有效融为一体，建筑设计尽可能自然采光，中央空调采用水源热泵的节能技术，打造精品建筑。

文化艺术中心开放以来，先后接待了国内外政要和国内各地参观考察的宾客，举办了扬州美术馆开馆暨情系大运河——两岸中国画名家作品展、曹俊作品展等系列展开幕式等展览；市图书馆开展图书借阅；在音乐厅先后举办了张峥、殷承宗、盛中国等音乐名家首场招待演出，庆祝鉴真大和尚善像回扬省亲专场音乐会，以及2011扬州新年音乐会等5场演出。20万人次的市民前往参观，扩大了“幸福扬州”的影响，取得了很好的社会效益，受到市内外嘉宾、社会各界的一致好评。

扬州文化艺术中心

**“烟花三月”国际经贸旅游节系列文化活动** 4月15日、16日，分别在扬州八怪纪念馆与扬州佛教博物馆举行“彩墨扬州路——‘烟花三月’扬州国画院作品展”、“江南塞北绘春秋——‘烟花三月’扬州西宁中国画交流展”；4月17日晚，在“第三届淮扬美食节开幕式暨2010中国·扬州‘烟花三月’国际经贸旅游节招待晚宴”上，组织表演了扬剧、木偶、曲艺等节目；4月18日下午，在宋夹城遗址公园举行的“2010中国·扬州‘烟花三月’国际经贸旅游节开幕式”，组织动感小提琴四人组合演奏《蓝色多瑙河》等世界名曲，组织10名艺校学生扮演宋朝武士进行情景表演，市木偶剧团制作表演了“蜡像展”与“真人雕塑秀”，市曲艺团等单位进行了系列文艺表演。各专业剧团进行文艺表演的同时，市局还在宋夹城进行扬州市“非遗”经典项目展示，选取省级以上40个重点项目布置图片展览、实物展示、传承技艺展示；在宋夹城北门至“4·18”主会场，沿途安排了32支队伍共1200人进行文艺表演；4月19日、20日，在东关街组织了扬剧、木偶、雕版印刷等“非遗”项目展示、展演活动。

**第四届扬州市老年艺术节** 10月9日至10月16日，由市政府主办，市文广新局、民政局、老干部局联合承办的扬州市第四届老年艺术节开幕。艺术节设有音乐、舞蹈、戏剧曲艺、美术、书法、摄影等艺术门类，共有220个（件）节目和作品参赛，共评出表演类一等奖14个、二等奖12个、三等奖17个，美术、书法、摄影类一等奖11个，二等奖19个，三等奖31个，优秀组织奖4个，组织奖7个。为展示全市老年文艺爱好者的风采，所有参赛代表队均举办专场演出，同时融入本地特色老年文艺团队的表演，展现了老年朋友热爱生活、积极向上的精神风貌。

（刘文献）

# 镇 江 市

**镇江文化工作概况** 2010年，镇江市坚持“三个代表”重要思想和科学发展观，深入贯彻落实党的十七届四中、五中全会精神，举办重大文化活动，加强文化品牌建设，推进文化惠民，规范文化市场，加大文化遗产保护和利用力度，强化广播影视宣传管理，全面推进全市文化广电新闻出版事业、文化产业新跨越。镇江市文广新局被市委市政府授予2010年全市跨越发展有功单位。

**艺术生产** 以彰显区域文化为核心，通过多种艺术表现形式打造文化精品，取得一定成效。《打麦号子》、《绣娘谣》等6件作品获省“五星工程奖”金奖；话剧小品《如此智慧》

《打麦号子》演出剧照

获全国戏剧文学奖小品类创作金奖；小品《老抠中奖》参加华东六省一市小戏小品大赛获金奖；大型音乐剧剧本《超市》获首届全国戏剧文化奖“大型剧本铜奖”；丹徒区创作的《南乡田歌》和润州区创作的舞蹈《童谣·夏夜》参加上海世博会广场文艺演出。在镇江画院举办镇江画派暨江苏中国画名家邀请展，共展出镇江市画家各画种60多件作品，作品立足于镇江火热的现实生活，画家的审美追求，都是从优良传统与时代精神的结合上进行新的艺术创造，赋予美术作品新的时代气息和光彩。

**群众文化** 2010年，镇江市以开展文化惠民活动为契机，组织开展丰富多彩的群众文化活动，满足人民群众的精神文化需求。

组织开展“文化嘉年华”活动，2个多月时间共举办10大主题24项活动，丰富了群众的文化生活。开展镇江市特色文化之乡、特色文化团队、特色文化家庭、特色文化标兵的评选命名活动，共评选命名镇江市特色文化之乡3个、特色文化团队5个、特色文化家庭3个、特色文化标兵3个。丹阳市延陵镇被命名为江苏省特色文化之乡，丹阳市葆春艺术团被评为江苏省特色文化团队，丹徒世业镇扬州评话艺人施德玉被评为江苏省特色文化标兵。以无伴奏民歌组合《南乡田歌》等富有镇江特色的群众文化精品节目为班底，组织两台专场演出参加上海世博会期间的“江苏活动周”广场文艺演出、上海城市广场“周周演”活动以及吴江市第七届区域文化联动暨京杭大运河（江苏）文化艺术节。举办乡镇文化站文艺汇演，来自各辖市区的28个文化站两天里为观众奉上精彩的文艺演出，包括声乐、器乐、舞蹈、曲艺、戏剧、小品等各种艺术门类。其中很多节目是乡镇文化站文艺骨干自编、自导、自演的。节目贴近实际、贴近生活、贴近群众，反映了全市新农村建设的新变化、新风貌。举行群众美术书法展，汇集来自全市共120多幅美术书法作品，充分展示了近两年来镇江群众美术书法创作工作的丰硕成果。举办世博会精品剧目展演，邀请印度宝莱坞表演团体 ZEE 宝莱坞歌舞团在镇江影剧院上演世博会展演的精品剧目——“2010 印度 ZEE 宝莱坞炫舞之夜”。举行“情缘七夕”2010 中日友好广场文艺晚会，邀请国际著名音乐家吉冈茂美女士参加演出，晚会节目包括舞蹈《剪纸姑娘》、《双推车》、《水漫金山——因为爱》、二胡诗朗诵《良宵》、《七夕情》等，日本友人与市民共度七夕佳节。举行纪念茅山新四军主力北上 70 周年“红歌代代唱”广场演出，北京军区老战友合唱艺术团、江苏新四军后代艺术团、华东军大老战士艺术团、福建省新四军研究会新一代艺术团等来自全国各地多个演出艺术团体，300 多人参加了演出。来自全国各地的新四军研究会艺术团演出了精心排演的拿手节目，以此来缅怀革命先烈的丰功伟绩，歌唱祖国歌颂中国共产党，展示了新时代昂扬向上的精神面貌和时代风采。整个活动持续了近 3 个小时。此外，镇江还举办全市第 22 届少儿创作故事演讲大赛、第二届戏剧小品比赛、文艺家风采精品舞蹈展演、“我们的节日·月是故乡明”经典诵读中秋赏月晚会等活动，组织开展“文心大舞台”、“文心剧场”等群众性文化活动，实施“三送”工程，共组织送戏下乡 402 场，送书下乡 8.6433 万册，送电影下乡 3342 场，丰富和活跃了城乡群众的业余文化生活。

**公共图书馆** 2010 年，镇江市公共图书馆注重队伍建设，狠抓业务建设，加强内部管理，拓展服务空间，延伸服务内容，提升服务水平，广泛开展读者活动和社会教育，全市图书馆事业取得新发展。镇江市图书馆再次被江苏省委、省政府评为江苏省文明单位标兵，镇江市图书馆和丹徒区图书馆被江苏省文化厅评为江苏省文明图书馆。

古籍保护工作取得新进展。《书传大全》明刻本等 26 部善本古籍入选第二批《江苏省珍贵古籍名录》。10 部古籍入选第三批《国家珍贵古籍名录》。截至 2010 年，全市已有 26 部古籍入选《国家珍贵古籍名录》，84 部古籍入选《江苏省珍贵古籍名录》。开展首批市级珍贵古籍名录评选工作，206 部古籍入选首批市级珍贵古籍名录。镇江市图书馆建立古籍修复室，在国家古籍保护中心帮助下开展古籍修复工作，1 月至 12 月，共修复古籍 280 册。

2010 年镇江市图书馆全年接待读者 80 万人次，比 2009 年增长 18%。全年分编新书 3.226 万册、1.2013 万种，视听文献 187 张、138 种。

读者服务。注重关注弱势群体，在市特教中心建设市图书馆分馆和共享工程基层点，为特教中心的孩子们作了题为《漫话镇江》的文化讲座。邀请盲人读者走进图书馆，为他们提供专人服务，免费提供听书机，工作人员还不定期为残障读者提供送书上门服务。全年共解答来自全国各地的参考咨询条目 164 条。在丹徒区图书馆建立分馆，实现市图书馆和丹徒馆区分馆之间的通借通还。组织开展两场“图书任我选”读者现场选书活动，将图书采选权真正交到读者手中。完成润州、句容 2 个文化信息资源共享工程支中心、全市 13 个文化信息资源共享工程基层点的建设任务，同时为全市文化信息资源共享工程支中心、基层点提供各种服务 100 余次。开通了 QQ 续借、论坛续借等网络服务方式，方便读者借阅图书。

基础建设。2 月完成古籍阅览室改造工程，4 月完成新采编部建设工程，6 月完成文心展厅建设工程。10 月 22 日，为全市老年读者专门设立的老年免费阅览室正式对外开放。阅览室共有座位 30 个，是全市首家专门为老年人提供服务的免费阅览室。市图书馆老年阅览室不定期举办书法笔会、养生保健讲座、电脑知识讲座等活动，成为镇江老年朋友老有所养，老有所学的好去处。9 月 27 日，市图书馆未成年人公益性电子阅览室开放，该电子阅览室共有电脑 26 台，所有电脑都安装了“健康上网专家”等软件，屏蔽不良信息和不良网站，节假日对未成年人免费开放，给广大未成年人提供优质、绿色、和谐、高效的上网环境。

惠民活动。开展“文心讲堂”讲座，邀请吴建民、祁智、黄培义、徐雁、康震、郦波、孔庆东、乐嘉、袁岳、关秀清、刘强等十一位名人做客“文心讲堂”，讲座内容从单一的传统文化向军事、外交、教育等领域拓展。整理讲座内容，出版《文心讲堂》一书，扩大了“文心讲堂”的影响。在文心展厅先后举办“第十一届中日韩国际书画展”、“第二届镇江市群文美术书法展”、“全国少儿摄影大赛获奖作品展”和“绚烂亚洲——亚洲多元文化图片展”共四个大型展览。2010 年 6 月—8 月组织开展红领巾读书征文演讲比赛，共有近 70 多所学校的 4 万多名学生及百多位教师参与，收到优秀征文 1000 多篇，7 月 23 日举行演讲比赛，评选出一等奖 3 名、二等奖 5 名和三等奖 8 名。推荐的 3 名小选手参加省级演讲比赛全部获得二等奖的好成绩。镇江市图书馆被省文化厅评为红领巾读书征文演讲比赛优秀组织奖。

**非物质文化遗产保护** 镇江市政府公布了第三批市级非物质文化遗产保护名录，至此，全市共有 7 个国家级非物质文化遗产保护项目、27 个省级非物质文化遗产保护项目、71 个市级非物质文化遗产保护项目、208 个县（区）级非物质文化遗产保护项目；建立了古琴艺术（梅庵琴派）和“嶂山马灯”两个“非遗”传习点；6 件作品荣获江苏民间工艺最高奖项“迎春花奖”。9 月 25 日，扬剧（金派艺术）传承人金桂芬、扬州评话传承人黄俊章、镇江恒顺香醋酿造技艺传承人乔贵清三人正式入选第三批省级非物质文化遗产项目代表性传承人。至此，全市已有 5 人被列入国家级“非遗”代表性传承人名录，10 人被列入省级“非遗”传承人名录。

开展第五个“文化遗产日——我们的节日”系列民俗展示活动。组织民间艺术家赴法国、德国和澳门开展文化交流，组织烙铁画、竹编、邮票拼贴画、瓷刻、蛋雕等 18 件作品前往深圳参加第六届中国（深圳）国际文化产业博览交易会，展示镇江民间文化风采。市民间文化艺术馆被表彰为全省“非遗”保护工作先进集体。

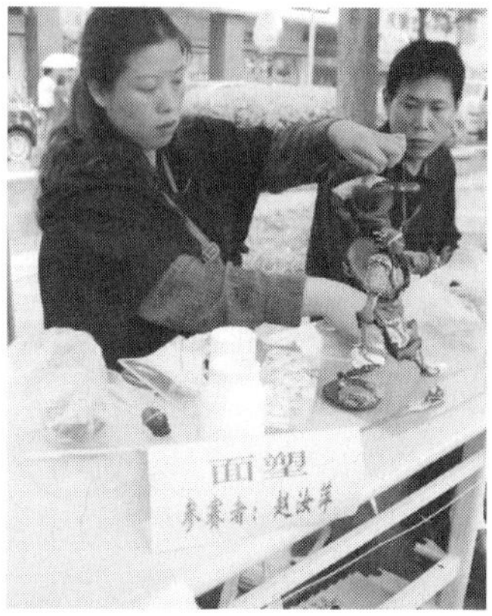

镇江市首届民间艺术新人大赛面塑比赛现场

**文物保护与管理** 2010 年，镇江坚持“保护为主，抢救第一，合理利用，加强管理”的文物工作方针，文物保护工作取得长足进步。做好第三次全国文物普查，组织实施梦溪园周边环境整治工程；推进杨一清墓等文物单位的保护修缮。完成“瘗鹤铭”疑似残石的终极打捞，6 月 4 日至 19 日分别将 4 块巨石打捞出水，焦山碑刻博物馆对 4 块巨石做了相关考古工作，此次打捞考古结果将在 2011 年形成书面报告。完成广肇公所等市级文保单位

焦山碑刻博物馆完成“瘗鹤铭”疑似残石的终极打捞工作

修缮工程验收，对万顷良田工程等项目进行考古勘探、发掘，出土文物近300件。句容市江南土墩墓博物馆暨江南文物工作站完成主体工程建设，《镇江城市考古成果集》获省田野考古优秀成果奖。与相关部门一起做好宋元粮仓遗址后续考古和保护方案的评审，组织开展全市馆藏三级文物定级工作。陆小波故居爱国主义教育基地分别与宝塔路小学和江苏省镇江第一中学签订爱国主义教育基地共建协议。组织召开“东吴文化暨第二十届《三国演义》学术研讨会”，出版《东吴文化暨第二十届〈三国演义〉学术研讨会论文集》。

启动梦溪园周边环境整治修复工程。6月，梦溪园周边环境整治修复工程被列入首批江苏省大运河沿线重点文物抢救保护工程项目。11月5日完成工程招投标工作，梦溪园

修葺一新的梦溪园内部

周边环境整治工程进入全面基建施工阶段，预计2011年3月份完工。整治修复后的梦溪园将以地域开阔、丘坡溪水、茅舍亭阁、风格简朴、环境优美的面貌呈现在广大市民面前，成为名城镇江一个新的文化亮点。

举办“镇江近年考古新发现展”。6月12日，“古国古城古墓——镇江近年考古新发现”在镇江博物馆专题展厅开展。展览分为“太伯东奔，吴国起源”、“江河交汇，城市繁华”、“风水宝地，古墓遗珍”三部分，用5块图版，80多幅图片，近200件器物，形象生动有代表性地展示了镇江市近年考古的新发现。

**博物馆·纪念馆** 镇江博物馆完成书画展厅恒温恒湿改造工程，出版《印记与重塑——镇江博物馆考古报告集(2001—2009)》，完成文化惠民各项活动，举办“勾吴古韵——镇江博物馆馆藏吴国青铜器精品展”等12个展览；组织“我们的节日”系列民族节俗、“镇江人民革命斗争史”展览“进学校”、“进社区”、“进部队”等活动；形成“告诉你一个精彩的镇江——镇江博物馆特色文物介绍”等四个文物普及专题讲座；完成镇江博物馆云峰阁艺术品公司的注册，开发古玉红木镇纸和嵌银丝佛珠手串等旅游纪念品。全年参观总人数69万人次。

茅山新四军纪念馆推进茅山爱国主义教育基地活动中心建设，江苏乾元生态养殖基地项目建设初具规模，新增10家共建单位；征集400余件革命文物；组织开展“大爱新风吹遍小城镇江，春风化雨育万千学生”、“博物馆致力于和谐社会——红色文化行”、“七彩的夏日——做一个有道德的人”等活动，超过20万的大、中、小学生参加活动。全年接待国内外观众145万人次。

茅山新四军纪念馆举办纪念抗美援朝文物史料展。2010年10月25日是中国人民志愿军抗美援朝作战60周年纪念日。为纪念志愿军将士的历史功绩，茅山新四军纪念馆从10月15日起举办为期一个月的“纪念抗美援朝60周年文物史料展览”活动。本次专题展览展出了傅秋涛、王必成、陶勇等40余位志愿军军、师以上首长在朝鲜战场上的历史老照片、反映抗美援朝的物品、回忆抗美援朝战争的手稿和图书。

焦山碑刻博物馆继续打造焦山碑林和“瘗鹤铭”品牌，做好“百名书法家游书法之山”活动；完成焦山碑林藏品系统软件开发及网站升级，完善馆内基础设施建设，对全馆的展厅、大门及廊柱等重新进行改造和油漆出新。全年接待国内外游客47万人次。

焦山摩崖石刻防风化保护研究项目通过验收。12月17日,《镇江焦山摩崖石刻防风化保护技术应用研究》项目通过省专家组验收。镇江焦山摩崖石刻历史悠久、源远流长,现存石刻80方,绵延约150米,面积两百多平方米。本项目主要针对历年来焦山摩崖石刻保护中存在的问题,提出从保护和修复的角度对石刻的现状进行评价,为从根本上解决焦山摩崖石刻的修复和保护问题提供新思路,达到"修旧如旧"的文物古迹修复和保护要求。

镇江博物馆首办鉴宝活动。7月31日至8月1日,镇江博物馆举办鉴宝活动,邀请中国文物学会鉴定委员会委员、瓷器鉴定专家叶佩兰,故宫博物院研究员、文房织绣专家张淑芬等全国著名鉴定专家和省市著名鉴定专家组成专家队伍,鉴定600多件藏品,诞生了6件镇江民间收藏珍宝。其中青铜器两件,分别是青铜兽面纹方尊、青铜提梁猪形卣;瓷器两件,分别是南宋青白瓷执壶、清顺治青花花卉香筒;杂件一件,和阗玉珪(共95枚);书画一件,张大千《雅集图》。

镇江博物馆评出"十大镇馆之宝"。7月20日,镇江博物馆"十大镇馆之宝"揭晓,这些文物是:青铜凤纹尊、青铜鸟盖壶、青铜人面纹錞于、上虞窑青釉瓷扁壶、景德镇窑青花云龙纹瓷罐、金棺银椁(一套5件)、银鎏金龟负"论语玉烛"酒令筒(包括酒令筹、酒旗、酒纛)、玉雕御题金山图诗插牌、明谢廷循《杏园雅集图》手卷、清八大山人《花鸟图》手卷。

**文化市场管理** 以"一手抓繁荣,一手抓管理"为方针,加大监管力度,文化市场健康有序发展。强化宣传教育。对文化行业经营者进行法律法规培训,提高经营者守法经营的自觉性。强化日常监管。认真组织开展登记备案、企业年检、岗位培训等工作;加强行业协会和社会义务监督员队伍建设,向社会公布举报电话和举报奖励办法,改进技术监管措施,实现对全市在线网吧的实时全程监控。创新管理方法。联合市综治办、市公安局、市卫生局、市工商局、市环保局等6部门开展镇江市"阳光娱乐场所"星级达标活动,向28家达标单位授予不同星级的标牌。强化行政执法。全年共出动执法检查人员3.2115万人次,检查文化市场经营单位8671家次,收缴大批非法音像制品和书报刊,严厉查处网吧接纳未成年人。深入开展"扫黄打非"行动,集中销毁非法音像制品50万张、图书5万册。加强校园周边环境净化工作,扎实进行版权保护,打击侵权盗版行为,营造良好的文化市场环境。

**文化产业** 2010年,镇江认真贯彻落实国务院、省、市政府关于加快文化产业发展的各项方针政策,主动提供引导服务,争取省级文化产业引导资金支持重点文化产业项目发展。研究制定《镇江市文化产业示范基地评选管理办法》,指导江苏文化科技产业园和西津渡历史风貌街区分别申报省级和国家级文化产业示范基地,其中江苏文化科技产业园获"江苏省文化产业示范基地"称号。引导扶持传统文化产业发展,扶持连锁网吧发展,提升文化市场发展水平,网吧"单改连"工作居全省前列。大力引进影城项目,促进市区电影放映业快速发展。引导社会资本参与大市口商业文化娱乐圈建设,全年有7家文化娱乐经营场所入驻,大市口商业文化娱乐圈成为省内文化娱乐经营场所密度最高的区域。大力培育新兴业态。组织动漫企业和文化产业规模企业参加业务培训,为数字出版、动漫游戏等企业主动提供服务,全市数字出版、数字电影、网络游戏、动漫娱乐等新兴产业业态得到快速成长。

获省文化产业引导资金1180万元。11月26日江苏省文化产业引导资金签约仪式在南京举行,镇江市共有7个文化产业项目入选,分别是数字电影故事片《小城大爱》、2010长江迷笛音乐节、《金山传奇》网络游戏及网页游戏平台开发、艺术作品数字技术提升工程、中国最具特色的服饰文化创意平台建设、彩色包装盒高保真数字化局部460线加网技术印刷生产线技改项目和台湾明华园戏剧总团落户镇江等，共获得江苏省文化产业引导资金1180万元，比2009年增加76.1%。

首批28家娱乐场所星级达标单位授牌。为提升娱乐行业整体形象和产业层次，引导娱乐业健康发展，2010年8月6日，镇江市区“阳光娱乐场所”星级达标活动正式启动，由市文广新局、市综治办、市公安局、市卫生局、市工商局和市环保局等6部门联合组织开展，评定标准从低到高设1星至5星五个等级，计划用两年时间，实现市区（丹徒、京口、润州、镇江新区）歌舞娱乐和电子游艺经营场所全部达到星级标准。从2012年8月起，未达到标准要求的经营场所，必须限期整改，仍不达标的停止营业。12月23日，镇江市首批“阳光娱乐场所”星级达标单位授牌仪式在市博物馆举行，镇江市京口弥图商务会所等28家娱乐场所获得星级达标单位的铜牌，其中四星级场所3家，三星级场所16家，二星级场所9家。

八佰伴大地数字影院开业。12月18日，位于镇江八佰伴七楼的大地数字影院正式开业。该影院拥有6个影厅，可同时容纳近一千位观众。采用杜比数码SRD、DTS等系统还原设备、美国QSC功放系统、德国施耐德高端镜头以及英国哈哥尼斯超视野“Wall to Wall Screen”（整壁式清晰巨幅银幕）等国际最先进的放映设备，给观众们带来前所未有的视听震撼。

**开展“欢乐家园”文化惠民活动** 7月16日，“创业交投”镇江市2010年“欢乐家园”文化惠民活动开幕式在镇江市大市口广场举行。该活动由中共镇江市委宣传部、镇江市文化广电新闻出版局主办。内容包括社区文化

2010年“欢乐家园”文化惠民活动开幕式演出

艺术节、少儿故事创作演讲大赛、第二届群众文艺汇演、群文书法美术作品展、民间艺术新人大赛、乡镇文化站文艺汇演、江苏省“五星工程奖”表演艺术类现场决赛、文心讲堂公益讲座、文心剧场公益演出、上海世博会精品剧目展演、文物精品系列展览、文物专家鉴定收藏讲座、送健康知识进农家讲座等活动。7—12月共计举办12大项活动，包含41场演出、27堂讲座和9个展览，吸引60万群众参与。

**“欢乐家园”广场文化活动获第十五届群星奖** 5月，全国第十五届“群星奖”评比活动揭晓，镇江市“欢乐家园”（文心大舞台）广场文化活动获得公共文化服务项目类“群星奖”。

“群星奖”是文化部为繁荣群众文艺创作，促进社会文化事业的繁荣与发展而设立的全国社会文化艺术政府奖，从2004年开始每三年举办一届。本届“群星奖”设作品类、项目类和群文之星三个奖项。2010年是文化部首次在群星奖评比中设公共文化服务项目奖，全国共有191个项目角逐，最终有110个项目获奖，“欢乐家园”（文心大舞台）广场文化活动是全省获此殊荣的5个项目之一。“欢乐家园”（文心大舞台）广场文化活动是镇江市首个由市委、市政府倡导主办的公益性文化活动，自2002年4月创办至今，演出200余场，观众近80万人次，已成为市民不可或缺的文化大餐。

**承办省“五星工程奖”表演艺术类决赛** 11月19日至22日，第九届江苏省“五星工程奖”表演艺术类现场决赛在镇江举行。本届省“五星工程奖”表演艺术类现场决赛由省文化厅、市人民政府主办，省文化馆、镇江市文化广电新闻出版局承办，共有来自全省各地的1000多名选手参加比赛。本届“五星工程奖”表演艺术类现场决赛将按三个年龄组别进行金、银奖的角逐，包括广场文艺专场、小戏专场、小品专场、舞蹈曲艺专场、音乐专场五场比赛。镇江市共获得4项金奖、3项银奖，其中，广场舞蹈《快乐皮筋123》、小品《老抠中奖》、女声组唱《绣娘谣》、男声组唱《打麦号子》摘得金奖；小品《如此智慧》、舞蹈《我能行》、少儿故事《花生米案件》获得银奖。

**举办“望月望乡诗碑”建立20周年纪念书道展示会** 由日本书道院、镇江市文化广电新闻出版局、镇江市书法家协会主办，镇江焦山碑刻博物馆、镇江市文化馆、镇江博物馆承办的“望月望乡诗碑”建立20周年纪念书道展示会于10月29日在镇江市博物馆隆重开幕。日本书道院访华团一行56人参加了开幕式。

第九届江苏省“五星工程奖”表演艺术类现场决赛在镇江举行

开幕式结束后，访华团成员来到北固山参观了“望月望乡诗碑”，诗碑是为了纪念唐代日中友好著名使者阿倍仲麻吕而建立的，2010年是“望月望乡诗碑”建碑20周年。10月29日下午，书道院访华团成员来到焦山碑刻博物馆参观，并在焦山瘗鹤铭馆前与镇江市书法家现场挥毫切磋书法艺术。本次书道展示会历时5天，展出了日本书道院书法家作品58件，镇江市书法家协会书法家作品18件，共计76件书法作品。

**人文纪录片《诗话镇江》在央视播出** 2月26日至3月2日，5集高清人文纪录片《诗话镇江》在央视十套《探索·发现》栏目播出。

《诗话镇江》展现镇江的自然景观和人文景观，向观众呈现一个诗化的镇江。该片经过3个多月的拍摄，制作成5集系列片，每集35分钟。第一集《千古兴亡多少事》，以国事兴亡为背景，讲述镇江城市兴衰的历史命运，凸显一座江南小城的英雄气节。第二集《潮落潮生渡口风》，从今朝的古渡遗址回溯昔日帝国经济命脉的依托，寻觅自古以来一个繁华重镇的由来。第三集《画出楼台云水间》，细数镇江自然山水背后的人文往事，进一步彰显镇江“南城北相”的意气豪情。第四集《一片冰心在玉壶》，讲述镇江以诗文汇集历代名家，江河山水、南山竹林中也浸染出中国文人的风骨。第五集《春风又绿江南岸》，以王安石的千古一叹“春风又绿江南岸，明月何时照我还”引发古今变革的思考与对话，寓意江山如画、壮怀激烈的镇江，明月玉壶、丽质冰心的镇江，江左形胜、曾经翘楚的镇江，正在走向新的明天。

该片由中央新闻纪录电影制片厂（即央视新影制作中心）、中共镇江市委宣传部、镇江市文化局联合拍摄。《诗话镇江》将有力增进全国亿万观众对镇江的了解，并提升镇江旅游、经济等多方面相关产业的发展。

**首届民间艺术新人大赛举行** 10月23日，镇江市首届民间艺术新人大赛在大市口广场举行。本届大赛是市委宣传部、市文广新局主办的2010年“欢乐家园”文化惠民活动的一项子活动，由镇江民间文化艺术馆承办。

此次大赛突出“保护民间文化，培育艺术新人”的活动主题，旨在培养发现民间文艺新秀，进一步推进非物质文化遗产的保护和传承工作。比赛分为舞台类和展示类两种形式同时进行，舞台类主要是原生态的田歌、古琴演奏、传统舞蹈等民间文艺表演，展示类主要是原汁原味的泥塑、竹编、剪贴、刻瓷”民间文艺项目现场演示。共有来自全市的100多名参赛选手，参加14个舞台类节目和44个展示类民间文艺项目的角逐，为广大市民奉献精彩的民间文艺表演和绝活展示。

**第二届市群众文艺调演举行** 由中共镇江市委宣传部、镇江市文广新局主办，镇江市文化馆承办的第二届镇江市群众文艺调演于9月28日晚和9月29日晚在镇江影剧院举行。9月28日为音乐舞蹈专场，9月29日为戏剧小品曲艺专场演出。调演的节目来自

第二届镇江市群众文艺调演

各辖市区，共有32个优秀节目参加本次演出，包括音乐、舞蹈、戏剧、小品、曲艺等多种形式，汇集了全市近两年来的群众文艺创作成果，内容丰富多彩。调演结束后，选出了一批优秀节目赴乡村巡演。

（吴银权）

# 泰州市

**泰州文化工作概况** 2010年，泰州市文化广电新闻出版局以科学发展观为统领，按照“高举旗帜、围绕大局、服务人民、改革创新”的总要求，牢牢把握社会主义先进文化的前进方向，积极实施《泰州市2004—2010年文化建设规划纲要》和《关于加快文化事业建设若干经济政策的意见》的要求，圆满完成全年各项工作任务，为实现泰州“三年再来一个大变化”的奋斗目标、加快推进文化泰州建设做出积极的贡献。

**艺术生产** 泰州市淮剧团创作的大型淮剧《诺言》荣获江苏省舞台艺术精品剧目和省“五个一工程奖”。音乐作品《荡湖船》荣获全国社会文化艺术政府最高奖——群星奖，并参加上海世博会“江苏周”专场文艺演出。泰州书画院新聘画师郑剑君的人物画《乡里人》荣获中国美术家协会主办的第六届“中国西部大地情”中国画、油画作品展最高奖优秀奖。孙志勇小楷书法作品入展2010年中国书法家协会主办的“当代书坛名家系统工程——全国五百家书法精品展”，作品被中国文字博物馆收藏，书法作品条屏获第九届江苏省“五星工程奖”书法金奖。曹家为音乐作品《蓝色畅想》荣获中国音乐家协会主办的首届中国海洋歌曲征集大赛金奖。泰州市剧目工作室程越华大型新编历史剧《桃花扇底红尘梦》等全市10部戏剧作品获首届全国戏剧文化奖。江苏省第三届新人新作歌舞大赛中全市5个节目获奖，其中女声合唱《茉莉花·栀子花》获得声乐类新创作品二等奖（一等奖空缺）和声乐演唱优秀奖。江苏省第七届书法新人展全市共有39人作品入展，总量跃居全省地级市第四名，创历史新高。泰州市淮剧团排演小戏《幸福是家》参加第六届江苏省小戏小品大赛，获得本届大赛剧目奖、优秀表演奖、音乐奖、伴奏奖等多种单项奖项。圆满完成2010泰州市新创文艺节目调演，成功推出音乐作品《茉莉花·栀子花》、《我是头篙我来了》等又一批优秀文艺作品。姜堰市政府出台《姜堰市文艺奖评审办法》，泰兴市制定《优秀文艺作品奖励办法》和《重点文艺作品资助办法》，高港区创办文艺类刊物《高港文艺》，推动全市精品力作和优秀人才的不断涌现。

淮剧《诺言》剧照

组织作者利用泰州人文资源创作特色文艺作品，展现泰州人文内涵。通过组织全市文艺骨干培训班、集体采风、座谈会等形式，重点围绕“水兵母亲城”这一红色资源和“戏曲三家村”的特色资源创作大型舞台艺术，形成反映海军诞生地题材的大型戏曲剧本《起航》，以及反映孔尚任传奇人生并在泰州创作《桃花扇》题材的大型戏曲剧本《孔尚任》（又名《桃花扇底红尘梦》）。同时，组织文艺作者以主题突出、艺术精湛的新剧目向建党90周年献礼，努力形成全市艺术生产的良好态势。

**群众文化** 积极构建公共文化服务体系。加快推进泰州市图书馆、美术馆、博物馆、文化馆新馆工程建设。泰州市图书馆、美术馆工程已封顶，博物馆、文化馆工程正在积极推进中。全市4个县级公共图书馆被评为省级文明图书馆。5家公共图书馆建成为文化信息资源共享工程支中心。泰兴市博物馆、名人馆、城市规划展示馆开工建设。姜堰市文体中心建设已经奠基，姜堰市博物馆建设正在规划论证之中。全市新建了一批乡镇宣传文化中心，1533个村文化室、“农家书屋”建设任务全面完成。

开展丰富多彩的群众文化活动。依托市

“百姓大舞台”地方风情专场演出

民文化广场组织各类群众文化活动，全年共举办17次“百姓大舞台”大型广场文艺演出活动，10个市民文化广场基本实现每周放映一部优秀影片、每月一次综合文化服务、每季度一场文艺演出、每半年一次专题展览的“四个一”广场文化活动目标。全市扎实推进“三送”工程，全年共送书20.11万册，送电影2万多场，送戏1216场。市文化馆开展公益性免费文艺培训，培训人数280人次，实施订单预约式公益性演出，获2010全市宣传文化创新成果二等奖。全市公共文化场馆共举办各类群众文化活动达200场以上，接待总量超过150万人次，全市文化惠民活动取得实实在在的成效，社会反响良好。积极配合各部门做好社会文化活动及其他系列活动。精心策划承办2010泰州国际旅游节“花船巡游”活动，吸引数十万人次观看，受到市民和游客好评。完成全市老年艺术节、2010年社会各界人士迎新春茶话会、江苏台湾周、首届泰州国际医药博览会、全省道德模范宣讲活动启动仪式文艺演出等文化活动，以不同形式，从多种角度对新泰州进行讴歌和赞美。

各市（区）加大品牌活动创建力度。靖江市第28届文艺节开展了“唱响企业·畅想未来”企业厂歌大赛等六项活动，为各类文艺爱好者搭建了展示才华的平台。泰兴市成功举办央视激情广场演出、第五届（中国）泰兴银杏节、黄桥决战胜利70周年系列文化活动，极大地满足了群众多样化的文化需求。姜堰市“激情三水”广场文艺演出活动获得全省农村精神文明建设工作先进案例，成功举办了第五届中国溱潼会船节、第六届群众文化艺术节，开展了“春天的狂欢”大型民俗文艺踩街表演、“魅力乡音”方言韵白表演大赛等十项系列文化活动。兴化市推进“多彩

溱潼会船节盛况

周末”广场文艺演出制度化、常态化，以第十届板桥艺术节和纪念李春芳诞辰500周年活动为契机，扩大重大文艺演出和全国性书画大赛、摄影大赛的知名度与影响力。高港区成功举办第六届长三角民乐展演活动，浙江、福建、上海等地的37支民乐团队和国内外专家学者1600人参与展演。海陵区以“欢

乐海陵”为主线，在全区范围内有组织有计划地开展“新春舞龙争霸赛”、“激情五月·舞动海陵”健身花鼓舞展演等各种广场文化活动近百场。

**公共图书馆** 泰州市图书馆坚持全年每天开放，持证读者已过 2.3 万，流通册次达 140 万，接待读者数量已达 70 万人次，全年共上架新书 2.3 万余册，基本满足了读者日益增长的阅读需求。2010 年共征得各类近现代的地方文献 100 种，其中家谱 10 余种。重视网络信息服务工作，积极参与了上图、南图开展的网上专家咨询活动，全年解答网上问题达 100 余条。《凤城讲坛》共举办各类公益性讲座二十余场。与上海图书馆紧密合作，先后四次承办了由上海图书馆提供的“走进世博会”等图片展览。组织红领巾读书征文活动喜

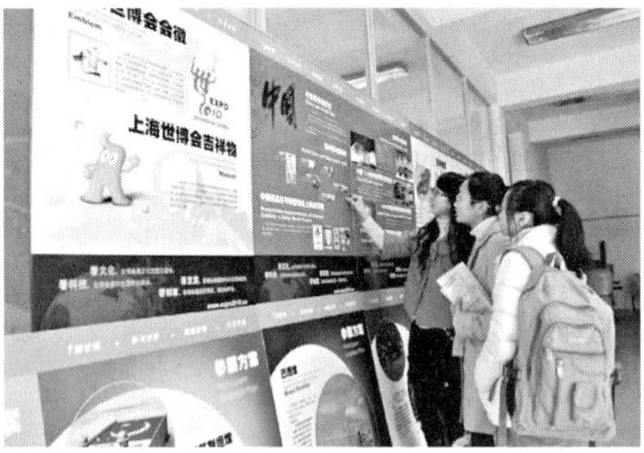


“走进世博会”图片展览

获丰收，分别有 3 篇、8 篇和 19 篇红领巾读书征文获得省文化厅颁发的一、二、三等奖。积极组织图书送到社区、校园、警营、军营，送到特殊人群（福利院、看守所等）中，将图书馆的服务触角尽可能地延伸到全市各个领域。持续开展“小太阳”送书活动，受到学龄前儿童及家长们的喜爱。在“六一”儿童节前夕，首次评选并奖励了 8 名少儿阅读之星，获得了学校老师、学生家长的好评。继续编印《泰图动态》，成为宣传我市图书馆的一个有效手段和联系各馆工作的桥梁纽带。

**文化遗产保护** 积极申报国家历史文化

泰州历史文化名城保护工作汇报会

名城并通过国家专家组考核验收。编制、修订了《泰州历史文化名城保护规划》、《城中历史文化街区保护规划》、《五巷——涵西历史文化街区保护规划》、《涵东历史文化街区保护规划》、《渔行水村历史文化街区保护规划》、《泰州申报国家历史文化名城简本》。制定出台了《泰州历史文化名城保护管理办法》、《泰州市古建筑保护管理办法》和《泰州市地下文物保护管理办法》等规范性文件，从制度上保证文化遗产保护工作的科学、规范、有序。结合《泰州历史文化名城保护规划》修编工作，对全市 30 处省级以上文物保护单位的保护范围和建设控制地带进行了划定。按照国家历史文化名城评估标准，整理文物管理档案，做到一户一档。

扎实推进文物保护基础工作。重新核定公布了 109 处泰州市文物保护单位；首次核定公布了 33 处泰州市控制不可移动文物、66 处泰州市历史建筑。对新公布的文物建筑，按照国家标准要求和现场实际，制作安装了石质、钢质两种保护标志牌。认真开展第三次全国文物普查，全市共普查登记不可移动文物 773 处，复查 258 处，新发现 515 处，其中兴化影山头遗址列入“江苏省文物普查十大新发现”。泰州古城南门水关考古发掘、周氏住宅等文物保护工作受到阮仪三等知名专家高度评价。完成省泰中保护改造工程及周氏住宅、北山寺、岳武穆祠、明代王氏住宅等修缮工程。顺利完成全市文物定级工作，我市新增加国家一级文物

5 件、国家二级文物 52 件、国家三级文物 248 件。完成馆藏文物数据库建设，泰州市文物局被省文物局授予优秀组织奖，市博物馆被评为先进集体。调整合并文物及非物质文化遗产管理职能，成立泰州市文物保护研究中心，组建了市级文化遗产保护志愿者队伍，形成文化遗产保护行政、科研、社会化管理的新格局。兴化市沙沟镇被省政府公布为江苏省第六批历史文化名镇。中央电视台《寻宝》栏目首次走进靖江，邀请了我国文物鉴赏界泰斗蔡国声、金申等 4 人为市民鉴别藏品。共有 700 多人参加，2300 多件藏品参加海选，最终有 70 件藏品入围，其中明代侯峤曾竹雕笔筒被评为靖江民间国宝。

泰州市成立文化遗产保护志愿者队伍

非物质文化遗产工作稳步推进。公布了市第三批非物质文化遗产名录，整理出版《泰州文化记忆——泰州市第二批非物质文化遗产名录专辑》。组织全市 20 个项目申报第三批省级“非遗”名录。“泰州淮剧”、“茅山号子”等 2 个项目入选国家“非遗”名录，陈德林等 3 人被命名为省级“非遗”代表性传承人。选送面塑、叶雕艺人赴澳门展示“绝活”，取得良好反响。

加大文化遗产宣传力度。精心策划组织第五个“中国文化遗产日”系列宣传活动，以“文化遗产，在我身边”为主题，围绕第三次全国文物普查、博物馆免费开放和重大文物保护工程等重点工作开展系列活动，举办了“江苏省第三次全国文物普查（泰州）新发现”图片展、“泰州民俗风情摄影巡回展”、《凤城讲坛》“学政试院旧事”专题讲座，市民参观岳武穆祠、新四军东进泰州谈判处旧址、胡公祠及安定书院、北山寺、周氏住宅、口岸雕花楼等文物保护工程，各市博物馆、纪念馆对观众实施免费开放等活动，使“文化遗产日”宣传活动推向一个又一个高潮，收到了良好的宣传效果。姜堰市举办了“文化遗产　在我身边——姜堰市姓氏文化展”和“姜堰市第三次全国文物普查成果展”两个主题展览；兴化市邀请市政协主席、委员及相关人士视察文物单位和历史街区，举办了“2009 年文物保护成果展”、“民俗风情摄影作品展”、“文化遗产保护”专题知识讲座等活动；泰兴市开展了泰兴市民间文物收藏鉴定活动。注重信息报送和媒体宣传。全年在国家、省及市各类媒体刊发文化遗产保护信息 36 条，其中“文化遗产日”宣传活动专栏被泰州市政府网站采用，“江苏省泰州市举行首批文化遗产保护志愿者聘任仪式”被国家文物局网站采用。

**博物馆、纪念馆**　泰州市博物馆积极配合跟踪新馆土建工程建设，加强硬件建设与馆内实际工作需求之间的沟通联系。针对新馆布展计划中的基本陈列进行大纲文本的准备，以及其后的设计施工的招投标等工作。完成市博物馆文物数据库的建设和新一轮文物定级工作，监督出土明代徐蕃墓古尸巡展工作按合同执行完成。成功征集位于泰州市原东明村的明代石虎一对。基本完成了南水关遗址的阶段性发掘工作，为泰州申报全国历史文化名城及时提供了一个非常重要的实物例证。完成西气东输冀宁线江都南通支线考古调查重点探查、复核调查等，使整个工作得以顺利结项。

中国人民解放军海军诞生地纪念馆对照《旅游景区质量等级的划分与评定》标准要求，全面开始整改，有效提升了纪念馆的旅游形象和服务品质，基本上符合 3A 级旅游景区的要求。先后举办了“纪念海军诞生61周年暨泰州职业技术学院德育国防教育基地揭牌仪式”、“百名少年，百米长卷”绘泰州、“庆六一，祖国海疆在心中”等活动，丰富了节日期间广大群众文化生活。邀请“全国关心下一代先进集体——海军上海基地老干部讲师团”来馆与海军中学的学生互动交流。邀请国防大学教授李大光来泰举办“中国周边形势报告”的讲座。举办“爱我国防，爱我海军，爱我海中——我是一名小海军”军事夏令营和海洋科普知识夏令营、“手牵手，我在祖国怀抱中同成长”等主题教育活动，受到社会各界的一致好评，增强了纪念馆的影响力、吸引力。

**文化市场管理** 健全文化市场管理机制。制定下发《泰州市文化市场（新闻出版）管理考评细则》等考评制度，形成《泰州市文化市场办公信息系统使用情况的通报》制度。除全市各级文化市场执法机构加强监管外，建立由1046人组成的全市文化市场义务监督员队伍，形成市、各市（区）、乡镇（街道）三级文化市场管理社会联动机制。全市文化行政许可办件质效提高显著，全年共受理审批行政许可事项297件，完成率100%。开展纪念第十个知识产权日广场宣传咨询暨签名活动、2010年全国侵权盗版及非法出版物集中销毁活动江苏泰州·姜堰现场会、未成年人“远离网吧、远离犯罪”系列网谈等活动。全市开展

全国侵权盗版制品及各类非法出版物集中销毁活动江苏泰州现场会

网吧、娱乐场所、音像经营业主普法培训达800多人次，形成良好舆论声势。先后开展“创建全国文明城市先进市”、“平安世博”文化市场专项保障行动、“校园周边文化安全”、“文化市场安全生产”、“打击侵犯知识产权和制售假冒伪劣商品”、“印刷企业清查”等各类专项行动40余次。全市共出动执法人员8000多人次，检查经营单位1万多家次，立案调查147起，吊销网络文化经营许可证1家，收缴各类非法出版物13万余件。

切实规范网吧经营行为。调整了泰州市网吧等互联网上网服务营业场所管理工作协调小组，并建立了联络员制度，加强网吧协调管理工作。保持高压态势，严厉查处接纳未成年人和超时经营等违法违规行为，在全市范围内开展2010年泰州市集中整治网吧、电子游戏经营场所专项行动。积极提高净网先锋监控管理工作水平。对网吧监管平台实行专人、专机管理，目前有2人专（兼）职负责这项工作。监管平台保持实时运行，随时进行监控管理。强化不在线网吧跟踪督查工作，制定下发了《泰州市文化市场网络管理监控中心通报》25期，督促各地网吧在规定营业时间内确保净网先锋服务器的登陆和正常在线。加强网吧安全管理工作。全市文化、公安、消防、工商等部门开展网吧场所规范经营情况及安全工作集中检查，并对相关法律法规进行了宣传，杜绝违法违规经营行为发生。

切实加强娱乐场所管理工作。加强对有证娱乐场所的监管工作，完善场所制度建设，确保经营单位都能做到亮证经营，警示标志张贴在场所醒目位置。加大无证照经营的检查力度，确保娱乐场所监管无盲区、无死角。继续组织实施“阳光娱乐工程”，推进卡拉OK内容管理服务系统建设。加大对电子游戏经营场所的管理力度。严厉查处无证照的“黑游戏机室”和经营赌博游戏机以及非国家法定节假日接纳未成年人等违法违

规行为。

切实做好“扫黄打非”工作。建立健全“扫黄打非”工作议事制度和成员单位职责分工协调机制。组织开展全市“两会”和世博会期间以及第一、第二、第三阶段“扫黄打非”集中行动、新闻出版统一执法集中行动和打击侵权盗版音像制品专项行动。组织执法人员提高检查密度，对各类经营场所反复清查，对重点环节、重点区域、重点部位进行全方位监控。特别是对城郊结合部、庙会集市、港口码头、高速服务区、物流中转站、小商品批发市场、超市、书店等重点市场进行执法检查。市及各市（区）“扫黄打非”办及时协调文化、新闻出版、公安、工商等部门认真组织开展专项整治行动，营造良好的社会文化环境。

**文化产业** 组织泰州凤城河创意产业园、溱湖里下河民俗文化产业园、泰兴市凤灵乐器集团、兴化金东门历史街区和泰州日报社网络平台建设等项目，成功申报江苏省文化产业专项引导资金。组织项目参加南京名城会文化产业招商活动、浙江文化产业投资洽谈会和2010泰州梅兰芳艺术节文化产业项目信息发布活动。泰州凤灵乐器集团被评为国家级文化产业示范基地。泰州凤城河创意产业园被江苏省发改委确定为省级现代服务业集聚区，泰兴市百城数码摄影有限公司成为省级文化产业示范基地。结合城市改造、旅游景区建设历史街区保护和文物景点修缮利用，全市形成了一批特色文化街区和文化产品交易市场。文化产业发展具备了一定基础。

**文化体制机制改革** 泰州市及四个所辖市全部整合组建了文化广电新闻出版局，海陵区成立了文化体育新闻出版局，高港区成立了文化体育旅游局。全市初步形成融文化、广电、新闻出版、文物、版权等方面行政管理工作于一体的大文化管理体制。全市广播影视工作衔接顺利有序，全市文化市场综合执法改革工作稳步推进。落实“属地管理”要求，年初下放了对海陵区、高港区的文化市场直接管理权，文化市场属地管理工作实现顺利对接。泰州市淮剧团完成转企改制任务，成立了泰州市淮剧演艺有限公司。泰州市剧目工作室挂牌成立市艺术研究所。

## 精心打造2010中国泰州梅兰芳艺术节

2010中国泰州梅兰芳艺术节于10月22日至11月9日成功举行。本届梅兰芳艺术节由中国戏剧家协会、江苏省文化厅、泰州市人民政府主办，共有15项近30类文化艺术活动，并

梅兰芳艺术节开幕式

开展了文化产业项目招商。艺术节开幕式邀请中国梅兰芳京剧院演出经典剧目《梅花香韵》、《天女散花》、《黛玉葬花》、《霸王别姬》、《贵妃醉酒》、《抗金兵》等。艺术节期间，中国京剧院“红色经典”——现代京剧经典名段演唱会，江苏省京剧院现代京剧《飘逸的红纱巾》、日本京剧院专场《孟母三迁》等相继来泰演出，广大市民和京剧票友过足京剧瘾。同时，英国莎士比亚经典原版话剧《奥赛罗》和韩国爆笑功夫剧《JUMP》等也先后来泰演出，成为本届艺术节的一大特色。艺术节直接贴近群众或由群众直接参与的项目有10项之多。如，京剧艺术进校园优秀成果展示演出，戏曲票友演唱大奖赛，“百姓大舞台”——地方风情文艺节目展演，淮剧、扬剧专场演出，

“梅香京韵·祥泰之州”书画摄影作品展，全市非物质文化遗产展示等等。艺术节期间举办首次文化产业项目信息发布会，为制定相关文化产业政策，促进全市文化产业的跨越式发展作出积极的贡献。文艺活动吸引了包括新华社、中国日报、江苏卫视等40多家境内外媒体跟踪报道，有效提升了泰州的影响力和知名度。

**2010新春民俗展演活动**　2010年泰州市新春民俗展演活动集中展示了泰州地域传统民间文艺和特色民间手工技艺，有舞龙、舞狮、踩高跷、花船、泰兴花鼓、滚莲湘、板桥道情、地方戏演唱、马灯、茅山号子、泰兴木偶、腰鼓以及民间艺人现场制作的面塑、糖塑、剪纸、麦秸工艺、手工编织、传统手工艺表演等，整个民俗展演现场热闹非凡，其中独具特色的泰州“板桥道情”、“滚莲湘”、“白米马灯”等民俗表演在正月初四中央电视台新闻联播“文化过大年，城乡共享欢乐春节”节目中精彩亮相。

**率先成立文化遗产保护志愿者队伍**　为了充分发挥全市社会各方力量参与并宣传文化遗产保护工作，6月份，泰州市在全省率先成立文化遗产保护志愿者队伍。通过媒体发出招募文化遗产保护志愿者的启事，得到了广大市民的热烈响应，经过遴选，来自四市两区的29位热心市民被聘为泰州首批文化遗产保护志愿者，泰州师专2009级心理咨询班为文保志愿者集体。志愿者中，年龄最大的74岁，最小的只有19岁，来自园林、建筑、法律、教育、新闻、供电等众多行业。7月份，国家文物局颁发了《关于进一步发挥文化遗产保护志愿者作用的意见》，泰州市文化遗产保护志愿者队伍成为国家文物局有关文件出台后率先成立的文化遗产保护志愿者队伍，国家文物局网站发布了泰州市文化遗产保护志愿者队伍成立的消息。

泰州市文化遗产保护志愿者聘任仪式

**泰州南门水关遗址考古发掘工作**　2010年，泰州市组织开展泰州南门水关遗址抢救性考古发掘工作。经过近三个月的系统发掘，古朴厚重的泰州南门水关遗址再现于民众眼前，其时代层次分明，最早可确定为宋代。中国社会科学院考古研究所蒋忠义教授在现场考察后认为，泰州南门水关遗址是目前国内已发现的年代较早、保存较为完整的城市水关遗址之一，有很高的文物和历史价值。国家历史文化名城专家组来泰评估验收时，著名历史文化名城保护规划专家阮仪三教授、考古学家韩伟教授等全国知名专家一致认为，泰州南门水关遗址是泰州城市考古的重要发现，是研究泰州城建城和城市发展的重要实物载体，也为泰州的城市考古提供了参考坐标，是泰州历史文化名城中的一个亮点。

泰州市南门水关遗址保护工程设计方案专家评审会

（陆小云）

# 宿迁市

**宿迁文化工作概况** 2010年，全市文化广电新闻出版系统在市委、市政府的坚强领导下，通过全系统干部职工积极有为、扎实努力，全年工作在2009年基础上又取得了新的进步，圆满完成了年度各项目标任务。2010年，荣获目标管理工作先进集体奖，被评为政行风建设工作先进单位、全市农村工作先进单位、全市信访工作先进单位、平安宿迁建设先进集体、法制宿迁建设先进集体，市文化行政综合执法支队荣获政（行）风建设工作先进单位，市政府副秘书长、市文广新局局长仲向阳同志荣记三等功。

**艺术生产** 市美术馆承办了“当代中国工笔画名家邀请展”、“中国国家画院部分画家学术邀请展”等大型艺术、社科类展览共计25次。市画院在提升创作水平的基础上，加大与外界的交流，组织专题展览10次，编辑并出版了《当代中国工笔画名家邀请展作品集》、《宿迁市画院首届院展作品集》。市剧目工作室举办了全市剧目创作培训班，开展“宿迁市优秀精品剧目奖”创作评选活动，全年创作各类剧目89部（个），编印《宿迁剧目》4期，苏北琴书《拆墙记》荣获第九届中国艺术节优秀演出奖。市歌舞团全年共演出129场，营业收入达到了132万元，重点打造“虞美人”女子乐坊初见成效。

书画作品展

**群众文化** 组织开展了全市首届中老年声乐器乐大赛、“红领巾” 读书征文·演讲比赛、“迎国庆”全市戏迷票友大赛、“迎新年”地方戏曲名家名段演唱会、十大藏书家及十大书香家庭评选等大型群众文化活动10余次。积极开展文化广场“周周乐”、文化进社区和“三送”活动，丰富了群众业余文化生活。创办了文化宿迁“流动展厅”，20块制作精美、图文并茂的展牌在市区人民广场、箭鹿广场、黄河公园、文化广场轮流展出，共展出8期，受到了市民的欢迎和媒体的关注。组织参加江苏省第五届企业职工美术书法作品大赛，共有23件作品入选；组织全市优秀文艺作品参加第九届江苏省“五星工程奖”评选活动，获得金奖1项、银奖4项、铜奖10项，实现了历史性突破。泗洪县峰山乡“小戏台”、乡村文艺团队建设独具特色，宿豫区皂河庙会搞得热热闹闹，宿城区图书馆管理规范，服务周到，深受群众好评。

**文化遗产保护** 如期完成了明城墙保护和文化墙建设工程；完成了第三次全国文物普查阶段性任务，新发现文物点130余处，其中沭阳县古栗林被评为江苏省考古十大新发现；对73处市级以上文物保护单位设立了文物保护标志碑；制定了大运河文化遗产保护规划方案并通过省级论证；对市区苏豪银座、嘉汇枫景园等28处建设工地考古点实施考

文化墙工程

古发掘。有效推进非物质文化遗产保护工作，对37个市级非物质文化遗产名录项目的134名代表性传承人进行了命名，市政府公布了第二批市级“非遗”项目35个，有5个“非遗”项目入选世博会参展，两位“非遗”项目代表性传承人应邀到澳门开展文化交流活动。

**文化设施建设** 在市区新建了宿迁文化名人馆和吴印咸艺术陈列馆，免费向社会开放；实施了市图书馆、美术馆和文化馆多功能厅的改造工程；完成了文化资源共享工程支中心建设任务，电子阅览室于3月15日已正式向广大读者开放。市级公共文化场馆全年接待读者和观众逾30万人次。泗阳县“南园”文化景区和博物馆新馆建设项目被纳入该县重点建设工程，文化活动中心已竣工并投入使用，县图书馆改造工程启动实施，张相文故居即将建成开放；沭阳县图书综合大楼土建工程已封顶，中国花卉博物馆、中国书法之乡博物馆项目破土动工；宿豫区文化公园项目已完成前期手续报批、土地划拨、施工图设计等工作，即将动工兴建。开展了示范性乡镇文化站、农家书屋评选活动，表彰了一批优秀典型；举办文化站长培训班两期。

**文化产业** 突出加强文化产业工作职能，安排专人负责文化产业相关业务工作，注重政策研究，情况掌握，规划制定，并及时传达国家、省有关文化产业发展新的政策精神。建立了全市文化企业资料库，指导我市文化企业申请省级文化产业引导资金，有4个企业获得补助资金共500万元。市广电集团、报业传媒集团挂牌成立，采取国有控股企业管理模式，增强了发展动力。三匹马国际电影城于2010年7月成功落户沭阳，总投资超过了6000万元。2010年，全市文化产业增加值达16.9亿元，约占GDP的1.6%。

**文化市场管理** 加强了对市区文化市场和出版物市场的检查，共检查出版物发行单位524家、网吧500余家，收缴盗版光碟3223张，非法图书报刊5.2万册（份），取缔无证经营摊点29家，查处网吧违规经营案件54起。

泗洪县文广新局荣获国家“扫黄打非”工作先进单位，宿城区文广新局荣获江苏省“扫黄打非”先进模范区称号。

**文化机关建设** 以开展“创先争优”为契机，进一步将创建“工作一流，形象良好，风清气正，严谨有序，团结和谐”的新型文化机关活动推向深入。重点实施了干部素质提升工程，编印了《箴言短文》、《充满活力的新型文化机关》手册，着重加强了对干部文明礼仪教育和应知应会知识培训。开展经典诵读、才艺展示等各类活动10多次，增强了干部的向心力和凝聚力。坚持并完善卫生检查评议制度、例会学习制度、干部建言制度、机关运行成本全面公示制度等，提倡“立即就办”，建立了工作交办督查制度，切实保障机关高效运转。加强信息宣传工作，注重先进文化的传播，全系统共编写政务信息2764条，采写新闻稿件并被各媒体刊发332篇，在《宿迁日报》、《宿迁晚报》刊出文化专版7期，编印了《绿都》、《翰墨丹青》、《宿迁书画》等杂志，树立了文化机关的良好形象。聘请行风监督员对全市文广新系统的政行风建设情况进行督查，有效促进了政行风建设工作又登上了新的台阶。

**宿迁文化名人馆建成开馆** 2月1日，宿迁文化名人馆隆重举行开馆仪式，正式向社会开放。宿迁文化名人馆位于市区幸福中路，

展厅面积300平方米，共六个展厅，分“国之栋才”、“文坛星光”、“翰墨菁华”、“艺海明珠”、“科技精英”、“社会贤达”、“客籍翘楚”七个部分，收录远自春秋、近至当代的宿迁文化名人计116名。展馆在布展过程中，力求名人生平事迹介绍详实准确，资料实物展示丰富充实，格局安排简洁大方，充分利用有限的空间，给参观者传递尽可能多的人文历史信息。全国政协副主席、中国文联主席孙家正同志应邀为名人馆题写了馆名。宿迁文化名人馆于开馆当日开始免费向广大市民开放，全年共接待观众逾5万人次。

**吴印咸艺术陈列馆建成开馆** 9月21日，在吴印咸先生诞辰110周年之际，吴印咸艺术陈列馆在宿迁市文化艺术中心一楼举行隆重的开馆仪式。吴印咸是江苏沭阳人，2010年是吴印咸诞辰110周年，为纪念这位伟大的摄影艺术家，宿迁市人民政府决定建设吴

吴印咸艺术陈列馆开馆

印咸艺术陈列馆，该馆展厅面积2000平方米，共展出了吴印咸先生摄影作品141幅，实物27件，并附以多媒体音响资料，让观众全方位了解这位艺术大师的艺术人生和思想历程。吴印咸艺术陈列馆于开馆当天免费向社会开放。

**宿迁市艺术学校挂牌成立** 4月15日，宿迁市艺术学校揭牌仪式在宿迁高等师范学校隆重举行，市长缪瑞林同志为市艺术学校揭牌。宿迁市艺术学校是经市政府同意，由市文广新局依托宿迁高等师范学校创办的专业艺术学校，开设了音乐、舞蹈、美术等3个专业，首批招生196名。江苏省书协副主席孙晓云女士为艺术学校题写了校名。

艺术学校揭牌

**苏北琴书《拆墙记》** 由文化部主办的第九届中国艺术节5月份在广东省举行。刘汉飞创作，曲艺演员张金贵、陈绵荣共同演出的苏北琴书《拆墙记》在本届艺术节上荣获了第九届中

国艺术节优秀演出奖。《拆墙记》紧扣"创业文化"主题，通过曲艺形式讲述了宿迁青年王金良、张玉凤反复试验、研制水晶山楂糕的感人故事，热情讴歌了广大青年投身创业、科学致富的时代风尚。《拆墙记》代表了当前宿迁市曲艺创作和曲艺生产的新水平。

**江苏沭阳三匹马国际影城**　8月8日上午，江苏沭阳三匹马国际影城正式开业。沭阳三匹马国际影城总建筑面积3000余平方米，设有7个全数字化专业放映厅，近1000个座位，由国际著名设计师倾心设计，完全按照国家五星级标准建设，是目前国内县级城市中首家五星级国际影城。

**首届市级机关文化艺术节成功举办**　10月15日—25日，由中共宿迁市委组织部、市级机关工委、市文广新局联合主办，市工人医院协办的主题为"我与宿迁共奋进"首届市级机关文化艺术节在市文化艺术中心隆重举行。本届机关文化艺术节内容包括"律动宿

迁"音乐大赛，"舞动宿迁"舞蹈大赛，"咏动宿迁"朗诵大赛，"印象宿迁"美术、书法、摄影大赛和"品牌宿迁"机关文化论坛等五个大项七个小项，来自全市市直机关各部门、各单位的358名选手分别参加了比赛。首届市级机关文化艺术节取得了圆满成功。

（王海洋）

# 人　物

# 纪念文化名人

## 钱锺书 （诞辰100周年）

钱锺书(1910—1998)，中国现代著名作家、文学研究家。字默存，号槐聚，曾用笔名中书君。1910年11月21日生，江苏无锡人。

钱锺书是古文学家钱基博的长子，自幼受到传统经史方面的教育。1933年毕业于清华大学外语系，后留学英、法，广泛接受世界文化学术成果，1938年归国，曾在多所大学任教。1953年被聘为中国科学院文学研究所一级研究员。后相继担任了中国社会科学院副院长、院特邀顾问。

钱先生博学多能，兼通数国外语，学贯中西，在文学创作和学术研究两方面均做出了卓越成绩。解放前出版的著作有散文集《写在人生边上》，用英文撰写的《十六、十七、十八世纪英国文学里的中国》、短篇小说集《人·兽·鬼》、长篇小说《围城》、文论及诗文评论《谈艺录》。其中《围城》有独特成就，被译成多国文字在国外出版。《谈艺录》融中西学于一体，见解精辟独到。解放后，钱先生出版有《宋诗选注》、《管锥编》五卷、《七缀集》、《槐聚诗存》等。钱先生还参与《毛泽东选集》的外文翻译工作。主持过《中国文学史》唐宋部分的编写工作。他的《宋诗选注》在诗选与注释上都卓有高明识见，还对中外诗学中带规律性的一些问题作了精当的阐述。学术巨著《管锥编》，体大思精，旁征博引，是数十年学术积累的力作，曾获第一届国家图书奖。

钱锺书先生致力于人文社会科学研究，淡泊名利，甘愿寂寞，辛勤研究，饮誉海内外，为国家和民族做出了卓越贡献。

2010年，无锡市举办“百年钟书——纪念钱锺书诞辰100周年”系列活动。中国社会科学院文学研究所和无锡市有关方面领导专家，以及钱锺书先生母校无锡辅仁中学和东林小学学生汇聚钱锺书故居举行瞻仰仪式，同时进行了《钱锺书诞辰100周年纪念邮册》首发式。中国社会科学院文学研究所的领导、专家及江苏省和无锡市文学、文史研究学者，还举行了“纪念钱锺书先生诞辰100周年座谈会”。

钱锺书故居

## 谢稚柳（诞辰100周年）

谢稚柳（1910—1997），现代中国画家、书画鉴定家。字壮暮，1910年5月4日生于江苏省武进县。自幼爱好书画，早年学习陈洪绶，中年后上窥宋元、直溯盛唐五代，工花鸟、山水，兼及人物、走兽，设色雅艳，用笔隽秀，尝研究徐熙落墨法，以墨为格，融以杂彩，写荷花、牡丹、芙蓉、奇松等，继而推演为落墨山水，重峦叠峰，满幅烟云。其山水师法郭熙，兼取董源，尤雅好燕文贵、王诜诸家，继则师法自然，写取名山大川，晚年更用阔笔，掩映杂彩。《竹禽图》、《荷塘过雨》、《十幅图卷》、《红莲图》、《溪山深秀》等为其力作。其书法亦为别调，工于行草。

谢稚柳同时还是书画理论家和鉴赏家，曾任中央大学艺术系教授。新中国成立后在上海文物管理委员会长期从事书画鉴定工作，历览古代无数名迹。1962年国家文物局成立书画鉴定组，谢稚柳为小组成员之一。1983年任全国古代书画鉴定组组长，在全国范围就传世古代书画作系统全面的鉴定、考查，并编目、印制图录和画册等。1985年应美国纽约大都会美术馆邀请，参加诗书画学术讲座会。

谢稚柳的中国书画理论研究和鉴定之著述较为丰富，著有《敦煌石窟艺术叙录》、《鉴余杂稿》、《水墨画》、《朱耷》、《董源与巨然》、《梁楷全集》、《燕文贵范宽全集》，并出版有《谢稚柳画集》等。曾任中国美术家协会理事、上海分会副主席，中国书法家协会常务理事、上海分会副主席，上海市文物管理委员会顾问，上海博物馆顾问，西泠印社顾问等职。

4月16日至5月15日，常州博物馆举办了“百年稚柳——纪念谢稚柳诞辰100周年书画精品特展”。展览萃选了谢稚柳先生各个时期的绘画、书法作品共100余幅，对

谢稚柳一生的艺术创作进行系统的回顾，并编辑出版了精美的专题图录。展览期间还举办了研讨会，邀请上海、北京和江苏等地的专家、学者对谢稚柳先生的艺术与学术进行深入的探讨。

（詹秋红）

# 江苏省文化系统享受政府特殊津贴人员简介

（2010年国务院批准享受政府特殊津贴人员）

## 吴元新

1960年生，江苏启东人。中国工艺美术大师，中国民间文艺家协会副主席，南通大学蓝印花布艺术研究所所长，南通大学艺术学院硕士生导师，南通蓝印花布博物馆馆长，研究员级高级工艺美术师，中国艺术研究院客座研究员，中国民间美术遗产保护与研究中心学术委员会委员，享受国务院政府特殊津贴。荣获中国民间文艺"山花奖个人成就奖"，出版《中国蓝印花布纹样大全》藏品卷·纹样卷、《中国民俗文化丛书·蓝印花布》、《刮浆印染之魂·中国蓝印花布》等专著。兼任江苏省民间文艺家协会副主席、南通市民间文艺家协会主席。

三十年来竭尽全力保护和传承蓝印花布艺术，收集明清以来印染花布藏品一万余件，创新设计近千件蓝印花布纹样及饰品，创新的蓝印花布作品连续三届荣获中国民间工艺"山花奖"，设计蓝印花布系列作品"凤戏牡丹"台布、"年年有余"挂饰、"喜相逢"桌旗系列被国家博物馆、中国工艺美术馆收藏，2006年被联合国教科文组织授予"民间工艺美术大师"称号。2007年被文化部命名为"国家级非物质文化遗产蓝印花布代表性传承人"，被中国文联、中国民间文艺家协会命名为"中国民间文化杰出传承人"。2007年被授予"全国旅游系统劳动模范"称号。2009年被评为南通市"德艺双馨"先进文艺工作者，并被南通市委、市政府授予"南通市杰出专业技术人才"，被清华大学美术学院染服系、中央美术学院设计学院等艺术院校聘为兼职教授，被苏州大学聘为硕士生导师。

## 周东亮

男，1969年1月5日出生于江阴。1985年考入江苏省戏曲学校，锡剧专科。1989年毕业后分配在江苏省锡剧团，国家一级演员，当代锡剧表演艺术家。现任江苏省演艺集团锡剧团常务副团长(主持工作)，中国戏剧家协会理事，江苏省海外联谊会理事，江苏省政协委员，江苏省剧协副主席。江苏省非物质文化遗产锡剧传承人。第十九届中国戏剧梅花奖、第十届文华表演奖、第十八届上海白玉兰戏剧表演艺术奖主角奖获得者。

周东亮主工小生，继承并发展了锡剧男腔及表演艺术，嗓音高亢激越，音色纯正甜美，行腔自如流畅，韵味隽永自成风格。先后在《珍珠塔》、《玉蜻蜓》、《白蛇前传》、《沙家浜》、《中秋恨》、《七月雨》、《风流状元》、《双玉蝉》、《双珠凤》、《红色恋人》、《玉飞凤》、《浪子情缘》等剧目中担任领衔主演，被誉为“锡剧王子”，是当代锡剧界领军人之一。

2006年度被省人民政府授予“江苏省有突出贡献的中青年专家”荣誉称号，2007被江苏省人民政府授予第五届“江苏青年五四奖章”，同年当选上海“东方戏剧之星”，“江苏省333高层次人才培养工程”第二层次中青年科学技术带头人，第七次、第八次全国文代会代表。先后荣获江苏省第二届、第三届、第五届戏剧节优秀表演奖；首届全国地方戏曲精品折子戏优秀演员奖；第七届中国戏剧节中国曹禺戏剧节优秀演员奖等省和国家级奖项。以学者身份先后随团出访英国、德国、法国、意大利、西班牙、韩国和香港、台湾等国家和地区演出。

《珍珠塔》剧照

（本栏目资料由南通市文广新局、省演艺集团提供）

# 全省文化系统2010年度有突出贡献的中青年专家简介

## 王志高

男，1968年6月生，安徽东至县人。1990年北京大学考古系毕业，后一直在南京市博物馆考古部从事田野考古和学术研究工作，现为南京市博物馆研究员，获1998—1999年度南京市精神文明建设先进个人奖。二十年来，参加或领队主持了南京大量重要考古发掘项目，其中高淳薛城遗址、仙鹤观东晋高崧家族墓地、江宁上坊孙吴墓分别获1997年中国重大考古发现提名荣誉奖、1998年中国十大考古新发现、2006年中国十大考古新发现入围，大行宫六朝建康城遗址、江宁建中南宋墓、窑岗村明代琉璃窑遗址、明代都知监太监洪保墓分别被评为2003年度、2004年度、2008年度、2010年度中国重要考古发现。尤其是自2001年5月起，主持对六朝建康城遗址所涉及的40多个建设工地的抢救性考古发掘，已经初步解决六朝建康宫城（台城）四界及都城布局等重大学术难题。社会兼职有中国考古学会会员、江苏省考古学会常务理事、江苏省六朝史研究会常务理事、南京市社会科学院特约研究员、南京市地方志专家委员会专家。自2004年以来，先后多次受邀赴日本、韩国参加有关国际学术研讨会和专题学术考察。学术研究方向为六朝文物考古、3至6世纪东亚物质文化交流及南京古代历史等，先后在国内外发表、出版专业报告、论文、专著等80余篇（部）300余万字，其中多篇（部）论文、专著获国家新闻出版总署“三个一百”原创出版工程人文社科类100种原创图书奖及江苏省哲学社会科学优秀成果二等奖、三等奖，南京市哲学社会科学优秀成果一等奖、三等奖。

王志高（左）在六朝建康城遗址考古发掘现场

## 王　洋

1958 年生，安徽亳州人，毕业于解放军艺术学院美术系，现为无锡市书画院院长，国家一级美术师，中国美术家协会会员。2005 年度被评为无锡市有突出贡献的中青年专家。

王洋注重画院发展，加强内部管理，有序推进改革，成立书画院理事会，实行全院职工会议和民主管理制度，规范各类议事决策制度，充分调动书画家的创作积极性。他加强人才队伍建设，公开招聘 3 名硕士研究生，专门策划举办"新人新作"展览，为他们施展才华提供资金、场地保证。这些新人如鱼得水，每年都有作品入选全国美展。

他把书画艺术创作研究的着眼点放在了无锡美术界，聘请 50 余位无锡美术行业精英作为书画院的特聘画师，通过一系列的活动，提升了无锡广大书画爱好者的创作水平。近年来，书画院每年举办 10 个公益性书画展览，多次举办国内外跨地区书画展览及艺术交流研讨活动，不断扩大社会影响。近五年来，无锡美术界在王洋的努力下，有 45 件作品入选全国美术作品展览并获奖，有 16 件

古运晨曦（王洋画作）

作品在省级画展中获奖；举办集体或画家个展 50 个，其中赴日本、马来西亚、台湾、摩洛哥、突尼斯等对外交流展 5 个、跨省交流展 5 个；每年都邀请日本、美国、台湾等国家和地区的艺术交流团来书画院举办美术交流活动；出版《无锡名家画册》、《无锡改革开放 30 年美术作品集》、《纪念建国 60 周年、书画院建院 30 周年美术作品集》精品画册三本，扩大了无锡画家的知名度。

王洋注重自身艺术修养，坚持创作，近年来有数十件作品参加省以上展览，并赴国外举办个人画展，出版有《王洋油画作品集》。中央电视台、《美术》等国家级媒体和专业报刊曾对其及作品作过报道和评介。

## 黄静慧

1964 年 11 月出生，1985 年毕业于无锡戏剧学校，国家一级演员，现为无锡市锡剧院副院长，无锡市政协委员。2005 年师从著名锡剧表演艺术家梅兰珍。

1991 年师从著名声乐教育家王品素教授，系统学习声乐知识，先后获得"天第杯"全国青年歌手声乐大赛特约歌手奖、江苏省"宝蝶杯"声乐大赛优秀歌手奖、97 年我所喜欢的无锡歌手称号等。演唱的锡歌《祝福您好》获全国"立邦杯"第三届戏歌大赛铜奖。她运用科学发声方法改良锡剧的演唱方法，取得了突出的成绩，演唱的《红花曲》选段获江苏省双大杯电视大赛优秀表演奖、第四届锡剧节优秀伴唱奖、第四届江苏省戏剧节优秀伴唱奖等。

二十多年的舞台实践和积累，黄静慧把

黄静慧《阿仙》人物照

声乐和戏剧唱腔艺术完美结合，既继承了锡剧梅派唱腔的演唱风格，又形成了自己独特的声腔艺术个性。2004年和2005年成功举办个人演唱会“太湖一枝梅·黄静慧锡剧演唱会”和“东方戏剧之星——黄静慧锡剧舞台艺术风采”专场演出，受到了领导、专家、观众的一致好评。2007年12月，在第十届中国戏剧节上她因成功扮演锡剧《江南雨》中“阿仙”一角，荣获中国戏剧节优秀演员奖；2009年5月，又因同一角色荣获中国戏剧最高奖——戏剧梅花奖。

她先后获得2005年无锡市十佳女职工、2005年无锡市十大杰出妇女提名奖、2006年无锡市“五个一批”人才工程培养对象、2006—2007年度无锡市“三八”红旗手、2008年无锡市有突出贡献中青年专家等称号；2008年获江苏省文化厅嘉奖；2009年被列为江苏省“333高层次人才培养工程”第二批中青年科学技术带头人。

## 李政成

男，1969年生于江苏扬州，国家一级演员，现为扬州市政协委员，农工民主党扬州市委员、江苏省戏剧家协会会员，扬州市文联副主席，扬州市扬剧团团长。

李政成出生扬剧之家，从小受艺术熏陶，后受扬剧表演艺术家姚恭林，昆剧表演艺术家柯军、黄小午，京剧艺术家岳小亭、周洪武，河北梆子艺术家裴艳玲等众多名家指导，其基本功扎实，唱腔圆润，身段优美，表演细腻，形神兼备，博学多才，成就了“文武昆乱不挡”的艺术风格。他曾在《打金砖》、《史可法》、《单下山》、《挑滑车》、《林冲夜奔》、《女县令》、《斗杀西门庆》等30多台剧目中担任主演和重要角色，受到观众喜爱。其中，《史可法》和扬剧第一部戏曲艺术片《女县令》在中央电视台11套节目中播出，在上海展演的折子戏专场，《板桥道情》被上海电视台播出，被评为“上海东方戏剧之星”。

扬剧《夜奔》剧照

1988年获上海白玉兰广播电视大赛白玉兰金奖；1990年获江苏省第二届优秀青年演员大奖赛二等奖、第三届扬剧节获优秀表演奖、第三届江苏省戏剧节获表演奖、第四届江苏省戏剧节获优秀表演奖；2003年获第21届中国戏剧“梅花奖”；2004年度扬州市十大新闻人物，江苏省德艺双馨文艺工作者；2010年，被评为全国劳动模范和先进工作者，同年，获中国政府最高奖——“文华表演奖”。

李政成曾随中国戏剧家协会主办的“梅花奖艺术团”赴大西北慰问演出，曾为江泽民、朱镕基、李岚清、吴官正以及法国总统希拉克等国内外政要演出。

## 许建业

南京图书馆副馆长，研究馆员，南京农业大学硕士研究生导师，东南大学兼职教授。1964年9月生，江苏南京人，汉族，中共党员。

1986年毕业于华东师范大学图书馆学情报学系，获学士学位；1989年研究生（社会科学情报研究方向）毕业于同校，获硕士学位。

1989年8月起在南京图书馆工作至今，历任馆业务秘书、办公室副主任、馆长助理、副馆长，现任中国图书馆学会第八届学术研究委员会图书馆员研究专业委员会副主任，江苏省图书馆学会文献资源共建共享工作委员会主任，全国文化信息资源共享工程江苏省分中心主任，江苏省科技情报学会第六届理事会副理事长，江苏省文化科技协会第三届理事会副秘书长。江苏省333人才工程、江苏省“六大人才高峰”（文化艺术类）培养对象。

1998年9月至1999年3月作为高级访问学者赴英国威尔士大学图书情报学系留学研修，迄今在国内外专业刊物上发表学术论文50余篇，主编、参编学术著述6部，完成省部级科研项目2项，完成和参与国家哲学社科项目各1项，现主持省级课题2项。

作为业务副馆长，系统规划和全面思考南京图书馆新馆开放后的工作定位和业务重点，参与主持百年馆庆系列学术活动、迎接文化部第四次图书馆评估定级活动和文化共享工程年度督导等重点工作。作为文化共享工程江苏省分中心主任，积极配合省文化厅推进全省共享工程在信息资源建设、各级支中心和基层点实施建设、技术服务人员业务培训、服务广大基层群众等方面取得良好成绩，完成了“十一五”建设目标。组织恢复了全省图书情报工作协调委员会，组建全省公共图书馆参考咨询网、组织“长三角城市图书馆联盟”活动等工作。牵头组织实施的《中国近代文献图像数据库》、《江苏文化数据库》、《江苏非物质文化遗产专题视频库》、力博图书馆自动化软件应用推广等，获得了业界的充分肯定。

## 李鸿良

1966年生于江苏昆山,1978年考入江苏省戏曲学校昆剧科,工付丑,1985年进入江苏省昆剧院工作,师从周传沧、范继信、姚继荪、刘异龙、王世瑶、张寄蝶先生。国家一级演员,江苏省演艺集团昆剧院副院长。

他基本功扎实,口齿清晰,出言吐语,幽默风趣。在表演上,善于思考,富有独创性,其"一口开双花"的绝技现今还没人超越,创造的"矮子提"被现今的丑角演员全部采用。他动作敏捷轻巧,功底深厚,描摹各类人物,不温不火,惟妙惟肖,能戏颇多。主演过《孽海记·下山》中的本无、《跃鲤记·芦林》中的姜诗、《艳云亭·痴诉·点香》中的诸葛暗、《渔家乐·相梁·刺梁》中的万家春、《义侠记·游街》中的武大郎、《十五贯》中的娄阿鼠、《红梨记·醉皂》的陆凤萱、《鲛绡记·写状》中的贾主文、《风筝误》中的詹爱娟等五十几出经典折子戏。各类年龄、身份、地位、性格、体态迥异的舞台人物,均能表演得惟妙惟肖,人如其艺,形如其人,各类角色入木三分,是一位戏路极宽,非常全面的演员。

常年在舞台一线演出,曾10多次成功地举办了个人专场演出,获得广泛的好评。在精华版《牡丹亭》中他饰演的石道姑虽然戏份不重,却得到高度评价。近年来他主演的根据宋元南戏改编的《小孙屠》更是好评如潮,2006年在昆剧节上获得了很好的成绩。该剧通过CCTV《空中剧院》向全国直播,受到了广泛的好评。此外他主演过剧目还有《绿牡丹》、《我的浣纱记》、《汤显祖与临川四梦》、《浮生六梦》等,均获得了极大的反响。并在《白罗衫》、《桃花扇》、《牡丹亭》、《看钱奴》中担任重要角色。在中国昆曲优秀中青年演员评比展演中荣获联合国教科文组织和国家文化部颁发的"促进昆曲艺术奖",曾获第五届江苏省戏剧节优秀表演奖,1986年以来多次在省内荣获各类奖项。

李鸿良饰《下山》

李鸿良曾出访英国、日本、德国、法国、比利时,意大利以及港、澳、台等国家和地区。在清华大学、北京大学、南京大学,东南大学、南京师范大学、香港城市大学成功举办个人昆曲讲座。他是江苏省"333高层次人才培养工程"首批中青年科学技术带头人才、江苏省"五个一批"人才培养对象、江苏省艺术专业高级职称评审委员会委员、中国戏剧家协会会员、江苏省戏剧家协会理事、江苏省昆剧研究会副秘书长。

(本栏目资料由各市文广新局、省演艺集团、厅直属单位提供)

# 文化厅新任领导简介

## 吴晓林

省文化厅党组成员、副厅长：

吴晓林，男，1962年2月生，江苏泰兴人，大学学历，1984年8月参加工作，1985年6月加入中国共产党。

1984年8月徐州市沛县鹿湾乡政府干部，1985年6月徐州市沛县县委组织部干部，1987年8月至1997年3月江苏省委宣传部干部管理处干事、副科、正科级干部，1997年4月江苏省委宣传部机关党委助理调研员，1999年6月江苏省委宣传部机关党委副书记，2001年4月江苏省委宣传部干部管理处副处长，2002年11月江苏省文化厅人事处处长(其间:2003年09月—2004年10月兼任省文化厅机关党委副书记)，2008年11月江苏省文物局副局长、江苏省文物管理委员会办公室副主任。2010年7月，江苏省文化厅副巡视员。2010年10月，江苏省文化厅副厅长、党组成员，分管省文化厅财务处、非物质文化遗产处。

## 方标军

省文化厅党组成员、南京图书馆党委书记：

方标军，男，汉族，1960年6月生，江苏东台人，1984年12月加入中国共产党，1981年7月参加工作，省委党校研究生学历，研究馆员。

先后毕业于江苏师院盐城分院中文系、南京大学作家班和省委党校政治经济学专业。

1981年7月任东台市新安中学教师、团总支副书记、书记，1984年1月任东台团县委副书记，1986年2月任东台团县委书记、东台团市委书记，1989年9月任东台市文化局副局长，1992年8月任影剧文摘报副主编，1996年6月任影剧文摘报主编，1998年3月任省文化厅办公室副主任，2001年1月任省文化厅社文处处长，2004年2月任省戏剧学校党委书记、校长，2005年12月任省文化厅社文处(非遗处)处长，2008年11月任南京图书馆党委副书记、副馆长，2010年7月任省文化厅党组成员、南京图书馆党委书记。兼任省图书情报协调委员会主任委员。负责南京图书馆全面工作。

**韩　虹** 省文化厅党组成员：

韩虹，女，1959年1月生，江西宜春人，大学学历，1975年7月参加工作，1978年1月加入中国共产党。

1986年在江苏省人民艺术剧院工作。1989年起历任江苏省文化厅机关党委副科长、办公室主任科员、人事处副调研员，2001年1月任江苏省文化厅计划财务处长，2008年11月任江苏省文化厅人事处处长，2010年7月任江苏省文化厅党组成员，兼任省文化厅人事处长。

# 规范性文件

# 省政府关于加快文化产业振兴若干政策的通知

各市、县人民政府，省各委、办、厅、局，省各直属单位：

为贯彻落实《国务院关于印发文化产业振兴规划的通知》(国发〔2009〕30号)、《中共江苏省委江苏省人民政府关于深化文化体制改革加快文化产业发展的决定》(苏发〔2009〕8号)等文件精神，加快文化产业振兴，推动文化强省建设，充分发挥文化产业对加快经济发展方式转变、促进经济社会又好又快发展的重要作用，制定以下政策：

## 一、加大财税扶持力度

(一)“十二五”期间，各级政府要把文化产业纳入财政资金扶持的重点领域，进一步加大对文化产业的投入，通过贷款贴息、项目补贴、奖励、补充资本金、设立基金、担保等方式，支持文化产业重点项目，支持省内文化企业跨境跨地区兼并重组和合作，支持国有控股文化企业股份制改造，支持文化产业园区和基地建设，支持文化领域新产品、新技术的研发，支持大宗文化产品和服务的出口等。

(二)继续安排省级现代服务业(文化产业)发展专项引导资金，并随经济发展和财力增加，逐步扩大资金规模。重点扶持创意设计、新兴媒体、动漫游戏、出版发行、印刷复制、广播影视、演艺娱乐、文化旅游、工艺美术、广告会展等行业中市场前景好、带动能力强、影响力大的文化产业项目。有条件的市、县(市、区)也应设立文化产业发展专项资金。同时，相关领域的专项资金应把文化产业作为重要内容给予支持。

(三)将文化产品和服务纳入政府采购范围，鼓励并促进我省预算管理的机关、事业单位和社会团体优先选用我省自主创新并拥有自主知识产权的文化产品与服务。

(四)按照《国务院办公厅关于印发文化体制改革中经营性文化事业单位转制为企业和支持文化企业发展两个规定的通知》(国办发〔2008〕114号)、《财政部、国家税务总局关于支持文化企业发展若干税收政策问题的通知》(财税〔2009〕31号)、《财政部、国家税务总局关于文化体制改革中经营性文化事业单位转制为企业的若干税收优惠政策的通知》(财税〔2009〕34号)等文件要求，确保文化企业增值税、所得税、营业税、出口文化产品退税等各项税收优惠政策落实到位。

(五)在文化产业支撑技术等领域内，对符合国家规定条件的高新技术企业，经认定后减按15%的税率征收企业所得税。

(六)各级价格主管部门要充分利用价格杠杆的调节作用，促进文化企业发展。广播电视站无线发射台(站)、转播台(站)、差转台(站)、监测台(站)、有线广电网络统一执行国家规定的一般工商业及其他电价标准，不执行峰谷分时电价政策。有线电视业务的基本收视维护费实行政府定价，其他重要延伸服务价格实行政府指导价分级管理，由企业按照政府规定的基准价及其浮动幅度，根据市场供求状况制定。除中小学教材价格实行政府定价、部分文化经营服务项目实行政府定价或政府指导价外，已形成充分市场竞争的报刊、书籍、演出、音像制品及其他文化经营服务项目的价格，由文化企业根据其经营成本和市场供求情况依法自主确定。

## 二、构建多元化投融资服务体系

（七）贯彻执行《国务院关于非公有资本进入文化产业的若干决定》（国发〔2005〕10号）、《国务院关于鼓励和引导民间投资健康发展的若干意见》（国发〔2010〕13号）等文件，根据文化产业不同类别，通过独资、合资、合作等多种途径，积极吸收社会资本和外资进入政策允许的文化产业领域，参与国有文化企业的股份制改造，培育一批大型民营文化企业。在工商登记、土地征用、规费减免、财政扶持、信贷等方面，给予民营文化企业与国有文化企业同等待遇。

（八）省级设立初始规模20亿元的江苏紫金文化产业发展基金，实行政府引导、市场化运作，委托江苏高科技投资集团有限公司进行管理经营。各地也要积极探索建立以财政资金为引导、吸纳文化企业和社会资本参与的投融资平台。

（九）制定并定期更新《江苏省文化产业投融资项目指导目录》，对其中"鼓励类"的文化产业项目，在立项、报建、项目用地、配套建设和服务等方面给予支持；同时，积极向社会推介，引导金融机构优先给予信贷支持，引导各类投资基金进入。

（十）贯彻执行中央宣传部、中国人民银行、财政部、文化部、广电总局、新闻出版总署、银监会、证监会、保监会《关于金融支持文化产业振兴和发展繁荣的指导意见》（银发〔2010〕94号），鼓励金融机构创新和开发多元化、多层次的信贷产品，加大对文化企业的金融支持力度。建立江苏文化企业无形资产评估体系，制定著作权、专利权、商标权等无形资产评估和质押办法，为金融机构开展无形资产质押贷款业务等提供配套支持。支持有条件的文化企业进入主板、创业板上市融资，鼓励已上市文化企业通过公开增发、定向增发等再融资方式进行并购和重组。支持符合条件的文化企业通过发行企业债、集合债和公司债等方式融资。

（十一）积极鼓励省有关担保和再担保机构大力开发适应文化产业的贷款担保产品，并提供融资增信、信用增级服务，帮助我省文化企业从商业银行获得信贷支持，解决融资难问题。

（十二）探索建立文化产业风险投资机制，各地可利用中小企业创业、发展等投资基金支持文化产业风险投资。充分发挥江苏紫金文化产业发展基金作用，通过股权投资等方式，重点扶持有发展潜力的重点文化项目以及处于初创期、成长期的创新型文化企业和高成长性文化企业。

## 三、培育重点文化产业和骨干文化企业

（十三）对投资兴办文化企业的，有关行政主管部门应当提高行政审批效率，不得收取国家规定之外的任何附加费用。允许投资人以知识产权等无形资产评估作价出资组建文化企业，非货币财产作价入股占注册资本的比例不超过70%。

（十四）实施重大项目带动战略，把重大文化产业项目建设纳入当前扩大内需的总体安排，加快组织实施一批成熟度高、成长性好、具有先导性的重大工程和重点项目。

（十五）贯彻执行《国务院办公厅关于促进电影产业繁荣发展的指导意见》（国办发〔2010〕9号），加大对电影产业发展的扶持力度。建立健全政府资金投入激励机制，从省级

宣传文化发展专项资金中安排专项经费，扶持精品影片的创作生产和重点影片拍摄。充分利用省级现代服务业（文化产业）发展专项引导资金和江苏紫金文化产业发展基金，将城镇数字影院建设列入重点支持项目，采用无偿资助、贷款贴息及股权投入等方式给予扶持。

（十六）努力推动文化与科技融合，大力发展移动多媒体广播电视、网络广播电视、高清晰度电视、文化创意、动漫、3D电影、数字出版等新兴文化业态。积极推进三网融合，对三网融合技术研发、产业化、网络建设和推广应用优先安排所需资金，并给予财税、金融支持；对我省进入三网融合试点的单位按照税法规定享受各项税收优惠政策。加快下一代广播电视网建设，并在此基础上推动物联网产业发展。

（十七）推动业务相近、资源相通的文化企业组建集团公司，开展跨地区、跨行业、跨所有制兼并重组，打造一批文化领域国有骨干文化企业和战略投资者。对新华日报报业集团、江苏省广电集团、江苏凤凰出版传媒集团、江苏省广播电视信息网络股份有限公司、江苏省演艺集团、江苏中江网股份有限公司、江苏省文化产业集团等重点企业继续给予专项支持，促进其做强做大。

（十八）落实国家鼓励和支持文化产品及服务出口的优惠政策，在市场开拓、技术创新、海关通关等方面给予支持，大力推动文化企业“走出去”。对接《国家文化出口重点企业和项目目录》，建立《江苏文化出口重点企业和项目目录》，对列入目录的重点企业和项目，符合省级外经贸发展专项引导资金支持范围的给予优先支持。积极帮助列入目录的重点企业和项目申报文化出口中央奖励资金。鼓励文化企业以参股、并购等多种形式走向海外，打造一批国际知名文化品牌，努力扩大江苏文化产品和服务的国际市场份额。

## 四、加强文化产业园区和基地建设

（十九）研究制定省级文化产业园区和基地标准，加强认定管理，并评选省级文化产业示范园区和基地。对符合规划的文化产业园区和基地，在基础设施建设、土地使用、税收政策等方面按规定给予支持。建立和完善一批集创意研发、产业孵化、产品交易、人才培训为一体的示范园区，加快发展一批优势明显、特色突出的文化产业基地和文化产业集群。

（二十）将文化产业项目用地列入年度用地计划统筹予以安排。将文化产业基础设施用地和标志性文化工程用地纳入重点项目用地服务范围，优先予以保障。各地的存量建设用地和收购储备的土地，可优先安排给文化产业建设项目使用。

（二十一）国有文化企业使用的原划拨土地，改制前可继续以划拨方式使用；改制后，土地用途符合《划拨用地目录》的，经所在地县级以上人民政府批准，可仍以划拨方式使用；不符合《划拨用地目录》的，应依法办理土地有偿使用手续，经评估确定后，以作价出资（入股）等方式处置，转增国家资本。

## 五、加快文化产业人才培养

（二十二）将文化人才引进纳入“江苏省高层次创新创业人才引进计划”，完善户籍、收入分配、个人所得税、养老保险、子女入学、住房保障、项目经费、成果奖励等鼓励政策，吸引财经、金融、科技等领域的优秀人才进入文化产业领域，加快海外文化创意、研发、管理等高端人才引进。

（二十三）将文化产业人才培养纳入“现代服务业百名人才出国培训计划”，鼓励支持高等院校加快建设与文化产业相关的重点专业和学科，同研究机构和文化企业联合建设文化产业人才培养基地，培养造就一批高层次复合型文化人才。大力培育文化经纪人队伍和演出经纪机构，推出一批有影响、有特长的文化经纪名人，使之成为加快文化产业发展的重要力量。

（二十四）建立符合市场体制要求的收入分配机制。允许和鼓励拥有特殊才能和自主知识产权的人才以知识产权入股，并参与收益分配，鼓励和支持文化企业实行协议工资、年薪制等多种分配形式。同时，加大对江苏名家名作的宣传推介力度。

## 六、完善文化产业发展的保障条件

（二十五）各级政府要充分认识加快文化产业发展的重要性、紧迫性，将文化产业纳入经济社会发展总体规划、经济结构调整总体布局和科学发展考评体系，加强对文化产业发展的组织领导、统筹协调和督促指导。探索建立符合国际惯例和国家统计要求、体现文化产业发展规模和水平的统计指标体系，制定文化及相关产业发展绩效考核评价办法，对文化产业增加值增幅大的地方和经营效益增长快的文化企业给予奖励。

（二十六）省、市、县（市、区）建立文化产业发展联席会议制度及其办公室，由分管领导牵头，各相关部门负责人参与，具体负责研究制定本地区文化产业发展战略、规划和政策，协调解决文化产业发展中的重大问题。成员单位要各司其职，各尽其责，通力合作，协调一致推进文化产业发展。

（二十七）深化文化体制改革，激发文化产业发展活力。紧紧抓住培育合格文化市场主体这一中心环节，加快推进经营性文化单位转企改制。大力推动行政管理体制改革和政府职能转变，建立统一高效的文化市场综合执法机构。

（二十八）大力培育大众性文化消费市场，繁荣城乡文化市场，规范文化市场监管，构建统一开放、竞争有序的现代文化市场体系。重点建立健全门类齐全的文化产品市场和文化要素市场，大力发展连锁经营、物流配送、电子商务、电影院线等现代流通方式和各类文化中介机构。创造条件尽快成立江苏文化产权交易市场。

（二十九）支持相关文化产业协会的建设和发展，推动其在加强行业自律、团结培育人才、维护市场秩序、提供政策咨询和信息服务、保护企业合法权益、引导产业联盟等方面发挥积极作用。

（三十）制定促进文化产业繁荣发展的地方性法规，依法加强对文化产业发展的规范管理。健全文化知识产权保护机制，严厉打击各类盗版侵权行为。支持建立文化产业作品版权登记补助制度，作品登记的成本费用由省和市、县财政共同承担(具体分担比例和资金使用管理办法另行制定)，并参照专利、商标实施财政补贴的原则，对文学艺术类作品的著作权登记实施财政补贴；对正版软件开发企业和使用正版化软件的企业同时实施一定的经济奖励，鼓励支持正版化软件的推广。

（三十一）省有关部门要依据本文件制定相应的实施细则；各地要结合实际，依照法定权限制定相应的政策措施。

（苏政发[2010]75 号）

# 关于进一步做好我省基本建设考古工作的通知

各市文化(文物)局、南京博物院:

近年来,南水北调、西气东输、京沪高速铁路、沪宁及宁杭高速铁路等国家大型基本建设项目相继在我省展开,全省各地自主建设项目也在不断增加,项目投资主体涉及省内、国内、境外、国外等,使我省配合基本建设开展的田野考古工作进入一个新的时期,配合基本建设进行的抢救性考古发掘工作任务也日益繁重。由于配合基本建设的考古工作时间紧、任务重、困难多,项目实施单位构成复杂,提出考古调查勘探申请的单位缺少项目所在地政府或相关部门的工作背景认定和相关材料提供,给我省配合基本建设开展的田野考古工作带来了许多新情况和新问题,必须引起我们的高度重视。

为适应新形势下我省社会经济快速发展的需要,扎实开展好配合基本建设的考古工作,依据《文物保护法》等相关法律法规,根据国家文物局《关于加强基本建设工程中考古工作的指导意见》(文物保发[2006]42号)精神,进一步完善和规范我省配合基本建设开展的考古工作程序;为充分发挥市县文化(文物)部门的职能作用,增强保护历史文化遗产的责任感和使命感,积极配合省文物局做好本地区的基本建设考古工作,使我省考古工作继续沿着科学化、规范化轨道向纵深发展,现将有关事项通知如下:

一、全省各地大型基本建设工程的考古工作由省文物局统一组织实施。大型基本建设工程根据地域范围划分为市域内基本建设工程和省际、市际基本建设工程。根据《江苏省抢救性考古工作暂行管理办法》,符合下列条件之一者为大型工程:(1)国家级及省级的建设项目;(2)跨市建设项目;(3)占地面积5万平方米(含5万平方米)以上的建设项目;(4)涉及省级以上(含省级)文物保护单位的建设项目。

二、省际、市际基本建设考古工作,由项目建设单位直接向省文物局提出申请。省文物局统一协调组织考古队伍,开展考古调查勘探和抢救性考古发掘工作,工程涉及的市县文化(文物)部门配合做好相应工作;考古调查勘探工作结束后,由省文物局直接回复项目建设单位。

三、各市市域内的基本建设工程(含一般基本建设工程)考古调查勘探申请,省文物局委托各市文化(文物)局先行受理和初审。其程序如下:

1. 由项目建设单位向工程所在地的市级文化(文物)局提出书面申请,在申请书中注明由市文化(文物)局初审后转报省文物局审批;

2. 市文化(文物)局对项目建设单位的申请材料进行初审,审核无误后受理,并藉此向省文物局提出开展前期考古调查勘探工作的书面请示,同时附项目建设单位的申请;

3. 省文物局收到市文化(文物)局的申请后,审核无误,书面委托市文化(文物)局组织或直接指定考古资质单位进行田野考古调查勘探工作；

4. 考古调查勘探工作结束后，受我局委托的市文化（文物）局或考古资质单位直接向省文物局提交考古调查勘探报告，报告中必须明确提出相关建议；

5. 省文物局审核受委托的市文化（文物）局或考古资质单位考古调查勘探报告后，直接回复提出申请的项目建设单位，并抄送受委托的项目所在地市文化（文物）局；

6. 如工程涉及地下文物和不可移动文物保护，考古调查勘探工作要按《文物保护法》等法律法规要求，另行报批程序。考古发掘工作结束后，承担考古发掘的单位须向省文物局及时提交考古发掘结项报告，报告中必须包含出土文物清单。出土文物收藏单位由省文物局指定。

四、项目建设单位向省文物局或市文化（文物）局提出书面申请时，必须同时提供如下材料内容：

1. 项目建设单位的合法性是否属实，须提供相关工商注册登记等证明材料（复印件要加盖公章）；

2. 项目建设立项是否存在，根据项目涉及范围，须提供国家相关部门、当地政府或上级相关部门的文件材料等；

3. 提出申请的文件要符合规范要求，申请文件须是原件，并有正式文件编号；

4. 项目建设单位提供的相关图纸要清晰明了，以便于文物部门组织开展考古调查勘探工作。

以上通知自2010年5月1日起执行。

特此通知。

（苏文物博［2010］49号）

# 关于进一步加强社区文化建设的意见

各市文化广播新闻出版局、民政局：

社区文化建设是城市现代化的重要基础和城市文明程度的重要标志，是完善城市公共文化服务体系、实现和保障广大人民群众基本文化权益、推动文化大发展大繁荣的重要途径。“十一五”以来，随着城市化进程的不断加快，我省城市化水平不断提高，社区文化建设也取得了阶段性成就。据各地文化部门统计，至2009年底，全省建有街道（社区）文化中心317个；建有社区居委会文化活动室2908个，为满足广大群众精神文化需求、方便基层群众就近接受公共文化服务，发挥了积极作用。

尽管全省社区文化建设取得较大进展，但与不断加快的城市化建设进程以及城市社区群众的精神文化需求相比，仍存在许多薄弱环节。一是发展不平衡，城市之间、地区之间社区文化建设存在较大差异，还有少数社区文化设施空白点。二是建设水平不高。在建成的317个社区（街道）文化中心和2908个社区（居委会）文化活动室中，符合文化部建设标准的仅为60.3%和56.6%。三是社区文化投入不足。缺少专项建设经费，导致文化资源贫乏，文化活动内容和形式单一，工作队伍素质不高，状况不稳，服务能力不强。四是资源整合不足。文化、广电、出版、教育、体育、科技等部门在社区的资源没有得到有效整合，未形成整体优势，存在资源浪费现象。五是已有的法律法规没有得到很好地贯彻落实。一些新建住宅小区文化设施不配套、数量少、功能不健全，管理权责利不明确。

为进一步加强全省社区文化建设，完善城市公共文化服务体系，着力改善文化民生，现提出以下意见：

## 一、进一步加强对社区文化建设重要意义的认识，健全城市公共文化服务体系。

贯彻落实中办、国办《关于进一步加强公共文化服务体系建设的若干意见》中关于“把社区文化中心建设纳入城市规划”的要求，正确认识社区文化建设在增强社区的凝聚力和向心力，增强社区认同感和归属感，培养社区居民的家园意识和人文精神，实现广大群众的基本文化权益，促进基层稳定和社会和谐中的积极作用。坚持“政府主导、社会参与，因地制宜、分类实施”原则，社区文化建设要与城市化进程相适应，与城市发展同步规划、同步安排，健全和完善城市公共文化服务体系。

## 二、要认真落实国家“一法一条例一规范”的有关规定要求，加快推进城市社区文化设施建设。

要按照《城乡规划法》、《公共文化体育设施条例》和《城市居住区规划设计规范》相关规定，积极落实中办发[2010]21号文《从城市住房开发投资中提取1%，用于社区公共文化设施建设》政策，以及国务院《条例》关于“新建、改建、扩建居民住宅区，应当按照国家有关规定规划，建设相应的文化体育设施，应当与居民住宅区的主体工程同时设计、同时施工、同时投入使用”要求，城市社区街道、社区居委会以及规模超过1000户的住宅小区，均应建设不同规模的社区文化中心和文化活动室。1000至3000户，人口10000至15000人居住区文化活动室，按建筑面积400—600平方米，用地面积按400—600平方米进行规划设计。住户及人口较多的居住区，应按照《规范》相应增加文化活动室建筑面积。新建住宅区配套文化设施，可在当地文化主管部门的指导下，委托小区物业公司管理，也可交由街道或社区居委会等非盈利性机构管理。

## 三、创新服务方式，利用社区文化设施广泛开展公益性文化活动。

各级文化馆、图书馆等公共文化单位要发挥推动社区文化建设的主要作用，充分利用公共文化设施和文化人才优势，明确服务规范，改进服务方式，开展社会教育，支持社区文化工作的开展。要从广大群众的求富裕、求健康、求文明、求知识的需求出发，广泛开展基层群众喜闻乐见的文化活动。社区文化中心（活动室）要向老人、少儿免费开放，要关注弱势群体，积极开展文化惠民活动。要向农民工均等开放，结合农民工的特点，开展专题社区文化志愿服务和文化活动，丰富农民工的业余生活，满足广大群众日益增长的精神文化需求。

## 四、加强文化共享工程社区基层服务点建设，推动数字文化服务进社区。

进一步推进文化共享工程服务体系建设，各地要结合社区文化设施建设发展共享工程社区基层服务点。要利用现代科技传播手段，加强社区文化中心（活动室）的数字文化资源服务能力，提高文化资源的共享水平，推动先进文化在社区的传播。要通过组织开展“文化信息进社区”、培育社区示范点等活动，为群众提供健康快捷、内容丰富的文化信息产品和文化信息服务，活跃社区文化生活，增强社区的凝聚力，形成健康文明、团结友善、和谐统一的良好风尚。

## 五、加强社区文化队伍建设，调动社会各界参与社区文化建设的积极性。

队伍是社区文化建设的关键。要加强社区文化专职队伍建设，广泛吸收高校毕业生到社区从事文化工作。各级文化部门要加强对社区文化干部的培训，促进其更新知识和技能，提高队伍素质和管理水平。要充分调动广大社区群众蕴藏的参与文化建设的积极性，大力培养业余文艺辅导员和骨干，发展有深厚群众基础的业余文艺团队。要注重发挥老干部、老教师、老文艺工作者以及小区居民中文化能人、文化名人的积极作用，发展社区文化志愿者队伍，增强社区的文化活力。

鼓励企业兴办各种公益性文化服务组织，支持个人和社团兴办文化室、图书室、电影放映队。大力扶持民间职业剧团和业余剧团，调动社会力量积极参与社区文化建设，促进民办文化的健康发展。

## 六、加大投入，积极推动建立社区公共文化服务经费保障机制。

社区公共文化投入是公共财政支出的重要组成部分。各地要将社区文化纳入公共财政保障范围，建立社区公共文化经费保障机制。为文化馆、图书馆、社区(街道)文化中心、社区(居委会)文化活动室配备图书报刊以及开展文化服务必需的活动器材，努力将社区文化中心建设成集书报刊借阅、时政法制科普教育、文艺演出活动、展览展示、数字文化信息服务、公共文化资源配送和流动服务、体育健身和青少年校外活动等功能于一体的综合性文化服务机构。有效发挥社区文化设施的功能及作用，广泛开展公共文化活动，保障社区居民看书、看戏、看电影、接受文化素质培训和参加群众文化活动的基本文化权益。

(苏文社[2010]12号)

# 江苏省文物拍卖市场管理工作规范

第一条　为加强对我省文物拍卖市场的规范管理，充分发挥全省文物拍卖资质单位在民间文物收藏交流中的积极作用，根据《中华人民共和国行政许可法》、《中华人民共和国拍卖法》、《中华人民共和国文物保护法》、《中华人民共和国文物保护法实施条例》以及国家工商行政管理总局《拍卖监督管理暂行办法》和国家文物局《文物拍卖管理暂行规定》等法律法规的规定，结合江苏省实际，制订本工作规范。

第二条　依照国家有关法律法规规定，已具有国家文物拍卖资质的企业在开展以下列物品为拍卖标的的拍卖活动时，必须依法履行报批程序：

1. 1949年以前的各种艺术品、工艺美术品；

2. 1949年以前的文献资料以及具有历史、艺术、科学价值的手稿和图书资料；

3. 1949年以前，反映各民族社会制度、社会生产、社会生活的代表性实物；

4. 1949年以后，与重大历史事件、革命运动或者著名人物有关的，具有重要纪念意义、教育意义或者史料价值的实物；

5. 1949年以后，国家文物局公布的列入限制出境范围的中国已故著名书画家作品。

第三条　依照国家有关法律法规规定，下列文物不得作为文物拍卖标的进行拍卖：

1. 依照法律应当上交国家的中国境内出土的文物；

2. 依照法律应当移交文物行政部门的文物，包括国家各级执法部门在查处违法犯罪活动中依法没收、追缴的文物；

3. 银行、冶炼厂、造纸厂以及废旧物资回收单位拣选的文物；

4. 国有文物收藏单位以及其他国家机关、部队和国有企业、事业组织等收藏、保管的文物；

5. 国有文物购销经营单位收存的珍贵文物；

6. 非国有馆藏珍贵文物；

7. 物主处分权有争议的文物；

8. 其它依法律法规规定不得流通的文物。

第四条 文物拍卖企业拟举行文物拍卖活动，必须在发布拍卖公告30个工作日之前向省文物局递交正式规范的书面请示。随同请示上报的材料需附有拟拍卖文物标的清单（名称、时代、作者、规格、估价等）、图片等纸质文本和电子文本，并说明拍卖标的的来源。省文物局收到文物拍卖企业齐备合格的申报材料后，将书面委托我省文物审核鉴定机构对拟拍卖标的进行鉴定，并在20个工作日内给予批复。文物拍卖企业只有在获得省文物局正式批复后才能举行拍卖活动。

第五条 文物审核鉴定机构在接到省文物局委托鉴定任务后，应坚持物品现场验证与资料审定相结合，及时组织力量开展工作，向省文物局提供合法可靠的书面意见和允许拍卖的文物清单，但不负责对文物拍卖申请企业提供有关文物标的真伪鉴别清单或价格评估证明。

第六条 联合举行文物拍卖活动的企业，各方均应具备国家文物局批准的拍卖资质，并联合向省文物局提出申请；如各方文物拍卖经营范围类别存在差异，将按资质最低的一方确定本场次文物拍卖标的范围。

第七条 文物拍卖企业举行文物拍卖活动时，必须主动接受国家、省、市文物主管部门和国家工商行政管理部门的监督管理；在工商行政管理部门审查拍卖活动时，应主动出示国家文物局颁发的文物拍卖许可证及省文物局出具的批复许可文件。没有取得国家文物局颁发的文物拍卖许可证的企业，不得从事文物拍卖活动。

第八条 文物拍卖企业在规定场次和地点进行文物拍卖活动结束后，须在30天内依法将规范的文物拍卖记录报省文物局备案，并根据省文物局要求对相关问题做出说明。《文物拍卖记录表》须使用国家文物局统一制作的规范格式文本。

第九条 文物拍卖企业应加强对工作人员法律法规及业务知识的教育，要求员工具备文物保护知识和文物鉴定能力、熟练掌握有关法律法规，积极参加由省级以上文物主管部门举办的文物保护及文物拍卖等方面的专业培训和理论研讨活动。

第十条 文物拍卖企业应积极执行国家文物局资质年检制度，日常工作中自觉接受省文物局指导，如发现违法违规行为，省文物局将会同有关部门依法进行查处，违法违规行为严重者，省文物局将报请国家文物局依法吊销其文物拍卖许可证。

第十一条 我省文物拍卖企业到兄弟省市进行文物拍卖活动，可以直接向活动所在地省级文物主管部门提出申请，并抄送我局备案。外省市文物拍卖企业在我省从事文物拍卖活动，可在书面告知当地省级文物主管部门后，直接向我局提出书面申请，并按照以上通知精神执行。

第十二条 未尽事宜，由省文物局博物馆处负责解释。

本《规范》自2010年12月起执行。

（苏文物博〔2010〕180号）

# 统计资料

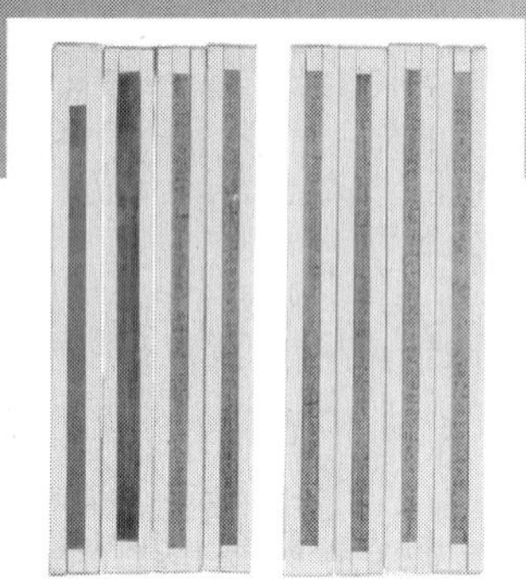

统 计 资 料 2011
江苏文化年鉴

# 从统计视角看
# “十一五”时期的江苏文化发展变化

## 一、文化及相关行业的分类构成新变化

江苏文化文物行政主管部门的统计数据反映：“十一五”期末，全省机构数总计1.8447万个，从业人员数总计12.8369万人。与“十五”期末同比，机构数减少19.68%，从业人员数增加31.76%。

“十一五”期末，全省机构和从业人员数按行业分：艺术业机构564个、1.2256万人，公共图书馆111个、2838人，群众文化机构1442个、6457人，艺术教育机构17个、828人，文化市场经营企业1.541万个、7.8852万人，文艺科研机构10个、111人，文物业机构295个、4884人，其他文化及相关行业机构583个、2.0017万人，文化部门举办的非文化行业机构15个、2126人。全省机构数按行业分，与“十五”期末同比的变动情况请见表1。

部分行业机构数减少的主要原因：一是乡镇合并行政区划调整，文化站随之持续减少；二是2009年省级文化文物、广播电视、新闻出版主管部门的行政职能划分调整，文化部门管理的文化市场经营机构减少；三是文化部门举办的非文化行业机构，在市场竞争中优胜劣汰而减少。

另有一部分行业的机构数增加原因：除了政府编办批准成立的新增机构因素，文化文物行政管理部门的统计人员克服种种困难，努力收集行业管理范围的文化及相关行业统计数据。对其他部门举办的博物馆、文化产业示范基地，以及经文化市场行政部门审批并领取相关许可证的民间职业剧团等加大统计力度。与“十五”期末同比，艺术业、文物业（其中博物馆数增加一倍多）、其他文化及相关行业的机构数增幅较大。

“十一五”期末，全省机构和从业人员数按单位性质分：企业1.6112万个，从业人员10.5123万人，分别占机构和从业人员总数的87.34%和81.89%；全年营业总收入1326995.6万元，营业外收入61732.6万元，其中政府补贴39951.3万元，利润总额310596.4万元。行政和事业机构2335个、从业人员2.3246万人，分别占机构和从业人员总数的12.66%和18.11%；全年经费收入合计343508.6万元、

表1 各行业机构数增长速度

| 与“十五”期末机构数同比增速 | 艺术业 | 图书馆 | 群众文化 | 艺术教育 | 文物业 |
|---|---|---|---|---|---|
| | 95.5% | 7.77% | －6% | － | 69.54% |
| | 文艺科研 | 文化市场经营 | 其他文化及相关行业 | | 非文化行业 |
| | 25% | －25.23% | 184.39% | | －44.44% |

其中财政拨款 267301.1 万元。全年实现文化产业增加值 892268.1 万元。

“十一五”期末全省机构和从业人员数按经济类型分，与“十五”期末同比的变动情况请见表 2。

“十一五”时期，江苏积极推进非公益性文化事业机构转企改制；文化企业在市场竞争中优化升级。全省文化及相关行业的经济构成发生新的变化：规模小的集体、股份合作、联营以及其他经济类型的机构和从业人员数呈现负增长。具有一定规模的有限责任公司、股份有限公司以及私营企业增多，就业人数成倍增长。国有机构数基本持平，从业人员数增加 1/5。

“十一五”时期，为促进江苏文化发展，由省政府设立的引导资金累计拨付 51265.4 万元，资助了全省文化文物、广播电视、新闻出版等文化及相关行业的 352 个发展项目。

## 二、文化文物事业的财政拨款逐年增长

“十一五”时期，全省文化部门文化文物事业费收入合计数累计 1316720.3 万元（不含基本建设投资），其中财政拨款累计 908190.3 万元，分别比“十五”时期累计增长 127.05% 和 134.19%；年均增速分别为 19.78%、18.06%，与“十五”时期同比分别提高 9.46 和 2.33 个百分点。剔除财政拨款和上级补助因素，文化文物事业机构总体的经济创收能力有所增强，其年均增速高于财政拨款同比增幅。

“十一五”时期，省级、苏南、苏中、苏北的文化文物事业费财政拨款累计数分别为 171264.9 万元、460385.2 万元、124111.6 万元、152428.6 万元；年均增速，省级、苏南、苏中、苏北分别为 18.4%、19.12%、17.99%、14.89%。“十一五”时期累计增速的变动情况如下：

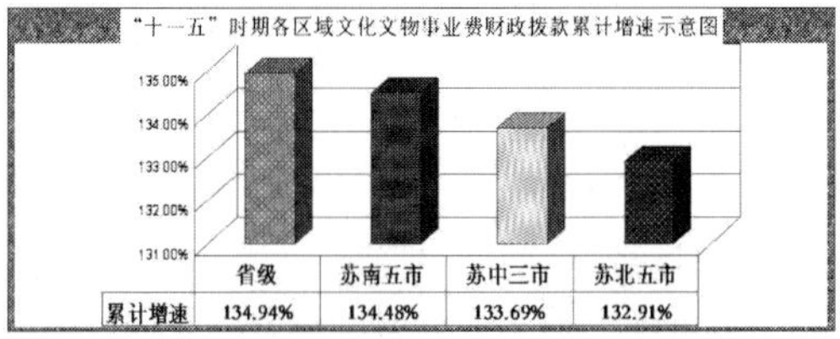


以“十一五”期末常住人口计算，全省文化文物事业的财政拨款人均值为 29.14 元；苏南（不含省级）、苏中、苏北分别为 36.93 元、20.02 元、13.07 元；与“十五”期末同比，分别增长 67.67%、141.72%、118.58%。

统计数据表明：苏南人口比苏中多 98.94%、比苏北多 9.41%，公共财政对文化文物事业的经费投入亦明显高于其他区域。苏南经济与文化的发展稳中求升，改革创新意识强，长期在全国名列前茅。苏中文化文物事业费投入与苏南相比，存在明显落差。苏北基数低、人均值少，公共财政扶持力度逐步加大，文化文物事业费至今仍显不足。

“十一五”时期，全省文化文物事业费财政拨款年均增幅，低于地方一般预算支出年均增速 5.63 个百分点；与全省财政总收入、其中地方一般预算收入年均增速同比，分别低 12.25 个百分点和 7.21 个百分点。

财政拨款体现了各级政府对文化文物事业的资金投入，是反映文化发展的核心指标之一。公共财政的经费投入逐渐增长、投资方

**表 2　各经济类型机构和从业人员数增长速度**

| 与“十五”期末同比 | 国有经济 | 集体经济 | 股份合作、联营经济 | 有限责任、股份有限公司 | 私营经济 | 其他经济 |
|---|---|---|---|---|---|---|
| 机构数增速 | 1.59% | －68.8% | －19.31% | 70.18% | 42.96% | －70.67% |
| 人员数增速 | 21.36% | －46.15% | －43.61% | 133.53% | 90.05% | －49.67% |

式进一步优化，但是经费投入比例不足，经费短缺依然制约着文化文物事业的发展。

## 三、公共文化服务体系建设进一步推进

“十一五”期末，全省公共文化机构合计1879个，建筑面积489.22万平方米；与“十五”期末同比，公共文化机构数增加2.57%，建筑面积扩大近一倍、增幅为89.6%。全省平均每万人拥有公共文化设施0.24个、建筑面积621.94平方米。江苏各区域公共文化机构和建筑面积数，与“十五”期末同比的变动情况请见表3。

公共文化基础设施状况进一步改善。随着信息技术的广泛应用，文化设施的信息化装备水平不断提升。按照“十一五”期末江苏行政区划比对：南京、无锡、苏州、镇江、南通、淮安、宿迁的公共图书馆，以及南京、无锡、常州、苏州、南通、连云港、淮安、盐城、扬州、镇江、泰州、宿迁的文化馆，均达到市、县、区100%覆盖率。南京、徐州、常州、苏州、南通、淮安、盐城、扬州、镇江、宿迁的文化站，均达到乡镇和街道100%覆盖率。（以上覆盖率，未含由各地设立但未列入行政区划的高新技术开发区、经济开发区、工业园区，一些新设区域的公共文化设施尚待配套建立。）

**公共图书馆** “十一五”期末，全省公共图书馆111个，从业人员2838人，其中高级职称328人、中级职称895人，比“十五”期末分别增长7.77%、20.1%、34.98%、14.74%。建筑面积65.37万平方米，电子阅览室终端数0.42万台，阅览室坐席数3.89万个，其中儿童坐席1.09万个，比“十五”期末分别增长51.11%、29.36%、53.31%、30.84%。

“十一五”期末，总藏量4369.97万册件，书架单层总长度211.11万米，开架书刊1766.53万册，累计发放借书证206.73万个，比“十五”期末分别增长37.48%、137.63%、142.74%和179.44%。公共图书馆的藏量利用率倍增，读者需求量的上升明显高于总藏量增幅。

总藏量中：书刊4148.99万册、视听文献和缩微制品97.36万册件、其他类藏量123.62万册件，分别占总藏量的94.94%、2.23%和2.83%，比“十五”期末分别增长34.11%、415.63%、87.38%。馆藏量的现代科技含量提高，视听文献和缩微制品的增速明显高于纸质读物增幅。

“十一五”时期，财政拨款累计154195.5万元，各种设备购置费累计32140.3万元，其中新增藏量购置费累计33804.5万元、新购藏量累计980.93万册件；与“十五”时期同比，分别累计增长143.74%、49.78%、91.33%、88.8%。价格上涨使得新购藏量的增幅，低于新增藏量购置费增速。

“十一五”时期，总流通人次累计11844.3万人次，其中书刊文献外借人次累计6654.7%、外借册次累计10481.4万册，为读者举办各种活动累计2.03万次、参加者累计1223.3万人次，分别比“十五”时期累计增长52.62%、51.91%、58.93%、72.02%、53.2%。

“十一五”期末，全省有331个图书馆分馆，藏书借阅人次470.63万人次、借阅册次526.15万册次。流动图书馆车的书刊借阅人次85.3万人次、借阅册次96.58万册次。

**文化馆** “十一五”期末，全省文化馆

表3 江苏各区域公共文化机构和建筑面积数增长速度

| 与“十五”期末同比 | 省级 | 苏南五市 | 苏中三市 | 苏北五市 |
|---|---|---|---|---|
| 公共文化机构数增速 | 12.5% | 2.29% | －2.93% | 5.67% |
| 设施建筑面积数增速 | 55.17% | 99.17% | 64.55% | 94.02% |

118个、建筑面积43.33万平方米,比“十五”期末分别增长0.85%、59.88%。从业人员1955人,其中获高级职称253人、中级职称781人;与“十五”期末同比,人员总数未变,获高、中级职称人数分别增长23.41%、17.4%。

“十一五”时期,财政拨款累计78447.3万元、各种设备购置费累计2767.5万元;与“十五”时期同比,分别累计增长106.62%、28.46%。

“十一五”时期,组织文艺活动累计2878.5万次,举办展览累计0.42万个,举办培训班累计2.34万个、结业人次累计98.89万人次;与“十五”时期同比,分别累计增长67.11%、6.61%、88.43%、146.79%。文化馆以其独特优势举办器乐、舞蹈、绘画等各种艺术培训活动受到群众青睐,到馆参加培训的人数明显增多。

“十一五”期末,全省有10辆文化馆流动舞台车,全年演出0.071万场、观众91万人次。馆办文艺团体190个,演出0.39万场次。馆办老年大学37个。文化馆指导的群众业余文艺宣传队2926个。

**文化站** “十一五”期末,全省文化站1324个,从业人员4502人,建筑面积194.83万平方米,比“十五”期末分别增长－6.56%、25.51%、79.7%。

“十一五”时期,财政拨款累计109230.6万元、各种设备购置费累计7901.7万元,与“十五”时期同比,分别累计增长272.77%、238.06%。

文化站的各种培训活动,同样激发了群众的参与热情。“十一五”时期,组织文艺活动累计11.72万次,举办展览累计3.03万个,举办培训班累计5.18万个、结业人次累计358.32万人次;与“十五”时期同比,分别累计增长63.06%、3.72%、141.82%、354.87%。

“十一五”期末,全省文化站指导的群众业余文艺团队1.15万个。社区文化活动室0.68万个,村文化室1.44万个。

**博物馆** “十一五”期末,全省博物馆213个,从业人员4190人,其中获高级职称346人、中级职称757人,比“十五”期末分别增长115.15%、125.03 %、88.04%、72.83%。建筑面积105.62万平方米,藏品数152.75万件套、其中一级品0.2612万件套,比“十五”期末分别增长141.65%、66.76%、39.08%。

“十一五”时期,财政拨款累计169843.7万元,各种设备购置费累计6082.1万元;与“十五”时期同比,分别累计增长225.93%、111.2%。

“十一五”时期,举办展览累计0.43万个、参观者累计14086.5万人次;与“十五”时期同比,分别累计增长89.42%、373.55%。随着人们精神文化需求的增长、旅游业的兴旺和博物馆服务功能的提升,以及大部分的博物馆实施免费开放,进博物馆的参观人次明显增多。

**艺术表演场馆** “十一五”期末,全省艺术表演场馆101个,建筑面积74.77万平方米,坐席数8.95万个;比“十五”期末分别增长12.09%、128.01%和28.02%。有一部分艺术表演场馆建筑面积扩大,坐席排列更加宽敞舒适。从业人员3006人,其中获高级职称21人,分别比“十五”期末增长44.17%和61.54%;中级职称人数未变,为181人。

“十一五”时期,演(映)出场次累计59.27万场、其中艺术演出累计2.2万场,观众人次累计5745万人次,其中艺术演出观众累计1128.5万人次,艺术演出收入累计22021.8万元;与“十五”时期同比,分别累计增长100.29%、－9.42%、54.42%、－21.05%、109.52%。政府补贴累计19910.9万元。

“十一五”时期,全省艺术表演场馆总体业绩,电影放映好于艺术演出情况。艺术演出观众人数持续下滑,艺术演出收入逐年增长;戏票价高,是影响艺术演出上座率的因素之一。

苏州科技文化艺术中心，建筑面积15.61万平方米（其中95%是科普和其他场馆面积），演（映）出业务用房是0.75万平方米。2010年财政补贴5342.3万元（该中心财务统一核算，难以分账统计，含有不可比因素）。其建筑面积和财政补贴数，分别占当年全省艺术表演场馆同比值的1/5和近2/3，拉高了全省艺术表演场馆同比水平。

该中心投入使用三年里，演（映）出场次、其中艺术演出场次，演（映）出观众人次、其中艺术演出观众人次，艺术演出收入分别年均增长23.35%、140.64%、34.08%、20.6%、22.4%。该中心有财政补贴和别的收入来源，艺术表演场馆采取了增加演出场次和降低票价等方式，艺术演出的上座情况优于其他的艺术表演场馆。

**事业性质艺术展览馆** “十一五”期末，全省事业性质艺术展览馆12个（其中美术馆8个：省级1个、苏南6个、苏北1个），从业人员178人，其中获高级职称58人、中级职称82人，比“十五”期末分别增长33.33%、5.33%、70.59%、54.72%。建筑面积5.3万平方米，比“十五”期末增长92.73%。

“十一五”时期，江苏省美术馆累计举办展览303个，参观人次累计76.7万人次、其中外宾累计0.12万人次。2010年6月省美术馆新馆建成对公众开放，建筑面积扩大三倍多，新老馆舍合计3.17万平方米；当年参观人次增至23.52万人次，其中外宾0.045万人次，分别比上年增加近一倍和近三倍。

## 四、从统计分析数据看发展

**发展中的变化** “十一五”时期，江苏积极推进文化大省建设。文化及相关行业的经济构成，在市场竞争中调整优化。民营文化正在崛起，成为一支不容忽视的重要力量，许多文化市场经营企业、动漫企业、博物馆、艺术表演场馆等是依托民营资本建立的，已是文化发展的重要资金来源。

公共文化服务的从业人员中，获高、中级职称人数逐年上升，整体素质提高。挑选引进具有影响力和潜力的中青年文化艺术人才已成共识，体现了人才在文化建设中的重要作用。

文化设施进一步改善，省级图书馆和美术馆的新馆、苏州科技文化艺术中心、连云港市文化艺术中心、无锡鸿山遗址博物馆、扬州博物馆新馆、基层文化站等一批公共文化设施，陆续建成向公众开放。

公共文化服务功能不断提升，在以传统方式举办文化活动基础上，随着文化信息资源共享工程的拓展、电子读物与电子阅览室等文化科技的应用，流动舞台车、流动图书馆车等现代设备的使用，馆办老年大学的建立，图书馆分馆、社区文化活动室、村文化室、村图书室等公共文化服务的延伸，政府采购公益性文化惠民活动的举办，公共文化设施与大部分博物馆实施免费开放，显著提升了江苏公共文化服务的社会效益。

**发展中的制约** 江苏文化发展还存在城乡差距、区域差距、文化与经济发展水平不平衡现象；基层文化设施落后、经费短缺，文化站的人员编制问题仍未全部解决；公共文化设施的基本建设交钥匙工程，交付使用后产权归属不明晰、固定资产账目数据缺失，经费保障机制不健全，管理水平、使用效率有待进一步提高；差钱现象，困扰着许多艺术表演场馆；事业机构转企改制后的经营管理能力待提升；文化文物统计队伍人员不稳定；文化部门管理人员里，专业技术人才匮乏；文化产业示范基地，尚缺能起示范和引领作用的优存劣汰机制：诸类情况均需有关部门和领导予以足够重视。体制问题带来的制约因素日益凸显，亟需加快理顺文化行政管理体制，深化文化体制机制的改革。

艾　涛

# 机构数、从业

| | 总计 | | | | 文 | | | | |
|---|---|---|---|---|---|---|---|---|---|
| | | | | | 合计 | | | | 国 |
| | 机构数（个） | 从业人员数 | | | 机构数（个） | 从业人员数 | | | 机构数（个） |
| | | （人） | 高级职称 | 中级职称 | | （人） | 高级职称 | 中级职称 | |
| **总　计** | **18447** | **128369** | **2973** | **6550** | **2411** | **28811** | **2390** | **5447** | **2231** |
| 文化及相关产业 | **18432** | **126243** | **2925** | **6428** | **2400** | **28747** | **2385** | **5428** | **2224** |
| 艺术业 | 564 | 12256 | 1285 | 2175 | 266 | 7791 | 1143 | 1972 | 148 |
| 其中：艺术表演团体 | 399 | 8866 | 1123 | 1882 | 117 | 5669 | 988 | 1719 | 21 |
| 艺术表演场馆 | 101 | 3006 | 21 | 181 | 86 | 1740 | 14 | 143 | 66 |
| 图书馆业 | 111 | 2838 | 328 | 895 | 106 | 2803 | 320 | 889 | 106 |
| 群众文化服务 | 1442 | 6457 | 316 | 1377 | 1442 | 6457 | 316 | 1377 | 1442 |
| 其中：文化站 | 1324 | 4502 | 63 | 596 | 1324 | 4502 | 63 | 596 | 1324 |
| 艺术教育业 | 17 | 828 | 143 | 239 | 17 | 828 | 143 | 239 | 15 |
| 文化市场经营机构 | 15410 | 78852 | — | — | — | — | — | — | — |
| 文艺科研 | 10 | 111 | 37 | 39 | 10 | 111 | 37 | 39 | 10 |
| 文物业 | 295 | 4884 | 401 | 889 | 219 | 3535 | 317 | 718 | 212 |
| 其他文化及相关产业 | 583 | 20017 | 415 | 814 | 340 | 7222 | 109 | 194 | 291 |
| 非文化及相关产业 | **15** | **2126** | **48** | **122** | **11** | **64** | **5** | **19** | **7** |

# 人员数综合情况

| 化 | | | 部 | | | | 门 | | | | 其他部门 | | | |
|---|---|---|---|---|---|---|---|---|---|---|---|---|---|---|
| 有经济 | | | 集体经济 | | | | 其他经济 | | | | | | | |
| 从业人员数 | | | 机构数（个） | 从业人员数 | | | 机构数（个） | 从业人员数 | | | 机构数（个） | 从业人员数 | | |
| （人） | 高级职称 | 中级职称 | | （人） | 高级职称 | 中级职称 | | （人） | 高级职称 | 中级职称 | | （人） | 高级职称 | 中级职称 |
| **22846** | **1739** | **4245** | **123** | **2913** | **301** | **819** | **57** | **3052** | **350** | **383** | **16036** | **99558** | **583** | **1103** |
| **22800** | **1734** | **4227** | **119** | **2895** | **301** | **818** | **57** | **3052** | **350** | **383** | **16032** | **97496** | **540** | **1000** |
| 3216 | 511 | 796 | 99 | 2790 | 295 | 812 | 19 | 1785 | 337 | 364 | 298 | 4465 | 142 | 203 |
| 1613 | 364 | 576 | 91 | 2739 | 292 | 808 | 5 | 1317 | 332 | 335 | 282 | 3197 | 135 | 163 |
| 1244 | 9 | 113 | 6 | 28 | — | 1 | 14 | 468 | 5 | 29 | 15 | 1266 | 7 | 38 |
| 2803 | 320 | 889 | — | — | — | — | — | — | — | — | 5 | 35 | 8 | 6 |
| 6457 | 316 | 1377 | — | — | — | — | — | — | — | — | — | — | — | — |
| 4502 | 63 | 596 | — | — | — | — | — | — | — | — | — | — | — | — |
| 825 | 143 | 239 | 2 | 3 | — | — | — | — | — | — | — | — | — | — |
| — | — | — | — | — | — | — | — | — | — | — | 15410 | 78852 | — | — |
| 111 | 37 | 39 | — | — | — | — | — | — | — | — | — | — | — | — |
| 3486 | 315 | 711 | 4 | 29 | — | — | 3 | 20 | 2 | 7 | 76 | 1349 | 84 | 171 |
| 5902 | 92 | 176 | 14 | 73 | 6 | 6 | 35 | 1247 | 11 | 12 | 243 | 12795 | 306 | 620 |
| 46 | 5 | 18 | 4 | 18 | — | 1 | — | — | — | — | 4 | 2062 | 43 | 103 |

# 各地区机构数、从

| | 总计 | | | | 文 | | | | | |
|---|---|---|---|---|---|---|---|---|---|---|
| | | | | | 合计 | | | | 国有 | |
| | 机构数（个） | 从业人员数（人） | 高级职称 | 中级职称 | 机构数（个） | 从业人员数（人） | 高级职称 | 中级职称 | 机构数（个） | （人） |
| **总　计** | **18447** | **128369** | **2973** | **6550** | **2411** | **28811** | **2390** | **5447** | **2231** | **22846** |
| 省　级 | 50 | 3538 | 663 | 726 | 32 | 2798 | 649 | 705 | 27 | 1663 |
| 南京市 | 1991 | 17915 | 420 | 569 | 236 | 2323 | 267 | 424 | 223 | 2211 |
| 无锡市 | 1697 | 15015 | 174 | 494 | 204 | 3322 | 91 | 285 | 166 | 1769 |
| 徐州市 | 1433 | 8281 | 315 | 819 | 241 | 2660 | 195 | 640 | 229 | 2200 |
| 常州市 | 1257 | 13524 | 180 | 477 | 122 | 3626 | 163 | 435 | 108 | 3362 |
| 苏州市 | 2776 | 23873 | 354 | 726 | 222 | 3274 | 299 | 580 | 196 | 2636 |
| 南通市 | 1541 | 7830 | 120 | 378 | 195 | 1496 | 107 | 323 | 187 | 1271 |
| 连云港市 | 975 | 4182 | 78 | 285 | 157 | 1117 | 72 | 269 | 152 | 992 |
| 淮安市 | 1217 | 4632 | 152 | 426 | 202 | 1962 | 151 | 425 | 194 | 1666 |
| 盐城市 | 1552 | 6511 | 108 | 372 | 224 | 1697 | 108 | 365 | 208 | 1341 |
| 扬州市 | 1407 | 7622 | 180 | 424 | 169 | 1662 | 139 | 332 | 156 | 1329 |
| 镇江市 | 792 | 4805 | 72 | 300 | 113 | 1119 | 69 | 298 | 104 | 993 |
| 泰州市 | 929 | 6617 | 140 | 417 | 143 | 1008 | 64 | 235 | 135 | 805 |
| 宿迁市 | 830 | 4024 | 17 | 137 | 151 | 747 | 16 | 131 | 146 | 608 |

# 业人员数综合情况

| 化部门 | | | | | | | | | | | | 其他部门 | | | |
|---|---|---|---|---|---|---|---|---|---|---|---|---|---|---|---|
| 经济 | | 集体经济 | | | | 其他经济 | | | | | | | | | |
| 从业人员数 高级职称 | 从业人员数 中级职称 | 机构数（个） | 从业人员数（人） | 高级职称 | 中级职称 | 机构数（个） | 从业人员数（人） | 高级职称 | 中级职称 | 机构数（个） | 从业人员数（人） | 高级职称 | 中级职称 | | |
| **1739** | **4245** | **123** | **2913** | **301** | **819** | **57** | **3052** | **350** | **383** | **16036** | **99558** | **583** | **1103** | | |
| 343 | 431 | 1 | 10 | — | — | 4 | 1125 | 306 | 274 | 18 | 740 | 14 | 21 | | |
| 266 | 405 | 9 | 67 | 1 | 18 | 4 | 45 | — | 1 | 1755 | 15592 | 153 | 145 | | |
| 71 | 225 | 8 | 285 | 20 | 57 | 30 | 1268 | — | 3 | 1493 | 11693 | 83 | 209 | | |
| 149 | 511 | 10 | 327 | 45 | 115 | 2 | 133 | 1 | 14 | 1192 | 5621 | 120 | 179 | | |
| 129 | 346 | 13 | 248 | 34 | 89 | 1 | 16 | — | — | 1135 | 9898 | 17 | 42 | | |
| 224 | 455 | 17 | 319 | 44 | 69 | 9 | 319 | 31 | 56 | 2554 | 20599 | 55 | 146 | | |
| 103 | 261 | 8 | 225 | 4 | 62 | — | — | — | — | 1346 | 6334 | 13 | 55 | | |
| 71 | 243 | 5 | 125 | 1 | 26 | — | — | — | — | 818 | 3065 | 6 | 16 | | |
| 103 | 329 | 8 | 296 | 48 | 96 | — | — | — | — | 1015 | 2670 | 1 | 1 | | |
| 85 | 292 | 14 | 325 | 21 | 68 | 2 | 31 | 2 | 5 | 1328 | 4814 | — | 7 | | |
| 75 | 220 | 12 | 303 | 59 | 105 | 1 | 30 | 5 | 7 | 1238 | 5960 | 41 | 92 | | |
| 62 | 279 | 7 | 81 | 2 | 14 | 2 | 45 | 5 | 5 | 679 | 3686 | 3 | 2 | | |
| 44 | 153 | 8 | 203 | 20 | 82 | — | — | — | — | 786 | 5609 | 76 | 182 | | |
| 14 | 95 | 3 | 99 | 2 | 18 | 2 | 40 | — | 18 | 679 | 3277 | 1 | 6 | | |

# 各地区艺术表演

| | 剧团数（个） | 补贴团数 | 从业人员数（人） | 高级职称 | 中级职称 | 本团原创首演剧目（个） | 演出场次（千场次） | 国内演出场次 | 农村演出场次 | 国内演出观众人次（千人次） | 农村观众人次 |
|---|---|---|---|---|---|---|---|---|---|---|---|
| **总 计** | **399** | **125** | **8866** | **1123** | **1882** | **85** | **79.24** | **73.68** | **45.88** | **38639** | **23929** |
| 省 级 | 2 | 1 | 1109 | 305 | 272 | 6 | 5.36 | 5.33 | 2.82 | 1912 | 817 |
| 南京市 | 30 | 18 | 820 | 243 | 178 | 1 | 3.41 | 1.65 | 0.43 | 2209 | 1066 |
| 无锡市 | 31 | 13 | 717 | 46 | 114 | 6 | 5.17 | 5.16 | 2.65 | 3180 | 2046 |
| 徐州市 | 9 | 9 | 537 | 102 | 195 | 7 | 1.08 | 1.08 | 0.78 | 1167 | 851 |
| 常州市 | 13 | 9 | 293 | 51 | 120 | 5 | 2.65 | 2.65 | 0.82 | 951 | 184 |
| 苏州市 | 35 | 11 | 1008 | 109 | 188 | 20 | 18.15 | 17.12 | 7.08 | 6528 | 2043 |
| 南通市 | 152 | 9 | 1313 | 34 | 138 | 1 | 24.41 | 24.39 | 21.69 | 10405 | 9300 |
| 连云港市 | 9 | 8 | 253 | 10 | 69 | 3 | 0.82 | 0.81 | 0.60 | 996 | 730 |
| 淮安市 | 32 | 9 | 731 | 81 | 128 | 8 | 6.50 | 6.35 | 4.70 | 3638 | 2662 |
| 盐城市 | 42 | 14 | 903 | 49 | 144 | 9 | 5.00 | 3.29 | 1.41 | 2616 | 1200 |
| 扬州市 | 24 | 10 | 591 | 68 | 149 | 10 | 4.00 | 3.35 | 0.88 | 2486 | 1177 |
| 镇江市 | 5 | 5 | 191 | 7 | 71 | — | 0.47 | 0.47 | 0.23 | 554 | 279 |
| 泰州市 | 5 | 5 | 172 | 16 | 79 | 4 | 0.88 | 0.88 | 0.85 | 882 | 826 |
| 宿迁市 | 10 | 4 | 228 | 2 | 37 | 5 | 1.35 | 1.16 | 0.95 | 1115 | 748 |

# 团体综合情况

| 收入情况 | | 支出情况 | 资产总计 | | 公用房屋建筑面积 | | 政府采购的公益演出活动情况 | | |
|---|---|---|---|---|---|---|---|---|---|
| 财政拨款（千元） | 演出收入（千元） | 人员支出（千元） | （千元） | 固定资产原值 | （千平方米） | 排练练功用房 | 公益演出场次（千场次） | 公益演出观众人次（千人次） | 公益演出的政府补贴收入（千元） |
| **319918** | **231217** | **340323** | **660392** | **355774** | **203.40** | **46.49** | **4.57** | **1714** | **46539** |
| 88246 | 49919 | 67742 | 216006 | 73450 | 47.82 | 6.68 | 3.12 | 147 | 41170 |
| 34043 | 19634 | 35402 | 63953 | 24750 | 18.23 | 6.51 | — | — | — |
| 27722 | 31911 | 33937 | 73132 | 61900 | 8.82 | 2.93 | 0.06 | 56 | 1010 |
| 18125 | 3394 | 18403 | 13365 | 11008 | 15.41 | 2.85 | 0.07 | 99 | 163 |
| 12607 | 8092 | 14377 | 20415 | 12873 | 4.23 | 0.86 | — | — | — |
| 48512 | 36362 | 50312 | 98234 | 44462 | 35.07 | 7.85 | 0.05 | 8 | 70 |
| 13895 | 32181 | 38993 | 39084 | 34073 | 14.03 | 3.50 | 0.25 | 244 | 726 |
| 6236 | 2365 | 7332 | 13104 | 8956 | 5.65 | 1.95 | 0.24 | 420 | 530 |
| 13444 | 3769 | 15428 | 25724 | 21446 | 20.71 | 3.74 | — | — | — |
| 17805 | 11123 | 19152 | 27575 | 19571 | 11.96 | 6.10 | 0.25 | 261 | 1295 |
| 19883 | 12946 | 21693 | 38681 | 26398 | 16.16 | 1.40 | 0.16 | 102 | 684 |
| 7268 | 13200 | 7812 | 18647 | 8092 | 0.93 | — | — | — | — |
| 8394 | 3422 | 7511 | 8771 | 5971 | 3.00 | 1.43 | 0.14 | 140 | 272 |
| 3738 | 2899 | 2229 | 3701 | 2824 | 1.40 | 0.68 | 0.25 | 237 | 619 |

# 各地区艺术表演

| | 机构数（个） | 从业人员数 | | | 坐席数（个） | 演（映）出场次合计 | |
|---|---|---|---|---|---|---|---|
| | | （人） | 高级职称 | 中级职称 | | （千场次） | 艺术演出场次 |
| **总　计** | **101** | **3006** | **21** | **181** | **89548** | **173.53** | **4.18** |
| 省　级 | 3 | 54 | 4 | 7 | 2079 | 0.44 | 0.21 |
| 南京市 | 11 | 138 | — | 4 | 12437 | 2.26 | 0.35 |
| 无锡市 | 8 | 289 | — | 12 | 10173 | 37.86 | 0.29 |
| 徐州市 | 14 | 362 | 3 | 52 | 10266 | 6.03 | 0.93 |
| 常州市 | 6 | 481 | — | 28 | 7032 | 30.24 | 0.26 |
| 苏州市 | 15 | 1013 | 6 | 20 | 12146 | 73.75 | 1.42 |
| 南通市 | 4 | 86 | 1 | 5 | 4246 | 12.33 | 0.06 |
| 连云港市 | 7 | 116 | 1 | 10 | 8011 | 1.90 | 0.17 |
| 淮安市 | 8 | 91 | 1 | 8 | 7204 | 1.55 | 0.14 |
| 盐城市 | 11 | 152 | 4 | 10 | 5393 | 1.41 | 0.17 |
| 扬州市 | 6 | 86 | 1 | 9 | 3108 | 0.74 | 0.05 |
| 镇江市 | 4 | 81 | — | 11 | 3533 | 1.91 | 0.07 |
| 泰州市 | 2 | 33 | — | 1 | 1842 | 0.08 | 0.01 |
| 宿迁市 | 2 | 24 | — | 4 | 2078 | 3.01 | 0.07 |

# 场 馆 综 合 情 况

| 观众人次合计 | | 收入情况(千元) | | 人员支出（千元） | 年末固定资产原值(千元) | 公用房屋建筑面积 | |
|---|---|---|---|---|---|---|---|
| (千人次) | 艺术演出观众人次 | 财政拨款 | 艺术演出收入 | | | （千平方米） | 演（映）业务用房 |
| **16175** | **2165** | **81811** | **71879** | **106087** | **2038529** | **747.68** | **289.65** |
| 230 | 109 | — | 1426 | 1459 | 101830 | 23.94 | 13.50 |
| 656 | 311 | 4092 | 8881 | 5950 | 190636 | 78.78 | 31.95 |
| 2496 | 202 | 2900 | 4781 | 15036 | 237885 | 70.98 | 50.08 |
| 5487 | 307 | 130 | 3061 | 10637 | 73003 | 84.01 | 35.53 |
| 1271 | 289 | 17000 | 24600 | 17109 | 575311 | 82.70 | 22.86 |
| 2979 | 395 | 54172 | 20220 | 44823 | 590872 | 203.11 | 39.31 |
| 510 | 62 | — | 5111 | 2339 | 9995 | 19.34 | 13.32 |
| 380 | 156 | 2690 | 879 | 1444 | 56591 | 64.39 | 25.17 |
| 411 | 110 | 777 | 606 | 1813 | 130291 | 30.62 | 21.33 |
| 600 | 96 | 20 | 572 | 1400 | 31499 | 54.27 | 17.32 |
| 142 | 36 | — | 523 | 1853 | 13935 | 12.72 | 4.32 |
| 347 | 46 | 30 | 828 | 1582 | 13503 | 13.25 | 10.59 |
| 49 | 8 | — | 231 | 83 | 8802 | 4.25 | 2.20 |
| 617 | 38 | — | 160 | 559 | 4376 | 5.34 | 2.18 |

# 各地区公共图

| | 机构数（个） | 从业人员数（人） | | | 总（千册件、套） | | | |
|---|---|---|---|---|---|---|---|---|
| | | | 高级职称 | 中级职称 | | 图书 | 古籍 | |
| | | | | | | | | 善本 |
| **总 计** | **111** | **2838** | **328** | **895** | **43700** | **38250** | **3353** | **206** |
| 省 级 | 1 | 531 | 99 | 156 | 9119 | 8081 | 1415 | 103 |
| 南京市 | 17 | 268 | 37 | 82 | 4274 | 3957 | 86 | 8 |
| 无锡市 | 9 | 198 | 13 | 51 | 3609 | 2755 | 318 | 22 |
| 徐州市 | 7 | 161 | 11 | 67 | 1733 | 1599 | 108 | 7 |
| 常州市 | 4 | 135 | 17 | 53 | 2423 | 2136 | 118 | 1 |
| 苏州市 | 12 | 589 | 33 | 114 | 8027 | 6630 | 564 | 43 |
| 南通市 | 10 | 150 | 17 | 57 | 2869 | 2558 | 223 | 5 |
| 连云港市 | 7 | 106 | 18 | 54 | 1760 | 1548 | 5 | 0 |
| 淮安市 | 8 | 111 | 16 | 49 | 1327 | 1140 | 38 | 2 |
| 盐城市 | 9 | 168 | 18 | 59 | 1826 | 1691 | 38 | 0 |
| 扬州市 | 7 | 143 | 17 | 44 | 2449 | 2232 | 176 | 9 |
| 镇江市 | 8 | 113 | 13 | 51 | 1988 | 1835 | 183 | 4 |
| 泰州市 | 6 | 113 | 17 | 42 | 1618 | 1487 | 79 | 3 |
| 宿迁市 | 6 | 52 | 2 | 16 | 676 | 599 | 3 | — |

# 书 馆 综 合 情 况(一)

| 藏量 | | | | 当年购买的报刊种类(种) | 书架单层总长度(米) | 累计发放有效借书证数(个) |
|---|---|---|---|---|---|---|
| 报刊 | 视听文献、缩微制品 | 其它 | 在藏量中:开架书刊 | | | |
| **3240** | **974** | **1236** | **17665** | **65104** | **2111124** | **2067302** |
| 707 | 265 | 65 | 950 | 8426 | 1280000 | 294848 |
| 232 | 45 | 39 | 2345 | 7842 | 90789 | 257203 |
| 275 | 42 | 537 | 1619 | 5105 | 42523 | 195548 |
| 125 | 2 | 7 | 1070 | 2558 | 73164 | 42409 |
| 260 | 17 | 10 | 1202 | 2978 | 352955 | 48997 |
| 440 | 489 | 468 | 3182 | 13631 | 85740 | 602615 |
| 270 | 24 | 17 | 1569 | 3705 | 37309 | 100944 |
| 167 | 15 | 29 | 1053 | 2248 | 30287 | 44885 |
| 163 | 21 | 3 | 352 | 2386 | 11838 | 27311 |
| 112 | 11 | 13 | 956 | 3697 | 25864 | 110332 |
| 199 | 5 | 13 | 1126 | 4048 | 25908 | 93928 |
| 134 | 13 | 6 | 864 | 2963 | 22553 | 177510 |
| 81 | 26 | 25 | 973 | 3464 | 21862 | 63312 |
| 74 | 0 | 3 | 406 | 2053 | 10332 | 7460 |

# 各 地 区 公 共 图

| | 总流通人次 | | 书刊文献外借册次 | 为读者举办各种活动 | | | | |
|---|---|---|---|---|---|---|---|---|
| | | | | 组织各类讲座次数 | | 举办展览 | | |
| | （千人次） | 书刊文献外借人次 | （千册次） | （次） | 参加人次（千人次） | （个） | 参观人次（千人次） | 班次（次） |
| **总 计** | **30058** | **15963** | **25422** | **2124** | **497** | **647** | **1914** | **1467** |
| 省 级 | 1643 | 900 | 1721 | 390 | 73 | 67 | 262 | 13 |
| 南京市 | 3774 | 1746 | 2724 | 356 | 67 | 75 | 152 | 251 |
| 无锡市 | 2568 | 1324 | 1791 | 162 | 49 | 89 | 762 | 27 |
| 徐州市 | 779 | 459 | 624 | 32 | 3 | 23 | 53 | 23 |
| 常州市 | 1245 | 974 | 1136 | 59 | 17 | 12 | 38 | 6 |
| 苏州市 | 9424 | 3507 | 6120 | 416 | 101 | 149 | 261 | 529 |
| 南通市 | 1696 | 1118 | 1985 | 130 | 20 | 39 | 44 | 41 |
| 连云港市 | 1889 | 1371 | 1521 | 82 | 16 | 37 | 39 | 26 |
| 淮安市 | 773 | 410 | 899 | 79 | 7 | 10 | 15 | 11 |
| 盐城市 | 1926 | 1567 | 2014 | 68 | 18 | 39 | 52 | 24 |
| 扬州市 | 1240 | 700 | 1483 | 101 | 39 | 33 | 42 | 431 |
| 镇江市 | 1377 | 787 | 1480 | 83 | 52 | 21 | 31 | 28 |
| 泰州市 | 1450 | 914 | 1574 | 101 | 19 | 35 | 90 | 36 |
| 宿迁市 | 274 | 186 | 351 | 65 | 16 | 18 | 73 | 21 |

# 书馆综合情况(二)

| 举办培训班 | 计算机 | | 本年收入合计(千元) | | | | | |
|---|---|---|---|---|---|---|---|---|
| 培训人次（千人次） | （台） | 电子阅览室终端数 | | 财政拨款 | 购书专项经费 | 事业收入 | 经营收入 | 其他收入 |
| **87.61** | **8562** | **4199** | **387627** | **342402** | **76120** | **18304** | **3256** | **20346** |
| 1.23 | 987 | 285 | 102880 | 88960 | 40000 | 7250 | 519 | 6151 |
| 15.29 | 867 | 454 | 39517 | 36701 | 5821 | 1319 | — | 1497 |
| 1.94 | 816 | 271 | 29632 | 27844 | 4856 | 1171 | — | 617 |
| 1.53 | 307 | 230 | 10961 | 10903 | 796 | 58 | — | — |
| 0.55 | 367 | 128 | 22336 | 20341 | 1850 | 1749 | 32 | 214 |
| 27.01 | 2048 | 936 | 84891 | 70213 | 9144 | 2510 | 2705 | 6962 |
| 3.74 | 371 | 154 | 18306 | 17854 | 2577 | 153 | — | 49 |
| 2.30 | 596 | 292 | 12136 | 9798 | 1365 | 270 | — | 2065 |
| 0.59 | 312 | 177 | 10818 | 10551 | 1184 | 267 | — | — |
| 2.39 | 382 | 279 | 12486 | 11290 | 1690 | 162 | — | 1034 |
| 23.23 | 533 | 363 | 12999 | 12050 | 2281 | 348 | — | 601 |
| 1.88 | 453 | 298 | 15076 | 12026 | 2000 | 2448 | — | 191 |
| 4.25 | 241 | 172 | 11902 | 10370 | 1626 | 513 | — | 919 |
| 1.69 | 282 | 160 | 3687 | 3501 | 930 | 86 | — | 46 |

# 各地区公共图

| | 本年支出合计 | | | | | | | |
|---|---|---|---|---|---|---|---|---|
| | (千元) | 基本支出 | 项目支出 | 经营支出 | 工资福利支出 | | 商品和服务支出 | |
| | | | | | | | 差旅费 | 劳务费 |
| **总　计** | **379641** | **236758** | **127295** | **2769** | **131871** | **88043** | **2489** | **4903** |
| 省　级 | 93803 | 37016 | 56762 | 25 | 25355 | 18662 | 342 | 785 |
| 南京市 | 40265 | 23505 | 16760 | — | 11192 | 12944 | 339 | 770 |
| 无锡市 | 29323 | 26953 | 1840 | — | 12727 | 6201 | 503 | 236 |
| 徐州市 | 10826 | 9541 | 1285 | — | 5009 | 2004 | 178 | 1 |
| 常州市 | 22336 | 11802 | 10502 | 32 | 8976 | 3298 | 111 | 348 |
| 苏州市 | 87991 | 59994 | 18445 | 2712 | 29673 | 26759 | 220 | 649 |
| 南通市 | 18093 | 14751 | 3342 | — | 7088 | 3349 | 159 | 502 |
| 连云港市 | 10612 | 5370 | 288 | — | 4395 | 2474 | 160 | 153 |
| 淮安市 | 10639 | 7739 | 2798 | — | 3819 | 1201 | 61 | 192 |
| 盐城市 | 11728 | 9767 | 1961 | — | 5243 | 1954 | 52 | 11 |
| 扬州市 | 12720 | 8134 | 4586 | — | 5436 | 1812 | 58 | 117 |
| 镇江市 | 15020 | 9467 | 5553 | — | 5925 | 4049 | 164 | 926 |
| 泰州市 | 12439 | 9845 | 2201 | — | 5592 | 2840 | 92 | 159 |
| 宿迁市 | 3846 | 2874 | 972 | — | 1441 | 496 | 50 | 54 |

# 书馆综合情况(三)

| 在支出合计中(千元) | | | | | | | 本年新购藏量(千册) |
|---|---|---|---|---|---|---|---|
| | | 对个人和家庭补助支出 | | 其他资本性支出 | | | |
| 福利费 | 各种税金支出 | | 抚恤金和生活补助 | | 各种设备购置费 | 新增藏量购置费 | |
| **2395** | **1333** | **50389** | **1427** | **106874** | **11884** | **82786** | **2589** |
| 152 | 804 | 11916 | 130 | 37845 | 1611 | 36233 | 354 |
| 192 | 88 | 5975 | 368 | 10154 | 2734 | 7217 | 202 |
| 167 | 35 | 3846 | 88 | 5593 | 123 | 4359 | 680 |
| 142 | — | 2429 | 55 | 1384 | 438 | 832 | 26 |
| 36 | 312 | 2346 | 10 | 7716 | 86 | 2576 | 105 |
| 653 | — | 9579 | 570 | 21979 | 3891 | 16162 | 538 |
| 641 | 20 | 3962 | 31 | 3265 | 275 | 2895 | 104 |
| 19 | 16 | 1252 | — | 2430 | 517 | 1880 | 116 |
| 100 | — | 1494 | 63 | 3664 | 186 | 1785 | 113 |
| 35 | 58 | 1904 | 11 | 2627 | 254 | 1764 | 61 |
| 33 | — | 2285 | 65 | 3099 | 666 | 2335 | 91 |
| 92 | — | 1448 | 9 | 3598 | 277 | 2163 | 86 |
| 67 | — | 1876 | 14 | 1708 | 90 | 1614 | 73 |
| 66 | — | 77 | 13 | 1812 | 736 | 971 | 39 |

# 各地区公共图

| | 资产总计(千元) | | 公用房屋建筑面积 | | | | |
|---|---|---|---|---|---|---|---|
| | | 固定资产原值 | （千平方米） | 书库面积 | 阅览室面积 | 书刊阅览室面积 | 电子阅览室面积 |
| **总　计** | **1590377** | **1430620** | **654** | **123** | **157** | **118** | **21** |
| 省　级 | 414440 | 362402 | 78 | 10 | 18 | 16 | 1 |
| 南京市 | 112420 | 96935 | 66 | 11 | 17 | 15 | 2 |
| 无锡市 | 127657 | 120458 | 65 | 10 | 17 | 14 | 2 |
| 徐州市 | 26864 | 26779 | 43 | 12 | 5 | 4 | 1 |
| 常州市 | 83647 | 82442 | 24 | 8 | 7 | 2 | 1 |
| 苏州市 | 436298 | 392306 | 148 | 16 | 39 | 30 | 5 |
| 南通市 | 44908 | 37831 | 29 | 9 | 9 | 7 | 1 |
| 连云港市 | 25260 | 24296 | 35 | 8 | 10 | 5 | 1 |
| 淮安市 | 28045 | 26570 | 20 | 5 | 4 | 3 | 1 |
| 盐城市 | 58684 | 50274 | 35 | 6 | 8 | 4 | 1 |
| 扬州市 | 91877 | 79833 | 36 | 8 | 9 | 7 | 2 |
| 镇江市 | 62111 | 58339 | 30 | 10 | 4 | 3 | 1 |
| 泰州市 | 58949 | 54671 | 27 | 8 | 6 | 5 | 1 |
| 宿迁市 | 19217 | 17484 | 17 | 2 | 6 | 5 | 1 |

# 书馆综合情况(四)

| 阅览室坐席数 | | 图书馆延伸服务情况 | | | | |
|---|---|---|---|---|---|---|
| | | | | 分馆数量 | | |
| (个) | 少儿阅览室坐席数 | 流动图书馆车书刊借阅人次(千人次) | 流动图书馆车书刊借阅册次(千册次) | (个) | 借阅人次(千人次) | 借阅册次(千册次) |
| **38912** | **10856** | **853.04** | **965.79** | **331** | **4706.33** | **5261.52** |
| 3000 | 120 | — | — | — | — | — |
| 5749 | 1738 | 13.74 | 23.83 | 19 | 46.06 | 66.02 |
| 4343 | 1158 | 32.78 | 33.57 | 32 | 307.83 | 345.47 |
| 1147 | 350 | — | — | 4 | 42.50 | 45.20 |
| 1405 | 275 | 8.50 | 15.20 | 5 | 9.00 | 15.52 |
| 7634 | 1893 | 658.42 | 673.99 | 119 | 3521.85 | 3714.22 |
| 2070 | 635 | 13.82 | 22.82 | 22 | 40.69 | 150.44 |
| 1880 | 690 | 101.05 | 162.30 | 52 | 331.61 | 404.42 |
| 1376 | 432 | — | — | 7 | 50.11 | 96.46 |
| 1968 | 720 | — | — | 25 | 227.35 | 282.64 |
| 2573 | 898 | — | — | — | — | — |
| 2415 | 910 | 21.13 | 27.58 | 6 | 42.70 | 43.89 |
| 2392 | 777 | 0.60 | 1.30 | 33 | 47.34 | 52.39 |
| 960 | 260 | 3.00 | 5.20 | 7 | 39.30 | 44.86 |

# 各地区文化馆

| | 机构数（个） | 从业人员（人） | | | 举办展览个数（个） | 组织文艺活动次数（次） | | | 藏书（千册） |
|---|---|---|---|---|---|---|---|---|---|
| | | | 高级职称 | 中级职称 | | | 老年人专场 | 未成年人专场 | |
| **总　计** | **118** | **1955** | **253** | **781** | **919** | **6524** | **1050** | **706** | **449** |
| 省　级 | 1 | 37 | 17 | 12 | 5 | 30 | 5 | — | — |
| 南京市 | 15 | 233 | 30 | 62 | 115 | 1071 | 110 | 64 | 4 |
| 无锡市 | 9 | 135 | 12 | 33 | 56 | 457 | 34 | 30 | 64 |
| 徐州市 | 9 | 212 | 20 | 98 | 95 | 377 | 60 | 46 | 23 |
| 常州市 | 8 | 110 | 27 | 57 | 77 | 471 | 41 | 24 | 67 |
| 苏州市 | 12 | 195 | 32 | 81 | 91 | 1499 | 316 | 140 | 100 |
| 南通市 | 9 | 177 | 25 | 61 | 77 | 307 | 57 | 36 | 74 |
| 连云港市 | 8 | 160 | 19 | 66 | 87 | 368 | 87 | 66 | 10 |
| 淮安市 | 9 | 126 | 16 | 55 | 49 | 179 | 25 | 42 | 23 |
| 盐城市 | 10 | 156 | 11 | 75 | 108 | 537 | 57 | 122 | 27 |
| 扬州市 | 8 | 105 | 16 | 46 | 39 | 401 | 92 | 37 | 12 |
| 镇江市 | 7 | 121 | 13 | 68 | 28 | 300 | 55 | 13 | 23 |
| 泰州市 | 7 | 122 | 14 | 44 | 58 | 210 | 40 | 58 | 3 |
| 宿迁市 | 6 | 66 | 1 | 23 | 34 | 317 | 71 | 28 | 19 |

# 综 合 情 况 (一)

| 举办训练班（班次） | 培训人次（千人次） | 组织各类理论研讨和讲座次数（次） | 编辑出版群众文艺报刊（种） | 有公开出版刊号 | 计算机（台） | 本年收入合计（千元） | 财政拨款 | 业务活动专项经费 |
|---|---|---|---|---|---|---|---|---|
| **5786** | **267** | **1119** | **71** | **15** | **1275** | **254451** | **196662** | **26146** |
| 2 | 0 | 6 | 1 | — | 62 | 7876 | 4724 | 124 |
| 1040 | 26 | 47 | 5 | 2 | 137 | 44011 | 30826 | 10906 |
| 337 | 13 | 355 | 4 | — | 91 | 22803 | 20161 | 4904 |
| 811 | 54 | 105 | 8 | 2 | 36 | 17909 | 17287 | 354 |
| 298 | 12 | 191 | 3 | — | 130 | 16489 | 13663 | 1640 |
| 410 | 43 | 103 | 8 | 2 | 180 | 44408 | 36276 | 3109 |
| 260 | 16 | 35 | 14 | 1 | 102 | 17334 | 15373 | 423 |
| 155 | 7 | 14 | 3 | — | 77 | 9524 | 8165 | 470 |
| 103 | 5 | 17 | 9 | 2 | 64 | 8133 | 7572 | 240 |
| 156 | 8 | 63 | 7 | 2 | 102 | 18516 | 10189 | 528 |
| 891 | 21 | 104 | 2 | — | 48 | 12409 | 9381 | 345 |
| 432 | 13 | 28 | 1 | 1 | 132 | 17779 | 9842 | 1170 |
| 454 | 27 | 28 | 4 | 2 | 73 | 12218 | 9738 | 762 |
| 437 | 22 | 23 | 2 | 1 | 41 | 5042 | 3465 | 1171 |

# 各地区文化馆

| | 本年支出合计(千元) | 资产合计(千元) | | 公用房屋建筑面积(千平方米) | | |
|---|---|---|---|---|---|---|
| | | | 固定资产原值 | | 业务用房面积 | |
| | | | | | | 对公众开放阅览室面积 |
| **总　计** | **242162** | **481991** | **390941** | **433** | **304** | **27** |
| 省　级 | 7338 | 46116 | 40414 | 5 | 2 | — |
| 南京市 | 42970 | 55918 | 39648 | 55 | 45 | 0 |
| 无锡市 | 22518 | 63465 | 50637 | 58 | 39 | 4 |
| 徐州市 | 17823 | 16436 | 15199 | 35 | 29 | 5 |
| 常州市 | 16392 | 55967 | 51977 | 32 | 23 | 1 |
| 苏州市 | 42187 | 76900 | 55096 | 66 | 41 | 5 |
| 南通市 | 17430 | 20092 | 15346 | 32 | 23 | 3 |
| 连云港市 | 9623 | 34741 | 30066 | 24 | 21 | 1 |
| 淮安市 | 8020 | 22122 | 19971 | 19 | 12 | 1 |
| 盐城市 | 11624 | 21583 | 12280 | 17 | 14 | 3 |
| 扬州市 | 12395 | 18543 | 15835 | 25 | 19 | 1 |
| 镇江市 | 17779 | 23305 | 21561 | 25 | 15 | 1 |
| 泰州市 | 11396 | 20750 | 17081 | 25 | 7 | 0 |
| 宿迁市 | 4667 | 6053 | 5830 | 16 | 14 | 2 |

# 综合情况（二）

| 流动舞台车数量 | | | 由本馆指导的单位 | | | |
|---|---|---|---|---|---|---|
| | | | 馆办文艺团体 | | | |
| （辆） | 利用流动舞台车演出（场） | 利用流动舞台车演出观众人次（千人次） | （个） | 馆办文艺团体演出场次（场） | 馆办老年大学（个） | 群众业余文艺团队（个） |
| **10** | **707** | **910** | **190** | **3886** | **37** | **2926** |
| 1 | — | — | 5 | 5 | 1 | 1 |
| 2 | 40 | 20 | 40 | 210 | 5 | 672 |
| 2 | 56 | 182 | 27 | 355 | 3 | 316 |
| — | — | — | 22 | 291 | 8 | 71 |
| 3 | 350 | 365 | 6 | 208 | 1 | 335 |
| 1 | 150 | 220 | 19 | 1158 | 4 | 597 |
| — | — | — | 20 | 384 | 2 | 217 |
| — | — | — | 7 | 342 | — | 184 |
| — | — | — | 6 | 6 | 1 | 56 |
| — | 20 | 20 | 14 | 411 | 3 | 86 |
| — | — | — | 2 | 80 | 2 | 173 |
| 1 | 58 | 75 | 7 | 184 | 5 | 114 |
| — | — | — | 3 | 46 | 2 | 40 |
| — | 33 | 28 | 12 | 206 | — | 64 |

# 各地区文化

| | 机构数（个） | 从业人员数（人） | | | | 举办展览个数（个） | 组织文艺活动次数（次） | 藏书（千册） |
|---|---|---|---|---|---|---|---|---|
| | | | 其中专职人员 | 在从业人员中 | | | | |
| | | | | 高级职称 | 中级职称 | | | |
| **总　计** | **1324** | **4502** | **2491** | **63** | **596** | **6316** | **26062** | **18716** |
| 南京市 | 113 | 334 | 147 | 2 | 49 | 632 | 2890 | 1760 |
| 无锡市 | 82 | 464 | 276 | 7 | 41 | 393 | 1562 | 3894 |
| 徐州市 | 157 | 543 | 415 | 5 | 112 | 825 | 2427 | 1657 |
| 常州市 | 58 | 237 | 113 | 2 | 39 | 328 | 1369 | 1239 |
| 苏州市 | 95 | 711 | 302 | 14 | 62 | 700 | 6732 | 2552 |
| 南通市 | 121 | 267 | 169 | 8 | 38 | 717 | 3189 | 1450 |
| 连云港市 | 96 | 188 | 142 | 2 | 24 | 411 | 1251 | 764 |
| 淮安市 | 127 | 594 | 83 | 2 | 38 | 346 | 1173 | 658 |
| 盐城市 | 137 | 249 | 224 | 3 | 42 | 685 | 1572 | 1415 |
| 扬州市 | 88 | 275 | 193 | 4 | 39 | 377 | 1199 | 984 |
| 镇江市 | 52 | 140 | 114 | 4 | 36 | 210 | 784 | 759 |
| 泰州市 | 93 | 229 | 173 | 2 | 36 | 443 | 1254 | 1033 |
| 宿迁市 | 105 | 271 | 140 | 8 | 40 | 249 | 660 | 551 |

# 站 综 合 情 况 (一)

| 计算机（台） | 举办训练班 | | 本年收入合计（千元） | | | | | |
|---|---|---|---|---|---|---|---|---|
| | 班次（次） | 培训人次（千人次） | | 财政拨款 | 业务活动专项经费 | 事业收入 | 经营收入 | 其他收入 |
| **6852** | **13164** | **1053** | **359448** | **304010** | **64540** | **11454** | **6801** | **21134** |
| 703 | 1342 | 75 | 31174 | 22813 | 5464 | 1820 | 700 | 5841 |
| 1149 | 955 | 106 | 66436 | 54938 | 12533 | 1956 | 190 | 4024 |
| 463 | 1419 | 128 | 13061 | 12887 | 2570 | 10 | 4 | 93 |
| 252 | 491 | 42 | 18748 | 17062 | 2419 | 637 | 337 | 584 |
| 1295 | 3431 | 243 | 111912 | 97650 | 28153 | 2541 | 1130 | 7763 |
| 502 | 1519 | 114 | 18745 | 17412 | 3612 | 475 | 105 | 307 |
| 402 | 632 | 48 | 5064 | 4860 | 503 | 86 | 23 | 20 |
| 62 | 492 | 47 | 18786 | 13148 | 110 | 2423 | 889 | 217 |
| 289 | 606 | 48 | 13569 | 11132 | 1398 | 100 | — | 282 |
| 350 | 631 | 44 | 15458 | 12750 | 2223 | 467 | 890 | 1240 |
| 593 | 630 | 50 | 10909 | 7732 | 1492 | 576 | 270 | 222 |
| 597 | 613 | 71 | 28689 | 24967 | 3632 | 352 | 2213 | 538 |
| 195 | 403 | 36 | 6897 | 6659 | 431 | 11 | 50 | 3 |

# 各地区文化

| | 本年支出合计（千元） | | | | | | | | | |
|---|---|---|---|---|---|---|---|---|---|---|
| | | | | | 在支出合计中 | | | | | |
| | | 基本支出 | 项目支出 | 经营支出 | 工资福利支出 | 商品和服务支出 | | | | |
| | | | | | | | 差旅费 | 劳务费 | 福利费 | 各种税金支出 |
| **总 计** | **359772** | **265193** | **67506** | **9776** | **139453** | **122348** | **2545** | **6547** | **4219** | **246** |
| 南京市 | 30413 | 24051 | 6212 | 150 | 11904 | 16304 | 171 | 495 | 283 | 6 |
| 无锡市 | 65557 | 44701 | 13035 | 981 | 20653 | 26032 | 250 | 708 | 586 | 3 |
| 徐州市 | 13882 | 13097 | 382 | 4 | 9769 | 2794 | 31 | 24 | 21 | 1 |
| 常州市 | 18221 | 16247 | 1537 | 337 | 9527 | 4699 | 83 | 99 | 162 | — |
| 苏州市 | 113887 | 82415 | 23948 | 1518 | 35937 | 45131 | 445 | 3476 | 2236 | 148 |
| 南通市 | 18216 | 13239 | 4288 | 177 | 8485 | 5405 | 330 | 266 | 168 | — |
| 连云港市 | 6747 | 5680 | 941 | 87 | 3361 | 1240 | 60 | 10 | 28 | — |
| 淮安市 | 19490 | 13823 | 2265 | 1489 | 11681 | 3525 | 378 | 218 | 409 | 33 |
| 盐城市 | 11273 | 10849 | 377 | 10 | 5850 | 2970 | 234 | 879 | 41 | — |
| 扬州市 | 15151 | 10477 | 3339 | 959 | 7279 | 1895 | 210 | 122 | 136 | 10 |
| 镇江市 | 10351 | 8827 | 1229 | 215 | 4255 | 3662 | 57 | 61 | 67 | 1 |
| 泰州市 | 29859 | 15893 | 9464 | 3807 | 6170 | 8334 | 236 | 144 | 75 | 44 |
| 宿迁市 | 6725 | 5894 | 489 | 42 | 4582 | 357 | 60 | 45 | 7 | — |

# 站 综 合 情 况 (二)

| 对个人和家庭补助支出 | | 其他资本性支出 | | 资产总计（千元） | | 公用房屋建筑面积（千平方米） | | 本站指导群众业余文艺团队（个） | 辖区内社区文化活动室（个） | 辖区内村文化室（个） |
|---|---|---|---|---|---|---|---|---|---|---|
| | 抚恤金和生活补助 | | 各种设备购置费 | | 固定资产原值 | | 文化活动用房面积 | | | |
| **14074** | **849** | **29683** | **13234** | **1979232** | **1735929** | **1948** | **1414** | **11535** | **6787** | **14415** |
| 635 | 7 | 1552 | 1414 | 192998 | 179952 | 177 | 124 | 1368 | 776 | 543 |
| 1187 | 42 | 4895 | 2174 | 225757 | 214294 | 267 | 203 | 1452 | 618 | 662 |
| 665 | 26 | 361 | 343 | 150685 | 145113 | 174 | 107 | 1024 | 440 | 2133 |
| 698 | 24 | 1576 | 345 | 63130 | 31268 | 75 | 53 | 866 | 799 | 765 |
| 6173 | 310 | 4699 | 2513 | 401676 | 335360 | 371 | 248 | 1793 | 875 | 1062 |
| 424 | 71 | 1727 | 1239 | 103896 | 85031 | 139 | 101 | 1321 | 712 | 1528 |
| 220 | 20 | 319 | 202 | 86077 | 69049 | 93 | 75 | 477 | 304 | 1315 |
| 251 | 89 | 1294 | 435 | 69170 | 63406 | 121 | 112 | 285 | 127 | 767 |
| 1334 | 95 | 1058 | 453 | 109778 | 105726 | 135 | 93 | 476 | 447 | 1847 |
| 1171 | 56 | 3586 | 1170 | 113477 | 102316 | 94 | 68 | 1050 | 486 | 1019 |
| 150 | — | 997 | 880 | 215902 | 186064 | 110 | 83 | 672 | 284 | 494 |
| 1054 | 29 | 6546 | 1035 | 175632 | 149427 | 112 | 86 | 617 | 734 | 1382 |
| 112 | 80 | 1073 | 1031 | 71054 | 68923 | 81 | 63 | 134 | 185 | 898 |

# 各地区博物

| | 机构数（个） | 从业人员数（人） | | | 安全保卫人员（人） | 藏品数（件、套） | | | |
|---|---|---|---|---|---|---|---|---|---|
| | | | 高级职称 | 中级职称 | | | 一级品 | 二级品 | 三级品 |
| **总　计** | **213** | **4190** | **346** | **757** | **860** | **1527507** | **2612** | **94259** | **432625** |
| 省　级 | 3 | 619 | 56 | 91 | 150 | 453167 | 1062 | 88438 | 360422 |
| 南京市 | 39 | 737 | 76 | 141 | 128 | 304408 | 388 | 1560 | 45184 |
| 无锡市 | 27 | 338 | 16 | 37 | 97 | 57272 | 261 | 559 | 893 |
| 徐州市 | 21 | 485 | 30 | 78 | 99 | 62002 | 132 | 400 | 996 |
| 常州市 | 12 | 133 | 13 | 22 | 24 | 198167 | 74 | 325 | 3626 |
| 苏州市 | 32 | 568 | 67 | 101 | 84 | 135424 | 265 | 1144 | 10216 |
| 南通市 | 18 | 265 | 24 | 50 | 43 | 150296 | 17 | 324 | 1493 |
| 连云港市 | 10 | 97 | 9 | 37 | 18 | 19199 | 68 | 163 | 160 |
| 淮安市 | 11 | 284 | 15 | 84 | 80 | 27523 | 114 | 250 | 1902 |
| 盐城市 | 7 | 70 | 7 | 24 | 11 | 24545 | 33 | 88 | 100 |
| 扬州市 | 10 | 237 | 14 | 18 | 76 | 33763 | 65 | 421 | 1748 |
| 镇江市 | 9 | 173 | 9 | 41 | 25 | 33621 | 107 | 361 | 3245 |
| 泰州市 | 9 | 125 | 8 | 23 | 16 | 24888 | 25 | 212 | 2519 |
| 宿迁市 | 5 | 59 | 2 | 10 | 9 | 3232 | 1 | 14 | 121 |

# 馆综合情况(一)

| 本年从有关部门接收文物数（件、套） | 本年藏品征集数（件、套） | 本年修复文物数（件、套） | 考古发掘项目 | | | | 考古钻探面积（千平方米） | 考古发掘面积（千平方米） |
|---|---|---|---|---|---|---|---|---|
| | | | （个） | 基本建设考古发掘项目 | 抢救性发掘项目 | 主动性发掘项目 | | |
| **2468** | **152428** | **1614** | **153** | **94** | **57** | **1** | **4358** | **36.98** |
| — | 300 | 30 | 8 | 4 | 3 | 1 | 1180 | 6.80 |
| 125 | 10099 | 408 | 60 | 50 | 10 | — | 2310 | 15.00 |
| 1058 | 6334 | — | — | — | — | — | — | — |
| 30 | 845 | 58 | 5 | 2 | 3 | — | 1 | — |
| 70 | 128873 | 76 | 5 | 3 | 2 | — | 307 | 4.60 |
| 9 | 1172 | 241 | 4 | — | 4 | — | 193 | 2.13 |
| 908 | 1872 | 104 | — | — | — | — | — | — |
| 2 | 647 | 183 | — | — | — | — | — | — |
| 28 | 160 | 278 | 1 | 1 | — | — | 2 | 0.50 |
| — | 150 | 2 | — | — | — | — | — | — |
| 192 | 162 | 11 | 46 | 34 | 12 | — | 86 | 0.49 |
| 8 | 827 | 46 | 22 | — | 22 | — | 269 | 7.32 |
| — | 985 | 177 | 1 | — | — | — | — | 0.12 |
| 38 | 2 | — | 1 | — | 1 | — | 10 | 0.02 |

# 各 地 区 博 物

| | 发掘墓葬数（个） | 基本陈列（个） | 举办展览（个） | 参观人次 | | 门票销售总额（千元） | |
|---|---|---|---|---|---|---|---|
| | | | | （千人次） | 未成年人参观人次 | | （千元） |
| **总　计** | **474** | **528** | **1063** | **45568** | **12557** | **90371** | **764707** |
| 省　级 | 86 | 25 | 40 | 3442 | 147 | 66152 | 187509 |
| 南京市 | 204 | 62 | 126 | 11299 | 2880 | 9721 | 169828 |
| 无锡市 | 5 | 52 | 218 | 2486 | 609 | 1357 | 52799 |
| 徐州市 | 12 | 34 | 81 | 5362 | 1594 | 7938 | 60755 |
| 常州市 | 44 | 19 | 52 | 910 | 277 | — | 19640 |
| 苏州市 | 7 | 122 | 150 | 8513 | 1691 | 197 | 101544 |
| 南通市 | — | 50 | 105 | 1913 | 725 | 307 | 32357 |
| 连云港市 | 1 | 23 | 49 | 1136 | 695 | — | 11441 |
| 淮安市 | 45 | 21 | 29 | 2604 | 1446 | — | 27156 |
| 盐城市 | — | 32 | 48 | 1563 | 235 | — | 12110 |
| 扬州市 | 47 | 41 | 86 | 1401 | 342 | 2385 | 26138 |
| 镇江市 | 20 | 22 | 26 | 2835 | 852 | — | 36441 |
| 泰州市 | 2 | 19 | 36 | 1603 | 950 | 828 | 18822 |
| 宿迁市 | 1 | 6 | 17 | 501 | 114 | 1486 | 8167 |

# 馆 综 合 情 况 (二)

| 本年收入合计 | | 本年支出合计（千元） | 资产总计 | | 公用房屋建筑面积 | | |
|---|---|---|---|---|---|---|---|
| 财政拨款 | 事业收入 | | （千元） | 固定资产原值 | （千平方米） | 展览用房 | 文物库房 |
| **542722** | **131189** | **689863** | **2954490** | **2506954** | **1056.24** | **567.74** | **65.91** |
| 94656 | 76945 | 140290 | 1082041 | 913827 | 96.31 | 61.35 | 13.48 |
| 117241 | 24485 | 158657 | 508746 | 456130 | 194.26 | 91.68 | 10.53 |
| 48992 | 1339 | 49312 | 85413 | 52130 | 144.48 | 72.99 | 6.20 |
| 50315 | 7839 | 57192 | 150103 | 141649 | 144.58 | 92.35 | 6.32 |
| 19085 | 142 | 19026 | 35071 | 23861 | 45.70 | 27.73 | 3.74 |
| 69481 | 6455 | 104083 | 458162 | 438487 | 126.76 | 58.02 | 7.73 |
| 25433 | 1494 | 34419 | 139646 | 126986 | 48.72 | 28.71 | 5.55 |
| 10640 | 593 | 9169 | 67083 | 9019 | 21.93 | 11.14 | 1.35 |
| 24898 | 794 | 25478 | 210866 | 183141 | 55.79 | 24.82 | 1.20 |
| 8253 | — | 11148 | 41400 | 37383 | 38.32 | 22.26 | 1.18 |
| 22555 | 2429 | 21936 | 46482 | 30330 | 57.76 | 27.33 | 4.84 |
| 29099 | 6103 | 36577 | 83743 | 69168 | 46.55 | 24.63 | 2.62 |
| 16946 | 1286 | 15994 | 33349 | 14026 | 20.70 | 13.67 | 0.34 |
| 5128 | 1285 | 6582 | 12385 | 10817 | 14.39 | 11.07 | 0.83 |

# 各地区文化部门文化、文

| | 本年收入合计（千元） | | | | | | | | | |
|---|---|---|---|---|---|---|---|---|---|---|
| | | 财政拨款 | 事业收入 | 经营收入 | 其他收入 | | 基本支出 | 项目支出 | 经营支出 | 工资福利支出 |
| **总　计** | **3349639** | **2291945** | **325454** | **27850** | **177756** | **3283405** | **2138252** | **1063768** | **28483** | **985349** |
| 省　级 | 467872 | 373666 | 28032 | 519 | 25509 | 458616 | 243521 | 215070 | 25 | 80295 |
| 南京市 | 405954 | 283497 | 47403 | 1071 | 21791 | 410287 | 218466 | 189803 | 1686 | 102158 |
| 无锡市 | 358568 | 240291 | 55940 | 892 | 11342 | 346585 | 272755 | 52971 | 4191 | 117879 |
| 徐州市 | 177439 | 112931 | 12530 | 104 | 3868 | 167658 | 134843 | 31752 | 104 | 67640 |
| 常州市 | 208392 | 161195 | 18963 | 1215 | 2775 | 207424 | 119654 | 86350 | 1315 | 72902 |
| 苏州市 | 633189 | 426080 | 47349 | 5995 | 51173 | 625255 | 430652 | 174709 | 6281 | 180889 |
| 南通市 | 186962 | 116842 | 20956 | 4553 | 9191 | 185804 | 138755 | 45266 | 1211 | 66476 |
| 连云港市 | 92899 | 56752 | 8274 | 23 | 2359 | 88549 | 57376 | 18694 | 87 | 30623 |
| 淮安市 | 155208 | 99911 | 17520 | 8614 | 4235 | 151393 | 98801 | 43536 | 7110 | 58329 |
| 盐城市 | 153735 | 88157 | 7099 | — | 14402 | 141596 | 125880 | 14309 | 10 | 51036 |
| 扬州市 | 171692 | 119963 | 20159 | 890 | 9687 | 167629 | 107814 | 57644 | 959 | 57930 |
| 镇江市 | 162626 | 90801 | 29735 | 1711 | 15840 | 162365 | 78193 | 82432 | 1655 | 42025 |
| 泰州市 | 126074 | 90747 | 8076 | 2213 | 3686 | 123236 | 81526 | 35057 | 3807 | 41056 |
| 宿迁市 | 49029 | 31112 | 3418 | 50 | 1898 | 47008 | 30016 | 16175 | 42 | 16111 |

# 物事业经费收支综合情况

| 本年支出合计（千元） | | | | | | | | | 资产总计（千元） | |
|---|---|---|---|---|---|---|---|---|---|---|
| 在支出合计中 | | | | | | | | | | |
| 商品和服务支出 | | | | | 对个人和家庭补助支出 | | 其他资本性支出 | | | 固定资产原值 |
| | 差旅费 | 劳务费 | 福利费 | 各种税金支出 | | 抚恤金和生活补助 | | 各种设备购置费 | | |
| **1234038** | **37597** | **106103** | **19968** | **8220** | **395229** | **13623** | **410687** | **79955** | **7905515** | **6079428** |
| 127156 | 6340 | 11517 | 469 | 1486 | 61174 | 2861 | 100819 | 10543 | 1078129 | 827698 |
| 175337 | 4537 | 21929 | 1734 | 1159 | 50084 | 959 | 77782 | 10595 | 914572 | 537538 |
| 137668 | 3129 | 6827 | 1466 | 2151 | 39829 | 340 | 19083 | 5073 | 913272 | 721286 |
| 53984 | 1730 | 1301 | 1191 | 29 | 31259 | 1107 | 10932 | 2802 | 441838 | 349326 |
| 91951 | 2766 | 3765 | 888 | 514 | 23359 | 204 | 16769 | 4016 | 346550 | 279468 |
| 268825 | 4554 | 29616 | 5085 | 1401 | 70276 | 1978 | 59045 | 13694 | 1511145 | 1222779 |
| 69517 | 2670 | 5675 | 2713 | 574 | 29574 | 1814 | 16156 | 3729 | 241903 | 195668 |
| 33082 | 1834 | 1399 | 597 | 17 | 9775 | 115 | 5087 | 1874 | 235897 | 166264 |
| 49315 | 2122 | 6046 | 2612 | 613 | 14691 | 824 | 19158 | 1603 | 422006 | 368769 |
| 54266 | 3128 | 2670 | 922 | 178 | 15667 | 991 | 14269 | 5931 | 328425 | 244873 |
| 60236 | 1805 | 8268 | 768 | 14 | 26017 | 949 | 20296 | 6274 | 449622 | 308381 |
| 51133 | 751 | 3984 | 515 | 34 | 9952 | 462 | 27080 | 3362 | 431800 | 356315 |
| 45424 | 1228 | 1645 | 488 | 44 | 11862 | 373 | 12159 | 1391 | 320881 | 254624 |
| 16144 | 1003 | 1461 | 520 | 6 | 1710 | 646 | 12052 | 9068 | 269475 | 246439 |

# 文化部门文化、文物事

| | 本年收入合计（千元） | | | | | | | | |
|---|---|---|---|---|---|---|---|---|---|
| | | 财政拨款 | 事业收入 | 经营收入 | 其他收入 | | 基本支出 | 项目支出 | 经营支出 |
| 总 计 | 3349639 | 2291945 | 325454 | 27850 | 177756 | 3283405 | 2138252 | 1063768 | 28483 |
| 文化合计 | 2533899 | 1630411 | 222128 | 24561 | 131779 | 2525880 | 1731746 | 720015 | 21757 |
| 艺术表演团体 | 512143 | 319659 | 134799 | 6344 | 44931 | 499253 | 426288 | 70595 | 2316 |
| 艺术表演场馆 | 32454 | 10198 | 15119 | 5829 | 1308 | 29468 | 24655 | 474 | 4339 |
| 图书馆 | 382418 | 338120 | 18217 | 3256 | 19717 | 375235 | 233894 | 125855 | 2769 |
| 群众文化 | 613899 | 500672 | 37573 | 7693 | 47058 | 601934 | 456456 | 112664 | 11299 |
| 其他文化 | 992985 | 461762 | 16420 | 1439 | 18765 | 1019990 | 590453 | 410427 | 1034 |
| 文物合计 | 706328 | 584352 | 75577 | 2982 | 41804 | 648806 | 318910 | 323477 | 6419 |
| 文物科研机构 | 8749 | 2546 | 3854 | — | 2349 | 8165 | 4327 | 3838 | — |
| 文物保护管理机构 | 79507 | 65657 | 12130 | — | 1720 | 79459 | 45823 | 33636 | — |
| 博物馆 | 574551 | 474241 | 59593 | 2982 | 37735 | 500232 | 262022 | 231791 | 6419 |
| 文物商店 | — | — | — | — | — | — | — | — | — |
| 其它文物机构 | 43521 | 41908 | — | — | — | 60950 | 6738 | 54212 | — |
| 教育合计 | 109412 | 77182 | 27749 | 307 | 4173 | 108719 | 87596 | 20276 | 307 |
| 其中，中等专业学校 | 109412 | 77182 | 27749 | 307 | 4173 | 108719 | 87596 | 20276 | 307 |

# 业经费收支综合情况

| 本年支出合计（千元） | | | | | | | | | | 资产总计（千元） | |
|---|---|---|---|---|---|---|---|---|---|---|---|
| 在支出合计中 | | | | | | | | | | | |
| 工资福利支出 | 商品和服务支出 | | | | | 对个人和家庭补助支出 | | 其他资本性支出 | | | 固定资产原值 |
| | | 差旅费 | 劳务费 | 福利费 | 各种税金支出 | | 抚恤金和生活补助 | | 各种设备购置费 | | |
| **985349** | **1234038** | **37597** | **106103** | **19968** | **8220** | **395229** | **13623** | **410687** | **79955** | **7905515** | **6079428** |
| **796285** | **893227** | **29350** | **74918** | **16688** | **6531** | **311198** | **10612** | **276140** | **62889** | **5772468** | **4580151** |
| 167934 | 126033 | 7278 | 30123 | 4214 | 1909 | 61624 | 2942 | 14068 | 9215 | 329826 | 195763 |
| 8339 | 14176 | 86 | 88 | 361 | 799 | 973 | — | 591 | 581 | 233737 | 220725 |
| 130237 | 86841 | 2430 | 4895 | 2385 | 1317 | 50263 | 1427 | 105430 | 11537 | 1563637 | 1408558 |
| 231989 | 205982 | 4710 | 14653 | 5960 | 1274 | 60317 | 2322 | 43700 | 19264 | 2461223 | 2126870 |
| 257786 | 460195 | 14846 | 25159 | 3768 | 1232 | 138021 | 3921 | 112351 | 22292 | 1184045 | 628235 |
| **150056** | **319950** | **7253** | **27141** | **3001** | **1688** | **51672** | **2071** | **123408** | **13476** | **1966323** | **1379526** |
| 2517 | 5311 | 171 | 507 | 48 | — | 240 | — | 97 | 97 | 9409 | 2596 |
| 17359 | 55349 | 686 | 3458 | 701 | — | 5931 | 74 | 820 | 639 | 226673 | 90620 |
| 126187 | 211395 | 6292 | 22670 | 2227 | 1688 | 44059 | 1972 | 118591 | 12508 | 1479009 | 1233255 |
| — | — | — | — | — | — | — | — | — | — | 215662 | 43089 |
| 3993 | 47895 | 104 | 506 | 25 | — | 1442 | 25 | 3900 | 232 | 35570 | 9966 |
| **39008** | **20861** | **994** | **4044** | **279** | **1** | **32359** | **940** | **11139** | **3590** | **166724** | **119751** |
| 39008 | 20861 | 994 | 4044 | 279 | 1 | 32359 | 940 | 11139 | 3590 | 166724 | 119751 |

# 文化资讯

# 江苏省入选第三批国家珍贵古籍名录

| 序号 | 古籍名 | 朝　　代 | 收藏单位 |
|---|---|---|---|
| 06899 | 妙法莲华经七卷 | 后秦释鸠摩罗什译　唐五代泥金写本　卷轴装　行17字，高27厘米，长951厘米　卷一510行21纸，卷二570行24纸，卷三562行23纸，卷四664行27纸，卷五625行26纸，卷六625行26纸，卷七540行22纸 | 苏州博物馆藏 |
| 06978 | 附释音周礼注疏四十二卷 | 汉郑玄注　唐贾公彦等疏　唐陆德明释文　元刻明修本　半叶10行，行17字，小字双行，行23字，黑口，左右双边，框高19.6厘米，宽13.4厘米 | 南京图书馆藏 |
| 06985 | 仪礼十七卷<br>仪礼图十七卷旁通图一卷 | 宋杨复撰　元崇化余志安勤有堂刻本　存八卷（仪礼卷二、六至七，仪礼图二、五至七、十二）丁丙跋　半叶10行，行20字，小字双行，字数同，白口，左右双边，框高23.1厘米，宽16.7厘米 | 南京图书馆藏 |
| 06993 | 礼书一百五十卷 | 宋陈祥道撰　元至正七年（1347）福州路儒学刻明修本　半叶13行，行21字，小字双行，字数不定，白口或黑口，左右双边，框高22.4厘米，宽16.4厘米 | 南京图书馆藏 |
| 06994 | 乐书二百卷目录二十卷 | 宋陈旸撰　元至正七年（1347）福州路儒学刻明修本（卷三十九至四十三配清抄本）半叶13行，行21字，小字双行，行22字，白口，左右双边，框高21.6厘米，宽16.6厘米 | 南京图书馆藏 |
| 06998 | 监本附音春秋公羊注疏二十八卷 | 汉何休注　唐徐彦疏　唐陆德明音义　元刻本　存十卷（五至六、十五至十六、二十一至二十二、二十五至二十八）半叶10行，行17字，小字双行，行23字，白口，左右双边，框高18.4厘米，宽13.7厘米 | 南京图书馆藏 |
| 07000 | 监本附音春秋公羊注疏二十八卷 | 汉何休注　唐徐彦疏　唐陆德明音义　元刻明修本　丁丙跋　半叶10行，行19字，小字双行，行24字，白口，四周单边，框高20.3厘米，宽13.1厘米 | 南京图书馆藏 |
| 07028 | 南史八十卷 | 唐李延寿撰　元大德十年（1306）刻明嘉靖递修本　半叶10行，行22字，小字双行，字数不定，白口，左右双边或四周双边，框高22.3厘米，宽16.5厘米 | 南京图书馆藏 |
| 07031 | 南史八十卷 | 唐李延寿撰　元大德十年（1306）刻明嘉靖递修本　丁丙跋　半叶10行，行22字，小字双行，字数不定，白口，左右双边或四周双边，框高22.3厘米，宽16.5厘米 | 南京图书馆藏 |
| 07055 | 魏书一百十四卷 | 北齐魏收撰　宋刻宋元明递修本　存三卷（三十五、六十六、六十九）半叶9行，行18字，白口，左右双边，框高23厘米，宽18厘米 | 启东市图书馆藏 |
| 07058 | 北齐书五十卷 | 唐李百药撰　宋刻宋元明递修本　半叶9行，行18字，白口，左右双边，框高22.8厘米，宽18.8厘米 | 南京图书馆藏 |

| 序号 | 古籍名 | 朝　代 | 收藏单位 |
|---|---|---|---|
| 07061 | 周书五十卷 | 唐令狐德棻等撰　宋刻宋元明递修本　半叶9行,行18字,小字双行,字数不定,白口或黑口,左右双边或四周双边,框高22.6厘米,宽18.8厘米 | 南京图书馆藏 |
| 07063 | 唐书二百二十五卷目录二卷 | 宋欧阳修、宋祁等撰　元刻明修本　存一百十九卷(五至二十三、二十八下至三十上、三十八至四十四、七十至七十二、七十五下至七十八、八十九至九十四、一百一至一百五、一百十一至一百十五、一百三十至一百六十三、一百六十八至一百七十　一、一百七十八至一百八十二、一百九十八至二百十六、二百二十至二百二十四)半叶10行,行19字,黑口,左右双边,框高19.3厘米,宽16.3厘米 | 南京图书馆藏 |
| 07065 | 唐书二百二十五卷 | 宋欧阳修、宋祁等撰　释音二十五卷　宋董冲撰　元大德九年(1305)建康路儒学刻明成化弘治南京国子监递修本　丁丙跋　半叶10行,行22字,小字双行,字数不定,白口或黑口,左右双边或四周双边,框高22.5厘米,宽15.9厘米 | 南京图书馆藏 |
| 07072 | 唐书二百二十五卷 | 宋欧阳修、宋祁等撰　释音二十五卷　宋董冲撰　元大德九年(1305)建康路儒学刻明清递修本　存一百十三卷(一至十八、二十五至二十八、三十一至三十五、四十一至五十六、六十五至八十一、九十八至一百十一、一百五十九至一百六十五、一百七十四至一百八十,释音全)　半叶10行,行22字,白口,左右双边或四周双边,框高19.5厘米,宽13.5厘米 | 南京图书馆藏 |
| 07085 | 通鉴释文辩误十二卷 | 元胡三省撰　元刻明修本　半叶10行,行20字,小字双行,字数同,白口,四周双边,框高21.9厘米,宽15厘米 | 南京图书馆藏 |
| 07110 | 新编方舆胜览七十卷 | 宋祝穆辑　元刻本　半叶14行,行23字,黑口,左右双边,框高17.2厘米,宽11.8厘米 | 南京图书馆藏 |
| 07112 | [至正]金陵新志十五卷 | 元张铉纂修　元至正四年(1344)集庆路儒学溧阳州学溧水州学刻明正德十五年(1520)南京国子监重修本存五卷(三下至四、七至九)。半叶9行,行17字,小字双行,字数同,白口,左右双边,框高24.9厘米,宽18.1厘米 | 南京图书馆藏 |
| 07122 | 纂图互注荀子二十卷 | 唐杨倞注　元刻明修本　半叶11行,行21字,小字双行,行25字,黑口,左右双边或四周双边,框高18.4厘米,宽12.1厘米 | 南京图书馆藏 |
| 07127 | 朱子成书十卷 | 元黄瑞节辑　元至正元年(1341)日新书堂刻本　存七卷(正蒙一卷、易学启蒙一卷、家礼及图一卷、律吕新书一卷、皇极经世指要一卷、周易参同契一卷、阴符经一卷)半叶11行,行21字,小字双行同,黑口,四周双边,框高19.6厘米,宽12.5厘米 | 扬州市图书馆藏 |
| 07132 | 西山先生真文忠公读书记丁集二卷 | 宋真德秀撰　宋福州学官刻本　存一卷(一)　丁丙跋　半叶9行,行16字,小字双行,行24字,白口,左右双边,框高21.5厘米,宽15.9厘米 | 南京图书馆藏 |
| 07148 | 桯史十五卷 | 宋岳珂撰　宋刻元明递修本(有抄配)　鲍廷博校,沈树镛、沈曾植跋。半叶9行,行17字,小字双行,字数同,黑口或白口,左右双边,框高20.8厘米,宽15.6厘米 | 南京图书馆藏 |

| 序号 | 古籍名 | 朝　　代 | 收藏单位 |
|---|---|---|---|
| 07165 | 般若波罗蜜多心经 | 唐释玄奘译　北宋写本　卷轴装　21行，行15字，高23.9厘米，长60.0厘米，卷前有扉画 | 苏州博物馆藏 |
| 07167 | 金刚般若波罗蜜经 | 后秦释鸠摩罗什译　北宋至和元年(1054)金银写本　卷轴装　434行11纸，行16至17字，高22.5厘米，长672.5厘米，卷前有扉画 | 苏州博物馆藏 |
| 07174 | 妙法莲华经七卷 | 后秦释鸠摩罗什译　北宋初年刻本　存六卷(一至五、七)　卷轴装　行24字，卷一427行5纸，卷二459行6纸，卷三438行5纸，卷四522行6纸，卷五498行6纸，卷七412行5纸，各卷高16.5至16.9厘米不等，长272.0至311.0厘米不等 | 苏州博物馆藏 |
| 07181 | 金光明经四卷<br>金光明经忏悔灭罪传 | 北凉释昙无谶译　北宋端拱元年(988)刻本　卷轴装　《金光明经》行17字，卷一392行，卷二504行，卷三476行，卷四560行，卷前有扉画，《金光明经忏悔灭罪传》行20至21字，69行，各卷高32.9至34.0厘米不等，长750.51至976.0厘米不等 | 苏州博物馆藏 |
| 07182 | 佛说阿弥陁经 | 后秦释鸠摩罗什译　北宋初年泥金写本　卷轴装　123行，行17字，高22.5厘米，长211.0厘米 | 苏州博物馆藏 |
| 07189 | 大随求陀罗尼神咒等经咒 | 北宋咸平四年(1001)杭州赵宗霸刻本　单叶　高25.0厘米，宽21.2厘米 | 苏州博物馆藏 |
| 07190 | 佛说天地八阳经 | 北宋初年写本　卷轴装　行16至18字，207行，高27.5厘米，长386.0厘米 | 苏州博物馆藏 |
| 07193 | 佛说观世音经 | 北宋写本　卷轴装　行15字，141行，高23.1厘米，长240.0厘米，框高22.6厘米，卷前有扉画 | 苏州博物馆藏 |
| 07208 | 唐陆宣公集二十二卷 | 唐陆贽撰　元刻本(卷十七至十九配清抄本)　存二十一卷(一至七、九至二十二)　陈方恪跋　半叶10行，行17字，白口，左右双边，框高22.9厘米，宽16.4厘米 | 南京图书馆藏 |
| 07226 | 灵岩寺宋贤题诗题名集拓 | 宋李侃等撰　北宋天圣六年至政和五年(1028—1115)刻石　宋拓本　叶恭绰题端、陈承修、方还、穆湘玥、吴湖帆题跋　经折装　每折高38.5厘米，宽26.7厘米 | 南京图书馆藏 |
| 07231 | 乐府诗集一百卷 | 宋郭茂倩辑　宋刻本　存八卷(五十八至六十一、八十五至八十八)　半叶13行，行23字，小字双行，字数同，白口，左右双边，框高23厘米，宽16.4厘米 | 南京图书馆藏 |
| 07233 | 乐府诗集一百卷目录二卷 | 宋郭茂倩辑　元至正元年(1341)集庆路儒学刻明重修本　丁丙跋　半叶11行，行20字，小字双行，字数同，黑口，左右双边，框高22.8厘米，宽15.9厘米 | 南京图书馆藏 |
| 07235 | 文章正宗二十四卷 | 宋真德秀辑　元至正元年(1341)高仲文刻明修本　(卷十三至十八配清抄本)　存十九卷(一、三至二十)　半叶10行，行20字，小字双行，字数同，黑口，左右双边，框高21.6厘米，宽18.3厘米 | 扬州市图书馆藏 |
| 07249 | 九经五十一卷附四卷 | 明崇祯十三年(1640)秦镤求古斋刻本　半叶13行，行24字，白口，四周双边，框高14.8厘米，宽10.6厘米 | 徐州市图书馆藏 |

| 序号 | 古籍名 | 朝　　代 | 收藏单位 |
|---|---|---|---|
| 07262 | 诚斋先生易传二十卷 | 宋杨万里撰　明抄本　存十九卷(一至十九)　半叶10行，行32字，白口，四周单边，框高21.7厘米，宽15厘米 | 苏州大学图书馆藏 |
| 07275 | 周易本义辑要三卷 | 清蒋光祖撰　稿本　半叶11行23字，黑口，左右双边 框高18.9厘米，宽13.2厘米 | 南京市博物馆藏 |
| 07282 | 书经集注十卷 | 宋蔡沈撰　明嘉靖二年赣州府刻本　罗棨、丁丙跋 半叶9行，行17字，小字双行，字数同，白口，四周单边，框高13厘米，宽10.5厘米 | 南京图书馆藏 |
| 07285 | 尚书谱不分卷 | 明梅鷟撰　明抄本　顾广圻校并跋，丁丙跋　半叶9行，字数不定，白口，四周单边，框高20.9厘米，宽14.1厘米 | 南京图书馆藏 |
| 07303 | 诗外传十卷 | 汉韩婴撰　明嘉靖十四年(1535)苏献可通津草堂刻本 丁丙跋　半叶9行，行17字，白口，左右双边，框高19.8厘米，宽14.8厘米 | 南京图书馆藏 |
| 07308 | 韩诗外传十卷 | 汉韩婴撰　明嘉靖十八年(1539)薛来芙蓉泉书屋刻本 半叶9行，行18字，白口，左右双边，框高18.4厘米，宽14.3厘米 | 南京图书馆藏 |
| 07313 | 周礼四十二卷 | 汉郑玄注　唐陆德明音义　明末永怀堂刻本　严虞惇校并跋 半叶9行，行25字，小字双行，字数同，白口，左右双边 框高19.9厘米，宽12.6厘米 | 常熟市图书馆藏 |
| 07319 | 周礼传五卷翼传二卷 | 明王应电撰　明嘉靖四十二年(1563)吴凤瑞刻本 半叶7行，行22字，小字双行，字数同，白口，四周单边，框高20.1厘米，宽14.6厘米 | 南京图书馆藏 |
| 07322 | 经礼补逸九卷 | 元汪克宽撰　明弘治十年汪璋、汪珙等刻本 (卷五到九配清抄本)　半叶13行，行27字，小字双行，字数同，白口，左右双边，框高19厘米，宽13.3厘米 | 南京图书馆藏 |
| 07334 | 礼记集注十卷 | 元陈澔撰　明书林刘氏安正堂刻本　半叶9行，行18字，小字双行，字数同，白口，四周双边，框高15.7厘米，宽11.2厘米 | 南京大学图书馆藏 |
| 07344 | 二礼集解十二卷 | 明李黼撰　明嘉靖十六年(1537)常州府刻本 存六卷(一至六)　半叶9行，行18字，小字双行，字数同，白口，四周双边，框高21.5厘米，宽15.4厘米 | 扬州市图书馆藏 |
| 07360 | 乐经元义八卷 | 明刘濂撰　明嘉靖刻本　半叶10行，行21字，白口，四周单边，框高19.3厘米，宽13.4厘米 | 南京大学图书馆藏 |
| 07364 | 律吕元音二卷 | 清永恩撰　稿本　丁丙跋　半叶10行，行19字，黑口，四周双边，框高17.1厘米，宽13.8厘米 | 南京图书馆藏 |
| 07374 | 左传附注五卷后录一卷 | 明陆粲撰　明嘉靖刻本　丁丙跋　半叶8行，行17字，小字双行，字数同，白口，左右双边，框高19.2厘米，宽14.5厘米 | 南京图书馆藏 |
| 07377 | 左国类函二十四卷 | 明郑元郧、王光鲁辑　明崇祯刻本　半叶9行，行20字，小字双行，字数同，白口，四周单边，框高20.1厘米，宽14.1厘米 | 扬州大学图书馆藏 |
| 07389 | 新刊明本大字孝经一卷 | 明刻本　存九叶　半叶9行，行15字，黑口，四周双边，框高21.6厘米，宽15.7厘米 | 扬州市博物馆藏 |

| 序号 | 古籍名 | 朝　代 | 收藏单位 |
| --- | --- | --- | --- |
| 07399 | 四书集注二十八卷 | 宋朱熹撰　明嘉靖二十七年(1548)伊藩刻本　丁丙跋　半叶8行,行14字,小字双行,行17字,黑口,四周双边,框高23.5厘米,宽16.5厘米 | 南京图书馆藏 |
| 07408 | 四书集注大全四十三卷 | 明胡广等辑　明弘治十四年(1501)刘氏庆源书堂刻本　半叶12行,行20字,小字双行,行23字,黑口,四周双边,框高19.6厘米,宽13.5厘米 | 南京图书馆藏 |
| 07411 | 四书口义十二卷 | 明薛甲撰　明隆庆二年(1568)刻本　丁丙跋　半叶10行,行20字,白口,四周单边,框高19.2厘米,宽14.3厘米 | 南京图书馆藏 |
| 07412 | 四书人物考四十卷 | 明薛应旗辑　明嘉靖三十七年(1558)刻本　半叶10行,行20字,白口,四周单边,框高19.6厘米,宽14.5厘米 | 南京大学图书馆藏 |
| 07416 | 佛荷珠　六卷 | 明张汝霖撰　明刻本　半叶10行,行24字,白口,四周双边,框高21厘米,宽14.1厘米 | 苏州图书馆藏 |
| 07432 | 埤雅二十卷 | 宋陆佃撰　明刻本　存十八卷(一至十八)　半叶10行,行21字,白口,四周双边,框高18.3厘米,宽13.7厘米 | 徐州市图书馆藏 |
| 07454 | 檀园字说一卷外篇一卷 | 清徐养原撰　稿本　谭献校并题识 | 镇江市图书馆藏 |
| 07465 | 新编并音连声韵集成十三卷 | 明章黼撰　明成化十七年(1481)刻重修本　半叶8行,行13字,小字双行,行12字,黑口,四周双边,框高22厘米,宽14.5厘米。 | 南京师范大学图书馆藏 |
| 07468 | 新刊增补古今名家韵学渊海大成十二卷 | 明李攀龙撰　明刻本　半叶11行,字数不定,小字双行,字数不定,白口,四周单边,框高22厘米,宽14.6厘米 | 徐州师范大学图书馆藏 |
| 07477 | 史记一百三十卷 | 汉司马迁撰　南朝宋裴　集解　唐司马贞索隐　唐张守节正义　明嘉靖四年(1525)汪谅刻本　丁丙跋　半叶10行,行18字,小字双行,行23字,白口,左右双边,框高19.9厘米,宽13.1厘米 | 南京图书馆藏 |
| 07478 | 史记一百三十卷 | 汉司马迁撰　南朝宋裴骃集解　唐司马贞索隐　唐张守节正义　明嘉靖四至六年(1525—1527)王延喆刻本　半叶10行,行18字,小字双行,行23字,白口,左右双边,框高20.4厘米,宽13厘米 | 南京图书馆藏 |
| 07487 | 史记一百三十卷 | 汉司马迁撰　南朝宋裴骃集解　唐司马贞索隐　唐张守节正义　明嘉靖八至九年(1529—1530)南京国子监刻本　半叶10行,行21字,小字双行,字数同,黑口,四周双边,框高22.1厘米,宽15.6厘米 | 南京图书馆藏 |
| 07489 | 史记一百三十卷 | 汉司马迁撰　南朝宋裴骃集解　唐司马贞索隐　唐张守节正义　明嘉靖十三年(1534)秦藩朱惟焯刻二十九年(1550)重修本　半叶10行,行18字,小字双行,行23字,白口,左右双边,框高20.9厘米,宽13.6厘米 | 南京图书馆藏 |
| 07504 | 前汉书一百卷 | 汉班固撰　唐颜师古注　明嘉靖八至九年(1529—1530)南京国子监刻本　半叶10行,行21字,小字双行,字数同,黑口,四周双边,框高21.7厘米,宽15.6厘米 | 苏州大学图书馆藏 |
| 07511 | 前汉书一百卷 | 汉班固撰　唐颜师古注　明德藩最乐轩刻本(卷一至五配清抄本)　半叶10行,行21字,白口,左右双边,框高20.4厘米,宽14.6厘米 | 南京图书馆藏 |

| 序号 | 古籍名 | 朝代 | 收藏单位 |
|---|---|---|---|
| 07516 | 汉书一百卷 | 汉班固撰　唐颜师古注　明刻嘉靖十六年(1537)广东崇正书院重修本。丁丙跋，丁立中跋并录孙星衍题识　半叶10行，行22字，小字双行，字数同，白口，四周单边，框高19.4厘米，宽14.1厘米 | 南京图书馆藏 |
| 07517 | 汉书一百卷 | 汉班固撰　唐颜师古注　明嘉靖汪文盛等刻本(卷四十六至五十二配清抄本)　佚名录何焯批校并跋　半叶12行，行22字，小字双行，行28字，白口，左右双边，框高18.9厘米，宽13.4厘米 | 南京图书馆藏 |
| 07521 | 汉书一百卷 | 汉班固撰　唐颜师古注　明嘉靖汪文盛等刻二十八年(1549)周采等重修本　丁丙跋　半叶12行，行22字，小字双行，行28字，白口，左右双边，框高18.8厘米，宽13.5厘米 | 南京图书馆藏 |
| 07531 | 后汉书九十卷 | 南朝宋范晔撰　唐李贤注　志三十卷　晋司马彪撰　梁刘昭注　明嘉靖汪文盛等刻本　丁丙跋　半叶12行，行22字，小字双行，行28字，白口，左右双边，框高18.8厘米，宽13.6厘米 | 南京图书馆藏 |
| 07541 | 三国职官表三卷 | 清洪饴孙撰　稿本　半叶12行，字数不定，小字双行，字数不定，黑口，四周单边，框高20.9厘米，宽15.5厘米 | 常熟市图书馆藏 |
| 07545 | 唐书二百卷 | 后晋刘昫等撰　明嘉靖十八年(1539)闻人诠刻本　半叶14行，行26字，白口，左右双边，框高21.7厘米，宽14.8厘米 | 南京大学图书馆藏 |
| 07546 | 唐书二百卷 | 后晋刘昫等撰　明嘉靖十八年(1539)闻人诠刻本(卷一百四十五至一百四十八抄配)　半叶14行，行26字，黑口，左右双边，框高21.6厘米，宽14.8厘米 | 南京图书馆藏 |
| 07552 | 南唐书三十卷 | 宋马令撰　明嘉靖二十九年(1550)顾汝达刻本　半叶10行，行20字，小字双行，字数同，白口，左右双边，框高19厘米，宽12.7厘米 | 南京图书馆藏 |
| 07554 | 南唐书三十卷 | 宋马令撰　明嘉靖二十九年(1550)顾汝达刻重修本　叶恭焕跋　半叶10行，行20字，小字双行，字数同，白口，左右双边，框高19厘米，宽12.7厘米 | 南京图书馆藏 |
| 07565 | 辽史一百十六卷 | 元脱脱等撰 明嘉靖八年(1529)南京国子监刻本 半叶10行，行22字，黑口，左右双边，框高21.7厘米，宽16.2厘米 | 南京图书馆藏 |
| 07574 | 金史一百三十五卷目录二卷 | 元脱脱等撰　明嘉靖八年(1529)南京国子监刻本　半叶10行，行22字，小字双行，字数同，黑口，左右双边，框高21.5厘米，宽16厘米 | 南京图书馆藏 |
| 07586 | 元史二百十卷目录二卷 | 明宋濂等撰　明洪武三年(1370)内府刻嘉靖万历南京国子监递修本(有抄配)　丁丙跋　半叶10行，行20字，黑口，四周双边，框高25.7厘米，宽17.5厘米 | 南京图书馆藏 |
| 07587 | 元史地名考不分卷 | 清李文田撰　稿本　冒广生跋 | 如皋市图书馆藏 |
| 07594 | 资治通鉴二百九十四卷 | 宋司马光撰　明嘉靖二十三至二十四年(1544—1545)孔天胤刻万历十四年(1586)苏浚重修本　半叶10行，行20字，白口，左右双边，框高20.6厘米，宽15.4厘米 | 常熟市图书馆藏 |

| 序号 | 古籍名 | 朝　　代 | 收藏单位 |
|---|---|---|---|
| 07608 | 少微通鉴节要五十六卷外纪四卷 | 宋江贽撰　明弘治二年(1489)司礼监刻本　半叶9行,行15字,小字双行,字数不定,黑口,四周双边,框高22.6厘米,宽16.1厘米 | 镇江市图书馆藏 |
| 07613 | 新刊宪台考正少微通鉴全编二十卷外纪二卷 | 宋江贽撰　新刊宪台考正宋元通鉴全编二十一卷明嘉靖三十五年(1556)吉澄刻三十八年(1559)樊献科重修本　半叶12行,行24字,小字双行,字数同,白口,四周单边,框高21.5厘米,宽14.8厘米 | 南京图书馆藏 |
| 07619 | 资治通鉴纲目五十九卷 | 宋朱熹撰　明成化九年(1473)内府刻本半叶8行,行18字,小字双行,行21字,黑口,四周双边,框高27.4厘米,宽18.4厘米 | 南京图书馆藏 |
| 07621 | 资治通鉴纲目五十九卷 | 宋朱熹撰　明成化九年(1473)内府刻本　存五十六卷(二至五、八至五十九)　半叶8行,行18字,小字双行,行21字,黑口,四周双边,框高27.2厘米,宽18.3厘米 | 苏州大学图书馆藏 |
| 07627 | 资治通鉴纲目五十九卷 | 宋朱熹撰　明嘉靖十三年(1534)江西按察司刻本(卷一至二配明刻本)　半叶9行,行20字,小字双行,字数同,白口,四周双边,框高21.9厘米,宽14.6厘米 | 南京图书馆藏 |
| 07638 | 资治通鉴纲目集览五十九卷 | 元王幼学撰　明景泰元年(1450)魏氏仁实书堂刻本(卷五十至五十二配抄本)　半叶12行,行18字,小字双行,行22字,黑口,四周双边,框高21.7厘米,宽13.6厘米 | 南京图书馆藏 |
| 07669 | 资治通鉴节要续编三十卷 | 明张光启撰　明正德九年(1514)司礼监刻本半叶9行,行15字,小字双行,行15字,黑口,四周双边,框高22.5厘米,宽16.2厘米 | 南京大学图书馆藏 |
| 07671 | 宋元通鉴一百五十七卷 | 明薛应旗撰　明嘉靖四十五年(1566)自刻本　半叶10行,行20字,白口,四周单边,框高20厘米,宽14.1厘米 | 南京大学图书馆藏 |
| 07682 | 历代二十一传十二卷 | 明程元初撰　明万历刻本　半叶10行,行20字,白口,四周单边,框高21.2厘米,宽13.1厘米 | 无锡市图书馆藏 |
| 07692 | 两汉纪六十卷 | 明嘉靖二十七年(1548)黄姬水刻本　半叶11行,行20字,白口,四周双边,框高19.3厘米,宽14.8厘米 | 南京图书馆藏 |
| 07695 | 两汉纪六十卷 | 明嘉靖二十七年(1548)黄姬水刻本　存四十八卷(前汉纪一至十二、二十五至三十,后汉纪全)　半叶11行,行20字,白口,左右双边,框高19.4厘米,宽14.9厘米 | 常熟市图书馆藏 |
| 07699 | 续资治通鉴长编一百八卷 | 宋李焘撰　清抄本　沈石宾跋　半叶13行,行23字,白口,四周双边,框高19.9厘米,宽14厘米 | 扬州市图书馆藏 |
| 07705 | 三朝北盟会编二百五十卷 | 宋徐梦莘撰　明抄本　存一百五十七卷(一至四、十五至二十、三十七至四十二、四十九至一百八十二、一百九十七至二百零三)　半叶11行,行20字,白口,左右双边,框高19.5厘米,宽12.5厘米 | 如皋市图书馆藏 |
| 07721 | 复辟录一卷 | 明杨瑄撰　明抄本　半叶9行,行22字,白口,四周单边,框高21.4厘米,宽15.5厘米 | 苏州图书馆藏 |
| 07737 | 国语二十一卷 | 三国吴韦昭注　古文音释一卷　明王鏊撰　明嘉靖四年(1525)许宗鲁宜静书堂刻本　梁济谦题记　半叶10行,行20字,小字双行,字数同,白口,左右双边,框高18.1厘米,宽13.5厘米 | 南京图书馆藏 |

| 序号 | 古籍名 | 朝　　代 | 收藏单位 |
|---|---|---|---|
| 07738 | 国语二十一卷 | 三国吴韦昭注　古文音释一卷　明王鏊撰　明嘉靖四年(1525)许宗鲁宜静书堂刻本　丁丙跋　半叶10行,行20字,小字双行,字数同,白口,左右双边,框高18.1厘米,宽13.5厘米 | 南京图书馆藏 |
| 07763 | 庚申外史二卷 | 明权衡撰　明抄本　莫棠题识　半叶10行,行20字,黑口,四周双边,框高20厘米,宽13.5厘米 | 苏州图书馆藏 |
| 07765 | 国初事绩一卷 | 明刘辰撰　明抄本　半叶10行,行30字,白口,四周双边,框高22.3厘米,宽14.2厘米 | 南京大学图书馆藏 |
| 07774 | 启祯两朝常熟实录补编一卷 | 清薛维岩撰　稿本　半叶9行,行22字,白口,四周双边,框高22厘米,宽14.8厘米 | 苏州图书馆藏 |
| 07781 | 南渡录六卷 | 清李清撰　清抄本　半叶9行,行24字 | 兴化市图书馆藏 |
| 07795 | 皇明名臣经济录十八卷 | 明陈九德辑　明嘉靖二十八年(1549)罗鸿刻本　半叶10行,行20字,白口,左右双边,框高19.7厘米,宽14.3厘米 | 南京大学图书馆藏 |
| 07815 | 汪东峰先生奏议四卷 | 明汪玄锡撰　明叶茂之刻本　半叶10行,行21字,白口,四周单边,框高17.9厘米,宽11.8厘米 | 苏州图书馆藏 |
| 07816 | 郑端简公奏议十四卷 | 明郑晓撰　明隆庆四年(1570)项氏万卷堂刻本　半叶10行,行20字,小字双行,字数同,白口,左右双边,框高18.7厘米,宽13.9厘米 | 南京图书馆藏 |
| 07841 | 皇明开国功臣录三十一卷续编一卷 | 明黄金撰　明弘治正德间马金等刻本　半叶10行,行21字,小字双行,字数同,黑口,四周单边,框高22.5厘米,宽15.6厘米 | 南京大学图书馆藏 |
| 07845 | 皇明名臣言行录新编三十四卷 | 明沈应魁辑　明嘉靖三十二年(1553)自刻本　半叶10行,行24字,白口,四周单边,框高20.9厘米,宽14.1厘米 | 南京大学图书馆藏 |
| 07847 | 忠节录六卷首一卷 | 明张朝瑞撰　清抄本　半叶9行,行18字 | 镇江市图书馆藏 |
| 07879 | 兰检京都日记不分卷 | 清孙铭恩撰　稿本　存清咸丰二年　半叶9行,字数不定,四周双边,白口,框高18厘米,宽12.2厘米 | 南通市图书馆藏 |
| 07933 | 两汉博闻十二卷 | 宋杨侃辑　明嘉靖三十七年(1558)黄鲁曾刻本　半叶8行,行16字,小字双行,字数同,白口,左右双边,框高17.6厘米,宽12.6厘米 | 南京图书馆藏 |
| 07935 | 两汉书抄十六卷 | 明王廷辑　明嘉靖四十三年(1564)钱之选刻本　半叶10行,行20字,白口,四周单边,框高21厘米,宽13.9厘米 | 南京大学图书馆藏 |
| 07940 | 大明一统志九十卷 | 明李贤、万安等纂修　明天顺五年(1461)内府刻本　半叶10行,行22字,小字双行,字数同,黑口,四周双边,框高26.8厘米,宽17.9厘米 | 南京图书馆藏 |
| 07982 | [康熙]昆山县志二十卷 | 清杭允佳、盛符升等纂修　清抄本　顾惇量批校并跋,潘道根校补　半叶10行,行21字 | 苏州图书馆藏 |
| 07985 | 锡山补志一卷 | 清钱泳撰　稿本 | 无锡市图书馆藏 |
| 08027 | 正德兴宁志四卷 | 明祝允明纂修　稿本　半叶9行,字数不定,小字双行,字数不定 | 苏州博物馆藏 |
| 08039 | 京口三山志十卷 | 明张莱撰　明正德七年(1512)刻本　存六卷(一至六)　半叶9行,行17字,小字双行,字数同,白口,四周单边,框高18.5厘米,宽14厘米 | 扬州大学图书馆藏 |

| 序号 | 古籍名 | 朝　　代 | 收藏单位 |
|---|---|---|---|
| 08043 | 庐山纪事十二卷 | 明桑乔撰　明嘉靖刻本　半叶10行,行22字,白口,四周单边,框高20.8厘米,宽14.6厘米 | 南京大学图书馆藏 |
| 08075 | 雍录十卷 | 宋程大昌撰　明嘉靖十一年(1532)李经刻本　半叶10行,行21字,小字双行,字数同,白口,四周单边,框高18.5厘米,宽13.5厘米 | 南京图书馆藏 |
| 08077 | 汉三辅考二十四卷 | 清吴卓信撰　稿本　半叶10行,行24字 | 常熟市图书馆藏 |
| 08078 | 雪窦寺志十卷 | 清释行正辑　清释行恂增辑　清初刻本　存四卷(一至四)　半叶9行,行20字,白口,四周双边,框高21.8厘米,宽15.5厘米 | 无锡市图书馆藏 |
| 08085 | 审问安南事略不分卷 | 明抄本　半叶13行,字数不定,白口,四周双边,框高19.2厘米,宽15.1厘米 | 南京大学图书馆藏 |
| 08120 | 皇明泳化类编一百三十六卷续编十七卷 | 明邓球撰　明隆庆刻本　罗振玉题识　半叶11行,行22字,小字双行,字数同,白口,四周双边,框高19.8厘米,宽13.5厘米 | 南京大学图书馆藏 |
| 08124 | 大明集礼五十三卷 | 明徐一夔、梁寅等撰　明嘉靖九年(1530)内府刻本　丁丙跋　半叶9行,行18字,白口,四周双边,框高24.5厘米,宽17.5厘米 | 南京图书馆藏 |
| 08130 | 幸浙盛典图说不分卷 | 清熊学鹏等撰　清乾隆内府抄本　半叶9行,行20字,四周双边,框高21.8厘米,宽17厘米 | 南京博物院藏 |
| 08133 | 贤良进卷八卷 | 宋叶适撰　清嘉庆十八年(1813)翁心存抄本　翁心存跋　半叶12行,行22字 | 常熟市图书馆藏 |
| 08137 | 瓯东政录□卷 | 明项乔撰　明嘉靖刻本　存二卷(二至三)　半叶10行,行20字,白口,四周双边。框高20.4厘米,宽13.9厘米 | 常熟市图书馆藏 |
| 08144 | 古今书刻二卷 | 明周弘祖撰　明刻本　半叶10行,行23字,小字双行,字数同,白口,四周单边　框高20.1厘米,宽14.4厘米 | 常熟市图书馆藏 |
| 08145 | 国史经籍志六卷 | 明焦竑撰　明万历三十年(1602)陈汝元函三馆刻本　半叶11行,行24字,小字双行,字数同,白口,四周单边,框高21.8厘米,宽14.8厘米 | 宝应县图书馆藏 |
| 08148 | 藏书纪事诗残帙不分卷 | 清叶昌炽撰　稿本　半叶9行或10行,字数不定,小字双行,字数不定,白口,册一框高18.9厘米,宽13.1厘米,册二框高17.2厘米,宽10.9厘米 | 苏州博物馆藏 |
| 08150 | 隶释二十七卷 | 宋洪适撰　明万历十六年(1588)王云鹭刻本　翁思益校并跋　半叶9行,行20字,小字双行,字数不定,白口,四周双边,框高21.9厘米,宽15.9厘米 | 镇江市图书馆藏 |
| 08161 | 西清古鉴四十卷钱录十六卷 | 清梁诗正、蒋溥等纂修　清乾隆十六年(1751)武英殿刻本　半叶10行,行18字,白口,四周双边,框高29.7厘米,宽22.7厘米 | 南京图书馆藏 |
| 08166 | 金薤琳琅二十卷 | 明都穆撰　明刻本　半叶10行,行17字,白口,左右双边,框高19.6厘米,宽14.6厘米 | 镇江市图书馆藏 |
| 08171 | 集古印谱五卷 | 明甘旸辑　印正附说一卷　明甘旸撰　明万历二十四年(1596)自刻钤印本　白口,四周双边,框高20.7厘米,宽13.3厘米 | 镇江市图书馆藏 |

| 序号 | 古籍名 | 朝　　代 | 收藏单位 |
|---|---|---|---|
| 08175 | 集古官印考十七卷集古虎符鱼符考一卷 | 清瞿中溶撰　稿本　存七卷(一至七)　翁大年校并跋　半叶9行,行18字,白口,四周单边,框高19.3厘米,宽13.7厘米 | 苏州大学图书馆藏 |
| 08180 | 唐书直笔新例四卷新例须知一卷 | 宋吕夏卿撰　清影宋抄本　半叶14行,行25字,白口,左右双边,框高21.4厘米,宽14.5厘米 | 苏州图书馆藏 |
| 08187 | 证道编摘略不分卷 | 明唐枢撰　明鲍士龙、汤铬辑　明隆庆刻本　陈其荣跋　半叶9行,行18字,白口,四周单边,框高18.8厘米,宽12.6厘米 | 苏州图书馆藏 |
| 08213 | 新书十卷 | 汉贾谊撰　附录一卷　明万历程荣刻汉魏丛书本　孙志祖校并跋　半叶9行,行20字,白口,左右双边,框高19.6厘米,宽13.9厘米 | 扬州大学图书馆藏 |
| 08214 | 贾谊新书十卷 | 汉贾谊撰　明弘治十八年(1505)沈颉刻本　冯班校　半叶10行,行18字,白口,左右双边,框高17厘米,宽13.5厘米 | 苏州市吴中区图书馆藏 |
| 08236 | 刘向说苑二十卷 | 汉刘向撰　明刻本　半叶10行,行19字,黑口,四周双边,框高26.3厘米,宽17.2厘米 | 苏州大学图书馆藏 |
| 08239 | 新纂门目五臣音注扬子法言十卷 | 汉扬雄撰　晋李轨　唐柳宗元　宋宋咸、吴秘、司马光注　明刻六子书本　王振声批校并跋　半叶8行,行17字,小字双行,字数同,白口,左右双边,框高20.3厘米,宽14.1厘米 | 苏州博物馆藏 |
| 08244 | 中说十卷 | 题隋王通撰　宋阮逸注　明初刻本　半叶11行,行21字,小字双行,行25字,黑口,四周双边,框高17.7厘米,宽12.3厘米 | 南京图书馆藏 |
| 08253 | 程氏遗书分类三十一卷外书分类十卷 | 明杨廉辑　明刻本　半叶10行,行19字,黑口,四周双边,框高22.8厘米,宽16.2厘米 | 徐州市图书馆藏 |
| 08254 | 和靖先生语录三卷 | 宋尹焞撰　宋祁宽辑　明抄本　半叶11行,行20字,白口,左右双边,框高20厘米,宽13.3厘米 | 苏州图书馆藏 |
| 08256 | 近思录十四卷 | 宋朱熹、吕祖谦撰　明刻本　沈叔埏跋　半叶9行,行18字,小字双行,字数同,白口,左右双边,框高17.2厘米,宽13.7厘米 | 吴江市图书馆藏 |
| 08284 | 大学衍义补一百六十卷首一卷 | 明丘浚撰　明正德元年(1506)宗文堂刻本　半叶10行,行20字,小字双行,字数同,黑口,四周双边,框高19.9厘米,宽12.3厘米 | 南京图书馆藏 |
| 08287 | 大学衍义补一百六十卷首一卷 | 明丘浚撰　明嘉靖十二年(1533)宗文堂刻本　存一百六十卷(大学衍义补全)　半叶10行,行20字,小字双行,字数同,黑口,四周双边,框高19.7厘米,宽12.9厘米 | 苏州大学图书馆藏 |
| 08296 | 潜室陈先生木锺集十一卷 | 宋陈埴撰　明弘治十四年(1501)邓淮、高宾刻本(卷一至三、七至八、十一配清抄本)　丁丙跋　半叶12行,行22字,小字双行,字数同,黑口,四周单边,框高19.4厘米,宽13.8厘米 | 南京图书馆藏 |
| 08300 | 程氏家塾读书分年日程三卷纲领一卷 | 元程端礼撰　明刻本　存三卷(一至二、纲领)　半叶9行,行22字,小字双行,字数同,黑口,左右双边,框高21.6厘米,宽15厘米 | 苏州图书馆藏 |

| 序号 | 古籍名 | 朝　代 | 收藏单位 |
|---|---|---|---|
| 08310 | 管窥外编一卷 | 元史伯璇撰　明刻本　康有为跋　半叶10行,行14至16字不等,黑口,四周双边,框高20.6厘米,宽15厘米 | 镇江市图书馆藏 |
| 08319 | 雍鸣冤录四卷附录一卷 | 明席书辑　明刻本　半叶11行,行21字,白口,四周单边,框高18.7厘米,宽14.2厘米 | 无锡市图书馆藏 |
| 08326 | 程志十卷 | 明崔铣撰　明嘉靖刻本　半叶10行,行20字,白口,四周单边,框高20.3厘米,宽14厘米 | 苏州图书馆藏 |
| 08351 | 兵机纂八卷 | 明郭光复撰　明万历二十七年(1599)自刻本　半叶10行,行20字,白口,四周单边,框高15.1厘米,宽21厘米 | 苏州图书馆藏 |
| 08355 | 葛仙神火略一卷 | 题明焦玉撰　清抄本　半叶9行22字 | 常熟市图书馆藏 |
| 08361 | 齐民要术十卷杂说一卷 | 北魏贾思勰撰　明嘉靖三年(1524)马纪刻本　半叶10行,行18字,白口,左右双边,框高17.6厘米,宽12.6厘米 | 南京农业大学图书馆藏 |
| 08363 | 农书六卷 | 明施大经撰　明刻本　半叶9行,行20字,小字双行,字数同,白口,四周单边,框高20.9厘米,宽13.8厘米 | 苏州图书馆藏 |
| 08373 | 重广补注黄帝内经素问二十四卷 | 唐王冰注　宋林亿　等校正　宋孙兆改误　明嘉靖二十九年(1550)顾从德影宋刻本　半叶10行,行20字,小字双行,行30字,白口,左右双边,框高22.1厘米,宽15.6厘米 | 无锡市图书馆藏 |
| 08376 | 素问入式运气论奥三卷 | 宋刘温舒撰　黄帝内经素问遗篇一卷　明刻本　叶桂跋　半叶14行,行24字,黑口,四周双边,框高19.3厘米,宽12.3厘米 | 南京图书馆藏 |
| 08410 | 活幼便览二卷 | 明刘锡撰　明刻本　半叶10行,行21字,小字双行,字数不定,白口,四周双边,框高22厘米,宽15厘米 | 扬州市图书馆藏 |
| 08422 | 西算新法直解八卷 | 清冯桂芬、陈玚撰　稿本　半叶10行,行22至23字 | 苏州博物馆藏 |
| 08446 | 过云楼书画记不分卷 | 清顾文彬撰　稿本　半叶10行,字数不定,白口,四周单边,框高19.3厘米,宽13.4厘米 | 苏州图书馆藏 |
| 08453 | 书学大成六种十一卷 | 明陈汝元编　明万历十九年(1591)自刻本　半叶9行,行20字,白口,四周双边,框高18.6厘米,宽12厘米 | 如皋市图书馆藏 |
| 08456 | 历代名画记十卷 | 唐张彦远撰　明刻本　半叶11行,行20字,小字双行,字数同,左右双边,白口,框高19.4厘米,宽14.1厘米 | 南京博物院藏 |
| 08457 | 读画录四卷 | 清周亮工撰　清康熙十二年(1673)周氏烟云过眼堂刻本　吴梅跋　半叶9行,行18字,白口,四周单边,框高17.5厘米,宽13.4厘米 | 苏州大学图书馆藏 |
| 08470 | 承清馆印谱初集一卷续集一卷 | 明张灏辑　明刻钤印本　白口,四周单边,框高22.1厘米,宽14.5厘米 | 常熟市图书馆藏 |
| 08499 | 石林燕语十卷 | 宋叶梦得撰　明正德元年(1506)杨武刻本　半叶9行,行18字,黑口,四周单边　框高20.6厘米,宽14.1厘米 | 常熟市博物馆藏 |
| 08511 | 巾箱说一卷 | 清金埴撰　稿本　丁丙跋　半叶11行,行21字,小字双行,字数不定 | 南京图书馆藏 |
| 08521 | 丹铅总录二十七卷 | 明杨慎撰　明嘉靖三十三年(1554)梁佐刻蓝印本　半叶11行,行25字,小字双行,行25字,白口,四周双边,框高22.1厘米,宽16.8厘米 | 南京大学图书馆藏 |
| 08530 | 菉友肊说一卷 | 清王筠撰　稿本　半叶10行,行22字 | 南京市博物馆藏 |

| 序号 | 古籍名 | 朝　　代 | 收藏单位 |
|---|---|---|---|
| 08539 | 何氏语林三十卷 | 明何良俊撰　明嘉靖二十九年(1550)何氏清森阁刻本　半叶10行,行20字,小字双行,字数同,白口,左右双边,框高20.7厘米,宽15.3厘米 | 苏州图书馆藏 |
| 08543 | 雌伏亭丛记二十四卷 | 明黄光施撰　明万历六年(1578)刻本 半叶10行,行20字,白口,左右双边,框高19.1厘米,宽13.5厘米 | 镇江市图书馆藏 |
| 08545 | 万历野获编三十卷 | 明沈德符撰　清活字印本　半叶10行,行23字,黑口,四周单边,框高14.7厘米,宽9.9厘米 | 南京图书馆藏 |
| 08546 | 追维往事录二卷 | 明陆文衡撰　稿本 陆泰增、陆同寿跋 半叶8行,字数不定 | 苏州图书馆藏 |
| 08583 | 初学记三十卷 | 唐徐坚等辑　明嘉靖十三年(1534)晋府虚益堂刻本　丁丙跋　半叶9行,行18字,小字双行,行24字,黑口,左右双边,框高21.1厘米,宽16.4厘米 | 南京图书馆藏 |
| 08597 | 群书考索前集六十六卷后集六十五卷续集五十六卷别集二十五卷 | 宋章如愚辑　明正德三至十三年(1508—1518)刘洪慎独书斋刻十六年(1521)重修本　丁丙跋　半叶14行,行28字,小字双行,字数同,黑口,四周双边,框高20.2厘米,宽13.3厘米 | 南京图书馆藏 |
| 08603 | 韵府群玉二十卷 | 元阴时夫辑　元阴中夫注　明嘉靖三十一年(1552)荆聚刻本　半叶10行,字数不定,小字双行,行29字,黑口,四周双边,框高20.8厘米,宽13.2厘米 | 苏州图书馆藏 |
| 08612 | 永乐大典二万二千八百七十七卷 | 明解缙等辑　明内府抄本　存一叶　半叶16行,行28字,黑口,四周双边,框高35厘米,宽23厘米 | 南京图书馆藏 |
| 08627 | 红豆村庄杂录一卷 | 题清柳是辑　清乾隆抄本 鱼元傅跋 半叶12行,行32字 | 常熟市图书馆藏 |
| 08632 | 周易参同契解笺三卷 | 明张文龙解　明朱长春笺　明万历四十年(1612)刻朱印本　半叶8行,行18字,小字双行,字数同,白口,四周双边,框高21.9厘米,宽14.5厘米 | 苏州图书馆藏 |
| 08639 | 上清灵宝济度大成金书四十卷 | 明周思得辑　明宣德七年(1432)杨震宗刻本　半叶12行,行25字,黑口,四周双边,框高23.5厘米,宽15.4厘米 | 无锡市图书馆藏 |
| 08640 | 天主圣教圣人行实七卷 | 意大利高一志撰　明崇祯二年(1629)武林超性堂刻本　半叶9行,行20字,白口,左右双边,框高21.1厘米,宽14.8厘米 | 苏州图书馆藏 |
| 08644 | 采昭堂秘书史拾九种十四卷附四种四卷 | 明锺惺编　明末刻本　半叶8行,行20字,白口,左右双边,框高18.9厘米,宽12.5厘米 | 扬州市图书馆藏 |
| 08674 | 陶渊明集十卷 | 晋陶潜撰　附録二卷　明嘉靖二十四年(1545)龚雷刻本　半叶9行,行17字,白口,左右双边,框高18.8厘米,宽14.5厘米 | 苏州图书馆藏 |
| 08675 | 陶靖节集十卷 | 晋陶潜撰　明建宁城衢泉黄店刻本　半叶9行,行16字,白口,四周单边,框高18.5厘米,宽13厘米 | 苏州市吴中区图书馆藏 |
| 08689 | 类笺唐王右丞诗集十卷 | 唐王维撰　明顾起经注　文集四卷集外编一卷　唐王维撰　明顾起经辑　年谱一卷　明顾起经撰　唐诸家同咏集一卷　赠题集一卷历朝诸家评王右丞诗画钞一卷　明顾起经辑　明嘉靖三十五年(1556)顾氏奇字斋刻本　半叶9行,行18字,小字双行,字数同,白口,左右双边,框高20.5厘米,宽15.2厘米 | 南京大学图书馆藏 |

| 序号 | 古籍名 | 朝　　代 | 收藏单位 |
| --- | --- | --- | --- |
| 08695 | 孟浩然诗集二卷 | 唐孟浩然撰　宋刘辰翁评　明李梦阳评　明凌蒙初刻朱墨套印本　半叶8行，行19字，白口，左右双边，框高20.1厘米，宽14.6厘米 | 苏州图书馆藏 |
| 08698 | 唐翰林李白诗类编十二卷 | 唐李白撰　明刻本　半叶9行，行21字，小字双行，字数同，白口，左右双边，框高19.2厘米，宽14.2厘米 | 无锡市图书馆藏 |
| 08713 | 韦刺史诗集十卷 | 唐韦应物撰　附录一卷　明嘉靖二十七年(1548)华云太华书院刻本　半叶11行，行21字，白口，左右双边，框高18.2厘米，宽14.4厘米 | 苏州图书馆藏 |
| 08716 | 集千家注杜工部诗集二十卷文集二卷 | 唐杜甫撰　宋黄鹤补注　附录一卷　明嘉靖十五年(1536)玉几山人刻本　半叶8行，行17字，小字双行，字数同，白口，四周双边，框高22.3厘米，宽14.3厘米 | 南京图书馆藏 |
| 08738 | 丹阳进士诗集一卷 | 唐殷璠撰　清抄本　罗振常校　半叶10行，行18字 | 镇江市图书馆藏 |
| 08757 | 朱文公校昌黎先生文集四十卷外集十卷遗文一卷 | 唐韩愈撰　宋朱熹考异　宋王伯大音释　传一卷　明正统十三年(1448)书林王宗玉刻本　存四十一卷(文集全、传)　康有为跋　半叶13行，行23字，小字双行，字数同，黑口，四周双边，框高19.5厘米，宽12.5厘米 | 镇江市图书馆藏 |
| 08789 | 增广注释音辩唐柳先生集四十三卷别集一卷外集一卷 | 唐柳宗元撰　宋童宗说注释　宋张敦颐音辩　宋潘纬音译　附录一卷　明刻本　半叶13行，行23至26字不等，黑口，四周双边，框高19.7厘米，宽13.1厘米 | 苏州图书馆藏 |
| 08798 | 李文公集十八卷 | 唐李翱撰　明末毛氏汲古阁刻三唐人文集本　邵齐熊批校，邵震亨跋　半叶9行，行19字，小字双行，字数同，白口，左右双边，框高18.5厘米，宽14.2厘米 | 常熟市图书馆藏 |
| 08816 | 徐公文集三十卷 | 宋徐铉撰　清抄本　朱之赤校并跋　半叶10行，行26至28字不等 | 扬州大学图书馆藏 |
| 08830 | 赵清献公文集十卷 | 宋赵抃撰　附录一卷　明嘉靖四十一年(1562)汪旦刻本　半叶11行，行20字，白口，四周单边，框高19.2厘米，宽13.5厘米 | 常熟市博物馆藏 |
| 08842 | 节孝先生文集三十卷 | 宋徐积撰　节孝先生语一卷节孝集事实一卷附载一卷　清康熙六十年(1721)王邦采刻本　半叶9行，行18字，小字双行，字数同，黑口，左右单边，框高16.4厘米，宽12厘米 | 苏州图书馆藏 |
| 08852 | 欧阳先生文粹二十卷 | 宋欧阳修撰　宋陈亮辑　遗粹十卷　宋欧阳修撰　明郭云鹏辑　明嘉靖二十六年(1547)郭云鹏宝善堂刻本　半叶11行，行21字，白口，左右双边，框高18.1厘米，宽14.4厘米 | 常熟市博物馆藏 |
| 08865 | 苏文忠公诗编注集成四十六卷集成总案四十五卷诸家杂缀酌存一卷苏海识余四卷笺诗图一卷 | 清王文诰辑　清嘉庆二十四年(1819)王氏韵山堂刻本　存六十四卷(苏文忠公诗编注集成三十四至四十六、集成总案、诸家杂缀酌存、苏海识余、笺诗图)　翁同龢批校并跋　半叶11行，行30字，小字双行，字数同，白口，左右双边，框高20.3厘米，宽14.7厘米 | 苏州大学图书馆藏 |
| 08912 | 罗鄂州小集五卷 | 宋罗愿撰　罗郢州遗文一卷　宋罗颂撰　附录一卷　明洪武二年(1369)罗宣明刻本(卷二至三配明天启六年(1626)罗明刻本，卷四配清抄本，卷五至六、遗文、附录配清吴允嘉抄本)　丁丙跋　半叶11行，行21字，黑口，四周双边，框高19.3厘米，宽13.7厘米 | 南京图书馆藏 |

| 序号 | 古籍名 | 朝　　代 | 收藏单位 |
|---|---|---|---|
| 08916 | 晦庵文抄七卷诗抄一卷 | 宋朱熹撰　明吴讷辑 明成化十八年(1482)周凤等刻本 叶裕仁、方宗诚跋,王振声校并跋　半叶9行,文行22字,诗行21字,黑口,四周双边,框高21.2厘米,宽13.1厘米 | 苏州博物馆藏 |
| 08925 | 止斋先生文集五十二卷 | 宋陈傅良撰　附录一卷　明正德元年(1506)林长繁刻本 半叶13行,行23字,小字双行,字数同,黑口,四周双边,框高21.3厘米,宽14.2厘米 | 南京图书馆藏 |
| 08947 | 西山先生真文忠公文集五十一卷目录二卷 | 宋真德秀撰　明嘉靖三年(1524)书林精舍刻本 存四十八卷(一至四十八)　半叶10行,行18字,黑口,四周双边,框高17.3厘米,宽12.2厘米 | 扬州市图书馆藏 |
| 08984 | 道园学古录五十卷 | 元虞集撰 明景泰七年(1456)郑达、黄仕达刻 本半叶13行,行23字,黑口,四周双边,框高19.6厘米,宽13厘米 | 常熟市博物馆藏 |
| 09004 | 初铁崖文集五卷 | 元杨维桢撰　明弘治十四年(1501)冯允中刻本 半叶10行,行20字,黑口,四周双边,框高20.8厘米,宽14.6厘米 | 常熟市博物馆藏 |
| 09028 | 陶学士先生文集二十卷 | 明陶安撰　事迹一卷　明弘治十三年(1500)项经刻递修本 半叶10行,行18字,白口,四周双边,框高20厘米,宽13.1厘米 | 南京市博物馆藏 |
| 09057 | 商文毅公集十一卷 | 明商辂撰　明隆庆六年(1572)郑应龄刻本　半叶10行,行20字,白口,四周双边,框高19厘米,宽14.5厘米 | 南京图书馆藏 |
| 09084 | 永思玄集十六卷 | 明桑悦撰　明万历二年(1574)桑大协活字印本　存九卷(八至十六)　半叶10行,行21字,白口,四周单边,框高20.1厘米,宽13.4厘米 | 常熟市图书馆藏 |
| 09110 | 空同先生集六十三卷 | 明李梦阳撰　明嘉靖刻本　半叶11行,行20字,白口,左右双边,框高19.2　厘米,宽15.5厘米 | 常州市图书馆藏 |
| 09140 | 何氏集二十六卷 | 明何景明撰　明嘉靖义阳书院刻本　半叶10行,行18字,白口,左右双边,框高27厘米,宽16.8厘米 | 南京师范大学图书馆藏 |
| 09152 | 钤山堂集二十卷 | 明严嵩撰　明嘉靖刻本　半叶8行,行18字,左右双边,框高30厘米,宽10.2厘米 | 南京市博物馆藏 |
| 09180 | 舒梓溪先生集十卷 | 明舒芬撰　明嘉靖三十二年(1553)万虞恺等刻本 半叶9行,行20字,小字双行,字数同,白口,四周单边,框高19.3厘米,宽13.8厘米 | 常熟市图书馆藏 |
| 09210 | 海樵先生全集二十一卷 | 明陈鹤撰　明隆庆元年(1567)陈经国刻本 存六卷(一至六)　半叶9行,行20字,白口,四周双边,框高19.7厘米,宽13.2厘米 | 苏州图书馆藏 |
| 09214 | 唐荆川先生文集十二卷 | 明唐顺之撰　明嘉靖二十八年(1549)安如石刻本 半叶10行,行20字,白口,四周单边,框高20.9厘米,宽14.5厘米 | 苏州图书馆藏 |
| 09259 | 世笃堂稿六卷 | 明耿如杞撰 外集一卷 风云亭稿二卷 明耿明撰 外集一卷 清康熙四十五年(1706)耿鹤举活字印本　半叶9行,行18字,白口,四周双边,框高19.2厘米,宽14.2厘米 | 苏州图书馆藏 |
| 09260 | 明瞿忠宣公文稿不分卷 | 明瞿式耜撰　手稿本　半叶8行,行22字 | 常熟市图书馆藏 |
| 09262 | 吴虎臣诗集二卷 | 明吴守淮撰　明万历十七年(1589)吴薪刻本　半叶9行,行18字,白口,左右双边,框高20.2厘米,宽13.8厘米 | 无锡市图书馆藏 |

| 序号 | 古籍名 | 朝　　代 | 收藏单位 |
|---|---|---|---|
| 09268 | 赵士春诗文底稿不分卷 | 明赵士春撰　稿本　半叶8行，字数不定，黑口，左右双边，框高18.9厘米，宽13.7厘米 | 常熟市图书馆藏 |
| 09271 | 汲古阁集四卷 | 清毛晋撰　稿本　王振声校并跋　半叶10行，行19字，白口，左右双边，框高21厘米，宽15.2厘米 | 常熟市图书馆藏 |
| 09276 | 陆师道诗不分卷 | 明陆师道撰　稿本　半叶10行，字数不定，白口，左右双边，框高16.6厘米，宽12.7厘米 | 苏州图书馆藏 |
| 09279 | 林茂之文草一卷赋草一卷 | 清林古度撰　明崇祯刻本　半叶8行，行17字，白口，四周单边，框高18.5厘米，宽14.1厘米 | 无锡市图书馆藏 |
| 09286 | 吴诗集览二十卷补注二十卷 | 清吴伟业撰 清靳荣藩注 吴诗谈薮二卷拾遗一卷 清靳荣藩辑 清乾隆四十年(1775)凌云亭刻本　王振声跋并录钱陆灿、沈德潜、赵翼批校 半叶9行，行19字，小字双行，字数同，黑口，四周双边，框高17.8厘米，宽13.8厘米 | 常熟市图书馆藏 |
| 09289 | 蜂花馆笔案序集五卷启集四卷诔集二卷 | 清武备撰 明崇祯刻本 续序集三卷 清武备撰 清初刻本 半叶8行，行18字，白口，四周单边，框高19.1厘米，宽12.4厘米 | 南通市图书馆 |
| 09290 | 增圆沙未刻稿不分卷 | 清钱陆灿撰　稿本 | 常熟市图书馆藏 |
| 09294 | 腰雪堂诗集六卷 | 清释德溥撰　清康熙六年(1667)刻本　半叶10行，行19字，白口，左右双边，框高17.2厘米，宽13.2厘米 | 徐州市图书馆藏 |
| 09297 | 曝书亭集八十卷 | 清朱彝尊撰　附录一卷　清康熙五十三年(1714)朱稻孙刻本　半叶12行，行23字，白口，左右双边，框高19.3厘米，宽12.9厘米 | 南通市图书馆藏 |
| 09322 | 孟晋斋文钞不分卷 | 清陈章撰　稿本　半叶11行，行20字，黑口，四周单边，框高18.2厘米，宽13.8厘米 | 扬州市图书馆藏 |
| 09329 | 王铁夫先生山游诗一卷 | 清王芑孙撰　稿本　王芑孙跋　半叶9行，行21字，黑口，四周双边，框高15.7厘米，宽10.9厘米 | 苏州博物馆藏 |
| 09331 | 有真意斋诗集不分卷 | 清潘世恩撰　稿本　潘曾莹、潘曾绶、孙衔庆、吴荣光跋　半叶9行，字数不定 | 苏州博物馆藏 |
| 09332 | 秋农诗草一卷 | 清姚文田撰　稿本　陈寿祺、叶绍棰题识　半叶9行，行22字 | 苏州图书馆藏 |
| 09333 | 金粟山楼诗二十卷茧丝集二卷小石城山房文集不分卷 | 清邵渊耀撰　稿本　孙原湘、季锡畴、翁同龢、邵松年跋　半叶8行，行23字，白口，四周单边，框高20.5厘，宽15.4厘米 | 常熟市博物馆藏 |
| 09355 | 晋二俊文集二十卷 | 明正德十四年(1519)陆元大刻本　丁丙跋　半叶10行，行18字，小字双行，字数同，白口，左右双边，框高17.5厘米，宽13厘米 | 南京图书馆藏 |
| 09374 | 选赋六卷 | 梁萧统辑　明郭正域评点　名人世次爵里一卷　明凌氏凤笙阁刻朱墨套印本　半叶8行，行18字，白口，四周单边，框高20.3厘米，宽14.7厘米 | 南京图书馆藏 |
| 09375 | 文苑英华一千卷 | 宋李昉等辑　明抄本(卷四百九十六至五百配清抄本)　半叶9行，行22字，小字双行，字数同，白口，四周单边，框高21.4厘米，宽14.3厘米 | 南通市图书馆藏 |

| 序号 | 古籍名 | 朝　　代 | 收藏单位 |
|---|---|---|---|
| 09388 | 幼学日诵五伦诗选五卷 | 明沈易辑　明洪武二十年(1387)刻本　半叶12行,行20字,黑口,左右双边,框高18.4厘米,宽12.9厘米 | 南京图书馆藏 |
| 09390 | 五言律祖六卷 | 明杨慎辑　明九芝山房刻本　半叶10行,行14字,白口,四周单边,框高18.3厘米,宽15.1厘米 | 苏州图书馆藏 |
| 09397 | 扶轮续集十五卷 | 清黄传祖、陆朝瑛辑　清顺治八年(1651)刻本　半叶10行,行22字,小字双行,字数同,白口,四周单边,框高20.1厘米,宽13.8厘米 | 扬州大学图书馆藏 |
| 09407 | 御定历代题画诗类一百二十卷 | 清陈邦彦辑　清康熙四十六年(1707)内府刻本　半叶11行,行23字,黑口,左右双边,框高18.8厘米,宽12.8厘米 | 苏州博物馆藏 |
| 09419 | 新刊迂斋先生标注崇古文诀三十五卷 | 宋楼昉辑　明刻本　半叶9行,行19字,白口,左右双边,框高20.6厘米,宽14.3厘米 | 无锡市图书馆藏 |
| 09421 | 西山先生真文忠公文章正宗二十四卷 | 宋真德秀辑　明正德十五年(1520)马卿刻本　丁丙跋　半叶10行,行21字,小字双行,行21字,白口,四周单边,框高19.6厘米,宽13厘米 | 南京图书馆藏 |
| 09466 | 三国文章类钞不分卷 | 明钱谷辑　稿本(有缺叶)　半叶10行,行18字,小字双行,字数同,白口,左右双边,框高18.5厘米,宽12.3厘米 | 常熟市图书馆藏 |
| 09524 | 海昌诗繫二十卷 | 清周广业辑　清周勋懋续辑　稿本　周勋懋跋,吴骞题诗　半叶10行,行20字,小字双行,字数同,黑口,左右双边,框高17.7厘米,宽13.8厘米 | 南京图书馆藏 |
| 09532 | 高邮张氏遗稿十六卷 | 清张廷枢辑　稿本　半叶8行,行20字,白口,四周单边,框高21.4厘米,宽15.4厘米 | 扬州市图书馆藏 |
| 09535 | 文心雕龙十卷 | 梁刘勰撰　明万历十年(1582)原一魁刻两京遗编本　姚培谦校并跋　半叶9行,行17字,白口,四周双边,框高27.4厘米,宽21厘米 | 南京师范大学图书馆藏 |
| 09542 | 傅与砺诗法四卷 | 元傅若金撰　明刻本　半叶8行,行19字,白口,四周双边,框高20.1厘米,宽14.7厘米 | 苏州图书馆藏 |
| 09546 | 百名家词钞□□□卷 | 清聂先、曾王孙编　清康熙金阊八咏楼刻本　存七十一家七十一卷　半叶9行,行20字,黑口,四周单边,框高18.8厘米,宽14.1厘米 | 徐州市图书馆藏 |
| 09548 | 梅屋诗余一卷 | 宋许棐撰　朱淑贞断肠词一卷　宋朱淑贞撰　清初钱氏述古堂抄本　章绶衔跋　半叶8行,行18字,白口,左右双边,框高19.1厘米,宽13.8厘米 | 常熟市图书馆藏 |
| 09557 | 草堂诗余五卷 | 明杨慎评点　明闵暎璧刻朱墨套印本　半叶8行,行18字,白口,四周单边,框高20.5厘米,宽14.1厘米 | 扬州市图书馆藏 |
| 09566 | 琵琶记三卷 | 元高明撰　释义一卷　明刻本　半叶10行,行22字,小字双行,字数同,白口,四周单边,框高21.1厘米,宽13.9厘米 | 苏州博物馆藏 |
| 09567 | 衣锦还乡一卷　恩荣爵秩一卷 | 清内府四色抄本　半叶8行,行21字,小字双行,字数同,白口,四周双边,框高21.5厘米,宽13.7厘米 | 南京市博物馆藏 |
| 09568 | 樱桃梦二卷 | 明陈与郊撰　明万历四十四年(1616)刻本　半叶9行,行18字,小字双行,字数同,白口,四周单边,框高15.2厘米,宽10.9厘米 | 南京图书馆藏 |

# 江苏省入选第三批国家级非物质文化遗产名录项目一览表

（2011年6月10日国务院公布，江苏入选24项，其中新入选“国三批”名录5项，扩展19项）

| 序号 | 项目编号 | 项目名称 | 项目类别 | 申报地区或单位 | 备注 |
|---|---|---|---|---|---|
| 1 | Ⅰ-9 | 董永传说 | 民间文学 | 江苏省丹阳市 | 扩展 |
| 2 | Ⅰ-41 | 徐福传说 | 民间文学 | 江苏省赣榆县 | 扩展 |
| 3 | Ⅱ-37 | 唢呐艺术（徐州鼓吹乐） | 传统音乐 | 江苏省徐州市 | 扩展 |
| 4 | Ⅱ-150 | 茅山号子 | 传统音乐 | 江苏省兴化市 | |
| 5 | Ⅲ-4 | 龙舞（直溪巨龙） | 传统舞蹈 | 江苏省金坛市 | 扩展 |
| 6 | Ⅲ-44 | 竹马（蒋塘马灯舞） | 传统舞蹈 | 江苏省溧阳市 | 扩展 |
| 7 | Ⅲ-97 | 跳马伕 | 传统舞蹈 | 江苏省如东县 | |
| 8 | Ⅳ-28 | 京剧 | 传统戏剧 | 江苏省演艺集团、江苏省淮安市 | 扩展 |
| 9 | Ⅳ-62 | 泗州戏 | 传统戏剧 | 江苏省泗洪县 | 扩展 |
| 10 | Ⅳ-92 | 木偶戏（杖头木偶戏） | 传统戏剧 | 江苏省演艺集团 | 扩展 |
| 11 | Ⅳ-102 | 淮剧 | 传统戏剧 | 江苏省淮安市、泰州市 | 扩展 |
| 12 | Ⅳ-156 | 滑稽戏 | 传统戏剧 | 江苏省苏州市 | |
| 13 | Ⅴ-1 | 苏州评弹（苏州评话、苏州弹词） | 曲艺 | 江苏省演艺集团 | 扩展 |
| 14 | Ⅴ-2 | 扬州评话 | 曲艺 | 江苏省演艺集团 | 扩展 |
| 15 | Ⅴ-38 | 小热昏 | 曲艺 | 江苏省常州市 | 扩展 |
| 16 | Ⅶ-94 | 盆景技艺（苏派盆景技艺） | 传统美术 | 江苏省苏州市 | 扩展 |
| 17 | Ⅷ-13 | 南京云锦木机妆花手工织造技艺 | 传统技艺 | 江苏汉唐织锦科技有限公司 | 扩展 |
| 18 | Ⅷ-45 | 家具制作技艺（精细木作技艺） | 传统技艺 | 江苏工美红木文化艺术研究所 | 扩展 |
| 19 | Ⅷ-100 | 传统棉纺织技艺（南通色织土布技艺） | 传统技艺 | 江苏省南通市 | 扩展 |
| 20 | Ⅷ-136 | 装裱修复技艺（苏州书画装裱修复技艺） | 传统技艺 | 江苏省苏州市 | 扩展 |
| 21 | Ⅷ-148 | 绿茶制作技艺（碧螺春制作技艺） | 传统技艺 | 江苏省苏州市吴中区 | 扩展 |
| 22 | Ⅷ-198 | 国画颜料制作技艺（姜思序堂国画颜料制作技艺） | 传统技艺 | 江苏省苏州市 | |
| 23 | Ⅷ-200 | 毛笔制作技艺（扬州毛笔制作技艺） | 传统技艺 | 江苏省江都市 | |
| 24 | Ⅸ-4 | 中医传统制剂方法（致和堂膏滋药制作技艺、季德胜蛇药制作技艺） | 传统医药 | 江苏省江阴市、南通市 | 扩展 |

# 第三批国家级非物质文化遗产名录江苏省入选项目简介

## 董永传说

董永传说是中华民族最古老、最著名的民间传说之一，自西汉起在民间广为流传，主要流布于江苏省东台、金坛、丹阳，以及湖北、山东等地，千百年来深受人民群众喜爱，可谓家喻户晓。

相传董永家境贫寒，侍亲至孝，因老父亡故无棺木下葬而卖身为奴。他的孝行感动了玉帝的小女儿七仙女。于是七仙女私自下凡，在槐荫树下与董永结为夫妇。男耕女织，互敬互爱，共同偿还了债务。不料，玉帝得知七仙女下凡后，派天兵天将把七仙女捉回天廷，从此，这对夫妻被生生拆散。后来，七仙女产子并设法送与董永抚养长大，其子思母心切，于望仙桥跪盼母亲七七四十九天，终于得以母子相会。两千多年来，董永和七仙女的故事经民众不断演绎而丰富多彩，并成为民间文学、戏曲、音乐、舞蹈的表现内容，较早的有明代传奇剧《织锦记》，最有名的是黄梅戏《天仙配》。

董永傳說

申报地区或单位：江苏省丹阳市

## 徐福传说

江苏省赣榆县为徐福故里，徐福传说和纪念徐福的祭祀活动由来已久。历代在民间口头传播的有关徐福的系列传说有：《徐福东渡的传说》、《徐福河的传说》、《卢山仙人洞的传说》等数十个。

《徐福东渡的传说》影响最大，据民间讲述：秦始皇统一中国后，梦想得到长生不老之术，故强迫许多方士从三神山采集仙药，因无果而一一被杀。徐福听说后，主动上书要求出海寻找仙药。秦始皇非常高兴，便命徐福入海。不久，徐福回禀说见到了神仙，但需要童男童女和各种工具与粮食种子作为献礼，方能得到仙药。秦始皇遂派500名童男童女随徐福再次出海。相传徐福船队在日本岛登陆了，向当地民众传播了先进的农耕知识和捕鱼、锻冶、制盐等技术，促进了当地生产发展，故深受日本人民敬重。徐福东渡已被认定为中日友好交往的开端，徐福也成为两国人民友好的使者。

申报地区或单位：江苏省赣榆县

## 徐州鼓吹乐（徐州唢呐）

唢呐，又称“喇叭”，发音高亢嘹亮，音域宽广而富于变化，表现力强，通常在民间吹歌会、秧歌会、鼓乐班，以及戏曲、歌舞等表演中使用。唢呐演奏在徐州有着悠久的传统，广泛分布于徐州各县（市）区，尤以丰县、沛县、睢宁县和市区最具代表性。

徐州唢呐曲目繁多，内容丰富，具有代表性的曲牌有摇金凡调、三令四来等。“摇金凡调”是指《柳金摇》和《凡子调》；“三令四来”是指《将军令》、《得胜令》、《回马令》及《到春来》、《到夏来》、《到秋来》、《到冬来》。徐州唢呐在领奏、伴奏或与锣鼓合奏中，具有独特的

艺术效果，适于表现热烈、欢乐的气氛和雄浑、壮阔的场面，尤其是豪放、泼辣的曲调具有震撼人心的效果。

申报地区或单位：江苏省徐州市

## 茅山号子

茅山号子源于江苏省兴化市茅山镇，在苏中里下河地区流传甚广。茅山号子以其舒缓平实的音调旋律，明快有力的音乐节奏，快慢自由的演唱速度，形成了高低协调、咏叹自如的地域民歌特色。

茅山号子从演唱形式上可分为车水号子、栽秧号子、挑担号子、碾场号子等，其中尤以栽秧号子最具特色；从音乐结构上可分为长号子、短号子；内容上有表现古代人物忠孝节义的，有表现农家四季悠然自得生活的，还有表现男女之间纯真朴素爱情的；场合上涉及田畔场头、圩堤渠边、居家院落。在演唱风格上，茅山人打号子行腔稳健，咬字有力，男人嗓子粗，女人嗓子柔，吐音清晰，富有弹性，既有江南民歌的柔美委婉，又有苏北民歌的粗犷高亢。

申报地区或单位：江苏省兴化市

## 直溪巨龙

直溪巨龙是以龙为艺术造型的一种传统舞蹈表演形式，因源于江苏省金坛市直溪镇巨村，又因龙身特长而巨大，故称为“巨龙”。

直溪巨龙始于明代，至今已有600余年历史。最早是以稻草为材料扎制而成，长约15米至30米，由七八人或近20个人舞动。此后数百年间制作工艺有所进化，约在民国初年逐步开始改为以竹篾扎制，骨架外裹以龙鳞状的布皮和灯饰等。龙身也逐步增长，现在所舞的巨龙每节为2米，最长的龙身有100节，全长有200多米，需100多人协同表演。舞得活、舞得圆、神态真、套路多、速度快，是巨龙舞蹈的主要艺术特征。整个舞蹈由跳、钻、游、叠、戏、盘等基本套路和串阵、翻花等过渡动作组成，并能做到"形变龙不停，龙走套路生"，"人紧龙也圆，龙飞人亦舞"，造型生动，转换巧妙，动作间的衔接和递进十分紧凑。

申报地区或单位：江苏省金坛市

## 蒋塘马灯舞

蒋塘马灯舞是源于江苏省溧阳市社渚镇蒋塘村一带的传统舞蹈，始于明朝嘉靖年间，因蒋塘义军首领虞顺祭祀抗辽英烈杨家将等民族英雄而形成跑马灯的习俗，传承至今已有近500年历史。

蒋塘马灯舞，用竹篾仿马扎型，神形兼备，栩栩如生，配有神将，伴有马童，还有护卫者、执事人、旗鼓铳手等。神将身披战袍，头戴木雕傩面具，其余人身着黄裳。每逢元旦、春节、茶叶节等民俗庆典活动，蒋塘村及周边地区都要跳起马灯舞，表达人们祝福天下太平、五谷丰登的美好愿望。马灯舞表演分为上下两场：上半场以十员神将和十匹神马不断变化阵型，表现杨家将率众浴血奋战抗击敌军，最终取得胜利；下半场十匹神马、十位神将逐次排列出"天、下、太、平"阵图，表现军民共庆胜利，万民安居乐业。

申报地区或单位：江苏省溧阳市

## 跳马伕

跳马伕是迎神赛会中的祭神舞，传承至今已有400多年的历史，主要流传于江苏省如东一带。跳马伕所祭之神为"都天王爷"，即唐代平叛捐躯的将领张巡。

跳马伕是男子群舞，无音乐伴奏，主要靠马伕身上佩戴的马铃声伴舞，其动作特点可概括为：脚站八字似座钟，腿臂微屈像劲弓；挺胸收腹须沉稳，气贯丹田身如松；跳踢颠磋讲扎实，迈步敦实肩微动；目光坚定不斜视，刚健质朴显威风。每逢祭祀日，舞者少则三、

五百人,多则三千余人,他们头戴黄色纸帽,身着马伕服装,脚蹬草鞋,腿裹素布,腰系铜铃,胸悬护心挂锁,手执铁扦,口衔银针,在祭祀的庄严而神圣的气氛中,跳着雄浑豪放的舞步,渲染出古代将士们纵马厮杀的悲壮,让人们仿佛置身于两军对垒的战场。整个舞蹈向人们诉说了一个以铃声吓破敌胆的动人故事,颂扬了英雄驱妖镇魔的无畏气概,寄托着人们消灾祈福的美好愿望。

申报地区或单位:江苏省如东县

## 京剧

京剧是中华民族传统艺术瑰宝,至今已有将近200年的历史。它是在徽调和汉戏的基础上,吸收了昆曲、秦腔等剧种的优点逐渐演变而形成的。京剧较擅长于表现历史题材的政治和军事斗争,以及经典爱情故事,内容大多取自历史演义和小说话本。

京剧是综合性的舞台表演艺术,融合了文学、音乐、舞蹈、美术、杂技等多个艺术门

类,形成了从创作排练到演出和管理一整套的运作体系。唱、念、做、打是京剧表演的主要艺术手段法,也是京剧表演的四项基本功。京剧角色的行当划分比较严格而规范,早期分为生、旦、净、末、丑、武行、流行七行,以后归为生、旦、净、丑四大行。

京剧的基本特征主要表现在综合性、虚拟性和程式化三个方面。综合性就是多种艺

术形式的借鉴和融合;虚拟性则是其最具个性特点之处,即以少代多、以鞭代马、以桨代船的虚拟写意手法,巧妙地模拟了在上舞台难以实现的千军万马、流水载舟的艺术场景;程式化就是舞台行为动作夸张的约定表现,是将生活动作提炼为舞台动作,使其形成富有韵律和美感的表演风格。经典剧目有:《霸王别姬》、《定军山》、《贵妃醉酒》、《借东风》、《杨门女将》、《穆桂英大破天门阵》、《红娘》等。

申报地区或单位:江苏省淮安市、江苏省演艺集团

## 泗州戏

泗州戏起源于清朝乾隆年间的江苏省泗洪县上塘镇地区,具有浓郁的地方特色,唱腔婉转华丽,优美动听,作为当地的传统戏剧,深受广大民众的喜爱。

泗州戏的唱腔随意性很强,讲究自由无拘,要求伴奏跟着演员演唱走,以便演员临场

发挥和创造，艺人们把这种形式名为“怡心调”。“怡心调”是泗州戏唱腔的最大特点，同一种调门演员可以自由发挥，各人唱法均不相同，同一演员唱同一段唱词，每唱一遍都不相同。此外，泗州戏唱腔在尾句落音处，女腔常用小嗓子翻高八度，男腔加入衬词拖后腔，委婉尽致，动人心魄，故又有“拉魄腔”之称。泗州戏的表演风格与当地的生活语言、风土人情紧密相连，伴奏主要以琵琶、二胡、竹笛等乐器为主。《大书观》、《十二寡妇征西》、《双玉蝉》、《白蛇传》、《呼延庆打擂》等是泗州戏的代表性剧目。

申报地区或单位：江苏省泗洪县

## 杖头木偶戏

木偶，古代叫傀儡、魁儡子、窟儡子等，始为商“陶俑”，再为汉“乐俑”，盛于唐宋“傀儡”，就演出形式而言，主要有杖头、提线、布袋三种木偶戏，江苏是中国杖头木偶戏的发祥地之一。

杖头木偶由表演者操纵一根命杆和两根手杆进行表演，也称三根杆或“托偶”。头以木雕或纸浆复层糊制，内藏机关；命杆亦称“主杆”，为竹木制，上端与木偶头相连接；手杆也叫做“手机”、“侧杆”、“手挑子”，与木偶的手肘相连。手杆放在木偶服装里边的，称作“内操纵杖头木偶”，手杆放在服装外的，称作“外操纵杖头木偶。”表演时，演员用右手握住命杆，食指勾动眼线、嘴线和头线，使嘴、眼可以活动；左手操纵木偶的手杆，控制木偶的双手动作。杖头木偶戏以表现古代的传说故事、历史人物为主，主要剧目有《武松打虎》、《薛丁山》、《岳飞传》等。

申报地区或单位：江苏省演艺集团

## 淮 剧

淮剧又叫江淮戏、淮戏，是江苏省的主要地方剧种之一，起源于江苏里下河地区的淮安、泰州、宝应、兴化一带，流布于江苏、上海、安徽地区，传承至今已有200多年的历史。

淮剧的唱腔属板腔体，以“淮调”、“拉调”、“自由调”为三大主调。淮调高亢激越，诉说性强，大多用于叙事；拉调委婉细腻，线条清新，适用于抒情性的场景；自由调旋律流畅，可塑性大，具有综合性的表现能力。围绕三大主调而派生出来的一些曲调，如一字腔、叶字调、穿十字、南昌调、下河调、淮悲调、大悲调等，以及从民间小调演化的蓝桥调、八段锦、打菜苔、柳叶子调、拜年调等，都是有各自表现性能的辅助曲调，它们又和淮剧特有的伴唱锣鼓相连。淮剧的经典剧目有：《斩韩信》、《吴承恩》、《白蛇传》、《虹桥赠珠》、《双玉蝉》等。

申报地区或单位：江苏省淮安市、江苏省泰州市

## 滑稽戏

滑稽戏起源于江苏省苏州市，以吴方言为主要表现语音，通过铺设和释放包袱、利用吴地的方言俗语的幽默，以及利用外地方言与吴方言之间的语音差异造成的误会，叙述故事、塑造人物，引得观众会心发笑，从而形成了独一无二的戏剧个性。

苏州滑稽戏是表现生活在吴地人民的行为及其幽默方式的地方性剧种，它的形成与发展同清朝中后期在民间艺人中兴起的“说朝报”、“小热昏”，乃至清末民初的“文明戏”、“独角戏”都有着不可分割的内在联系。苏州滑稽戏以讽刺为己任，以致笑为手段，集滑稽、对话、歌唱、舞蹈以及其它可能运用的一切艺术手段进行表演，在其发展过程中，逐步完善了具有自身特色的编剧、导演、舞美、作曲、表演的艺术机制。其主要剧目有《苏州两公差》、《小山东到上海》、《小小得月楼》、《快活的黄帽子》、《笑着和明天握手》等。

申报地区或单位：江苏省苏州市

## 苏州评弹（苏州评话、苏州弹词）

苏州评弹是苏州评话和弹词的总称，起源于江苏省苏州市，盛行于江苏南部、上海及浙江北部。苏州评弹历史悠久，苏州评话俗称“大书”，苏州弹词俗称“小书”，总称“说书”。

苏州评话是用苏州方言讲故事的口头语言艺术，通常一人登台开讲，内容多为历史演义和侠义豪杰。其语言由第一人称即说书人的语言和第三人称即故事中人物的语言两部分组成，以前者为主，包括赋赞、挂口、引子和韵白等。其主要书目有：《水浒》、《七侠五义》、《绿牡丹》、《济公传》、《包公案》等。

苏州弹词一般为两人说唱，上手持三弦，下手抱琵琶，自弹自唱，内容多为儿女情长的传奇小说和民间故事。弹词用吴语演唱，抑扬顿挫，轻清柔缓，弦琶琮铮，十分悦耳。其主要书目有：《白蛇传》、《描金凤》、《九龙杯》、《金钗记》、《王十朋》等。

申报地区或单位：江苏省演艺集团

## 扬州评话

扬州评话，又称“维扬评话”或“评词”，形式为一人坐于桌后，是以折扇、手帕、醒木等为道具，用扬州方言说表的曲艺表演，流布于江苏北部和南京、镇江、上海、安徽等地。

扬州评话讲究说表、噱头和口技，以描写细致、结构严谨、首尾呼应、文学性强见长。表演上讲求剧情细节丰富，人

物形象鲜明,语言风趣生动。在创作和表演中十分注意渲染扬州本地的民俗风情，故具有浓郁的地方色彩。对于书中人物,尤其擅长细致入微地刻画市井小民,如衙役、丫环、贩夫、走卒、屠夫等形象,使观众如见其人,如闻其声,如临其境。其表演动作幅度较小,通常身子不偏出书台桌角,两足不露出书台桌围;说表结合,同时也运用手势、身段、步法、眼神,表情讲究演示“虚神”;书中人物强调寓神于情，不追求形似，在满足听众听觉需要的同时,又能享受虚拟的视觉满足。

申报地区或单位:江苏省演艺集团

## 小热昏

小热昏是一种曲艺表演形式,曾经广泛流行于江浙一带,是伴随着常州梨膏糖的生产销售而形成的,迄今已有150多年的传承历史。

据常州地方史料记载,清末民初,江浙地区的梨膏糖行业分成了几大帮口。业者在固定地点摆摊熬制梨膏糖并叫卖,成为“文卖”;背着糖箱流动说唱卖糖的,称“武卖”。“武卖”艺人主要说唱本地新闻,内容大多为讽喻当时社会黑暗现象，调侃生活趣事,为免遭迫害和惹麻烦,自诩为“小热昏”。常州小热昏内容生动风趣,说白滑稽幽默,唱词通俗易懂,唱腔又大多为百姓熟悉的民歌小调,故而深得人们喜爱。常州小热昏的演唱程序主要有:开场、卖口、唱曲、卖糖、唱篇、送客。演唱曲调主要有两大部分,一是大量运用民间小调,配上唱词演唱,如青年曲、梨膏糖调、柳青娘调、宣卷调、小放牛、花鼓调等，二是运用了常州滩簧等地方戏曲的曲调,配词演唱。

申报地区或单位:江苏省常州市

## 苏派盆景技艺

苏派盆景技艺自明代发展至今,历经了数百年的传承,形成了“清秀古雅”的艺术风格,是我国五大盆景流派之一。

苏派盆景技艺以树木为主要创作素材,运用剪刀、木锯、棕丝或铝丝等工具和材料,通过艺术加工与长期培育，在盆钵之中呈现出独特的艺术作品,“六台三托一顶”是苏派盆景的传统造型。完成一件盆景作品一般需几年的时间,而通过精心养护和管理,其生命周期可以长达几十年甚至几百年。苏派盆景的素材多以乡土树种为主，成型作品主要分为两大类,即树桩盆景和水石盆景。树桩盆景最常见的树木品种有松柏类、雀梅、榆树、黄杨、三角枫、檵木、紫薇、石榴、银杏等。水石盆景的石种有斧劈石、黄石、英石、钟乳石、砂积石、千层石、龟纹石等。最具影响力的盆景作品有虎踞龙盘(雀梅)、巍然侣四皓(柏树)、奇柯弄势(刺柏)、龙凤呈祥(刺柏)、一枝呈秀(榆树)等。

申报地区或单位:江苏省苏州市

## 南京云锦木机妆花手工织造技艺

南京云锦因“灿若云霞”而得名，迄今已有1500多年的传承历史，主要有织金、库锦、库缎和妆花等四大品类，前三类目前已可用现代织机代替传统的手工生产，唯有木机妆花至今仍只能用手工完成，是中国3000多年织锦历史中唯一流传至今不可被现代织机所取代，全凭艺人口传心授而得以保留与传承的传统手工技艺。

南京云锦用传统的大花楼木织机、由拽花工和织手两人相互配合，通过手工操作织造出来，两个人默契配合，一天只能织5厘米左右，因此自古就有“寸锦寸金”之说。其中“桃花结本”技艺是按古老的结绳记事方法编成织造程序，是由图纸过渡到织物的桥梁；“通经断纬”则是在完整经线的基础上，纬线由不定数的彩绒拼接而成，工匠通过“挖花盘织”可在纬向同一梭道内配织几十种颜色彩纬，织出的面料呈现“逐花异色”的效果，这种技艺可以在同一幅匹料上织出平纹、斜纹、缎纹等不同的组织。以传统手工技艺织造的南京云锦，浓缩了中国丝织工艺的历史、文化和技艺，代表了中国、乃至世界丝织工艺的最高水平。

申报地区或单位：江苏汉唐织锦科技有限公司

## 精细木作技艺

以手工制作木器的工艺简称“木作工艺”，其历史最早可以追溯到汉晋时期，唐代开始普及，宋元两代有所发展，明末清初为其鼎盛时期。

明代以来，硬质名贵木材（主要为红木类）大量进口采用，在众多江南文人积极参与和皇家的大力倡导下，江苏各地民间的木作工艺水平得到极大提升，同时逐渐朝着精微细致的方向发展，形成了一种专门施行于硬木类雕塑和木器制作的特殊工艺，这就是我国历史上传统的“精细木作工艺”。至清代末期因被称作“红木”的进口交趾黄檀等硬木的大量使用，这种工艺被民间改称为“红木工艺”，并一直延续至今。“精细木作工艺”的工序分为选料、木作、雕刻、打磨四个环节，完全凭借艺人自身长期实践并积累的悟性和高超技能，方能呈现个性化成品。江苏红木制品的雕刻艺术品、结构型雕刻摆件、艺术家具三大类品种，凭借着“精细木作工艺”，自古以来一直居于全国领先位置，常为宫廷、富裕家庭、海外华人及文人精英定制专属。随着社会经济的不断发展和生活条件的改善，“精细木作工艺”产品也已开始走入寻常百姓家庭。

申报地区或单位：江苏省南京市

## 南通色织土布技艺

南通色织土布技艺源自江南，是中国传统棉纺技艺中流传至今、保存完整的杰出代

表之一。

南通色织土布技艺采用单锭手摇纺车纺纱，脚踏手投梭木机织造，染色、摇筒、牵经、络纬、穿综、嵌筘等工序都保留传统的方法。土布的纺、染、织工艺，按生产秩序分为：轧花、弹花、搓条，纺纱、戽纱、染纱、浆洗、络筒、整经、上机、织布等步骤。各工序具体可细分若干流程。如整经工序，由排桩、套筒纱、牵经、捉高、挽经、印筘、落轴等工作组成。上机工序包括：穿综、嵌筘、挂综、调机等一系列精细的功夫活。民间流传的土布品种多达6大类数百余种，典型土布纹样有柳条、桂花、金银丝格、芦纹系列，以及双喜、彩格、绣球花、文字类提花锦毯织物。南通海门地区民间至今仍保留着8蹑8综、12蹑12综的古老多蹑多综提花织造技术，在传统手工棉纺织技艺中十分难得。

申报地区或单位：江苏省南通市

## 苏州书画装裱修复技艺

装裱也叫"装潢"、"装池"、"裱背"，是中国特有的一种书画装帧工艺，有着悠久的历史。传统装裱分南派和北派，苏派即"苏裱"是南派的主要技艺流派。

苏州书画装裱修复技艺从明朝起受吴门画派影响，在长期的发展过程中形成了自己独特的艺术风格，其特点主要是："选料精良，配色素雅，装砑熨帖，款式多样，裱工精佳。"书画装裱修复过程一般是先用纸托裱在绘画作品的背后，再用绞、绢、纸等镶边，然后安装轴杆成版面。传统的装裱按其成品形制可分为挂轴、手卷、册页三大类。原裱的绘画不论画心的大小、形状，以及裱后的用途，都只有托裱画心、镶覆、研装三个步骤，只是画心的托裱是整个装潢工艺中的重要工序。而旧书画的装裱修复就相当困难，首先要揭下旧画心，清洗污霉，修补破洞等，再按新画的装裱过程重新装裱。一般能够长期收藏的装裱作品均由手工精心制作，其工艺精到与浆糊的质量是关系收藏时间长短的关键。

申报地区或单位：江苏省苏州市

## 碧螺春制作技艺

中国名茶洞庭山碧螺春产于苏州太湖的洞庭东山、西山。因碧螺春茶的特殊品质，所以至今仍采取传统的全手工采制、炒制技艺。其历史最早可追溯到唐、宋时代，延续至今已有1000多年。

洞庭山碧螺春采制人工量大，成本高，其制作技艺分为"采摘、拣剔、摊放、高温杀青、揉捻整形、搓团显毫、文火干燥"七道工序。"摘得早、采得嫩、拣得净"和"手不离茶，茶不离锅，揉中带炒，炒揉结合，连续操作，起锅即成"是洞庭山碧螺春采制技艺的技术要领。经传统采制方法制成后的洞庭山碧螺春香气浓郁纯正。特殊的炒制工艺，使碧螺春茶具有"条索纤细，卷曲成螺，茸毛遍体，银绿隐翠"之外形及"汤色碧绿，清香高雅，入口爽甜，回味无穷"之内质，以"形美、色艳、香浓、味醇"四绝闻名中外，有"一嫩(芽)三鲜(色、香、味)"之称，充分体现了制作技艺的精工细作。

申报地区或单位:江苏省苏州市

## 姜思序堂国画颜料制作技艺

苏州姜思序堂国画颜料品种繁多、工艺复杂、制作精良。其精湛技艺是通过数代能工巧匠创造、探索而积累起来的，是具有我国民族风格的传统文化用品，在中国文房四宝中享有盛誉。

姜思序堂国画颜料的生产原料可分为矿物性、植物性、动物性、金银和化工合成五大类。原料不同，制造方法各异:有的需椎磨，有的需浸泡，有的需取其实质，有的只需上提浮膘。即使同一原料也因有优劣品位之分，必须由艺人善加选择，方能使用。以花青颜料为例，其制作工序就有粉碎、水漂、研磨、下胶、沉淀、革脚、煎煮、摊膏、剪膏、冷干、称量、包装等十多道工序，制作工艺十分复杂。姜思序堂国画颜料有着颜色鲜明、纯净光润、轻细若尘、入水即化、与墨相融、着纸能和、多裱不脱、经久不变的特点。书画印泥则有不渗油、不嵌章、耐晒、色泽庄重的特点，长期为文人墨客和书画爱好者所推崇。

申报地区或单位:江苏省苏州市

## 扬州毛笔制作技艺

中国毛笔制作技艺有宣笔、湖笔、水笔、李福寿毛笔"四大流派"。各派发达于不同的历史时期，又各显其制造特点。扬州毛笔(亦称扬州水笔)以其麻胎作衬而独树一帜，传承400余年而不衰。

扬州毛笔以狼毫、兔尖为主要原料，地产孔麻为辅料，工具多自制。笔杆有楠木、海梅、牛角、玉、象牙、瓷、雕漆、景泰蓝等高档材料，普通的以竹为杆。其制作技艺十分繁难，分水盆、装套、旱作三个环节共100多道工序，环环相扣，道道严谨。关键工序，全凭艺人的手感、舌感和目测。笔尖粗细、长短、老嫩以及锋状均有讲究，工艺精致而富有韵味。学制扬州毛笔，由师傅口传心授，学者反复实践、揣摩，入门难，精通更难。扬州毛笔带水入套、涵水不漏，经久耐用;笔头笔杆，相得益彰;品格高雅，挺健韵致，代表作"湘江一品"，曾被誉为"笔中之王"。

申报地区或单位:江苏省江都市

## 中医传统制剂方法(致和堂膏滋药制作技艺、季德胜蛇药制作技艺)

中医传统制剂是以中药为原料，加工制成具有一定规格、可直接用于防病、治病的药品。最具代表性的传统剂型有丸、散、膏、丹。千百年来，中医传统制剂在历代医家的医疗实践中，积累了丰富的经验，形成了独特的制剂技术，是中国传统医学宝库中重要的组成部分。

致和堂膏滋药是江阴柳致和堂传统的中药产品，主要功用是冬令进补。选用古代经典方、陈方，特别是一代名医柳宝诒先生的经典处方，适当加以调整充实，严格按照进补者的实际情况，结合进补者所在地区，年龄、体质及病情等不同情况合理配制。膏方用药地道，

均采用上等药材制作，经过药料浸泡、煎煮、浓缩、收膏、存放等数道特定的程序和严格的操作规范，最终成品。其原料加工完全采用传统工艺，不添加任何化学成分，操作全凭技师经验掌握。每道制作过程都由经验丰富的老医师严格检查监督。

季德胜蛇药是江苏省南通精华制药股份有限公司独家生产的名牌中成药。产品系根据著名蛇医专家季德胜先生祖传六代秘方发展而来，传承至今已有200多年的历史。季德胜蛇药制药技艺由历经数代人创制的独特秘方，工序严谨的原药材前处理加工技艺和成药的后道特色工艺集合而成，以其精良品质和确切疗效深受广大患者赞誉。

申报地区或单位：江苏省江阴市、江苏省南通市

# 第三批省级非物质文化遗产名录

（2011年9月2日江苏省人民政府公布）
（共63项）

## 一、民间文学（共计9项）

| 序号 | 编号 | 项目名称 | 申报地区或单位 |
|---|---|---|---|
| 236 | JSⅠ-29 | 焦尾琴传说 | 溧阳市 |
| 237 | JSⅠ-30 | 虞姬传说 | 沭阳县 |
| 238 | JSⅠ-31 | 汉王拔剑泉和马扒泉传说 | 徐州市铜山区 |
| 239 | JSⅠ-32 | 张士诚传说 | 大丰市 |
| 240 | JSⅠ-33 | 海州智慧人物传说 | 连云港市 |
| 241 | JSⅠ-34 | 曹瘦脸儿故事 | 如东县 |
| 242 | JSⅠ-35 | 蒋乔镇的民间故事 | 镇江市润州区 |
| 243 | JSⅠ-36 | 花子街 | 南通市港闸区 |
| 244 | JSⅠ-37 | 二郎神传说 | 连云港市 |

## 二、传统音乐（共计3项）

| 序号 | 编号 | 项目名称 | 申报地区或单位 |
|---|---|---|---|
| 245 | JSⅡ-24 | 通州民歌 | 南通市通州区 |
| 246 | JSⅡ-25 | 二胡艺术 | 无锡市 |
| 247 | JSⅡ-26 | 板桥道情 | 兴化市 |

## 三、传统舞蹈（共计4项）

| 序号 | 编号 | 项目名称 | 申报地区或单位 |
|---|---|---|---|
| 248 | JSⅢ-33 | 打罗汉 | 高淳县 |
| 249 | JSⅢ-34 | 渔舟剑桨 | 无锡市滨湖区 |
| 250 | JSⅢ-35 | 睢宁鲤鱼戏花篮 | 睢宁县 |
| 251 | JSⅢ-36 | 跑驴（丁嘴跑驴） | 宿迁市宿豫区 |

## 四、传统戏剧（共计 2 项）

| 序号 | 编号 | 项目名称 | 申报地区或单位 |
|---|---|---|---|
| 252 | JSⅣ-16 | 肩担木偶戏 | 高邮市 |
| 253 | JSⅣ-17 | 吕剧 | 东海县 |

## 五、曲艺（共计 2 项）

| 序号 | 编号 | 项目名称 | 申报地区或单位 |
|---|---|---|---|
| 254 | JSⅤ-14 | 无锡评曲 | 无锡市滨湖区 |
| 255 | JSⅤ-15 | 唱春（常州唱春） | 常州市新北区 |

## 六、传统美术（共计 7 项）

| 序号 | 编号 | 项目名称 | 申报地区或单位 |
|---|---|---|---|
| 256 | JSⅥ-33 | 邳州喜床画 | 邳州市 |
| 257 | JSⅥ-34 | 木雕（南京仿古木雕、扬州木雕、南通红木雕刻） | 南京市玄武区、扬州市、南通市崇川区、如皋市 |
| 258 | JSⅥ-35 | 苏州砖雕 | 苏州市相城区 |
| 259 | JSⅥ-36 | 泰兴麻将雕刻 | 泰州市 |
| 260 | JSⅥ-37 | 东海水晶雕刻 | 连云港市 |
| 261 | JSⅥ-38 | 连云港锻铜技艺 | 连云港市 |
| 262 | JSⅥ-39 | 草编（薛桥草编） | 徐州市铜山区 |

## 七、传统技艺（共计 20 项）

| 序号 | 编号 | 项目名称 | 申报地区或单位 |
|---|---|---|---|
| 263 | JSⅦ-71 | 如皋丝毯织造技艺 | 南通市 |
| 264 | JSⅦ-72 | 南通扎染技艺 | 海安县 |
| 265 | JSⅦ-73 | 南通勾针技艺 | 海安县 |
| 266 | JSⅦ-74 | 青铜器修复与仿古技艺 | 南京博物院 |
| 267 | JSⅦ-75 | 南通铜香炉浇铸技艺 | 南通市崇川区 |
| 268 | JSⅦ-76 | 谢馥春“香、粉、油”制作技艺 | 扬州市 |
| 269 | JSⅦ-77 | 建湖花炮制作技艺 | 建湖县 |
| 270 | JSⅦ-78 | 兴化水车制作技艺 | 兴化市 |
| 271 | JSⅦ-79 | 宜兴青瓷制作技艺 | 宜兴市 |
| 272 | JSⅦ-80 | 制陶技艺（宜兴均陶制作技艺、宜兴彩陶装饰技艺、黑陶制作技艺） | 宜兴市、连云港市 |
| 273 | JSⅦ-81 | 拓印技艺 | 南京博物院 |
| 274 | JSⅦ-82 | 太仓糟油制作技艺 | 太仓市 |
| 275 | JSⅦ-83 | 太仓肉松制作技艺 | 太仓市 |
| 276 | JSⅦ-84 | 钦工肉圆制作技艺 | 淮安市楚州区 |

## 七、传统技艺（共计20项）

| 序号 | 编号 | 项目名称 | 申报地区或单位 |
|---|---|---|---|
| 277 | JSⅦ-85 | 石港腐乳酿制技艺 | 南通市通州区 |
| 278 | JSⅦ-86 | 合成昌醉螺制作技艺 | 盐城市 |
| 279 | JSⅦ-87 | 木渎石家鲃肺汤制作技艺 | 苏州市 |
| 280 | JSⅦ-88 | 徐州饣它汤工艺 | 徐州市 |
| 281 | JSⅦ-89 | 奇芳阁传统风味小吃制作技艺 | 南京市秦淮区 |
| 282 | JSⅦ-90 | 苏州市织造官府菜制作技艺 | 苏州 |

## 八、传统医药（共计12项）

| 序号 | 编号 | 项目名称 | 申报地区或单位 |
|---|---|---|---|
| 283 | JSⅧ-7 | 丁氏痔科医术 | 南京市秦淮区 |
| 284 | JSⅧ-8 | 雅妙河戴氏中医喉科疗法 | 泰州市 |
| 285 | JSⅧ-9 | 闵氏伤科疗法 | 苏州市、昆山市 |
| 286 | JSⅧ-10 | 郑氏妇科疗法 | 昆山市 |
| 287 | JSⅧ-11 | 金坛儒林树德堂妇科疗法 | 金坛市 |
| 288 | JSⅧ-12 | 常州钱氏中医儿科疗法 | 常州市 |
| 289 | JSⅧ-13 | 臣字门儿科中医术 | 仪征市 |
| 290 | JSⅧ-14 | 金坛老人山程氏骨伤疗法 | 金坛市 |
| 291 | JSⅧ-15 | 许氏正骨疗法 | 泰州市 |
| 292 | JSⅧ-16 | 曹氏中药热敷接骨疗法 | 灌南县 |
| 293 | JSⅧ-17 | 戴晓觉膏药制作技艺 | 连云港市新浦区 |
| 294 | JSⅧ-18 | 阙氏膏药制作技艺 | 淮安市楚州区 |

## 九、传统体育、游艺与杂技（共计1项）

| 序号 | 编号 | 项目名称 | 申报地区或单位 |
|---|---|---|---|
| 295 | JSⅨ-7 | 铜山北派少林拳 | 徐州市铜山区 |

## 十、民俗（共计3项）

| 序号 | 编号 | 项目名称 | 申报地区或单位 |
|---|---|---|---|
| 296 | JSⅩ-13 | 抖空竹 | 南京市秦淮区 |
| 297 | JSⅩ-14 | 苏南水乡婚俗 | 常熟市 |
| 298 | JSⅩ-15 | 湖甸龙舟会 | 常熟市 |

# 省级非物质文化遗产扩展项目名录
（共计32项）

## 一、民间文学（共计2项）

| 序号 | 编号 | 项目名称 | 申报地区或单位 |
|---|---|---|---|
| 128 | JSⅠ-12 | 水漫泗州城传说 | 泗洪县 |
| 141 | JSⅠ-25 | 项羽传说 | 宿迁市宿豫区 |

## 二、传统音乐（共计3项）

| 序号 | 编号 | 项目名称 | 申报地区或单位 |
|---|---|---|---|
| 14 | JSⅡ-7 | 渔民号子（弶港渔民号子） | 东台市 |
| 16 | JSⅡ-9 | 江南丝竹 | 苏州市 |
| 17 | JSⅡ-10 | 五大宫调（响水五大宫调） | 响水县 |

## 三、传统舞蹈（共计4项）

| 序号 | 编号 | 项目名称 | 申报地区或单位 |
|---|---|---|---|
| 31 | JSⅢ-8 | 龙舞（玉祈龙舞、海安苍龙舞、海安罗汉龙、丁伙龙舞） | 无锡市惠山区、海安县、江都市 |
| 34 | JSⅢ-11 | 狮舞（邳州舞狮） | 邳州市 |
| 153 | JSⅢ-18 | 莲湘（闵桥莲湘） | 金湖县 |
| 161 | JSⅢ-26 | 灯舞（马灯阵舞） | 丹阳市 |

## 四、传统戏剧（共计5项）

| 序号 | 编号 | 项目名称 | 申报地区或单位 |
|---|---|---|---|
| 41 | JSⅣ-4 | 锡剧 | 苏州市 |
| 42 | JSⅣ-5 | 淮剧 | 宝应县 |
| 43 | JSⅣ-6 | 柳琴戏 | 新沂市 |
| 45 | JSⅣ-8 | 淮海戏 | 泗阳县 |
| 168 | JSⅣ-12 | 京剧 | 江苏省戏剧学校 |

## 五、曲艺(共计2项)

| 序号 | 编号 | 项目名称 | 申报地区或单位 |
| --- | --- | --- | --- |
| 54 | JSⅤ-6 | 苏北琴书 | 泗阳县、泗洪县 |
| 55 | JSⅤ-7 | 工鼓锣 | 泗阳县、响水县 |

## 六、传统美术(共计3项)

| 序号 | 编号 | 项目名称 | 申报地区或单位 |
| --- | --- | --- | --- |
| 61 | JSⅥ-5 | 剪纸(溱湖刻纸、金湖剪纸) | 东台市、金湖县 |
| 63 | JSⅥ-7 | 苏绣(南通彩锦绣) | 南通市 |
| 80 | JSⅥ-24 | 竹编(后塍竹编) | 张家港市 |

## 七、传统技艺(共计11项)

| 序号 | 编号 | 项目名称 | 申报地区或单位 |
| --- | --- | --- | --- |
| 95 | JSⅦ-15 | 风筝制作技艺(如皋风筝制作技艺) | 如皋市 |
| 96 | JSⅦ-16 | 精细木作技艺(柞榛家具制作技艺) | 南通市 |
| 101 | JSⅦ-21 | 彰锻织造技艺(苏州彰锻织造技艺) | 苏州市 |
| 103 | JSⅦ-23 | 传统木船制作技艺(连云港木质渔船制作技艺) | 赣榆县 |
| 108 | JSⅦ-28 | 酿造酒酿造技艺(铜罗黄酒酿造技艺、后塍黄酒酿造技艺、海门颐生酒酿造技艺、王四桂花酒酿造技艺) | 吴江市、张家港市、海门市、常熟市 |
| 187 | JSⅦ-35 | 色织土布技艺(南通色织土布技艺) | 启东市 |
| 193 | JSⅦ-41 | 装裱技艺(苏派装裱技艺) | 南京博物院 |
| 196 | JSⅦ-44 | 柳编技艺(草桥柳编) | 新沂市 |
| 197 | JSⅦ-45 | 渔具制作技艺(兴化渔具制作技艺) | 兴化市 |
| 202 | JSⅦ-50 | 糕点制作技艺(乾生元枣泥麻饼制作技艺、常州大麻糕制作技艺、常州芝麻糖制作技艺) | 苏州市吴中区、常州市武进区、常州市钟楼区 |
| 211 | JSⅦ-59 | 豆腐制品制作技艺(白蒲茶干制作技艺) | 如皋市 |

## 八、民俗(共计2项)

| 序号 | 编号 | 项目名称 | 申报地区或单位 |
| --- | --- | --- | --- |
| 120 | JSⅩ-4 | 庙会(祠山庙会、金村庙会) | 溧阳市、张家港市 |
| 122 | JSⅩ-6 | 清明节(茅山会船) | 兴化市 |

注:本扩展项目名录的序号、编号均为第一批和第二批省级非物质文化遗产名录的序号和编号。

# 江苏省文化、文物机构名址简录

| 机构名称 | 地址 | 邮编 | 电话 | 传真 | 法定代表人 |
|---|---|---|---|---|---|
| **江苏省文化厅及直属单位** | | | | | |
| **江苏省文化厅** | 南京市鼓楼区龙蟠里9号 | 210029 | 025-87798875 | 87798855 | 章剑华 |
| 江苏省文物局 | 中山南路89号 | 210005 | 84699409 | 84699409 | 刘谨胜 |
| 南京图书馆 | 中山东路189号 | 210002 | 84356008 | 84356032 | 徐小跃 |
| 南京博物院 | 中山东路321号 | 210016 | 84800448 | 84800448 | 龚　良 |
| 江苏省国画院 | 虎踞路175-1号 | 210013 | 83721939 | 83721939 | 周京新 |
| 江苏省美术馆 | 长江路266号 | 210018 | 86641962 | 86641962 | 杨企远 |
| 江苏省文化馆 | 中山南路89号 | 210005 | 84699348 | 84699348 | 陈　蜜 |
| 江苏省文化艺术研究院 | 中山南路89号 | 210005 | 84699068 | | 晁岱健 |
| 江苏省文化厅剧目工作室 | 中山南路89号 | 210005 | 84699332 | | 陈　晶 |
| 江苏省文化厅《剧影月报》编辑部 | 中山南路89号 | 210005 | 87798825 | | 朱　军 |
| 江苏省戏剧学校 | 长白街334号 | 210002 | 84502994 | 84364931 | 徐循华 |
| 江苏省文化市场管理办公室 | 龙蟠里9号 | 210029 | 87798789 | | 苏启大 |
| 江苏省文物总店 | 中山东路321号 | 210016 | 84800701 | | 龚　良 |
| 傅抱石纪念馆 | 汉口西路132号 | 210000 | 83720987 | 8372904 | 薛　亮 |
| 江苏省社会艺术教育培训中心 | 中山南路89号 | 210005 | 84699795 | 84699309 | 陈　蜜 |
| 江苏省文化大厦管理中心 | 中山南路89号 | 210005 | 84699010 | 84699281 | 司志林 |

| 机构名称 | 地址 | 邮编 | 电话 | 传真 | 法定代表人（主要负责人） |
|---|---|---|---|---|---|
| **江苏省演艺集团有限公司及下属单位** | | | | | |
| **江苏省演艺集团有限公司** | 南京市小火瓦巷20号 | 210002 | 025-84527060 | 84527060 | 顾　欣 |
| 江苏省演艺集团京剧院 | 小火瓦巷20号 | 210002 | 84532188 | 84532190 | 王　群 |
| 江苏演艺集团歌剧舞剧院 | 小火瓦巷20号 | 210002 | 84532181 | 84532183 | 张晓苏 |
| 江苏省演艺集团昆剧院 | 朝天宫4号 | 210004 | 84217015 | 84217063 | 柯　军 |
| 江苏省演艺集团话剧院 | 小火瓦巷20号 | 210002 | 84531250 | 84532148 | 杨　宁 |
| 江苏省演艺集团锡剧团 | 延龄巷5号 | 210002 | 84658288 | 84658287 | 周东亮 |

| 机构名称 | 地址 | 邮编 | 电话 | 传真 | 法定代表人（主要负责人） |
|---|---|---|---|---|---|
| 江苏省演艺集团扬剧团 | 小火瓦巷 20 号 | 210002 | 84532129 | 86641730 | 缪 勇 |
| 江苏省演艺集团交响乐团 | 小火瓦巷 20 号 | 210002 | 84532180 | 84532179 | 吕 军 |
| 江苏省演艺集团民族乐团 | 小火瓦巷 20 号 | 210002 | 84532177 | 84532176 | 王爱康 |
| 江苏省演艺集团评弹团 | 延龄巷 5 号 | 210002 | 84658292 | 84658292 | 姜永春 |
| 江苏省演艺集团木偶剧团 | 小火瓦巷 20 号 | 210002 | 84532155 | | 许 虹 |
| 江苏省演艺集团舞美中心 | 延龄巷 5 号 | 210002 | 84513412 | 84407875 | 盛小鹰 |
| 江苏省演出公司 | 延龄巷 5 号 | 210002 | 86648737 | 86643268 | 张 颢 |
| 江苏省演艺资产管理经营公司 | 延龄巷 5 号 | 210002 | 84658268 | | 卢 黎 |
| 江苏文化音像出版社 | 淮海路 2 号 | 210005 | 84507409 | | 李大成 |
| 南京艺术学院尚美学院 | 洪武北路 129 号 | 210018 | 84722469 | | 黄悦谷 |
| 江苏演艺文化产业股份有限公司 | 小火瓦巷 20 号 | 210002 | 8717008 | | 张继平 |
| 江苏演艺文化传播有限公司 | 小火瓦巷 20 号 | 210002 | 84532199 | 84532200 | 刘晨光 |
| 江苏文华演出器材有限公司 | 户部街 24 号 | 210002 | 84524243 | 84524243 | 范和平 |
| 江苏省演艺集团影视中心 | 小火瓦巷 20 号 | 210002 | 87170005 | | 孙苏杰 |
| 江苏省演艺集团艺术培训中心 | 小火瓦巷 20 号 | 210002 | 84532137 | | 周金星 |

## 南京市

| 机构名称 | 地址 | 邮编 | 电话 | 传真 | 法定代表人（主要负责人） |
|---|---|---|---|---|---|
| **南京市文化广电新闻出版局** | 成贤街 43 号 | 210018 | 025-57716149 | 83612490 | 陈光亚 |
| 南京市歌舞团有限公司 | 卫岗 25 号 | 210014 | 84874973 | 84874973 | 吴 劼 |
| 南京市话剧团有限公司 | 中山南路 101 号 | 210005 | 84545604 | | 颜 钢 |
| 南京市京剧团有限公司 | 中山南路 101 号 | 210005 | 84547741 | | 蔡继伟 |
| 南京市越剧团有限公司 | 中山南路 101 号 | 210005 | 84546451 | 84545747 | 潘迎宪 |
| 南京市杂技团有限公司 | 中山南路 101 号 | 210005 | 84547904 | 84401650 | 费广生 |
| 南京民族乐团有限公司 | 中山南路 101 号 | 210005 | 84547903 | | 徐 凯 |
| 南京小红花艺术团（南京市艺术小学） | 中山北路 148 号 | 210009 | 83229601 | | 彭 坚 |
| 南京市艺术创作室 | 中山南路 101 号 | 210005 | 84546318 | | 周 群 |
| 南京市书画院 | 玄武湖翠洲 | 210009 | 83612140 | 83365758 | 朱道平 |
| 南京市群众艺术馆 | 峨嵋路 12 号 | 210008 | 83378176 | | 冯玲秀 |
| 金陵图书馆 | 乐山路 158 号 | 210019 | 51872812 | 51872812 | 严 峰 |
| 南京市电影剧场公司 | 雨花西路 9 号 | 210012 | 84526660 | 84526660 | 刘家强 |
| 南京市文化局劳动服务公司 | 羊皮巷 25 号 -4 | 210002 | 84522507 | | 张二林 |
| 南京市博物馆 | 朝天宫 4 号 | 210004 | 84468683 | | 白 宁 |
| 太平天国历史博物馆 | 瞻园路 128 号 | 210001 | 86623024 | | 易家胜 |
| 中共代表团梅园新村纪念馆 | 梅园新村 | 210018 | 84542362 | | 王化许 |

| 机构名称 | 地址 | 邮编 | 电话 | 传真 | 法定代表人（主要负责人） |
|---|---|---|---|---|---|
| 南京市民俗博物馆 | 南捕厅19号 | 210001 | 52217104 | | 郑孝清 |
| 南京市明城垣史博物馆 | 解放门8号 | 210018 | 83608359 | | 张 辉 |
| 南京文物公司 | 太平南路102号 | 210005 | 86642747 | | 陈卫国 |
| 南京市文物研究所 | 蒋王庙街6号 | 210042 | 25409697 | | 王兴平 |
| 南京市城墙管理处 | 解放门8号 | 210018 | 83608359 | | 杨孝华 |
| **玄武区文化局** | 珠江路455号区政府16楼 | 210018 | 83676583 | 83676583 | 杨雯懿 |
| **白下区文化局** | 太平南路69号 | 210002 | 84556178 | 84556182 | 张振荣 |
| **秦淮区文化局** | 秦虹路1号 | 210022 | 52651202 | 52651202 | 还建军 |
| **建邺区文化局** | 江东中路269号 | 210019 | 87778257 | 87778254 | 金光明 |
| **鼓楼区文化局** | 中山北路99号 | 210009 | 83278313 | 83278383 | 刘传俊 |
| **下关区文化局** | 中山北路540号 | 210011 | 58591675 | | 姜东林 |
| **栖霞区文化旅游局** | 尧化门街189号区政府大院内 | 210046 | 85570557 | 85565866 | 赵家宝 |
| **雨花台区文化局** | 雨花南路2号 | 210012 | 52883340 | 52883324 | 朱天燕 |
| **浦口区文化广电局** | 凤凰大街3号 | 211800 | 58282182 | 58112882 | 卢厚今 |
| **江宁区文化局** | 上元大街319号 | 211100 | 52191010 | 52191010 | 杨嘉清 |
| **六合区文化广电局** | 雄州南路268号六合大厦17楼 | 211500 | 57759942 | 57759942 | 梁 超 |
| **溧水县文化广电局** | 永阳镇珍珠南路111号 | 211200 | 57212448 | 57212448 | 赵祖云 |
| **高淳县文化广电局** | 淳溪镇镇兴路161号 | 211300 | 57312573 | 68597568 | 陈小进 |

## 无锡市

| 机构名称 | 地址 | 邮编 | 电话 | 传真 | 法定代表人（主要负责人） |
|---|---|---|---|---|---|
| **无锡市文化广电新闻出版局** | 观山路市民中心4号楼6楼 | 214131 | 0510–81823091 | 81823094 | 叶建兴 |
| 无锡市文化艺术管理中心 | 太湖广场南广场 | 214023 | 85728733 | | 刘 川 |
| 无锡市文化综合行政执法支队 | 复兴路122号三楼 | 214131 | 82720021 | | 戴俊超 |
| 无锡市文物管理委员会办公室 | 观山路市民中心4号楼6楼 | 214001 | 81823087 | | 杨建民 |
| 无锡市文化遗产保护和考古研究所 | 复兴路122号 | 214001 | 82704323 | | 刘宝山 |
| 无锡市对外文化交流中心 | 太湖广场南广场 | 214023 | 85729316 | | 苏 迅 |
| 无锡市影剧公司 | 广瑞路780号 | 214002 | 82713318 | | 何金芳 |

| 机构名称 | 地址 | 邮编 | 电话 | 传真 | 法定代表人（主要负责人） |
|---|---|---|---|---|---|
| 无锡大世界影城有限责任公司 | 中山路359号商业大厦B幢6、7楼 | 214001 | 82707787 | | 何金芳 |
| 无锡市图书馆 | 太湖广场南广场 | 214023 | 85750207 | | 钱菲菲 |
| 无锡博物院 | 太湖广场南广场 | 214023 | 85727508 | | 黄浩然 |
| 无锡市文物公司 | 惠河路71号 | 214064 | 85865443 | | 杨启明 |
| 无锡市东林书院文物管理处 | 解放东路867号 | 214001 | 82737972 | | 王刚毅 |
| 无锡市薛福成故居文物管理处 | 学前街152号 | 214001 | 82733829 | | 时建方 |
| 无锡市名人故居文物管理处 | 崇宁路112号 | 214002 | 82733995 | | 许建新 |
| 无锡市碑刻陈列馆 | 睦亲坊巷3号 | 214001 | 82723138 | | 梁溪清 |
| 无锡市文化馆 | 西水墩1号 | 214031 | 82721987 | | 金　颖 |
| 无锡市演艺集团有限公司 | 前西溪1-3号 | 214023 | 85016886 | | 刘仲宝 |
| 无锡市文化艺术学校 | 钱荣路12号 | 214063 | 85517029 | | 马敬中 |
| 无锡市书画院 | 县前西街79号 | 214001 | 82765904 | | 王　洋 |
| 江阴市文化广电新闻出版局 | 澄江中路9号 | 214431 | 86860829 | 86860821 | 王建炜 |
| 宜兴市文化广电新闻出版局 | 陶都路8号 | 214206 | 87986709 | 87986709 | 许夕华 |
| **崇安区文体局** | 县前东街288号 | 214003 | 82830876 | 82830354 | 陈志刚 |
| **北塘区文体局** | 凤宾路58号 | 214040 | 82610271 | 82610459 | 马建华 |
| **南长区文体局** | 永丰路2号 | 214021 | 85017650 | 85017650 | 顾文娟 |
| **滨湖区文体局** | 金城西路500号 | 214071 | 81173075 | 81173076 | 孙力民 |
| **锡山区文体局** | 东亭镇东亭中路51号 | 214101 | 88206010 | 88200229 | 郁　枫 |
| **惠山区文体局** | 堰桥镇文惠路8号 | 214174 | 83598582 | 83598582 | 钱俊法 |
| **新区社会事业局** | 新区天山路5号 | 214028 | 85210550 | 85210503 | 鲍宇红 |

## 徐州市

| 机构名称 | 地址 | 邮编 | 电话 | 传真 | 法定代表人（主要负责人） |
|---|---|---|---|---|---|
| **徐州市文化广电新闻出版局** | 新城区汉风路1号 | 221018 | 0516-83682011 | 83682000 | 单兴强 |
| 徐州文化艺术学校 | 淮海食品城文化产业园3号 | 221008 | 83107881 | 83107887 | 刘继刚 |
| 徐州市京剧团 | 淮海食品城文化产业园3号 | 221008 | 83107893 | | 刘继刚 |
| 徐州市歌舞剧院有限公司 | 淮海食品城文化产业园2号 | 221008 | 83107801 | | 褚铁鹰 |
| 江苏省柳琴剧院有限公司 | 淮海食品城文化产业园4号 | 221008 | 83107759 | | 武爱苹 |
| 江苏省梆子剧院有限公司 | 淮海食品城文化产业园2号 | 221008 | 83107785 | | 韩　梅 |
| 徐州市文化艺术研究所 | 泰山路文化城内 | 221009 | 83682075 | | 杨宏新 |

| 机构名称 | 地址 | 邮编 | 电话 | 传真 | 法定代表人（主要负责人） |
|---|---|---|---|---|---|
| 徐州书画院 | 云东一道街 37 号 | 221009 | 83845019 | | 高洪啸 |
| 徐州文化馆 | 立达路中段 | 221002 | 85738009 | 85738009 | 刘安慰 |
| 徐州市图书馆 | 泰山路文化城内 | 221009 | 83682004 | | 张荣光 |
| 徐州展览馆 | 淮海西路 54 号 | 221002 | 85744342 | | 牟举秋 |
| 徐州博物馆 | 和平路 101 号 | 221009 | 83804401 | 83804409 | 李银德 |
| 徐州文物商店 | 和平路 101 号 | 221009 | 83810468 | | 李桂云 |
| 徐州汉画像石艺术馆 | 湖东路 | 221006 | 85690388 | 85690230 | 武利华 |
| 徐州民俗博物馆 | 户部山崔家巷 2 号 | 221009 | 83800208 | | 胡德静 |
| 徐州市文化局艺术幼儿园 | 王陵路 14 号 | 221003 | 83829565 | | 程艳华 |
| 徐州市文化市场管理处 | 泰山路文化城内 | 221009 | 83682066 | 83682066 | 李成海 |
| 徐州市电影剧场公司 | 解放南路 185 号 | 221002 | 83847002 | 83842677 | 陈亚娜 |
| 徐州市中山堂娱乐中心 | 淮海东路 68 号 | 221003 | 83738108 | 83758242 | 高　勇 |
| 徐州会堂 | 淮海西路 60 号 | 221002 | 85746066 | 85746674 | 吕忠民 |
| 徐州市广告公司 | 云泰路 2 号 | 221002 | 85748991 | 85743011 | 徐　奇 |
| 徐州市新闻出版事务所 | 泰山路文化城内 | 221009 | 83682088 | | 韩　峰 |
| 徐州市新闻出版检查所 | 泰山路文化城内 | 221009 | 83682099 | | 吴　宪 |
| **丰县文广新体局** | 人民中路 20 号 | 221700 | 80397188 | 89222607 | 胡清涟 |
| **沛县文广新体局** | 正阳南路 7 号 | 221600 | 89671399 | 89637751 | 朱　勇 |
| **睢宁县文广新体局** | 文学北路联通公司二楼 | 221200 | 80156008 | 80156013 | 魏晓峰 |
| **邳州市文广新体局** | 闽江路 | 221300 | 86261200 | 86261212 | 杜　伟 |
| **新沂市文广新体局** | 新沂市南京路 30 号 | 221400 | 81618001 | 88925274 | 夏同宪 |
| **铜山县文广新体局** | 铜山新区行政区综合楼 6 楼 | 221116 | 83405182 | 83405186 | 冯军成 |
| **贾汪区文广新体局** | 贾汪区贾韩路文化大厦 7 楼 | 221011 | 87218769 | 87218978 | 齐善君 |
| **鼓楼区文教体局** | 鼓楼区政府大楼区文教体局 | 221002 | 87636768 | 87636729 | 李乐东 |
| **云龙区文教体局** | 津浦东街 14 号 | 221004 | 83664917 | 83664917 | 赵民强 |
| **泉山区文教体局** | 建国西路 210 号 | 221000 | 85901813 | 85901760 | 王　建 |

## 常州市

| 机构名称 | 地址 | 邮编 | 电话 | 传真 | 法定代表人（主要负责人） |
|---|---|---|---|---|---|
| **常州市文化广电新闻出版（版权）局** | 龙城大道 1280 号 | 213022 | 0519-85682358 | | 赵唯强 |
| 常州博物馆 | 龙城大道 1288 号 | 213022 | 85165098 | | 陈丽华 |
| 常州市图书馆 | 和平北路 8 号 | 213003 | 88167820 | | 吴建军 |
| 常州刘海粟美术馆 | 双桂坊 52 号 | 213003 | 86805807 | | 叶鹏飞 |
| 常州吴青霞艺术院 | 长江中路 207 号 | 213001 | 86988990 | | 李　庆 |
| 常州画院 | 丹青路 28 号 | 213003 | 88814609 | | 周俊炜 |
| 常州市文化馆 | 双桂坊 45 号 | 213003 | 86630075 | | 许建荣 |

| 机构名称 | 地址 | 邮编 | 电话 | 传真 | 法定代表人（主要负责人） |
|---|---|---|---|---|---|
| 江苏常州市歌舞剧院 | 长江中路207号 | 213015 | 86972294 | | 闵建敏 |
| 江苏常州市滑稽剧团 | 长江中路207号 | 213015 | 86992680 | | 张　怡 |
| 江苏常州市锡剧院 | 长江中路207号 | 213015 | 86975694 | | 谢　庆 |
| 江苏常州市曲艺团 | 长江中路207号 | 213015 | 86992257 | | 夏雪慧 |
| 常州艺术高等职业学校 | 泰村卜弋殷村 | 213147 | 86197001 | | 高　慰 |
| 常州市演出公司 | 延陵西路105号 | 213003 | 86683450 | | 杨福华 |
| 常州市文物商店 | 麻巷公寓3号楼 | 213003 | 88161669 | | 俞留平 |
| 常州市文物保护管理中心 | 青山路156号 | 213002 | 86802833 | | 姜　海 |
| 常州市文化艺术研究所(剧目室) | 大观路10号 | 213003 | 86678575 | | 程广荣 |
| 常州市文化行政综合执法支队 | 清潭路83号 | 213015 | 86808883 | | 张旭东 |
| 瞿秋白纪念馆 | 延陵西路188号 | 213003 | 86601955 | | 侯　涤 |
| 常州市文化艺术管理中心 | 长江中路207号 | 213015 | 86955818 | | 许建荣 |
| **金坛市文化广电体育局** | 金东街1号 | 213200 | 82338848 | | 贺进军 |
| **溧阳市文化广电体育局** | 育才路55号市文化艺术中心 | 213300 | 87922918 | | 朱洪伟 |
| **武进区文化广电新闻出版局** | 行政中心1号楼3楼 | 213159 | 86310188 | | 郝建成 |
| **天宁区教育文体局** | 关河东路66号九洲环宇大厦 | 213000 | 86908256 | | 张　龙 |
| **钟楼区教育文体局** | 星港大道88号 | 213003 | 88890560 | | 许立新 |
| **戚墅堰区教育文体局** | 东方东路168号 | 213025 | 89863198 | | 贺国良 |
| **新北区社会事业局(教育文体局)** | 衡山路8号 | 213022 | 85178011 | | 徐　俊 |

## 苏州市

| 机构名称 | 地址 | 邮编 | 电话 | 传真 | 法定代表人（主要负责人） |
|---|---|---|---|---|---|
| **苏州市文化广电新闻出版局** | 公园路38号 | 215006 | 0512-65211153 | 65115907 | 汤钰林 |
| 苏州市文物管理委员会办公室 | 公园路45号 | 215006 | 65117756 | 65226642 | 尹占群 |
| 苏州市文化行政综合执法支队 | 公园路45号 | 215006 | 65119994 | 65119799 | 郁　峰 |
| 苏州市文艺创作中心 | 公园路45号 | 215006 | 65224973 | 65224973 | 罗　成 |
| 苏州市文化研究中心（苏州市民族民间文化保护管理办公室） | 公园路45号 | 215006 | 65224171 | 65116143 | 龚　平 |
| 苏州市文化广电新闻出版局节庆办公室 | 公园路45号 | 215006 | 65116973 | 65115615 | 权启芳 |

| 机构名称 | 地址 | 邮编 | 电话 | 传真 | 法定代表人（主要负责人） |
|---|---|---|---|---|---|
| 江苏省苏州昆剧院 | 校场桥路9号 | 215003 | 67535255 | 67533268 | 蔡少华 |
| 苏州市滑稽剧团（苏州市少儿喜剧实验剧院） | 观前街西脚门68号中山堂 | 215005 | 65230947 | 65230947 | 徐春宏 |
| 苏州市歌舞剧院有限公司 | 人民路怡园里4号 | 215005 | 65222486 | 65212960 | 谢寿宪 |
| 苏州市评弹团 | 珍珠弄5号 | 215005 | 65248393 | 65248353 | 孙　惕 |
| 苏州市锡剧团有限公司（苏州市舞美中心） | 临顿路楚春巷6号 | 215005 | 67288160 | 67774695 | 那建国 |
| 苏州评弹学校 | 工业园区独墅湖高等教育区裕新路8号（松涛街南） | 215123 | 68284914 | 68625718 | 周沛然 |
| 苏州市艺术学校 | 新区滨河路1859号 | 215129 | 68247915-14 | 68240560 | 周沛然 |
| 苏州市市属文艺院团管理中心 | 中街路马大箓巷和平里3-1号 | 215003 | 67702418 | 67707725 | 沈亿民 |
| 苏州国画院 | 庆元坊12号 | 215005 | 65118319 | 65118319 | 周矩敏 |
| 苏州市公共文化中心 | 人民路2075号 | 215001 | 82280965 | 82282945 | 夏晓明 |
| 苏州图书馆 | 人民路858号 | 215002 | 65227889 | 65227958 | 邱冠华 |
| 苏州博物馆 | 东北街204号 | 215001 | 67576002 | 67544232 | 张　欣 |
| 苏州戏曲博物馆 | 中张家巷14号 | 215005 | 67273741 | 67273334 | 周　晓 |
| 苏州碑刻博物馆 | 人民路613号 | 215007 | 65266683 | 65165340 | 陆雪梅 |
| 苏州丝绸博物馆 | 人民路2001号 | 215001 | 67546221 | 67546221 | 丁怀进 |
| 苏州市市区文物保护管理所 | 定慧寺巷22-1号 | 215006 | 65225973 | 65225973 | 陶苏卫 |
| 苏州文物商店 | 人民路1208号 | 215005 | 65224972 | 65154671 | 夏晓明 |
| 苏州市演出管理处（演出有限公司） | 北局11号 | 215005 | 65226259 | 65222959 | 姚建明 |
| 文化经济发展总公司 | 公园路45号 | 215006 | 65154050 | 65154051 | 何　亮 |
| 苏州市考古研究所 | 干将东路712号 | 215005 | 67585316 | 67585316 | 张照根 |
| **张家港市文化广电新闻出版局** | 人民中路54号 | 215600 | 58691600 | 58691600 | 陈世海 |
| **常熟市文化广电新闻出版局** | 枫林路152号 | 215500 | 52892657 | 52878000 | 庞　欢 |
| **太仓市文化广电新闻出版局** | 上海东路100号 | 215400 | 53522802 | 53599811 | 黄友良 |
| **昆山市文化广电新闻出版局** | 前进中路409号 | 215300 | 57338278 | 57334338 | 赵红骑 |
| **吴江市文化广电新闻出版局** | 松陵镇鲈乡南路1887号 | 215200 | 63484705 | 63498773 | 金健康 |
| **吴中区文化体育局** | 吴中东路169号建设大厦12楼 | 215128 | 65683366 | 66351516 | 李　强 |

| 机构名称 | 地 址 | 邮 编 | 电 话 | 传 真 | 法定代表人（主要负责人） |
|---|---|---|---|---|---|
| **相城区文化体育局** | 阳澄湖东路8号11号楼 | 215131 | 66181628 | 66181625 | 沈炳泉 |
| **平江区文化和科学技术局** | 临顿路176号6号楼3楼 | 215005 | 67281926 | 67277350 | 吕　俊 |
| **沧浪区文化体育旅游局** | 十梓街338号 | 215006 | 65732170 | 65732170 | 朱　敏 |
| **金阊区文化和体育局** | 西环路3068号金阊区文体局 | 215004 | 68700723 | 68665025 | 华建新 |
| **工业园区社会事业局** | 现代大道999号现代大厦11楼 | 215028 | 66681101 | 66681199 | 华雪兴 |
| **高新区、虎丘区教育文体局** | 高新区运河路8号 | 215011 | 68251888-1126 | 68250656 | 顾彩亚 |

## 南通市

| 机构名称 | 地 址 | 邮 编 | 电 话 | 传 真 | 法定代表人（主要负责人） |
|---|---|---|---|---|---|
| **南通市文化广电新闻出版局** | 世纪大道6号 | 226018 | 0513-85099548 | 85099546 | 陈　亮 |
| 南通博物苑 | 濠南路19号 | 226001 | 85516233 | 85062555 | 王栋云 |
| 南通艺术剧院 | 姚港路附25号 | 226006 | 83505890 | 83551908 | 葛怡华 |
| 南通人民广播电台 | 人民中路100号 | 226001 | 85503955 | | 张　辉 |
| 南通电视台 | 濠西路2号 | 226001 | 81120091 | 81120091 | 陆　路 |
| 南通市图书馆 | 启秀路3号 | 226001 | 85516391 | | 张　红 |
| 南通市少年儿童图书馆 | 启秀路3号 | 226001 | 85529942 | | 董永珍 |
| 南通市文化馆 | 人民中路8号 | 226001 | 85517017 | 85517017 | 曹锦杨 |
| 南通书法国画研究院 | 文峰路3号 | 226001 | 85517731 | | 康　荣 |
| 南通市个簃艺术馆 | 文峰路7号 | 226001 | 85517002 | | 康　荣 |
| 南通更俗剧院 | 桃坞路46号 | 226006 | 85527608 | | 吴　炜 |
| 南通市文化局文化艺术创作中心 | 桃坞路46号 | 226006 | 85529526 | 85595515 | 顾晓群 |
| 南通市文化会计服务中心 | 莘园路89号 | 226006 | 85531487 | | 谢国友 |
| 南通市文化行政综合执法支队 | 人民中路100号 | 226001 | 85585870 | | 张俏莉 |
| **海安县文化广电新闻出版局** | 长江中路106号 | 226600 | 88812031 | 81868426 | 郑　华 |
| **如皋市文化广电新闻出版局** | 市行政中心B座5楼 | 226500 | 87658302 | 87658302 | 姚呈明 |
| **如东县文化广电新闻出版局** | 富春江中路1号 | 226400 | 84512689 | 84188848 | 张　恺 |
| **海门市文化广电新闻出版局** | 北京中路600号 | 226100 | 82205533 | 82212250 | 陈忠新 |
| **启东市文化广电新闻出版局** | 港西路468号 | 226200 | 83312394 | 83312394 | 许锦飞 |
| **通州区文化广电新闻出版局** | 人民路183号 | 226300 | 86524001 | 86524004 | 陈剑俊 |
| **崇川区文化新闻出版局** | 跃龙南路36号 | 226006 | 85128762 | 85518871 | 高　峰 |
| **港闸区文化体育新闻出版局** | 城港路58号 | 226005 | 85609891 | 85609852 | 李　峰 |
| **开发区社会事业局** | 中央路52号 | 226009 | 85981266 | | 黄洪生 |

| 机构名称 | 地址 | 邮编 | 电话 | 传真 | 法定代表人（主要负责人） |
|---|---|---|---|---|---|
| **连云港市** | | | | | |
| **连云港市文化广电新闻出版局** | 朝阳东路66号 | 222003 | 0518-85681800 | 85681801 | 田　明 |
| 连云港市少年儿童图书馆 | 市化路37号 | 222002 | 85681819 | 85681819 | 朱里萍 |
| 连云港市博物馆 | 朝阳东路68号 | 222006 | 85681789 | | 刘　政 |
| 连云港市文化馆 | 朝阳中路60号 | 222001 | 85681833 | 85681833 | 化　敏 |
| 连云港市重点文物保护研究所 | 海昌北路28号 | 222002 | 85681787 | | 高　伟 |
| 连云港市歌舞剧院 | 朝阳东路66号 | 222006 | 85681700 | | 颜金娥 |
| 连云港市女子民族乐团 | 朝阳东路66号 | 222006 | 85681700 | | 刘中文 |
| 连云港市话剧团 | 朝阳中路60号 | 222002 | 85681831 | | 化　敏 |
| 连云港市淮海剧团 | 解放西路28号 | 222002 | 85681855 | | 颜金娥 |
| 连云港市艺术学校 | 富强路3号 | 222004 | 85681700 | | 沈军军 |
| 连云港市书画院(美术馆) | 朝阳东路68号 | 222036 | 85681836 | | 古　强 |
| 连云港市艺术研究所 | 解放西路28号 | 222004 | 85681839 | | 程志娟 |
| 连云港市文化行政综合执法支队 | 朝阳东路66号 | 222006 | 85681812 | | 王道阳 |
| 连云港市文化艺术中心 | 朝阳东路66号 | 222006 | 85851019 | | 颜金娥 |
| 连云港市民俗博物馆 | 新市路35号 | 222001 | 85681050 | | 刘守标 |
| 连云港市广播电视安全播出中心 | 朝阳东路66号 | 222006 | 85453440 | | 周　迅 |
| **赣榆县文化广电体育局** | 县新城区时代东路 | 222100 | 86212670 | 86287402 | 韩宝东 |
| **东海县文化广电体育局** | 县晶都大道北侧广电中心 | 222300 | 87217008 | | 李祥龙 |
| **灌云县文化广电体育局** | 伊山镇西苑南路1号 | 222200 | 88812923 | 88812923 | 陈守金 |
| **灌南县文化广电体育局** | 新安镇人民东路6号 | 222500 | 83222099 | 83222099 | 相海龙 |
| **新浦区文化体育旅游局** | 解放中路83号 | 222003 | 85450639 | 85450639 | 范益军 |
| **海州区文化体育旅游局** | 新建东路28号海州区行政中心 | 222023 | 85219500 | 85219550 | 王恒云 |
| **连云区文化体育旅游局** | 海洲湾商务中心B330 | 222042 | 82303555 | 83069006 | 周永刚 |
| **开发区社会事业局** | 黄河路43号 | 222047 | 82346230 | 82346230 | 苏月虹 |

## 淮安市

| 机构名称 | 地址 | 邮编 | 电话 | 传真 | 法定代表人（主要负责人） |
| --- | --- | --- | --- | --- | --- |
| **淮安市文广新局** | 健康西路130号 | 223001 | 0517-83662453 | 83662453 | 杨　斌 |
| 淮安市文化综合执法支队 | 健康西路130号 | 223001 | 83666644 | | 于　革 |
| 江苏省淮海剧团 | 大治路5号 | 223001 | 83673252 | | 范道全 |
| 江苏省长荣京剧院 | 汇通路14号 | 223001 | 83946915 | | 王一昉 |
| 淮安市淮剧团 | 大庆路4号 | 223001 | 83967157 | | 陈万宏 |
| 淮安文化艺术学校 | 北京北路21号 | 223001 | 83643698 | | 陈　娟 |
| 淮安市图书馆 | 北京北路91号 | 223001 | 83665209 | | 杨炳辉 |
| 淮安市博物馆 | 健康西路146-1号 | 223001 | 83645615 | | 孙玉军 |
| 淮安市文化馆 | 淮海北路90号 | 223001 | 83664560 | | 张志东 |
| 苏皖边区政府旧址纪念馆 | 淮海南路30号 | 223002 | 83932096 | | 王卫清 |
| 淮安文学艺术院 | 大治路5号 | 223001 | 83677976 | | 鲍鹤云 |
| 淮安书画院 | 大治路5号 | 223001 | 83677276 | | 栾　剑 |
| 淮安市文保所 | 健康西路130号 | 223001 | 83673193 | | 王国恒 |
| 淮安人民大会堂 | 淮海北路80号 | 223001 | 83660960 | | 范道全 |
| 淮安运河博物馆 | 里运河中州岛 | 223001 | 83910209 | | 常贵章 |
| **清河区文广新局** | 西安路116号 | 223001 | 83601133 | | 刘桂珍 |
| **清浦区文广新局** | 都天庙街100号 | 223002 | 87060233 | | 侯正军 |
| **淮阴区文广新局** | 承德北路606号 | 223300 | 84997830 | | 周　舜 |
| **楚州区文广新局** | 西长街局巷1号 | 223200 | 85930416 | | 杨文杰 |
| **洪泽县文广新局** | 东九道文化中心 | 223100 | 87222838 | | 夏宝国 |
| **金湖县文广新局** | 建设路109号 | 211600 | 86805820 | | 李中秋 |
| **涟水县文广新局** | 涟水县常青路 | 223400 | 82380616 | | 刘宝泽 |
| **盱眙县文广新局** | 五墩西路16号 | 211700 | 88276862 | | 葛　云 |
| **开发区城乡事业局** | 厦门西路6号 | 223005 | 83332209 | | 陈光锋 |

## 盐城市

| 机构名称 | 地址 | 邮编 | 电话 | 传真 | 法定代表人（主要负责人） |
| --- | --- | --- | --- | --- | --- |
| **盐城市文化广电新闻出版局** | 世纪大道21号 | 224005 | 0515-88190469 | 88190487 | 许新建 |
| **东台市文化广电新闻出版局** | 鼓楼路88号 | 224200 | 85256564 | 85212509 | 张源平 |
| **大丰市文化广电新闻出版局** | 幸福西路18号 | 224100 | 82030021 | 82030096 | 汤云庆 |
| **射阳县文化广电新闻出版局** | 合德镇人民西路18号 | 224300 | 82340208 | 87096118 | 尤国勋 |

| 机构名称 | 地址 | 邮编 | 电话 | 传真 | 法定代表人（主要负责人） |
|---|---|---|---|---|---|
| **建湖县文化广电新闻出版局** | 近湖镇汇文东路130号 | 224700 | 86230075 | 87159816 | 陈远立 |
| **阜宁县文化广电新闻出版局** | 城河路63号 | 224400 | 87212241 | 82098004 | 蔡卫国 |
| **滨海县文化广电新闻出版局** | 人民南路191号 | 224500 | 82081622 | 82081605 | 沈光祥 |
| **响水县文化广电新闻出版局** | 黄海县181号 | 224600 | 89607588 | 89607588 | 李　清 |
| **盐都区文化广电新闻出版局** | 盐都区行政中心 | 224005 | 88429626 | 88429026 | 丁　勤 |
| **亭湖区文化广电新闻出版局** | 黄海东路32号 | 224002 | 89021180 | 89021169 | 刘清茂 |
| 新四军纪念馆 | 建军东路159号 | 224001 | 88335706 | | 孙国栋 |
| 中国海盐博物馆 | 开放大道1号 | 224001 | 89902301 | 89902303 | 颜世勋 |
| 盐城市剧目工作室 | 文化艺术中心 | 224005 | 88243033 | | 徐新华 |
| 江苏省淮剧团 | 文化艺术中心 | 224005 | 88323241 | | 陈明矿 |
| 盐城市歌舞剧院 | 文化艺术中心 | 224005 | 88165139 | | 曹利卫 |
| 盐城市图书馆 | 毓龙东路26号 | 224002 | 88335343 | | 刘　进 |
| 盐城市文化馆 | 毓龙东路26号 | 224001 | 88389102 | | 刘建政 |
| 盐城市书画院 | 儒学街29号 | 224001 | 88366001 | | 孟怀良 |
| 江苏省淮剧艺术研究会 | 人民南路6号 | 224001 | 88321314 | | 刘正阳 |
| 盐城市京剧团 | 毓龙路1号 | 224001 | 88322524 | | 严以伟 |

## 扬州市

| 机构名称 | 地址 | 邮编 | 电话 | 传真 | 法定代表人（主要负责人） |
|---|---|---|---|---|---|
| **扬州市文广新局** | 文昌中路460号 | 225001 | 0514-87347420 | | 陆苏华 |
| 扬州市文管会办公室 | 文昌中路460号 | 225001 | 87343251 | | 樊余祥 |
| 扬州市文化局剧目工作室 | 广储门街32-3号 | 225001 | 87343881 | | 胡小元 |
| 扬州文化研究所 | 广储门街32-3号 | 225001 | 87343881 | | 韦明铧 |
| 扬州市文化行政综合执法支队 | 文昌中路460号 | 225001 | 87325120 | | 钟　芸 |
| 扬州广陵书社 | 维扬路349号 | 225009 | 85228080 | | 曾学文 |
| 扬州市广告公司 | 广陵路 | 225001 | 87233051 | | 徐　刚 |
| 扬州市扬剧团 | 大学北路54号 | 225002 | 82986851 | | 李政成 |
| 扬州市木偶剧团 | 文汇北路19号 | 225009 | 87860538 | | 周寿泉 |
| 扬州市歌舞剧院有限公司 | 四望亭路99号 | 225009 | 82680188 | | 钱艺春 |
| 扬州市曲艺团 | 长征路15号 | 225001 | 87350128 | | 姜庆玲 |
| 扬州市文化艺术学校 | 四望亭路97号 | 225002 | 87865955 | | 周岳明 |

| 机构名称 | 地址 | 邮编 | 电话 | 传真 | 法定代表人（主要负责人） |
|---|---|---|---|---|---|
| 扬州市国画院 | 文昌西路人工湖西侧 | 225002 | 87326757 | | 刘南平 |
| 扬州市文化馆 | 维扬路 349 号 | 225009 | 87223766 | | 曹廷昌 |
| 扬州博物馆 | 文昌西路人工湖西侧 | 225002 | 85228018 | | 袁 淮 |
| 扬州八怪纪念馆 | 驼岭巷 18 号 | 225002 | 87337408 | | 刘方明 |
| 史可法纪念馆 | 广储门外街 24 号 | 225002 | 87930185 | | 汤仪东 |
| 扬州市图书馆 | 文昌西路人工湖西侧 | 225002 | 85228181 | | 沈业民 |
| 扬州文物商店 | 盐阜西路 1 号 | 225002 | 87348001 | | 张容幼 |
| 扬州汉广陵王墓博物馆 | 北郊相别桥东侧 | 225006 | 87618233 | | 李 斌 |
| 扬州唐城遗址博物馆 | 平山堂路观音山东侧 | 225006 | 87333803 | | 董学芳 |
| 扬州市文物考古队 | 长征路 15 号 | 225002 | 87366006 | | 束家平 |
| **江都市文化旅游局** | 人民路 36 号 | 225200 | 86553881 | | 蒋 伟 |
| **高邮市文化局** | 海潮东路延伸段 | 225600 | 84613250 | 84613250 | 黄 平 |
| **仪征市文化体育局** | 大庆南路 243 号 | 211400 | 83441084 | 83441084 | 陈 彪 |
| **宝应县文化体育局** | 城安宜北路 1 号 | 225800 | 88282947 | 88281632 | 钱永建 |
| **邗江区文化体育局** | 中兴路 6 号 | 225009 | 87862260 | 87890178 | 朱跃建 |
| **广陵区文化局** | 汶河北路 53 号 | 225002 | 87346940 | 87325849 | 徐 超 |
| **维扬区文教局** | 四望亭中路 434 号 | 225002 | 87895007 | 87895001 | 杨 荣 |

## 镇江市

| 机构名称 | 地址 | 邮编 | 电话 | 传真 | 法定代表人（主要负责人） |
|---|---|---|---|---|---|
| **镇江市文化广电新闻出版局** | 南徐大道 68 号 | 212050 | 0511-84424884 | 84404955 | 戈 矛 |
| 镇江市图书馆 | 解放路 17 号 | 212001 | 84447369 | 84425794 | 任 罡 |
| 镇江市文化馆 | 三门口街 37 号 | 212001 | 85022278 | 85039453 | 汤晓河 |
| 镇江市民间文化艺术馆（镇江市民间文艺资料库） | 长江路 207 号 | 212001 | 85278930 | 85276653 | 周明磊 |
| 镇江博物馆 | 伯先路 85 号 | 212002 | 85277143 | 85288143 | 杨正宏 |
| 镇江茅山新四军纪念馆 | 句容茅山镇 | 212446 | 87828207 | 87828207 | 孙志军 |
| 镇江焦山碑刻博物馆 | 焦山公园内 | 212003 | 88833712 | 88839277 | 丁 超 |
| 镇江中国画院 | 迎江路 43 号 | 212000 | 85270178 | | 杨 雷 |
| 镇江市艺术创作研究中心 | 解放路 17 号 | 212001 | 84425080 | | 胡江苏 |
| 镇江市文华会计代理中心 | 解放路 17 号 | 212001 | 84424460 | | 於 斌 |
| **丹阳市文广新局** | 云阳路 12 号 | 212300 | 86917011 | 86525337 | 陆中华 |
| **扬中市文广局** | 文化北路 38 号 | 212200 | 87274650 | 85172118 | 文层耕 |
| **句容市文体局** | 华阳北路西侧 | 212400 | 87274650 | 85172118 | 方寿根 |
| **丹徒区文广体局** | 长山路 281 号 | 212028 | 85587766 | 85588644 | 步履平 |
| **京口区文体局** | 学府路 39 号 5 楼 | 212000 | 85371300 | 85081300 | 李莉珺 |

| 机构名称 | 地址 | 邮编 | 电话 | 传真 | 法定代表人（主要负责人） |
|---|---|---|---|---|---|
| **润州区文体局** | 电力路号 30 号 | 212002 | 85295297 | 85295297 | 陈晓鸽 |
| **新区社会发展局** | 大港金港大道 98 号 | 212132 | 83379445 | | 陆海栋 |

## 泰州市

| 机构名称 | 地址 | 邮编 | 电话 | 传真 | 法定代表人（主要负责人） |
|---|---|---|---|---|---|
| **泰州市文广新局** | 凤凰东路 58 号 | 225300 | 0523-86839338 | 86839376 | 陈士宏 |
| 泰州市图书馆 | 税东街 2 号 | 225300 | 82119507 | 86229443 | 马　健 |
| 泰州市博物馆 | 青年南路 20 号 | 225300 | 86222450 | 86222450 | 周　瑾 |
| 泰州市文化馆 | 税东街 112 号 | 225300 | 86231190 | 86232052 | 姚绍宏 |
| 泰州书画院（泰州市美术馆） | 税东街 112 号 | 225300 | 86222160 | 86222160 | 徐文藻 |
| 中国人民解放军海军诞生地纪念馆 | 高港区白马镇 | 225421 | 86186950 | 86181423 | 卢家陵 |
| 泰州市淮剧团（泰州市淮剧演艺有限公司） | 南山寺路 3 号 | 225300 | 86334372 | 86334372 | 韦锡峰 |
| 泰州市文物研究保护中心 | 凤凰东路 58 号 | 225300 | 86839338 | | 卢　红 |
| 泰州市剧目工作室（泰州市艺术研究所） | 凤凰东路 58 号 | 225300 | 86839340 | | 陈士宏 |
| **靖江市文化广电新闻出版局** | 行政中心行政大楼 14 楼 | 214500 | 89181425 | 89181482 | 季灿华 |
| **泰兴市文化广电新闻出版局** | 济川南路 17 号 | 225400 | 87666616 | 87662007 | 张　敢 |
| **兴化市文化广电新闻出版局** | 长安北路市图书馆大楼 | 225700 | 83242980 | 83242981 | 刘春龙 |
| **姜堰市文化广电新闻出版局** | 行政中心大楼 15 楼 | 225500 | 88869492 | 88869492 | 周　谅 |
| **海陵区文化体育新闻出版局** | 五一路 26 号夏家花园 | 225300 | 86210539 | 86210539 | 吴家宽 |
| **高港区文化体育旅游局** | 港城路文化中心 4 楼 | 225321 | 86965165 | 86965165 | 张霁明 |

## 宿迁市

| 机构名称 | 地址 | 邮编 | 电话 | 传真 | 法定代表人（主要负责人） |
|---|---|---|---|---|---|
| **宿迁市文化广电新闻出版局** | 世纪大道 88 号 | 223800 | 0527-84349600 | 84349611 | 武　倩 |
| 宿迁市文化行政综合执法支队 | 世纪大道 88 号 | 223800 | 84349620 | 84349611 | 罗　敏 |
| 宿迁市图书馆 | 世纪大道 88 号 | 223800 | 84349626 | 84349611 | 马志春 |
| 宿迁市博物馆 | 世纪大道 88 号 | 223800 | 84349633 | 84349611 | 张萍萍 |
| 宿迁市文化馆 | 世纪大道 88 号 | 223800 | 84353831 | 84349611 | 刘　勇 |
| 宿迁市美术馆 | 世纪大道 88 号 | 223800 | 84349628 | 84349611 | 陆启辉 |

| 机构名称 | 地址 | 邮编 | 电话 | 传真 | 法定代表人（主要负责人） |
|---|---|---|---|---|---|
| 宿迁市剧目工作室 | 世纪大道88号 | 223800 | 84349619 | 84349611 | 张贵益 |
| 宿迁市画院 | 世纪大道88号 | 223800 | 84349628 | 84349611 | 张　凡 |
| 宿迁市歌舞团 | 世纪大道88号 | 223800 | 84349621 | 84349611 | 杨邦彦 |
| **沭阳县文化广电新闻出版局** | 台州北路1号 | 223600 | 88703800 | 83593638 | 周　若 |
| **泗阳县文化广电新闻出版局** | 众兴镇人民北路70号 | 223700 | 85214334 | 85239078 | 王东成 |
| **泗洪县文化广电新闻出版局** | 建设南路19号 | 223900 | 86225470 | 86225349 | 何光军 |
| **宿豫区文化广电新闻出版局** | 珠江路 | 223801 | 84456801 | 84465236 | 王新春 |
| **宿城区文化广电新闻出版局** | 成子湖路 | 223800 | 82960185 | 82960187 | 李士禄 |

# 索 引

# 索　引

**说　明**

一、本索引采用主题分析方法编制。

二、本索引以汉语拼音为排序依据,第一个字拼音相同的按第二个字的拼音排列,依次类推。

三、索引词后用“,”分隔开的阿拉伯数字表示内容所在的页码。

四、特载、专文、文化工作大事记、规范性文件、统计资料、文化资讯、宣传彩页和黑白插图等内容不作索引。

## B



## C



## D

## P



## Q



## R



## S

## T



## W



## X



## Y